《時代雜誌》、《出版者周刊》、《柯克斯評論》年度最佳書籍
AMAZON最佳傳記與回憶錄編輯選書

EDISON
愛迪生傳

艾德蒙．摩里斯——著　辛亞蓓——譯

EDMUND MORRIS

他不只點亮了世界，也促成了世界的進化，
但在過於閃耀的成就之下，卻讓人忽略了他眞實的面貌。
這將是第一次，我們能看見隱藏於「天才」的榮光背後，
他那身爲「凡人」的一切。

目錄

我發現自己談起父親並不容易……我還沒有找到一本完整刻畫出他這個人的傳記，大家都太過注意他做了哪些事，很少人真正了解他是個什麼樣的人。

有時候，一般人對他的整體印象令我感到訝異：在赤貧如洗的背景下，他欠缺完整的教育，也無法好好享受私生活，但他就像超乎常人的避雷針，能自如地從天上摘下發明物，他也像一台孜孜不倦的神奇機器人——脫離肉體般的大腦擁有與生俱來的自信，也因此創造了能帶來富貴的成就。我想說的是，這樣的形象和他本人不太一樣。

——瑪德琳·愛迪生·斯洛恩

前言

一九三一年

他自始至終都是仰賴著牛奶充飢度日。當他在二月滿八十四歲的時候，還假裝能聽到麥爾茲堡市民的祝賀。有二十個穿著白洋裝的女學生在棕櫚樹下護送他到一座剛落成的大橋，這座橋以他的名字命名。佛羅里達州的州長稱呼他「天才」，他搖了搖頭，一面發出微弱的歡呼聲，一面象徵性地解開綠色與橙色相間的絲帶，然後露出笑容揮手示意，回到他與米娜（Mina）、亨利・福特一家人共同擁有的河邊莊園。他謝絕一片冰鎮後的生日蛋糕，喝下一品脫保溫過的牛奶——他一天要喝七品脫牛奶，這是他當天第四次喝牛奶。每天喝牛奶能緩解他的腹痛。

從青年時期開始，他就一直讓自己處在半饑半飽的狀態，他篤信提倡控制飲食的哲學家路易吉・科納羅（Luigi Cornaro, 1467-1566）的格言：每個人都應該在吃飽之前就離開餐桌。在某些情況下，人不一定有選擇的餘地。他在十幾歲的階段，有時候就像個流落街頭的電報員，他在陌生的城市街道上遊蕩，連一丁點菸草都買不起。即使在他步入中年的早期階段賺了不少錢，也能夠讓兩任妻子享用高級菜餚，他還是秉持著一餐不吃超過六盎司份量的原則（通常只有四盎司），除了牛奶和調味水之外也不喝其他飲品。他說：「人在酗酒的時候，思緒會很混亂。」不過，他很沉迷抽便宜的長型雪茄，經常一盒接著一盒抽著，看起來就像在「嚼菸」。他喜愛這種雪茄的原因不是價格，而是為了享受濃烈又原始的粗獷滋味。這些長雪茄刺激他原本就很活躍的新陳代謝，讓他能夠連續工作五十四個小時。其實早在他愛抽雪茄的兩年前左右，他已經習慣往上跑好幾個樓層的階梯，也能敏捷的把腿放在辦公桌上。很久之前，他的胃有激烈收縮的問題，光是一塊羊排或幾個魚丸就足以讓他變得無精打采。直到七十七歲，他把每天的進食量減少到只剩一片吐司、一大匙粥、一份菠菜、一條沙丁魚、四塊優內德（Uneeda）餅乾，他也會一品脫接著一品脫地喝牛奶。

他到了八十一歲時，每天除了在就寢之前吃四分之一個柳橙之外，他的飲食清單只剩下牛奶了。此時，他同時承受著腎衰竭和糖尿病的折磨。憑著無人不曉的鋼鐵般意志，他在研究白熾燈的過程中差一點失明，也經歷了無數次濃酸灼傷和電擊，他的手臂和臉部也一再受到放射性物質傷害。他的身體已經十分虛弱，長期吸入過多礦塵又使他罹患了塵肺症。他的人生和國民經濟似乎都在「走下坡」了，那時候國內有大約一百五十億美元的產值來自他的發明。

「我想跟你們說的是，」他從自己研究植物學的閱覽室用無線電廣播發表告別演說，建議同胞：「一定要勇往直前。我已經活夠久了，一次又一次看到歷史重演。我在商界經歷過好多次蕭條時期，所以我知道美國總是能以更強大、更繁榮的姿態重振旗鼓。」

他在冬季末回到故鄉紐澤西州之前，祈求上帝以外的力量（他不相信上帝的存在）給他足夠的時間來完成手邊的植物學實驗。他祈禱說：「再給我五年的時間，美國就可以在一年之內好好利用橡膠作物了。」

不過，當他抵達紐瓦克市的車站時，大家都可以看得出來他無法撐到明年春季了。他的身體很虛弱，讓他不得不彎下腰，任由一頭濃密的白髮垂下來，連走路都需要人幫助。他的六個孩子當中有三個在場迎接他。一場暖和的雷雨在外頭傾盆而下，米娜在他的肩膀上蓋了一條毯子防雨。他搖搖晃晃地走向一輛在等候他的汽車，準備前往路程不遠的西奧蘭治鎮。

隔天早上，他的員工在大街上的大型實驗室大樓等候——他平常都會很早打卡上班，這一點從他二十多歲的時候就為人熟知。但在六月下旬和一整個七月，他一反常態的留在格蘭蒙特，那裡有他位於盧埃林公園門禁社區的宅邸。八月的第一天，他穿好衣服要去參加鄉村的短途旅行，才走到門口就不支倒地，後來有人將他抬到樓上的床。三位醫生急急忙忙的趕到現場，其中一位醫生特地包機趕來。當天晚上，醫生表示他的身體狀況日漸衰弱，不但有代謝失調的問題，還罹患了慢性腎炎。醫生顧慮到消息傳到華爾街後會引起負面的回應，於是說：「目前我們已經控制住他的糖尿病狀況，腎臟的問題看來也好轉了。」

世界各地的新聞編輯部趕緊更新湯瑪斯・阿爾瓦・愛迪生（Thomas Alva Edison）的訃聞。自從他聲稱最偉大的留聲機發明使他一夜成名以來，新聞界關注他五十三年了。從過去到這個時候，新聞記者都覺得這種聲學的技術創新很不可思議，因為留聲機為人類的集體回憶增添新的色彩，而且竟然是由一隻耳朵半聾、另一隻耳朵全聾的人達成這項事蹟。

即使是偏重文字的期刊，也沒有足夠的篇幅來概述愛迪生擁有的一千零九十三項專利，包括機器、系統、製作方法和物理現象。[1]（更別提其他沒有申請專利的發明，同樣對世人有深遠的影響，例如他在紐澤西州的門洛帕克市建造歷史上第一座工業研發中心。）他說過：「我從十二歲開始就再也沒有聽過鳥兒歌唱了。」儘管他的殘疾問題愈來愈嚴重，他還是發明了二百五十種能發出聲音的裝置：將漆布、雲母、銅箔或法國的薄玻璃製成的膜片，放在半液態的墊片中振動；會說話和唱歌的娃娃；碳粒式電話傳聲器；精密的對亞苯基汽缸；能夠成形、壓平和定型的複寫機；碎鑽拋光機；用於唱片播放器的離心式調速器；利用石英圓筒與紫外線的小型擴音器；聽寫機；聲訊；小提琴音箱；會報時的時鐘；無線電通訊的接收

1 愛迪生成年後，平均每十天到十二天就申請一項專利。按專利編號和合約執行日期依序排列的完整發明清單，可以在網站「http://edison.rutgers.edu/patent6.htm」找得到，其中不包括他決定不申請專利的發明，例如X射線螢光鏡。

器；能使他聽見太陽黑子爆發聲響的裝置；須在兩棟大樓之間建扶壁加固支撐的超長型錄音喇叭；可以讓二人以上共用的骨傳導入耳式耳機；聲控飛輪。

他發明的長時間照明白熾燈泡更是一大傳奇，另外還有其他二百六十三項有關照明技術的專利。假如他沒有讓X射線螢光鏡在毫無專利授權的條件下開放給所有開業醫生使用，這個數字就會是二百六十四。最讓人津津樂道的是愛迪生設計、製造、驅動和打造的世界第一個白熾電燈系統。就在一八八二年九月的某個晚上，他輕輕一按開關，曼哈頓下城第一區從原本以煤氣燈照明的昏暗街區，彷彿變成了一大片閃閃發光的寶石區。

他的思緒很活躍，雙手也很靈巧（一旦他弓著背專心利用工具和燒瓶做研究，其他身體部位就會顯得僵硬），曾經發明了股票行情報價機；電度錶；大型發電機；鹼性可逆電池；礦工專用的安全燈；光滑的糖果包裝紙；面部神經痛乳霜；潛艇的炫目裝置；夜用望遠鏡；電圖投票計數器；旋翼起降飛行機；能夠記錄星光熱度的感測器；水果保鮮劑；能夠拉線、鍍玻璃、通信的儀器；金屬薄片製造機；從硫化礦石提取黃金的方法；電動打火機；在斜板裝載車體的鋼纜起重機；用於燃燒機的電動式啟動裝置；超薄箔滾軸；樹汁萃取器；煅燒爐；織物防潑水劑；電動筆；無線電快船；電動打字機；膠帶；電影攝影機；電影放映機；有聲音和色彩的電影。

另外，他建造了世界第一座電影製片廠；世界上最大台碎石機；防龍捲風的混凝土房屋；大量的發電廠；配有火車頭、手推車、制動器和轉車台的電磁鐵路。此外，他構想出一組以電報為主的戈德堡式變體，包括雙工、四重訊號和八重訊號裝置，這些裝置能沿著一條導線同時傳送多個訊息；疾速行駛的火車能即時發出偵查信號；能發出傳真聲或把圓點和破折號轉變成羅馬字型的接收器。要不是他一八八〇年代早期忙著發明其他器具，也許他可以把以太火花、熱離子發射、延長電磁感應、整流接收效果等新發現融入無線電的無線通訊技術。

若說到他畢生秉持的原則（從他十四歲開始實踐，當時他撰寫、印刷和出版火車上的報紙），那就是他只發明實用又有利可圖的東西。不過他立志成為企業家，名下有一百多家新創公司，可見他有強烈的發明需求和欲望。他每次著手研究新的發明物時，對技術產生的靈感總是源源不絕。在他滿四十歲的某一天，他突然有豐富的創意靈感，趕緊草草記下一百一十二個關於「新玩意」的想法，包括機械式摘棉機、雪用壓縮機、電子鋼琴、人造絲、用鉑線加固的刨冰機、穿透式攝影系統（花十二年研究放射學感測技術），以及除了路易斯・卡羅（Lewis Carroll）之外，不太可能會有人想到的「盲人專用墨水」。

他五十九歲時，曾經在兩個小時內解決一個困擾專業化學家十一個月的吸水問題。

直到晚年的時候，他的大腿知覺開始變得遲緩。他在六十多歲時只申請一百三十四項專利，七十多歲時則不到這數字的一半。一九二八年是值得紀念的一年，這位「電燈之父」獲得國會頒發的國會金質獎章，他當年只申請兩項專利。在一九二九年和一九三〇年，他沒有申請任何專利。他最後一次成功申請專利的項目是用於電鍍寶石的底座，那時候是他在世最後一年的年初。

愛迪生在床上躺了一個星期後，提起精神閱讀一本關於胰島素療法的教科書，彷彿淵博的知識可以幫助他修復胰腺的運作方式。雖然他不曾表示自己是一位不折不扣的科學家，他總是能了解最新的專業文獻內容，並且主張在做實驗之前應該先具備專業知識。話說回來，守在愛迪生身旁的醫生解散了。當中的主治醫師休伯特・S・浩威（Hubert S. Howe）是愛迪生的私人醫生，他在懷抱希望的同時也有所保留。他說：「恐怕他這次脫離不了險境。」

到了八月中旬，愛迪生可以下床走動了。他說想回到實驗室，口氣不怎麼堅定。那裡有他的老舊捲蓋式書桌，閱覽室裡也放滿了終生值得一讀的科學文獻與技術文獻。在他的職業生涯中，他展現出跨領域工作的才華，平常能游刃有餘的穿梭在化學、放射學、礦物學和電機工程學等領域。他在世的最後八年依然潛心鑽研植物學，盡心盡力利用國內含乳汁的植物生產橡膠，其中包括他自己開發的一種黃花：一枝黃花屬（*Solidago edisonia*）。他的好朋友亨利．福特和哈維．費爾斯通（Harvey Firestone）一起資助這項研究，因為他們兩個人的事業都完全仰賴外國的橡膠。愛迪生測試了一萬七千種本地植物，涵蓋範圍從熱帶榕屬植物到沙漠灌木，他堅信自己開發的黃花是最有潛力的橡膠來源。美國陸軍少校德懷特．艾森豪（Dwight Eisenhower）也鼓勵他把這種黃花開發成軍事戰略的備用物品。不過，野草的液態乳膠含有雜質，會妨礙他濃縮當中的聚異戊二烯微粒。就在這個節骨眼上，佛羅里達州的研究團隊終於把四個經過高溫與硫磺處理的有彈性凝塊按壓在他的手上。

湯瑪斯愛迪生有限公司（Thomas A. Edison, Inc.）的總裁查爾斯．愛迪生（Charles Edison）對外表示，他的父親欣喜若狂地收下這些凝塊。

曾經有一段時間，小愛迪生（Thomas A. Edison, Jr.，以下稱「湯姆」）很希望追上弟弟查爾斯的事業成就。湯姆是愛迪生與第一任妻子瑪莉（Mary）所生的長子，一度要求擁有長子繼承權，卻得不到認可。他的弟弟威廉（William）也在年紀尚輕的時候嚐過被冷落的滋味，一直到他步入中年還是認為父親對他深惡痛絕，使他倍感痛苦。瑪麗恩（Marion）是他們的姊姊，她不像弟弟那麼渴望父愛。母親瑪莉在一八八四年無故去世後，她和愛迪生互相安慰了一段時間，可惜這種溫馨的親情持續不到一年半的時間，他就娶了一個剛畢業的女孩。

後來，愛迪生與米娜生下三個孩子——瑪德琳（Madeleine）、查爾斯和西奧多（Theodore），就算這三個孩子沒有享受過父親的照顧，至少也是在充足的母愛呵護下長大。「他和我們的關係很疏離。」瑪德琳抱怨道。愛迪生在工作之餘關注這三個孩子的時候，他覺得他們比瑪莉生的孩子優秀多了，尤其西奧多是才華洋溢的科學家。但在不同的程度上，父親愛迪生的顯赫名聲都讓六個兄弟姊妹壓力很大。當中只有瑪德琳有孩子——讓愛迪生膝下有四個孫子，他們的中間名都是「愛迪生」。

愛迪生的名字不容易被遺忘。從一八六九年開始，愛迪生就徹頭徹尾投入他創辦的每一家企業：波普愛迪生電器工程公司（Pope, Edison & Co.）、愛迪生電動筆暨印刷公司（Edison's Electric Pen and Duplicating Press Company）、愛迪生礦石加工公司（Edison Ore-Milling Company）、愛迪生倫敦電話股份有限公司（Edison Telephone Company of London, Ltd.）、愛迪生機械公司（Edison Machine Works）、湯瑪斯・愛迪生中央處理站建設部（Thomas A. Edison Central Station Construction Department）、愛迪生電報系統（Edison Phonoplex System）、愛迪生線路安裝公司（Edison Wiring Company）、愛迪生留聲機公司（Edison Phonograph Company）、愛迪生鐵精礦公司（Edison Iron Concentrating Company）、愛迪生製造公司（Edison Manufacturing Company）、愛迪生工業公司（Edison Industrial Works）、愛迪生礦石加工聯盟股份有限公司（Edison Ore-Milling Syndicate, Ltd.）、愛迪生股份有限公司（Edisonia, Ltd.）、愛迪生波特蘭水泥公司（Edison Portland Cement Company）、愛迪生蓄電池公司（Edison Storage Battery Company）、愛迪生輥式壓碎機公司（Edison Crushing Roll Company）、愛迪生有聲活動電影機公司（Edison Kinetophone Company）和湯瑪斯愛迪生有限公司。另外還有名稱由多音節組成的附屬機構，諸如愛迪生智利電話公司（Compania chilena de telefonos de Edison）、愛迪生工商會（Societe industrielle et commerciale Edison）、愛迪生法國古典音樂（Societe Kinetophon Edison）和愛迪生德國協會（Deutsche Edison-Gesellschaft）。

一大群照明企業在世界各地宣揚愛迪生的名字，其中有一些公司名稱的用字很古怪，很少有西方人看得懂。

九月的第二個星期，他的健康狀況又開始惡化了。他感覺到自己來日不多，於是把握時間向妻子和孩子告別。浩威醫生每天都發布悲觀的消息。有人說愛迪生罹患布賴特氏症，胃潰瘍也使他的尿毒症和糖尿病更加嚴重。他時而頭暈，時而視線不清，聽力也不好了。他似乎只聽得出米娜在他的右耳喊道：「親愛的，你還好嗎？」她的手捧著他的顴骨。十月初，他開始只攝取牛奶，直到一天早上，浩威醫生要他吃幾匙燉梨後，他就躺著不動了，可是脈搏依然不停跳動。

他生命垂危的消息傳開了。總統胡佛（Hoover）要求隨時通報消息，教宗庇護十一世（Pope Pius XI）也發了兩次電報表示關切。堪薩斯州的一位婦女主動捐血，只求這位年邁的發明家繼續活下去。新聞記者把位於格蘭蒙特的車庫樓上房間當成記者招待室，開始全天候守夜。其他人則在市中心的實驗室裡閒晃，彷彿懷疑這間實驗室的創辦人會在凌晨來這裡——留著灰白鬍渣、全身散發一股難聞的化學物氣味、從衣領到袖口都是菸草汁和蠟滴落的痕跡，然後眨了眨眼睛說他要趕緊回家挽救婚姻。

屋內擠滿了他的家人。儘管瑪莉和米娜的孩子長期互看不順眼，他們還是在樓下的小房間相互依偎。黎明的曙光照亮了樓上的病房，浩威醫生和一些護士輪班照看他。盧埃林公園的大門禁止汽車進出，鄰居也不玩樂了，大家都忘了愛迪生從來沒有察覺到外頭的噪音。

浩威醫生在十五日放棄了希望，那時候愛迪生短暫地睜開那雙失去視力的藍色大眼睛，此後再也沒有醒過來。他的手時不時做揉捏的動作，就好像他還在測試橡膠的延展性。「爸爸快走了。」查爾斯告訴記者。福特緊急來電，要求把這位偉人的最後一口氣保存在試管裡。十月十八日星期天凌晨三點二十四分，愛迪生與世長辭，他的妻子米娜和所有孩子都待在他的床邊。

兩分鐘後，實驗室裡的閱覽室掛鐘不再發出滴答聲了。在接下來的三天，掛鐘的長針和短針都維持著銳角的畫面，而愛迪生身穿舊式長外衣躺在開著的棺材裡。一萬名哀悼者排成縱隊緩緩經過，看著他的蒼白面容。「多麼脫俗又有氣勢的臉龐啊，」雕刻家詹姆斯・厄爾・弗雷澤（James Earle Fraser）說：「還有圓潤飽滿的天庭，連鼻子、嘴巴、下巴……雙手也好看極了。指甲和手指很修長、嬌嫩，卻都能展現出偉大的力量。」

有一些觀看遺體的人不太注意肉體。周圍的陳列區就像是一種木製的頭蓋骨，裝滿了愛迪生探索智慧的證據。如果有人要尋找他的紀念碑，不妨看看四周吧。

書本堆積如山，竟然比地面高出三倍。這裡有數千本科學與技術相關的巨著，還有按照字母順序排列的期刊，內容涉及航空、汽車、化學、建築貿易、藥物、電機工程、水力發電、機械、冶金學、採礦、音樂、哲學、鐵路、電報和戲劇。（他不看數學相關的書，很少有像數學這種讓他感到無聊的科目。）某個角落的基座莫名支撐著一個四百八十六磅重的拋光銅製堅硬方形物。鑲板和玻璃櫥窗都閃耀著機械模型、水晶、大塊礦石、大獎章、燙金獎狀，還有一個裱框的誤引句子，上面寫著：「人總是千方百計的逃避用心思考。」

閱覽室裡的燈光昏暗，只有奧雷利歐・博迪加（Aurelio Bordiga）創造的球體軸承大理石小塑像「電力天才」（*Genius of Electricity*）散發出柔和的光輝。愛迪生不顧房間的瑰麗裝飾，堅持要使用的那張破舊捲蓋式書桌暫時擱置在牆邊，以便為棺材架騰出空間。文件架上有一格塞滿他本來想要嘗試發明的備忘錄。幽暗的壁龕半掩著一張有藍色被套的折疊床，那是米娜為他準備的小睡專用床，只不過他總是很滿足的在工作檯舒展身子，然後把胳膊當枕頭，對周遭的談話聲充耳不聞。

此時他的頭躺在絲綢上。由資深員工組成的儀隊守在靈柩臺的各個角落。閱覽室裡的書卷氣息是散落的紅橡樹葉和花圈所散發出的香氣。每隔幾個小時，西奧蘭治鎮的美以美會（Methodist Episcopal Church）牧師就會吟誦祈禱文，為現場增添神聖的氣息。這是米娜提出的祈禱要求，不顧丈夫經常把不可知論掛在嘴邊。浩威醫生試著說服記者相信愛迪生在臨終前表達了對宗教的看法，但他只能回想到這一句令人難以理解的言辭：「不管有沒有來生，都不重要。」

一場私人葬禮被安排在週三舉行，沒有對外公開的確切時間。同時，世界各地的人紛紛向愛迪生致敬，這證明了一個事實：愛迪生對地球付出的貢獻，比拯救太陽的特務還要偉大。「創新的精神，」阿爾伯特．愛因斯坦（Albert Einstein）從柏林發來電報：「不但豐富了他自己的人生，也為其他人的生活帶來光明。」福特形容愛迪生的成就如同「時時刻刻銘記在世界上的每日燈光與聲音中」。就連總統胡佛也不禁感嘆道：「他使光明更加燦爛，也使黑暗消失殆盡。」

在所有的頌詞當中，最直白坦率的就是愛迪生對自己的評價，這一段話在約莫二十年前被錄下來：「地球上的一切都取決於意願。我這輩子從來沒有構思出任何一個新點子。我缺乏想像力，也從來沒有夢想。我的那些發明其實早就出現在大環境中了，我只是借用而已，沒有創造出任何東西。沒有人能夠發明事物。人的大腦根本無法發想出新點子，所有的一切都是從外界產生。勤勉的人能夠從外界的環境汲取想法，而懶惰的人不會主動尋找想法，一心只想找樂子。所謂的『天才』就是日日夜夜都待在實驗室，如果他發現了好點子，算他賺到；如果他找不到好點子，也不會有什麼損失，只是他無法占有那個點子罷了。」

|第一部|

植物學

一九二〇年至一九二九年

愛迪生收集植物樣本，約攝於一九二七年。

愛迪生卸下了戰時海軍諮詢委員會的會長職位後，他在七十三歲時試著了解新的知識規律，這種規律挑戰了他所知道的牛頓理論。抽象思維對他來說並不容易。「我表達悲傷的方式，」他寫道：「呈現在技術科學領域。」他需要親手感受各種物質的結合，親眼看到燈絲發光，親自聞到石炭酸的氣味，以及在半聾的狀態下盡力聽到「分子振動」之歌。

他了解法拉第（Faraday）提出的電磁感應原理，也了解歐姆（Ohm）發現的電流、電壓和電阻之間的關係，並將諸如此類的定律應用到實驗室中。而現在，他為了盡量減少粒子的熵，開始研究愛因斯坦的廣義相對論（根據克耳文勳爵〔Lord Kelvin〕的說法，熵在各個系統中都是十分重要的指標）。最近的日食使他和那些他嘲笑是「草包集團」的學術科學家相信廣義相對論，但這個理論並不能說明他在一八七八年嘗試測量日全食以及他後來對白熾燈的完善追求之間有任何關聯。

由羅伯特・勞森（Robert Lawson）翻譯的廣義相對論，光是原作的前十一頁就讓愛迪生希望落空了。「愛因斯坦和其他善於數學的人很像，」他在正本的空白處潦草地寫道：「他根本不懂得怎麼向外行人解釋這個理論的概念。」後來，他只好參考喬治・博澤特（Georges de Bothezat）寫的釋義文——〈愛因斯坦的相對論：一窺問題的本質〉（The Einstein Theory of Relativity: A Glance into the Nature of the Question），並且在筆記本草草寫下三十一頁改述後的要點。

> 萬有引力的起因是基本粒子在通過物質的固定聚集物時減緩了速度。基本粒子填滿了整個空間，並且向四面八方移動……

至少根據他在四十年前的觀察，他可以想像得到燈泡中的碳電子疏散後的熱離子發射——一種神秘的黯淡現象，此後這種現象稱為「愛迪生效應」（Edison Effect）。這大概是他在電化學領域中尋找「新力量」時取得的顯著成果。當時有一些人輕視他，但他此時了解到，即便沒有人認同他，自己已比海因里希・赫茲（Heinrich Hertz）早八年發現無線電波的現象。

> 無線電波無法穿越空間，卻能穿越與基本粒子結合的物質……如果這是真的，那麼所有物質都是由相同的原料構成。

愛迪生曾經取笑一位科幻小說作家想要把自己的原子和玫瑰花的原子互換。他指出愛因斯坦設想空間中具有共同軸線的粒子會聚成堅實的「環」，其他粒子則保持空氣般的輕盈。[1]因此才有太陽系的「原始環」，行星之間都是虛無的狀態。

> 我們現在有一種具有兩極特性的物質，這種物質能夠產生我們所謂的磁力與電力。

當然，宗教狂熱份子會抗議說把粒子聚集在一起是上帝的旨意。愛迪生和愛因斯坦一樣都相信經由星星的秩序與美麗彰顯出來的「至高無上智慧」，他們也都不願意具體化。愛迪生表示：「我不能把這種東西當成靈魂。」在形上學的探索過程中，他最多能接受的是把人類的亞細胞粒子當成「極小的個體，各自都是一個生命單位。」

> 依我看，這些生命單位以成群結隊的形式運作，而且能永久生存。我們「死亡」時，這些單位就

像一群群的蜜蜂，可說是前往其它地方了，改以其他形式或在不同環境中繼續運作。如果構成個體記憶的生命單位在個體死亡之後依然合成一體，記憶群體是不是就有可能在軀體分解之後，保留所謂的個體性格呢？

可見，在一個多世紀以前，愛迪生就預先考慮到群體智慧[2]和DNA遺傳理論，他不願再試著了解相對論，因此回過頭研究他偏好的有形宇宙。

戒不掉餅乾

他認為在新的十年內，當務之急是把自己的獨特個性重新施加在湯瑪斯愛迪生有限公司。這是一家他在戰爭期間不得不擱置一旁的龐大工業集團。他刻意忽略了該公司因此經營得比幾年前更好的事實，當時他負責管理該公司的各種事務——留聲機與唱片製作、電影製作、水泥研磨、蓄電池開發，以及實驗室研究。他的行事作風專斷獨行，高階主管也拿他沒辦法。

愛迪生不是一個大方接受建議的人，他既有引人注目的魅力，又有惹人厭的傲慢態度。他在年輕時就是個魅力四射的人，但他現在是個幾近失聰的七旬老人，控制欲相當強烈。過去半個世紀以來，他不再有

1 大約在這個時候，愛迪生還仔細研究了分析原子光譜學，如丹尼爾・康斯塔克（Daniel Comstock）和李奧納多・特洛蘭（Leonard Troland）在註釋本《物質與電的本質》（The Nature of Matter and Electricity，一九一九年出版）中所描述的情節。

2 源自對螞蟻、蜜蜂等社會性昆蟲群體的行為研究，早期應用於細胞機器人系統的描述。

吸引數千名員工為他效勞、崇拜他的親和力了。很久以前，他的嘴角經常掛著一絲微笑，看起來就像是他快要笑出聲音來了。藝術家理查・奧考特（Richard Outcault）回想起愛迪生在一九八九年露出的燦爛笑容，當時一些員工送愛迪生一台帶有金銀兩色的留聲機作為生日禮物。奧考特說：「愛迪生笑了！他的微笑使整棟大樓的氣氛柔和了起來……只要我還活著，瀰漫在實驗室氣氛中的那種愉快氛圍就會持續與我同在。」

愛迪生依然能夠在動靜之間保持著頭腦清醒的活力，而且比那些無法和他一天工作十八小時的日程表媲美的年輕人更加果斷。他認為運動是浪費時間的行為，睡眠更是如此。他從二十歲開始就一直維持一百七十五磅、五英尺九・五英寸的身材，只有幾處肥肉，但很快就減下來了。（他曾經說：「我根本戒不掉餅乾。」）除了他的藍灰色眼睛炯炯有神之外，他的頭很大，這是他在外表上最引人注目的部分，而且濃密又蓬亂的白髮使他的頭部顯得特別大。他戴著訂製的八號半草帽，還為了戴得舒服而剪斷帽帶。他與人握手的時候總是很草率，冷漠得令人吃驚。他偏執地專注在自己現階段感興趣的任何計畫，雙手插在背心的口袋裡，邁開大步向前行，只注意自己的目的地，忙到忘了時間的存在。他從不戴手錶，每天過著晝夜不分的生活，累的時候就打起瞌睡，也期望他的助理跟著這麼做。他睡醒的情況也差不多，假如兩個小時的休息對他來說已經足夠，他無法理解為什麼別人需要更長的休息時間。

雖然愛迪生以前是個討喜的人，他卻不懂得回報別人的感情，不過他偶爾會笑瞇瞇地「裝熟」，說話時經常帶有戲弄的口吻。他覺得傷感情的惡作劇很有趣，例如製作會觸電的洗臉盆、把一塊口嚼菸吐在白色夏季套裝上、將鞭炮扔向孩童的赤腳。多虧他有超凡的精力、謎一般的創造力，他這一生很容易賺到錢（根據最新的計算，他的私人財富大約有一千萬美元）[3]，他對別人的不順或倒楣事麻木不仁，也對妻子的寂寞漠不關心。此時，他在一九二〇年回到實驗室的辦公桌，決心教導查爾斯一些關於管理大公司的知識。

一切都變了

四年來，查爾斯一直以為湯瑪斯愛迪生有限公司的執行長是自己，而不是他的父親。他的正式頭銜是董事長暨總經理，但他的父親離開海軍返鄉了，回來公司重新指揮，像葡萄彈一般發號施令，讓他有被降級的感覺。他對此無能為力，因為愛迪生從不讓出總裁的頭銜。

查爾斯・愛迪生，約攝於一九二〇年。

查爾斯年近三十，已婚但沒有子女，有異常的分裂人格。在工作方面，他是一位謹慎、謙恭、效率高、公正的模範商人。霍奇科斯（Hotchkiss）學校和麻省理工學院的貴族禮儀自然地流露在他與人來往的方式。他的身材瘦小結實（愛迪生叫他「硬漢」），是個擁有濃眉、淺藍色眼睛的英俊男子。他的晚年相貌和父親十分相像。

無論查爾斯待在家裡，還是待在他經常光顧的格林威治村咖啡館，他就像是個放蕩不羈的人。兩年來，他在華盛頓廣場附近幫忙經營一家前衛的劇院，每天搭乘夜班火車返回西奧

3　根據measuringworth.com網站上的「購買力計算機」，這個數字相當於二〇一八年的一億二千五百萬美元。

蘭治鎮。他能說一口流利的法語，創作過歌名類似「Wicky Wacky Woo」的歌曲，吸引過大批年輕女性的目光，也以「湯姆沉睡者」（Tom Sleeper）的筆名寫過許多輕快的詩歌。

查爾斯在一九一六年六月擔任董事長時，展現出年輕人的魄力。在此之前，愛迪生一毛不拔、破壞和諧的管理風格，使西奧蘭治鎮的辦公大樓變成「沒有人嚮往的工作地點」。查爾斯善用父親在海軍的職位，引進了一些更年輕、更有進取心的高階主管，同時將愛迪生工業（Edison Industries）分散成一個由許多獨立部門組成的網路，這些部門是由負責公共利益的行政部門來管理。他引以為豪的事就是「把生意做得更有人情味」，並且精明地擴大規模，因此到了一九二〇年，擁有一萬一千名員工的湯瑪斯愛迪生有限公司因其優渥的薪酬、醫療政策和社會政策而備受推崇。

查爾斯擔心的是，這位歸來的海軍准將已經在抱怨公司的規模太大而且管理方式不夠嚴謹，因此可能會逐步解散他的「美好組織」，重新制定極權主義的控管方式。如果是這樣的話，董事會的與會者肯定會積怨。查爾斯一想到後果就憂心忡忡，他的健康狀況經常受到心理壓力影響，積憂成疾。他尊愛迪生為「父親、老闆和英雄」，但是不太能接受愛迪生要在工廠重掌大權的事實。

「他在這裡的時候，」查爾斯寫信給米娜：「我似乎總能在大風大浪的逆境中找到安全的避風港。」

享受二人世界

三月時，愛迪生一如往常地待在佛羅里達州麥爾茲堡的冬季莊園塞米諾爾小屋（Seminole Lodge）。反常的是他的孩子都沒有留下來。「我和爸爸坐在樹下，就在查爾斯結婚的地方，」米娜寫信給就讀麻省理工學院一年級的次子西奧多：「這邊十分靜謐，我們在享受二人世界……三十四年來都沒有出現過這種情景了。」

令米娜驚喜的是，愛迪生沒有表現出要著手寫另一本實驗筆記的意向，他的實驗筆記早已不計其數。華盛頓的辦公人員完全沒有採納他的四十五項發明與計畫，海軍的國防顧問總監似乎壓制了他的創造力——這個情形有多久了，米娜不知道。他們把愛迪生特別喜愛的計畫——由業餘科學家組成，遠離華盛頓的海軍研究實驗室——改造成首都下游的服務設施，內部的職業軍官秉持著根深蒂固的老舊思想，當然會打壓所有創新的想法，這讓他非常傷心。

愛迪生開始鄙視政府官僚，把他們當作破壞民主的禍害根源。他反感地拒絕了防禦工作的獎章，因為他認為自己和其他海軍諮詢委員會的成員都一樣不配得獎。他表示不再對戰爭的武器感興趣，更不用說尊重美國憲法的專利與著作權條款，以及其他二萬七千九百四十六本充斥著法律的書籍了。

米娜很享受丈夫的陪伴。平常的時候，除非有客人在場，不然她能夠聽到鳥叫聲就很滿足了。她是熱情洋溢的業餘鳥類學家（她說過：「我的夢想是擁有天然的大型鳥舍。」），很少不帶雙筒望遠鏡出門。她對有羽毛的事物都

從空中拍攝的湯瑪斯愛迪生有限公司照片，攝於一九二〇年。

很感興趣，連帶地對鳥兒的棲息地充滿好奇心。她不但熟知鳥類的拉丁文名稱，也熟知樹木和灌木的拉丁文名稱。她一開始很沮喪地發現，愛迪生除了搜遍全世界的竹纖維以便在檯燈中碳化，或尋找稀有樹脂來製作留聲機唱片之外，他忽略了生物學這門自然科學。但愛迪生在晚年開始研究植物學，他到鄉村短途旅行時會蒐集和鑒定樣本，他也很喜歡在塞米諾爾小屋周圍種植各種植物。現在，他提到要開始種植紅芒果、黑芒果以及路易斯安那州白橡木的樹林，也許會把切割薄木板當作副業。為了做準備，他閱讀了有關佛羅里達州植物的學術論文，並且確保不動產經紀人了解壓扁濕潤的腐植質中「光滑團塊」的藝術。

皮革鬆開了

那年夏天，在西奧蘭治鎮舉行的「錄音蠟筒」聽寫機經銷商會議上，愛迪生搶了查爾斯的風頭，就像他平時對待自己的所有孩子都很冷漠一般。沒有人指望愛迪生親自對聽眾發言，因為大家都知道他從不在公共場合致辭。他反而寫了一篇演講稿給查爾斯，要求查爾斯在講臺上念稿。

查爾斯致辭時，愛迪生心不在焉的坐在台下，顯然沒有意識到他是眾所矚目的焦點。他的注意力都集中在右腳的鞋子上。然後，他彎下腰解開鞋帶。套用一位在場記者的話來說就是：「他把鞋子脫下來，用折疊刀割下鞋底的一塊鬆動皮革。」他發現鞋底脫落了之後，一邊盯著鞋底看，一邊撥弄著鞋底，彷彿他置身實驗室的工作檯前。

目前現場只有查爾斯的目光沒有被這隻鞋子吸引，他依然興致勃勃地致辭。愛迪生察覺到人群的目光，他抬起頭後，博得了一陣「消遣」他的掌聲。他覺得有必要說明原委，聲音蓋過了自己的兒子：「我到紐約買鞋子，才知道他們一雙賣十七、十八美元——」

查爾斯別無選擇，只能讓他繼續說。

愛迪生說他不願意花那麼多錢買尖頭鞋。他到特價商品區，反而只花了六美元就買到一雙科特蘭（Cortland）鞋。他開始批評男士服飾店的敲詐勒索，然後不知何故突然談到自己的員工應當提高生產力。

等到他讓查爾斯繼續念稿時，聽眾都看得出來他已經重掌大權了。

失業潮

愛迪生抱怨物價飛漲，並不完全是擺出富人裝模作樣的姿態。他拿著的那隻鞋，也許是科特蘭公司急著拋售的存貨。戰後繁榮時期的生產過剩是受到貪婪消費的刺激所造成，再加上低利率信貸、使人上癮的投機買賣等因素，導致生活費用增加。像他這把年紀的人都還記得一九七三年和一九九三年的市場恐慌情景，他們看得出來美國的經濟再度瀕臨泡沫經濟崩潰。事實上，泡沫已經破滅了，這顯露在數以百萬計的訂單被取消，以及近期鐵路費率增加了二十五％，促使資金匱乏的農民屠殺自己的馬兒作為豬飼料。領薪水的城市居民感受到大蕭條帶來的陣陣寒氣，他們的反應是停止選擇性購買。像留聲機這樣的奢侈品堆積如山，賣不出去（目前為止，留聲機是愛迪生的公司營業項目中獲利最高的商品）。衣衫襤褸成了一種時尚。女性回收再利用去年的衣服，而男性把西裝翻過來穿，換上有光澤的一面。威爾遜總統的前財政部長威廉・麥卡杜（William McAdoo）在公開場合展示自己的褲子補釘。這一次，就連愛迪生也開始走在時髦尖端了。

九月十六日，一輛馬車載著裝滿榴霰彈的炸彈，在華爾街的摩根公司（J.P. Morgan & Co.）總部對面爆炸，造成三十二名行人喪命、數百人受傷。調查人員將這場災難歸咎於無政府主義者，但金融家認為道瓊工業平均指數碰巧暴跌是造成恐慌的一大誘因。亨利・福特將目前滯銷的T型車基本款價格從五百七十五美元削減至四百四十美元。通用汽車（General Motors）也跟著這麼做。芝加哥的億萬富翁塞繆爾・英薩爾（Samuel Insull）是愛迪生的前任私人秘書，他為了保持電力公司的合併狀態，不得不從私人資金借出一千二百萬美元。通貨緊縮以美國歷史上前所未有的速度展開了。

還沒到十月，愛迪生就開始解雇兒子在戰爭期間雇用的大部分員工。他認為經濟衰退使他沒有別的選擇餘地，只能削減薪資，並提高自動化水準，在必要時削減與提高的幅度甚至達到一半。他也毫不猶豫地解雇自己的一些資深助手。「查爾斯真可憐，我擔心他壓力太大，」米娜寫信給西奧多。

她盡其所能地運用外交手段說服丈夫改掉長期形成的指揮習慣。她必須以書面形式溝通，而不是對著他的右耳大聲說話：

親愛的——

看到你在年輕人當中嶄露鋒芒是很美好的一件事，包括查爾斯、約翰、費根（Fagan）、曼伯特（Mambert）、馬克士威（Maxwell）等。我也很高興能看到你平靜地和他們商量事情，把你的智慧和經驗傳授給他們。

我和其他人都很欽佩你把工作交給查爾斯，並且支持他的付出……

你已經取得人生的成就，成功地建立了龐大的企業，所以你不再需要向世界證明你的能力了，大家都知道你很能幹。我相信孩子跟你一起奮鬥，而你在他們的身旁引導，你一定會很開心的……查爾斯完全支持你，他始終樂意在你身旁幫助你，也想盡辦法討好你。他絕對挺你，絕不允許其他人和你作對，所以千萬別誤解他哦。

> 成功的人能夠造就成功的孩子。如果你讓查爾斯感受到你很欣賞他，自然是皆大歡喜。有時候要忘掉你是查爾斯的主管，要扮演好父親的角色——偉大的爸爸！

米娜可能會為了讓愛迪生注意到她寫的信，而對著他另一隻聽不太見的耳朵大聲說話，但她沒有這樣做。查爾斯表示需要屏除父親的自大態度。這對父子之間的緊張關係，演變到了米娜不准他們在家庭午餐時光談公事的地步。最後她告訴西奧多：「爸爸一口飯都沒吃。」

愛迪生和查爾斯以支持共和黨的立場，投票支持沃倫・蓋瑪利爾・哈汀（Warren Gamaliel Harding）入主白宮之後，雙方在十一月暫停爭吵。哈汀大獲全勝，擊敗了詹姆斯・考克斯（James L. Cox），因此推翻了戰爭時期的含糊理想主義（賓州匹茲堡一家自稱「8ZZ」的小型新創廣播電臺在當晚宣布了這個消息）。但是，只要中風患者伍德羅・威爾遜還在職，這場選舉就沒有提高消費者信心的作用。十二月底，有一些銀行總裁自殺了，也有屋主失去所有的財產（愛迪生明白這是什麼樣的滋味），甚至連通用汽車的創辦人比利・杜蘭特（Billy Durant）[4]都失業了。

愛迪生不想步上杜蘭特的後塵。他每天工作十八個小時，經常工作到清晨才回家。他還變本加厲地開除員工，在聖誕節之前解雇了查爾斯的整個人事部門（他說：「媽的，我在這裡還要做招聘和開除的工作！」），也辭退了留聲機公司（Phonograph Works）的一千六百五十名員工。他拋棄了六分之五的工程人員，以及相似比例的簿記員、辦公室職員、藝術家、文案撰寫員、推銷員和獵人頭顧問。至於那些沒有被淘汰的員工，他們的工資大幅減少，也被告知不要再指望有聖誕節獎金了。在這個過程中，愛迪生破壞了

4　亦稱威廉・克拉波・杜蘭特（William Crapo Durant）。

他以前身為仁慈專制者的形象，而查爾斯陷入了絕望的深淵。

三個討厭鬼

在經濟蕭條時間，愛迪生和第一任妻子生的孩子也手頭拮据。米娜鄙視他們的基因不如自己親生的孩子，他們三十多年來一直是愛迪生身邊的三個麻煩人物。瑪麗恩至少曾經協助愛迪生在歐洲定居下來，並且嫁給了德國軍官。但她現在四十七歲了，她寫信抱怨奧伯斯特．奧斯卡．奧瑟（Oberst Oscar Öser）是一個不忠、有虐待傾向的丈夫。她為了躲避他而逃到瑞士。如果愛迪生沒有寄給她離婚後所需要的錢，說不定她會跳下萊茵河。

四十四歲的湯姆是可悲的「魯蛇」，老是一副身無分文、體弱多病的樣子。雖然他經營了蘑菇農場，但他長期以來試著以自己的響亮名字推銷發明物。最近他希望父親贊助的商品是能夠節省燃料的汽車裝置。年初時，米娜就很擔心湯姆的妻子碧翠斯（Beatrice）可能會生下愛迪生三世。「爸爸很可憐，我們也很可憐！」米娜說道。然後，碧翠斯的身孕神秘地消失了，她的其他孕事也發生一樣的情況。儘管她聲稱自己是一名護士，但她很有可能從事過更古老的職業。

四十二歲的威廉從一位運動健將變成了身材高大、舉止招搖、油腔滑調的花花公子。他和湯姆都曾經想要當發明家，可是他最後只能選擇臭氣沖天的家禽飼養業。威廉向父親的秘書理查德．凱洛（Richard Kellow）承認，他欠了愛迪生八千三百四十七美元三十六美分，這些錢都花在一臺拖拉機和其他機械設備了。「叫他振作起來，他又不是失去一切，至少我還沒死啊。」愛迪生說。同時，威廉還需要更多資金：他的妻子布蘭琪（Blanche）需要五百美元的醫療費用。

愛迪生每個月給瑪麗恩二百美元的生活費。他同意幫忙測試湯姆的能源監控儀，但是不幫忙宣傳。他也要求凱洛拒絕威廉的訴求。「去問清楚為什麼他不把拖拉機賣了。」

向掌權者致敬

一九二一年是新的一年，留聲機的銷售量猛跌不止，令愛迪生驚慌不安，於是他又肆無忌憚地開除員工，連原本支持他的人都開始質疑他的情緒穩定性了。「老頭子肯定是瘋了，」公司的前任工程部經理米勒・里瑟・哈奇森（Miller Reese Hutchison）在日記中寫道：「他竟然破壞自己的組織，看來公司要倒閉了。」

愛迪生對那些無法為困頓時期存下多少錢又被炒魷魚的職員毫無同情心。「我不相信失業保險這種東西。」他說。米娜痛心地寫信給西奧多，告知他近期的裁員情況，有時候一天寫兩次信。「我們該怎麼做，才能讓親愛的老爸了解自己在折磨工廠裡所有人的心靈呢？我希望他能夠冷靜下來，讓查爾斯處理事情。」幾天後，她寫道：「爸爸累得要死，查爾斯也快要束手無策了。」

她不知道查爾斯什麼時候會因為關閉他創造的電力服務部門而引咎辭職。查爾斯寫了一首辛酸的詩，主題是愛迪生最喜歡的一句箴言：「世事無常。」

變化只會衍生無窮的變化；
進展在錯誤的循環中發展；
計畫趕不上變化使我發狂；
向掌權者致敬；無常為王。

查爾斯後來坦承不想再忍受父親對他的羞辱，所以他想要離開公司。有一次，愛迪生公開批評湯瑪斯愛迪生有限公司在戰爭期間失去了效率，他說：「原因是負責監督的人疏忽了。」公司確實在一九一九年和一九二〇年創造了可觀利潤，今年卻虧損一百多萬美元。查爾斯不能否認這一點，但問題出在經濟蕭條，而不是他本身的管理方式，畢竟全國各地的企業利潤大幅下降了九二％。哥倫比亞公司（Columbia Company）是留聲機部門的主要競爭對手之一，該公司為了支付一堆賣不出去的櫃子，不得不發行七百五十萬美元的債券，利息極高。美國鋼鐵公司（U.S. Steel）是國內第一家總資產高達十億美元的商業信託企業，也在進行辭退十萬名勞工的程序。

愛迪生的看法比兒子更傳統、更冷酷，他認為工資從預算中的每一美元中消耗了八十五美分，因此有必要實施類似措施。他強調自己十一歲就開始經商了。「我大概經歷過六次經濟蕭條。我知道接下來會發生什麼狀況，所以必須這樣做，不然我們就會破產。」他說。到了二月，查爾斯的抗議聲已經漸漸減弱，他猜想愛迪生經常利用聽不太見的症狀來忽略他的聲音。

某天晚上，查爾斯悶悶不樂的躺在床上自言自語：「也許他是對的，是我錯了。」

拉普爾德就像一台顫音器

愛迪生一心想著裁員和減薪，這並沒有解決他創造力枯竭的問題。從一九一九年開始，他唯一申請的專利是巧妙的鹼性蓄電池，而且是針對他十年前設計的版本進行改善。如今，他重溫了另一項舊技術，盡力把時間花在查爾斯建造的實驗錄音室，位置就在工廠對面的哥倫比亞街。這是他在職業生涯當中第五次嘗試改善愛迪生品牌的音樂產品聲音。

絕大多數的聽眾都認為，留聲機部門的〈鮮花〉（Tutti i fior）新版本很接近原作。這是一首由普契尼（Puccini）創作的曲子，演唱者是瑪麗・拉普爾德（Marie Rappold）和卡羅萊娜・拉扎里（Carolina Lazzari），長笛和叮噹響的打擊樂器在樂曲中與應用音域形成了互補作用。這兩位女歌手表演二重唱時，歌聲似乎閃爍著耀眼的光芒，讓愛迪生看不慣。雖然他是聾子，但他堅信只要讓頭部的右側貼近擴音器，他就能聽得一清二楚。「假裝聽得懂音樂的人，怎麼會錄製這樣的唱片？」他在筆記本上潦草地寫道：「樂器不搭和音量過大使整首歌失衡了，兩位歌手也不該一起唱歌，拉普爾德就像一台顫音器。」

他想阻止唱片發行已經太遲了，但他還是可以發表意見。他認為從錄音室到整體銷售紀錄，整個部門的標準都不合格。他要求在演奏期間，每四個小時為弦樂器的馬尾塗上新鮮的松香，這麼做可以防止弓毛硬化，這是他透過顯微鏡發現的現象。他也要求在唱片壓製的過程中，使用最高級的中國白豬鬃毛刷清除附著在坑紋上的塑料粉塵（他在刷牙時想到這個主意），接著使用硬脂酸甘油酯（stearin）為酚樹脂清漆（phenolic varnish）增添

愛迪生在家裡聆聽留聲機錄音，攝於一九二〇年代。

光澤，使唱片在播放裝置中顯得更加光滑。

雖然愛迪生欺侮的技術員依然心情低落，但是再度運用聲音來工作的療法喚醒了愛迪生的好心情。「在他大腦的所有產物當中，他似乎特別喜歡留聲機。」他的私人助理威廉・米德克羅（William Meadowcroft）說道。米娜高興地看到自己的丈夫找回從前的幽默特質。此時，愛迪生深情地叫她「比利」，這是他在剛結婚時為米娜取的稚氣名字。「每當他開心的時候，還有像他現在對我示愛的時候，所有的一切彷彿熠熠生輝。」她寫信給西奧多。

猛跌不止

一九二一年三月四日，沃倫・哈汀宣誓就任總統。他是一位平靜、品味普通、走中庸路線的美國中西部人，許多人都認為從他身上可以看到美國所有「常態」。他反對極端的行為，無論是對當前經濟形勢的過度情緒化反應，或是為了制止這種行為而採取的輕率舉動。

他的就職演說呼應了愛迪生在過去五個月對查爾斯說過的話。他引述導致經濟大蕭條的「瘋狂支出」，宣布說：「我們必須面對嚴峻的現實面，沖銷我們的損失，然後重新開始。」

乍聽之下有點像是政府干涉的警告，不過哈汀不久就清楚說明他提到的「我們」是指買賣行為會影響經濟的六千二百萬名成年美國人。他等待市場的「看不見的手」重新發揮作用，任命了一群傑出的助手來進行監督，包括財政部長安德魯・梅隆（Andrew Mellon）、商務部長赫伯特・胡佛（Herbert Hoover）。物價持續急劇下跌。

何謂椰子乾？

那年春天，愛迪生很慶幸自己解雇了數千名「沒有受過專業訓練、粗心大意的勞工」。根據估計，在他支薪的一萬一千名員工當中有將近三分之一人被辭退。他認為在愛迪生工業恢復到人力精簡的狀態之前，還需要發出更多份解雇通知書。「你會從這次大蕭條學到重要的教訓。」他對查爾斯說。

顯然，他並不在乎自己已變成西奧蘭治鎮上最惹人嫌的人，他著手制定新計畫，只雇用願意接受較低薪資的年輕人，藉此取代領高薪的高階主管。這代表他要冒著風險投資應屆大學畢業生。為了確保從數百名擁有學位、渴望工作的求職者當中錄取優秀人才，他設計了一份問卷，以便測試這些求職者的常識。結果在第一批求職者當中，他認為只有四%值得聘用。「測驗的結果讓我非常失望，」他在五月宣稱：「我發現好多上過大學的人都超級無知。」

愛迪生說的那句話隱含了蔑視高等教育的意味，他這種態度已經讓人見怪不怪了。這揭露了一種比反智主義更加複雜的偏見——他從小就在小城鎮長大，儘管他只有低學歷，卻能夠靠自己摸索出成功之道。愛迪生的母親在密西根州休倫港的家鄉是他的小學老師，不過她的豐富文化內涵能夠引導他認識吉朋（Gibbon）和休謨（Hume），即便他有辦法靠自己領悟理查德・格林・帕克（R. G. Parker）寫的《自然與實驗哲學概要》（*A School Compendium of Natural and Experimental Philosophy*）。而他的父親山姆（Sam）是一位偏激又粗俗的分離主義者，在他還是大幹線鐵路的報童時，就要求他研讀湯瑪斯・潘恩（Thomas Paine）的所有著作了。

從那時起的六十年內，愛迪生的閱讀內容很少涉及人文學科，但涵蓋了大部分的科學，以及各式各樣的雜誌和報紙。如今，他聲稱自己研究了二十七種期刊，包括《警察公報》（*Police Gazette*）、主題自由開放的週刊、《實驗醫學期刊》(*Journal of Experimental Medicine*)。此外，他每天閱讀五篇論文，每個月閱讀的書籍重達四十磅。他之所以可以保持這樣的閱讀量，是因為他能夠一邊快速瀏覽，一邊記住自己感興趣的資訊。他說：「我看的書幾乎都是科學界的抄本，而且都不會再版了。」

他經常興致勃勃地在空白處留下潦草的筆跡，對某些能激發想法的段落表示認同，但他多半表示反對。「這是寶貴又新穎的形上學，」他在奧利弗．洛奇（Oliver Lodge）的《以太與現實》(*Ether and Reality*)其中一章寫著：「『牽扯聖經語錄的原因』呼應了舍伍德．艾迪寫的《信仰的新挑戰》中關於母愛的一段話。」他很容易想起一些引文，也富有大西洋式諷刺意味：「拉羅希福可說過，我們的罪孽減少時，美德就會增加。」他的淵博知識超越許多大學教授，更不用說研究生了。「根據我的經驗，」電氣理論家喬治．史坦梅茲（George Steinmetz）曾經說過：「我認為愛迪生現在已經成為人類知識各個領域當中最博學的人。」

話說回來，有一位康乃爾大學的畢業生感到沮喪，他公開了愛迪生設計的七十七個問題。他認為自己因為這些問題而失去在西奧蘭治鎮的工作資格是很不公平的事，例如「如何鞣製皮革？」、「丹東是誰？」、「何謂椰子乾？」。另一位被淘汰的人也抱怨看不出「甲狀腺與銷售白熾燈」、「吉普賽人與會說話的機器」、「玫瑰精油與銷售產品」之間分別有任何實用的關聯。

愛迪生不希望自己設計的測驗問題被洩露出去。他只好另外設計一百一十三個問題，不過這些問題後來也被刊登在全國各地的報紙，大標題是「愛迪生認為無法回答這些問題的人都很無知」。《哈潑雜誌》(*Harper's Magazine*)指責他沉溺於「得理不饒人」，可以說是以揭露別人無知為樂的學究式作風。不過，儘管以下的問題很難回答，卻不傲慢：

哪一個國家在開戰之前喝最多茶？

《艾尼亞斯記》（*The Aeneid*）的第一句是什麼？

車床的頂針在哪裡？

寫出巴拿馬運河的兩座船閘。

在二十乘以三十乘以十的房間裡，空氣的重量是多少？

誰發明了對數？

哪一州在製造小提琴方面很出名？

聲音的傳播速度有多快？（英尺／秒）

愛因斯坦也覺得最後一題很扯。有人問他這一題時，這位相對論之父的回答聽起來像是在為自己辯護。他透過口譯員表示，沒有必要讓百科全書中可以找到的資料來限制自己的思維。「大學教育的價值，」愛因斯坦氣沖沖地說：「不是為了知道許多事實，而是為了訓練思考的能力。」

愛因斯坦在「天才」人氣榜上的競爭對手尼古拉．特斯拉（Nicola Tesla）也認同他的觀點。特斯拉說：「愛迪生把記憶力看得太重要了。」波士頓大學的一位心理學教授寫信給愛迪生，他提到所有大學生都很有才智，因此他們有資格接受高等教育。他認為這個邏輯產生矛盾的問卷在設計上本身就有問題，只是展現出設計者的個人虛榮心罷了。「你依照自己的成就來衡量別人，但美國只有一位愛迪生，可不是嗎？」他寫道。

這位心理學教授一語道破了問題所在，而愛迪生只回應說他設計的問卷「在本質上是粗略的測驗」，目標是了解求職者是否具備他非常重視的高階主管特質——好奇心。他在公開聲明中補充說明自己並沒有打算評估求職者的「智力、邏輯或推理能力」，他只是想聘用一些「思路清晰……有敏銳的觀察力，以及對世間萬物感興趣」的年輕人。[5]

這番聲明並沒有成功制止專業和業餘的幽默作家譏諷他是「無知者測試器」。短路花了多久時間、斑馬身上有多少條紋、「爵士」蝶形領結的起源，以及梅菲斯特（Mephistopheles）與瘧蚊比較的詞源學，都引起熱烈的討論。有一位漫畫家諷刺愛迪生是狄奧根尼（Diogenes），他散發出刺眼的智慧之光使渺小的無知者匆匆躲避。一群衛斯理學院的女學生把一份五英尺長的問題清單寄給愛迪生，包括「貓薄荷有哪些化學特性？」「你關掉電燈時，燈光去了哪裡？」

愛迪生抱怨報紙使他的生活變成一團糟，並且威脅說如果有人再公布他設計的問題，他就會提起訴訟。不過，他多多少少也很享受自己引起的轟動，因為他喜歡備受矚目的感覺。《紐約時報》發表了將近四十篇關於「愛迪生式智力測驗」的文章，而《文學文摘》（*Literary Digest*）、《哈潑雜誌》和《新共和》（*The New Republic*）週刊也紛紛展開一場關於智力測驗、持續多年的辯論。愛迪生的多階段性問卷並不是史上第一份深入探究資質的測驗，其實美國戰爭部（War Department）早在一九一七年就進行過能力傾向測驗，並且驚人地指出幾乎一半的美國白人都有「智能障礙」。然而，愛迪生的問卷顯然不符合科學原理，他力圖闡明性格而非認知能力。

因此，大多數專業人士都對這種做法嗤之以鼻或冷嘲熱諷。最後事實證明愛迪生的問卷沒有效用時，他就放棄了這種做法。但一段時間過去後，這種做法被視為譴責成千上萬家企業，在充斥著俗氣市儈的時代採用非言語、過度量化的測試。《世界》（*The World*）指出當時經濟蕭條和禁酒時期使社會蒙上一層陰影，不過「愛迪生的問卷不但為大家的生活帶來歡樂，也促進了知識傳播。」

誰有帶茉莉普？

「生意的進展情況看起來很不妙，爸爸好像也很擔心，」米娜在七月初寫信給西奧多：「一切都變得很奇怪，給人一種不祥之感。我不知道接下來會發生什麼事。」

實際上，多虧哈汀總統願意讓經濟蕭條順其自然發展，國民經濟即將好轉。最後物價夠低，以至於貨幣重新在黃金中占據合理的比重。但是，愛迪生和哈汀都認為恢復的跡象還不明顯。哈汀在七月十二日呼籲國會投票否決一項廣受歡迎的法案——發放獎金給退伍軍人。他談到任何時期的過度擴張都會引起「無法避免的重新調整和沖銷」，而這些話是他本來可以在西奧蘭治鎮的董事會會議室發表的言論。削減成本是「恢復正常狀態的唯一可靠途徑」。哈汀的勇氣博得了全場起身鼓掌和各方讚譽。《紐約時報》宣稱他已經超越任人唯親的政治，證明了自己是「全體人民的總統」。

兩週後，愛迪生在藍嶺山脈（Blue Ridge Mountains）的草地上認為自己可以針對這件事作出評斷了。福特和費爾斯通幾乎每年夏天都會找他加入汽車露營旅行，該旅行號稱是娛樂活動，但也為福特的汽車、費爾斯通的輪胎帶來顯著的宣傳效果。從一九一八年開始，這種「流浪式」短途旅行變得愈來愈繁複，旅行車和運送物資的馬車隊伍也變長了。這兩位大亨看起來更加時髦，他們和愛迪生形成鮮明的對比——彷彿把愛迪生當作衣衫襤褸、工作過勞、急需新鮮空氣的天才來遊街示眾。費爾斯通在當年認為哈汀和愛迪生都跟他一樣都是土生土長的俄亥俄州人，所以他們會相處得很融洽。如果他們能安排在總統方便的地方見面，這趟流浪式旅行就能發揮迄今為止最強大的宣傳效果。

---

5 一九二〇年，雖然女性在愛迪生工業的員工當中占了一部分，但她們做的職務都偏向卑微或秘書性質的工作。

哈汀很高興能離開華盛頓，哪怕只有幾天。國會依舊召開特別會議，持續討論經濟政策。從他就職開始，除了偶爾在白宮裡的小房間健身，他幾乎沒有閒情逸致參與國家事務以外的活動。他接受了費爾斯通的邀請，在七月二十三日、二十四日的週末到馬里蘭州的派克維爾村莊附近露營。車隊的規模比以前更大，因為有妻子、孩子、大約七十名傭人，還有美以美會的威廉・安德森（William Anderson）主教。費爾斯通把六匹純種馬集中在一起，萬一哈汀想騎馬才方便挑選。福特提供一輛冷凍車，裡頭裝載著三百隻經過加工的全雞。而愛迪生這位技術專家則架設一臺「無線電」電話，可用來聯繫首都。哈汀在週六中午抵達，他的後頭跟著保鏢、助理和記者。愛迪生沒有折服在哈汀的和藹魅力之下，果斷地謝絕了他的雪茄。「不用了，謝謝，我不抽雪茄。」愛迪生說。

愛迪生的反應讓費爾斯通大吃一驚。好險哈汀不介意。「我想我能滿足你。」他說完就從口袋掏出一大塊口嚼菸。

愛迪生咀嚼了很大一塊。後來，費爾斯通聽到愛迪生說：「哈汀人不錯。所有會嚼菸草的人都不錯。」福特的廚師在準備午餐。不久之後，潮濕的空氣中瀰漫著烤過的維吉尼亞火腿、羊排和甜玉米的香味。愛迪生慢悠悠地走進樹林，回來時抓著一把薄荷。他問：「誰有帶茱莉普？」[6]

大家圍著圓桌坐下來吃飯，桌子的內置式輪轂能夠旋轉，方便大家取用調味料。此時，哈汀才發現愛迪生的左耳聽不到他說的話。後來，哈汀的運氣沒有好轉。當其他人走到大梧桐樹下方，坐在「吸菸區」的輕便折椅時，被隔離在三十碼以外的記者聽到哈汀用響亮的聲音交談：

哈汀問：「你都進行哪些休閒活動呢？」

愛迪生回答：「進食和思考。」

哈汀問：「你打過高爾夫球嗎？」他提高音量再問一次：「你有沒有打過高爾夫球？」

愛迪生回答：「沒有，我的年紀還沒那麼大。」

哈汀聊不下去了，索性改看報紙。愛迪生則決定當場打瞌睡，他完全不顧身上穿的白色亞麻服裝，直接撲倒在草地上，睡得像個孩子似的。哈汀繼續看報紙，過一會兒很不自然地慢慢起身，把報紙蓋在愛迪生的臉上。「我們不能讓蟲子吃掉他，對吧？」他對著在旁邊看的女孩說。

幡然醒悟

到了一九二一年的秋天，美國的經濟顯然在迅速復甦。房地產的交易量翻倍，汽車產量增加了將近三分之二，庫存過量的情形也逐漸

6　薄荷茱莉普是一種由波本威士忌、糖、水、碎冰和新鮮薄荷製成的雞尾酒。

一九二一年七月二十三日，愛迪生在哈維・費爾斯通、哈汀總統的面前，直接在浪人（Vagabond）營地躺著打盹。

消退。但留聲機的產業仍然停滯不前，愛迪生也不知道確切的原因。櫃子和唱片的銷售一直是他的業務當中獲利最高的部分。那麼，為什麼經濟衰退會讓湯瑪斯愛迪生有限公司背負二百三十萬美元的債務呢？即便如此，在紐約洋基體育場建築商下訂四萬五千桶專利波特蘭水泥訂單的鼓舞下，愛迪生開始重新雇用工廠勞工和辦公室職員。查爾斯寫了一封口吻近乎卑躬屈膝的信回應他。

> 我經歷了大起大落的覺醒過程。以前，我覺得你太過嚴厲，會讓我承受不住。但從去年一月開始，我基本上沒有反對過你想做的任何事……
>
> 我希望你能夠相信，我在過去幾年試著創造空中樓閣的自豪感，這陣子已經徹底消失了……
>
> 我期盼你，也只期盼你來引導我。

「可憐的小寶貝傷心透了，」米娜告訴西奧多：「爸爸沒有發覺到自己造成的傷害有多麼深。」

愛迪生只意識到公司瀕臨破產。一旦發生破產，他這位最大的股東就會出局。一九二一年底，他的個人預備現金積蓄只有八萬四千五百零四美元。[7]雖然這個數字比美國人的終生平均收入更高，在過去兩年依然代表五〇%的虧損。不可否認的是，其中有部分的原因可以歸結為年紀較大的孩子不斷向他要錢（瑪麗恩在瑞士流亡的生活費；湯姆的慢性「腦部痙攣」復發，需要繳為期兩個月的醫藥費；威廉的家禽生意所費不貲；瑪德琳需要修車費）。

財富的表象對愛迪生來說毫無意義。要不是他娶到的女人從小生長在富裕家庭並且希望繼續過著富裕生活，他早就把每一分錢都投入到生意中，然後像個工人一樣過日子了。他曾經在一八九〇年代為了生意而砸下二百多萬美元，他認為那段期間是非常幸福的回憶。但他現在最急迫的任務是恢復湯瑪斯愛迪生有限公司的償付能力。他已經開除了大約七千名員工，還需要說服其他員工努力使公司保持在化學與電子技術領域的領先地位。

更確切地說，他認為公司必須在這個瞬息萬變的時代脫穎而出，不然就會慘遭淘汰。「一切都變得好複雜，」他發起牢騷：「……難以理解，撲朔迷離，混淆不清。」

幫我找一輛舊款印度摩托車

愛迪生的看法排除了商業廣播在一九二二年新春於全國各地蓬勃發展的新氣象。匹茲堡的「8ZZ」廣播電臺發現在率先報導哈汀的選舉之後，緊戴著耳機的少數觀眾喜歡聆聽每篇新聞報導之間的音樂。該廣播電臺改名為「KDKA」，把原本每兩週一次的廣播改成在每天晚上播出一小時，並且大幅增強訊號，這讓收聽廣播且位於遙遠的伊利諾州狄克遜市的一名男學生興奮不已。[8]《電臺廣播》（*Radio Broadcasting*）新雜誌表示愈來愈多人每天晚上花一些時間收聽廣播，這個現象令人難以理解。該雜誌也記述「無線」設備的買家在商店大排長龍，而現成的收音機在「亮光漆還沒有完全乾」的時候就賣出去了。

WJZ-Newark電臺剛好就在愛迪生的實驗室東邊只有八英里的地方成立了，他無法長期忽視對留聲機有威脅性的廣播熱潮。但他低估了媒介的吸引力會受到喉音過重、有雜音的「靜電干擾」影響，這種聽覺

7　這個數字在二〇一八年相當於一百二十萬美元。

8　那位男孩就是隆納・雷根（Ronald Reagan）。

方面的阻礙就好比視覺方面的白內障。「廣播的音樂聽起來很不自然，而且老是需要透過廣播設備播放，」他嘲笑說：「連翻版都不如。」他打賭說，樂迷最後會寧願自行挑方便的時間聆聽自己喜愛的音樂，在沒有電磁波干擾的情況下使用更優質的喇叭聽音樂。

因此，他加把勁改善聲音的錄音過程，並且相信自己對聲音與音樂的可靠直覺能使留聲機部門恢復獲利能力。鑒於和他打交道的人都不像他那麼聰明，再加上他快要七十五歲了，這個差事當然一點也不輕鬆。不過，他以前經歷過這種發展過程的狂潮，每次都成功熬過了。他需要做的事就是更加努力工作、縮短睡覺時間、少吃點東西。

他開始從辦公室發放一連串有關製作唱片的古怪便條：

> 班尼
>
> 幫我找一輛舊款印度摩托車，我要一個旋鈕控制一個汽缸的那種。
> 我希望排氣管發出的聲音很像爵士樂隊敲擊木頭的節拍，
> 不要太響亮或太刺耳。來找我。
>
> 愛迪生

我現在還像個小孩子

「爸爸工作了一整個晚上才回家，」米娜在愛迪生生日的前幾天告訴西奧多：「這已經是一個星期內的第二次了，唱片製作好像出了問題。他今天早上看起來臉色蒼白，實在不適合再做下去。他現在根本沒有

一九二二年二月十一日，米娜陪愛迪生度過七十五歲的生日。

體力做那種工作。」

幾個月後，米娜告知西奧多：「他快要完全聽不見了。」[9]

愛迪生坦承自己的失聰狀況惡化了，但是一想到那些費力與他溝通的人，他就不太在意聽力的問題了。「一點也不需要在意，」他在一封詢問信上潦草地寫著：「其實我認為這是一種優勢，因為我可以脫離世界的喧囂。」

米娜提到的「問題」致因是愛迪生決定把十英寸的厚金剛石光碟（Diamond Disc）繼續當作其他唱片的標準。實際上，比起接近原作的精確度，大多數買家對熱門音樂比較感興趣。（令愛迪生震驚的是，年輕人經常為了讓曲子聽起來更輕快而增加轉盤的轉速。）他不切實際地一邊努力改善音質，一邊設法降低製造成本，結果只放慢了生產速度。他把原坯的樹脂木粉芯材換成不會變形的高嶺土——在上面塗了四層清漆，需要等待清漆慢慢自然晾乾——然後在每平方英寸一千磅的遞增蒸汽壓力下刻上坑紋。他申請了

9　那年夏天拍攝的無聲紀錄片《與愛迪生共度的一天》（A Day with Mr. Edison），如今可以在YouTube觀看，網址是https://www.youtube.com/watch?v=ep5NGVOi6QE。這部影片深刻地展現出愛迪生的幹勁、情緒起伏大的決斷力以及嚴重的失聰狀況。

兩項新專利，用來降低拷貝原件的失真度，並且用水冷卻模架，使模架能夠順利彈出每一輪的十二張唱片。結果一天下來，每台壓片機只能生產二百五十張唱片。

愛迪生也試著消除藍安貝洛爾（Blue Amberol）蠟筒唱片生意對賽璐珞的依賴性，藉此避免生意面臨危機（賽璐珞是一種含有稀有樟腦的昂貴化合物）。他退休後回到私人化學實驗室，尋找新的清漆配方。他一高興就突然想起自己在十歲的時候開始進行實驗：玩弄燒瓶和曲頸甑、吸入刺鼻的蒸汽。「我現在還像個小孩子，」他寫道：「我也還在不斷嘗試。」

強大的威脅

十月時，溫斯頓．邱吉爾（Winston Churchill）掌管的英國殖民地部宣布，即日起限制橡膠的供應量並且大幅提高價格（橡膠可以說是英國壟斷了全球市場的商品）。此舉就是著名的史蒂文森計畫（Stevenson Scheme），宗旨是因應戰後供過於求的現象，因為橡膠的價格變得比加州的罐裝無花果更便宜，例如英屬馬來亞的天然煙膠。愛迪生擁有留聲機工廠和電池工廠，他是聚合物的大型買家，正打算在紐澤西州的布盧菲爾德（Bloomfield）開設自己的橡膠工廠。但他對南洋桐的壓片橡膠需求比不上費爾斯通，因為費爾斯通的工廠每個月需要消耗一千萬磅天然橡膠。福特預計明年要銷售二百萬輛T型車，每輛車都需要四條橡膠輪胎才能從展示廳開出去亮相。

其他輪胎製造商、汽車製造商也同樣仰賴英國東印度公司的種植地汁液。事實上，很難想像美國的工業從運輸到紡織原料都沒有使用任何橡膠。美國消耗的橡膠比世界總產量高出四分之三以上。目前，橡膠是一種足以引發武裝衝突的重要原料，就像石油有朝一日賦予已開發國家的意義一般。

德國缺乏橡膠，大大促成了第一次世界大戰的停滯。一九一七年，戰爭工業委員會的伯納德・巴魯克（Bernard Baruch）把橡膠列為政府在緊急情況下應當大量儲備的最重要商品。從那時起，許多預言家一再警告國會不要被外國橡膠恢復的充足供應量所迷惑，以免陷入不實的安全感。他們表示同胞都應該理性思考「外國的月亮是否比較圓」。其中一人指出：「說到現代的戰爭，只有橡膠是我們還沒有學會如何生產的重要商品。」

費爾斯通是主要的危言聳聽者，他和固特異（Goodyear）、日內瓦輪胎（Geneva Tire）和百路馳（B.F. Goodrich）的巨頭都一致認為橡膠價格一旦降到每磅七美分以下，就會使許多英國種植地的業主破產，也可能會引發工業災難。費爾斯通願意支付任何能夠防止這種情況發生的合理費用，但他不相信英國始終有辦法控管橡膠生產中心。如果俄羅斯帝國被一小群布爾什維克（Bolshevik）派別推翻，白廳的少數鬆散殖民地又有多穩固呢？假設已經在太平洋占據海軍主導地位的日本有一天征服了整個東南亞，並且威脅到美國的經濟，該怎麼辦呢？

這些問題以及其他類似的問題影響到了華爾街和華盛頓，更不用說西奧蘭治鎮了，因為橡膠的現貨市場價格增加了兩倍，上漲到二十三美分。此外，英國當局提出警告，他們會在必要的時候減少一半供應量，以便維持長時間的供給。哈汀總統的商務部長兼「其他事務副部長」非常積極——赫伯特・胡佛承諾會憑藉外交管道來廢除史蒂文森計畫。胡佛知道自己的機會很渺茫（英國需要得到出口所獲得的每一先令，用來償還龐大的戰爭債務），他支持參議員約瑟・麥考密克（Medill McCormick）提出的一項立法提案。該提案的訴求是美國應當考慮在海外建立自己的橡膠園，同時研究在國內種植橡膠的可能性。

費爾斯通不完全信任胡佛，他認為胡佛其實對壯大自己的勢力比較感興趣，保護美國的工業是其次。但他贊同認真嘗試發展國內的橡膠工廠，也認為自己知道執行這項任務的合適人選。最近，愛迪生被《紐約時報》的民意調查譽為「在世的美國偉人」。即使愛迪生是傳奇般的發明人物，該任務對他來說也是一種挑戰。

橡膠的凸面變冷

不久之後，愛迪生收到一本從阿克倫市寄來的大開本皮革裝訂書，書名是《橡膠的歷史與發展》（*Rubber: Its History and Development*）。「我希望你會對這本書感興趣。」費爾斯通在附信中寫道。

其實他不需要這樣暗示，因為他知道愛迪生一直以來對橡膠很感興趣。幾年前，在某次露營的短途旅行中，費爾斯通很驚訝這位朋友有橡膠相關的專業知識。不過在近期的危機發生之前，這種知識主要屬於技術範疇。愛迪生依然認為橡膠是由人工製造，而不是從樹木滲出。正是這種彈性材料在採礦時期保護了他的碎石機傳送帶；在非常柔軟、可溶解的狀態下使他的早期唱片光滑又耐用；硬化成格子狀之後，為他的蓄電池電極帶來絕緣效果。此外，內部拋光的硬橡膠「黑盒」閃耀著他在一八七五年發現的「以太力量」。如果他取一塊同樣的橡膠材料並用手彎折，凸面就會變冷，而凹面會變暖。

費爾斯通寄送的那本圖解書籍對愛迪生沒有太大的幫助。他光是在實驗室記錄更廉價的培養基，就已經讓他非常了解生橡膠的化學特性。他知道如何運用二氧化硫和硫化氫進行雙飽和的皮契（Peachey）硫化流程，藉此使橡膠硬化，他也知道如何預先溶解苯中的生膠塊，藉此使橡膠氯化。他可以在萘中溶解橡膠，並分解出其中的錳、銅大部分殘留微粒。但是，他該如何自行創造橡膠，以及該從本土何處尋找供應來源呢？

不知不覺中，他展開了職涯中最後一次偉大的探索。他閱讀一些關於橡膠乳草、山萵苣和大麻的植物學研究，並且在哈維・門羅・霍爾（H. M. Hall）與弗朗西絲・路易絲・隆恩（F. L. Long）的專題著作《北美植物的橡膠含量》（*Rubber-content of North American Plants*）寫下備註。他特別在這一段文字下面畫線：「如果天然橡膠在美國有大批生產的商業價值，那麼我們可以從一種在廉價土地上創造高產量的植物中提取，而且我們可以運用機器處理這種植物。」

七十五個方格

愛迪生用橡膠做的實驗，朝向生物化學發展的第一次跡象是在年初的時候。當時，他記錄了好幾頁生產資料之後，在自己的袖珍筆記本草草寫下一個項目。

他才剛寫下一些初步的生物化學想法（將八分之一英寸長的乳草切成薄片後，放入含有鹽酸或溶膠的水溶液中，以便防止凝固。持續攪拌後，用一百五十個篩孔數的網篩將乳液從乳草的碎片中分離出來），廣播熱潮就轉移了他的注意力。他關注廣播的程度太過急切，因此費爾斯通斷定他已經不再對橡膠研究感興趣。[10]接下來的八個月，愛迪生沒有返回橡膠研究的領域，但他偶爾會在袖珍筆記本記錄一些項目，這表示他有把橡膠研究這件事放在心上。同時，他需要鞏固自己的娛樂事業，以防倒閉。愛迪生金剛石光碟（Edison Diamond Discs）的銷售量下滑速度幾乎和蠟筒唱片一樣快。他能想到的唯一競爭方式，就是在錄音和翻版方面發明非常新穎的東西，即使是偏好節奏、較不偏好旋律的年輕時髦女性，也會深受留聲機吸

10　二月二十七日，費爾斯通在華盛頓公開呼籲美國橡膠產業獨立。眾議院投票決定撥款五十萬美元來研究這項專案，而哈汀總統在三月初簽署了《麥考密克法案》（McCormick Bill）。

引。

「我下定決心要讓七十五人組成的管弦樂隊完美重現貝多芬的《第九號交響曲》，」他在紀念自己發明四十五週年的儀式上說：「我做到這一點後就不幹了。」

愛迪生有一套理論是聲波行進到一百二十五英尺才會穩定下來，與其說是有根據的理論，不如說是富有想像力的理論。為了檢驗理論，他要求機械工廠鑄造一只同樣長度的黃銅錄音喇叭。他相信這只喇叭可以錄到整體管弦樂隊的樂器音色。於是，龐然大物漸漸成形，一段段的截面呈圓錐形。完工時，喇叭被運送到哥倫比亞街依序組裝，那裡的留聲機部門擁有錄音設施。喇叭愈長，愈把表演錄音室和毗鄰的「車床室」分隔開來，室內安置著一些蠟製的原版。這間錄音室是一棟兩層樓的大車庫式建築，使用牛皮圍裹。幸運的是，周圍的空地夠寬敞，若有必要可以盡量把車床室往東邊移動。喇叭的巨大重量由橫向支架支撐，另外增加了三萬顆鉚釘的重量。此外，有屋頂材料和壁板可以保護喇叭不受風雨影響。兩棟大樓之間裝設了通訊用的電話線，不過事實證明用喇叭通話更簡便。

喇叭連桿小的一端連接到車床室的膜片和切割裝置，直徑只有三英寸。另一個洞口在錄音室的牆上開得很大，甚至可以容得下一個六英尺高的人站在裡面張開雙手。第一次試用時，喇叭的指向性令人失望，但能夠順利接收到某些樂器的聲音，這取決於樂器的位置和距離。

愛迪生聽不到這種失衡的問題。別人向他反應問題後，他就把錄音室的地磚畫出來並加上編號，彷彿他在設計龐大的蛇梯棋[11]遊戲。

「讓薩克斯風手從一開始就演奏〈笑著離開我〉（Leave Me With A Smile），」他對音樂總監歐內斯特・史蒂文斯（Ernest L. Stevens）說：「然後叫他走過地磚上的七十五個方格。我先去小睡一下。」

一兩個小時後，史蒂文斯叫醒愛迪生。他聽完所有錄音後，選出他認為最能代表薩克斯風音色的錄音。「現在可以試試管弦樂隊的其他樂器，都是重複同樣的流程。」他說。

過了幾個星期後，他才認為自己為每位演奏者找到了理想的表演位置。但是，當他把二、三道以上的聲音導入喇叭時，發出的失衡聲音使在場的其他人聽得非常痛苦。他試錄紐澤西州海頓管弦樂隊（Haydn Orchestra）演奏的聖桑（Saint-Saëns）對位音樂[12]〈洪水前奏曲〉（Prélude du Déluge），結果在車床室裡聽起來就像弦樂器都塞了棉花，唯獨木管樂器的聲音清亮。愛迪生似乎忘了自己只剩下一隻耳朵聽得見，他早就喪失察覺聲波空間的能力。他從龐大管樂器聽到的最純粹音色是史蒂文斯的鋼琴獨奏，以及史蒂芬・福斯特（Stephen Foster）的精湛管樂二重奏〈老鄉親〉（Old Folks at Home）。[13]

即便如此，愛迪生特別擔心自己想像中的泛音。他為了消除喇叭在特定頻率下發出的回音，先在喇叭管周圍包上冰塊，接著靠電力加熱。西奧多利用麻省理工學院放假的期間到工廠幫忙，有一天看到愛迪生苦苦思索許多聲學相關的數學難題。

「有更簡單的解題方法。」他說，因為他知道父親的數學不好。但愛迪生叫他走開，說道：「我要用自己的方式解題。」

---

11 源自印度的桌遊，棋盤上繪有方格、梯子、蛇、數字一至一百。若玩家在遊戲中途遇到梯子或蛇，就必須將棋子移至其他方格。

12 在多聲部音樂中，一聲部的旋律線和其他聲部的旋律線構成的音樂組織特色，亦稱多聲部音樂。

13 歐內斯特・史蒂文斯經得起立體聲錄音時代的考驗，並以他為愛迪生錄製的金剛石光碟感到自豪。「聽起來很像在房間聽鋼琴演奏，」他在一九七三年說：「沒有泛音，也沒有其他震動頻率，在音質方面可說是市場上最出色的鋼琴唱片。」

體內的糖分

那年冬天，工作過勞、壓力和強迫禁食嚴重影響到愛迪生。他在三月中旬前往佛羅里達州，這對家人而言真不是時候。「爸爸離開之前，一定要在這裡待上四個多星期，這也是他原本的計畫。」西奧多寫信給米娜。

米娜回信表示，愛迪生罹患十分嚴重的糖尿病，健康狀況很糟。「他的胃很不舒服。醫生說他體內的糖分使手指產生刺痛感。」

直到四月底，愛迪生的病情仍然沒有好轉。此時，他的走路姿態變得非常僵硬，甚至必須檢查是否罹患肺炎。但他依舊每天一瘸一拐的走到園藝實驗室，用乳草和銀膠菊進行橡膠相關的實驗（銀膠菊是西南部的沙漠植物，也許適用於科學栽培）。他收到查爾斯的報告，得知電池銷售量劇增，這讓他很高興。「我要帶著這樣的喜悅心情，好好度過一整個晚上。」他說。米娜要他承諾回到北方後，他會調整自己的工作步調，讓查爾斯負責愛迪生工業的大部分一般管理事務。

西奧多・愛迪生，攝於一九二四年。

他答應了。這純粹是因為他又花了一個月改善排尿症狀和恢復精力。他和查爾斯之間的關係逐漸回溫，恢復像以前那樣互相分享「黑人笑話」。後來，他的老毛病——神經炎發作了，因此他無法為西奧多參加六月初在劍橋舉行的畢業典禮。「西奧多是個好孩子，」他告訴記者：「但他的強項是數學。我有點擔心，因為他可能會像愛因斯坦一樣發光發熱。如果是這樣……他就不會為我效勞了。」

他挺著虛弱的身子，第一次公開表示要卸任交棒，希望查爾斯和西奧多分別擔任執行長和工程部經理。這也暴露了他的擔憂，西奧多是個想法與眾不同的孤僻知識分子。畢業典禮結束後，他告訴麻省理工學院的校長薩繆爾・斯特拉頓（Samuel Stratton），他期盼年紀輕輕的西奧多到西奧蘭治鎮工作。

西奧多又高又瘦，脾氣暴躁，說話囉嗦。他喜歡下西洋棋，熱愛聽古典音樂，更渴望成為不折不扣的科學家——愛迪生鄙視的終身職業。但他一想到父親會失望，就畏縮不前了。他盡量用溫和的口吻寫信給愛迪生，表示只要他能夠回到研究所讀一年，並利用暑假去旅行，他承諾會在工廠工作很長一段時間。「我認為接下來的一年半對我意義重大……比你認為我應該在工廠服務一年半更重要。」他寫道。

愛迪生發現這位年紀最小的兒子非常有主見，他成全了西奧多。

決不踏入廣播業

初夏時節，愛迪生覺得自己經過十三年不懈的努力改進，已經使金剛石光碟臻於完美。「我真希望這次能一勞永逸，」米娜寫信給姊姊葛瑞絲（Grace）：「光碟的外觀比以前更完善，他很開心。」

實際上，他只成功改善了逐漸過時的技術。他最引以為傲的原聲錄音成就，無法超越某種程度上的機械限制。無論膜片多麼容易受到聲波影響，或溫熱的蠟對轉移有多麼敏感，仍然有不能仰賴機械複製的較高頻率和較低頻率。曾有一段時間，愛迪生從錄音部門的總經理沃爾特・米勒（Walter Miller）那裡聽說，貝爾實驗室（Bell Laboratories）的科學家在研究電氣錄音的新方法，錄音的頻率範圍落在五十至六千個週期之間，遠遠超過一般聲學系統所及範圍的兩倍。美國電話電報公司（AT&T）是貝爾實驗室的所有者，打算在這項新方法上市時租給留聲機企業。

令人出乎意料的是，愛迪生發明了其中兩種能夠實現電氣錄音的裝置（封裝熱離子發射的真空管，以及把聲波轉換成訊號的麥克風），他也發明了留聲機。更諷刺的是，多虧現在安裝在商用接收器上的重低音磁性擴音機，他很久以前發現的「以太力量」推動了廣播熱潮，使「以太力量」這個詞比以前恰如其分。

廣播不再是一種無法擴音、只能靠耳機播放的媒介了。這種免費的傳播新方式，反而能產生驚人的「聲量」，以至於四大留聲機企業——勝利牌（Victor）、布朗史維克牌（Brunswick）、哥倫比亞牌（Columbia）和愛迪生牌（Edison）——都不知道該如何保持競爭力。除了愛迪生顯然注定要努力讓厚光碟、薔薇木製播放器維持在奢侈品市場的頂端，他只剩下兩個選擇：毫無技巧的把無線電接收器塞進唱盤，或卸除聲學設備和唱片的龐大存貨清單，以便迎接新一代的全電氣化留聲機。無論是哪一個選擇，他都必須支付每張唱片的專利使用費給AT&T，除非他找到避免涉及眾多專利的方法。

愛迪生並非唯一不認同原聲錄音（由於失衡的輸入和無法控制的輸出）走向滅絕的留聲機主管。哥倫比亞牌、布朗史維克牌這兩家留聲機企業，也忽略了AT&T一開始的進步。埃爾德里奇·約翰遜（Eldridge Johnson）曾經把勝利牌打造成每年銷售額高達五千一百萬美元的搖錢樹，卻在電力系統的強勢威脅下精神崩潰了。

四大留聲機企業的董事會開始制定為期一年半的絕望戰略，而新興的大型娛樂企業美國無線電公司（Radio Corporation of America）收益增加了一倍，高達五千五百萬美元。國內廣播頻率散播的聲音與悅耳氣息，掩蓋了西奧蘭治鎮的老人哭喊聲——愛迪生說：「我決不踏入廣播業。」

銀膠菊

那年六月，愛迪生在實驗室下達新指令，目標是從各種植物提取類似橡膠的汁液來做實驗。不過很奇怪的是，進度報告上也同時調查了儀器操作者的行為。更奇怪的是，除了他在袖珍筆記本寫下自己觀察到的事物，也匆匆寫下意識流的內容——歌名交織著植物學、化學和其他資料：

準備許多乳薊葉做實驗
先除掉尖刺，再沖掉乳汁，添加填料
〈當燕子南飛時〉（When the Swallows Homeward Fly）
我的報春花十分美麗
八株銀膠菊的乾重[14]是三・六三八磅

他不久後就學會拼寫「銀膠菊」的單字，並把注意力集中在銀膠菊，忽略了乳草，因為他把銀膠菊當作值得研究的本土橡膠來源。銀膠菊在格蘭河（Rio Grande）以北和以南的乾燥環境下自然生長，很容易連根拔起，不久就會再生。到了夏末，他藉著參考喜愛的《瓦特的化學詞典》（*Watts's Dictionary of*

14　細胞除去水分後的重量。

Chemistry），發明了提取聚異戊二烯類（polyisoprenoid）大分子的方法。他也研究一些來自墨西哥的樣本，計算出他可以從每種植物提取七．五克的橡膠。「這些植物占據大約一英尺的橫向空間，每英畝大概能種植四萬棵灌木，」他寫信給福特：「這樣的話，每英畝能提取六百八十磅的橡膠，價值一百八十三美元。」福特和費爾斯通一樣很擔心史蒂文森計畫的後果。

如果愛迪生計算正確（並非總是如此），本土銀膠菊橡膠的售價有可能達到每磅二十七美分，相當於外國天然橡膠的現行價格。但他警告福特，要確定灰白銀膠菊（Parthenium argentatum）是否能像東印度的橡膠樹一樣適應美國的種植文化，則需要進行浩大繁複的作業。他打算在佛羅里達州莊園種植能夠分泌大量膠乳的橡膠樹，即便這種橡膠樹不曾在北美洲茂盛地成長。同時，他在佛羅里達州和格蘭蒙特的溫室種植銀膠菊的種子。

米娜通常在溫室種植玫瑰和蘭花，但她從小在世界橡膠之都——俄亥俄州的阿克倫市成長，所以她應該能接受含有橡膠的物種湧入吧。

我記得

一九二三年八月二日，哈汀總統因心臟病逝世，愛迪生快被世人遺忘的俄亥俄州背景回憶重新浮現。哈汀比愛迪生小十八歲，近期的身體狀況也看起來沒有異樣，所以他因病辭世令人震驚不已，彷彿提醒世人生命的短暫性。八天後，米娜、福特一家人和費爾斯通一家人陪同愛迪生，到俄亥俄州的馬里恩縣城參加喪禮，而愛迪生順便介紹自己的米蘭出生地，只有北方六十英里之遙。他在米蘭擁有不動產，但他在一八五四年搬到密西根州的休倫港之後，他只回去拜訪過幾次。梅塔．沃茲沃斯（Metta Wadsworth）是他的遠房表親，她就在米蘭定居，擔任看護的職務。

他們乘坐三輛全新的林肯品牌旅行車，沿著四號公路出發。車子底下是巨大的低壓充氣輪胎，多少可以看得出費爾斯通對橡膠的貪欲。[15]休倫河的兩條支流朝著同一個方向流動，彷彿陪同愛迪生前往出生地附近的交匯處。他只能準備迎接一大波重要的回憶來襲。對他來說，這是一段兼具線性和環形特徵的旅程，奇妙地把馬里恩縣城的哈汀墳墓和米蘭的瑪麗恩（他的大姊）墳墓連結在一起，而他的長女瑪麗恩也碰巧準備結束在歐洲流亡的生活。

愛迪生喜歡跟地質學家和古生物學家開玩笑說，他太關心未來的事了，所以沒有心思去回想過去的事。在他七歲以前確實是如此，他只記得其中三、四年發生的事。雖然他的父親在那些年很富有，在米蘭的運河港地和倉庫也度過充滿小麥的黃金歲月，這座市鎮卻讓他聯想到痛苦的事件：在公共場合承受鞭打、指尖被斧頭砍斷、游泳夥伴淹死、小時候被老師批評笨頭笨腦。相較之下，他一直把休倫港當作探索自我的好地方。

傍晚時分，他眼前的幾座美麗山丘漸漸拉開距離，展現出米蘭的風采。有大約二千、三千位市民在公共廣場等著迎接他，那裡是他七十年前遭到責罰的地方。但車隊持續前進，沒有在俯瞰著船塢的背脊最高處停下來。那裡矗立著山姆在一八四一年親手建造雅緻的七間房小屋，屋子的紅磚牆和石製窗楣的高大窗子都依然穩固堅挺。[16]

從正面看，小屋看起來像聯邦政府建造的單層普通建築。愛迪生走到後花園時，才從峭壁的斜坡上方

15　愛迪生的私人墨綠色林肯汽車，如今在迪爾伯恩市的亨利福特博物館（Henry Ford Museum）展出。

16　愛迪生故居博物館（Thomas A. Edison Birthplace Museum）目前是美國的國家歷史名勝。

看到上下兩個樓層。

「你覺得這個老家眼熟嗎？」福特對著他的右耳喊道。

「很眼熟。」街上的記者都清楚地聽到愛迪生的回答。

比起小屋，他似乎對市中心的景色更感興趣。但在七十年前，他小時候看到擠滿駁船的淡水港風貌，如今演變成他白髮蒼蒼地看著蕭條的城鎮景象。野生的灌木和雜草沿著古老的運河生長，而這條運河早已乾涸、淤塞。破敗的罐頭廠坐落在道路的轉彎處，那裡曾經擠滿等著卸下穀物的貨車。自從鐵路出現後，米蘭及其水運經濟就再也沒有復甦過。

最後，愛迪生帶著其他人走進屋子，他驚訝地發現梅塔依舊使用煤油燈，畢竟他成功發明的電燈已經廣泛應用在世界上的許多地區。他引領大家走到東北方向的小臥室。他凝視著映入眼簾的第一道牆，心裡百感交集。接著，他走到外面的走廊，獨自擺好姿勢要照相，夕陽的餘暉灑在他的臉龐。

梅塔對他說：「你現在要去廣場演講，不然市民會心碎。」

然後，例行的儀式尊稱他為「全世界最偉大的發明家」，而他也一如既往的委婉推卻，令人失望。「我有重聽，沒辦法好好談話。」他解釋。銅管樂隊演奏國歌〈星條旗〉（The Star-Spangled Banner）時，他還摀著耳朵強調這一點。

米娜看得出來他累了，但他後來還是忍耐漫長的握手儀式，一次又一次說：「我記得。」

興趣廣泛

愛迪生離開米蘭後，加入流浪式旅行，和夥伴一起去密西根上半島露營。他陷入沉思狀態，並教導費爾斯通的二十五歲兒子小哈維（Harvey Jr.）有關使人類性格永世長存的「記憶群體」理論。他說：「顯微鏡下根本找不到記憶群體……這些獨立存在的實體離開身體時，身體就像一艘沒有舵的船——被遺棄後，一動也不動，然後死亡了。」

愛迪生自認為在談論形上學，但他費心的避開「上帝」這個詞，反而暴露了他的心思。可見他上了年紀後，需要某種神聖的慰藉來證明死亡不是終點。兩年前的夏天，他在馬里蘭州的浪人營地提出一個令威廉．安德森主教吃驚的問題：「這輩子的短暫生命結束後，會發生什麼事？我們會到哪裡去？」當然，這是有關人類存在的基本問題，科學和推理都無法解出這個問題的答案。愛迪生在長壽的一生中，始終是湯瑪斯．潘恩的追隨者。此時，他寫道：

> 我一直對潘恩很感興趣。我爸爸在家中的書架上放了一套潘恩的書。我大概在十三歲的時候讀這些書。我還記得在翻閱他的書時，突然靈光一現。他在政治和宗教方面的觀點與眾不同，確實讓我大開眼界……
>
> 許多不了解盧梭、孟德斯鳩的人，都覺得潘恩的表達方式直截了當。他的用詞淺顯易懂，敘述簡明扼要，說話一語中的，就連小學生都能理解他的意思……
>
> 大家都說他是無神論者，但這不是事實。他相信有至高無上的智慧，這個概念就是世人所謂的神。

愛迪生把潘恩譽為發明家，顯示出他對偉大理性主義者的自我認同。「他構想和設計出鐵橋和無煙蠟燭，並提出現代的中央通風煤氣爐原理。他是博聞多識的通才，興趣很廣泛。」他說。

如果這意味著他們兩人都支持純粹的機械泛神論，愛迪生現在應該發現自己的發明超越了人工製造的「物品」，並且更聚焦在自然事物上。潘恩的涉獵範圍具有令人驚嘆的多樣性。「大自然不會騙人，我們可以從中發現關於生命、死亡、甚至是永生方面的課題。」

夾竹桃的原生質

九月時，愛迪生回到西奧蘭治鎮，再度試著挽救他的聲學留聲機。他不停地改進長喇叭，讓西奧多負責打磨金剛石針，並抵制兄弟倆想踏進廣播業的欲望。但他把愈來愈多時間花在研究生物化學的奧秘，經常在實驗室的圖書館或樓上的「十二號」私人實驗室度過不眠之夜。他批准了分成兩部分的橡膠研究專案——同時在西奧蘭治鎮與麥爾茲堡執行，並毫不猶豫的把專案計入公司預算。多虧強勁的水泥與蓄電池銷售量，湯瑪斯愛迪生有限公司恢復了獲利能力。

他意識到自己需要學習的植物學知識有多麼浩瀚之後，他向前雇員保證：「直到有人成功複製草葉，自然界才沒有資格嘲笑他所謂的科學知識。」他在其他科學領域的學識也很淵博，同時呈現連貫性。在一定程度上，像電力這種普遍的力量，已經把他在電報、電話、聲光技術、磁性採礦、電影和電池設計方面的實驗通通連結起來了。而現在，他需要迎接成長、形態和繁殖的系統知識，這些知識都和電沒有關聯。

也就是說，他必須沉浸在技術文獻中，比以往投入更多心力，直到理解透徹並取得成就為止。假以時日，他必定能夠從植物組織中提取橡膠，就像他曾經從錫箔導出音樂一般。

愛迪生把自己關在實驗室的圖書館裡，潛心研究阿佛烈．艾倫（Alfred Allen）寫的《商業有機分析》（*Commercial Organic Analysis*），探討哪些含酒精的溶劑能夠取得黏性強的橡膠萃取精華。他也鑽研威廉・強森（William H. Johnson）寫的《帕拉橡膠的栽培與準備措施》（*The Cultivation and Preparation of Pará Rubber*），尋找關於膠乳凝結與純化的建議。此外，他還讀了克納・馮・馬里勞恩（Kumer von Marilaun）寫的《植物的自然史》（*Natural History of Plants*），並且大量做註解。不久，他覺得自己的知識足以摒棄法蘭克・伯拉罕（Frank Braham）寫的《橡膠種植手冊》（*Rubber Planter's Handbook*），把這本書當成「非專業的無用資訊」……他也認為自己有資格針對威廉・瓦雪利（William Wicherley）寫的《種橡膠的全面藝術》（*The Whole Art of Rubber-Growing*）一書中的許多結論提出質疑。布萊斯福德・羅伯遜（Brailsford Robertson）寫的《成長與衰老的化學基礎》（*The Chemical Basis of Growth and Senescence*）的學術研究讓他留下深刻印象，其吸引力大過書中描述關於他身體衰退的內容。

乳白色品種

在一九二四年和一九二五年的大部分時期，愛迪生在私人實驗室及西奧蘭治工廠的知名「花粉熱室」，進行的額外研究模式雜亂無章，這取決於獲得種子和樣本的可能性。每當他開車經過紐澤西州的雜草地時，似乎一定要下車尋找乳白色品種。在別人眼裡，他當時的袖珍筆記本就像是各種不同資料的瘋狂拼貼，內容包括植物的拉丁文名稱、有機溶劑清單、海綿橡膠孔的塗料、機械製圖、地理與氣候相關的統計、貝多芬的《月光奏鳴曲》（*Moonlight Sonata*）主旋律的聲學分析、驗尿結果，以及能在戰鬥中發揮作用的誘捕系統（他對防禦技術有濃厚的興趣）。

雖然他早就告訴福特，他已經設計出一種從銀膠菊「提取橡膠的好方法」，但這只是他提早想像成功願景的習慣，作為鞭策自己的方法。他有時候會在筆記本上用鉛筆寫下「稀有現象」這個詞，但這通常代表難以理解的失敗。他開始推論，從橡膠樹以外的植物尋找數量可觀的優質橡膠，在植物學方面簡直是緣木求魚。

在緊急情況下，銀膠菊有望被美國農業部（USDA）列為聚合物的本土來源。愛迪生在麥爾茲堡的苗床播種銀膠菊，但幼苗長得很慢。他估計這種灌木的繁殖週期為四年至五年，對實際栽培而言太久了。他也不喜歡銀膠菊的橡膠分子以膠狀的形態分散在根、莖、枝皮的薄壁組織中，以及分散在碎葉中。除非他能想出比浮選（磨碎灌木後，浸泡在經過稀釋的氫氧化鈉中，直到木質塵土下沉，蟲子似的橡膠游上來為止）更好的提取方法，否則他很懷疑柔軟又有黏性的製成品能夠和種植地的精純帕拉橡膠媲美，或比得上電池部門用於硫化的坤甸（Pontianak）進口天然橡膠——堅固、顏色深，切開呈白色時帶有潮濕的酸臭味。

基於這些原因，他斷定銀膠菊無利可圖。身為發明家，他一直都希望保持獨創性，於是他試驗了政府不太支持的其他聚異戊二烯品種。他對橡膠藤（Cryptostegia grandiflora）的潛力懷抱希望；這是一種成長快速的藤蔓植物，種子很強健，乳膠橡膠的含量平均只有三%，但他相信審慎的培植方式可以使乳膠橡膠增加兩倍。橡膠藤的主要缺點是，蔓生的習性會妨礙機械收割機。後來，他想到含有白色乳汁的印度橡膠榕，能像橡膠樹一樣容易榨取汁液。不過，印度橡膠榕也不利於機械設備，因為蔓延方式是迅速往下匍匐並扎根，即使能創造出吸引孩童的通道，也不利於愛迪生構想的割膠機。但他沒有因此放棄在麥爾茲堡種植巨大的孟加拉榕（Ficus benghalensis）品種樣本。他並不知道再過一個世紀，這裡會蛻變成一座綠意盎然的大教堂，在他的莊園占地將近一英畝。[17]

萬中選一

令米娜驚愕的是，一九二四年夏季，有一位志向遠大、會抽菸的時髦女孩出現在西奧蘭治鎮，並且和她特別寵愛的兒子訂婚了。安・奧斯特豪（Ann Osterhout）是來自麻州的二十三歲醫學生。她篤定地對米娜說：「我愛死他了。」但她遲遲不願為了在紐澤西州展開婚姻生活而放棄當醫生的夢想。米娜認為打理家務（有許多傭人協助）、扮演好母親的角色是女性特質的兩大價值，她蠻希望安把戒指還給西奧多，並且親自向西奧多表達自己的愛意。

相較之下，愛迪生很欣賞安，哪怕只是因為她父親是哈佛大學畢業的生物化學家。安年紀輕輕就在科學方面有天賦（她對膠態變化的新課題有濃厚興趣），令他印象深刻。因此，他讓安待在實驗室的研究部門和西奧多一起工作。在此之前，研究部門裡只有男性。時候一到，他就跟米娜說，和其他孩子的糟糕配偶相比，安是「萬中選一」。

瑪麗恩的丈夫奧瑟就是值得一提的例子。他有不忠行為，再加上凡爾賽條約擬定後，他憎恨伍德羅・威爾遜（Woodrow Wilson），迫使瑪麗恩在秋季返回美國家鄉。她說了三十年德語後，說話變得口齒不清。她想在紐澤西州靠近湯姆和威廉的住處定居下來，但不確定父親是否同意。「多年來，我一直很渴望贏得你的愛，」她向愛迪生表示很後悔在十幾歲時反對他娶米娜：「如果我沒那麼愛你，我就不會吃醋了。」

17 這棵榕樹坐落在愛迪生與福特的冬季莊園（Edison-Ford Winter Estates），如今是北美洲最大的榕樹。

一如往常，米娜又為了愛迪生「另一個家庭」的事操煩。這三個孩子從來沒有讓她放心過，尤其是最年長又最叛逆的瑪麗恩。米娜盡力讓她在西奧蘭治鎮有賓至如歸的感覺。雖然她很感激，但最後還是決定在曼哈頓的公寓式飯店安頓下來。

一九二五年春季，西奧多和安結婚了，並且住在離實驗室不遠的公寓。就目前而言，這印證了西奧多為父親工作的決心。西奧多沒有到沉悶的學術界，令愛迪生很欣慰。他用優美的書法起草致謝電報，卻忘了電報會以摩斯電碼的形式發送。他用墨水寫每個字母時，臉上的自豪神情讓米娜深受感動。

她自己的感情卻沒那麼得意。當兒子都還沒有結婚時，她感受到身為母親的價值。但現在，格蘭蒙特的另一間臥室也清空了，她十分沮喪。「回顧我這一生，」她寫信給西奧多：「不費吹灰之力就得到了愛、關注和敬佩，但我現在漸漸喪失魅力，尤其是我的相貌。我不知所措。重新適應生活好難喔。」

有時，米娜想像自己受到冷落，變得非常情緒化，但經過幾週後懊悔不已。「我真是被寵壞了。我應該好好懺悔。」她說。查爾斯和西奧多很同情她，因為他們知道主要問題出在父親不常陪在她身邊。平時，當她出現在愛迪生的視線範圍內，即使他那時在進行實驗，臉上也會掛著打動她芳心的微笑。但愛迪生願意被人打斷的情況是特例，彷彿他有充裕的時間等她離開。

反之，米娜在午餐時間接受兩位記者的採訪，當愛迪生貿然闖入現場時，記者對他「人在，心不在」的行為感到驚訝。「他沒什麼朋友，」愛迪生唐突地離開後，米娜告訴記者：「因為工作的關係，他經常獨來獨往，活在自己的世界中，」她坦白說，愛迪生聚精會神地工作，確實把她排除在對他最重要的事務之外，但她仍然感到心滿意足：「我有很明確的終生職務，那就是湯瑪斯愛迪生有限公司的貼心服務專員。我付出的一切都很值得。」

奮勇當先

愛迪生快要九十歲時，漸漸脫離所有和橡膠研究沒有直接關聯的責任。他在一九二六年二月一日立下遺囑，要把龐大的財產——企業股份交給西奧多和查爾斯。「我的天賦或其他條件，已經讓我的妻子米娜得到充分的照顧。」他把少量現金留給三位長期待在公司的職員，並指示將他的剩餘資產交給信託機構保管，其收益則平分給六個孩子。同時，他以七萬八千二百美元的價格，把自己仍然持有的所有專利都賣給湯瑪斯愛迪生有限公司。

這只是一筆有象徵性的金額，但他是自家公司的大股東，不管怎麼樣都能夠從中獲益。他的公司和大多數美國工業一樣，都在以空前的速度創造利潤。最後，這鼓勵他把總裁的頭銜讓給查爾斯。他擔負了五十六年的管理責任後，對於能夠重返實驗室感到興奮不已。「繼續經營下去的秘訣是，」他對麥爾茲堡莊園附近的年輕經理詹姆斯・紐頓（James Newton）說：「創造出大家願意掏錢買的東西。除非我知道市場需要發明物，才會著手發明。比起賺錢，我更感興趣的是率先發明社會需要的東西。但只要你辦得到，錢就來了。」

著名的天文學家、諾貝爾獎得主阿爾伯特・邁克生（Albert A. Michelson）沒有聽到這番自豪的話，就已經想阻撓愛迪生在國家科學院（National Academy of Sciences）春季會議上獲得院士候選人的提名。從愛迪生在一八八〇年發明一台理論上不太可能存在的發電機開始，該組織一直對他抱持強烈的偏見，認為他是唯利是圖、愛出風頭的技術士。不過，加州理工學院的理事長羅伯特・密立根（Robert Millikan）鼓起勇氣站起來，緊張地站穩腳跟後，提議是時候讓這位偉大的發明家得到認可了。他說：「我相信沒有物理學家會反對愛迪生的提名吧。」

坐在前排的邁克生站起來，小聲說：「我是物理學家，我反對。」

這句話足以使密立根的期待落空。愛迪生對於遭到排斥這件事一點也不意外，畢竟他也曾經多次嘲笑「中看不中用」的理論家。「基本上，發明家能夠實際解決問題。」他說。但他認為自己在職業生涯中，至少實現了五項真正的科學發明，並且在回應《電的世界》（*Electrical World*）雜誌的疑問時列舉這些發明，包括目前用於無線電燈泡的電子傳輸「愛迪生效應」；利用擴音裝置的原理，使唱針在帶電的電解質表面通道保持平穩；後來歸功於赫茲的「以太力量」火花；可逆的鎳鐵伽凡尼電池；物質在壓力下的可變電阻現象，體現於碳粒式電話傳聲器。

在這些聲明當中，傑出的物理化學家米海洛・卜平（Michael Pupin）只認同擴音裝置是獨創性發明。他認為其他的發明要麼早在預料之中，要麼不算是純粹的科學。「若說到科學概念的技術發展過程，在克服技術困難方面，愛迪生無疑是足智多謀的天才。我認為他在這方面無人能敵，但他真正的強項是應用科學，不是自然科學。」

愛迪生被挖苦後，很快又列舉了其他科學發明的成就，包括X射線螢光鏡、發電機換向器銅條的雲母絕緣材料、碲（tellurium）在電報記錄器中的電化學感受性。他在匆忙當中忘了提到微壓計，以及他在年輕時寫過關於磁導率和熱磁發電機的論文。只可惜，學術觀點否定了他認為自己應得的榮譽。

跟上時代的步伐

現在，查爾斯和西奧多終於可以宣傳爵士時代（Jazz Age）[18]的一些創舉。他們之前秘而不宣，是因為擔心會惹惱父親。這些創舉是從原聲錄音到電氣錄音的轉變（他們巧妙地為這項技術加上「愛迪生式」商標），屬於十二英寸慢轉密紋唱片的實驗課題，也是以製造商與供應商之姿進入廣播市場的計畫，也許最後能建立公司專屬的廣播網路。

查爾斯認為創新是與其他聲音技術對手角逐的唯一途徑。勝利牌引進了內建ＲＣＡ接收器的熱門手搖留聲機（Orthophonic Victrola），漸漸搭上廣播熱潮；布朗史維克牌推銷全電氣化的「Panatrope」收音電唱兩用機；哥倫比亞牌和英國同名公司合併，並且簽下西部電氣（Western Electric）公司的技術後，開始轉虧為盈。在四大錄音企業當中，只有愛迪生牌的留聲機部門每況愈下，其儀器太過昂貴，垂直切割的唱片和圓筒也無法在其他型號的儀器上播放。此外，銷售員無法說服年輕顧客相信「手風琴之王」法蘭克・盧卡斯（Frank Lucas）是一位比艾爾・喬遜（Al Jolson）更出色的藝人。諷刺的是，只有「錄音蠟筒」聽寫機的部門表現優異，愛迪生當初構想出留聲機就是為了達到此目標。

他認為兒子想完成的事情太多，時間也不夠。但米娜認同兒子的觀點——每個人都該跟上時代的步伐。她冒著離婚的風險，在格蘭蒙特安裝一台五管收音機，不久就迷上收聽政治事件的報導。愛迪生忙著工作時，很少會反對米娜為空曠的大房子增添新玩意，更何況他的聽力狀況不受噪音干擾。但他相信查爾斯會後悔投資新媒體。「三年後，」他提醒查爾斯：「這個產業會變得競爭激烈，沒有人能賺到錢。」

他說完告別辭後，哥倫比亞街的長喇叭靜下來了，他回去繼續進行聚異戊二烯的實驗。根據米娜的說法，愛迪生從一九二七年二月十一日年滿八十歲開始，「家裡的一切都和橡膠有關。我們談論橡膠、思考橡膠、夢著橡膠。」

18　一九二〇年代和一九三〇年代，當時盛行爵士樂和爵士舞，主要發生在美國、法國和英國，對流行文化的影響很深遠。

壯志凌雲

過去三年，愛迪生對橡膠的癡迷程度加深，與美國進口橡膠的數量成反比。一九二四年，由於英國殖民地部無法控制荷蘭橡膠在遠東地區的競爭，除了異常的暫時短缺（與其說是鬧饑荒，不如說是飢餓之苦），史蒂文森計畫以失敗收場。不過，費爾斯通像往常一樣大力鼓吹「美國應該種植本土橡膠」的口號，福特、商務部長胡佛也陪他一起鼓勵愛迪生繼續進行深入的研究。

愛迪生在宣布他目前全心研究植物學之前，必須到紐瓦克市參加生日午餐會。有一百多位出席者是「愛迪生先鋒」（Edison Pioneers）[19]的成員，他們都是一九七〇年代、一九八〇年代崢嶸歲月的老手，當時身為老闆的愛迪生每兩週就會發明新玩意。七道菜的菜單上包括特別的蘆筍濃湯、含飽滿魚卵的西鯡、小牛胸腺肉餅，可說是滿桌的山珍海味。

這種場合對愛迪生來說是一種折磨。他討厭暴飲暴食，也聽膩了別人說他智商高於常人。他反駁說：「天才是百分之一的天分加上百分之九十九的努力。」這句話已經成了老生常談，但「先鋒」依然堅信該名言——除了其中幾個人記得他年輕時的成就，這些人當時比他更年輕：法蘭西斯・傑爾（Francis Jehl）和威廉・漢默（William Hammer）曾經親眼見證他在晚上成功發明的第一個燈泡持續發光；查爾斯・克拉克（Charles Clarke）和約翰・利布（John Lieb）在一八八二年協助他為曼哈頓一平方英里的地方供電；在現場的其他人當中，前任總務塞繆爾・英薩爾的財力僅次於福特。

福特非常崇拜愛迪生，甚至有報紙刊登他們交頭接耳的照片，特地向讀者說明：「福特不是在親吻老當益壯的好友喔。」福特打算斥資五百萬美元，在密西根州的迪爾伯恩市建造愛迪生理工學院（Edison Institute of Technology）。他希望這座學院的特色是重現偶像愛迪生的第一間實驗室，內部存放的物品都要盡量逼真，連一罐王水都必須講究逼真度。他徵求的首批物品包括適合裱框的證明書，用來印證留聲機是半個世紀前在那棚子裡發明。愛迪生也幫忙寫一封信，證明他八十歲時依然能在紙上揮灑自如。

福特先買下紐澤西州門洛帕克市以前的灌木叢生小村莊，接著移開原本建築的所有磚塊和木板，並尋找土壤中可以用於實驗的碎屑。讓米娜愈來愈惱火的是，福特還爭奪塞米諾爾小屋周圍的瑣碎物品。旁人都可以看到，他潔淨的褲襠從一桶老舊電燈中突出。他也提議挪用愛迪生的實驗室，以便換取更適合橡膠研究的現代化設施。

米娜揚言說要把自己的屍體捐給這項計畫。她一直無法理解丈夫為什麼對福特和費爾斯通那麼友善，她認為他們就像大吹大擂的推銷員，目的只是利用丈夫的名聲。她沒有想到的是，也許愛迪生會反過來利用他們的財富和資助工作的意願。

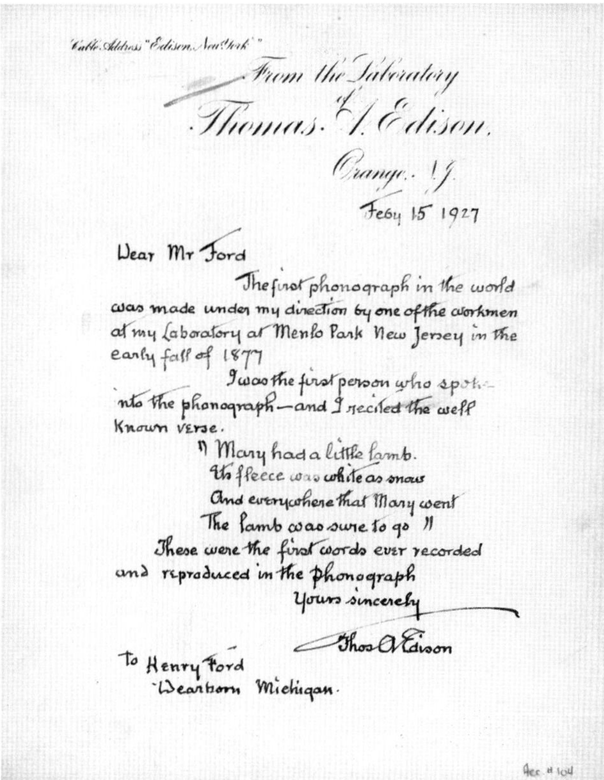
Cable Address "Edison, New York"

From the Laboratory of Thomas A. Edison,

Orange, N.J.

Feby 15 1927

Dear Mr Ford

The first phonograph in the world was made under my direction by one of the workmen at my Laboratory at Menlo Park New Jersey in the early fall of 1877

I was the first person who spoke into the phonograph—and I recited the well known verse.

" Mary had a little lamb.
Its fleece was white as snow
And everywhere that Mary went
The lamb was sure to go "

These were the first words ever recorded and reproduced in the phonograph

Yours sincerely

Thos A Edison

To Henry Ford
Dearborn Michigan

Acc # 104

愛迪生為福特所寫的親筆信。

19 由愛迪生以前的職員組成的組織，會員只限定一八八五年之前和他密切共事的人。

從一九一二年開始，他一直容忍福特逢迎諂媚，因為他必須支付企業貸款的利息，以及不斷接受從迪爾伯恩市湧入的電池訂單。近年來，他不太認同皮革裝訂的《國際猶太人》（*The International Jew*）發表一系列反猶太主義的報刊文章。在這些文章中，福特表示有必要警告雅利安人提防諸如「猶太人打算分裂社會」、「猶太爵士樂是愚蠢的音樂」等威脅。愛迪生為了避免尷尬，要求屬下含糊其辭地公開確認已收到書。「我不太了解福特的工作，也不想捲入任何有關英國人、愛爾蘭人、德國人或猶太人的爭議，我連美國人的爭議都不想碰。」他說。

他覺得自己的名聲沒有因此被玷污後，欣然同意和福特、費爾斯通成為合作夥伴，一起成立正式的愛迪生植物研究企業（Edison Botanic Research Corporation），認真解決美國依賴外國橡膠的問題。

光線照不到的地方

在融資和人員配置的所有細節還沒有制定出來之前，福特寧可延遲新企業的宣傳活動。不過，八十歲的愛迪生還是像三十歲一樣，忍不住散播重大消息。他剛調到麥爾茲堡，就接受了各方記者和通訊社的一系列「獨家」採訪。

《紐約時報》宣布：「湯瑪斯．愛迪生在實驗室通宵進行實驗，他相信這項實驗能夠徹底改變世界的橡膠貿易，並且使美國南部的棉花產地變成橡膠種植中心。」其他報導則描述了這位偉大發明家的種植地夢想：向北延伸到薩凡納市，向西延伸到銀膠菊地帶，能滿足全國在戰爭時期的橡膠需求。據說愛迪生此時在設計一種能夠從植物收割、擠壓、壓片和吸取球狀橡膠的機器。他可以自己培植一些生長快速、不太需要特別照顧、易於生殖的植物，例如乳汁多的藤本植物、雜草或灌木。他目前的研究焦點是馬達加斯加

福特、愛迪生和費爾斯通在佛羅里達州的合照，約攝於一九二八年。

當地的各種桉葉藤屬（Cryptostegia）。福特支付了從馬達加斯加島運送的稀有種子運費。

愛迪生越過塞米諾爾小屋的通道，為新的種植園清理場地。在潮濕的河邊氣候條件下，他四年前種的無花果樹和橡膠樹都已經在塞米諾爾小屋高高聳立。「我是地球上的園藝大師。」他得意地說。到了暮春，他已經在九英畝的土地上種了十六種含乳汁的植物，包括一百棵印度橡膠榕和三百五十株橡膠紫茉莉。橡膠紫茉莉茁壯成長，幾乎達到掠奪性的程度，開始變得難以控管，也無法以機械方式採收。愛迪生意識到，與他以前處理的無機物相比，草本植物比較不適合自動化的處理方式。除了這個問題，還有自然性質的矛盾狀況。他對橡膠樹枯樹皮下的綠色形成層感到迷惑不解。「為什麼這種植物把葉綠素放在光線照不到的地方？」在沒有昆蟲的溫室生長的含橡膠植物，通常分泌較少膠乳和較多樹脂。難道膠乳有驅蟲的作用嗎？

他充分利用滿是灰塵的T型車，在佛羅里達州中部的荒野中尋找樣本。他學會如何扯開葉子，觀察從斷裂毛細管垂下的輕盈線體（他說過：「如果含有橡膠，線體就不會下垂，能延長四分之一到二分之一英寸。」）。他在剛劈砍的榕屬植物塗上甘油後，發現膠乳的分泌量增加了一倍。但缺點是多元醇（polyol）

會延緩凝固的速度。松樹不含乳汁，但他還是刻痕取液，觀察滴落樹膠的速度有多快：每八十二秒一滴。夜間，他的消遣方式是研讀橡膠產業的期刊，或坐在書桌隨意畫一些植物素描。

黏稠的白色汁液

直到夏天，愛迪生回到紐澤西州才知道國家科學院已經投票決定授予他榮譽。在最近的會議上，有一位比羅伯特·密立根能言善道的提倡者引用法國院士對喜劇作家莫里哀（Molière）的墓誌銘，使全體院士感到羞愧。他說：「愛迪生去世後，我們沒有資格說：『什麼也不能增添他的榮耀，我們只能懊悔他沒有為我們增添榮耀。』」

愛迪生優雅地簽上自己的名字，收下了院士證書，但他對文憑興趣缺缺。目前為止，他對聚合物的研究已經到了沉迷的地步。甚至有一天早上，米娜在他的扣眼放上康乃馨時，他還問她莖部是否含膠乳。不久，有人看到他在紐約植物園（New York

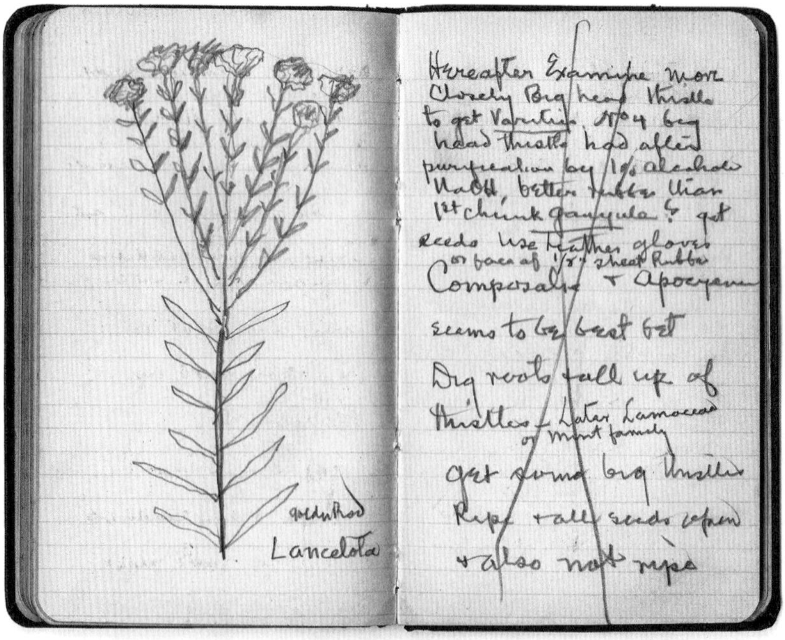

愛迪生的植物素描，攝於一九二〇年代。

Botanical Garden）殘害各種大戟屬植物——割下莖部，用手接住黏稠的白色汁液，然後用揉搓的方式測試彈性。花園的現場工作人員很榮幸遇到這位卓越的破壞者。園長約翰．斯莫爾（John K. Small）也教他如何編目、保存和標記樣本。

七月二十九日，福特和費爾斯通正式成立愛迪生植物研究企業，並在西奧蘭治鎮與麥爾茲堡同時進行實地和實驗室的業務。本金為九萬三千美元，其中這兩位富豪各投入二萬五千美元，而愛迪生不顧他們的反對，堅持也要投入相同的金額。他雇用了十四位野外植物學家，給他們每人一輛福特汽車和一頂帳篷，然後要求他們在美國各地散開，分別尋找和割下符合他需要的植物。在這一個月內，他每天都收到幾十份快遞郵寄的樣本，每一份都標記著植物的屬名、發現日期、地點和土壤類型。他也要求西部鐵路的代理人確認他們有沒有含乳汁灌木的通行權。此外，他請佛羅里達州的莊園經理法蘭克．史圖特（Frank Stout）在種植園中增加更多品種，包括巴西的塞阿拉（Ceara）橡膠樹、賴比瑞亞的卷枝藤屬（Landolphia）藤本植物、印度的無花果樹、銀膠菊、聖誕紅以及其他許多樣本。同時，愛迪生每天都會分析多達五十種植物的酶和蛋白質。他發現大多數品種需要二年到五年的時間盡量增加橡膠細胞含量，於是他寫信告知醫生，他和死神正在競速。

米娜注意到他的體重下降了，很擔心他為了達到福特和費爾斯通的期望而操勞過度。但她明白，他的性格和殘疾問題杜絕了其他人的讚美或感激之情，不得已只好忙這些事。至少，他不需要再煩惱留聲機部門了。「他開心的忙著研究橡膠，不去想別的事。」她說。

查爾斯也為此感到高興。他致函「父親：愛迪生實驗室的橡膠科學」，信中寫道：「我得出的結論是，你需要把注意力集中在橡膠研究，而不是為企業的細枝末節操心。」

查爾斯放膽嘲弄的口吻，充分說明了他的自信。根據米娜的觀察，愛迪生又回到過去取得重大成就之前的專心致志狀態。如果他能活得像銀膠菊灌木一樣久，也許能再度享譽國際。

但那可不一定。他告訴瑪麗恩：「我工作太賣命了。」那天，瑪麗恩見到他時，他已經兩耳全聾，在書桌前疲憊不堪。他年輕時就覺得困難的電燈技術極具挑戰性。而現在，艱深的植物學常常讓他迷惑不解。他向《科技新時代月刊》（*Popular Science Monthly*）透露，橡膠研究是他遇過最複雜難懂的關卡。

但至少，他確定銀膠菊不是他在尋找的植物。他淨化了銀膠菊的大量分泌液，並將凝塊送到阿克倫市塑形，卻只得到一套支離破碎的脆弱輪胎。他對沙漠品種不再感興趣後，把剩餘的一年時間用於實驗大戟科、蘿藦亞科和夾竹桃科等科名的植物，並向記者保證：「好戲才正要開始。」

無形的紙漿

那年冬天，愛迪生申請了第一千零九十項專利，這也是他在植物學技術方面的第一項專利——從植物中提取橡膠。其獨特之處在於，這項設計能使有價值的物質在毫無價值的物質中沉澱下來（如同他在四十年前發明的磁選機）。

他描述的流程包含兩個階段：首先，將風乾、含有橡膠的小型植物穿過重金屬軋輥，以便打開木髓縫，折斷樹皮、莖、樹枝和根。接著，將半壓碎的木塊切成短條狀，持續浸泡到樹皮和木髓變軟，再倒入充滿水的礫磨機。滾磨用的鋼球會在礫磨機內搗碎其餘的固體，輕輕地把木材和漿狀物分離開來。大約一小時後，產生的漿液就可以從礫磨機的細篩倒出並清洗。「篩子保留的木質材料，」愛迪生寫道：「變得很乾淨、潔白如雪。也許某些植物很適合用來造紙。」

此流程的第二階段，是針對第一階段實施進一步提煉：產出「無形的紙漿」，慢慢地釋出和凝聚混合物中的所有橡膠微粒。

這項發明的主要獨特之處在於，能夠使聚合物含量不到一%的含乳汁植物獲得有效成果和進行濃縮。兩年後，專利局批准了這項專利，但他那時已經對低產量的植物喪失興趣，反而迷上了美國路邊不起眼的雜草。此時，他還沒有對外公開雜草的名稱。

更神聖的紅土

「你不希望我們進入廣播業嗎？」一九二八年新春，愛迪生準備前往佛羅里達州，查爾斯為他送行時懇求道。他朝著月臺走，植物研究企業的六名助理協助他把一百箱生物化學設備搬上火車。

「嗯，如果你想當傻瓜，那就去吧，」他回答：「我同意你去做，但這不是好事。」

那年一月，塞米諾爾小屋美不勝收。米娜高興地看到繁花盛開，不只蘭花綻放，橘子樹和芒果樹也結滿了夏季般的果實。麥葛瑞格大道對面的橡膠園看起來也鬱鬱蔥蔥，但她一看到為了新建化學實驗室而清理的場地，就覺得福特的好意破壞了美景。她已經做好心理準備，眼看著愛迪生當初在婚後第一年建造的老舊工作室一塊接著一塊消失。愛迪生倒不覺得感傷，他認為自己需要更多空間來容納迅速擴展的「橡膠學家」團隊。

愛迪生雇用威廉・賓尼（William Benney）擔任實驗室管理員，他不分晝夜地處理各種事務，是很有耐心、拼勁十足的好幫手。弗朗西斯・希梅卡（Francis S. Schimerka）是在奧地利出生的化學家，負責分析與萃取事務，協助他的成員包括一名專業植物學家、一名機械工，以及五、六名不同職責的公務員。這些人當中，除了有十幾歲的標本收藏家，還包括年邁的弗雷德里克・奧特（Frederick Ott，以下簡稱弗雷德）——他總能在適當時機打噴嚏，因此成為愛迪生的首選電影明星。

福特在月中來訪時，滿腦子都是擬議中的愛迪生博物館（Edison Museum）計畫。米娜熱情地迎接他，一看到世界首富如此崇敬她丈夫長期駐足的場地，不禁內心深受感動——福特確實堅持要在運送舊實驗室時，順便帶走一英尺深的佛羅里達州土壤。他打算對門洛帕克市更神聖的紅土以及嵌入其中的愛迪生相關碎屑做出同樣的事。[20]

福特不知道他在孕育一門日後稱作「工業考古學」的科學。他只知道，如果沒有取得「先鋒」珍藏的物品，他的博物館就不夠完整，像是愛迪生在各個職涯時期使用過的模型和機器，包括由威廉．漢默按時間先後順序組裝的重要電燈泡。「先鋒」希望在他們自己的畫廊展示這些珍寶，例如在華盛頓特區的史密森尼學會（Smithsonian Institution）。

另一方面，福特汽車公司（Ford Motor Company）面臨了來自奇異（General Electric）公司的挑戰，彼此競爭著該由哪家公司贊助一九二九年十月二十一日愛迪生發明白熾燈的週年紀念。以福特的能力來看，他光是在草坪上走幾步，就能輕易說服在另一頭冬季別墅的愛迪生，這似乎是一場不平等的競爭。不過，奇異公司得到「先鋒」的大力支持。如果「白熾燈五十週年紀念」（Light's Golden Jubilee）在故鄉紐約的斯克內塔第（Schenectady）舉行，奇異公司也準備好好回報「先鋒」和史密森尼學會。

愛迪生看起來不太關心自己的紀念展和舉辦地點。因此，福特告訴米娜，如果有必要，他準備為迪爾伯恩市的愛迪生理工學院花費五百萬美元來達到兩全其美。她也答應在夫妻倆返回北方度過夏季時，會針對這個問題召開家庭會議。愛迪生有可能不會參加紀念展，畢竟他已經對公開的榮譽興味索然。有人告訴他，他和福特、義大利籍貝尼托．墨索里尼（Benito Mussolini）都獲選為還在世的三大偉人，他詼諧地模仿猶太籍當鋪老闆說：「好吧，他們都是偉人，但愛迪生是為了興趣而發明，一點都不乏味。」

精采的晚年

德國作家埃米爾・路德維希（Emil Ludwig）在二月底拜訪塞米諾爾小屋。他才剛出版了一本關於拿破崙的暢銷傳記。假如他把愛迪生當作另一位英雄人物，也許他只是看到這位心不在焉的老人重拾童年趣事的一面：

> 我看到他從開滿鮮花的工作坊門口走出來……低著頭，身上穿著白色西裝。他右手拿著一株小型植物，笑容滿面。因為這株植物能創造出不少橡膠。
>
> 我們跟著他走到一棵橡膠樹前。他用刀子刺穿樹，從切口收集滴落的白色液體，同時跟我們聊數字和百分比。然後，他帶我們回到工作坊，給我們看他為分泌樹膠的植物汁液所做的準備工作，包括夾竹桃、忍冬屬。這些植物都經過稱重和蒸餾了。他「滿懷愛意」的拿起一根管子，裡頭裝著樹葉的汁液。
>
> 「這就是關鍵——葉綠素。」他說。
>
> 他的人生真是妙不可言啊！繼歌德之後，就沒聽說過有人的晚年過得如此精采！

初夏，愛迪生提到：「我已經在佛羅里達州測試二千二百五十種野生植物，其中有五百四十五種含橡膠。」他還設計了各式各樣的農作物處理機器，包括每天能夠剝下二萬株夾竹桃葉子的剝葉機。但他覺得

20 法蘭西斯・傑爾表示，福特也盡力打撈舊實驗室的木材，包括門和大部分的窗框。

剝葉機的運作速度還是太慢了，他說：「我的目標是八小時內處理十六萬株。每人處理二英畝。」

同時，他努力開發更精密的萃取技術，但他找不到適合的凝固劑來沉澱比球狀更不黏稠、不易硫化的物質，因此執行起來困難重重。但他把每一次失敗當作邁向成功的一步，並告訴米娜，過去五個月是他有生以來最快樂的時光。

她說不出同樣的話，因為她一次又一次感受孤獨的滋味——身為人妻，在夜間醒來卻不見枕邊人的蹤影，有時甚至獨自入眠。「爸爸一定是在為橡膠苦思冥想，」她一夜沒睡，在清晨寫信給西奧多和安：「現在是凌晨二點三十分，他在實驗室研究溶劑之類的東西。」

西奧多和查爾斯的來信，充滿了他們享受生活、婚姻和工作方面的樂趣，襯托出米娜的孤寂。雖然米娜沒有料到查爾斯會捎信給她，但她很樂意收到熟悉的家人消息。查爾斯現在三十八歲了，即使女友卡洛琳（Carolyn）的出生登記年齡比他大好幾歲，他們私底下是按照正確的實際歲數來慶祝生日。米娜把希望寄託在安身上，但安是有明確目標的年輕女子，她對研讀經濟學的興趣顯然大過縫製嬰兒衣服。[21]

也許是遲鈍或疏忽了她的焦慮情緒（「別問我女人的事，我搞不懂她們」），愛迪生繼續把心思放在種子、風、樹苗、樹、樹枝和樹葉。

不能播種

六月初，麥葛瑞格大道對面的新實驗室漆成了綠色，寬敞的內部空間開始擠滿了工作人員和設備。用於化學加工的粉碎室和乾燥室，全都井然有序的陳列，機器和玻璃吹製的工作坊也設在旁邊。有一些訪客認為這間實驗室的設計是仿照福特設在底特律胭脂河（River Rouge）的著名生產線。他們並不知道，福特早在一八九〇年代就受到愛迪生的「帶狀」採礦聯合企業的啟發。這主要可以歸因於二十五年前在門洛帕克市的工作檯布局方式。也因此，當弗雷德環視由四間房組成的兩側長型區域，有十二張雙層桌和許多試管，令他不禁產生懷舊之情。除此之外，實驗室的櫥櫃放滿了種子庫、溶劑、切片機、研磨機、過濾器、布氏漏斗、篩子、秤盤和瓷球。索氏提取器看起來像玻璃製的蘆葦，在遠處的桌面發芽般，球狀的外型使俯瞰種植園的高大窗戶產生折射現象。

米娜還沒同意丈夫在那裡工作。新屋頂上也還沒佈滿蔓生植物，她擔心暑熱襲擊他。因此她表示該回到紐澤西州避暑了。

「我不想離開，但她一直逼我。」愛迪生在十二日那天登上北行火車時開玩笑說。

愛迪生在化學實驗室裡沉思。

21　米娜不經意的向埃米爾・路德維希傾訴自己很擔心丈夫「膝下無孫」。她說：「他結過兩次婚，生了六個孩子，結果沒一個讓他的名字傳承下去。」

經過十個月的籌備，愛迪生植物研究企業如今分為南北兩端但順利運作的組織——南北端有許多對「戰爭橡膠」感興趣的機構，例如紐約植物園、美國農業部與商務部、陸海軍彈藥委員會（Army-Navy Munitions Board）、福特企業和費爾斯通企業。愛迪生把他們的各種力場固定在一起。沒有他的批准，就不能進行任何實驗，也不能播種或索取種子。即使是資深科學家，也要服從他接連不斷的口頭、書面或電報命令。令他們欣慰的是，愛迪生的殘疾問題使他無法使用電話。

他讓佛羅里達州的二十四人園區負責分析和培植外國橡膠植物，並在西奧蘭治鎮處理當地植物研究企業收集到愈來愈多的樣本。愛迪生似乎覺得這些還不夠，花了八千美元把格蘭蒙特的花園改造成佛羅里達式種植地，種了五百多種直排的香草和雜草讓鄰居賞心悅目。難怪他的助理威廉・米德克羅能夠遵從他的命令長達二十年，而且只是發牢騷說：「我們的橡膠業務似乎永無止境。」

事關重大

八月二十日，米娜在格蘭蒙特舉行關於週年紀念計畫的重要家庭會議。愛迪生難得讓長子當代言人。湯姆以愛迪生技術（Edicraft）工程師的身分回到工廠檢測電烤麵包機，大家都很同情他身子虛弱和婚姻觸礁（碧翠斯和雜務工通姦）。查爾斯、西奧多、安、米娜的弟弟約翰・米勒（John V. Miller）都出席了。唯一的外人是約翰・利布，他代表「愛迪生先鋒」出席。

米娜主導這場討論。她認為奇異公司在一八九二年喪失了祝賀丈夫的權利，因為他們從公司名稱去除了他的名字。利布一再呼籲，表示公司現在每年能補償愛迪生高達十萬美元。假如他批准斯克內塔第市的慶祝活動，公司還會在那裡建造一座愛迪生博物館。但米娜仍然對塞繆爾・英薩爾的背叛耿耿於懷，因此拒絕了提議。她確定福特準備為擬議中的愛迪生理工學院花費多達一千五百萬美元，並滿意地提到這位大亨說過的話：「真希望能把這件重要的事變成國家大事。」

投票結果一致支持福特在迪爾伯恩市建造愛迪生理工學院。利布設法談判一項協議：儘管福特同時在密西根州宣傳愛迪生理工學院的成立，奇異公司仍然會贊助「白熾燈五十週年紀念」。密西根州的博物館終究能容納「先鋒」的大量收藏品。

因此，愛迪生只好為一年後的巔峰之作做準備，當時他只想做出不會沾黏手指的本土橡膠。其他希臘人紛紛贈送禮物給他。在財政部長梅隆的建議下，國會授予愛迪生國會金質獎章，以表彰他「照亮了前進的道路」。他說自己太忙了，沒時間去華盛頓州領獎，所以梅隆和官方成員在十月二十日北上，在實驗室頒獎給他。

有三千萬名收聽廣播的聽眾，聽到部長稱讚他是「改變現代生活潮流並另闢蹊徑的少數人」。他謝過了部長頒發的獎章，然後看到暗色的金屬製品，變得高興起來──那是他在一八七七年發明的第一台留聲機，倫敦的科學博物館在很不情願的情況下出售此收藏品。

萬歲！

十七天後，赫伯特・胡佛當選美國總統。愛迪生很早以前就投票給胡佛了，他當時也不確定胡佛會不會在白宮支持國內的橡膠研究。無論如何，他打算繼續研究植物學，直到有成效為止，或等到他的身體或大腦出問題才罷手。

說到他的好奇心和記住複雜資訊的能力，他的大腦顯然沒有衰退跡象。但他對其他觀點的包容度幾乎消失了，沒人認為他是個寬容的人。每當他聽到或誤聽不喜歡的內容，福特平時偶爾的抱怨和他出人意料的猛烈批評相比，根本不算什麼。他那豎起的眉毛扭曲變形，誇張的手勢變得斷斷續續，說話的聲音也開始嘶啞，彷彿他相信周圍的人都有智力缺陷。

瑪麗．查爾茲．納尼（Mary Childs Nerney）是查爾斯請來整理湯瑪斯愛迪生有限公司文件的編目員。她才剛開始在實驗室裡的圖書館樓上工作，就見到了在樓下的公司創辦人。

> 我永遠不會忘記第一次見到他、聽到他聲音的情景。我從走廊的欄桿往下觀察，聽到他不停的高聲謾罵中夾雜了一連串資訊。
>
> 這位身高中等、結實粗壯的發明家站在書桌旁。他有點駝背，但出色的才智使他的白髮看上去令人尊敬。當他說出一大堆驚人的專業詞彙時，雙眼炯炯有神。真沒想到這就是他本人。

她覺得愛迪生看起來很健壯，是因為他自認為太合身的衣服容易使皮膚下的微血管破裂出血，導致內傷。因此，他盡量穿上大件的寬鬆服裝，敞開高領，並穿著大兩號的鞋子拖著腳走路。他在冬天不穿大衣，因為他秉持的抗熱概念是讓冷空氣透過堅挺的袖子竄入手臂。為了保暖，他只穿兩件、三件內衣，有時甚至在暴風雪的天氣穿四件內衣。儘管他的背心和褲子經常破舊不堪，襯衫卻一塵不染。這也許是米娜的功勞，但愛迪生特別喜歡亞麻細布、黑色緞面蝶形領結、一平方英尺的印度絲綢手帕，還有在他身上膨起的超大件春亞紡（pongee）睡袍——照樣有菸草汁濺汙的痕跡，他也依舊在午睡時把夾克捲起來當枕頭。

這些日子，他都只吃幾塊餅乾和喝熱牛奶。雖然他沒有浪費食物，但他晚餐吃很少，因為他相信固體食物會使大腦變得遲鈍，導致他需要絞盡腦汁，才能想出把萃取技術應用到上千個樣本的生物化學方法。

他抱怨說：「橡膠萃取物殘留的頑強溶劑常常讓我很苦惱。」他發現很難找到硬度足以硫化的沉澱物。儘管他成功申請到含水的浮選萃取技術專利，但他發現索氏提取器的「乾燥化學特性」更有成效。這種會搖晃的高玻璃管很複雜，與他以前用於燈泡實驗的斯普倫格—博姆（Sprengel-Böhm）幫浦很相似，當時他很努力改善真空裝置，而這兩種裝置都運用到重力和氣塞。索氏提取器放在電熱板上，開始加熱裝溶劑的平底燒瓶（愛迪生試了九十種不同配方），以便使液體蒸發並進入頂部的水冷式冷凝器。隨著蒸汽再度液化，滴入裝滿植物粉末的圓筒，然後用多孔紙的頂針塞住。溶劑浸透了粉末，吸收橡膠分子後，形成有點像糖漿的濾液，接著用虹吸管吸回加熱的燒瓶。從蒸發、冷凝、溶解到滴落的整個循環過程重複一遍，直到過濾出大部分的橡膠。把糖漿倒進乾燥瓷盤後，會凝固成「堅實的震顫膠狀物」，能保持濕潤度，但缺乏彈性，這讓他很高興。物理學的現象不斷干擾殘留物的純度，而他根據攪拌、揉捏和洗滌凝塊的方式得出不同的結果。即使是天氣，或萃取過程中對索氏提取器產生光照的影響，似乎也能影響分子結構。後來，他在十一月七日塗抹稀釋過的硫酸到黑紅樹的葉子粉末，高興地拿起鉛筆寫下：萬歲！

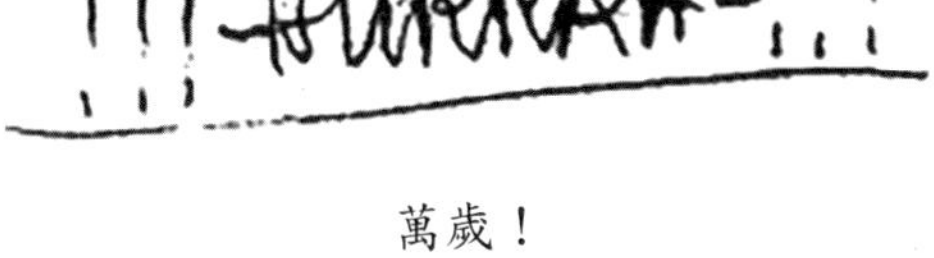

萬歲！

植物之王

不過，愛迪生成功地把溶劑運用在植物品種，但沒有因此接觸他渴望轉移到全國戰略儲備的大量本土天然物質。但他在一九二九年初聲稱，他對十五萬株植物進行研究，並發現乳汁最多的作物產量只有六・

九一％。他告訴《星期六晚間郵報》（*The Saturday Evening Post*）的記者：「我認為大家沒什麼耐心。」

當他的八十二歲生日漸漸逼近，他忍受著痛苦的感覺，包括心理和生理層面（他想著：「到哪裡尋找智慧？在什麼地方能產生悟性？」）。疲勞、餓肚子以及他的研究受到干擾時，產生近乎恐慌的焦躁不安感，都對他的健康有負面影響。他飽受胃痙攣之苦，突然變得弱不禁風。

他向南行時，工作量並沒有減少。他在麥爾茲堡的實驗室和西奧蘭治鎮的實驗室都一樣忙得不可開交。「除了工作，他不做其他事。」米娜寫信給西奧多。「他大概九點出發，工作到六點，回到家時已經累壞了。他的痙攣持續了三個晚上，大約兩個小時後，就睡著了……直到十一點半又起身閱讀，讀到一點半到兩點。」愛迪生認為疼痛的原因是消化不良。但他和醫生都知道，他罹患慢性的糖尿病性胃輕癱（**gastroparesis**）。

由於植物的生命很短，再加上大多數植物的再生週期很長，他決定之後再試著進一步改善萃取物的品質，改成先增加培植的數量。一月二十五日，他挑了大約四十種他認為可能產生二位數橡膠量的植物。當他列出植物的拉丁文名稱時，一枝黃花屬的屬名最常出現。在以前他還是數百萬名中西部孩子當中的其中一員時，他早就知道這種野生植物是一枝黃花屬植物——每年八月都會開出黃色的花朵，提醒他們快要開學了。（細小的球根狀花蕾在開花前平衡於莖上，帶電的彎曲部分會不會讓他想起五十年前「黃金歲月」那種迸發光芒的類似結構？）

在產量方面，除了他歸類為「佛羅里達二〇一」的佛羅里達州不明樣本，大草原一枝黃花屬比其他品種高出一個百分點以上，例如墨西哥一枝黃花、北美一枝黃花、香一枝黃花，以及松林泥炭地一枝黃花。他此時注意到有四．一五％是多年生「好植物」。他需要幾個月的時間才能鑒定這種植物是一枝黃花刺芹屬（Solidago leavenworthii），並推論出這才是他一直在找的「植物之王」。

沒有明顯的蓮座狀葉叢

十七天後，愛迪生一如往常在生日當天舉行記者招待會，這次的場地是米娜在莊園為他建造的迷人隱居地，準備給他意外的驚喜。大家寫給他的問題多半愚昧荒唐。他本來可以大聲回答那群第一次見面的記者，他們就像會說話的新聞短片。但他的情緒很低落，大多時候只是拿起一張紙條，用鉛筆寫上一句簡短的答案，彷彿在應付討厭的郵件。有人問他「幸福人生」的秘訣是什麼，他潦草地寫：「我不知道誰很幸福。」

但一小時後，他感到快樂。總統當選人胡佛搭乘遊艇到塞米諾爾小屋的塞米諾爾旅館碼頭。胡佛的身材高大，外在平靜，在尋訪旗魚之旅中曬得黝黑。他是美國成功的典範，當時他代表的政體處於巔峰時期——超極資本主義、盲目投機、紅利泛濫。接下來的幾個小時，他參觀愛迪生的莊園，並隨著車隊一起越過麥爾茲堡。他的神情愉快，和藹可親，一點都不像謠傳中的嚴肅表情。

儘管如此，他的來訪表明公眾人物擔心「燈泡之父」可能會在五十週年紀念活動之前辭世。福特利用這場盛會宣布了他對愛迪生理工學院的資助。他公開建築設計圖，呈現出擁有五個畫廊的工業博物館，比凡爾賽宮和克里姆林宮加起來還要大，最矚目的特色是費城的獨立廳（Independence Hall）有超大型仿製品。他對門洛帕克市與麥爾茲堡的實驗室重建不包括在內。公關人員愛德華・伯內斯（Edward L. Bernays）隨後發表的新聞報導，證實這些建築即將成為毗鄰的「綠地村」核心部分。綠地村是福特試著重新打造的美國小城鎮，那裡充斥著他的汽車。整棟大樓占地五百四十二英畝。

那年春天，愛迪生對他在麥葛瑞格大道培植的九英畝地興趣漸濃，尤其是一枝黃花刺芹屬根插枝的苗床。經過六週的盆栽種植後，再移到土裡栽種兩週，芽已經長到高達十四英寸。根據他在三月底的計算，如果旺盛的生長速度繼續維持，有可能實現每英畝生產一噸葉子的量。

他愈看愈喜歡這種一枝黃花屬植物。他在今年五月得出的結論是，這種植物在他測試過的所有植物中具有最佳潛力。「沒有明顯的蓮座狀葉叢，生長快速，占地最小，六乘六，不擁擠……即使還沒開花，也差不多有四十英寸高了。」他說。橡膠集中在葉子內，而且茂盛的葉子一路長到地面。如果他培植出夠直挺的莖，就可以用機器剝除了。以六．九%的萃取率來計算，每英畝的橡膠產量大約為一百三十八磅，也就是整體種植地每年可能創造出大約五十四條費爾斯通的充氣輪胎。依照橡膠樹甚或銀膠菊的標準，這樣的產量其實不算多，但愛迪生相信大量繁殖品質優良的根狀莖，可以再擠出二%或三%橡膠分子到葉片組織，並大幅增加栽種規模。

他學會如何雜交繁育後，整天坐在實驗室的旋轉椅，周圍有幾十朵盛開的一枝黃花屬。他仔細地清洗樣本的花藥，等花藥變乾後，刷淨其他樣本的花粉，就像水彩微型圖畫家那般有耐心。

六月時，他起草有關處理一枝黃花屬的詳細次序，以便指導佛羅里達州的工作人員。他陸續派遣員工執行七道萃取程序。首先，葉片的低溫乾燥程序可以防止橡膠細胞氧化；用丙酮加速製粉和提純；利用苯的再飽和作用來除掉橡膠；部分蒸餾合成的溶液；把凝固劑應用到濃縮液；最後，用起皺軋輥輾壓硬化後的天然物質，補充水分的過程能洗掉含葉綠素的樹脂。

他確信一枝黃花屬產生的橡膠毫無黏性，可以實施硫化，但麻煩的「X化合物」會影響到過濾，並減少合成彈性體的彈力。他目前還沒公開表態自己的決定，因為他知道一旦這麼做，新聞界很快就會編造故事說他發現了神奇的植物。[22]

是我寫的

愛迪生的胃部問題持續困擾他直到夏天。他發現，能從腹部收縮獲得解脫的唯一方式就是攝取全流質飲食。福特從底特律空運大量用巴斯德消毒法殺菌的冰牛奶，但他比較喜歡棕色母牛在莊園出產的新鮮產品——高糖、低乳脂、剛從乳房擠出的溫熱牛奶。母牛並非每次都願意配合擠奶，所以他向麥爾茲堡的多賓斯乳牛場進貨，供應備用的澤西牛奶，每次他離開小鎮去採集植物，都會訂購二十四品脫的牛奶。

米娜注意到愛迪生無法專心做植物相關的工作時，他的胃就開始隱隱作痛。她擔心有一天，他會發現查爾斯和西奧多在愛迪生工業使娛樂技術現代化的嘗試失敗了。正如他之前預料的那樣，他們開始使用無線電、電氣錄音和長時間播放的唱片，但為時已晚，代價也太高。他們現在冒著激怒父親的風險，停止蠟筒唱片的生產，而留聲機部門停工的時間點步步逼近。諷刺的是，在公司其他部門利潤豐厚的情況下，唯一業績出色的聲音設備是「錄音蠟筒」聽寫機。他的兒子可能忘記了一件事（他本人沒有忘記），從留聲機可以發出聲音開始，他就把留聲機當成商業設備。

「爸爸現在需要處理一些煩心事，」米娜在丈夫返回西奧蘭治鎮的前夕提醒西奧多：「先等他安排好自己的事，他可能會發現自己並不煩惱你們的工作表現……而是煩惱他的橡膠實驗。但也許他會大發脾氣和吹毛求疵，你們要做好心理準備。如果有什麼不對勁，要有耐心，一切都會過去的。」

結果，愛迪生很在意兒子的事。不管是基於協助或行政方面的原因，他堅決反對查爾斯製造一系列綠色平差式收音機，以及同時在盧埃林公園建造雄偉的石造大廈。他的專橫態度逼得查爾斯草擬假冒的自殺

22　二〇一三年五月，保羅・福瑞澤（Paul Fraser）的拍賣所以十二萬美元的估價出售了愛迪生當時其中一本橡膠筆記本，內頁有他親手畫開著花的一枝黃花屬。

宣言。查爾斯寫了一封署名是威廉斯（Williams）的信件：

你的兒子查爾斯已經不是小男孩了。雖然他還不到四十歲，卻在為你效勞的過程中白了頭髮。他在最難熬的時期始終對你忠心耿耿，實在是難得又令人欽佩的事……他靠著創造力和判斷力處理艱難的工作。

廣播業務已經陷入危險的境地，沒有人比查爾斯更清楚這一點……如果你強迫他服從，他就完了。他如此絕望，我擔心他會自殺。

你是偉大的人，在他此時獨當一面的關鍵時刻不該讓他失望。我打從心底勸諫你放手讓他奮戰吧，就算會使你之前付出的心血付諸流水。

在最後簽上朋友的姓氏之前，查爾斯寫道：「查爾斯不知道我寫這封信，我也不會告訴他這件事。」他還沒絕望到不能和母親分享四種版本的草稿。米娜也把草稿拿給西奧多和安看。但他們沒有認真看待草稿。安沒意見，而西奧多只說筆者寫得「像個男人」，讀起來「很誠摯」。最後的草稿版本是由威廉斯親筆寫，但他刪除了提到自殺的那行字。[23]

都搬過來了

八月底，愛迪生因肺炎發作而倒下，醫生都很擔心他的安危。但他在勞動節之前康復，然後又飽受胃輕癱折磨了。他這次的康復速度較慢。十月十九日星期六一早，在迪爾伯恩市附近的火車站，當他從福特的私人有軌電車走出來時，滿頭白髮，骨瘦如柴，彷彿走下老年階段的最後一個月臺。

再過兩天就是五十週年紀念的日子了，福特希望他了解或回顧綠地村的草坪和新樹木中出現的某些建築物，例如磚砌或護牆板裝設而成的重建部分。重建的大樓還沒蓋好，建造工程需要持續多年。但愛迪生理工學院最引人注目的部分——獨立廳，在夏日陽光下保持良好狀態，幾乎達到盡善盡美的標準，準備好在週一接待胡佛總統和其他五百名貴賓。

愛迪生抵達稱為「史密斯溪」的火車站，他有點搞混了以前的經歷。其實，這裡就是他十二歲時被列車長趕下車的車站，他想起當時在火車上做的化學實驗讓列車長很生氣。不過，他的回憶使他堅信當時的火車站是大幹線鐵路上的停車站，位於東北六十英里的地方。但這種矛盾根本比不上福特帶領他和米娜越過帶刺的鐵絲網，從遠處看到曾經構成門洛帕克市的六棟建築物，最

在密西根州迪爾伯恩市的綠地村重建的門洛帕克市，攝於一九二九年。

23 也許這封信根本沒有寄出，不然愛迪生能輕易辨認愛迪生工業副總裁查爾斯・薩姆納・威廉斯（Charles Sumner Williams）的筆跡，然後以企圖干涉家庭事務為由解雇他。公司裡的人都知道他是「查爾斯的得力助手」。

顯眼的是有多扇窗戶的白色雙層大樓。他在密西根州，還是紐澤西州呢？他現在踏著的土地——由七輛貨車裝載，並由火車運送——正是他五十年前走過的東部泥土。

愛迪生的認知在時間和地點之間來回閃現。米娜幫他扣上大衣的鈕扣時，他避開了。「我沒事。我會照顧自己。我還跟以前在舊實驗室工作時一樣年輕。」他說。他朝著白色大樓點頭，其他人都看得出來那是新蓋的大樓。「那是舊公寓，還是老樣子。」他說。在這種情況下，他說的沒錯，因為他的研究團隊曾經住過這棟旅館，如今依然保存下來，完好無損地運送。「天哪，要是亨利沒有挪動那棵老榆樹的樹墩，我保證這裡每一分每一寸都原封不動。」

起初，眼前的景象使他欣喜若狂。但他走進實驗室，爬上引導他回想起半個世紀前的樓梯時，他不再開口說話了。福特天真地認為自己是驚喜派對的策劃者，他以為自己支付的翻新費用能喚起愛迪生身為英雄般的喜悅，因為無論是真貨或複製品都非常相似。他沒有注意到的是，這種似曾經歷過的感覺對八十多歲老人的影響可能更加複雜，更不用說讓老人沮喪了。

此外，如同一八七九年，一間光照充足的狹長房間敞開了，桌上擺滿了幾百件「愛迪生先鋒」收集的工具和機器。化學製品的櫥櫃在牆頭很顯眼，而還沒接上電線的煤氣設備從天花板露出來了！遠方有一架希爾伯．羅斯福（Hilborne Roosevelt）為年輕人的宵夜娛樂時光打造的管風琴。愛迪生若有所思的笑著環顧四周，然後指著自己年輕時讀過的三卷寶典——法拉第（Faraday）寫的《電的實驗研究》（*Experimental Researches in Electricity*）。他滿足地說：「還在老地方啊。」幾張直背椅擺放在四周，目的是防止睡意。他挑了一張椅子坐下。

接著是一陣沉默，其他人似乎有所顧忌，都沒有跟著他這麼做。愛迪生東張西望了幾分鐘，他的雙臂交叉在胸前，眼神渙散。最後，他發現有一位個子矮、白髮蒼蒼的男人恭敬地在房間的另一端等候。這名男子就是法蘭西斯・傑爾，愛迪生雇用他來幫忙操作水銀泵的苦差事，那時他才二十歲，體格健壯。傑爾現在是福特的專職檔案保管員，也是在愛迪生成功發明第一盞白熾電燈當晚最後一位還在世的見證人。

他們已經有十八年沒見面了，但和以前比起來，愛迪生現在反而不太在意傑爾對他又敬又恨的態度。他只是起身引領傑爾走到裝滿藥品的櫃子前，問他：「你知道這些藥從哪裡弄來的嗎？我原本放在門洛帕克市的化學製品都移來這邊了。」

傑爾與福特的互動模式，猶如福特與愛迪生之間的關係。傑爾為了順從福特極為重視的忠誠度，他從實驗室以前的供應商艾默（Eimer & Amend）訂購這些產品，他們現在依然在紐約做著生意。中間有一段時間，愛迪生隨機打開罐子，聞著藥粉，舔著手掌上的結晶體。然後，他沿著那些桌子閒逛，拾起許多他認得的器具。「我可以坐在這裡用舊的器具工作。」他說。在攝影師的要求下，他直接動手操作了。他用抹刀挖出一些碳膠，讓幾條棉線浸透，接著在掌間揉捏、搓揉，直到棉線變得堅挺又有光澤，可以烤成明亮的燈絲。

他說：「法蘭西斯，把煤油拿給我。」他以為洗手液還放在跟五十年前一樣的地方。他也以為傑爾拿給他擦手的毛巾跟以前是同一條。

他像以前一樣配合宣傳活動而作秀，但他有時候也不經意地眼眶泛淚。

法蘭西斯，趕快點亮燈

在芝加哥的那個週末，塞繆爾・英薩爾聘請的電機工程師準備了「空中文字噴射器」，打算在週年紀念當天晚上於五十英尺高處用大寫字母呈現愛迪生的名字。彰顯字母的方法是使雲彩像螢幕般地投射，但如果沒有雲，可以利用煙幕彈投影方式創造字母。其他來自七大洲的無數技術員準備慶祝電燈問世，他們一致認同愛迪生的電燈發明方法是從印刷術發明以來，影響力最深遠的技術進步。阿姆斯特丹公布完整的「愛迪生照明週」活動，而東京銀座區的街道上懸掛著白熾燈的拱形飾品。柏林的攝影棚以及獨立廳的福特宴會廳擴音器之間，架設了精心設計的陸空連結裝置，因為愛因斯坦想在慶祝活動最精彩的部分親口恭喜愛迪生。

星期一當天，迪爾伯恩市的天氣糟透了。愛迪生和福特一家人在九點抵達胭脂河轉運站，會見總統時，一場凍雨打在他們身上。胡佛還沒握手就濕透了，他的妻子則體貼地幫愛迪生撐傘。

月臺對面的舊式火車頭噴著煙等候，附有一般車廂、吸菸車廂和行李車廂。這是福特仿製愛迪生以前當報童時乘坐過的火車。他安排貴賓坐在後車廂，而媒體與白宮人員全擠在前面的車廂。不久，火車啟動了，噗哧噗哧響的駛向綠地村。在每小時四英里的行進速度下，愛迪生有充裕的時間滑稽地演繹以前的工作——他休息一天後就打起精神了。為此，火車上早已備有一籃水果和糖果。

「糖果、香蕉、桃子、蘋果。」他唱歌的聲音比小男孩的聲音還刺耳。

「我要桃子。」胡佛說，拿出二十五分硬幣。

愛迪生的精力從下午開始衰減，那時他陪總統一行人長時間參觀泥濘的村子。下午四點，在胡佛、福特和一群攝影師的注視下，他在實驗室裡組裝一八七九年當時的燈泡複製品。他聚精會神地做事，雙手依然靈巧。他知道自己可能得在六小時內面對令人緊張的觀眾重做一次。

「應該都準備好了，」他完成後說：「前提是真空沒問題。」

傑爾搖搖晃晃地爬上梯子，把水銀倒入施普倫格爾（Sprengel）幫浦，並將燈泡部分排空。

愛迪生告訴胡佛：「我們以前太快密封了。」他為燈絲加上電池的電流，以便燃盡殘留的封閉氣體，接著說：「這樣就能讓氣體升到很高的地方。我們已經抽出大量的空氣。」

胡佛總統也有工程師背景，他著迷地旁觀，直到水銀不再滴落。

「從實際用途的角度來看，這樣已經夠了，」愛迪生緊盯著排放管，然後說：「可以密封了。」

傑爾開始進行加熱，等軟化後剪斷燈泡中心的外露部分。冷卻後，愛迪生把引線重新連接到電池。一縷光在玻璃中發亮。他坐回椅子上，眉開眼笑。

「先生，」胡佛說：「這項小小的發明使世界光芒萬丈啊。」

黃昏時，愛迪生又變回虛弱的老人。風雨交加的白天變成了狂風暴雨的夜晚，迫使芝加哥的空中作家捨棄在空中頌揚他的計畫。奇怪的是，綠地村以及愛迪生理工學院的建築物正面，只用微弱的油燈照明，刻意營造出昏暗的效果。經過六個月不斷宣傳，愛德華・伯內斯（Edward Bernays）即將上演戲劇性的轉折，使電氣時代的一切黯然失色。

七點半時，福特的五百位有權有勢朋友出現在獨立廳，他們穿著正式服裝出席現場廣播報導的招待會，瑪麗・居禮（Marie Curie；亦稱居禮夫人）竟然也在場。燈光幾乎和外頭一樣昏暗。手工浸漬而成的蠟燭，散發出來的光芒在白色牆壁與天花板上投射陰影，而枝形燭臺與金色的壁式燭臺則維持沒有點燃的狀態。

他們在自由鐘（Liberty Bell）塔下喝著雞尾酒，同時和世界各地數百萬名廣播聽眾一樣有新奇的聽覺體驗——他們聽著隱藏式擴音器中的轉播，聲音來自國家廣播公司（NBC）評論員：「各位廣播聽眾晚安，我是葛拉漢・麥克納米。我目前在密西根州的迪爾伯恩市。亨利・福特和埃德索・福特為了表彰湯瑪斯・阿爾瓦・愛迪生，正在這裡舉辦美國歷史上最盛大的聚會之一。」

麥克納米不在大廳，他在六百碼以外的實驗室，福特、愛迪生、米娜、胡佛、傑爾也在那裡為小張桌子準備另一堆過時的電燈零件。愛迪生重演了下午的表演，毫無撤離的念頭。他對麥克納米的懸疑式誇飾法充耳不聞（「今晚是白熾燈五十週年紀念的高潮，多麼精采啊……這是對活著的人獻上最崇高的敬意！」），也不了解為什麼他的燈泡要等到正式的週年紀念時間——八點整才發亮。畢竟沒有人在一八七九年那天密切注意時間。

「這盞燈會持續發光，還是像之前的許多燈一樣，閃一下就熄滅？」麥克納米對著麥克風說：「你們在這間狹長的房間，甚至可以聽到針掉在地上的聲音。」

「法蘭西斯，趕快點亮燈。」愛迪生說。

傑爾恭敬地謝絕了此榮譽。

愛迪生需要別人攙扶才能站起來。他又把燈泡接上電池，再度使燈絲白熾化。按照事先的安排，胡佛按下了按鈕。

宴會廳裡的枝形燭臺和壁式燭臺綻放光芒。「這種效果，」旁觀者說：「就像日食形成的順序顛倒。」自由鐘彷彿敲響了五十年來的電燈奇蹟。綠地村、底特律以及全國許多市中心因電燈而閃閃發光。一千枚火箭在下雨的天空中爆炸，兩架福特三引擎運輸機從公司的場地起飛。一架運輸機發射耀眼的銀星煙火，另一架運輸機的機翼下有紅通通的標記，展示了出現在空中的「愛迪生」名字。

各位女士和先生

福特讓一輛汽車停在實驗室旁邊，催促賓客到獨立廳。此時，柏林的時間是凌晨兩點多。愛因斯坦在柏林等著廣播賀電。但愛迪生在途中不支倒地，他躺在門廳旁邊壁龕的沙發上。米娜和白宮的內科醫師喬爾・湯普森・布恩（Joel T. Boone）都馬上衝過去照顧他。他喝了一杯熱牛奶，恢復精神後，終於可以起身走進宴會廳，博得了一陣熱烈的掌聲。

當氣氛逐漸升溫，胡佛忽略了原先的計畫，堅持要愛迪生坐到貴賓席位。米娜看到丈夫的臉色依然蒼白，於是敦促晚間演講立即開始。主持人是奇異公司的歐文・楊（Owen D. Young），他同意並提到「精神層面的活力……加上一點磷」使愛迪生七十年前在史密斯溪的火車站被趕下火車。他把這件事比喻成鐳的光芒，引起另一波歡迎居禮夫人的掌聲。「先鋒」的負責人華特・巴斯托（Walter Barstow）告知賓客，就在愛迪生照亮了他們列席的大樓時，紐澤西州的紀念塔也突然亮起來，那裡就是他在一八七九年戰勝一片黑暗的地方。巴斯托引用紀念塔底層的銘文：「點燃光明，永不黯淡，他的榮耀流傳千秋萬世。」然後在笑聲中，他補充了愛迪生最喜歡的一句話：「在等待的同時，善用時間保持忙碌的人可以成大事。」

歐文・楊宣讀古列爾莫・馬可尼（Guglielmo Marconi）、威爾斯親王查爾斯、德國總統保羅・馮・興登堡以及海軍上將貝德（Byrd）發來的賀電。那時，貝德在南極洲遇到很糟糕的天氣。「現在，讓我們歡迎愛迪生先生。」

愛迪生靠自己起身。對他來說，那些掌聲只不過是進入右耳的沙沙聲。他對演講的恐懼不是來自羞怯，而是對自己的音量沒把握。他聽不見台下聽眾說話的聲音，那他們能夠聽到他說的話嗎？

他們實際聽到的是有力、低沉又沙啞的男中音。當他對著懸掛式麥克風聲嘶力竭的說話時，他破音了。

「總統先生好，各位女士和先生大家好，有人告訴我，今天晚上我的聲音會傳到世界各地……」他說。

從光亮的牆面與壁柱反射出的刺眼光線中，他能看見大教堂般的空間裡排列著長桌，通道以外的地方還有更多張桌子，直到超越視線的範圍。前排大約有五百位穿著正式服裝的大人物及其伴侶，包括洛克斐勒家族、摩根索家族、羅森沃德家族、坎恩家族、奧維爾・萊特（Orville Wright）、李・德富雷斯特、喬治・伊士曼（George Eastman）、威爾・羅傑斯（Will Rogers）等大學校長和工業大亨。他們使用的電話、口述錄音機、股票行情報價機、唱盤和電影都是拜愛迪生所賜。多虧了愛迪生的發明，現今照亮全世界的數十億顆燈泡也讓他們的職員和傭人省下不少工作時間。

「在這個難忘的夜晚，我為自己獲得的榮譽感到受寵若驚，」愛迪生接著說：「其實你們表彰我時，也是在表彰過去的許多思想家和勞工，」他的嗓音變得粗啞：「以及堅持不懈的人。沒有他們，就沒有今天的我。」

查爾斯、西奧多及他們的妻子，還有米娜的一大群親戚，全都非常擔心愛迪生的身體狀況。但他努力完成演講，聲調也提高到令人吃驚的嗓音。

「這段經歷讓我第一次意識到，美國人其實多愁善感。而這次的盛大活動——白熾燈五十週年紀念，」他眼眶泛淚的說：「使我滿懷感激。我想感謝總統和在座的所有人。」

他轉向右邊，說道：「至於福特先生，我很難用言語表達自己的感情，他對我的意義重大，總歸一句，他是我的朋友。大家晚安。」

他講最後兩個字時，幾乎是用喊的，耗盡了他的力氣。他不願留下來聽總統演講，布恩醫師只好攙扶他回到接待室。他躺在接待室，身子虛弱到動彈不得，也沒有聽到胡佛用詼諧的方式誠摯地感謝他贈送的電燈。

> 電燈可以延緩我們近視度數加深的速度好幾年；讓我們在床上閱讀時感到更舒適；只要我們按下電燈的按鈕，就能嚇到竊賊……無論我們的城市和城鎮在白天看起來多麼淒涼，都能因為電燈的關

係，在夜晚變得絢麗。電燈有多元的用途，不但延長了我們保持活躍的時間，減少我們恐懼的事，引領我們鼓起勇氣克服黑暗，加強我們的安全，減緩我們的勞累感，也使我們能夠閱讀電話簿上的字體。電燈已經變成人類的朋友了。

然後，愛因斯坦用德語讚揚愛迪生，他的聲音在一片寂靜中轉播，聽得懂的人寥寥無幾，但有些人可能聽出幾個字詞，例如「遠見」、「設計師和組織者」。最後，他試著用英語的五個詞作結：「我的美國朋友，晚安。」

富貴

愛迪生的盛典結束了。他在福特的莊園休息兩天，恢復體力後就返回西奧蘭治鎮。「我聽膩了這些榮耀，我只想回去工作。」他說。[24]他回到家時，剛好聽到兩則悲慘的消息。十月二十九日星期二，股市大跌，行情報價印刷機持續運作到深夜，無法跟上拋售的速度。同一天，湯瑪斯愛迪生有限公司的副總裁亞瑟・沃爾什（Arthur Walsh）宣布，留聲機部門即將停止所有的生產作業。他說：「這樣做是為了把我們的大型唱片工作坊應用到廣播製作……我們在不得已的情況下採取這個措施，因為用於家庭娛樂的留聲機是愛迪生先生最喜歡的其中一項發明物。」

24　一九二九年十月，愛迪生的「榮耀」因第一屆奧斯卡榮譽獎而擴大影響力。此獎是為了感謝愛迪生在電影創作與發展方面付出的卓越貢獻。

愛迪生認為上述的兩種結果不足為奇。年初時，他在生日的記者招待會上說明過度投機的後果：「使人驚慌失措，喪失信心。」此時，直到接下來的四十八小時，許多在一週前坐著聽他講話的富豪，眼睜睜看著自己的財富如同丙酮一般蒸發了。從長遠來看，塞繆爾・英薩爾蒙受的虧損最大。他利用槓桿作用，使得再多的信貸也無法挽救價值二十億美元的電力事業集團，他最後淪落到破產的地步，並流亡海外。

查爾斯那裡有許多跡象表明，留聲機部門（如同創辦人）禁不住歲月的摧殘。愛迪生牌最新推出的電播放機與唱片品質都很高，但公司的特色向來是設計風格保守、曲目乏味以及藝人表現平庸，導致新產品很難暢銷。

愛迪生回去研究植物前，只能虛弱地對查爾斯表達憤怒。他說：「我現在滿腦子只想著橡膠。」十二月初，他宣布決定把一枝黃花屬當作美國橡膠自主的最佳代表。他測試了一萬七千種植物後，才確信能以低於當前的外國天然橡膠現貨價格——每磅十六美分，生產品質優良的堅固聚合物。不過，還需要幾年的進展才能盡量提高野草的聚異戊二烯含量。他的大限將至，因此他不願像以往一樣，為了回家過聖誕節而放下手邊工作。

十六日那天，《時代》雜誌報導：

> 湯瑪斯・阿爾瓦・愛迪生戴著有流蘇的厚圍巾，與愛迪生夫人、四名雇工、十幾名實驗室助理，以及裝載著實驗室設備與原料的五輛車，一同從紐澤西州向南前往麥爾茲堡……發明家愛迪生已慶祝電燈的五十週年紀念，他在年度冬季遷移時發表的聲明聽起來充滿財富意味。

第二部

國防

一九一〇年至一九一九年

一九一五年十月十日，愛迪生和海軍部長約瑟夫斯・丹尼爾斯（Josephus Daniels）搭乘紐約號戰艦（USS New York）。

愛迪生六十三歲時，掌管了龐大的工業辦公大樓，只有他知道所有部門的運作情況。「我把一大堆事搞混了，對吧？」他說。在西奧蘭治鎮的實驗室，圍繞著捲蓋式書桌的眾多發明不禁令他肅然起敬。[1]從全國最遠的地方，一直到愛迪生面前的文件櫃，有六千個市政所、十萬間獨立工廠為他發明的四千一百萬顆燈泡供電，而他的文件櫃塞滿了他希望在閒暇時嘗試「發明」的備忘錄。這些發明彷彿圍繞著特定的重心運轉；一旦支撐的力量失效，這些快速擴展的發明就有隨之瓦解的風險。

六棟磚砌大樓組成了他在一八八八年重新安置的實驗室（門洛帕克市的舊設施大規模擴建），現在與規模擴及四個城市街區的七棟多層混凝土建築物相比，顯得遜色多了。這些大樓和散布於辦公大樓周圍的二十一座小型大樓，共同生產電影、留聲機、唱片、一次性電池、蓄電池、商業機器以及化學製品。雖然這些產品內部的大部分材料有揮發性，但都具備重要的特性——經過防火認證，國家留聲機公司（National Phonograph Company）是他的聲音部門，每天製作十三萬張唱片，每週生產六千台留聲機，每年的報酬為七百萬美元。[2]他的電影工廠每年生產八百萬英尺的硝化纖維（nitrocellulose）電影底片。此外，他聘請了三千五百多人，大部分是技術高超的人才，只有幾位女性。[3]這些薪酬過低的職員包括化學家、家具木匠、星探、金剛石切割器、配鏡師、專利律師、電影編劇、寶石工藝匠、機械工、音樂家，以及一位有點年紀的希臘人——每天除了處理鋰用的烘烤後大理石碎屑，其餘時間待在側邊棚子無所事事。

1　直到一九一〇年中期，愛迪生已申請一千三百二十八項專利，大約是在他的發明生涯中平均每十一天申請一項專利。

2　相當於二〇一八年的一億九千一百萬美元。

3　除了電影女演員，愛迪生聘雇的女性職務只有速記打字員、包裝工和廚師。

愛迪生的商業財產遠遠超過三十英畝的西奧蘭治辦公大樓。除了數千英畝的山脈礦區北部，他還擁有特拉華谷（Delaware Valley）的石灰岩採石場及世界最大型水泥研磨廠、銀湖（Silver Lake）的龐大化工廠、紐瓦克市的電動車工廠、曼哈頓第五大道的錄音室與展示廳，以及布朗克斯的玻璃屋頂電影廠——比大都會歌劇院更大，每週拍攝二至三部電影。他在倫敦、巴黎和柏林設有代理機構，依據許多國家的專利法來處理發明物的複雜行銷流程，另外還有國內的出口辦公室，每週運送大量的唱片和播放機到馬達加斯加、法屬印度支那、福克蘭群島以及英屬東非等遙遠的地方。

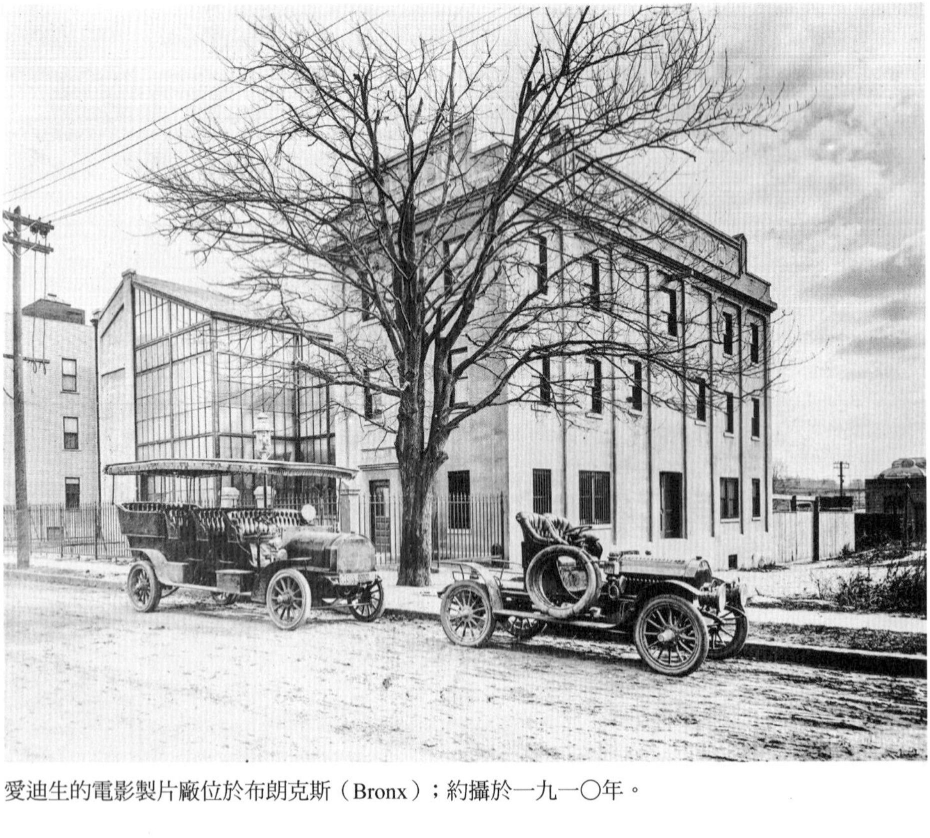

愛迪生的電影製片廠位於布朗克斯（Bronx）；約攝於一九一〇年。

太靠近太陽

無論是外在給人的印象，或愛迪生對自己的看法，他可說是很有天賦的商人。構成愛迪生工業組織與價值的一磚一瓦以及資產負債表都來自他的發明天資，這點可以追溯到四十年前——他在紐瓦克市開設第一家獨立商店的那天。他說：「我通常用銀幣的多寡來評估我做的每件事。」他喜歡誇耀，但他不願想起自己曾經在揮霍無度、錯過良機的職涯中損失了數百萬美元。即使他抑制本身的衝動性格，努力表現得像精明的蘇格蘭人，他還是慘賠了。他的老同事依然困惑地談論他的經歷——當時他需要穩定的收入，卻忽視了英國要以可觀現金收購電話的專利權。這筆金額其實能讓他每年賺取可觀的利息。

矛盾的是，導致他生意失敗的其中一個原因，也是他經常戰勝競爭對手的特質：急於求成，甚至不惜鋌而走險。除此之外，他有其他怪癖，例如他堅信所有想法都可以經由堅持不懈的實驗來實現，無論想法有多麼創新（他確實花了九年的時間改善鹼性蓄電池）。他也習慣提早大肆宣傳重要的突破，以及蔑視投機者，但他敢把賭注押在自己身上。他厭倦了自己定義的「簿記詐欺」，同時對成本計算錙銖必較，但所有會計師都看得出來他不善於編列預算，就像他不懂足球一樣。他發工資很吝嗇，有時發獎金卻很大方，因為他想和同事分享發明的榮譽。他為人誠實正直，但如果他能接受背地操作的手段，或許就能夠擊敗其他人並打進專利局。假設他必須在支付過期帳單、為了買新設備而花光銀行存款之間做選擇，他的想法是他和債權人應該要一起面臨困境。

和他有過生意往來的人都很驚訝地發現：如果他不把錢投資到技術，他就看不出錢有什麼價值。有一天，天氣很熱，聯邦蓄電池公司（Federal Storage Battery Company）的總裁雷夫・比奇（Ralph H. Beach）注意到他把手伸進口袋，以為口袋裡有口嚼菸。「結果，他拿出一疊鈔票。我猜他把錢放在口袋一段時間了，因為他穿的舊羊駝毛長褲好像有汗水。」比奇說。愛迪生失望地盯著那疊鈔票，比奇建議他把一部分的錢拿去買新帽子。

「我了解，但我真的很忙。」他說。

如果他沒有為了資助鐵礦業，而荒唐地賣掉規模最大的愛迪生奇異公司（Edison General Electric Company）證券，也許他現在的財力和塞繆爾．英薩爾不相上下。當他突破舒適圈，試著扮演好高階主管的角色時，這位外表冷淡、善於算術的助理曾經協助他維持償付能力。在危機四伏的那些年，一名英國籍主管談到他：「他就像那些富有創意及想像力的聰明人，能藉著克服困難來鞏固自己的領域。這只是天才身上的其中一項獨特素質。他們總是抱著堅定的態度飛得很高，所以往往忽略自己飛得太靠近太陽，最後導致翅膀熔化了。我覺得這點……可以說明愛迪生先生的財務困境。」

這番話是私下說的，要是愛迪生聽到，他應該會嗤之以鼻。他自認為本身具備「發明家特有的性格……還有判斷發明物商業價值的能力。」但就像英薩爾的繼任者阿佛烈．塔特（Alfred Tate）觀察到的，算術對愛迪生而言是艱鉅的挑戰，他無法理解資產負債表上的數字。儘管他精打細算，他對自己提供的服務價值相當自豪。他要麼不合理地抬高服務價格，要麼經常天真地期待投資人的報價超出他的預期。除了挑選（經由自然淘汰）跟得上他工作步調的實驗室工作人員，他也不懂得察言觀色。只要他不生氣，平常就是個樂觀又溫和的人，也能很快原諒虧待他的同事。但他對那些離開他、遭遇不幸的資深員工沒有表現出同情心，例如塔特和傑爾。許多人說他冷酷無情，但這種說法只有在他忘了視線範圍以外的人時，才合乎情理。

在他遺忘的所有人當中，牛奶盒商人愛德華．強森（Edward H. Johnson）曾經是最忠實、最了解他的職員。強森認為匆忙是他在做生意方面最嚴重的缺點。他總是倉促地讓注意力從一項發明轉移到另一項發明，因此重要的發明經常處於未完成的狀態，比方說他突然想試驗微壓計這種很難銷售的儀器，要用來測量行星間的熱度。或者，他花很多時間改善那些像頂級安貝羅拉（Amberola）唱盤一樣的暢銷產品，卻不願花時間讓留聲機公司大量生產最新型號的產品。多年來，他堅持由上至下控管所有公司與部門，而不是按照公認的企業做法來橫向整合，也因此使愛迪生工業瀕臨財務危機。

一八九三年，強森率先表示時間的流逝只是強調了「許多好友的觀點」，他說：「如果愛迪生先生願意把純粹屬於商業的事務，交給受過專門商業訓練和擁有相關能力的夥伴去處理，那麼他和業界的許多人就能達成雙贏的局面。」

哈奇森的動機

一九一〇年七月十七日，一名個子不高、打扮時髦、長相英俊的三十四歲企業家護送三名海軍軍官進入西奧蘭治鎮的校園。他就是米勒・里瑟・哈奇森，經常待在警衛室，而且他討好愛迪生至少九年了，一直很希望能爭取業務相關機會或恩寵。根據他本人的說法，他從小在阿拉巴馬州就很崇拜「領袖」。他在軍校、耶穌會學院、理工學院及醫學院接受享有特權的教育後，以富有創造力的電機工程師身分大展鴻圖，而他開發的便攜式助聽器不但幫助大不列顛的亞歷珊德拉（Alexandra）女王克服耳聾，也贏得了金牌。他發現愛迪生喜歡保持耳根清淨，於是試著為這位美國最知名的聾人做同樣的事，可惜失敗了。但他依然經常和潛在客戶一起參訪實驗室，直到他成了受歡迎的人後，他甚至可以帶人參觀辦公大樓。

他不像一般人希望從愛迪生那裡尋求工作機會或背書，因為他是個有主見的富人。他每年光靠高音汽車喇叭（Klaxon horn）的發明，就能賺到一大筆專利使用費。這款喇叭會發出像火雞一樣刺耳的聲音，可說是世界各地喜歡寧靜的人討厭這種汽車喇叭的原因之一。[4]他自己挑選的豪華車是一輛帕卡德（Packard）和一輛六汽缸的皮爾斯阿羅（Pierce-Arrow），這兩款車都讓愛迪生的小型貝利維多利亞（Bailey Electric Victoria）電動敞篷旅行車相形見絀。

至今還沒有人知道他在實驗室閒逛的動機是什麼，但平時缺乏親近感的愛迪生漸漸喜歡他的陪伴，也很欣賞他的社交風度。他們在一起時，形成很有趣的對比畫面：年輕人的表情嚴肅，衣著與舉止很優雅，抽著上等的哈瓦那（Havana）雪茄；老人白髮蒼蒼，穿著經常入睡的邋遢服裝，使勁地嚼著一塊便宜的菸草。哈奇森的特殊嗓音很動聽，他發出「r」的舌尖顫音很有黎凡特（Levantine）的味道。他稱呼愛迪生為「愛迪生先生」，儘管他談話時總是彬彬有禮，卻很擅長寫一些下流的俏皮話，甚至能讓海軍的軍官在椅子上笑得搖頭晃腦：

> 有人問年輕人眼部瘀青的原因。他回答：「我吻女兒道晚安，結果她的彈力吊襪帶斷了，打到我的眼睛。」

這天，哈奇森遇到的客人是年輕的潛艇指揮官，他想了解開發出用於水下的愛迪生牌蓄電池的可能性（他形容電池「外型像手錶，卻像戰艦般堅固」）。

愛迪生以前做過防禦技術的實驗，他在一八八九年與史考特．西姆斯（W. Scott Sims）共同研製飛艇魚雷，也在一八九五年的委內瑞拉危機期間構想出空投魚雷和「炸藥槍」，接著在美西戰爭期間發明了爆炸性照明劑。但自此之後，他就像一般報紙讀者，對約翰．菲利普．霍蘭德（John Philip Holland）長期努力向海軍推銷革命性的新武器——攻擊潛艇，感到毫不在意。直到西奧多．羅斯福（Theodore Roosevelt）

總統乘坐霍蘭德的船，在長島海灣（Long Island Sound）的深處消失兩個小時後，這才震驚了全世界，促使國會認真看待並在一九〇六年、一九〇七年准許國防撥款用於建造七艘更大型的潛艇。

但海軍部的盧德主義者（Luddite）[5]依然持續抵制潛艇技術的進展。「創新，」霍蘭德抱怨說：「對這些膽小鬼的影響就像突然跳入冰水。」蒸汽工程局（Bureau of Steam Engineering）也從中阻撓，多年來要求潛艇在水下的權限範圍內供電、照明和控管，而不是靠連接到霍蘭德建議的埃克賽德（Exide）電池的電動馬達運作，因為當船浮出水面後，開口式鉛酸蓄電池需要長時間充電。

對哈奇森而言，蒸汽工程局的反對並非不合情理。幾週前，他和目前的夥伴小麥克奈爾（Frederick V. McNair, Jr.）中尉乘坐「墨魚號」潛艇潛水。他本來要展示自己發明的航速指示器，但他很好奇為什麼小麥克奈爾不曾以超過十五度的角度下潛。指揮官解釋，急劇的斜角會導致潛艇電池艙中的硫酸濺出，並破壞主要壓載艙的鋼板。萬一壓載艙在壓力下破裂，海水就會湧入，硫酸分離海鹽使船上的人都沒有選擇的餘地，不是溺水就是因氯氣而窒息。

這使哈奇森有機會提醒海軍，經過十年不斷的改進，愛迪生使鹼性鎳鋼電池盡善盡美，即使電池在船底下一路拖到乞沙比克灣（Chesapeake Bay），也不會釋放出比氯化鐵更酸的物質。更重要的是，抗腐蝕的碳酸鉀能夠保護鋼。這種電池比鉛酸蓄電池更輕，持續時間也更長，而且幾乎完全可逆，專為電動車與卡車設計，但哈奇森有信心能開發出用於海軍的特大號電池。

因此，小麥克奈爾和同僚此時出現在西奧蘭治鎮，自費旅行。他們花了兩個小時與愛迪生交談（哈奇

4　一九一〇年，光是哈奇森的高音汽車喇叭專利使用費，就高達四萬一千九百二十一美元，相當於二〇一八年的一百多萬美元。

5　英國民間在十九世紀對抗工業革命、反對紡織工業化的社會運動者。

森能順利與他對話了），向他說明潛艇的鉛酸蓄電池不利條件，並詢問他鹼性電池的最大容量能不能從二百二十五安培小時，增加到幾千安培小時。他們除了在會議過程中提問，還告訴他幫助海軍解決嚴重問題是他的「責任」。

愛迪生同意嘗試一系列的實驗。哈奇森在當天的日記中寫道：「開始接觸用於潛艇的愛迪生牌蓄電池，也開始與愛迪生來往。」

好日子

不管愛迪生是否把這項新挑戰當成自己的責任，解決困難總是令他著迷，他無法抗拒。訪客提出的規格比一般的陸上電池更嚴苛。他們需要強大的鹼性供電裝置，連續幾天在水面下照明、運作和操縱一百零五英尺高、二百七十三噸重的船。他們不切實際地盼望國會以能夠負擔的價格運送，反而忽略了以下事實：鎳鋼電池非常複雜，因此購置成本很高。小麥克奈爾談到的龐大裝置至少要四萬五千美元，相當於鉛酸蓄電池價格的三倍。如果愛迪生花很長的時間開發和測試這種電池（這種情況很可能發生），那麼電池的價格會飆升，哈奇森很難主張依靠減少維護和增加容量來回本。

但可以肯定的是，如果愛迪生能夠製造出成為所有美國潛艇標準規格的耐腐蝕電池，他就能賺一大筆錢。世界各地的其他海軍艦隊一定也會紛紛仿效，然後直接向他訂購，或買國外專利權——他預計這項業務每年能賺二千萬美元。但要從華盛頓贏得重要的第一份合約，他需要有魅力、精力充沛、精通電化學的厲害推銷員。

其實他不必考慮太多。哈奇森受過軍事教育，他有信心能成功說服海軍部的所有人，包括喬治・杜威（George Dewey）海軍上將。八月二十五日，愛迪生授權他開始執行。他就像啟動的發電機，迅速展開行動。他在四十八小時後回頭稟報，他花了一整天「好日子」大力推銷愛迪生牌電池，就算銷售對象不包括杜威，也一定包括蒸汽工程局的局長英格漢・科恩（H. Ingham Cone）海軍上將。科恩把他介紹給頂尖電氣專家威廉・埃弗里（William Avery）、軍艦建造師羅賓森（R. H. Robinson）。這兩個人都必須傳達重新設計潛艇的相關資訊。哈奇森也邀請埃弗里到岩溪公園（Rock Creek Park）坐馬車，並在新威拉德飯店（New Willard Hotel）請他吃晚餐。

愛迪生深受鼓舞，他表示不久就會開始建造實驗性的大電池。但他無法投入太多時間，因為他忙著處理兩項大型專案——又說又唱的電影，以及非常光滑的塑料，用來取代目前蠟筒唱片上的硬蠟。哈奇森必須監督大部分的原型進展，也不該指望快速見效。愛迪生的化學工作人員經歷過生產A-4汽車電池的漫長痛苦，至今記憶猶新。他們對於挑戰設計十倍威力、很快就能裝備在新一代潛艇的電池，顯得興致缺缺。

憐憫？善意？愛？

二十世紀的第二個十年來臨，隨著西方世界逐漸在不知不覺中為機械化的戰爭做準備，使得科學與宗教之間的爭論演變得相當激烈。羅斯福試著從〈懷著敬畏的精神去尋找真理〉（The Search for Truth in a Spirit of Reverence）中找到解決問題的辦法。哲學家威廉・詹姆斯（William James）可說是這場爭議的化身，他既是心理學家，也是準神祕主義者。他願意相信，或者說他推測靈魂是可分離的實體，能夠在軀體失去生命跡象後返回塵土。

對愛迪生而言，這套理論比較接近原子物理學，不太像耶穌復活神學。就他的理解層面而言，他毫不懷疑真理符合科學規律，因此對真理抱持的敬畏精神必須排除信仰。那年八月，詹姆斯的逝世使得《紐約時報》特約作家愛德華·馬歇爾（Edward Marshall）詢問愛迪生是否發現過靈魂存在的實證。

「你指的是靈魂還是大腦？」愛迪生問。

「為了方便討論，我們可以稱它是大腦，或腦中的東西。難道人類的腦中沒有不朽的東西嗎？」馬歇爾說。

「當然沒有。」愛迪生回答。

他們坐在實驗室裡的圖書室，室內空間寬敞，光線昏暗。愛迪生通常為了阻隔熱能，會在夏天關上百葉窗。但充足的陽光照射進來時，馬歇爾注意到這位發明家平時看起來光滑又無憂無慮的面容，在他思考抽象問題時會出現細小的皺紋。有時，他回答問題之前也會緊緊地閉上眼睛。

「我的留聲機圓筒只不過是聲音的記錄，這些記錄就像留下印記一樣，」愛迪生說：「在特定的條件下，我們無法理解某些錄音，就好比我們不了解頭腦中的某些狀態。留聲機圓筒只是再一次播放錄音……但沒有人說過圓筒或留聲機永恆不朽。那為什麼有人說大腦的機制或驅動大腦的力量是不朽的呢？就因為大家都不知道這種力量是什麼，怎麼能說它不朽？」他堅信大腦只是一台「機器」，可以用來記錄聲音以外的無窮事物，但最終還是會故障，因此不可能永世長存。

「意志屬於頭腦的一部分嗎？」馬歇爾問。

愛迪生表示不確定：「意志也許是以電波的形式存在[6]，也有可能是以一般人目前還搞不懂的其他力量形式存在。不管是哪一種形式，意志確實存在，而且對大家很重要。」

他認同「一般人指的生命或靈魂」層面在往生後依然存在，以化學的角度來看就是所有物質都透過變化而持續存在，但變化不代表轉移到另一個想像中的世界。這種境界只有此時此刻，對形上學者來說夠神秘了。

他認為天國——善良的靈魂應該長存的感性天堂——只不過是無知又懶惰的人逃避在地球上遇到謎團的避難所。「現在還是有很多野蠻人認為火是不朽的。」他說。

馬歇爾問他，身為科學唯物主義者如何分析靈魂。

愛迪生認為只能在顯微鏡下完成，做法是檢查小到能夠穿越玻璃的知覺單元。「我們身體的每個部分都是由數百萬個細胞組成。」他說，並舉例說明皮膚能夠重新生長出擦傷的指紋，這意味著精神上的獨特性，或代表生理的獨特性。他認為本身的個性純粹是一系列神經、化學物質或電脈衝組成，猶如紐約的歷史是由過去已辭世、已遷徙以及被取代的人集體發展出來。人類死後上天堂的機率，就如同每個人本身由不同細胞組成的機率，也如同紐約由不同人聚合的機率。馬歇爾好幾次試著引導他談論通靈研究的熱門話題，但他皺著眉頭，不感興趣。「我不太了解通靈。」他說，並鄙視「信以為真」的通靈從業者。他承認自己的想法很主觀，但他的率真性情受到許多記者歡迎。有一次，他在測試某種礦石，選擇了一些他認為是隨機的礦石塊來進行分析。

「我非常仔細、理智、有條理地檢驗礦石塊，結果顯示含量有二〇%。然後我把同樣數量的礦石塊碾碎，再進行鑒定，結果顯示含量有十七%……我試了一遍又一遍，每次的結果都一樣。我無法理解，所以

6　愛迪生大膽提出此觀點，過了一個世紀後，美國神經生理學家團隊以本身的專業表示認同。他們針對十二位行使自由意志行為的實驗對象，研究一千零十九個神經元的運動，並得出結論：「有充分的證據表明頂葉和內側前額葉皮質，能夠在表達意願和實踐自我產生的活動中起作用。」資料來源：伊扎克・弗里德（Itzak Fried）等人，〈預測意志：人腦內側前額葉皮質的單神經元活性化〉（Internally Generated Preactivation of Single Neurons in Human Medial Frontal Cortex Predicts Volition），《神經元》（Neuron）第六十九頁，第三期（二〇一一年二月）。

我又回到一堆礦石前，閉上眼睛，抓一把我最先碰到的礦石塊……分析的結果和碾碎的礦石相同。但如果我睜著眼睛拿起礦石塊，檢驗結果的數字會偏高。」[7]他說。

他能在幾毫秒內看出礦石含量的三％差異，這讓他有成就感。他更感興趣的是給馬歇爾看他放在書桌上的舊照片，上面有俄羅斯肖像工作室的印章。「他是門得列夫。下面是他的親筆簽名。」

他一邊講話，一邊看著照片。他解釋門得列夫是發現元素週期表的偉大推廣者。「目前的實驗者工作時，都是運用這些元素的細節。總有一天，會有知識同樣淵博的人採用科學方法研究靈魂的奧秘。他會善用這些素材完成。」他說。[8]

「善用素材」顯然對他意義重大，因為他小聲地重述一遍。「那位俄國人過世了。他的意志目前在哪裡？他是很偉大的人，意志占他的一大部分……他的意志變成什麼了？」他搖頭說：「我不知道。」

馬歇爾抓到機會讓他談論一直迴避的話題：上帝是否存在。「門得列夫的身體失去生命跡象時，意志就完全停止了。這代表自然界的體制很鬆散嗎？」馬歇爾問。

「那只是看起來很鬆散，」他回答：「但自然界的體制，也就是自然界的運作方法，其實很嚴謹。這很難解釋清楚。也許物質會愈來愈進步。大概就是這樣吧。但跟萬能的上帝有關嗎？沒有！」

記者搶先報導他的獨家新聞。他以前對不可知論公開表示懷疑，但從來沒說過他對無神論的看法。與羅斯福、詹姆斯不同的是，他很清楚地說明自己不想在信仰和理性之間妥協。

「憐憫？善意？愛？我沒親自見證過。我們知道大自然的存在，但實際上不認識各種宗教的神。大自然的本質並不友善，不仁慈，也沒有愛意。如果真的是上帝創造我——我指的是有憐憫、善意、愛這三項特質的虛構上帝——照理說，祂也創造了我捕捉和吃下肚的魚。那祂對魚的憐憫、善意和愛到哪去了？」他說。

他繼續用這種口吻講了一會兒。他堅定表達信念的風格讓馬歇爾感到震撼，有時為了強調重點而擺動特別顯眼的頭部，面頰也發紅。但他最後笑著說：「大自然應該是社會中非常不受歡迎的成員。」

證據！

《紐約時報》充分利用馬歇爾的文章，在十月二日的週日雜誌頭版以標題「愛迪生宣稱世上沒有不朽的靈魂」大肆報導。讀者的反應很熱烈。兩週內，報社出了至少三本小冊子，而針對報社和愛迪生的抗議郵件也排山倒海而來。「過去十年來，」馬歇爾兩週後誇讚說：「大概沒有其他科學家的言論能引起規模這麼大的轟動。」

為了煽風點火，馬歇爾採訪憤慨的受訪者威廉・漢納・湯普森（William Hanna Thompson）博士，他寫過的《大腦與性格》（*The Brain and Personality*）讓愛迪生很欽佩。與其說他是臨床神經學家和紐約醫學院前院長，不如說他是有信仰的人。他嘲諷道：「不相信永生的人通常都不太正常，要不然就是心理有病。」他批評愛迪生的說法不符合科學原理，但他自己也發表違背科學的聲明。（「大腦……以彩色或扭曲的視角來觀察性格。」他說。）

7 愛迪生再度預料到現代神經科學家的發現結果，即所謂的「隨機」選擇其實是大腦經過深思熟慮做出的決定，通常在大腦自行決定相反的選擇前幾百毫秒。資料來源：哈加德（P. Haggard），〈人類的決斷力：意志的神經科學〉（Human Volition: Towards a Neuroscience of Will），《國家神經科學評論》（National Review of Neuroscience）第九頁，第十二期（二〇〇八年十二月）。

8 威廉・詹姆斯在他寫的上一本書《多元宇宙》（A Pluralistic Universe；一九〇九年出版）表達類似的不滿：「美國大學的年輕學徒太過注意技術細節，衍生的沉悶問題很驚人。」

正如馬歇爾所料，傳教士果然抨擊褻瀆神靈的愛迪生是「叛亂的知識分子」，還說他是「否認宗教慰藉時毫無悔意」的忘恩負義者。「愛迪生先生解決過形上學的問題嗎？」曼哈頓第五大道教會的牧師查爾斯・阿凱德（Charles F. Aked）質疑道：「他身為發明家，在處理技術問題方面確實很優秀。但他到底做了什麼事，讓他覺得自己有資格以權威的身分，談論人文精神及其與上帝之間的關係？」《泰晤士報》雜誌也在社論中發表類似的觀點，譴責愛迪生在採訪中說過的話（儘管有六種語言版本轉載）是許多專家自以為「在特定知識領域有卓越成就……經常對自己的判斷表現出可笑或可悲的過度自信……尤其是在他們擅長領域以外的問題」的例證。在斥責愛迪生的人當中，最著名的神職人員是巴爾的摩市樞機主教吉本斯（Gibbons）。他這麼評論愛迪生：「跟達爾文一樣單方面行使權力，結果汙染了自己的思想。」

愛迪生對自己引發的神學流言大驚失色，幾乎沒有自由思想家力挺他。他只不過在許多充滿不確定的敘述中提出形上學的觀點，而且是他五十年來實際觀察大自然後形成的意見。似乎沒有人注意到他和馬歇爾談過一系列純粹的科學話題，包括赫茲電磁波、布朗運動、大腦布羅卡（Broca）區形成的記憶減退、超顯微鏡的隱秘（他曾說：「也許我們終究能看見物質的內部結構。」），以及他提到的驚人預言：「總有一天，如果有人得了腎病……他可以到公開市場買到其他人的健康腎臟……然後把取得的腎臟取代有瑕疵的腎臟。」

對於那些在《哥倫比亞雜誌》（*The Columbian Magazine*）批評他的人，他回應表示這使他不禁思考自己的作風。

> 我真的相信，信守教條者已經建立龐大的不精確體系。說來奇怪，這套體系的依據是我和其他正直的人都該認同、誠心讚賞的基本真理……

我並不是藉由研究傳統思想來得出結論，而是研究客觀的事實後才下結論。我認為未經證實的理論或觀點，不應該在重要的議題形成信念方面的影響力。科學可以證實理論，也可以駁回理論。我從來沒見證過關於天堂與地獄、個人來世、人格神的宗教理論有科學證據。我堅信，我的說法是對的……證據是我一直以來追求的東西，也是我把一套理論當成事實之前所需要的依據。道德教育是這個世界最需要的東西。批評我的那些人當中，許多人只要願意把時間花在道德教育，以及花在探索科學最根本的真理，而不是浪費時間闡述本來就沒有堅實基礎的神學理論，那麼他們有機會成為偉大的德育導師。我們需要做的事是尋找基本原理，而不是重申過時的傳統思想，更何況以前的人懂的知識並沒有比現代人多。

簡樸

愛迪生的決定使他陷入水深火熱之中，恰巧妨礙到兩卷傳記《愛迪生的人生與發明》（*Edison: His Life and Inventions*）在十一月初的出版。合著的作者是愛迪生實驗室（Edison Laboratory）的法律總顧問法蘭克・路易斯・戴爾（Frank Lewis Dyer）、美國電機工程師學會（American Institute of Electrical Engineers）的前會長湯瑪斯・科默福・馬丁（Thomas Commerford Martin）。傳記的裝訂方式很牢固，特點是燙金、盒裝、查證嚴謹、語調恭敬但不諂媚，而最大的特色是有愛迪生簽字批准的摹本，堪稱「最終版」權威著作。第二卷的書尾有一百五十六頁附錄，但只描述了愛迪生二千五百多項發明中的十九項。

《紐約時報》之前嚴厲批評愛迪生宗教觀點，但後來保持緘默一個月後，發表了一篇未署名的評論，坦承傳記作者對他的讚賞實在當之無愧。

愛迪生這個人很簡樸，這種印象在讀他的傳記後會油然而生……他不只一次被稱為最偉大的在世美國人。奇怪的是，大型日報的民意投票及電機工程學期刊的民意調查，結果都顯示他比其他受人敬重者都更有優勢。不知何故，一般人認為愛迪生和同時代的馬克・吐溫（Mark Twain）都是偉大的典型美國人，甚至在心理素質和實際成就方面與林肯、富蘭克林不相上下，能夠與美國的本質畫上等號。

這位評論家指出，愛迪生修改過許多頁的內容基本上都是自傳，引文也展現他神經質又有力的表達方式。同時，這部傳記在技術方面足以構成過去五十年電氣創新的歷史，其中大部分的創新由愛迪生主導。

> 他對電力的付出沒有停止過。讓人感到既有趣又吃驚的是，得知他名列美國的大型水泥製造商；讀到他在磁鐵礦的還原作用投入不少心力；了解他被委以重任，將早期的打字機改裝成更方便使用的形狀；發現他創造了包裝糖果的石蠟紙；聊起油印機，以及他每天花十八到二十個小時，憑著聰明才智解決機械藝術與科學方面的大部分實務問題。有時，作者講述他一部又一部的傑作時，讚美的語調顯得言過其實，但最後不得不說，如果作者真的能在現實生活中接近這麼有才華、不屈不撓、有成就的人才，應該會被他的熱情感染吧。

聖誕禮物

愛迪生的虔誠妻子擔心，外界對他的關注會促使他把「神經質又有力的表達方式」應用到愈來愈多科技以外的領域。「看到他不再像以前那麼純樸，讓我很難過，」她寫給查爾斯：「他以前不會特別堅持自己的立場，但他現在對所有議題都有意見。這種非常在意別人的可悲心態，真是令人心煩。」

然而，米娜並不是最近才聽到愛迪生的異端邪說。早在一八八五年，她在熱戀期就發現愛迪生是快活的異教徒，並樂於挑戰她的虔誠心意。即便如此，要不是愛迪生成了名人，以及用保守的方式追求她，她的虔誠父親——俄亥俄州阿克倫市第一美以美會的中堅分子，可能會希望她嫁給定期上教堂的男人。

愛迪生沒陪她上教堂二十五年後，她對他的救贖不再抱希望，於是她把注意力轉移到其他更難受的問題：如何處理女兒瑪德琳對羅馬天主教徒的迷戀。他們和一般情侶很不一樣——瑪德琳二十二歲，宛如一朵在布林莫爾（Bryn Mawr）盛開的鮮花，她開朗、機智、衝動；約翰・埃爾・斯洛恩（John Eyre Sloane）是矮個子，戴著眼鏡，不苟言笑，手頭拮据，每天除了在天還沒亮時起床，參加六點的彌撒以外，他不清楚自己在二十五歲該做什麼事。他那令人生畏的母親愛麗絲（Alice）也有堅定的信仰，假如她和米娜為了教義而發生爭執，缺乏自信的米娜根本不是她的對手。但她們都很確定瑪德琳和約翰不會結為連理，因此她們也不太可能有交集。

瑪德琳和父親一樣有不敬的行為（她開玩笑地把乾草叉當作送父親的聖誕禮物）。雖然她不是完全沒有信仰的人，但她搞不懂為什麼信仰對約翰那麼重要。他認為在週末提振精神的方法，就是靜修和思過。愛迪生認為這位年輕人缺乏活力的問題比較嚴重。他的智力似乎「定格」了，但瑪德琳的智力表現

瑪德琳・愛迪生，約攝於一九一一年。

不斷提升，與他形成鮮明對比。唯一不同的地方是，瑪德琳的母親強加在她身上的社會常規，使她習慣壓抑自己的情緒。「我想成為自由的人。」她發起牢騷，渴望在家務事、應酬以及母親認為女性該有的理想特質等常規限制之外有所成就。她也覺得自己是「男尊女卑」的受害者。她很喜歡參與業餘的戲劇表演，但約翰不喜歡。當紐約的研究員願意聘僱她處理愛德華．亨利．哈里曼（E. H. Harriman）的文件，她興奮不已，但愛迪生唐突地告訴哈里曼，他有足夠的錢能撫養女兒。

這對不幸的戀人因偏見和貧窮而疏遠，偶爾鬧分手，然後又復合，私下約定的訂婚拖延了好幾年，只能以此尋求慰藉。約翰不斷向瑪德琳保證，一切在神的幫助下都會好起來。「畢竟，這是上帝、妳和我之間的事，妳要相信祂會在適當的時機指引我們。」他說。

引人入勝

十二月二十一日傍晚，哈奇森帶著要送給愛迪生的聖誕禮物到格蘭蒙特。海軍部門不惜工本地發展和建設試驗用的潛艇電池。哈奇森表示，一旦設備準備就緒，科恩海軍上將就能提供「墨魚號」船艦進行測試。顯然，最高指揮部對此很感興趣。愛迪生回報哈奇森的方式，是把他介紹給自己的家人——算是難得的殊榮，因為米娜平時不太願意和助手打交道。

早在年初，新S型電池的草擬規格已準備好。規格是由一百零二個鹼性電池組成，每個電池有五英尺高，包含十九個正極管和二十個負極管。單一電池加滿電解液時，重量高達五百零八磅。這種設計使供電裝置的重量輕了二十五%，容量卻比妨礙墨魚號水下活動的鉛塊大三倍。此外，這些電池完全可放電，但酸性電池則無法承受電壓降至一百伏特的損害。相較之下，這些電池的使用壽命能延長三倍，即十年以上，並且能釋放足夠的電能，以五節的速度輕鬆驅動水下一百五十英里的潛艇。哈奇森高興地計算出，S型電池擁有九十二%的運作優勢。

哈奇森趁著查爾斯到大學上課時，努力在愛迪生面前扮演替補角色，沒想到有立竿見影的效果。他的特殊資格使他贏得愛迪生的喜愛，也讓工廠裡的其他馬屁精難以與他競爭。此外，他懂得用科學角度看待失聰。他能理解愛迪生終其一生假裝很慶幸聽不到世界上大多數人的聲音，其實只是愛迪生感受到自己與世界格格不入——從青春期開始，孤獨的滋味驅使愛迪生置身於忙著處理機器工作的戰友情誼中。他也跟愛迪生一樣在夜間很有活力，曾開玩笑說休假時間只限凌晨二點到早上七點。他們最投合的地方是，都具有發明家特有的活躍想像力。他們不需要清晰的比例圖，就可以從鉛筆素描的草圖看出工程完成後的立體樣貌，並能夠確保達成買家對訂單的期望。

「如果未來五年，也就是當新船套用鉛酸蓄電池的最長使用期限下，我們能取得目前美國海軍潛艇的電池業務，」哈奇森寫信給愛迪生：「我們就能銷售六千九百一十二個S-19型電池，相當於三百七十一萬美元的總銷售額。」如果其他國家的海軍也紛紛仿效，就會有數十億盧布、馬克、里拉、日圓及英鎊湧入西奧蘭治鎮。目前，美國有十八艘潛艇，還有十艘在建造中。德國部署八艘，日本部署九艘（據說這兩個強國都在私底下盡速擴展艦隊規模），俄羅斯部署三十艘，法國部署五十六艘，而大不列顛部署六十三艘。這些潛艇都使用鉛酸蓄電池。因此，哈奇森的下一步行動是請愛迪生簽名後，寫信給華盛頓相關大使館的海軍武官，邀請他們來參觀實驗室及了解S型技術。

他很自豪能寫出有說服力的內容，但只有俄羅斯帝國海軍的海權代表德米特里·瓦西里耶夫（Dmitri Vassilieff）海軍中校注意到這些信件（「真是引人入勝！」他說）。對愛迪生來說，這算是很不尋常的回絕，因為他的名氣那麼大，照理說大家都應該覺得見到他是很難得的事。這也是他第一次體會到海軍官僚體制對創新的反應非常謹慎。

穿著全套制服的瓦西里耶夫出現時，愛迪生並沒有表現得像外交官。他在這位海軍中校面前高談闊論，就像俄羅斯在這個世紀初期虐待日本一般。然後，哈奇森能做的就是說服他同意在喀琅施塔得（Kronstadt）測試四個較小型的電池。至於其他敵對的海軍武官，他們決定先觀望愛迪生的原型表現狀況。

他們不著急，因為他們聽說過愛迪生是個狂熱的完美主義者。哈奇森毫不氣餒地申請在國內外銷售S型電池的獨家代理權，並從愛迪生那裡獲得每筆銷售額的一〇%傭金，以此替代工資。同時，他試著運用老套的「欲擒故縱」銷售技巧來引起買方對電池的興趣。比起生意，皇家海軍（Royal Navy）的承包商對情報更感興趣，於是詢問取得電池的可能性。哈奇森精明地表示有許多歐陸大國與他接洽：「我目前還無法跟你約定明確的條件。」他還對法蘭克・路易斯・戴爾誇口表示，就連華盛頓總統也得克制焦急難耐：「我告訴潛艇的代理人，我們目前沒有考慮和他們密切合作，因為愛迪生先生要等到徹底完成和測試到滿意為止，才願意做交易，所以我只好先擱著這件事。然後，代理人失望地離開了，但我知道有機會成交。」

有限公司

在愛迪生的所有資深助理中，戴爾最有抱負。他除了擔任公司的法律總顧問和銷售經理，也是傳記作家，可見他有志於追求卓越。長久以來，他一直希望《愛迪生的人生與發明》能發揮基座的作用，彷彿愛迪生這位大人物站上去就能轉變成一座大理石雕刻品。然後，他可以將西奧蘭治鎮的多家公司混亂局面（沒人知道該怎麼稱呼這種亂象）重組為湯瑪斯愛迪生有限公司，並擔任這家新企業的總裁。

撇開個人抱負不提，當實驗室不再是愛迪生發明的發源地，只是一家大型製造企業的研究部門時，急需受過公司法訓練的人才來做好準備。國家留聲機公司是愛迪生的最大型賺錢企業，卻因大量投入資金到無利可圖的子公司，導致血本無歸。其中，愛迪生蓄電池公司、愛迪生波特蘭水泥公司看起來似乎能在最後收回可觀的籌備費用，因為這兩家公司都生產了一流產品。其實，國家留聲機公司也是如此：圓筒型安貝羅拉唱盤在聲音方面，比勝利牌的圓盤型手搖留聲機更出色。但有顯著的證據表明，消費者比較喜歡方便的扁平唱片。勝利牌去年的銷售額高達八百二十五萬美元，而國家留聲機公司只有二百六十七萬美元。就連愛迪生也認同有必要適應唱片技術，否則公司就會倒閉。過去二十年，他為了維繫自己的商業帝國而花費四百多萬美元。戴爾讓他明白，再繼續肆意揮霍就會破產。現在只有外部投資能幫上忙，而確保這點的最佳方式就是充分利用他最大的優勢——他的名字。

他不情願地同意將國家留聲機公司重新合併為湯瑪斯愛迪生有限公司，並擔任只由一個執行委員會負責（而非幾十個執行委員會）管理的集中型組織核心。他是董事長，而董事會選擇戴爾擔任總裁，卡爾・威爾遜（Carl Wilson）擔任留聲機公司的總經理。愛迪生彌補喪失獨裁組織的方式是成立「工程暨實驗部門」（沒人知道他能堅持多久），使他能夠繼續控管實驗室的所有智慧財產權。

這家合併的新公司在一九一一年二月二十八日註冊，還不算十分完整。電池與水泥的公司帳都沒有計入其中，以免嚇跑投資人。然而，有些陳舊的領地已經邁向現代專業管理的上市公司典範。戴爾創立的「有限公司」不久就打開知名度，公司的資本額為一千二百萬美元，約有三千六百名職員。

你會以為他有一條圍裙

愛迪生的企業蛻變時間點，剛好也是他與米娜結婚的二十五週年紀念日。他們慶祝的方式是在格蘭蒙特舉辦家庭聚會，屋裡擺滿了禮物和鮮花。此時，查爾斯在麻省理工學院就讀二年級，無法參加聚會，於是瑪德琳在餐桌放上他的照片。米娜努力擠進婚紗禮服後，現身說：「給大家一個驚喜！」西奧多才十一歲，看得目瞪口呆。聽說他當場「一見鍾情」。大家吃完晚餐後，愛迪生提議玩帕克兄弟十字戲（Parcheesi），這是他以前當電報員時學會的桌遊。

對米娜來說，丈夫能陪在她身旁一整晚是難得的樂事，因為他最近在實驗室有點忙亂。他指派哈奇森擔起開發潛艇電池的大部分責任，並沒有因此減少自己的工作量。他獨自承擔了他認為更加緊迫的任務：使目前的愛迪生牌留聲機部門恢復獲利能力。也就是說，他要推出一款不會侵犯到競爭對手專利的唱片播放機及一系列相容的唱片。「這樣會把他累壞，」米娜對查爾斯抱怨：「你沒發現每次都是勝利牌獲利嗎？」

她密切關注零售業趨勢，也擔心矛盾的丈夫不願承認圓筒是注定失敗的裝置。不久，除了法國百代電影公司（Pathé Frères），愛迪生唱片（Edison Records）公司成了唯一繼續生產圓筒的公司。愛迪生這樣做絕非感情用事。在他發明留聲機之前，他就已經試驗過電報錄音圓盤，因此他了解圓柱體的幾何結構可以使音高更穩定。螺旋形坑紋從左到右盤旋，另一端並不會逐漸變窄或變尖細，而圓盤坑紋朝著轉盤的心軸縮小，減緩了唱針刻蝕坑紋的速度。

愛迪生牌的安貝洛爾（Amberol）圓筒新品、勝利牌的十二英寸紅標誌（Red Seal）圓盤新品透過同一個喇叭播放時，何者的聲音聽起來更自然、更微弱或更刺耳，高下立判。但圓筒的硬蠟坑紋可塑性，會使藍寶石唱針刻蝕坑紋的清晰度，因此降低了精確度。至於圓盤含有質地如沙的蟲膠原料，如同大多數不光滑的物品一樣相當耐用。

若非一九〇五年的不合理禁令，愛迪生早就在圓筒的原坯塗上他在留聲機時代早期發明的纖維素化合物。直到現在，他買下了競爭對手的專利後，他才可以自由更換材料。但優秀化學家沃爾特・艾爾斯沃斯（Walter Aylsworth）——他評價過艾爾斯沃斯是「實驗家中的佼佼者」——給他比賽璐珞更硬的東西：難熔的酚樹脂，滲入含有氨與甲醛的雜環化合物。雖然這種塑料能保留記錄針的垂直刻痕，但麻煩在於玻璃般的硬度會導致播放裝置或重播磁頭出現跳針現象。此外，每次跳針及隨後的碰撞都會震動到藍寶石唱針，使聲音變得斷斷續續。愛迪生成功地用更重的播放裝置進行試驗，但不間斷音質換來的代價是更嚴重的唱針磨損。

他在尋找對藍寶石更溫和、適用於圓盤與圓筒的清漆時，為自己的「錄音合成物」申請了專利。這種合成物是堅硬的樹脂，他將鹵化萘的結晶體熔入其中，而結晶體在冷卻和凝固過程中結合在一起，能產生具有非凡張力與強度的製成品。他將棉絨加固的德國褐煤蠟管壓成薄片後，發現基材和塗層具有相同的膨脹係數，意即在熱度或濕度產生變化時，不會經常出現熟石膏裂開的麻煩情況。他很高興，也申請了這種製作方法的專利。「我改善後的唱片很耐用，」他在申請書上自誇地寫道：「即使掉到地上，甚或用力摔在地上，也不會有嚴重的損傷。」

儘管如此，他不得不承認艾爾斯沃斯的塑料具有優越的耐久性，因為沒有纖維成分，反而更光滑。如果他能設計出一款浮動重量的播放裝置，就不會發生脫落的情形，能確保永恆的精確性。艾爾斯沃斯連濃縮硬化劑六亞甲基四胺（hexamethylenetetramine）的名稱都唸不出來，於是他們決定以康爾賽（Condensite）做為品牌名稱。愛迪生允許這位化學家享有全部的專利權，並在紐澤西州的格倫里奇（Glen Ridge）大批生產。[9]

9 他一這麼做，紐約的化學家利奧・貝克蘭（Leo Baekeland）就開發了競爭產品——膠木（Bakelite）。接下來的幾年，愛迪生的美國康爾賽公司（Condensite Company of America）只好迎戰貝克蘭提起的專利侵權訴訟，即便電木產品更純淨、更堅硬。一九一七年，康爾賽獲得了優先權，但那時艾爾斯沃斯去世了。

儘管在接下來的十八年，他一直堅持把圓筒當作首選的錄音媒介，但康爾賽以圓盤形式嵌入時，美妙的聲音讓他很驚訝。然而，圓盤務必保持平坦，否則他堅決要求的垂直針動向（與對手喜好的碰壁式、橫向擺動相反）會擴大表面的彎曲度，導致失真和音高偏差，使他極為敏感的殘存聽覺備受折磨。但如果指定使用超重型圓盤基座，可能會使一些客戶望而卻步。

米娜希望他乾脆放棄留聲機，變賣後就退休。結滿果實、開滿橙花的塞米諾爾小屋召喚著她，但愛迪生說他太忙了，無法抽身南下。實際上，他也很少睡覺。「今晚，爸爸在實驗室忙著處理圓盤，」她在三月六日寫信給查爾斯：「他調不出純音，焦急萬分。」一如既往，愛迪生解決問題

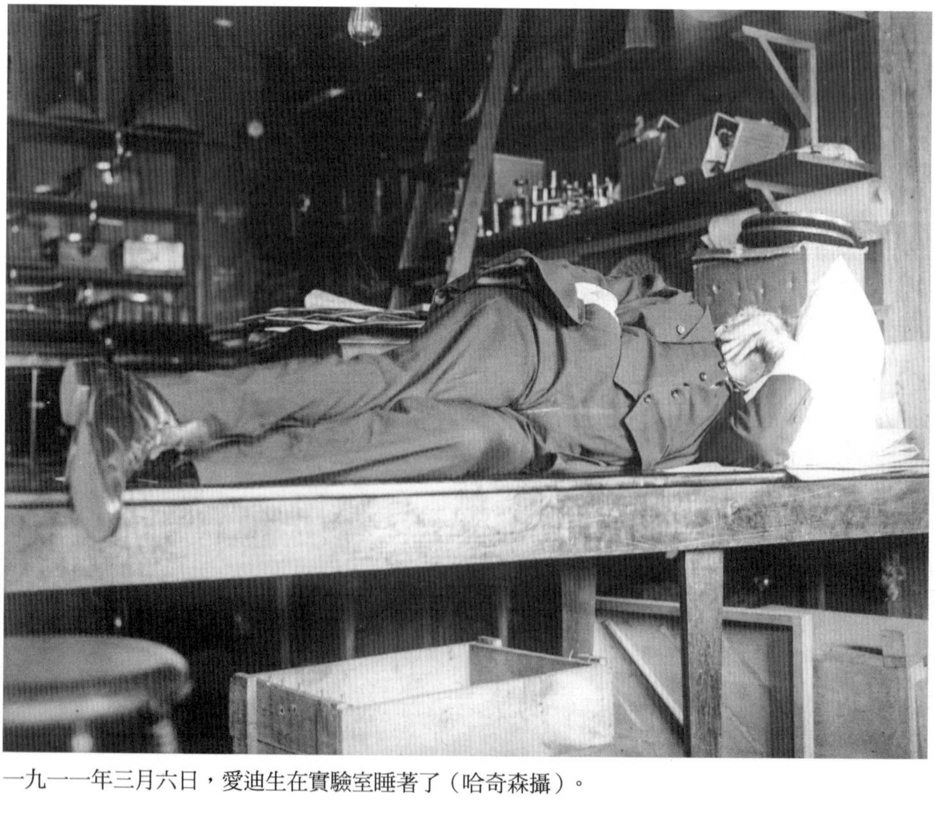

一九一一年三月六日，愛迪生在實驗室睡著了（哈奇森攝）。

的辦法就是不斷做實驗（光是播放裝置的實驗，他就試了兩千多次），直到他疲憊不堪為止。那天晚上，哈奇森拍下這位老人在化學大樓工作檯打盹的照片。

如果他凌晨四點半還沒回家，吃完早餐後就匆匆回去工作，他就會在外頭待上幾天，直到米娜出門找他並逼迫他吃飯、洗澡及刮鬍子。

愛迪生做事非常緊迫，當他把需要乾洗的衣物送到山谷路（Valley Road）的亞美尼亞洗衣店時，他會要求司機維持行車速度，然後他「順便」把待洗衣服扔出去。店裡的年輕移民羅絲・塔茲安（**Rose Tarzian**）早已習慣聽到他把整堆衣服丟向紗門的碰撞聲。他的背心有時很難清潔，尤其是沾到侵蝕性的酸類或蠟跡斑斑。康爾賽的液體當然更難清除。「你會以為他有一條圍裙，而且是人工製造的皮革圍裙！」塔茲安發牢騷說。

塔茲安盡力洗好衣服後，會把衣服送回格蘭蒙特，她必須徒步爬上盧埃林公園的長坡。如果是米娜出來應門，塔茲安可以期待得到十五美分的小費。但如果是屋主出來應門，她拿不到任何好處。

敞開心扉

雖然愛迪生向哈奇森和《紐約時報》記者展示他設計的新「有聲電影」系統，但他說還是不太滿意。「我想播放大歌劇……我也想播放泰迪在會議上講話的樣子。」[10]他一如往常地避開主要的同步問題。他相

10 此時，小西奧多・羅斯福（Theodore Roosevelt Jr.；暱稱泰迪）重新成為一股政治力量，並有第三次角逐連任美國總統的機會。愛迪生不曾幫他錄影，但發表過他在一九一二年競選演說的四套錄音筒。

信自己完成錄音專案後，就有辦法解決此問題。

無論如何，他還是參與了潛艇電池的開發，哪怕只是因為哈奇森希望和他建立特別的親近關係，而這種關係是彼此在同一張實驗桌熬夜共事所產生。他們對原型進行安全測試，檢查防水性，並安裝充電過度的報警器。手提箱大小、六百磅重、如鋼罐般的電池，在充電週期的一開始會釋放大量氫氣，因此他們對其進行一系列內部引爆，以便確保鋼的厚度足以承受爆炸力。[11]「他愈來愈能對我敞開心扉了。」哈奇森在四月二十二日寫道，並在一個月後表示：「我和愛迪生促膝長談。他也愈來愈重視我。」

哈奇森通常在黎明時開車送這位老人回家。然後，他有時會馬上回到實驗室，完全不睡覺，期盼著他的奉獻精神能引起注意。確實有人注意到了。不久，愛迪生就獎勵他在湖畔大道（Lakeside Avenue）對面的蓄電池大樓享用自由辦公空間。這鼓勵了哈奇森帶著妻子和四個兒子搬到西奧蘭治鎮的出租房，同時也密切留意盧埃林公園的不動產契機。他發現愛迪生很喜歡坐車穿越紐澤西州的鄉村，於是邀請愛迪生和米娜乘坐他的帕卡德，來一趟長途旅行——由他開車帶他們參觀他住的地方。米娜開始懷疑他，就像她懷疑瑪德琳的男朋友一樣。「難道哈奇[12]也想和世界上最偉大的發明家建立孝敬的子女關係？」她納悶地想。

隨著天氣變暖和，她開始試著從哈奇森的魔掌中解救丈夫，以及從約翰·斯洛恩的魔掌中解救女兒。她表示是時候安排愛迪生一家人環遊歐洲了（當然不包括湯姆和威廉）。他們可以在整個夏季遠離家鄉，到法國北部、阿爾卑斯山、多瑙河流域及德國探險。也許他們還可以安排與瑪麗恩的團聚，畢竟西奧多還沒見過這位同父異母的妹妹，而瑪德琳和查爾斯也幾乎不記得她了。據悉，瑪麗恩嫁給了德國軍官，他們住在米爾豪森（Mühlhausen）。

愛迪生不反對休假。他在幾個月內申請十八項留聲機改進的專利，並設計了一款典型唱片播放機（更不用說為電影添加聲音與色彩的設備了），他承認自己疲憊不堪。從一八八九年開始，他就沒有好好休假過。他之前在冬天到佛羅里達州休養，只不過是從一間實驗室轉移到另一間實驗室。但他還是不肯罷手，直到唱片播放機準備在七月的留聲機批發商全國協會的大會上展出。此後，他又申請了另一項專利——回收利用電鍍陰極產生的洗滌水，而哈奇森在製造鎳片方面需要援助……

六月二十四日，米娜、瑪德琳及西奧多坐船前往法國，而愛迪生在有空的時候才和查爾斯跟在後頭。

有七個座位的綠色敞篷戴姆勒

愛迪生在八月初終於登上茅利塔尼亞號，他對記者開玩笑說：「我想去度假，做點讓人擔心的事。」他表示自己平常太忙了，沒空在工作時享受這種樂趣，但現在至少有兩個月的時間來彌補。

在出海的第一天，查爾斯成年了。他抽了有生以來第一根菸以示慶祝，並在餘生中盡可能保持這種嘗試新事物的習慣。愛迪生送他五百零五張湯瑪斯愛迪生有限公司的留聲機股票，進一步把他推向未來的事業之路。[13]查爾斯並不排斥以後接管公司，但他非常期待在歐洲過著享樂的生活。精明的瑪德琳覺察到查爾斯有放蕩不羈的傾向。「他喜歡稀奇古怪的事物和地方。」她說。

假如愛迪生表達希望「休假」時，以為自己可以擺脫名氣，那麼他很快就會發現名氣在旅途中如影隨形。他經常出現在頭等艙的吸菸室，其他乘客一直聽他叨著雪茄滔滔不絕地說話，其中包括亨利・詹姆斯

11　愛迪生曾經要求哈奇森引爆一顆在稍微膨脹的氣球內部的電池，期盼發明出現代汽車的安全氣囊。

12　哈奇森本人希望他們稱呼他「哈奇」。

13　這份禮物在一九一一年價值五萬五百七十五美元，相當於二〇一八年的一百四十萬美元。

（Henry James）。「那位偉大、和藹、簡樸、失聰、表情像街頭男孩的愛迪生也在船上，我和他聊過。」詹姆斯在描述這次航行的信件中寫道。他補充說，愛迪生問候他最喜歡的外甥女時，散發出來的善意和同情心讓他很感動，因為他的外甥女患有憂鬱症。查爾斯看到父親和《慾望之翼》（*The Wings of the Dove*）的作者在甲板扔紙飛鏢，顯然是在研究空氣動力學定律，讓他覺得很有趣。「蒸汽動力的時代要結束了，」紙飛鏢彈到愛迪生腳下時，他說：「飛行會變成未來的運輸奇蹟。」

愛迪生即將抵達倫敦的消息傳到了英國政府最高階層。雖然自由黨政府的國會法案（從一八三二年的改革法案以來最具爭議的立法）已定於八月八日傍晚進行辯論，英國政府還是安排好當天傍晚在下議院接見他。儘管愛迪生很難理解，但英國這項措施依然處於改革之前的狀態，該措施的宗旨是剝奪未經選舉產生的上議院控管公共開支的權力。

等他在卡爾登飯店（Carlton Hotel）辦好住宿登記後，英國的法律事務代表——下議院議員喬治·克羅伊登·馬克斯（George Croydon Marks）爵士與他會面，並陪同他和查爾斯前往西敏（Westminster）。依照議長的指示，他們被安排在下議院的貴賓席，可以俯瞰一場激烈的口水戰。這場辯論由溫斯頓·邱吉爾主導，他身為執政的自由黨內政大臣，指控以前的托利黨同僚休·塞西爾（Hugh Cecil）勳爵試圖抵制漸進式變革，藉此挑起暴動和騷亂。塞西爾宣布，首相赫伯特·亨利·阿斯奎斯（H. H. Asquith）和內閣成員企圖推翻長達一千年的貴族特權，犯有「叛國罪」。反對黨領袖亞瑟·貝爾福（Arthur Balfour）為一項引起恐慌的修正案進行辯護，該修正案旨在保護君主制不受大衛·勞埃德·喬治（David Lloyd George）等自由黨煽動者發起的攻擊。「叛徒」的呼喊聲在走道間回響著。

同時，愛迪生聽不懂他們說的內容，他在思考室內的通風系統有哪些缺點。那天晚上很炎熱，他詢問能不能使室內降溫。馬克斯回答，氣溫變得難以忍受時，通常會有冰水灑在外面的窗戶。愛迪生聽完後，睜大眼睛地說：「你是認真的嗎？我不相信有這種荒唐的事。」

辯論一直持續到午夜之後，愛迪生覺得很無聊，於是他到看臺緩口氣，那裡有一些議員陸陸續續向他致敬。勞埃德．喬治是個子不高的開朗威爾斯人，他問愛迪生能不能發明一些讓法案快速通過國會的東西。愛爾蘭的民族主義領袖奧康納（T. P. O'Connor）也跟亨利．詹姆斯一樣覺得愛迪生很天真。「他就像個優秀的學生……天才的純樸特質如今一目了然。」奧康納說。[14]

隔天早上，各家報紙紛紛發表政府勝利的消息時，一場大火卻將卡爾登飯店夷為平地。歷年來，卡爾登飯店是英國貴族參訪城鎮的聚集地點，因此塞西爾勳爵無疑把飯店的逝去視為投票的象徵。那時，愛迪生和兒子已辦妥退房手續，在前往福克斯通（Folkestone）的路上，並乘船前往布洛涅（Boulogne）。米娜、瑪德琳及西奧多坐在一輛有七個座位的綠色敞篷戴姆勒等著他們。

瓦倫丁先生

那輛戴姆勒配有私人司機，是機智的哈奇森為他們租來的，也是適合英國王室的交通工具。愛迪生喜歡這輛車的尺寸和動力。雖然他的怪癖是經常坐在前面發號施令，但其實他不會開車。

接下來的六週，他在有利的位置欣賞了法國北部、羅亞爾（Loire）河谷、勃艮第（Burgundy）、瑞士、奧地利的提洛邦（Tyrol）、義大利的多羅米提山（Dolomites）、匈牙利、波西米亞、巴伐利亞、薩克森以及普魯士的全景。十三歲的西奧多很愛國，他輕蔑國外的一切事物。他堅持要在前方的保險桿的竿子

14 愛迪生收到一份由阿斯奎斯、勞埃德．喬治及其他資深政府官員簽署的國會法案。

掛著美國國旗，而飄揚的旗子遮住了一部分前景。愛迪生徒勞地抗議，說旅店老闆看到國旗，在途中的報價會增加兩三倍。

這些旅客離開巴黎後不久，發現有一輛車在後頭跟隨著他們。原來是《世界》派來的記者，他當面說明自己是奉命報導他們在歐洲的一舉一動。「你也知道，新聞業必須做這些事啊。」他說。

愛迪生不願和他來往，但戴姆勒駛近因特拉肯（Interlaken）時，意外地滑進了溝渠，必須靠幾匹馬拖出來，於是他把鏟子拿給記者。此後，這位記者跟隨著他們。愛迪生的孩子都很同情他，因為他的工資很低、體弱多病、笨手笨腳。[15]他們覺得他的名字很有趣——愛德華·亞伯·烏芬頓·瓦倫丁（Edward Abram Uffington Valentine），直接簡稱他「二月十四日」。愛迪生答應孩子的懇求，偶爾勉為其難地接受瓦倫丁的訪談。他們抵達奧地利的布盧登茨（Bludenz）城鎮時，瓦倫丁不小心服用過量的番木鱉鹼（strychnine）[16]，差點當場喪命。米娜鎮定自若的照顧他，孩子都驚呆了。他的身子太虛弱，無法交出下一份報告，所以查爾斯幫他寫報告。

愛迪生急著上路，他似乎對倒楣的新聞記者沒什麼同情心。車子繼續向東行時，他似乎也對看到的窮困農民毫無憐憫心（查爾斯留了下來，等瓦倫丁康復後，才跟在後頭）。他們的下一個目的地是布達佩斯，瑪德琳和米娜都很想去那裡觀光。但如果她們以為到這麼偏遠的地方就像拜訪一般美國家庭，那麼這種美夢會逐漸破滅。無論多瑙河的村莊有多小或城市有多大，從克拉根福（Klagenfurt）、維也納一直到焦爾（Györ）都是人山人海。

在布達佩斯，有一位愁眉不展、戴著圓頂禮帽的人上前與他們搭話。他就是法蘭西斯·傑爾，以前在門洛帕克市的時光與愛迪生有往來。二十九年前，愛迪生派他去國外擔任工程師，但他後來對此職務失去了興趣。目前，他在布達佩斯電力公司（Budapester Allgemeine Elektrizitäts Aktiengesellschaft）工作。他的妻子身患殘疾，而他自己也很憤恨當初參與白熾燈技術卻沒有享受到可觀的財富。其實愛迪生也沒有因此致富。但傑爾很在乎名車、匈牙利大飯店（Grand Hotel Hungaria）的豪華套房，以及街上的人群都在滔滔不絕地談論最上等的事物。

他時而逢迎諂媚，時而牢騷滿腹，然後鼓起勇氣告訴這位前任老闆，他、愛德華・強森、法蘭西斯・厄普頓（Francis Upton）及威廉・漢默都覺得自己的付出沒有得到應有的回報。強森現在是牛奶商，而厄普頓在賣沙子。愛迪生聳了聳肩後，回應說他們本來就應該自食其力。

然而，傑爾在九月十三日自豪地護送愛迪生到布爾諾（Brünn），以期襯托出他在一八八二年代表愛迪生大陸公司（Compagnie Continentale Edison）安裝過劇院的白熾燈。隔天早上，愛迪生一夥人前往布拉格。加上瑪麗恩和她的德國丈夫奧瑟後，人數變多了，他們坐瓦倫丁先生的車出發。在歡呼聲和鮮花的簇擁下，戴姆勒這台車在警察的護送下優先通行。傑爾摘下帽子站在路邊，直到車子駛離視線範圍。

奔跑的男孩

瑪德琳很快就對同父異母的姊姊產生好感——瑪麗恩是身材粗壯、活潑又有魄力的三十八歲女子。瑪德琳也很欣賞奧瑟，他是不太會說英語的德國軍官。「他看起來是個非常和善的人，不但樂觀、友善、脾

15　瓦倫丁是約瑟・普立茲（Joseph Pulitzer）聘僱的駐外記者，他在一九一二年出版了一部賣得不好的小說《赫克拉・桑德斯》（Hecla Sandwith）。

16　一九一一年，一般人認為這種致命毒藥的小劑量可以增強心臟功能。

氣好，也很敬重瑪麗恩。」她說。

這幾年來，瑪麗恩說起話來比較像德國人，不像美國人。連她的外表都像個德國人，留著一頭打結的金髮，身材魁梧。此外，她的法語很流利，對歌劇的聽覺也很敏銳。她渾身散發出瑪德琳欽佩的世故風采，卻過著窮困潦倒的生活。她跟母親一樣都很愛錢，也像湯姆、威廉一樣總覺得愛迪生給的錢不夠花。雖然她曾說過「爸爸認為我不該受教育」這種話，但她不嫉妒瑪德琳在布林莫爾（Bryn Mawr）學院的名聲。十七歲時，她在法國染上了天花，當時愛迪生不願去探望她，也沒有寫信慰問她，因此在她的內心深處及長著痘瘡的臉上，都留下了愛迪生當初忽視她的傷痕。[17]但她對愛迪生的仰慕之情依舊不變，使愛迪生受寵若驚，重新燃起他在瑪莉去世後對她的關愛。

「我最棒的發明嗎？」愛迪生回答奧瑟的問題：「你已經得到啦。」

九月十七日星期天，這對夫婦的德語能力派上了用場。當時戴姆勒駛進勞夫（Lauf）的黑森林（Black Forest）村莊時，撞到了在街道奔跑的男孩。他的腳變成畸形，也許是因為他在試著躲開車子時絆倒了。憤怒的群眾一下子聚集起來。愛迪生和米娜立刻下車阻止其他人抬起男孩，以免不斷湧出的血把他嗆死。但他們後來發現男孩已經斷氣了。

奧瑟、瑪麗恩及瓦倫丁跟在後頭幾英里遠的地方，過了一段時間才到達現場。情況變得很不妙，直到當地的警察確認這場事故是男孩的錯。即便如此，奧瑟的軍人儀態及瑪麗恩的溝通技巧協助平息了意外事端，讓愛迪生一家人在那天晚上至少能在客棧斷斷續續地睡上一覺。隔天，官方的驗屍調查證實他們沒有罪責，而愛迪生留下四百馬克給男孩的貧窮母親。

剩下的十天旅程很難玩得盡興。米娜一直希望瑪德琳下半年去義大利，但願她能忘掉約翰・斯洛恩。但瑪德琳說她寧可回家時，米娜不忍心反對。

愛迪生在德勒斯登（Dresden）與瑪麗恩吻別之前，發覺她很想要一輛汽車，於是吩咐她買梅賽德斯賓士，記在他的帳上。他把戴姆勒從柏林送回巴黎，然後帶著家人坐火車去漢堡市。九月二十八日，他們登上德國的郵輪「亞美利加號」（Amerika）。到達紐約後，他們走下舷梯時遇到的第一個人就是哈奇森，他幫他們拍了幾張照片。

另一個大拱門

自從愛迪生發表關於來生的言論，他逐漸養成神諭般的癖好。他要讓美國記者確切了解他對現代歐洲的看法，才肯回家。「我對另一邊民族的印象如何？我告訴你們，他們大多時候太遲鈍、太離譜了。」他說。

在各式各樣的採訪中，他批評英國人很懶惰，吃太多牛肉、喝太多黑啤酒。他認為巴黎的彩燈與百老匯的彩燈相比之下，前者的效果就像曙暮光。他還抱怨在巴黎和布拉格看到的女性時尚潮流。「禮服採用三原色[18]是不發達的跡象……女人的裙子應該在臀部呈現弓形的曲線，」他接著評論萊茵河以東的城市景觀：「德國人的審美觀有問題。他們喝太多啤酒，導致腦袋都僵化了，結果把建築架構搞得像啤酒一樣。」

最後這句話激怒了曾經歡迎他到柏林的科學家、作家和實業家，當中有人以前帶著敬意說過：「我真想吻他的手。」

17　請見第四部。

18　紅色、黃色以及藍色。

西格蒙德・伯格曼（Sigmund Bergmann）與愛迪生相識四十多年，他寄了一篇標題為〈愛迪生的啤酒幻想〉（Eine Bier-Phantasie Edisons）的文章給愛迪生，並要求他否認自己說過的話。「這樣我就能安撫這裡的人，他們都很悲觀地看待這件事。」伯格曼說。愛迪生透過電報發出一封有關改正過失的信，並讚揚德國工業的顯著成長，尤其是化學製造領域，試著藉此彌補自己失態的憾事。

當他談到自己在每個參訪過的國家所察覺到的好鬥民族主義，他的語氣變得更嚴肅。「他們滿腦子都是戰爭，就好像到處都有堡壘和槍，每個人都在提防間諜。」甚至在瑞士，也發生一名男子跨越瑞士與德國之間的邊境採摘草莓而遭到槍殺，人們很擔心國際秩序崩潰。「我不是馬爾薩斯主義者，」他告訴《匹茲堡電報》（*Pittsburgh Telegraph*）的記者：「我不相信戰爭有縮減人口的作用，但我認為如果法國又與另一個國家爭執，法國的神機妙算足以應付強大的蠻力。」由此可見他在想的是哪種「蠻橫」力量。他擔心戰爭及戰爭的美化在歐洲歷史上的滲透程度，並表明這就是他一直對巴黎凱旋門沒有好印象的原因。「我每次看到凱旋門，總覺得它是另一個有幾千英尺高的大拱門，是利用那些為了成全拿破崙的個人榮譽，而犧牲受害者的骨頭磷酸鹽製成。」他說。

他表示，如果歐洲的每一座戰役紀念碑都用真正的代價——血和錢刻寫，就不會出現新的紀念碑了。但現在有一種遏制因素，他相信這種威懾力量也能產生同樣的道德作用：飛行器的發展引起人們對「任意殲滅」產生恐懼感。「從現代飛艇扔下一顆硝化甘油炸彈，造成的傷害比拿破崙時代的整天戰鬥更大，」他認為明智的政治領袖不會考慮採取殘殺的手段：「也就是說，發明已經超越嗜血手段，釋放出來的科學力量有必要壓倒侵略性的外交方式。」

幾夸脫

十月十八日，湯瑪斯愛迪生有限公司的員工歡迎董事長重返工作崗位（哈奇森再度快速回歸）的九天後，從斯德哥爾摩（Stockholm）傳來的小道消息是，他即將獲得四萬美元的諾貝爾物理學獎。這則消息對他在年初被拒絕加入國家科學院院士而言，簡直是一種慰藉。[19]當諾貝爾基金會（Nobel Foundation）正式宣布，該獎得主是充斥著啤酒風格建築的城市符茲堡（Würzburg）的威廉・維因（Wilhelm Wien）教授，愛迪生莊嚴地保持沉默。假如他之前在旅行結束後也保持沉默，沒有惹得歐洲人群情激憤，也許他就能和榮獲化學獎的居禮夫人一樣掛著勳章。

不過，美國礦業工程師學會（American Institute of Mining Engineers）會長贈送他一份按照賽洛克式標準製造的禮物：一立方英尺的實心銅（「切割得剛剛好。」會長說），上面刻寫著致謝文，以感謝他的電氣發明從一八六八年以來對美國銅業的貢獻。他把這份禮物固定在實驗室圖書館裡的底座上。比起他藏在別處只有「幾夸脫」看起來華而不實的獎項，他更喜歡四百六十八磅的實心銅觸感。

在假期的推動下，他在那年秋天面臨許多商業挑戰。「他朝氣蓬勃的回家了，」米娜在十月二十七日寫道：「那股氣勢讓我很詫異。」他發現自己這陣子不在時，原本每天依賴他指導的二百五十名實驗人員在某些方面都變得很散漫，更嚴重的是他們無法使他的原型圓盤留聲機符合商業生產的要求。雖然他展示給批發商的模型看起來不錯，聲音聽起來也很出色，但他必須確定複雜的技術不會定價過高以致無人問津。他還需要一年的時間才能樹立這方面的信心。

19 根據卡內基科學研究所（Carnegie Institution for Science）所長暨物理學家羅伯特・伍華德（Robert Woodward）的說法，愛迪生只獲得三張支持選票的原因是：「我們的學術界同仁對於任何沒有遵循他們一貫做法來完成的事，都懷有根深蒂固的偏見。」

這些實驗人員也擱置了另一項更瘋狂的發明製造——混凝土家具，這種家具的最大優勢在於比較容易保持原樣。唯獨潛艇的鹼性電池專案有進展。鉛酸蓄電池的遊說團體已經開始唱反調，這是華爾街感興趣的明確跡象。

為了表示感謝，愛迪生指派哈奇森擔任工廠的私人代表，並透露一旦工程部經理唐納德·布利斯（Donald Bliss）遭到解雇，哈奇森就能接任這個有權威的經理職務。

重要的平民

哈奇森很快就為自己的頭銜創造新的稱號，並印製了一些信紙，聲明他是愛迪生的海軍事務私人代表。他安排老闆成為海軍聯盟（Navy League）的名譽副主席，並在十一月二日開車送他、米娜、瑪德琳及西奧多到史坦頓島（Staten Island）觀看在紐約灣（New York Bay）舉行的大西洋艦隊遊行。迄今為止，這是美國海權最盛大的表演，證實了美國海軍陣容的排名僅次於大不列顛。凜冽的大風沒有吹散將近四千發炮彈的轟鳴聲，二十四艘戰艦從自由女神像旁邊經過，後面跟著一排五英里長的小型鐵甲艦。這些軍艦的顏色不再是西奧多·羅斯福總統時期的白色了，而是呈現一連串準備好戰鬥的鋼鐵灰。讓愛迪生一夥人特別感興趣的是八艘在水下航行很深的潛艇，致敬的船員都必須冒著危險從狹窄的船尾拱形架滑下去。

那個月下旬，哈奇森護送愛迪生到華盛頓，引介他認識塔夫特（Taft）總統、杜威海軍上將以及海軍船塢的官員。他們談論關於國防的問題時，愛迪生保持沉默，頂多只預測美國軍艦的大部分工程有朝一日會電氣化。一週後，他迎接布魯克林海軍船塢的二百名官兵，到實驗室聆聽鹼性電池技術的演講說明。他把S型電池描述為自己在電化學領域的巔峰之作，並向他們保證這種電池可以讓潛艇工作人員在水下連續待三個月，而且不會吸入任何致命的「酸性氣體」。更重要的是，S型電池承受得住衝撞，這點很吸引聽眾中的船員，也許當中有些人曾經在艦隊演習的過程傷到耳朵。他們告訴愛迪生，砲火產生的猛烈聲波，已經在過去使許多鉛酸蓄電池產生中和作用。

愛迪生漸漸轉變成對國防有重要影響力的平民（他沒有察覺到自己依然專注於唱片與有聲電影的發展）。哈奇森在十二月底寫道：「我在這裡安頓下來，隔壁住著最偉大的在世發明家。等他去世後，我就可以接替他的位置。光明的未來等著我，別人都對我刮目相看。如果人生中的每一年回顧起來都能心滿意足，該有多好啊。」

小賭

一九一二年是新的一年，密西根州迪爾伯恩市的大富豪——亨利・福特是哈奇森陪同參觀愛迪生工廠的第一位重要訪客。他現在四十八歲了，長期以來是個崇敬愛迪生的支持者。他保存了一些十五年前在布魯克林海濱飯店幫愛迪生拍的照片，作為神聖的紀念品。當時，福特在底特律的愛迪生電燈公司（Edison Illuminating Company）是有抱負的汽車設計師。如今，多虧他的T型車業績長紅，他成了美國的富翁，但他還是像以前一樣渴望接近自己的偶像。

威廉・比伊（William J. Bee）是愛迪生聘請的電動車專家，他也熱切地盼望福特把一部分的錢轉到愛迪生蓄電池公司。他寄一幅老闆的肖像給福特，上面寫著奉承的文字，還附上邀請他到西奧蘭治鎮的柬帖，表明愛迪生「很樂意見到福特先生」。

當福特贊同比伊的想法，要使輕巧的鹼性電池成為汽車自動啟動器的理想觸發裝置時，這種樂趣就更大了。他同意投資一百二十萬美元到湯瑪斯愛迪生有限公司需要的建築和設備，從一九一三年開始每年提供四十五萬個A型電池給福特汽車公司。這筆意外之財讓愛迪生喜出望外，他用平時處理重要文件的花體書法寫了一封信給福特：

> 比利似乎對讓你和我一起就蓄電池的未來做一次小賭的想法十分著迷。沒有什麼比讓你參與其中更令我高興的了……到現在為止，我只能用我其他方面的利潤來擴增工廠，但這是有極限的。當然我可以去華爾街獲得更多，但我在那裡的經歷如同蕭邦的〈葬禮進行曲〉一般悲傷。我敬而遠之。
>
> 愛迪生

可疑的人

一九一二年二月，愛迪生年滿六十五歲，他認為鹼性蓄電池——繼電影攝影機之後最精密的發明——已經夠完善了，不需要再進一步改善就可以出售。無論哈奇森花了多久時間完成潛艇版本的測試（海軍部門官僚的審批程序肯定需要花更長的時間），較小型的A型電池現在已如同福特的訂單承諾，以雪崩般的速度湧出。哈奇森在貨幣的冰磧中只著眼於財富。他善用自身的魅力與討喜的特質，爭取到了為愛迪生所有電池代理廣告和代理銷售的機會。他寫的長文也很流暢，那些賣欄位給他刊登的雜誌媒體經理，也許會想辦法表達感激之情。「我好怕他，」米娜寫信給查爾斯：「他的野心太大了，簡直是牢牢掌控爸爸，可是爸爸沒有發現這點。誰也不知道他會做出什麼事來。我覺得有必要注意他的一舉一動。」她擔憂等到查爾斯從麻省理工學院畢業時，「哈奇」已經擁有足夠的權勢，會威脅到兒子繼承湯瑪斯愛迪生有限公司領導職位的未來。

那年夏天，哈奇森正式擔任工程部經理，他注意到米娜和法蘭克・戴爾的擔憂（愛迪生的病情、公司擴張過度、董事會遭到愛迪生脅迫的狀況），他的應對方式是在工廠日以繼夜地工作，工時比其他人更長，甚至比愛迪生更長。他還寄給查爾斯冗長的公司活動報告，把內文寫得虛情假意，讓這位年輕人深信不疑並確信自己的未來有保障。

我急著在你大學畢業之前幫你鋪路……我目前在公司裡做的工作不一定有酬勞……我太欣賞你爸爸了，萬一他落入付不出錢的地步，我也願意為他無償幹活十年。照目前的情況來看，我很希望在未來幾年內，在政府業務方面[20]的傭金目標能達成一筆可觀的交易。同時，我也在盡力提高電池公司與湯瑪斯愛迪生有限公司的利益。

「我太欣賞你爸爸了」這句話讓米娜擔心他對丈夫的鍾愛會得到回報。愛迪生在職業生涯中，通常對別人的恭維無動於衷。他經常依靠助手行事，即使關係有點疏遠，他對待助手向來親如家人。但他對助手的感情從來沒有像對哈奇森這麼親近。他總是溫和地接受哈奇森的讚美，聽到哈奇森講的「黑人」笑話也會哈哈大笑，還讓這位年輕人在公共場合把他宣傳得像個白髮蒼蒼、笑容可掬的雪茄店印度老闆。他擺著奇怪的姿勢拍了兩張照片，哈奇森卻毫不猶豫地把照片放上公司刊物流傳出去。其中一張照片是他很明顯

20　目前，哈奇森從所有電池合約賺取的利潤為二〇％。

對著尺寸和他差不多大的潛艇電池說話。另一張照片是他眼神放空、孤僻地坐著，而哈奇森就像熟練的摩斯電碼發送者，用手指在他的膝上拍打訊息。

失眠小組

照片有點誇張不實，畢竟愛迪生在十幾歲時就對舞臺入迷，他很喜歡在鏡頭前裝模作樣。他並非無依無靠，當他開始進行曠日費時的圓盤開發時，留聲機公司的工作人員發現七名工程師助理都自稱為「失眠小組」。從一九一二年九月九日左右開始，他們持續埋頭苦幹一個半月，睡覺時間很少，也不常用肥皂或洗髮精洗澡。米娜沒有催促愛迪生回家，因為她一會兒和孩

愛迪生接收哈奇森的摩斯訊號，約攝於一九一二年。

子在緬因州度假，一會兒又在阿克倫市陪伴奄奄一息的母親。他快活地享受難得的自由，也許比睡眠惺忪的同事過得更愉快。當他誇耀他們每天投入二十一個小時以上工作時，其實沒有計入他獨自籌備工作的時間，若依照實驗室裡的打卡鐘計算，則是長達九十五小時又四十九分鐘。

他對「失眠小組」拼命工作的步調負有很大的責任，因為他立誓要推廣最出色的留聲機產品時，他抱持著特有的樂觀態度，以為能在十月向公眾宣布這項產品。在他要求生產三千五百台圓盤機器的十四個月後，只有三百二十九台裝箱。這是令人沮喪的情況，因為銷售部門有將近五千筆預購訂單。倉庫裡堆放著價值八十萬美元的器械，所以問題並非供不應求，而是缺乏可以同步發行的唱片。關於這點，他本身對音質的執著是一大原因。

讓執行委員會失望的是，他幾乎駁回所有他聽過的測試唱片。唱片複製過程中出現的灰塵和其他雜質，會導致輕微的表面噪音，但不會干擾到其他人。他把重播裝置的音量調到最大，摀著右耳接近網罩後，他抱怨「刮擦聲」太大。他不贊成發行任何商業唱片，除非唱片符合他在實驗中剪輯的原版清晰聲音。這就是他說服「失眠小組」採取行動後所面臨的挑戰。[21]

經過兩三天的進展，他和「失眠小組」一起拍了具有「歷史意義」的合照，就像他以前年輕時在門洛帕克市拍過的照片，而他聘僱的實驗人員有幾位年輕人。從照片可以看出，一群精力尚未耗盡的男性在凌晨兩點享用漢堡、蘋果派以及咖啡。他們盡可能吃自己需要攝取的食物。「我們需要補充體力。」愛迪生說，並在十月中旬寫信給米娜：「我成功克服了大麻煩。」

21　這種情況相當危急，因為急於求成的經銷商已訂購十七萬五千多張尚未生產的唱片。同時，愛迪生的留聲機公司在一九一一年出現十二萬六千一百五十四美元的赤字總額，也出現六萬五千美元的營業虧損。

二十六日那天，他申請了三項重要的圓盤成型改進專利。其中一項涉及康爾賽流向拋光的鎳銀旋轉輸送盤的控制系統，轉盤在緩慢旋轉的過程中會傾斜，使清漆在旋轉的角度變成水平狀態之前均勻地流過轉盤表面。他還沒有讀過愛因斯坦的書，就展現出對重力相關的陀螺力學直覺。他也憑著巧思，利用離心力將清漆中的氣泡和粉塵向外拋出，而清漆依然保持流動狀態。等清漆冷卻和硬化後，可以切除粗糙的邊緣。他說明做出來的結果是「毫無瑕疵的均勻膠合板」，而專利局不僅核准他申請的三項專利，也核准他十年前申請的五十八項專利。

一九一二年秋季，愛迪生與「失眠小組」共享宵夜。

太殘酷了

此時恰逢進步主義的政治崛起，這是一股主要由白人、中產階級、崇尚道德及控管的反叛勢力，從兩大政黨的自由派別中汲取力量。在一九一二年的大選年度，退出共和黨（GOP）的人正式成立了進步黨，這件事獲得極大的迴響。西奧多・羅斯福是該黨的領袖，也是競選白宮第三任的強勢候選人。他一方面要與共和黨的威廉・霍華德・塔夫特（William Howard Taft）競選，另一方面要與紐澤西州的民主黨州長伍德羅・威爾遜競選。

愛迪生始終是個忠誠的共和黨支持者。但那年秋季，他經常維持右耳靠近留聲機網罩的狀態，大家都以為他不太關注遙遠的全國意識形態辯論。然而，作家威爾・艾爾文（Will Irwin）吃驚地發現他一邊盯著奧蘭治郡電力鐵路系統上的A-6型電池試驗[22]，一邊宣稱自己支持羅斯福。

「我支持改革派，因為我六十五歲，思維還算年輕。」他說：「這是屬於年輕人的運動。很多人的思維在五十歲前就僵化了。他們年紀還小時，如果聽到別人提出與眾不同的想法，他們會十分震驚。」

他那雙龍膽屬植物般的藍色眼睛盯著他的電池吸收了能熔化一般鉛酸蓄電池的電力充電，流露出的迷人神情使艾爾文感到震撼。他站在那裡，兩手插進口袋，有時自言自語，擺出一副不習慣別人插嘴的樣子。

22 由雷夫・比奇（Ralph Beach）設計、愛迪生提供電池供電的有軌機動車，從一九一一年夏季開始在紐約市與賓夕法尼亞鐵路（Pennsylvania Railroad）公司運行。下懸式電池每次充電後，能推動載著二十四名乘客的有軌機動車行駛一百多英里，通常是在大雪中行駛。

世界就是這樣發展起來——年輕人勇往直前、幹活，而老年人不插手干預。我希望我永遠待在年輕人的圈子。

說到底，我們的文明還不夠成熟，也很粗鄙——在過度揮霍和殘酷的情境下經常得到相同的結果，可不是嗎？……我們的生產、工廠法、慈善事業、勞資關係、分配都錯得太離譜。我們跌跌撞撞的嘗試了一段時間，試著用以前的方式開創新文明。我們必須開始改造世界。

他不贊同德國的君主政體及不重視人民意願的「強大常備軍」。但至少，美國能夠透過定期選舉、憲法修正案來維持政治組織的平衡。他表示支持羅斯福最激進的提案，也就是對司法裁決進行大眾化的審查。目前，最高法院的權力太大，作風也趨於保守。「一切都是慣例呀！」他嘲笑道。

艾爾文突然想到，愛迪生的一千多項發明全都是以先例為基礎。然而，他自稱是忠實的改革派支持者，這並不諷刺。他畢生的職業生涯都在不斷追求現代化。

「例如工人受傷的問題，」愛迪生援引法院對雇主責任法的反對：「工人在意外事故中失去右手。那是他的本錢。這就好像我的工廠在沒有保險的情況下燒毀了……我從羅斯福那裡聽到最正直、最真實的一句話莫過於，他說工人受傷後遭受的損失應當向企業徵收關稅來彌補，必要時甚至由公眾支付不足的部分。」

艾爾文可能沒有發現，愛迪生提出的例子與他記得的截肢患者有關——約翰．達利（John Dally）因X射線方面的工作而不幸遭輻射致死。愛迪生也不知道自己不久後也會經歷同樣的痛楚。

我們壓制妳們

愛迪生也跟著羅斯福支持婦女投票的權利，使得採取極端保守主義立場的妻子和小女兒都很不高興。但自從瑪德琳離開西奧蘭治鎮，試著靠自己找到有薪水的工作以來，她就一心只想和約翰・斯洛恩結婚生子。[23]她對婦女選舉權運動不感興趣。

露西兒・埃斯基（Lucile Erskine）則不一樣，她是年輕的獨立新聞記者，也是華盛頓大學（Washington University）的最高榮譽畢業生。她曾經在採訪中大膽詢問愛迪生對她的性別有什麼看法。愛迪生的回答讓她大吃一驚。

「女人的智力要達到和男人一樣的水準，需要再等三千年，最短也需要二千五百年。」他說。

「你的意思是說女人很蠢嗎？」她回敬道。

「還是有一點智慧啦，」愛迪生坦白說：「但只有一點點。女人缺少橫交纖維，是我們男人的錯！我們老是壓制妳們。但妳們現在漸漸進化了。」

從他的閃爍目光，埃斯基小姐發現他其實在開玩笑。

「本來有機會向他提起居禮夫人的名字，」她後來寫道：「但缺少『橫交纖維』的殘酷事實讓我震驚到忘了這件事。」

23 大約在這個時候，瑪德琳寫信給米娜清楚表明她和約翰在交往。女人間的保密約定意味著米娜不應該向愛迪生透露這個秘密。

企業的遺憾

伍德羅．威爾遜在十一月剛贏得總統大選，法蘭克．路易斯．戴爾就失去了總裁職位。從湯瑪斯愛迪生有限公司成立以來，員工就一直在猜測，愛迪生可以容忍以他名字註冊的公司交給別人經營多久。愛迪生指責戴爾讓留聲機部門的銷售量持續比勝利牌落後，反而遺忘自己的完美主義（也許這位長期受苦的律師認為這是一種蓄意阻撓）才是延誤推出具有競爭力的新產品的主要原因。

「我希望圓盤式留聲機的問世，能為你帶來一段事業興旺的時期，」戴爾在辭職信中寫道：「最好讓我的繼任者從一開始就負責業務，不是等以後再負責。」他和愛迪生都知道誰是繼任者。

> 我目前的職位很難堪。許多下屬都直接向你匯報工作，我有理由相信你在不少情況下已向他們表明，你對我的工作能力喪失了信心。這種謠言當然會傳播得非常迅速，並摧毀我僅存的權威……
>
> 在我們最近的談話中，你嚴厲地批評我，但我覺得你的批評很不公正。

戴爾指出是他一開始推動了圓盤專案的發展，而且公司的藍安貝洛爾圓筒新系列才剛進入市場，本來可以提前兩年推出產品，可是愛迪生卻過度講究康爾賽的成分，才耽擱了推出產品的時間。他認為自己在這些方面功不可沒：電池部門、聽寫機部門的利潤飆升，以及他自己創立的商業信託企業——電影專利公司（Motion Picture Patents Company）利潤豐厚，在電影發行市場獨占鰲頭。儘管愛迪生不曾讓他使用公務電動車，卻免費發放電動車給大多數的部門主管，讓他備受屈辱，但他向愛迪生保證：「我永遠都會對你懷著深厚的敬佩之意和私交感情。」

威廉・米德克羅以企業一貫的作風遺憾地宣布戴爾的離職消息，接著說：「愛迪生先生接任總裁職務，以後他除了繼續負責技術細節，也會掌管公司政策。」

有血有肉

年底時，愛迪生在實驗室熬夜工作，而哈奇森像往常一樣陪伴著他。遠方的汽笛宣示著一九一三年的到來。兩人握了握手，哈奇森祝福他這位「領袖」一切順利。他確實需要這樣的祝福，因為他剛才用氰化鉀擦拭唱片，開始感到身體不適。但他到圖書室的折疊床躺下之前，他把留聲機的喇叭放在耳邊，只為了更清楚聽到汽笛聲。

哈奇森發現，眼前的擴音器屬於愛迪生有聲活動電影機公司的新型有聲電影系統，而他不久就要向記者和參展商介紹這個系統。他一點都不期待執行這項任務。愛迪生與威廉・迪克森（W. K. L. Dickson）在一八九四年發明的西洋鏡播音裝置是失敗品，亦稱有聲活動電影機，這項裝置很容易和有聲電影系統混淆，更不用說他們在早期試過使原型電影攝影機對聲音產生反應。哈奇森質疑，這種將至今的獨立機器連接起來的複雜現代改進技術，若交給未經培訓或受訓不足的操作員，是否還能達成愛迪生期望的「完美」運作狀態。目前為止，他與劇院老闆、放映師為了發表產品而簽約的前景並不理想。「如果說有人要面對一場艱苦的比賽，」他寫信給查爾斯：「非我莫屬。」

愛迪生是第一位結合圖像、言語和音樂的電影先驅，他說：「我現在試驗的器具和眼睛之間的關係，就好像留聲機和耳朵之間的關係。」但第一台有聲活動電影機失敗後，他放棄了這個想法。十九世紀下半葉，美國的五分錢電影院經理在銀幕後面敲擊椰子殼，努力模仿馬小跑的聲音，並和銀幕上的鐵匠及時敲打金屬桿，以及在戰爭的場景吹奏軍號或放鞭炮。有些經理聘請幕後演員來大聲說出銀幕上演員的台詞。如果有口技超群者能夠模仿輪船的汽笛聲、吱嘎作響的地板聲或呼嘯的風聲，則能大賺一筆。無論是現場播放的音樂或錄製音樂，都能產生常見的背景聲音效果。萊曼·浩威（Lyman Howe）是漂泊的「留聲機藝人」，他曾經大膽地使用愛迪生的機器幫其他工作室的電影伴奏。

同時，法國有幾十位發明家運用各種系統來追求有聲圖像的虛幻構想，而這些系統遲早都會淪為這種媒介的棘手問題——同步與擴音的犧牲品。現場錄音（相對於後來的配音）搭配電影攝製藝術的不二法門，就是盡量把留聲機放在靠近表演動作的位置，並且讓圓筒的滾動速度與攝影機保持一致。只要留聲機在蠟耗盡的兩分鐘之前還能繼續錄音，全體演員和工作人員就能欣賞到同步的錯覺。然而，圓筒、底片分別複製和安裝於不同規模的劇院時，不太可能保持著令人信服的同步狀態。這些裝置必須靠電線或齒輪轉動的軸連接起來，通常在觀眾席樓下運作，並且會受到老鼠捲入、振動錯位等干擾的影響。略過或拼接放映的捲軸，一不小心就有可能讓莎拉·伯恩哈特（Sarah Bernhardt）這樣的演員突然在銀幕上演出喪命的劇情，或突然像個男人一樣說話，更糟的情況也許是在不恰當的時機唱起歌來。一旦發生上述情形，可想而知觀眾的反應有多麼憤怒。許多經理也因為製作與展演的龐大成本而走向破產。

即使像克萊門特·莫里斯（Clément-Maurice Gratioulet）這樣天賦異稟的表演家在一九〇〇年的巴黎博覽會初次展示聲音電影劇場（Phono-Cinéma-Théâtre）的影片，他還是得依靠專業的放映師以不同的速度轉動曲柄，同時聆聽電話那頭從管弦樂團席的洛瑞格拉菲（Lioretrographe）演奏者傳來的微弱聲音，影片才能順利播放。

莫里斯一定有出色的手耳協調能力，因為他剛入行就有亮眼的成績。他的演出好評如潮，例如芭蕾作品《浪子》（*L'Enfant prodigue*）、羅斯丹（Rostand）改編的《西哈諾》（*Cyrano*）決鬥場景等盛大表演。《晨報》（*Le Matin*）宣稱：「這些優美的聲音和姿態只是剎那，剎那即是永恆。」不過，《晨報》把美麗歸功於演奏者，與其說是真正的聲學之美，不如說是新奇之美。姣好的克里歐・德・梅洛德（Cléo de Mérode）表演《肚皮舞》（*danse orientale*）時，觀眾原本對於聽覺與視覺的詫異反應漸漸消失，因為他們意識到自己在女神遊樂廳（Folies-Bergère）欣賞真人表演——有血有肉！此外，她是跟著現場的印尼管弦樂團鳴響聲起舞，不是隨著鍍錫喇叭的模糊聲音起舞。

萊昂・高蒙（Léon Gaumont）是愛迪生在視聽領域遇到最重要的競爭對手，也是公然侵犯他的聲音專利和電影專利的人。高蒙設計的克諾風（Chronophone）設備有幾個創新的特色，例如能夠改善同步性的變速離合器。但他也試著噴射壓縮空氣到留聲機的播放裝置中，為聲流增添比音量更多的嘶嘶聲，藉此解決擴音的問題。當音高的不穩定變化導致底片快速移動或滯後時，他的儀器能讓放映師順利調整圓筒的轉速。

即便如此，愛迪生決定重新採用有聲活動電影機的理念時，法國有聲電影系統的基礎——高蒙的「留聲景」（phonoscène）成功地在歐洲各地展示。有些系統經過手工上色的精進技術後，成功打進了北美市場，但聲音聽起來依然很微弱。愛迪生有信心脫穎而出。身為世界上兩家最大型電影與留聲機工作室的總裁，他能善用獨特的地位將各個工作室的實驗資源結合起來。他也是電影專利公司的董事長，因此他可以確保不會再有高蒙這樣的人竊用他的智慧財產權。

他在實驗室對面限制進出、填塞石棉襯墊的帳篷裡[24]，研發出新型有聲活動電影機，只有外觀與一八九四年的前身相似。

24 愛迪生架設大帳篷的想法是，帆布的帷幕能消除實體牆的回音效應。他立即申請了厚墊隔音帳篷的專利。

另外還有用於錄音的蠟筒，可見他對蠟筒形式的偏好依然高過圓盤。只不過現在他使用的蠟筒變成一英尺長的大型滾筒，可以容納六分半鐘的對話或音樂，使他的有聲電影導演奧斯卡．愛普菲爾（Oscar Apfel）能夠在一個鏡頭就拍攝好古諾（Gounod）的《浮士德》（*Faust*）監獄場景。此外，記錄針下的蠟既純粹又光滑，簡直像冰凍的奶油。蠟筒能接收到微弱的聲音——嘆息聲、鬼鬼祟祟的腳步聲、地板的嘎吱聲，即使聲音的來源在三十至四十英尺以外的地方，也能穿越具有十二瓣的喇叭，這喇叭朝著聲音擴展和傾斜，彷彿一朵尋找陽光的大百合花。留聲機固定不動（重達七十四磅），不會出現在鏡頭的畫面中，卻妨礙到臺上的橫向移動。愛迪生發現原因是演員只要一走開，喇叭接收聲音的能力就會快速減弱。因此，他準備展示有聲活動電影機對各種娛樂風格的適應性，有六項特色呈現出集中的靜態舞臺場面，與無聲電影的流暢動作形成鮮明對比。

無法伸縮的絲綢製成的高張力帶子連接著兩個輪子：一個輪子由留聲機的輪軸轉動，另一個輪子依靠蝸桿軸與攝影機輪流運作來啟動「同步裝置」。因此，有聲活動電影機與法國前身不同的地方是，記錄和拍攝的速度是由圓筒的旋轉來控管，不是由攝影機快門的轉動來控制。當底片列印出來，而圓筒在康爾賽中複製時，兩者都不能進行編輯，否則聲音和圖像會立即分離。「五分之一秒間的偏差都可能釀成大禍。」愛迪生坦言。

絲帶愈短就愈緊，拍攝時的同步效果會愈好。[25]但反向投影的過程——留聲機處於重播的模式，在幕後透過小紗網播音——經常涉及冗長的系統延伸部分，經由滑輪延伸到小隔間裡的另一個隱藏裝置（很吸引兒童的注意），散發一束束移動的光芒。一月三日，從愛迪生在實驗室舉辦的試映會開始，每一場表演都需要兩位操作員協助：一位負責操作畫面，另一位負責在預定時間啟動留聲機。這種情況通常出現在片頭字幕（為了節省圓筒的空間，片頭字幕是無聲的）從銀幕上逐漸消失，讓穿著晚禮服的演員進入精緻房間的畫面。然後他走向前，站在兩株盆栽的中間，開口說話。

栩栩如生

「幾年前，」演員以清晰的高音說話，不但發出「r」的舌尖顫音，也清楚地把每一個音節唸出來：「湯瑪斯．阿爾瓦．愛迪生先生向全世界展示他的電影放映機。[26]全世界的發明家都很努力使留聲機和電影同步搭配，但只有愛迪生先生達成——」

真的是這位演員親口說出這些話嗎？還是一台很精密的播放裝置在盆栽下方振動，用攝影技巧隱藏起來？室內的大多數人都會產生這種錯覺。演員繼續背誦哈奇森寫的台詞時，驚歎聲此起彼落。

演員接著說：「——把他的兩項偉大發明結合在一起，變成現在帶給你們樂趣的有聲活動電影機，並且創造出有史以來第一部有聲電影。」

他說的當然不是實話。十二年前，莫里斯的聲音電影劇場也達到類似的效果，只是沒那麼逼真。但哈奇森身為電影宣傳藝術的早期倡導者，清楚地表明形容詞「真實的」有特殊的意義。

「演員啊，」演員在舞臺上邊走邊說：「在舞臺上表演自如，也能自由走動。他說的每一句話和做出的每一個動作，同時被錄下來，增添了真實感。」

---

25 愛迪生的導演在每個鏡頭的拍攝前，會用兩瓣椰子殼製造拍擊聲。

26 指愛迪生在一八九七年八月三十一日取得專利的電影攝影機。一九一三年時，大眾經常搞混「電影放映機」、「電影攝影機」以及「有聲活動電影機」等商標術語。有關這些術語在一八八〇年代和一九九〇年代的含義變化，請見第四部與第五部。

接著，他打碎瓷盤，吹起喇叭和口哨，介紹了幾位音樂家，包括唱〈夏季的最後一朵玫瑰〉（The Last Rose of Summer）的漂亮姑娘，藉此展示有聲活動電影機的精確性。在一片嘈雜聲中，他還帶來了兩隻不停吠叫的狗。

愛迪生坐在前排大聲咀嚼一大支黑雪茄。他聽著喧囂，咯咯地笑了起來，然後點頭表示贊同演員的預言——全世界在「一百年後」都能觀賞這種表演。然而，當他的簽名在銀幕上閃現時，他皺起了眉頭。他還聽到自己被描述成「視聽奇才」。哈奇森還沒有察覺到這個詞激怒了他。

這場表演緊接著播放六部示範短片：《遊唱詩人》（*Il Trovatore*）中的〈求主垂憐〉（Miserere）；普蘭奎特（Planquette）的輕歌劇《諾曼第的鐘聲》（The Chimes of Normandy）中，硬幣與鐘琴叮噹作響的場景；《凱撒大帝》（*Julius Caesar*）中，布魯圖斯（Brutus）與卡西烏斯（Cassius）爭吵的場景；重現愛迪生式幽默感的三部喜劇小品。不過，愛迪生後來接受記者的祝賀時，他發言很謹慎。「沒有任何機器是完美的，」他說：「也沒有人十全十美。」但他顯然引以為豪的事就是，成功地整合留聲機學與電影攝製藝術的所有試驗。他表示自己達到了「電影」稱為「有聲電影」的境界。

不到一天，「有聲電影」這個詞變成許多人的日常用語。包括愛迪生的狡詐兒子威廉在內的企業家，都爭先恐後地取得有聲活動電影機的展示權。芝加哥的金融家約翰．多斯．帕索斯（John R. Dos Passos）以一百萬美元的頭期款換取企業的控制權益。愛迪生對證明支票一笑置之，他說打算親自操作機器和推銷時，外交使節很驚訝。成功的競標者代表了全國規模最大的三家輕歌舞劇廣播網，接受相關條件並將公司名稱變更為美國有聲電影公司（American Talking Pictures Company）。該公司與愛迪生簽訂了生產三百套系統的合約，並為這些系統定期提供正片。全國發行日期定在二月十七日，這讓哈奇森非常擔心。試映會進行得很順利，是因為場地很小，再加上操作人員都受過專業的訓練。但他不明白，一旦線繩的連接擴展到像紐約的殖民地（Colonial）這般龐大面積的劇院時，他該如何確保同步狀態？更別提說服加入工會的放映師去學習複雜的新技術了。「這整體設備是我們製造出最不滿意的產品，」他提醒愛迪生：「我預料得到以後有各式各樣的麻煩。」

愛迪生認為這是哈奇森的問題。他從來沒有把電影當成娛樂，他最感興趣的是為了教育用途而改造媒介，無論有沒有聲音都無所謂。此外，他還想繼續改善唱片，因為他不夠滿意，仍然不能普遍分銷。

哈奇森機敏地掌握愛迪生的一切，取得了工程部經理的職位，他有資格思考誰操縱誰的問題。多虧了火車公司與貨車公司產生鼓舞人心的訂單，他身為愛迪生的蓄電池銷售代理，期待的豐厚傭金才正要開始累積。但海軍在一艘試航潛艇上安裝S型電池時，繁文縟節的限制太多，以至於外界質疑海軍是否願意將鉛酸蓄電池轉換為鹼性電池。愛迪生也迅速利用哈奇森身為無薪職員的身分，將自己名下所有工廠的經營責任攬在哈奇森身上。

雖然哈奇森盼望著有朝一日成為湯瑪斯愛迪生有限公司的總裁，但顯然米娜不願讓查爾斯以外的人接替該職位。她與哈奇森之間的關係在一月底演變成劍拔弩張的局面。她寫信給查爾斯，表明：「他的欺騙手法讓我很反感。」愛迪生隱約發現，有人在實驗室的音樂室外面爭吵。基於對愛迪生的關心，他們只好休戰。哈奇森寫了冗長又虛偽的信，試著讓查爾斯放心地相信他只是愛迪生的忠實僕人。「愛迪生認為，每一套實際應用的有聲活動電影機設備能在一週內值很多錢，」他寫道：「我當然希望這些設備盡量賺錢啊。」

米娜證實了愛迪生面臨週期性現金流的問題，起因是運送數千台昂貴的唱片播放機時，也要限制生產可以播放的唱片。接受多斯．帕索斯的提議，本來可以驅散困擾著他的破產烏雲，但他認為獨立發展比保守政策更重要。米娜只好等他把烏雲轉變成陽光，就像他平常設法克服問題的作風。

他迫不及待的再度與「失眠小組」密談，盡力在有聲活動電影機發行的前幾天協助宣傳。「沒錯，我有充裕的時間見你。」他對著想看系統如何運作的記者說。他帶記者去私人放映室（「這裡是我的實驗劇場。」他說），並要求放映師播放《遊唱詩人》中的〈求主垂憐〉。影片的視聽效果讓記者震驚不已。他也從眼角的餘光察覺到，他觀賞影片時，愛迪生盯著他看，帶著奇怪又滑稽的微笑。「這位接觸實用科學的人確實注意到，他的最新發明對人類產生的影響！」記者說。

二月十七日下午四點，愛迪生站在紐約的殖民地劇院兩側，觀察一千多名觀眾對示範短片的反應。一開始播放時很安靜，只有投影機的遮片裝置發出慣常的顫動聲。但哈奇森指派的發言人出現在銀幕上，開始用洪亮的嗓音演說時，全場一片驚呼聲。隨著漂亮的女孩唱歌、布魯圖斯與卡西烏斯爭吵、梅菲斯特嘲笑浮士德，以及一群吟遊詩人（兩位演員飾演黑人）開始將幾首流行歌唱成混合曲時，觀眾覺得更不可思議了。最精彩的部分是〈星條旗〉的合唱表演。合唱結束時，觀眾如癡如醉的愣了半天，然後掌聲四起。他們歡呼道：「我們想見愛迪生！」斷斷續續的掌聲搭配著愈來愈響亮的呼喊聲，而愛迪生一直待在觀眾看不見的地方。五分鐘後，美國有聲電影公司的高階主管法蘭克．塔特（Frank Tate）上臺說明這位發明家沒空。但他的說辭沒有平息喧鬧的場面，直到塔特又出面解釋愛迪生已前往哈林區的阿爾罕布拉宮（Alhambra）看另一場秀。

幸運的是，他決定去那裡，而不是去市中心的聯合廣場劇院（Union Square Theater），否則他會因為十秒鐘的同步失誤而在劇院出醜，引起觀眾發出噓聲或嘲笑。在「愛迪生吟唱團」的演出期間，主持人不知何故戴著擦上粉的假髮，早在他停止提高音量說話之前就坐了下來，而他介紹的歌手開始演唱《紐約時報》描述的十秒至十二秒「熱情卻無聲的歌曲」。

十四歲的西奧多堅定地表示，合併在一起是主要原因。事實上，有聲活動電影機在劇院比在攝影棚更難操作。放映師轉動機器的曲柄時，一隻眼睛須盯著銀幕，另一隻眼睛須盯著旁邊的同步裝置，同時還要透過耳機聆聽遠處的留聲機聲音。哈奇森試著在寫給查爾斯的提示信中，把工作描述得很簡單：

> 操作員可以從裝置上的小型指示器得知是否轉對位置，也可以在操作指示器時把電影放映機移到留聲機的前面，反之亦然，視情況應變。
>
> 留聲機當然要放在銀幕後面。首先，片名會從電影放映機投射到銀幕上。雖然留聲機的馬達在運作，汽缸卻沒有運作，而播放裝置會在開始放映時妥當地放在前端。片名顯示後，有一秒鐘的空白，緊接著出現畫面。留聲機的操作員按下氣缸離合器上的按鈕後，留聲機就會繼續播放……假如這位操作員稍慢按下這個按鈕，自然會使配備失去同步性。此時，電影放映機的操作員可以拖延機器的運作速度，直到與留聲機保持同步為止。

哈奇森還需要用半頁來描述附加的電話設備運作方式。如果放映師有第三隻手，他就可以聯繫不在場的同事。他抱怨必須培訓二十一名工程師，只讓他們在十一家劇院指導操作員，還要應付消防安檢員及效率不高的劇院經理。「我從來沒遇過——在這種糟透了的有聲電影中碰到這麼多問題。」他說。

然而，有聲活動電影機系統在早期階段順利運作時，輝煌的成就足以給資助者巨大的回報。「愛迪生的有聲電影是多年來最偉大的成就，」基思劇場（B. F. Keith's Theaters）的愛德華・阿爾比（Edward F. Albee）發電報給區域經理：「上千人驚嘆……掌聲雷動……我們會盡快把機器送到你們的城市。」隨著奧芬（Orpheum）劇院和聯合購票（United Booking）的巡迴上映，這些秀已經擴展到一百多家劇院。哈奇森必須派遣操作指導員到更遠的地方，並下令早晚輪班生產投影機來滿足需求。國外的版權賣給了在南美洲、歐洲及亞洲的參展商。一九一三年底，愛迪生似乎可以確保有至少五十萬美元的專利使用費。

觀眾很難相信自己聽到的聲音不是直接從眼前移動的圖像發出。《費城新聞》（*Philadelphia Item*）報導：「這一切是如此自然，看起來不可思議。」專欄作家亞瑟・貝寧頓（**Arthur Benington**）在《世界》雜誌寫道：「原來照片也可以繪聲繪影啊。」德州沃斯堡（**Fort Worth**）的音樂評論家讚歎《浮士德》影片的同步表現：「我聽到照片把虹吸管的水噴出來，在浴缸裡濺起水花。」有幾篇評論讚揚金剛石重現的聲音之美，以及演員刻意說話口齒不清所展現的逼真度：「作品的呈現方式太完美了，沒人在意機械化的細節。」阿肯色州派恩布拉夫（**Pine Bluff**）的表演結束後，身材瘦小的老太太說：「西拉斯，他們騙不了我，因為我知道簾子後面有人。」

不靠頭腦學習

讓人意想不到的是，愛迪生終其一生推銷自己，卻不曾對有聲活動電影機表現出極大的熱忱。他不斷宣稱離完美的目標還有一段很長的路要走，也表明在有聲電影有機會取代無聲電影之前，必須解決一些重大問題，包括舞臺上的表演動作受限、正片長度有限、大廳的擴音能力不足，而最有挑戰性的問題是頑固或無能的操作員愈來愈多，不久就超出了哈奇森能力所及的指導人數。

為了解決表演動作的問題，愛迪生發明一種高架式擴音系統，可以讓接收到的聲音延伸到舞臺的界限。這套系統由可調節高度的罩子組成，而罩子包含用電力連接的微型接收器。「我從許多接觸點收集聲音……再把收集到的聲波相對應的震動或脈衝傳送到個別記錄裝置。」如果有需要，他也同意在舞臺的護柵下方進行類似的接收方式。一九一三年三月六日，他順利申請了專利，但這套系統其實不曾在布朗克斯攝影棚安裝。[27]

也許是因為愛迪生耳聾，或他有時因被視為大眾娛樂的供應商而感到沮喪，他對於有聲電影技術的興趣，主要是作為提升大眾品味的手段：他希望斯奎敦克（Squeedunk）的貧窮家庭能夠以五美分的門票價，觀賞到在紐約市製作的歌劇和戲劇。他也發現有聲電影技術在時事紀錄方面有莫大的史學價值。他已聘請有聲活動電影機的攝影師詹姆斯・瑞卡頓（James Ricalton）負責拍攝保加利亞與土耳其之間的戰爭。

他在十五個月前參訪白宮時，邀請塔夫特總統成為競選連任的視聽候選人，很少人知道這件事。塔夫特剛剛結束為期八週的全國巡遊，接觸了三百多萬人。愛迪生建議他把有聲活動電影機當作「競選利器」。他可以錄下自己的競選演說，再請共和黨全國委員會（Republican National Committee）把影片分發到全國各地的劇院。即使他每天都在辦公桌前工作，也能間接地接觸到六千萬名投票者。但塔夫特在這方面不是適合的遊說人選。沒有什麼事比離開華盛頓更能讓他高興了，因此他放棄了開創電子媒介的機會，而此媒介有朝一日能使民主程序變得更明確。

愛迪生提出了電影即將成為未來教育媒介的想法，他用自己的話表達熱情：「我非常興奮。」[28]他長期以來對這個領域產生興趣，主因是他很難找到適當的詞語來回答兒子西奧多持續提出的一些問題（如同愛迪生在六十六年前折磨俄亥俄州米蘭的老師）。耳聾也使他奇妙地意識到，經驗教訓的價值在於「眼見為憑」，不單單在於描述的事物。考慮到美國教師的激進保護主義，他目前非常希望家庭版電影放映

27　一九二八年，沃爾特・韋爾曼（Walter Wellman）拍攝《乞丐生涯》（Beggars of Life）時，設計了高架式話筒吊杆。在此之前，電影的麥克風裝置無法移動。

28　一九一〇年至一九一三年間，愛迪生的工作室推出一系列改革主義的半紀錄短片，他的教育相關電影專案自然成了這些短片的續集，主題涵蓋貧民窟的惡劣房東、肺結核、童工等。

機（Home Kinetoscope）的縮小版能夠吸引一些思想先進的學校董事會，作為特別適合地理課程的課堂工具。假以時日，縮小版的有效性應該能吸引更廣大的市場（確實比搭配龐大黑板的口頭教學方法更有優勢）。他也可以增加工作室製作的主題捲盤多樣性。「我們不只要教地理，還要教科學、機械學、化學、植物學、昆蟲學。其實，我們要教所有的一般各門學科。」

愛迪生的教學示範短片在紐約的十六所學校放映時，有十一名觀眾表現得非常熱情，包括資深職員、董事會成員、市政府官員以及家長會，還有六名觀眾立即投票決定買投影機。但機器的成本和租借影片的費用，使一些潛在買家望而卻步。此外，在斯克內塔第（Schenectady）城市放映類似的示範短片，進行得很不順利。這件事發生在紐約州校長會（New York State Principals Association）的年度股東大會，該協會的成員大部分是小城鎮的教師，他們認為家庭版電影放映機對可靠的「老套」教學方式構成威脅，因此拒絕使用。

這對哈德遜（Hudson）以西的各州而言並不是好兆頭，更不用說德州的埃斯特雷馬杜拉（extremadura）自治區了，那裡的西南部教科書出版商銀伯迪特（Silver, Burnett & Co.）代理人提醒愛迪生，要讓地區的教育委員會接受孩子「用眼睛和耳朵學習，而不是用頭腦學習」的概念，還需經過好幾年的時間才能實現。

愛迪生不願相信這點。「書本，」他盛氣凌人地說：「很快就會在公立學校過時。」這番話是他從一九一一年否認永生以來引起最大的轟動。盛夏期間，具有影響力的教學權威代表團來到西奧蘭治鎮，包括哲學家約翰·杜威（John Dewey）、羅素塞奇基金會（Russell Sage Foundation）的李奧納多·波特·阿爾斯（Leonard P. Ayres）、紐約市教育局的亞瑟·迪恩（Arthur D. Dean）。他們想確定愛迪生是否在開玩笑。這次的參訪是由社會學雜誌《調查》（*Survey*）贊助，該雜誌在九月六日一場主題為「愛迪生與歐幾里得：

是他發明了通往學習的移動式階梯嗎？」的專題研討會上報導參訪內容。

愛迪生顯然是認真的。代表團發現他有一份將近一千種教育「情境」的製作清單。除了已拍攝完成的影片，還有五十、六十部準備要拍攝的影片，主題包括天文學、細菌學、物理學、林業、美術以及動物學。哈奇森放映的示範影片展現卓越的技術，讓在場的人嘖嘖稱奇，但他們對效果的反應因專業偏見而有所不同。阿拉巴馬州的進步主義學校創辦人瑪麗埃塔．皮爾斯．強生（Marietta Pierce Johnson）表示，愛迪生找到一種讓「樂趣」回歸教育的方法。紐約孤兒院（New York Orphan Asylum）的負責人魯道夫．里德（Rudolph Reeder）對於影片的觀察教學有「無限可能性」留下深刻印象，同時聲稱有些主題還是用「逐字逐句」的方式來教學比較合適。李奧納多．阿爾斯讚歎貝塞麥（Bessemer）煉鋼技藝的生動描繪，以及展現晶體形成與毛毛蟲蛻變的縮時次序之美。他認為愛迪生設計出有寶貴價值的教育工具。然而，「鉅細靡遺」使電影攝製藝術令人著迷，他擔心學生會因此缺乏互動關係。「他們安靜地坐在黑暗的室內時，每個人都是獨立的個體，互不相容。但如果他們在做有形或純理論的事，則處於活躍和警覺的狀態，因為他們在做分內的事。他們看影片時……處於被動、毫無生氣的狀態。」

不出所料，約翰．杜威為《調查》雜誌的研討會貢獻了發人深省的文章。「愛迪生先生參考人類對動靜之間的本能反應，有穩固的心理學基礎，這點毋庸置疑……但另一點讓我印象深刻的是，觀看事物的發展畢竟是間接的體驗形式，因此有無法達到最佳體驗的風險」他說。

痙攣

杜威不夠理智，他早就看慣愛迪生的公司開發有聲活動電影機與圓盤式留聲機，以及必須為宏大的計畫投入大筆資金。此時，愛迪生的手頭也很緊，他接受了哈奇森的五萬美元短期個人貸款，因為哈奇森有足夠的備用現金。他剛剛以十四萬二千五百美元的價格，出售了他發明高音汽車喇叭的專利權，並且很高興能從這筆意外之財賺取五％的利息。不過，其他不如愛迪生那般自負的雇主，可能會因為欠下屬人情而感到尷尬。

六月二十四日，愛迪生的財務壓力稍有緩解，福特的商業貸款第二期款為十萬美元，而他目前每個月製作五部、六部有聲電影也能賺取專利使用費。他宣布自己在電影業的下一步是「製作多磁帶卷（multiple-reel）影片、彩色圖像，也許還包括具有立體深度效果的立體電影」，但他只申請彩色影像處理的專利。然後，他筋疲力竭，胃腸痙攣的老毛病也復發了。

米娜堅持要他一起陪孩子到緬因州的蒙黑根島（Monhegan Island）度過暑假。她在這一年的大部分時間鬱鬱寡歡。瑪德琳堅持要和約翰．斯洛恩訂婚、查爾斯愛上波士頓的女孩，還有她看不順眼的「哈奇」與丈夫見面的次數比她還多，她抱怨自己無法融入心愛的人的生活圈。「我徹底嚐到挫敗的滋味，我也沒有感覺到被愛，只覺得難過。」

愛迪生最多只接受在八月底陪她十天。出發前一晚，他還是按照慣常的作息通宵工作，然後經過三天的汽車旅行，他死氣沉沉的抵達蒙黑根島。度假期間，他一直身體不適，承受著劇烈的腹痛。勞動節過後，他和家人回到南方，他堅持在波士頓停留一段時間，只為了見福特。這位汽車大亨和另一位偶像待在一塊——博物學家約翰．巴勒斯（John Burroughs）。根據瑪德琳的描述，經過相談甚歡的漫長早晨後，三人間的友誼滋生了。

醫生在西奧蘭治鎮幫愛迪生做檢查後，說他病得很嚴重，並診斷出他罹患膽結石或膽囊膿腫。他準備接受手術治療時，冰敷減輕了他的疼痛感，於是他很快就回到實驗室，每天工作長達二十個小時。

作家約翰・格羅塞爾（John H. Greusel）問他為什麼要節制自己的飲食與睡眠，他回答：「我只是按照自己的生存原則過活。」

格羅塞爾無法理解他的原則和強制性的原因。「愛迪生是我們這個時代最奇怪的人物，」他總結道：「既孤傲不群、神秘又不遵循一般人的生活慣例。」

我的天啊

隨著聖誕銷售季節接近，愛迪生急需推出圓盤式留聲機和配套的唱片目錄。他在十二月初開始執行時，宣傳活動凸顯了整套技術仰賴的瑰寶。

文案撰寫員、張貼廣告者、人體廣告牌創造出「愛迪生金剛石光碟」的品牌口號，唸起來有重複的齒音與齒擦音，使人聯想到唱針的拋光硬度（「沒唱針，沒麻煩」），以及從隱藏式喇叭流露出來的清晰聲音。這些唱片無法在其他留聲機播放，外觀看起來也和聽起來的聲音一樣特別：四分之一英寸厚，像爐罩一樣不可彎曲，狹窄的坑紋可以容納五分半鐘的音樂，容量比十英寸的勝利牌唱片更大。在唱片上的紙質標籤也無法妨礙其光亮的黑色光澤，那是由愛迪生的舊實驗室常備的碳煙所強化出的顏色。這些唱片必須調整角度對著光線，才能看到愛

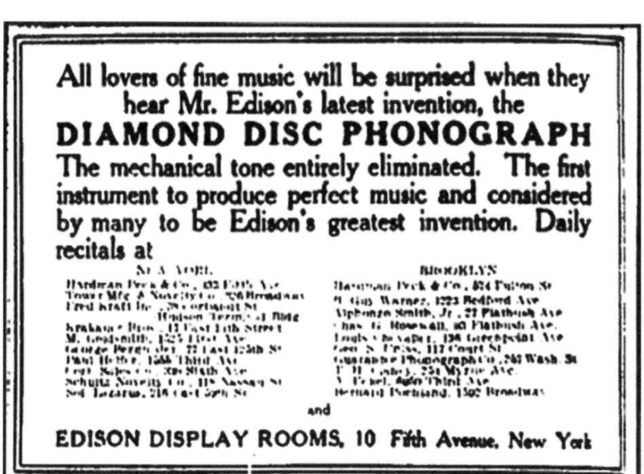
All lovers of fine music will be surprised when they hear Mr. Edison's latest invention, the
DIAMOND DISC PHONOGRAPH
The mechanical tone entirely eliminated. The first instrument to produce perfect music and considered by many to be Edison's greatest invention. Daily recitals at
BROOKLYN
and
EDISON DISPLAY ROOMS, 10 Fifth Avenue, New York

金剛石光碟的零售廣告，攝於一九一三年十二月二十三日。

迪生的肖像，心軸錐孔旁邊壓印著網版圖，還有他的名字、簽名以及唱片名稱，但令人疑惑的是沒有列出表演者的名字。「我不把藝人的名字放在唱片上，情有可原。」愛迪生告訴批發商，沒有進一步解釋原因。

國家留聲機公司位於曼哈頓第五大道十號的老舊連棟房屋，已豪華地整修成四層樓的新機器展示廳，機器有五款型號：A80、A150、A250、A300及A450（由路易十六索卡西亞胡桃木製成，金屬零件鍍金）。訪客發現這些數字代表美元時，愛迪生的銷售主管珀西·摩根（Percy Morgan）只能想辦法讓他們聽一聽金剛石光碟的樣品了。通常一兩分鐘就足以說服訪客相信「門洛帕克市的奇才」又創造了奇蹟，就連懷疑論者也不例外。他們一致回饋表示，錄製的音樂聽起來珠圓玉潤，令人拍案叫絕（摩根逐字逐句記錄下來，每週寄到西奧蘭治鎮）。

這也是全國一萬三千家商店的瀏覽者與買家的普遍看法。聲學方

愛迪生的A-100「摩登」（Moderne）金剛石光碟留聲機，攝於一九一五年。

面的愛好者不多，他們認同金剛石光碟的留聲機與浮動重量的播放裝置[29]、齒輪追蹤、堅固平穩的紀錄相結合，除了比不上愛迪生的安貝羅拉播放機系列與一流的藍安貝洛爾圓筒之外，確實能勝過市場上的其他音響設備。[30]其中一個人寫道：「要是我不知情，可能會以為機器播放的歌曲是歌手在室內唱出來的。」這讓愛迪生對未來的宣傳活動產生了想法。芝加哥大學的教授讚賞A250儀器有清晰的聲音、渾然天成的音色，以及精密的零件。雖然他已經有手搖留聲機，他還是立刻買下升級版。

這些愛好者願意把半個月或整整一個月的薪水，花在不適用其他唱片的播放機，恰恰證實了法蘭克・戴爾的預言——金剛石光碟能挽回湯瑪斯愛迪生有限公司的財富。[31]不久，公司確實從中獲得一大筆收入。然而，愛迪生在這個月一味的專斷獨行，把自己的音樂品味（或欠缺品味）強加在留聲機業的每個人身上，包括工作室裡的表演者、商店裡的顧客，一反常態地妨礙銷售。

他在「愛迪生的新音樂之夢」（Edison's Dream of New Music）採訪中，用了四十七次人稱代名詞，而這次採訪發表於《柯夢波丹》（*Cosmopolitan*）雜誌。他承認自己不會讀也不會唱任何音符，但他斷言：「這門藝術在現今的落後狀態與四十年前的電力一樣。我要加以發揚光大……我還要讓留聲機變成世界上最美妙的樂器。」

29　愛迪生聲稱他的防滑寶石架是經過二千三百次實驗的結果。

30　「藍安貝洛爾……與愛迪生的金剛石播放裝置一起播放時……表現得比當時的其他翻版音樂媒介更好，」聲學歷史學家羅蘭・吉拉特（Roland Gelatt）在《神奇的留聲機》（Fabulous Phonograph）中寫道：「在愛迪生的錄音室裡，一般人能敏銳地聽出優質聲音翻版的要素。」

31　愛迪生鎖定的銷售對象是富有的鑑賞家，他不久就增加更多精巧的唱片播放機。一九一九年，他在留聲機熱潮的高峰時期推出了要價六千美元的豪華櫃體機型，相當於現今的八萬七千美元。

雖然愛迪生不討厭貝多芬，也不排斥名字以母音結尾的作曲家偶爾唱詠嘆調，他最喜歡的曲目依舊是他以前和年輕員工在門洛帕克市共譜悠悠的旋律，伴隨著路德維希·玻姆（Ludwig Böhm）彈奏齊特琴，曲子包括〈為夢而悲傷〉（My Poor Heart Is Sad with Its Dreaming）、〈再帶凱薩琳回家〉（I'll Take You Home Again Kathleen）。後面這首曲子他聽得不夠多次，因此錄了好幾遍。他覺得這首歌既悅耳又簡樸，比德布西（Debussy）的不完整和聲更有價值。他曾經把德布西的和聲比喻成「斷斷續續的談話」。

這樣的評論很有洞察力，但幾位專業音樂家一聽到愛迪生的其他曲子就退縮了。他介紹這些曲子時，那種自鳴得意的態度就像蕭伯納（Bernard Shaw）。他認為莫扎特是最沒有譜曲天分的作曲家。但他欣賞約翰·菲爾德（John Field）的「夜曲第七號」，原因是這首曲子沒有不和諧音。聽了二千七百首華爾滋舞曲後，他說：「這些曲子是由大約四十三個主旋律組成，以不同的方式結合……我當然沒有列入蕭邦，因為他的曲子不是傳統的華爾滋舞曲。」他認為蕭邦沒有展現出當代背景的音樂節奏。至於技藝方面，他說：「我早就發現音調太高了。」

他對古典曲目的挑剔也延伸到他認為不和諧的叮砰巷（Tin Pan Alley）熱門曲子。他對流行音樂或輕歌舞劇的音樂沒什麼偏見[32]，甚至在第一張金剛石唱片發行時批准名稱為〈叢林的月光〉（Moonlight in Jungleland）的滑稽黑人二重唱，曲子裡有黑猩猩的叫聲和鳥鳴的伴奏。但他依然堅持工廠出產的每一批唱片需經過批准。結果，藍安貝洛爾和金剛石唱片的目錄更新緩慢，無法滿足市場的需求。曲目匱乏以及他不理會相關建議，都讓批發商很失望。他的匿名策略也讓批發商質疑他在隱瞞重要的銷售情報。批發商的抨擊愈來愈猛烈，因此他不得不出面解釋：

> 我不公布歌手的名字，其中一個原因是音樂界有「製造假象」的風氣。當今，有許多歌手的名

聲受到義大利人和猶太人[33]的廣告支持，所以出現了許多不應該在臺上唱歌的人。他們的嗓音不怎麼樣，徒有虛名。作曲家以及那些擁有動聽嗓音卻默默無聞的藝人都被忽視了，公眾也以為只有大歌劇藝人才能把歌唱得好。勝利牌已經把這點發揮到了極致……

我試著到處尋找優秀的歌手和樂器獨奏者，並一再錄下他們的歌曲，直到他們的音樂技能達到爐火純青的地步，我才會憑著他們的實力出售唱片，等公眾評判他們的表現之後再放上名字。

愛迪生的笨拙表達方式表明他根本不曉得自己在說什麼。無論如何，他的方針很快就被推翻了，藝人也得到應有的讚譽——考慮到他吝於把錢花在錄音費用，這倒也無妨。他不願用高薪聘請像卡盧索（Caruso）、帕德雷夫斯基（Paderewski）這樣的明星，而是尋找更年輕、更有衝勁的人才來遷就他這位聾人的看法：他比年輕人更懂音樂。[34]

其中一位試鏡者名叫薩繆爾．加德納（Samuel Gardner），他是二十歲的俄羅斯籍小提琴家，天賦超群，卻依然籍籍無名。愛迪生沒有請他演奏，反而直率地要求他針對剛從德國收到的兩張小提琴唱片發表看法。

32　一九一七年，愛迪生推出第一張公認的真正爵士唱片，名稱為《迪克西蘭的有趣爵士樂團》。此二重唱的唱片由亞瑟．科林斯（Arthur Collins）與拜倫．哈倫（Byron G. Harlan）製作。

33　威廉．米德克羅把愛迪生發布的聲明打成定稿時，在「Jew」這個字的後面加了字尾「-ish」。

34　一九一一年，傑出的輕歌劇作曲家維克多．赫爾伯特（Victor Herbert）再也無法忍受職業上的羞辱，終於辭去了愛迪生底下的音樂顧問職務。

他說：「很糟糕。演奏的人運弓不穩，我的天啊。」於是，我聽了其中一張唱片。演奏的樂曲是舒伯特（Schubert）的〈聖母頌〉（Ave Maria），由威廉（Wilhelm）改編。我一聽聲音就馬上辨別出藝人的功力……我聽到琴弦的顫動強勁有力，音調沉穩，所以我不明白他說演奏得很糟糕是什麼意思。那張唱片的製作人是亞伯特．斯伯丁（Albert Spalding）。

接著，他說：「我希望你能聽聽看另一張唱片。」我這次聽到的是同一首曲子，但演奏者是不同人。聲音差別不大，卻也是個小提琴家，名叫卡爾．弗列其（Carl Flesch）。但我覺得，這位老頭可能連自己聽的曲子是哪一首都不知道，他說：「這些人不懂得怎麼拿捏琴弓的力度，抖個不停。」我問他：「愛迪生先生，您怎麼知道的？」

嗯，他聽不太清楚……他給我顯微鏡和玻片，用來觀察唱片的坑紋。我看了又看，但我不知道自己在觀察什麼。他說：「你看不出來坑紋參差不齊嗎？坑紋一定要是直線。」

我還能多說什麼呢？

加德納發現，無論愛迪生怎麼摀著右耳聽音樂，都無法避免錯誤地接收聲波，彷彿他頭部的防波堤水閘太窄了，把每一道大浪化為泡沫。他只能在非常近的距離範圍聽到聲音（或用眼睛判斷，如前所述），因此他只能承受低音的起伏。一般人所聽到的渾厚、響亮聲音，有特殊的泛音使樂器演奏者的音色以及歌手的嗓音顯得別具一格，但對他來說是一種折磨。他也不明白為什麼其他人都能接受不和諧音。

「愛迪生先生，」加德納說：「不是這樣的。你的想法錯了。」

米德克羅一直站在老闆身邊，他很震驚。「你不該這樣跟愛迪生先生說話。」他說。

愛迪生不介意，他要求加德納錄下〈聖母頌〉，左手不能發出顫音。加德納迫不急待想賺取這十美元的報酬，但他的演奏成果還無法讓舒伯特的樂曲顯得動人。「我的小提琴演奏生涯才正要開始，」他懇求道：「我不希望在一開始就扼殺自己的前程。」

他說著說著，就突然想到愛迪生希望聽到冰冷又詭譎的音色，也許他能夠演奏這首曲子：蕭邦的〈葬禮進行曲〉。雖然他不喜歡這種聲音，還是硬著頭皮演奏出來了。然後，他得到一張十美元支票的報酬。在他的堅持下，最後發行的唱片上沒有印出他的名字。

加德納後來成為演奏家、教師以及榮獲普立茲獎的作曲家，享有長期的光榮職涯。他到了晚年，有人問他，愛迪生的聽力不好是否影響到音樂鑑賞力。他簡潔地回答：「他失聰和欣賞音樂的能力沒有關聯，因為他根本就沒有這方面的才能。」

有人說過你是彈鋼琴的料嗎？

愛迪生和大多數有聽覺問題的人不同，他特地把這個問題當作專業資產來宣傳。他樂意為《柯夢波丹》的文章拍照──他把右耳緊貼著喇叭的網罩，試聽金剛石唱片。照片的說明文字寫著：「貝多芬彈奏著愛迪生聽不到的奏鳴曲。只見愛迪生一頭白髮靠著他製造的說唱機器，形成一幅悲哀至極的畫面。」

幸好，攝影師不知道愛迪生試著捕捉留聲機發出微弱餘音時，所採用的更極端方法。「我透過牙齒和頭蓋骨聽聲音，」他解釋：「我用牙齒咬住木頭，那些聲音就變得很清楚。」他咬著橡木或薔薇木製的安貝羅拉，是為了讓回聲傳到腦子裡。他這麼做時，很難不流下口水，因此有一些櫃子表面上的污漬不見了，留下看起來像是遭到巨大囓齒動物襲擊過的痕跡。當家庭成員在格蘭蒙特彈奏他喜歡的曲子時，他甚至咬住大鋼琴。那年十二月，教育家瑪麗亞・蒙特梭利（Maria Montessori）在他家留宿。她看到愛迪生整個人固定在鋼琴那邊不動，就好像他很想吃掉琴音，令她感動得流下了眼淚。

愛迪生堅信能用這樣的方式聽到聲音是一種「福氣」，因為即使他待在噪音減輕許多的錄音室，他的頭蓋骨能夠過濾掉那些阻礙純粹音色的模糊背景噪音，例如呼吸聲、窸窣聲、鞋底的嘎吱聲、心跳聲、潛意識的震動聲。「我的內耳非常靈敏。我以前沒發現自己的內耳比其他人更敏感，但五十多年來，我的內耳幾乎完全處在寂靜的狀態。」他說。

他所謂的敏感度，是指他無法在任何距離範圍內聽到更高（或非常低）的音樂頻率。他不太會察覺到聲音產生時的機械噪音，例如琴槌的捶擊聲，或小提琴的琴弓發出斷續的跳弓演奏聲。因此，音訊工程師很驚訝地發現他在錄音室察覺到疏忽的錄音缺陷。他憑著牙齒「試聽」一段管弦樂錄音後，循著木管樂器的頂部發現聲音的缺陷。「長笛的音調聽起來很怪。」他說。他使用附有橡膠膜片的毛氈加襯助聽器，憑藉科學不可測知的方法來測量泛音的頻率。「不管我在鋼琴的哪一處彈出音調，他都能確切感受到聲音的顫動，」他的音樂總監歐內斯特．史蒂文斯證實說：「我不知道他怎麼辦到的……真的很了不起。」

然而，同樣的敏銳度，使愛迪生對於製造出優質音調很重要的兩種不同效果產生病理反應。其中之一是加德納演奏時，令他心煩的顫音。另一種是震音，也就是歌手的咽喉產生快速的單音震顫──完全是一種自然現象，但有些喜歡賣弄的表演者會誇大這種現象。他認為此舉侮辱了美學。「這是噪音最糟糕的缺陷。」他說。為了阻止這種情況發生，他要求歌手在接近喇叭之前喝冰水。他甚至曾經想過一個問題：如果要求女高音歌手捆紮胸部，盡量使胸前維持平坦，會不會更有效呢？

謝爾蓋．拉赫曼尼諾夫（Sergei Rachmaninoff）是堪稱世界上最偉大的鋼琴家，他為了與愛迪生唱片公司簽約而參加試鏡時，史蒂文斯忘了提醒他「不能彈奏出讓那位老頭感覺耳朵不舒服的聲音」。他彈出升C小調前奏曲的前三個雷鳴般的音之後，愛迪生突然問他：「有人說過你是彈鋼琴的料嗎？你就像個搗具。」拉赫曼尼諾夫離開鍵盤，面有慍色地站起來，伸手去拿他的帽子。史蒂文斯能做的事就是說服愛迪生再讓他錄製一些曲目，其中包括以純淨風格演奏李斯特（Liszt）的〈第二號匈牙利狂想曲〉（*Second Hungarian Rhapsody*）。

雖然大多數自尊心很強的音樂家無法長期忍受愛迪生的口頭禪，有些人依然願意與他保持聯繫，例如知名的討喜歌劇演唱家安娜・凱斯（Anna Case）很欣賞他的慈祥魅力、名聲，以及金剛石唱片的優越品質。唱盤發出他們的渾厚嗓音與真實感，給人一種表演者不知不覺在櫃子「現身」的錯覺。凱斯正是利用這種逼真度的有效廣告活動背後的靈感來源。

> 有一天，我走進一家商店，發現他們在播放我的唱片。我一進門，就開始跟著唱片的曲子唱起歌來，並讓我的聲音聽起來與唱片差不多……他們請我帶著這台機器參與巡迴演唱會。我在卡內基大廳（Carnegie Hall）舉辦了一場獨奏會，並站在機器旁邊轉錄了錄音。他們不知道我何時唱歌，或我何時不是在唱歌。他們當然能看到我的嘴唇在動，卻無法從音色分辨差異。

其他知名的藝術家也受雇進行全國各地的「愛迪生音色測試」（Edison Tone Test）。他們有時連同留聲機隱藏在帷幔後面，考驗聽眾分辨現場與錄製的聲音。測試結果唯妙唯肖，足以在電子錄音時代的初期賣出數百萬張金剛石唱片。[35]

35　二〇一八年，聖塔芭芭拉市的加州大學研究員著手對愛迪生金剛石唱片的九千份錄音檔進行修復和數位化，並在國家人文基金會（National Endowment for the Humanities）的資助下開放給公眾使用。

哲基爾商人

一九一四年一月，查爾斯到父親的工廠上班時，他二十三歲，是麻省理工學院的開朗輟學生。他在全國各地種下大量野生燕麥，包括從波士頓到科羅拉多州，再到舊金山。雖然他播種的日子還沒結束，他此時仍渴望成為成熟的管理者，並學習所需要的一切，以期在湯瑪斯愛迪生有限公司擔任「一人之下，萬人之上」的職位。假如哈奇森在這方面仍然抱持著幻想，那麼當查爾斯在某個週日晚上到他家拜訪，一直盤問他「各方面的業務」直到凌晨兩點後，他的幻想很快就破滅了。

這幾年來，愛迪生還沒有準備要讓出權力的跡象，但他也沒有試著把自己的管理風格強加在兒子身上（「獨裁者是經營產業的最佳人選。」他說）。查爾斯更願意也更能夠傾聽這位老人底下五千名職員的抱怨，他發現這些人的士氣低落，讓他很苦惱。職員之間缺乏合作精神，總是不斷尋找更高薪、更輕鬆的工作。他頂著「愛迪生先生助理」的含糊頭銜，努力摸索一個又一個部門，心裡想著：「管理方式絕對不能太專斷。」

對米娜來說，他能回家是件好事，但無法經常在晚上見到他。他跟父親一樣，通常吃完晚餐就出門了。然而，他們經過盧埃林公園的石牆大門後，便「分道揚鑣」。愛迪生向左轉前往實驗室，而查爾斯彷彿從《化身博士》中的哲基爾（Jekyll）的商人身分轉變成放蕩不羈的海德（Hyde），前往火車站和紐約。

米娜纏著西奧多不放，生怕不久之後瑪德琳就嫁給約翰．埃爾．斯洛恩，終究也會離開她。儘管雙方父母投入不少心力，這對年輕戀人終於克服了本身在宗教與情感方面的疑慮，決定在春天舉行婚禮。約翰在長島市開了一家航空製造公司，因此他們打算在曼哈頓租一間公寓。公寓就位在格林威治村，這對查爾斯來說很方便見面。

克盧薩哈奇河的岸邊

二月底，愛迪生一家人到佛羅里達州度過全家在一起的最後一次假期。瑪德琳驚訝地看到大排長龍的福特汽車在麥爾茲堡等著迎接他們，這表示她父親的有錢朋友來到鎮上了。愛迪生邀請福特一家人、約翰・巴勒斯到南方來長時間拜訪。他告訴他們「離開虛假的文明」有益處。

瑪德琳喜歡和藹可親的福特一家人，卻不喜歡巴勒斯。她發現巴勒斯自認為是美國最受歡迎的重要作家之一。他的特色是囉嗦、簡樸、白鬍子、額頭低，似乎精心塑造了與愛迪生相似的樸素形象，只不過他身上沒有一絲絲的獨創性。

三月初，沼澤地的越野汽車探險加強了三個人的友誼，也預示著以後他們還會一起參與更多類似的「流浪式」短途旅行。到目前為止，福特是三個人當中最不受歡迎的人，與其說他是因個人魅力而出名，不如說是因財富而出名。但他剛剛宣布要發放每日五美元工資給底特律的勞工，此時他喜形於色也很合理。他的貢獻遠遠超過其他公認善於兼顧利潤的實業家，也是愛迪生付出的兩倍，並在一夜之間把福特汽車公司改造成技術性勞工的勝地。

就像一般人一樣，福特也需要被愛，但他太渴望受人關注，積極參與活動卻不善交際（高踢腿比賽、藍草音樂[36]的小提琴表演、養生食品），以至於無法長久維持高人氣。說到社交，他是幽默與嚴肅、聰明與愚蠢的矛盾結合體。他身材削瘦，總是衣冠楚楚，卻不像其他工業巨頭那樣戴高頂禮帽、持手杖的裝扮，無意間有失風雅。他瘦骨嶙峋的尷尬樣子與愛迪生輕鬆融入環境的能力，形成了有趣的對比。福特不

36　屬於美國民間音樂，也是鄉村音樂的分支。與傳統音樂不同的是，藍草音樂中的每項樂器都有機會獨奏，或在其他樂器的伴奏下即興演奏。

可能在公眾面前打盹，就像他不會把自己潦草的筆跡寫成書法，也不會像愛迪生那麼從容不迫的講故事。

然而，有許多因素使他們凝聚在一起。他們年輕時都在密西根州當過技工，也對常春藤聯盟名校生、酒類及高級料理嗤之以鼻。此外，他們精力充沛、有圖解思考能力，並樂於接受新事物。此時，在他們往來的早期階段，愛迪生低估了福特的聰明才智，但隨著認識的時間久了，愛迪生認同他發揮詩意般的想像力。然而，當他注意到朋友具備「愛爾蘭承包商工頭與猶太經紀人的實際能力」時，他就用福特會抗議的形容詞來描述他。

他們在塞米諾爾小屋的陽臺賞鳥、釣魚及享用露天晚餐的兩週後，福特回到北方，而愛迪生的冬季莊園留給他美麗與寧靜的深刻印象。他比以前更敬畏自己的偶像，一有機會就準備在克盧薩哈奇河（**Caloosahatchee River**）岸邊買類似的不動產。「世上只有一個麥爾茲堡，」愛迪生對鄰居開玩笑說：「以後會有九千萬人發現這個問題。」米娜和克拉拉．福特（Clara Ford）對這兩位巨擘之間培養出的「哥兒們」關係抱持著謹慎的態度，她們不急著仿效。

愛迪生接受了福特的敬慕，就像他以心平氣和的態度對待哈奇森、米德克羅以及其他宛如幾十隻在他的火堆上飛舞多年的雄蛾和雌蛾。雖然他和以前一樣容易發脾氣，但幾乎都是與業務困境有關。現在，他的電池部門與留聲機部門都在蓬勃發展（金剛石唱片一天能賣出五萬七千張），他可以毫無顧慮地打開從西奧蘭治鎮寄來的信件。

他不知道查爾斯發過電報提醒哈奇森，不要告訴他任何好消息或壞消息，除非是有必要告知的緊急事件。因此，在天氣逐漸變暖的六週，愛迪生可以自由地在掛著九重葛的實驗室裡消磨時光、嚼著便宜的雪茄（或趁米娜不注意時，嚼起口嚼菸）、每天睡十二個小時，以及盡情享受他最喜歡的休閒活動——在崎嶇不平的道路上展開汽車短途旅行。當他如此放鬆心情時，別人很容易被他的純真魅力深深吸引。瑪德琳懇求未婚夫到南方，專注地聽她父親在晚餐時光閒聊他目前關心的任何話題——超心理學、物理學、音樂及醫學。

儘管查爾斯在背後限制郵件消息，但當愛迪生得知大火燒毀了布朗克斯的電影製片廠，造成十萬美元的損失時，他竟然保持著平靜的心情。他只對大部分挽回的硬體表達欣慰，並表示他無論如何都希望生產基地能轉移到西奧蘭治鎮。全新的有聲電影工作室正在有聲活動電影機大樓的二樓建造中，他在那裡將有聲電影的技術提升「到極限……想讓戲劇界的工作者了解到，科學界的工作者可以憑著策略戰勝他們。」

他間接承認自己的有聲電影在早期階段大獲成功，但後來證實是商業失敗。受過充分培訓、有能力處理在數千家劇院上映的影片問題的操作員實在太少了。當《蓋諾市長與內閣》（*Mayor Gaynor and his Cabinet*）[37]的畫面投影、放大和同步進行時，觀眾依然對眼前的逼真度驚歎不已。但更多時候，愛迪生的廣告標語「他們談笑風生，歌聲繞梁」似乎是指與銀幕上的動作毫無關聯的談話與歌唱，以及因嘲笑和叫罵而變得粗俗的笑聲。演員在獨白時鞠躬、喇叭吹著烏克麗麗音樂，以及受限的舞臺動作、縮短的情節，都引起愈來愈多抱怨。哈奇森認為自己對有聲活動電影機的疑慮已得到證實，但愛迪生相信問題會及時獲得解決，如同遭到愈來愈多學校董事會否定的家庭版電影放映機和教育片的問題。「不要急，」他一再強調：「不要急。」

瑪德琳似乎對自己的婚禮也有同感。因為米娜和斯洛恩太太的緣故，她不幸地一再延遲婚禮。斯洛恩太太目前在為未來子孫的宗教問題而爭吵。但最後，米娜只好同意私人的天主教儀式，前提是沒有樞機主教在場。六月十七日，愛迪生在格蘭蒙特送走女兒，而米娜在黑色鑲邊的信函中為這對年輕的夫妻致上祝福。

37　此系列的談話式採訪已遺失，為第一部有聲的政治紀錄片。

找不到名譽或榮耀

八天後，奧匈帝國的法蘭茲．斐迪南大公（Archduke Franz Ferdinand）在塞拉耶佛市遭到暗殺。戰爭的化學作用在歐洲和俄羅斯醞釀到爆發時，愛迪生跟大多數美國人一樣，都只關心在世界上最自由、最安全、技術最先進的政體中追求幸福。他不曾把追求幸福和實現目標混為一談。「幸福只屬於老實人——這是在物質中運行的定律，就像萬有引力一樣無法探測。」他說。然而，只要美國維持本身的和平，他認為國家的穩定性在短時間內不會受到威脅。可以肯定的是，社會主義的世界產業工人（Industrial Workers of the World）組織最近發起的罷工中，雙方的暴力跡象愈來愈令人憂心。但與大變革之前發生在海外的皇帝與農民、獨裁者和無政府主義者、殖民主義者與無投票權的多數人之間的衝突相比，這些衝突算是溫和多了。幸好，有三千英里的海水隔開蒙托克角（Montauk Point）與蘭茲角（Lands End）。愛迪生在近期巡遊的國家看到了他渴求欣賞的舊世界，這些國家目前互相鬥爭得很激烈。他很願意在自由女神像的影子下度過餘生，而且當「亞美利加號」在前往霍博肯市的碼頭路上經過時，他真想親吻她的銅製裙子。

身為報章雜誌的熱衷讀者，愛迪生很了解政治事務的動向，卻不特別留意。除了他在一九一二年短暫傾向於進步主義，他不曾背離年輕時支持正統的、孤立主義的、親商的共和主義。除此之外，他對中央集權抱持的強烈信念與他本身的專橫天性相一致。「現在有一種令人目瞪口呆的懶惰哲學，在社會主義中有貼切的名稱……我對以寡頭政治為基礎的政府更有信心；演化法則告訴我們，少數支配多數。最純粹的民主政體意味著氣泡在溪流的表面破裂時，一些人憑著本能晉升到統治高端。他們背負著重要的初步情報，積極地促進共同利益。」

如果是這樣的觀點使他成為社會達爾文主義者（Social Darwinist），那麼此觀點並沒有擴展到對戰爭的熱愛。他不屑地讀了弗里德里希・馮・伯恩哈迪（Friedrich von Bernhardi）撰寫有關原法西斯主義的《德國與下一場戰爭》（*Germany and the Next War*），並在一段讚揚殺戮行徑的文字旁草草地寫道：「戰爭殺死最美好的動物，留下墮落的人繼續繁衍，濫用了達爾文的法則。」至於把戰爭刻劃成理想化的英雄滋生地，他的見解是：「在這種幻想出來的境界中，當然無法找到名譽或榮耀。」

速度快

愛迪生很快就推斷出八月初時，美國工業會面臨歐洲進口有機化學製品的嚴重短缺問題。「替代品！我們務必找到替代品……進口材料對我們來說太容易了。」他在國內是德國苯酚與英國苯酚的最重要消費者，每天將一噸半的苯酚混合到康爾賽——使金剛石圓光碟保持光滑的清漆。苯酚碰巧也是烈性炸藥的基本成分，因此外國彈藥工廠以後會封鎖苯酚的出口。

身為化學家，他推斷苯酚是焦炭的揮發性衍生物。不過，國內很少有專門設計用來留存苯酚的煉焦爐。他詢問幾家化學公司能不能盡快供應苯酚，卻無功而返，於是他決定親自合成這種化合物。三天內，他就藉著磺化作用創造出十個步驟的結晶程序。「效果很好，」他告訴朋友：「而且必不可少。」接著，他帶領另一個由四十名繪圖員與化學家組成的「失眠小組」，夜以繼日的在銀湖設計並建造苯酚工廠。

瑪麗・查爾茲・納尼曾經說過，沒有人見過愛迪生倉促行事：「他只是速度快，但不匆忙。」他總是展現出像貓咪一樣的從容姿態，在危急關頭也不例外。然而，他經常充滿活力，吃飯和睡覺的時間也很短，他的成就顯得很突然。新工廠在九月八日開工，成了他使用過最純淨的苯酚寶庫。工廠的產量非常大，以至於他每天要把大約四噸、五噸多餘的苯酚賣給嫉妒他的競爭對手，並把生產擴展到另一家位於賓州約翰斯敦市附近的工廠。

他的成功使他得以與煤焦油公司簽訂合約，在爐子上安裝設備後吸取豐富的氣體進行淨化、液化及結晶化。這種提取器每天能生產一萬八千加侖的苯。因此，他成了銷售重要媒介的批發商，例如消過毒的乙醯苯胺、芳香的硝基苯、甲苯溶劑、苯胺鹽，以及他以前常提到的拗口詞——對苯二胺（paraphenylenediamine），也就是目前已知能夠把灰色毛皮變黑的唯一染料。需求如此之大，於是他建造了第三家工廠來專門生產苯。結果，這位真空中熱離子發射的發現者猛然意識到自己正與毛皮加工商、時裝店做交易。由於英國對德國實施海上封鎖，他最後擁有九家工廠生產短缺的化學製品。[38]

即使愛迪生不是民主黨人，但他身為和平主義者，支持威爾遜總統宣布美國在「歐洲」戰爭中保持中立。只要他不涉足軍備業務，他願意透過私下銷售苯酚來獲利，甚至賣給位於德國的拜耳集團（Bayer Corporation）。[39]他說：「製造殺人工具違背我的本性。」他的S型電池設計宗旨是為了提升艦艇搭載魚雷的性能，但他對此感到良心不安。直到夏季的最後一天，安裝S型電池的潛艇依然在世界各地被視為一種防禦設備，猶如本土港口的守護者。

然而，到了九月二十二日，一艘在荷蘭海岸外隱密地巡邏的德國U艇在九十分鐘內擊沉了三艘英國船隻。這則新聞清楚地表明這場戰爭不論在海上或陸地上都一樣，潛艇和機關槍同樣會徹底破壞戰爭中騎士精神與公平的舊觀念。同時，一份秘密報告使約瑟夫斯・丹尼爾斯（Josephus Daniels）——威爾遜身邊具有改革思想的海軍部長——贊同哈奇森一再提到的水下鉛酸蓄電池危險性。

E-2號潛艇在大西洋潛水時，內部漏出了硫酸。潛艇好不容易浮出水面，所有十九名船員的肺部都灼傷了。根據調查結果，這種酸類侵蝕了壓載艙的壁面並與海水混合，在每個艙室充滿氯氣，這與德國即將對付位於比利時的法國人所使用的氯氣相同。

哈奇森在某次拜訪華盛頓時聽說了這起事故。他把握機會邀請丹尼爾斯前往北方，參觀愛迪生的兩個S型電池在布魯克林海軍造船廠（Brooklyn Navy Yard）進行壓力測試。作為額外的誘因，他建議這位海軍部長先到西奧蘭治鎮，可以在午餐時間認識愛迪生，然後開著他的豪華轎車前往造船廠。丹尼爾斯不僅接受了邀請，也因聽說愛迪生不曾登上軍艦，就安排了一艘無畏戰艦和一艘潛艇在指定的十月十日這一天供他視察。

這位海軍部長是身材魁梧、說話輕聲細語的五十二歲北卡羅萊納人，他穿著有背心的套裝，打著蝶形領結，看起來很古板。他曾是《新聞與觀察家》（*The (Raleigh) News & Observer*）的資深業主兼編輯，既有錢又有權勢，協助過伍德羅．威爾遜入主白宮，也認同這位總統對貴族和種族抱持的偏見。但這些跡象已經無影無蹤，因為他搬到華盛頓，成了油嘴滑舌的政治操縱者。只有在他那僵化的循道宗教義（Methodism）受到挑戰時，或他允許哈奇森用奴隸方言跟他說話時，才顯露出他身為部長的偏執，而正是這種偏執使他在一八九八年成為北卡羅萊納州威明頓市種族衝突中的一股力量。

就像大多數第一次參觀愛迪生工廠的人一樣，丹尼爾斯也對工廠的規模與複雜性驚嘆不已，而在偉大發明家的實驗室見到本尊，更是讓他覺得謙卑。他把自己有點語無倫次的感受錄在藍安貝洛爾圓筒，供留聲機部門檔案室使用：

38　一九一七年十一月，他賣掉最後一批化學製品，因此大賺一筆，挽回了大部分私人財產。

39　一九一五年夏天，美國特勤局調查了遺留在開往曼哈頓的火車上的公事包，並發現一份涉及十萬美元的合約證據，內容有關藉由假冒的「化學製品交易協會」，購買和轉售愛迪生的苯酚給德美企業。涉及的資金源頭是德國大使館的間諜帳戶。儘管愛迪生已經把其餘的苯酚捐給美國軍方，但《世界》雜誌爆料時，他覺得很尷尬。

美國的勝地並不在首都，而是在愛迪生的工廠。我很高興能看到這位創造奇蹟的人投入工作，並發現雖然全世界都把他當成超人，其實他很有人性……在當今的歐洲，是愛迪生這個人把戰爭變得更加可怕，也因此縮短了戰爭時間。但願這場戰爭結束後，不會再發生戰爭了。

沒有人確定愛迪生本來的用意是要使戰爭惡化，還是加速戰爭的結束。這兩種可能性都沒有多大的意義，除非同樣是和平主義者的丹尼爾斯認為，現代技術通常會使未來變得令人恐懼。

愛迪生向記者保證：「我對戰爭方面的發明不感興趣。」但他和部長抵達海軍造船廠的那一刻起（十九聲槍響和海軍上將敬禮的場面），他的行為恰恰相反。他在紐約級無畏戰艦的甲板上來回踱步，然後走進下方的機密控制站，對埃爾默．斯佩里（Elmer Sperry）的旋轉羅盤平衡狀態感到驚奇。他說：「早該在幾年前發現它了——原理很簡單。」他問軍械官員，擊穿防彈鋼板的炮彈是否比衝擊時發生爆炸的炮彈更致命。在G-4級潛艇的狹窄魚雷艙裡，他誇口說自己能輕易地設計出機械鰓系統。這套系統可以從海水中提取氧氣，並使船身能夠連續幾個月浸泡在水中。

對哈奇森而言，這次拜訪的最精彩部分是造船廠指揮官向愛迪生介紹蒸汽驅動的裝置。此裝置能使S型電池支撐得住陀螺儀無法承受的摧殘。「沒錯，我們已經以各種速度和角度來回搖晃你的電池大概兩個月了，都還沒有洩漏的跡象。」他說。

愛迪生對拋來拋去、砰砰作響的機器不屑一顧。「調整好後，才能滾得更遠更快，」他說：「電池沒問題了。」

美景

也許愛迪生依然期待他的有聲電影和教學影片，能在文化本身處於看似退縮的狀態時取得成功。可惜在一九一四年十二月九日晚上，他的希望就在工廠化為泡影了。太陽剛下山，下午五點二十五分時，電影檢驗大樓發生自燃現象。這棟大樓是木質的單層建築，裡面堆滿了硝酸鹽。捲軸著火時，本身產生了氧氣，把小型建築物變成易燃物，很快就引爆了附近的木棚、兩個酒精罐，以及五層樓高的「蠟屋」——裡面存放著數百個圓筒原坯，還有二十噸易揮發的苯酚。大樓頓時變成一片熊熊烈火。有些水泥柱熔化後，如蠟燭般地流淌。

週邊六個城鎮的雲梯消防隊，奮力地將街區西南角的實驗室大樓磚牆浸濕。即使愛迪生的自流井加了一條管道到主要供水管道，水管工程也因水壓不足而受阻。幸好一陣北風來了，把大火吹向木工廠與薄木片鑲飾的部門，這兩處都堆放著稀有的硬木。到了六點半，火勢一發不可收拾。混凝土和煤渣磚無法抵擋火勢，於是火焰向東竄入運輸、包裝、組裝以及底片印製的大樓，滲入幾十扇木製垂直推拉窗，而鍍錫門像箔紙般地塌陷。半小時後，留聲機部門占據的西面場地也有兩棟主要建築燃起大火。龐大的唱片大樓容納了將近四十噸的金剛石光碟和藍安貝洛爾原坯，而火花相繼照亮了一扇又一扇窗，一層接著一層樓，如同移動的火焰噴射器不停朝著內部前進。

一萬二千名城鎮居民在山谷的斜坡聚集，俯瞰著工廠，愛迪生也在其中。他出奇地保持鎮靜，甚至他發現實驗室沒有遭到波及，湖畔大道對面的蓄電池大樓的長水泥塊擋住了風頭之後，他還表現得很高興。「叫媽媽和她的朋友都過來看，」他告訴查爾斯：「他們以後不會再看到這樣的大火了。」[40]

40　愛迪生曾經臉頰通紅、激動不已地朗誦魯德亞德・吉卜林（Rudyard Kipling）的詩〈如果〉（If）最後幾行。

到了七點半，一場可怕的爆炸代表苯庫存遭到破壞了。斑斕的火焰向夜空射出光芒，照亮了方圓半英里的景色，雪花無情地飄落下來。大火在九點左右燒得最猛，當時火焰已吞噬了十三棟大樓，大約是一半以上的綜合建築物。儘管大火破壞了大樓裡的物品，但只摧毀十一樓高處的一角，箱子裡裝著完工的安貝羅拉，準備在伊利鐵路（**Erie Railroad**）上運送。現場的熱度與鼓風爐差不多。熔渣從彎曲的大樑滴落，而熔化的玻璃像水一樣流動。

愛迪生推測四樓的某些化學桶已經爆炸了，彷彿他還在監管一項實驗。由此產生的溢出物會使硝酸、鹽酸及硫酸混合到王水溶液中，腐蝕性足以破壞磚石結構。

剩餘的明火大概在午夜熄滅了。「愛迪生先生，這對你來說肯定是一場可怕的災難。」廣告部門主管的聲音顫抖著。

「馬克士威，你說的沒錯，一大筆財富

一九一四年十二月九日的大火。

在今晚付之一炬，但景色很美，不是嗎？」

天亮時，他回到實驗室——牆壁潮濕又烏黑，但完好無損。這段時間，他已站了二十四個小時以上。此時，他用鉛筆寫一份簡短聲明給記者。「我實在累壞了，但我明天搞清楚自己身在何處後，就會迅速行動起來。」然後，他把大衣捲成枕頭狀，伸直身子躺在長凳上睡覺。

冬季的陽光

那天下午，麻州的共和黨眾議院議員歐內斯特・羅伯茨（Ernest Roberts）對丹尼爾斯部長說：「我從報紙上得知愛迪生的工廠幾乎被火燒毀了。」

丹尼爾斯向眾議院海軍委員會（House Naval Committee）證實加速潛艇建造計畫的必要性。他承諾一旦目前的S型供電裝置測試順利，他就會推動這項計畫。

他表示也聽到同樣的消息。「據我所知，電池廠沒有遭到破壞。」他說「報紙上寫，部分的工廠毀壞，五千名員工失業。」羅伯茨說。

「我不知道後續的狀況會怎樣。」丹尼爾斯說。

事實上，這次的損害沒有比煙火表演造成的後果輕微得多。愛迪生初步估計損失高達五百萬美元，而實際數字是一百五十萬美元。有一名技工在一開始的化學爆炸中喪命，但幸虧公司定期實施消防演習的措施，其他傷亡人數很少。重要文件、原版歌曲以及便攜式精密儀器也有效撤空了。[41]令人吃驚的是，百分

41 這場大火燒毀的歷史性蠟筒中，漢斯・馮・畢羅（Hans von Bülow）等十九世紀偉大音樂家的錄音沒有保存下來，更別提馬克・吐溫講的笑話了。

之九十七的重型機械承受得住高溫與爆炸的考驗，而七棟主要大樓的鋼筋混凝土牆壁、地面的板材大部分完好無損——除了木製配件，基本上都具有防火性能。

愛迪生並沒有解雇員工，反而催促他們實施清理和更換機械設備的緊急方案。同時，紐約的建設公司輪三班工作，目標是使這些矗立的大樓煥然如新。二十天內，六英畝的占地面積都清理乾淨了。方形柱子已改造成圓柱，以便承受更大的負荷，而水泥板改用堅實的波特蘭水泥來加固並增添光滑的效果。愛迪生不喜歡的隔板則大幅削減（「太多人偷偷看報紙了。」他說），開放出寬闊的空間。垂直面、平面以及圓柱的表面被漆成白色後，冬季的陽光透過嶄新的傾斜金屬框窗子傾瀉進來，成果就像包浩斯（Bauhaus）學校後來展現的一樣典雅。

藍安貝洛爾圓筒的生產作業在十二月最後一天恢復運作。與以前比起來，此時的留聲機部門成了愛迪生更重要的財富主要來源。他需要該部門和偏遠的化工廠獲利，因為他向投保的保險公司索賠火災險九十一萬九千七百八十八美元，但只獲得賠償二十八萬七千美元。他非但沒有垂頭喪氣，反而在新的一年重新振作迎接挑戰，渾身散發出活力與興奮的氣息。「我六十七歲了……經歷過很多類似的事。這種事至少可以讓人覺得生活不枯燥。」

大型研究實驗室

到了一九一五年春季，愛迪生已經開設了新工廠，而他底下的年輕效率專家斯蒂芬・曼伯特（Stephen Mambert）使這座工廠成為法蘭克・戴爾四年前夢想的現代企業核心。曼伯特是典型的先進「管理工程師」學院畢業生，他看起來很呆板，鬍子刮得很乾淨，還剃了光頭。他戴著可拆卸的高白領，脖子的活動範圍受限。枯燥乏味的組織系統圖與預算編制、經營學相關的幾何學與微積分，都是他的愛好。他和查爾斯融洽地共事，但查爾斯還是覺得在格林威治村比在西奧蘭治鎮更自在。曼伯特制定了福特式生產流程與方法，要求嚴格核算每一份採購訂單，連最後別好迴紋針的步驟也不放過，並使湯瑪斯愛迪生有限公司奠定了以前不曾有過的穩健財務基礎。

愛迪生對公司迅速形成的官僚作風有疑慮。「如果『效率』會淹沒個人的光采，」他說：「那麼就是缺乏效率。」但對他來說，官僚作風能夠減輕負擔，因為他需要把許多行政事務交給其他人做，才有更多時間研究新發明，其中包括靠電池供電的便攜式探照燈，光線可以照射到幾英里之外。這是他在火災期間發想出來的概念。他還像以前一樣願意放棄失敗的專案，不但欣然地從日本企業家那裡取得五萬美元，換取剩餘的有聲電影業務，也四處尋找其他大型企業合作。

他的「海軍事務私人代表」不需要任何幫助。自從歐洲戰爭爆發以來，哈奇森一直以湖畔大道工廠生產的最快速度銷售蓄電池給政府——近期有七千個B-4型電池在軍艦上操作無線系統。[42]丹尼爾斯選擇了去年秋天發生氯氣事故的E-2號美國船艦，用來作為配有愛迪生S型電池的第一艘潛艇。他也核准未來把S型電池安裝在更大型的L-8號船艦，目前這艘船在緬因州建造中。愛迪生將後面這份訂單定下九萬美元的價格，並寫信給丹尼爾斯：「你發的電報會使周遭的年輕人把我綁到機器上，不讓我逃走。」

哈奇森注意到了促成這兩個人建立密切關係的機會，目的是鞏固自己在他們之間的有利地位。他發現，只要能說服愛迪生摒棄和平主義的觀點，並把他的發明天賦運用在服務政府，他的銀行帳戶數字就能

42　一九一五年三月二十日，哈奇森向瑪德琳誇耀說一天下來的電池與苯酚銷售額為四十一萬五千美元。他的傭金是二〇%，相當於現今的二百二十萬美元。資料出處：《愛迪生論文》網路版。

累積愈來愈多個「零」，猶如潛艇後頭的泡影蹤跡。五月七日，一艘德國U艇省去了他的麻煩。U艇在愛爾蘭海岸擊沉了庫納德（Cunard）航運公司的盧西塔尼亞號（Lusitania）郵輪，淹死一百二十八名美國人和一千多名其他平民乘客。這場悲劇甚至促使立場非常中立的愛國者呼籲制定一套應付德國再次進攻的「戰備狀態」作戰計畫。

呼籲者包括愛迪生，他挑了國殤紀念日（Memorial Day）那個週末在《紐約時報》的重要文章中提出自己的建議。他反對建立龐大的常備軍和過度服役的海軍，但他主張在國內的兩處沿海戰略要地備妥大量武器儲備：「我們所有的戰爭都會在那裡進行。」新的戰艦和潛艇都應該以派遣的方式建造，並停靠在乾船塢。數千架軍用飛機須放置方便立即起飛的墊塊，而軍械庫應當存放二百萬把上油的來福槍，可以靠卡車加速配送，而不是靠火車。同時，年輕的美國人應該要接受訓練。只要祖國一召喚，他們就立即全副武裝。

「我相信除此之外，」愛迪生說：「政府應該維護大型研究實驗室，由陸軍、海軍和文職人員共同控管。這樣一來，就可以持續創造出可能性，例如大型槍支、新型炸藥的細節、陸軍與海軍的先進技術。」他表示時機來臨時（遲早的事），可以善用研究工作所獲得的知識，迅速地大量製造出最新、最有效的戰爭工具。

哈奇森立即為丹尼爾斯起草一封寄給愛迪生的信，請求他協助海軍建立類似的「研發部」，以及創立知名文職科學家組成的委員會來監督運作方式。丹尼爾斯修改了信件內容，納入自己與強硬派助理部長富蘭克林・羅斯福（Franklin D. Roosevelt）的一些觀點，並於七月七日將信件寄往西奧蘭治鎮。

> 我認為，如果我們能讓發明人才的天賦在一開始就受到全世界的認可，那麼我們引起公眾關注與

支持這項計畫的機會就會大大增加……我們都認同你比一般人更有能力實現夢想，你除了有聰慧的頭腦，也很熟悉從事這類工作的精良設備。

我想問你的是，你是否願意為祖國提供服務、擔任委員會的顧問，把你認為有價值（而我們目前認為沒有）的項目進行研究，如果你覺得值得，就利用你的華麗設備進行研究。

愛迪生讀完信，潦草地寫著「哈奇——已讀，待回覆意見」，就放進匣子了。

你現在是准將

多年後，愛迪生去世時，丹尼爾斯擔任富蘭克林・羅斯福總統的駐墨西哥大使。年邁體弱的哈奇森回憶起當年，看到自己起草的文字印在海軍部門的莊嚴信紙上時，他是多麼地興奮。「這就是我對董事會的整個概念。」他自豪地寫信給丹尼爾斯。

我把這個概念灌輸給愛迪生先生，直到他意識到需求並允許我把他列為委員會的贊助人……我從國會來到華盛頓，親自拜訪你家。我說愛迪生先生會很樂意領導由卓越的科學與工程協會（Scientific and Engineering Societies）選出的人所組成的委員會……威爾遜總統指派了愛迪生先生和我。

我永遠不會忘記我們所有人簽署誓約的那一天，我還開玩笑地問愛迪生先生要不要量一下制服尺寸。「不用了。」他說。「你現在是准將，必須穿上制服呀。」我回答。然後他轉向你說：「如果我必須穿制服，別把我算進去。我想告訴海軍上將，叫我穿上制服可能是大錯特錯的想法。」

事後來看，哈奇森當時把兩個相隔十五個月的日期混為一談了。他也沒有提到期間發生的潛艇災難，那場災難本來有可能使他入獄。丹尼爾斯的為人要麼太圓滑，要麼令人捉摸不透，他沒有質疑這位前任工程部經理的記性。在其他條件下，哈奇森的記憶力其實相當可靠。他甚至依靠《紐約時報》作家愛德華・馬歇爾宣傳愛迪生以前提出的構想——美國海軍研究實驗室的成立計畫。

一九一五年仲夏，愛迪生的當務之急是組成擬議的監察委員會。丹尼爾斯在七月十五日再度來到格蘭蒙特，批准了他的建議，即從發明家協會（Inventors Guild）以及十大專業協會招募成員，例如美國航空協會、化學協會、電化學協會、數學協會；美國電氣學會、礦業工程師學會；美國汽車協會、公民協會、航空工程師協會；技術協會的戰爭委員會。各個組織須提名兩位願意無償為國鞠躬盡瘁的代表。

愛迪生特別將國家科學院和美國物理協會（American Physical Society）排除在外，因為他認為這兩個組織不太可能提名「有實用價值」的人。他接受了委員會的會長職位，而丹尼爾斯同意任命哈奇森擔任「私人助理」。丹尼爾斯和哈奇森都知道，他的失聰症狀會成了他不克參加大多數會議的藉口。於是，成員有二十四人，剛好湊成整數。

不出所料，科學界對提名遭到冷落這件事的反應很強烈。愛迪生不久就學到慘痛教訓，學術界的怒火與目前肆虐歐洲的「條頓之怒」（furor teutonicus）不相上下。然而，他此時可以好好享受威爾遜總統對他的讚美，因為他把自己的「天賦」奉獻給祖國，並宣傳戰備計畫的志業。「愛迪生願意擔任委員會的會長，是引人注目的廣告。」《科學人》（*Scientific American*）主編瓦爾德馬・凱恩弗特（Waldemar Kaempffert）寫道。

十月六日星期三，海軍諮詢委員會成員在白宮的台階上拍下第一張合照。愛迪生只認得身邊的幾張面孔，其中有兩個人對他很不友善。比利時籍膠木塑料發明家利奧・貝克蘭憎恨康爾賽的成功，還誤以為沃爾特・艾爾斯沃斯侵犯了他的專利。三十七年前，愛迪生給法蘭克・史伯格（Frank J. Sprague）第一次成為年輕發明家的機會時，他那虎視眈眈、皺著眉頭的面孔已經夠令人生畏了。如果他此後曾綻放過笑容，那也是在歌頌他於電力領域創下輝煌成就的文章中所沒有記載的。美國電機工程師學會的金牌像磨石一樣掛在他的脖子，上面雕刻著愛迪生的輪廓。他對這位前老闆懷恨在心，因為愛迪生允許奇異公司將他除名——但他卻忘了愛迪生也遭遇過同樣的經歷。

橡膠傳送帶發明家小湯瑪斯・羅賓斯（Thomas Robins, Jr.）的面容比較親切。他在紐澤西州奧格登斯堡的愛迪生礦場開發出這種產品。身為四十六歲的普林斯頓人，他留著中分頭，做事一板一眼，非常適合擔任委員會秘書的職位。愛迪生還結識了礦業工程師威廉・桑達士（William L. Saunders）、陀螺儀發明家埃爾默・斯佩里，以及博學家哈德遜・馬克沁（Hudson Maxim）——留著絡腮鬍的怪人，沉迷於詩歌、書法和炸藥（他的義肢左手就是最好的證明）。委員會的其他成員來自不同領域，包括他不認識的科學家、工業高階主管、工程師。

他們走進去見總統時，威爾遜利用機會宣布他轉向進入戰備狀態的志業，並謹慎地補充說：「不是為了戰爭，而是為了防禦。」他表示陸軍和海軍歡迎國內的優秀人才群策群力，能夠加強國家安全。

為了消除不實謠言，丹尼爾斯當天下午安排總統專用的遊艇五月花號（Mayflower）沿著波多馬克河航遊，好讓委員會的成員在前往印第安黑德（Indian Head）鎮的槍炮試驗場途中，可以認識到幾位海軍上將。愛迪生就像小學生一樣忍不住要玩船上的通訊設備。隔天早上，在委員會召開會議之前，有人發現他在郵局部的大廳專心觀察魚缸裡的金魚，連郵差都不忍心打擾他。

十一點時，他打電話請同仁在海軍部的圖書館下達命令。委員會採取的第一步是選小湯瑪斯・羅賓斯擔任秘書。接著，他把會長這個活躍的角色讓給桑達士，因為他的失聰狀況很明顯不符合條件。[43]水銀燈的開發商彼得・庫珀・休伊特（Peter Cooper Hewitt）當上了副會長。大家同意委員會應該至少每兩個月在約定的地點召開一次會議。然後，十五個小組委員會的任務是針對海空防禦的各方面提供諮詢服務。愛迪生沒有列席，但他承擔了領導五人委員會的重大責任。根據法蘭克・史伯格的提議，該委員會須盡快報告「為了研發而建立設備齊全、充分維護的實驗室情況……這對海軍的需求非常重要」。

午餐過後，愛迪生提出有關設施的粗略構想。他認為應該在大西洋沿海地區用堅固的混凝土建造設施，而且要建在潮水夠深的低窪海岸，以便無畏戰艦駛入碼頭。此外，附近要有一座大城市，才能方便取得日用品，但距離不能太近，以免分散年輕研究員在實驗工作方面的注意力；最好能勾起愛迪生對門洛帕克市的往日情懷。設計的重點在於保密和安全，不允許外人探訪。為了提高完成發明的效率，設施也應當具有製造廠的功能，配備各式各樣的工廠，包括鑄鋼廠、光學研磨廠、炸藥部門，而且必須與主要實驗室隔開。

在漫長的下午辯論期間，圖書館的門都緊閉著，愛迪生必須修改他最初建議的文職人員控管方式，因為這樣做對海軍不利。他同意讓具有技術資格的官員管理設施，前提是他們不強制實行過多的繁文縟節。不過，關於創新的部分，包含委員會認為值得實踐的獨立想法，都須來自管理體系之外。

丹尼爾斯只在過程中打斷了一次會議，他提醒大家注意委員會還不符合法人資格，也缺乏資金的事實，因此不應該呼籲大幅增加海軍開支，以免疏遠了眾議院撥款委員會（House Appropriations Committee）中的和平主義者。但這並不妨礙愛迪生的估算獲得最終決議支持，他估算實驗室的購置費用為五百萬美元，而每年的營運費用至少要再花費二百五十萬美元。

大富豪

「未來的士兵不再是佩帶軍刀、嗜血的野蠻人，」海軍諮詢委員會的會長在一週後宣布：「而是機械工。」

愛迪生當時在芝加哥舉行記者招待會，而他的私人普爾曼（Pullman）汽車被栓在火車的後頭，帶著他到舊金山參加巴拿馬—太平洋國際展覽（Panama-Pacific Exhibition）並與福特重逢。顯然，他很喜歡自己作為戰備狀態預言家的新角色，他說美國是「世界上最龐大的機器國」，應該能夠在戰爭時期的戰場上調動效率比人類高二十倍的殺戮機械代理人。

「你怎麼看待液體燃燒劑和窒息性氣體的用途？」《紐約時報》的代表問道。

「非常適合用在防禦，但不適合用在進攻。人有權利用抓、搔、咬或踢的動作來保護自己。」愛迪生回答。

福特是熱情的和平主義者，他認為這種觀點很驚人。愛迪生進一步宣布，他會避免國防創新的業務受到政府控制。他說：「我對軍事機構很失望。」這點令他的工程部經理倍感驚訝。

目前，哈奇森「博士」急切渴望贏得海軍的好感（他此時喜歡的稱呼，因為他從母校取得了名譽學位[44]）。在近期的委員會會議，他坐在老闆旁邊——距離近到像他之前用手指在膝上拍打摩斯電碼——這代表他朝著成名的夢想又邁進了一步。他以後能在會議上代替愛迪生出席，幾乎成了愛迪生的分身。這位老頭對記者講的話，影響到了哈奇森準備出版的精美小冊子《愛迪生的潛艇型蓄電池》（*The Submarine Boat Type of Edison Storage Battery*）。他將小冊子寄到海軍的每一艘艦艇，指望E-2級潛艇能成功安裝S型

43　在此之後，愛迪生成為海軍諮詢委員會主席，但在他任期的剩餘時間，即一九二一年，他在委員會內基本上被稱為會長。

44　給對社會某領域有傑出貢獻者的學位，是一種終身榮譽。

電池，使這款電池變得普遍，期待自己能因此成為大富豪。

除了一再宣傳，哈奇森也打算在這個月下旬採取出乎意料的媒體策略，到時候西奧蘭治鎮和舊金山會聯合起來，將湯瑪斯愛迪生有限公司推廣成史上最有創造力的公司。

我以前有個「女友」

愛迪生從來都不像哈奇森那樣看好S型電池。即使S型電池的密封、無腐蝕性化學物質能避免氯中毒事故，例如最近在檀香山附近造成載著二十一人的F-4級潛艇損失事故[45]，但他知道電流朝著反方向通過時，所有蓄電池都會釋放氫氣。他的鹼性電池在一開始充電的階段也會釋放大量氫氣，但如果電池安裝在汽車、火車等通風良好的交通工具，就不成問題了。然而，有龐大電池組的潛艇必須在所有風扇的運作下浮出水面，才能清除無味氣體。

愛迪生擔心的是，S型電池在充電後還會繼續滲出少量氫氣與氧氣。火車越過愛荷華州時，他在寫給「朋友貝克蘭」的信中請教這個問題。化學家間不必互相提醒分子式「H＋O」在密閉空間中達到一定濃度時，會變成爆炸性的混合物。他表示曾經試著從高錳酸鉀吸取氫氣，並將氫氣輸進未上釉的瓷器。後者是很有效的方法，但在水下行不通。「你能不能想到其它吸收器或方法，以及可以採取哪些步驟？」[46]

三天後，愛迪生和米娜抵達舊金山時，福特也在那裡。福特不情不願的陪他們搭乘奧勒岡號戰艦（USS Oregon），在海灣附近巡航。這艘軍艦在一九九八年的聖地亞哥之戰第一次開砲。愛迪生親切地輕拍大砲時，福特表示所有軍艦都像是渡渡鳥，只適合裝填砲彈。

這是他們兩個人第一次在巴拿馬—太平洋國際展覽以領獎人的身分一起公開亮相。無論福特希望享有什麼樣的榮譽，與身邊這位朋友獲得的榮譽相比，都顯得黯然失色。加州人沒見過愛迪生，而福特即將在十月二十一日「愛迪生日」接受表彰——尷尬地標誌為電燈泡的三十六週年紀念日。但在慶祝日前夕，福特緊挨著自己的偶像，一同參觀展覽場地。每當媒體的相機閃現，他就使勁地靠近愛迪生。

有一次，他們在西聯匯款（Western Union）的攤位停下腳步，而愛迪生坐在一台老舊的電報發送機前面。

「這是從哪裡弄來的？」他問在場的年輕女子，並拿起打孔帶，讓帶子散落在手指間。

「愛迪生先生，這是您發明的。」

「嗯，我以前在紐約有個『女友』，每分鐘能夠發送一百一十九個字。」

這次的交流比哈奇森隔天在慶祝活動達到高潮時的交流更自然。當時，在加州大廈的午宴期間，他在愛迪生的桌子和西奧蘭治鎮圖書館的工作站之間安排的播音聯繫，最後演變成荒唐可笑的無聊局面。他採用多頭絞接點來連接薩繆爾‧摩斯（Samuel Morse）的第一條訊號線、第一條橫越大西洋的電纜、亞歷山大‧格拉漢姆‧貝爾（Alexander Graham Bell）在一八七五年創造的第一條電話線、愛迪生在一八八二年為霍爾本高架橋（Holborn Viaduct）電力系統創造的保險絲，以及其他具有重大歷史意義的連接線路部分。

哈奇森橫越全國的「通話」傳進餐廳時，即使愛迪生使用特殊擴音器來輔助，他也覺得聲音聽起來響亮又清晰。這位工程部經理表示，他在蓄電池供電的白熾燈柔和光線下讀手稿，周圍有愛迪生的幾百位朋

45　「全世界的海軍，」愛迪生在這場災難發生後宣布：「……只要繼續在艦艇使用硫酸，就一定會引發災禍。」

46　貝克蘭花了一個月，才想出使氫氣泡透過防水通風孔排出潛艇的主意。愛迪生向他解釋，使用的方法必須在沒有任何氣體離開船的情況下排出氫氣泡，以避免向敵方表明其存在。

友，包括以前在門洛帕克市結識的老手，而愛迪生的四個兒子也在場。然後，他故作神秘的給愛迪生驚喜：「接下來的這段話，是你特別喜愛的『愛迪生金剛石光碟留聲機』要傳達給你的話：愛迪生的碳粒式電話傳聲器把聲波轉化為電脈衝，如同沿著河流與海灣之間的銅製曲折路徑之後，穿越山谷、沙漠、平原及山脈……」

哈奇森唸完風格華麗的散文後，東西方的聽眾都迫不及待想聽聽愛迪生本人的演講。大家都知道這位老人不曾使用電話交談。但此時此刻，他靠近話筒，又宣讀了一遍哈奇森的宣傳稿：

> 這是我第一次用電話交談……雖然這項任務很艱鉅，但貝爾系統的工程師已經使三千四百英里的通話變得比過去的三十四英里更加容易。我清楚地聽到哈奇說話的聲音。現在，我想聽音樂。如果你手邊剛好有的話，我希望你能播放路易絲的安娜．凱斯唱片。

後來，他為了走到喜慶大廳（Festival Hall）領取紀念獎章，只好從擁擠的人群中擠過去，妻子的帽子和他自己的帽子都因此搞丟了。

白色黑莓果

在繁忙的冬季，愛迪生要處理海軍相關的工作。他利用待在西海岸的機會，花了兩週坐火車和汽車觀光。福特堅持要他把到聖羅莎市參觀路德．伯班克（Luther Burbank）的花園列入短途旅行的行程之中。儘管伯班克這位業餘園藝學家渴望如他當初培育白色黑莓果一般的培育出白人特級種，但他那如約翰．巴勒斯一樣高尚的形象早已深得人心。

伯班克帶著他們四處參觀時，福特注意到愛迪生對植物不怎麼感興趣。但最近愛迪生在舊金山與費爾斯通會面後，他提出了橡膠的話題，並預測美國一旦參戰，橡膠就會是第一個供給中斷的重要進口商品。

「你能為國家設計出替代品嗎？」福特問。

「我做得到，」愛迪生說：「這是遲早的事。」

與特斯拉共享盛譽

十月二十七日的日落時分，愛迪生在聖費爾南多谷（San Fernando Valley）的環球市（Universal City）稍作停留，為卡爾．拉姆勒（Carl Laemmle）新建的大型電影製片廠的牆上放置一塊牌匾。牌匾上的文字讚揚他是「世界上最偉大的電工」，但對他親手創建產業長達二十年的主導地位卻隻字未提。這樣或許也無妨，因為聯邦法院剛剛下令解散「愛迪生信託」——他的電影專利公司的俗稱。法官發現，該信託企業剝奪了拉姆勒讓獨立電影透過專利放映機播放的權利，構成了限制電影業務各方面交易的密謀活動。

此判決對愛迪生來說是很嚴厲的譴責，但對代表著數百位特立獨行的電影製作人的拉姆勒來說則是莫大的勝利。這兩個人沒有反對這樣的儀式，簡直不可思議。雙方似乎也沒有互相懷恨在心。愛迪生只能期盼著最高法院重新確認電影專利公司授權產品的權利，否則他那依靠信託專利使用費來維持盈利的攝影棚，很快就會破產。電影的未來屬於好萊塢，不屬於布朗克斯或利堡（Fort Lee）；屬於達到正片長度、明星薈萃的敘事場景，不屬於他專攻的不知名電影短片。

他在十一月八日返家時，得知自己再次有望獲得諾貝爾獎。這次是物理學獎。根據《紐約時報》報導，該獎項也可能會一起頒發給尼古拉．特斯拉（Nikola Tesla）。愛迪生對此事不予置評，但特斯拉親切地表示：「我認為愛迪生先生有資格領十幾項諾貝爾獎。」[47]

結果，他們輸給了由英國晶體學家組成的父子團隊，注定在離世前得不到這份殊榮。

一系列計畫

沐浴在西部陽光下三週後，米娜的皮膚呈赤褐色，而愛迪生依舊面色蒼白，彷彿他不曾離開過實驗室。在精神層面上，他確實心繫著實驗室：腦袋裡裝滿防禦技術的條件，包括隱形潛望鏡（海軍對他寄予厚望）、靠著潮起潮落供電的無煙導航燈。他想知道巴西的螢火蟲如何與熱力學第二定律產生矛盾。「牠們發光的器官只不過是小小的斑點，發出的光又不會產生熱量。我研究這些小蟲子很多年了，也用精密的溫度計試過……我很想搞清楚牠們的原理。」他說。

他擔心自己設計的封閉式圓筒裝置——用途是在潛艇中燒盡不通風的氫氣——可能會因高溫而引發爆炸。海軍注意到哈奇森在E-2級船艦上安裝的電池有氣體滲出，於是他們要求安裝氫氣探測器。一旦擴散的濃度過高，探測器就會提醒指揮官讓船艦浮出水面並開啟所有艙口。

愛迪生讓工程部經理處理這個問題，自己則起草一系列計畫，包括用於海軍研究實驗室的藍圖。他在海軍諮詢委員會當年的最後一次會議上提出這些方案，該會議在布魯克林海軍造船廠舉行，有三名海軍上將顧問出席。

主席桑達士開玩笑說：「這是愛迪生先生第一次致辭。」他不知道三十六年前，有兩千名科學家聚在薩拉托加泉（Saratoga Springs），聽這位發明白堊圓筒式電話的年輕人演講。[48]

愛迪生談話時，把一張又一張的紙放在桌上。他言簡意賅，想讓圖畫本身傳達詳情。這些圖代表了十三棟大樓、八家商店，他明確地指出各個建築包含的高昂設備：「手術器械……所有常用工具……三千五百千瓦的渦輪發電機組。」

他講完後，海軍的軍官表示他們相信這樣的設施能夠大幅加快新原型的開發速度。建設暨維修局（Bureau of Construction and Repair）局長、海軍少將戴維・泰勒（David W. Taylor）認為可以說服國會投資五百萬美元。但蒸汽工程局的局長、海軍少將羅伯特・格里芬（Robert S. Griffin）則沒那麼肯定。「如果愛迪生先生把手邊的所有計畫和數據帶到海軍委員會面前……一定能留給人深刻的印象。」他說。

愛迪生很不喜歡在公開場合露面，但他了解自己身為主席的責任。「如果你希望的話，我會去跟海軍委員會解釋清楚並爭取機會。」他說。

不明的火花來源

一九一五年結束時，哈奇森在日記中寫道：「目前，這是我人生中最幸福的一年，我期待自己在一九

47 一九一七年五月十八日，美國電機工程師學會授予特斯拉「愛迪生獎章」。他回憶起自己在一八八四年以新移民的身分為愛迪生工作的情景。（「他是很了不起的人。」他說。請見第五部。）關於網路上流傳愛迪生與特斯拉是勁敵的話題，請參考貝爾納・卡爾森（Bernard Carlson）的《特斯拉：電力時代的發明家》（Tesla: Inventor of the Electrical Age；普林斯頓大學出版社，紐澤西州，二〇一三年出版，第三百九十七頁以後的內容），以及文章〈愛迪生與特斯拉〉（Edison and Tesla；網址：http://edison.rutgers.edu/tesla.htm）。

48 請見第六部。

一六年更幸福。」他特別期待國會通過他親自起草的法案，內容有關為所有美國潛艇安裝愛迪生的S型電池。

但僅僅過了兩週，他就從幸福跌落到窘迫的地步。一月十五日下午一點十二分，布魯克林海軍造船廠的E-2級船艦發生大規模爆炸，造成五人死亡、十幾人受傷。當時，潛艇在乾船塢進行電池裝置的改裝。轟隆聲一響，就冒出了灰白色煙霧，這表明發生了氫氣爆炸，有一名船員仍然緊緊抓住鋼梯。救援人員必須戴上氧氣頭盔，才能進入充滿煙霧的內部。他們發現除了死傷，有些人被燒得面如死灰，有些人被壓在殘破的機器下面，也發現船上的兩百個愛迪生電池被炸得太猛烈，以至於機艙的隔板向後彎曲得像海扇殼。

那天傍晚，消息傳到了西奧蘭治鎮。哈奇森急忙去檢查船的殘骸，而愛迪生戴著白色領帶參加紐約的「俄亥俄州協會」年度晚宴，但他看起來死氣沉沉。他不能缺席，因為他是貴賓。丹尼爾斯部長也專程到北方來向他致敬。兩人看起來都不苟言笑，彷彿他們在忍耐一場本該是歡樂的慶祝活動。愛迪生一如往常的保持沉默，後來有記者訪問他，他也只是簡單回答：「我沒什麼話可說，只能說事故的發生可能是一百種原因中的任何一種引起。」

哈奇森給他一份正式的備忘錄，將災難歸咎於缺乏適當的通風設備。那時是冬季的寒冷早晨，到了中午只有零下十一度。「除了在場的船員，船上還有九名水管工，他們都急需保暖。」他寫道。根據海軍官員對相關損壞與被肢解的軀幹的初步調查，可知爆炸是由不明來源的火花引起，進而點燃了濃度過高的電池氣體。丹尼爾斯別無選擇，只好指定調查法庭。

一月十八日星期二，審理在船塢舉行，由威廉．巴拉德（William H. Bullard）海軍上校主導。他指派的年輕軍事檢察官是身材瘦長、沉默寡言的中尉，名叫約瑟．費雪（Joseph O. Fisher）。另一位年輕的軍官是切斯特・尼米茲（Chester Nimitz）中尉，他擔任E-2船長的律師。至於已退休的造船工程師威廉・麥格蘭（William H. McGrann）海軍中校，則代表哈奇森和愛迪生蓄電池公司。

在訴訟程序開始之前，哈奇森沒有藉著與記者交談來博得愛迪生或法官的好感。《紐約時報》在頭版大肆報導他的自衛手段，維護了愛迪生身為和平主義者的聲譽：

外國海軍也使用愛迪生的電池
米勒・里瑟・哈奇森表示三艘裝著電池的潛艇
已擊沉了許多船
氫氣不成問題
有裝置可以消除氫氣
使氫氣的量微乎其微
他堅持認為E-2的爆炸純屬意外

他還氣勢洶洶的對《太陽報》（*The Sun*）說：「E-2的電池看起來完全沒有損壞，所以我認為不必建議愛迪生先生修改潛艇型蓄電池的理論、結構或安裝方法。」

費雪立刻提出證據，證明哈奇森提到的「水管工」其實是負責在電池上安裝更大的新通風口的管線工人。早在一九一五年九月，E-2指揮官小查爾斯・庫克（Charles M. Cooke, Jr.）中尉就很擔憂船上的供電裝置性能。有些電池的溫度似乎比較高，這代表放電率不規律。於是，庫克透過海軍部的管道，向愛迪生的公司申請了氫氣探測器和獨立電池伏特計。尼米茲表示，這兩項申請都因哈奇森的反對而被擱置，只能等著潛艇的通風系統改進。這位工程部經理還建議，管道系統應同時將所有電池放電至零電壓，好讓電池在海上的使用達到平衡。

哈奇森以另一份新聞聲明回應，聲稱其中一艘E-2的兩個換氣扇在事故發生的早上一直處於閒置狀態。[49]因此，艦艇的指揮官須承擔此次氫氣與氧氣的爆炸性混合物在船上擴大的責任，而不是電池製造商。他出現在證人席時，巴拉德海軍上校斥責他的言行有損於正義，說道：「此次調查的相關人士今後不再提供公眾媒體引文或文章素材。」哈奇森面紅耳赤的表示，既然電池還處於「試驗」階段，記者就有資格了解真相。結果他又受到了譴責。

幸好他不必親自受審，因為他沒有在口頭上或在電池維護的說明中提醒庫克中尉有關氫氣的威脅。費雪不停抱怨這個疏忽，卻不承認庫克對氣體滲出的擔憂剛好呼應了海軍發表的一項研究。該研究強調讓蓄電池維持通風非常重要，無論是愛迪生或埃克賽德的蓄電池都一樣。一九一五年，大西洋艦隊發生了至少六起鉛酸蓄電池的爆炸事件，這就是法庭忽視的另一個事實。哈奇森懷疑有業界人士在幕後遊說。[50]

他必須在進一步的證詞中承認，他「不知道」E-2的電工邁爾斯（L. L. Miles）在災難發生前抱怨過四個古怪電池出了什麼問題。這些電池流失電量的速度比其他電池快，這代表它們開始從零電量的狀態充電，並釋放出一團團氫氣，同時其他設備依然斷電。這引起了哈奇森和費雪之間的爭論——誰應該對潛艇內積聚的氣體擔起責任，是哈奇森這位安裝員，還是庫克這位電池守護者呢？

費雪問：「你有沒有告訴過庫克中尉，潛艇電池的反向電池在有其他非反向電池的閉路式電路中，產生的氣體會比正常放電時的範圍更廣？」

哈奇森回答：「據我所知沒有。我認為沒有必要這樣做，就像我不會告訴工程師鍋爐裡要一直有水。」

軍事檢察官認為哈奇森剛才說的第二句話很傲慢，不應該記錄下來。但巴拉德反對：「我覺得無傷大雅。」

後來，費雪依然喋喋不休地談論先前已逆轉的事實，他看到了展現自己的機會。但哈奇森比他更熟悉希臘語名詞的詞形變化規則。

費雪問：「難道愛迪生蓄電池公司的人員都不知道這一個現象？（a phenomena）」

哈奇森回答：「我認為沒有人能充分理解反向電池產生的氣體現象——如果你稱它為『一個』現象的話。」

哈奇森在法庭的官員面前擺出高人一等的姿態，是個過失。從那時起，費雪決定免除海軍的一切責任。他多次提到E-2的電池「有缺陷」，並一度大喊說哈奇森是個騙子，引起了麥格蘭反對並要求他道歉。

「我為我的舉止道歉，」費雪說：「但我沒說錯話。」

找到需要的夥伴

調查法庭審理完，將機密報告交給丹尼爾斯部長時，未審先判的新聞頭條把布魯克林海軍造船廠的傷

49 愛迪生國家歷史公園（Edison National Historic Park）的檔案館有一份附註釋的爆炸圖表，指出主舷外電池的排氣孔關閉，而靠近換氣扇的板子開啟，以促進艙內通風。

50 哈奇森告訴丹尼爾斯，他聘請的偵探在審判過程中察覺到，法庭的一名成員和愛迪生的主要競爭對手蓄電池公司（Electric Storage Battery Company）代表之間「頻繁商議」。

亡事故怪罪在哈奇森身上，而愛迪生也受到波及。愛迪生對此事失去了耐心，他登高一呼，尋求業界的支持，並指責競爭對手企圖毀掉他花費數百萬美元和多年來不斷付出心力的產品。

他承認工程部經理負責安裝潛艇的四個非同步電池，而且直到爆炸前一天才提醒海軍部要注意S型電池的氫電位，這點確實是疏忽。[51]但庫克中尉本來應該在E-2停在乾船塢時防止電池沒電，也不該允許容易產生火花的金屬工作在電池內部放電的同時進行。

丹尼爾斯對此表示同情，他下令壓制這份報告，同時任命審查員（包括尼米茲）組成的技術委員會一次性判定：如果處理得當，愛迪生的電池品質是否比埃克賽德的電池更好？當時愛迪生的一般鎳鋼電池的常規生產線正在為美國最大型鐵路系統提供照明與訊號電力，並為三分之一的電動貨車提供牽引力，丹尼爾斯的做法對於愛迪生的聲譽受到損害並沒有多大的幫助。事後看來，愛迪生本來可以多加留意哈奇森對S型電池的過度開發。但兩年來，龐大的電池在波士頓和檀香山的海軍起重機船運作良好，也沒有發生故障，更不用說私下應用在國外潛艇作戰方面的成功了。如今，這些輝煌的成就猶如沾滿了從E-2湧出的鮮血。

「沒錯，這真的很糟糕，」愛迪生安慰痛苦的助理：「但我撐得住。」

在這種情況下，他在三月十五日向海軍事務委員會（House Naval Affairs Committee）提出國家研究實驗室的計畫時，他本來可以預料到那天會遇到咄咄逼人的質詢。但他的個人魅力彷彿對聽證室施了魔法，一部分是由於他名揚四海的光環，另一部分是因為他的紛亂精力和直率言論所產生的力量。此外，他的失聰狀況，以及他依賴哈奇森一再喊著說過的每句話，總是有驚人的效果，同時使他看起來既強勢又脆弱。到頭來，他沒有提到E-2爆炸事件。

愛迪生在開場時說：「實驗室的目標是改善所有不同的細節，或改進戰爭機器的裝置，並且要盡快執行。」

我想快速做出某個東西時，我會派一百人連續花幾個星期或幾個月的時間一起完成，而不是派幾個人而已。我幾乎要求工廠裡的每個人投入心力……

這個實驗室充滿我的各種機械，不是製造用的機械，而是萬用機械，就像在大型工具廠製作工具時使用的機械……我在工廠幾乎能做任何事……該說的，我都說清楚了。我知道所有細節，也了解我們需要土地、大樓、機器的最低金額。我估計至少要一百五十萬元，但你們也可以再高估一些。

顯然，旁聽的丹尼爾斯說服了海軍諮詢委員會減少最初的五百萬美元籌備預算。但他清楚說明自己預測未來幾年會出現一間規模更大的實驗室，並且對委員會關心的戰時維修問題不以為意。

「要花多少錢？」阿拉巴馬州的民主黨眾議院議員威廉・奧利佛（William D. Oliver）問。

「嗯，我們會輪三班，每班八小時，絕不中斷，所以我估計需要一百多萬美元。你願意的話，也可以參與輪值。」愛迪生說。

「你覺得可以找到夠多從事技術和科學的人員來輪三班嗎？」麻州的共和黨眾議院議員歐內斯特・羅伯茨問。

「當然，我可以找到需要的夥伴。我們需要很多夥伴。」愛迪生說。

「愛迪生先生把實驗人員稱為『夥伴』。他在自己的工廠就是『夥伴協會』的會長。」哈奇森說。

51 但在一九一五年秋季，哈奇森將有關S型電池的簡介手冊發給美國海軍司令部後，他明確地說明了各種電池氣體的排放。

「假設有人在這間實驗室研發出一架令人滿意的飛機，但隔天有其他發明家把優質的飛機引擎放到市場上出售。那我們在實驗室花一大筆錢改善引擎，能得到多少好處？」羅伯茨問。

「嗯……汰舊換新。」愛迪生說。

還有一次，羅伯茨問他有專利的零件是否有可能在彈藥製造過程中造成問題，他的回答讓大家哄堂大笑：

「我不會去注意專利權解決後的事。」

雖然他談到設施時，說得好像他已經開始建造和管理了，但他無奈地坦承海軍部有可能會負責控管設施。但文職科學家與工程師才是設施的創造力來源，他們不是為了愛好而工作，只是為了賺錢。「如果有人願意每年付一萬二千美元，你就要付一萬四千美元，不然你就找不到人來工作了。」

「我提議，」議員奧利佛接著說：「我們全體站起來表達尊重和感謝。」

觀眾都能看到非比尋常的場面：愛迪生收起他的計畫圖紙並離開作證席時，二十一位眾議院議員起立鼓掌。

大富大貴

愛迪生在麥爾茲堡過完假期後，就收到美好的消息：瑪德琳生下了他的第一個孫子湯瑪斯・愛迪生・斯洛恩（Thomas Edison Sloane）。[52]五月十三日，愛迪生回到北方參加紐約的戰備遊行（Preparedness Parade）。

丹尼爾斯曾經希望知名的新成員支持威爾遜總統的反戰競選連任，但當《紐約時報》頭版引用愛迪生的話，表示西奧多．羅斯福絕對是在接下來的十年領導國家的人時，他的希望就破滅了。報紙上寫著：「他最能體現政治家的風度……與其他候選人相比，他在處理戰爭結束後出現的重大國際問題方面，擁有更卓越的執行能力。」報紙還刊登了羅斯福的感性回應：「親愛的愛迪生先生：你在信中提到我的事，讓我非常感動。我請無黨派聯盟把原件交給我，因為我想把這封信拿給孩子看。」

羅斯福不是熱衷的候選人，但他已經從對進步主義的抨擊中恢復常態，並願意讓自己的名字在下個月的共和黨全國代表大會（Republican National Convention）上被提出。自從盧西塔尼亞號沉沒，他一直是全國最熱衷於干涉歐洲戰爭的倡導者。但這些都不足以增加支持的影響力，除非他和愛迪生一起闊步行走在第五大道五十五街懸掛著九十五英尺高的美國旗子之下。然而這位上校還留在長島的童子軍活動場合。於是，愛迪生改成和委員會成員、其他十二萬五千位愛國者一起遊行。他們揮著許多小旗子，使得第五大道連續十一個小時變成像一條緩緩流動的紅、白、藍交織的彩色河。[53]

愛迪生領導戰備遊行，他面帶笑容揮著手，大步前行時像個精力充沛的二十歲年輕人，引起圍觀者一陣騷動（米娜戴著一大頂紫色遮陽帽，在人行道上努力跟上他的步伐，生怕他會遭到和平主義者攻擊）。但愛迪生的愉快神情只是表象。此時，他心事重重，為金錢和其他煩心事而苦惱，睡覺時間也變得很長。「可憐的小寶貝，要是他這一生能感受到一次大富大貴就好了。」米娜寫信給西奧多。除了E-2災難對愛迪

52　瑪德琳的消息與碧翠斯自稱懷孕的消息不太一致。碧翠斯的分娩期預計在六月底左右，但此後她和湯姆還是沒有孩子。她在一九一六年六月十九日告知米娜，而瑪德琳大約在一九一六年八月下旬告知米娜，資料來源：《大衛．斯洛恩論文》（DSP）。

53　這場遊行賦予蔡爾德．哈薩姆（Childe Hassam）靈感，他畫出了著名的紐約旗子系列作品。

生蓄電池公司的銷售造成了破壞性的影響——當時《國防法》即將創造出市場對便攜式電源的莫大需求，他還為了勞資糾紛和苯酚工廠的污染訴訟案而心煩意亂。雖然「愛迪生信託」的解散還沒有得到最高法院的證實，但愛迪生的電影事業已經到了窮途末路。令他失望的是，海軍事務委員會建議為他的理想研究實驗室撥款二百萬美元，這與他要求的金額下限一樣，卻遠遠低於他希望得到的金額，似乎呼應了他之前說過的話：「如有需要，可以高估一些。」他起草了一封表達憤怒的信給參議員班傑明．提爾曼（**Benjamin Tillman**），也就是上議院相關委員會的民主黨主席。他表示，如果國會以任何形式削減二百萬美元，就乾脆不要成立研究實驗室了。

他擔心的另一件事是如何安排哈奇森。斯蒂芬．曼伯特和查爾斯要求從今以後限制這位工程部經理以愛迪生蓄電池公司為代價的牟取暴利行為。他們懷疑地看待哈奇森在盧埃林公園買下的「克羅尼亞」宅邸（配有三名日本僕人），力圖將新的規則強加在他身上，以恢復公司向政府銷售非潛艇型電池的權利。愛迪生覺得有必要答應他們，因為查爾斯從一九一六年六月十二日起，就正式成為湯瑪斯愛迪生有限公司的董事長了。

高蹺腿

羅斯福放棄共和黨總統候選人提名後，轉而支持查爾斯．埃文斯．休斯（Charles Evans Hughes）——善於保持權力平衡的騎牆派。在提爾曼和丹尼爾斯的施壓下，愛迪生不得不站出來支持伍德羅．威爾遜。畢竟愛迪生待在海軍諮詢委員會，他對威爾遜有一定的忠誠度。

他在一封由民主黨全國委員會（Democratic National Committee）發表的信中表態，希望能在勞動節週末發揮非常大的影響力。「他們都說威爾遜犯大錯，」他寫道：「也許真的是這樣，但我注意到他經常在錯誤中向前邁進。」他的支持成了全國頭條新聞。兩週後，愛迪生、哈奇森以及海軍諮詢委員會的其他十八名成員正式成為海軍的軍官，並宣誓「捍衛美國憲法，抵禦國內外的所有敵人」時，丹尼爾斯在華盛頓展現熱烈的歡迎態度。[54]

在近期的《海軍法案》影響力之下，他們被迫宣誓。該法案對於國會期望他們如何回報二百萬美元的撥款，給出廣泛的指示：

> 實驗室與研究工作涉及砲火侵蝕、魚雷的原動力、陀螺儀、潛艇砲、防禦「潛艇、魚雷或地雷」攻擊的措施、改善潛艇的附加設備、改進與開發「潛艇的發動機、蓄電池與推進系統、飛機與飛行器」、改善無線電裝置，以及為政府效勞而進行的其他必要工作，包括實驗室的「建造、設備和操作」，以及在必要時雇用科學文職助理。上述的工作開支須經海軍部長的指示。

愛迪生不太在意這份冗長又籠統的清單，反正他可以交給小組委員會去處理。相較之下，愛迪生更關心的是華盛頓官僚似乎不太喜歡他提出的想法：在遠離他們管轄範圍的地方成立海軍研究實驗室。當時已有命令傳達到國會山莊（Capitol Hill），要在哥倫比亞特區建造實驗室，幸好參議院否決了此行動。愛迪生和委員會同仁一起抗議這種諮詢特權的優先權。丹尼爾斯告訴萊穆爾・帕吉特（Lemuel Padgett）：「他們非常重視在會議和調查之後決定地點的問題。」帕吉特是眾議院議員，也是海軍事務委員會的會長。

54 從這一天起，丹尼爾斯稱呼愛迪生為「准將」，也不介意愛迪生叫他「丹尼斯」。

九月十九日上午，愛迪生在委員會的全體會議上被選為六人委員會的會長，要負責報告大約五十個合適的實驗室地點。其他成員包括史伯格、貝克蘭、羅賓斯、惠特尼（Whitney）、艾迪克斯（Addicks）。丹尼爾斯以貴賓的身分出席會議，向他們保證說：「我希望各位能明白，我個人對實驗室的據點完全沒有意見。」但他私下向帕吉特坦承：「也許華盛頓是最合適的據點。」

丹尼爾斯是希望威爾遜總統連任的忠實民主黨人，他在十月六日到紐約竭力地向愛迪生和福特募集競選資金。美國選民似乎不太喜歡兩位主要的政黨候選人，因此查爾斯．埃文斯．休斯缺乏魅力的事實——羅斯福稱他是「鬍鬚女」（Bearded Lady）——並沒有像民主黨戰略家預期的那樣成為阻礙。也就是說，休斯有機會獲勝。丹尼爾斯為了凸顯事態嚴重，便帶著民主黨主席萬斯．麥克科米克（Vance McCormick）一起前行。他回想起來，表示比特摩爾酒店（Biltmore Hotel）的午餐會議進行得不太順利。

> 我覺得在紐約或其他地方的午餐會上，不太可能會發生這麼奇怪的事……上完第一道菜，愛迪生就指著室內中央一盞有許多圓球的大吊燈說：「亨利，我敢跟你打賭，我能踢掉吊燈上的圓球。」圓球高掛在天花板上。福特說他願意賭一把。於是，愛迪生站起來，把桌子推到另一邊。他站在室內的中央，眼睛直盯著圓球，然後用我見過最高的角度踢了一腳，當下把圓球踢成碎片。他接著說：「亨利，換你來踢踢看了。」這位汽車製造商仔細地瞄準圓球，只可惜他的腳差了一英寸就能碰到吊燈。愛迪生贏了。直到菜快上完，或大概在冰淇淋端上來時，愛迪生得意地對福特說：「你比我年輕，但我還是踢贏你了。」比起發明出終結U艇戰爭的方法，他似乎覺得這次的高踢腿比賽更值得誇耀。

丹尼爾斯提出競選資金問題時，愛迪生利用自己的失聰狀況來迴避。福特也同樣吝嗇，但他同意在國內報紙刊登一些支薪的背書文章。這麼做可能有助於威爾遜後續的勝利。他最後以幾票的差距險勝，休斯連續十五天都不願承認競選失敗。

我們沒有錯

儘管愛迪生避開了海軍諮詢委員會的許多會議，他還是滿腔熱忱的投入《海軍法案》指定的任務。這是他第一次接觸彈道學，他發明了一種大口徑、自發穩定型的炮彈，可以排除對膛線的需求，因而減少炮管的侵蝕。他也參與維吉尼亞海角（Virginia Capes）以外的射擊練習，並且諷刺地指出最新型戰艦的火力控制標準很低。[55]

紐澤西號戰艦有過度振動的測距儀；紐約號戰艦的微弱探照燈只適用在「讓敵方知道我方的位置」；內布拉斯加號（Nebraska）戰艦的一百八十五個艦砲都沒有擊中過目標；佛羅里達號潛艇有「駭人聽聞」的指揮通訊網絡，會讓家庭主婦憤怒地打電話找人叫修。「這就是軍艦作戰組織的整體神經系統，」他寫道：「運作方式仰賴的系統，是一套即使在和平時期也無法承受一般演習壓力的系統。」

在一九一六年的最後幾週，他急著說服挑選據點的其他委員會成員，希望他們能推薦紐澤西州的桑迪胡克（Sandy Hook）作為海軍研究實驗室的理想地點。他強調坐快艇到曼哈頓和布魯克林很方便，但沒有提到西奧蘭治鎮也很近。「兩邊有洶湧、平靜的水域，位置就在開往紐約的舊火車鐵路月臺附近二十多英尺之處，現在已經荒廢了。政府開設了一條貫穿桑迪胡克的鐵路……有一千三百英畝的土地，實驗室可

55　火力控制是指海軍炮火針對移動目標的瞄準度、平衡度以及集中度。

以占一百到一百五十英畝，還有更多面積可以用在特殊實驗。」海角的頂端有堡壘和試驗場，非常適合用來測試他打算在現場設計和鍛造的大砲。大陸附近有懸崖，從那裡可以看到整個紐約灣。愛迪生認為這個有利位置是測試海上能見度的理想地點，這對潛艇檢測技術的發展非常重要。

貝克蘭偏好在安納波利斯（Annapolis）建造實驗室。他注意到桑迪胡克的顯著缺點就是離首都很遠。「如果實驗室要成功，」愛迪生反駁說：「就應該盡量遠離華盛頓。」[56]負責挑選據點的其他委員會成員也贊同貝克蘭選擇安納波利斯，他們指出隔壁有海軍學院（Naval Academy）是知識資源的一大優勢。比起向北二百二十五英里的一小片沙地和潮淹地，眾議院議員和海軍局長確實更有可能拜訪乞沙比克灣（Chesapeake Bay）的小城市。然而，由於實驗室的產品遲早要得到這些官員的批准，貝克蘭注意到了合理接近實驗室的好處。

結果，令愛迪生惱火的是有一份需要他簽署的報告。該報告聲明：「我們一致支持安納波利斯。」由於國會對委員會的撥款不幸大幅減少，最優先的考量是塞文河的河口土地，該地已經歸政府所有，有機會免費取得。下達的命令不如愛迪生最初想像的代表軍事、海軍以及文職人員三方的利益，該報告反而建議交由一名海軍的軍官負責，他只須向丹尼爾斯彙報工作。

愛迪生按照自己的方式規畫實驗室四十年了，他對這種強迫的手段感到憤慨。他拒絕簽署報告，理由是與海軍學院有密切關係的設施會變成科學設施，而非技術設施；同理，此設施也會產生許多理論，而非精密的新型武器。「我相信在桑迪胡克快速建設實驗室才是對的，」他寫信給海勒姆．馬克沁（Hiram Maxim）：「我不會改變心意，也決不會把希望寄託在死氣沉沉的政府操作問題。如果我不能很快看到明顯的成效，我就不想繼續玩這個遊戲了。」

他不顧法蘭克．史伯格提出的請求——同意報告的修訂版，其中包含贊成與反對桑迪胡克的論點——

反而寫了十七項有說服力的反對意見。他辯稱杳無人煙的偏僻之處對安全至關重要；海水一再衝擊的嬌嫩土地簡直是渾然天成的海洋環境；當地的沙丘非常適合「飛機」的發展；收到通知後的一兩個小時內，紐約有許多專賣店能夠供應很難取得的原料。他設想出機密的發明工廠，每逢戰爭能夠全天候二十四小時運作。「至於擬議的實驗室管理，我認為應該交給文職人員。」他說。

當海軍諮詢委員會的所有人都否決他的冷門報告，反而支持多數人偏好的報告時，他覺得很沒面子。斯佩里私下寄給他一封道歉函，坦承這次的投票涉及政治，不太注重務實層面。「我寫這封信是希望你明白，你一直以身作則鼓舞著我們，以及你對志業的奉獻……深深地觸動我們的心。敬愛的愛迪生，千萬不要氣餒，因為也許這就是理想的結果。」他寫道。

丹尼爾斯非常同情愛迪生。他知道另一份報告的內容也狠狠打擊了愛迪生：負責檢查E-2供電裝置的技術小組建議：「在進一步測試證明愛迪生的電池缺陷已得到解決之前，不要在我們的任何潛艇上安裝他的電池。」這份報告暗示鎳鋼技術在本質上不如鉛酸蓄電池，這點嚴重打擊了這位老發明家的自豪感（鉛酸蓄電池充電時也需要良好的通風環境，而且很容易在海上引起氯氣事故）。哈奇森提醒助理部長富蘭克林・羅斯福的參謀長路易斯・浩威（Louis Howe）：「你沒看過愛迪生先生發火的樣子，所以我很難跟你解釋這篇文章對他造成的影響。他根本還沒從這次的打擊恢復過來。」[57]

丹尼爾斯處在尷尬的境地，一方面他覺得自己不得不附和大多數人的意見，另一方面他很看重愛迪

---

56 在此之前，愛迪生勘察過紐約灣的華茲華斯堡（Fort Wadsworth）和總督島（Governors Island），甚至探勘過哈德遜河谷（Hudson Valley），但他曾說：「因為冰層的關係，我沒有越過柏油村。」

57 根據哈奇森的說法，愛迪生怒火中燒，並下令拆解所有用於製造S型電池的精密工具與模具。

生，同時也感謝愛迪生宣布支持伍德羅．威爾遜。他委婉地請愛迪生考慮放棄桑迪胡克，改成支持安納波利斯，以免出現更偏狹的其他選擇。「其實這個部門的專家不喜歡桑迪胡克和安納波利斯，他們比較想選哥倫比亞特區。」他說。

愛迪生痛心疾首的回應：「無論對錯，我堅決相信大眾都指望我把實驗室搞好。我也願意為這項任務全力以赴。所以，如果我不能獲得適當的條件建好實驗室，那就乾脆不要再和這件事有任何瓜葛。」

他在一九一六年十二月二十三日寄出這封信，然後在那年結束前的最後幾天窩在床上，因為他不小心讓亞硝酸煙霧灼傷了喉嚨。他還得了重感冒，有可能轉變成肺炎。對於他那在海軍諮詢委員會的「私人代表」來說，這也是一個寒心消志的季節。哈奇森在日記寫下：「如果我能回到一年前阻止E-2爆炸，我願意捐出數千美元，但這些錢已經是我們付出的代價了，尤其是我自己。我們根本不應該受到責備，可惜已經惡名遠播。」

光譜

一九一七年一月，愛迪生的肺部虛脫，使海軍諮詢委員會的同仁有機會將他排除在委員會之外，該委員會的任務是開發和設計出國會最後決定據點的研究實驗室。報紙報導他病危時，許多原先反對他不願支持安納波利斯的成員從憤怒的情緒轉化為同情心，甚至擔心他。「萬一你在這個時候發生什麼事，失去了性命，」哈德遜．馬克沁寫道：「這會是一場嚴重的人類災難，就像另一個亞特蘭提斯要沉入海底了。」

馬克沁的形象化描述呼應了德國的一項聲明，也就是從二月初開始，U艇對盟軍船隻的攻擊範圍會擴大到任何涉嫌攜帶違禁品的美國船隻。威爾遜政府在戰爭中依然假裝維持中立政策，但「歸化入美國籍」的德裔美國人都看得出來威爾遜政府是親英派。柏林在七十二小時內兌現威脅，擊沉了豪薩通尼克號（Housatonic）戰艦，船上除了小麥，根本沒有危險的東西。威爾遜將德國大使逐出華盛頓，並警告德國政府不要再採取「蓄意的戰爭行為」。形勢十分緊張，於是丹尼爾斯建議愛迪生卸下委員會的職責，以發明家的身分復出，並在政府出資組成的二十五人支援團隊協助下，開發秘密的防禦方案。[58]

這位准將的肺病康復後，他策畫了一系列檢測潛艇的實驗。他利用自己身為高階海軍官員的身分，說服艾塞克斯郡公園委員會（Essex County Park Commission）在老鷹岩（Eagle Rock）頂端租給他安全的位置，此處位於可以俯瞰西奧蘭治鎮的山中。他的構想是一間有兩層樓高的雅緻建築，稱為「卡西諾」（Casino）。在這個季節期間，那裡可以做為一家餐廳，更何況高高聳立的建築目前冷冷清清，空無一人，其四十英里的有利地勢非常適合他的研究目的。[59]首先，他想知道自己是否能夠改善被稱為「水花觀測者」的船員們的視野，幫助他們提高留在桅頂追蹤火力的精確度，以及當他們把注意力放在右邊的海域時，藉由水沫的細微痕跡，辨認潛艇是否從下方靠近的跡象。

為了慶祝七十歲生日，愛迪生停下手邊工作，參加了工廠舉辦的一千五百席午餐會。他在「卡西諾」的二樓安頓下來，然後回頭研究光學——埃德沃德・邁布里奇（Eadweard Muybridge）在一八八八年開創的科學，引起了他注意。他派了兩名志願者到紐約找一位眼科醫師，並寫道：「請幫這兩名男子做檢查，並回報他們是否適合使用『后馬托平』（homatropine）。」這種藥物會使瞳孔放大，容易使人上癮，最好要妥善保管。他認為后馬托平可能對夜視有幫助，以及能讓人在濃霧中辨認敵方。得到醫生的許可後，他將

58　然而，一九一七年三月十日，海軍諮詢委員會投票決定讓愛迪生成為「終身會長」。

59　現今的「卡西諾」看起來與愛迪生時代依然非常相似，已成了老鷹岩保護區（Eagle Rock Reservation）的豪華餐廳。

此藥物放進溶質的滴劑，然後請那兩名志願者待在暗房的磷光螢幕前。由於螢幕調得很暗，他們連續半個小時看不見任何東西。但他們漸漸注意到有零星的微光，能湊成可辨認的字母。[60]

光譜範圍以外的各種實驗（「除了紅色，我試著讓其他光線遠離眼睛，只嘗試不同深淺的紅色。」他說），只讓他領悟到一個顯著的事實：在晴朗的海上保持警戒時，最不需要的就是麻痺的視神經。他想出的好辦法就是製造大型的手持式眼罩，可以用來遮擋周圍的眩光，但他不太在乎如何把眼罩帶到桅桿梯上。他採用的另一個特殊方法，就是設計一種用於觀察潛望鏡剪影的低矮圓玻璃。此外，他多次測量海水管吸收光線的情況後，發明了海底探照燈。他也測試各種化學煙霧的不透明度，例如海上的「煙塵」，以及測試噴在海面上使潛望鏡的鏡頭變得模糊的油類黏滯性。他掌握了夠多的幾何理論，可以使船內的傾斜鏡子反射出「點」與「線」的光，以便在電話線路中斷時進行緊急通訊。也許他最獨創與耀眼的發明物是圓盤分割的迴轉護航燈，可以在艦艇之間橫向閃爍，不受船身搖晃影響，而分割的光束在水面上很不顯眼。

白浪落下的水聲

到了初春時節，愛迪生需要一間能夠通往大海的實驗室，於是他離開老鷹岩，前往桑迪胡克。這裡的紐約灣全景比「卡西諾」更寬闊，他也能更近距離欣賞。在這僻靜的西海岸，有一半是冬青櫟林，還有一片平靜的水域，可以讓他進行想做的彈道實驗。這個地點也非常安全，只與海岸防衛站、漢考克堡陸軍基地共用，後者有獨立的試驗場。威爾遜總統要求國會對德國宣戰時，愛迪生考慮到U艇會不斷大規模肆意摧殘非戰鬥人員的性命，於是他在基地南部的碼頭為自己與團隊建造一間木屋。

威爾遜在四月六日簽署作戰宣言之前，愛迪生最先想到自己留在國內的化學與蓄電池設施此時很容易遭到破壞。他發電報給戰爭部長牛頓・貝克（Newton D. Baker）：「一直有威脅性的傳言說會破壞我重視的工廠，逼得我請求你立即提供軍事保護。」這項要求被轉達到遙遠的軍隊部門，接著提出申請後就遭人遺忘了。然而，美國海軍情報局（Office of Naval Intelligence）認為他的工作非常重要，於是幫他安排一位保鏢。

他加把勁投入實驗，也克服了他對擁有學位者的反感，從普林斯頓召集四位科學家來建議他關於軌跡圖形、無線電共振、空中與海洋導航、陀螺力學的奧秘。一如往常，他樂不可支的發明聲學設備——防水麥克風、飛機測向儀、可測量「水深」的深水炸彈，也樂於試驗化學作用[61]，例如他把木炭和鹼石灰裝進防毒面具，可以使桅頂觀望者避免受到廢氣麻醉。

物理學家卡爾・泰勒・康普頓（Karl T. Compton）是他新招募的成員，他認為愛迪生就像是個永動機。

> 他還沒好好跟我打招呼，就直接拿出鉛筆，開始描述海軍諮詢委員會對他提出的問題——提升魚雷驅動裝置的效率，以便在不改變射程或容量的情況下儲存更大量的炸藥。他講述了目前的魚雷發展史，非常簡短……並告訴我，只要我想到解決辦法，就回來找他。
>
> 大約三週後，我回報他說找到三種有潛在價值的燃料。他只用三句話就駁回了我提出的解決方案：「我們只能在德國取得燃料A。我試過燃料B了，有爆炸的危險性，所以不予考慮。燃料C含酒精，不是好選擇，因為水手都喝這種該死的東西。」

60 早在一九〇三年十二月，愛迪生就對殘餘視力做過實驗。當時他告訴報社編輯，眼睛在儲存弱光方面具有「極佳的選擇能力」。

61 「比起物理，我一直都對化學更感興趣。」愛迪生在一九一七年二月對記者說。

康普頓驚訝地發現，愛迪生將簡單的想像力應用到製造船舶麥克風的低電阻微粒。他從毛刷廠買了豬鬃，先進行電鍍，再用切片機將有光澤的細絲切成微小的金屬鑲邊薄片。接著，他用一種溶液洗掉角蛋白——他形容這種溶液是「男人謀殺妻子後，用來溶解妻子屍體的物質」[62]，並把殘留的環形物塞進膜片。他把膜片連接到電話接收器，然後用三極真空管擴音。經過這些瑣碎的程序後，他不滿意成顆粒狀的膜片，於是他刮掉一片雲母，讓效果變得更好。

「他心靈手巧，能想出設計儀器的方法，再利用儀器執行他想做的事，」康普頓寫道：「他也是世界上最有耐心與毅力的人之一，他貫徹自己的想法一直到全面測試的最後階段。」

愛迪生的水下監聽裝置最終完成安裝，可以讓船員聽到U艇在超過一英里以外的發動機旋轉聲。該裝置是由船前方十英尺至二十英尺處的船頭斜桅落下的錐體組成，在那個位置就不會被聲音干擾。流入錐體的水力會被膜片後方的空氣壓縮力抵消，使膜片能夠在任何航速自由振動。他發現旋轉接收的角度，就可以確定逐漸靠近的魚雷路徑。但後來，錐體變得非常敏感，甚至記錄了令人分心的大量干擾。

愛迪生必須利用他所知道的聲學知識來解決這個問題。他在一九一七年四月三十日交給丹尼爾斯「第三十一號報告」的說明，並不是為了讓部長期待收到第三十二號報告：

最大的麻煩是白浪落下的水聲。但我現在終於完成了大量的測試，可以藉著機械操作的共振柱來消除大部分的噪音。

潛艇發出聲音時，水柱不停上下移動，每六分鐘循環一次。幸好船身移動引起的水流動向不會改變音高。從每秒二千五百到每秒七十的音調都能從雜音中辨識出來，馬達制動器的僵持能使聲音變得容易辨認。假如有兩種以上聲音不斷重複，而且視線範圍內沒有船，那麼這些聲音一定是從潛艇傳來，因為海洋沒有高週期性的聲音。

「如影隨行」

接下來的一年半，愛迪生在陸地與海上奔波勞碌，目標是改善三十九種新的防禦設備、系統、策略及戰術。他有一些主意只適用於陸地，逗得軍艦科學家發笑，例如創造出高聳入雲的桅桿。[63] 但一有成效，他就藐視他們的批評：「我的個人看法是大多數人缺乏想像力。」他把戰爭當成技術的競賽，而不是意識形態的較量，並探索每一種可能有助於獲勝的見解：無線電報訊息擾頻器；夜間望遠鏡；由大砲發射的鋼網簾，可減緩敵方的魚雷衝力；有渦輪頭的炮彈，可排除對膛線的需求；水下的沿岸監控站；塗上鋅粉的凡士林油脂，用於潛艇砲防鏽；矽酸鈉滅火器，能使煤塊的餘燼變得光亮；用於船舶快速轉彎的水力閘。他甚至突發奇想，提議派遣許多自動駕駛的小艇到比利時的澤布呂赫港（Zeebrugge Harbor）埋地雷。[64]

比起他對發明的狂熱，更引人注意的是他克制自己不向記者吹噓。他在保密方面就像他運用政府資助的錢一樣小心翼翼，同時也不斷向丹尼爾斯保證他的發明符合經濟效益。[65] 他每天工作二十個小時，也

---

62 氫氧化鉀，亦稱苛性鉀。

63 軍械局的官員反對測試愛迪生的某些導彈時，丹尼爾斯告訴他：「指揮官，你的決定也許沒錯，但公眾會認為愛迪生是對的，所以就放手去測試吧。」威廉・桑達士在一九一七年九月中旬轉達給愛迪生。資料出處：《愛迪生論文》網路版。

64 愛迪生有源源不絕的創意，他在四月請求丹尼爾斯：「請不要轉告我別人的想法……我滿腦子都是點子。」

65 當一系列的實驗費用太過高昂時，其實丹尼爾斯只能鼓勵愛迪生「繼續做下去，需要多少錢就花多少錢」，直到完成實驗。

親自資助一些專案。他鼓勵新手無償工作，把工作當成愛國的義務。他堅持要求的唯一福利就是一艘大遊艇。一九一七年初夏，海軍試圖用劣質的船來搪塞他，於是他揚言要放棄實驗，除非給他遊艇。哈奇森前來支援，他和助理部長羅斯福商議好為這位准將無限期租借一艘二百一十英尺長的「獵潛艦」。

領袖號（Sachem）戰艦有二十名船員，由經驗豐富的深海航海家巴頓（J. N. Patton）中尉擔任船長。除了專門為愛迪生設計的大客艙，船上還有可供十名研究員使用的客用床舖、會議室以及足夠容納射彈裝置與觀測設備的甲板空間。美中不足之處是沒有為女性乘客提供便利設施，但這點在軍艦上不足為奇。海軍對出海的女人有傳統偏見，因此巴頓聽說愛迪生要帶米娜一起航海時，大吃一驚。

與其說他提出的陪伴要求是出於七旬老人的不安感，不如說是出於聾人對翻譯服務的需求。這是丹尼爾斯第一次介入，命令船長配合這種違背傳統的行為。這也是米娜第一次感受到愛迪生認同她是不可或缺的人，讓她受寵若驚。但她待在不停搖晃的艙房，遠離了她的花園、鳥兒及孩子，雖然這段期間不是長達幾個月，但隨著幾週過去，她的熱情就逐漸減退了。十九歲的西奧多從蒙克萊學院（Montclair Academy）返家，熱切地想參軍，就像以前的約翰．斯洛恩一樣。米娜想起以前在美西戰爭死去的弟弟西奧多，因此她很害怕再次見到自己的兒子時，他可能穿上了軍裝（她不擔心查爾斯參軍，因為他已經登記免役的「執行董事」資格，而且他說自己快聾了）。

威爾遜總統要求在愛迪生出海前見他一面，並聽聽他的一些計畫。八月二十日的訪談讓威爾遜留下深刻的印象，他立誓要盡心盡力幫助愛迪生。「當初，他的第一個發明備受世人矚目時，我還是個大學生，」他告訴丹尼爾斯：「從那時起，他的所作所為就在我的心目中創造了一種魔力，至今不變。」[66]

二十四小時後，這位准將和妻子在霍博肯市被送上領袖號戰艦的舷梯。這艘船立即航向長島的薩格港（Sag Harbor），愛迪生在那裡建造了魚雷研究站。他打算把康乃狄克州的新倫敦市（New London）當成用於聲音實驗性巡航的替代基地。計畫展開後，米娜決定盡量多利用岸上的住宿設施。「爸爸和我睡在一張只有床墊的木板床，」她寫信給西奧多：「睡起來一點也不舒服。」

巴頓船長一開始對米娜彬彬有禮，但隨著一週又一週過去，他的態度漸漸變得很粗魯。米娜每隔一段時間就回到西奧蘭治鎮待幾天，找瑪德琳閒聊，好讓自己恢復精神。瑪德琳又懷孕了，但約翰隸屬於華盛頓陸軍航空勤務隊（Army Aviation Service）的士兵，她擔心約翰不久後就得離開。

同時，愛迪生精明地向戰爭部長提出建議，讓西奧多得以免役。他說：「我偶然發現許多對軍隊有好處的東西。」他表示如果能再多找幾位工程師幫忙，他就能開發這些東西。貝克立刻授權他雇用三十位他需要的人選。西奧多就是第一位取得資格的人選。愛迪生給他一台飛機測向儀，讓他在紐約米尼奧拉村（Mineola）的黑茲爾赫斯特機場（Hazelhurst Field）試用。但西奧多的獨立個性不久就愈發凸顯，他開始研究自己設計的駭人武器：擁有機動式的獨立齒輪，裝載著三硝基甲苯（TNT）炸藥，能夠不受帶刺的鐵絲網影響，沿著西方戰線直到在鎖定的戰壕裡爆炸。因此，他在戰爭期間忙得不可開交。[67]

起初，愛迪生很喜歡在海上做實驗。即使他仍然堅持穿著寒酸的服裝，在領袖號戰艦上以親切自在的態度對待所有船員，他被尊為高階軍官是一件很新奇的事。但到了勞動節，他厭倦了船上生活的狹窄空間和港口常規的緩慢步調，因為辦事程序經常受到天氣與通訊延誤的影響。查爾斯和西奧多突然來拜訪遊艇時，米娜注意到他多麼思念兒子，以及他在兒子離開後多麼捨不得。令他沮喪的另一件事是他尊敬的海軍部「朋友丹尼爾斯」毅然決然地阻止他的每一項技術方案。雖然他收到的大部分拒絕信內容很恭敬，也有

66 相比之下，愛迪生回憶說威爾遜是個「自負的書呆子」。

67 一九一七年十一月十五日，西奧多寫了一封有插圖的長信給父親。從他在信中解釋這套裝置的內容，可知他是很有天分的發明家。

詳盡的論證，但他很厭惡反對文職的偏見。十月初，他指派負責當前實驗的代理人登上領袖號戰艦，並在華盛頓設立臨時辦公室，以便更直接地和各分局的負責人打交道。

丹尼爾斯在海軍的附屬大樓為他找到的套房很壯觀，也曾經是喬治．杜威上將的密室——這位馬尼拉灣之戰的英雄在當年的年初過世了。但無論是套房還是愛迪生本身的顯赫地位，都對他試著說服的艦長沒有多大影響。哈奇森也無法再到場支援。查爾斯在西奧蘭治鎮制定的管理改革方案打擊了哈奇森的雄心壯志，再加上國會對利益衝突遊說的新禁令，哈奇森只好離職，但這還不足以及早避開E-2災難引發的一系列企業訴訟責任。

愛迪生預期只在首都待上幾週。他研究海洋光學後，逐漸對偽裝物和其他「錯視法」產生興趣，包括海底的終極黑暗。他回到船舶實驗室之前，需要利用華盛頓的參考資料

准將愛迪生以及領袖號戰艦的船員，攝於一九一七年。

來釐清大多數U艇在戰區沉沒的地點與時間。結果，他找到大量的圖表和統計數據，因此他請三名助理幫忙整理資料。過程中，他發覺到不列顛群島附近的進攻模式，盟軍的航運公司並沒有採取防禦行動予以反擊。

「如我所料，」他告訴小湯瑪斯．羅賓斯：「那些從挪威到希臘做生意的船長不懂航海，他們只是從某個燈塔航行到另一個燈塔。德國人明白這一點，於是待在原地等著他們出現。」他開始竭盡全力當起製圖師，設想英國的新任海軍大臣姬安衛（Eric Campbell Geddes）爵士會感謝他建議盟軍該如何遏止重要進口物資的消耗。過程中，他發現統計分析和他推論的實驗方法並沒有太大的差別。到了十一月二十一日，他準備好要將八項政策建議和四十五份「戰略圖」交給姬安衛。他沒想過，國王陛下政府的成員可能會排斥「自我感覺良好」的美國籍外行人來幫忙。愛迪生表示，凡是有「想像力」的人都看得出百分之九十四的盟軍損失在白天發生，他再度暗示有這種能力的船員很少見。「除了夜間，所有貨船都不該進出英國或法國的港口。」他說。但這麼做並不適用護航，因為護航行動安排在黎明和黃昏更有效。在這種協調方式之下，有一大半時間不需要驅逐艦護送。經過晝夜不停的運作，有三條路徑的營業處能確保指定的航路不會變得擁擠不堪。從國外來的汽船不應該轉向愛爾蘭海岸、西西里群島以及塞文河河口的燈塔，而是轉向U艇不多的中央航道。這些汽船應當使用不冒煙的無煙煤，並大幅改造輪廓。潛望鏡觀測的位置偏低，則取決於垂直線。「把沒有用處的桅桿砍下來。盡量減少煙囪的數量。利用帆布的側邊縮短船上各種甲板結構之間的隙縫，使輪廓變得更均勻……除此之外，所有往東邊或往西邊穿越危險區的船都應該迎著陽光航行，我稱之為『如影隨行』。」他說。

他試著在美國本土應用自己的想法時，他發現一旦敵方的潛艇開始沿著美國海岸行動，由於缺乏相關紀錄，他必須親自編纂圖表。這項任務使他在華盛頓又待了兩個月，也讓他愈來愈擔心政府的「繁文縟節」以及遭到否決的海軍研究實驗室計畫。

一九一八年一月中旬，米娜造訪他待的旅館，查覺到他有一點抑鬱的跡象。她一一列出這些跡象給西奧多看：

整套服裝沾染斑點
他換衣服時，汗衫看起來很髒，領扣和鈕扣都沒扣好……
襪子出現許多破洞
眼鏡碎了
彷彿有一陣氣旋掃過房間
連手提箱都還沒打開過

法蘭克．史伯格寫了一封簡短的信，抱怨海軍研究實驗室在開戰十個月後還沒建好，據點也不詳。信中的內容對於改善愛迪生的心情沒什麼幫助。這位脾氣暴躁的工程師指出，海軍諮詢委員會只有一位選址成員應擔起阻止在安納波利斯建造實驗室的責任。由於「忍無可忍」的延遲，海軍部對國會山莊的看法目前轉移到了華盛頓的柏衛市雜誌（Bellevue Magazine）據點。

「坦白說，我們沒有權力再拖延這件事了。」史伯格寫道。他建議委員會一致支持柏衛市。更令人尷尬的是，他建議委員會要求大家不要再表現出個人偏好。

愛迪生對首府和永無休止的政治妥協失去了耐心。他要求領袖號戰艦到佛羅里達州的西礁島海軍基地（Key West Naval Station）和他會合。他和米娜在二月初搬到了那裡。威廉．米德克羅察覺到他非常沮喪。「他不輕易表露自己的情緒……只有真正了解他的人才會發現他有多麼灰心。」他說。

三月四日，愛迪生寫信給丹尼爾斯，而不是寫信給史伯格，解釋他一直把實驗室想成是一個快速開發產品的地方，不單單是致力於研究。

當然，委員會可以執行他們認為最妥當的事，但他們不能指望我答應推薦那些連我自己都認為會失敗的東西……我有失聰問題，所以我不常參加諮詢委員會的會議。我如此脫節，如果我還繼續擔任會長，只是顯得自欺欺人。因此，我最好脫離委員會，直接為海軍工作。委員會可以找其他有進取心的年輕人來接我的位置。

反感

丹尼爾斯沒有理會這封信，也許是因為「終身會長」必須下臺才能讓辭職生效。對愛迪生來說，另一種選擇是盡量在華盛頓特區以南有棕櫚樹蔭蔽的寧靜海軍基地安頓下來。身為海軍基地指揮官弗雷德里克．特勞特（Frederick A. Traut）上校的客人，他接下來就在西礁島這樣做了。特勞特是個飽經世故的紳士，他做了很多事來修正愛迪生對海軍軍官抱持的厭倦看法。他曾經是戰前柏林的武官，因此他與德皇威廉二世（Kaiser Wilhelm II）有多方面的接觸，自然對德國的進攻技術瞭如指掌。特勞特堅持讓愛迪生夫婦待在海軍基地的寬敞別墅，還為了進一步博得他們的好感，提議為西奧多找一座杳無人煙的小島，讓他在島上測試他發明的「奪命輪」。

領袖號戰艦上的「年輕人」到來，使愛迪生更高興。他馬上與他們進行實驗，運用基地的航海、航空的無線設備，並在海上花大量時間測試快速轉彎的錨。他甚至試著留水手般的銀色鬍子。米娜發現自己又成了不受歡迎的女人，於是怒氣沖沖地搬到了麥爾茲堡。

查爾斯帶著交往了幾年的女友卡洛琳去探望和安撫米娜。卡洛琳的個子不高，表情嚴肅，對自己的年齡和家庭情況秘而不宣。有一天，這對情侶從碼頭來訪，宣布他們希望能盡快結婚。米娜還沒從低落的情緒恢復過來，當時愛迪生卻從西礁島發電報給查爾斯，表示同意婚事：「如果你們已經決定要結婚，那就不要再拖了。不管怎樣，都不會比在戰壕的前線生活更糟糕。」

三月二十七日，他們的婚禮在塞米諾爾小屋花園的樟樹與肉桂樹之間舉行，出席者只有米娜、查爾斯的前任護士以及管家。世界上沒幾個地方比這裡離皇帝會戰（Kaiserschlacht）更偏遠了，當時德國的春季攻勢在法國達到頂峰。正如愛迪生淘氣地在電報中暗示的，查爾斯在二十八歲結婚，能進一步確保他不會在短期內被徵召入伍。

但愛迪生的另一個兒子就不一樣了，他在三十八歲從軍，隸屬於坦克師。威廉就像一般迷惘的人，把戰爭當成證明自我的機會，想跳脫從花花公子轉型為家禽農場經營者的形象。他接受了軍事訓練，不久之後，他的軍服就添上象徵中士的袖紋。他準備被送往海外時，米娜壓抑多年來反對兒子從軍的情緒，特地到蓋茨堡（Gettysburg）祝福他一切順利。

體弱多病的湯姆已四十二歲，他絕對不會這麼膽大妄為。他經營蘑菇農場的運氣，就像他在放蕩的青年時期「出賣」自己的名聲一樣。他只想實現夢寐以求的目標：憑著才幹在愛迪生工業公司工作。[68]該公司已經從E-2事故恢復常態，並且在查爾斯的逐步領導下，留聲機、電池、水泥、化學等工廠都創下利潤新高。查爾斯很喜歡湯姆，再加上他當上董事會的主席後也變得愈來愈有自信，於是他決定在戰爭結束後，就不再煩擾這位同父異母的哥哥。[69]

查爾斯也花了不少錢擺脫哈奇森的圓滑服務，取消他最終的傭金特權，以十一萬二千五百八十九美元的資遣費做為交換條件。愛迪生沒有異議。哈奇森帶著追名逐利的雄心辭職，在紐約的伍爾沃斯摩天大樓的頂樓租了一間辦公套房，並四處尋找新的商機。[70]

四月二十三日，愛迪生完成了他在西礁島做的實驗，他把剩餘的物品搬到位於格蘭蒙特的車庫，然後在那裡繼續憑著逐漸衰弱的精力慢慢幹活和畫素描。他告訴丹尼爾斯，「連續十八個月，每天工作十七個小時」的工作壓力最後讓他付出代價。愈來愈多人懷疑，海軍和陸軍都不會採納他的任何想法。瑪德琳注意到，父親在格蘭蒙特一看到穿制服的人進門，就會開始鬧脾氣。「他好像有點討厭這種服務。」她說。[71]

八月時，愛迪生、福特、費爾斯通以及約翰・巴勒斯一起沿著藍嶺山脈和大嵐山露營。巴勒斯驚奇地發現，愛迪生變得習慣坐在另一邊沉思。「我們有時在篝火旁邊引導他說出化學相關的問題，只聽見他說出一個又一個分子式，就好像他在朗讀一本書。」他說。

十月五日，一艘潛艇發生的爆炸與布魯克林海軍造船廠當時的E-2事故很相似，導致船長和一名軍官喪命。愛迪生指出，鉛酸蓄電池組在這次的意外釋放氫氣。即便富有同情心的丹尼爾斯仍然壓制關於當初事故的最終報告，但這件事讓他更加肯定，海軍調查法庭之前歧視他和哈奇森。[72]

68　一九一八年至一九三四年，湯姆獲得十項美國機械專利。

69　一九一九年一月，查爾斯除了有主席的身分，也有總經理的主管級頭銜。

70　哈奇森享有一時的成功，隨後淪落為戰後經濟大蕭條的受害者。一九二五年底，他的資產只剩下二百七十五美元。他持續活到一九四四年，堅守著「博士」的稱號，不停沉浸在以前與偉人打交道的回憶中。「我和愛迪生共度的日子是我一生中最快樂的時光。沒有人比我更了解他。」他說。

71　那年夏天，約翰・斯洛恩暗示查爾斯和西奧多在逃避兵役。此話一出，不但沒有改善家裡的氣氛，還讓愛迪生大動肝火。

72　該報告不曾對外公開。愛迪生透過法務部積極對抗E-2災難引發的訴訟，索賠總額超過五十萬美元。一九一九年，他以六萬六千美元了結訴訟案。

此時，戰爭即將結束，但愛迪生依然固執地纏著海軍部，索求一艘比領袖號戰艦更大的船來測試他創造的新型水下傳聲器。丹尼爾斯試著讓他明白，他為保衛國家所做的事已經夠多了。愛迪生的回應是，這項發明在太平盛世期間能發揮像防撞裝置般的功用。

十一月十一日，威廉在停戰前兩週抵達西方戰線。他活了下來，不久就纏著父親給他返家的通勤費。

代表海軍致謝

讓丹尼爾斯難掩怒氣的是，愛迪生忽視和平現況並在一九一九年夏季期間依舊表現得像個軍艦科學家。當助理部長羅斯福撤回領袖號戰艦，為他準備了預備拆除的替代船時，他居然沒有領會到其中的暗示。當這艘替代船也被撤回時，取而代之的是一艘船頭不到十五英尺的遊艇，愛迪生才詢問是否應該結束他的海上實驗。羅斯福在九月十日通知他，由於勤務期間需要縮減開支，以後不可能再提供他廢船。「我在此代表海軍，感謝你在這段期間投入的心力。」他說。

一九一八年春天，准將愛迪生在西礁島的海軍基地。

愛迪生同樣冷淡地回應，他說自己對於回歸私生活並「不再與政府往來」感到心滿意足。丹尼爾斯請求他在告別前，為哥倫比亞特區——海軍部管轄的國有土地——即將成立的海軍研究實驗室獻上祝福，但他沒有照做。在他的後半生，只要一想到自己當初的概念遭到曲解，心中便氣憤難平。三年半前，他滿懷期待地向國會提出自己的構想，海軍諮詢委員會迫切地批准了。但讓他痛苦萬分的是，武裝部隊不接受他付出的任何貢獻。「我在戰爭期間創造了大約四十五項發明，他們只是把我的發明分門別類擱著。」

近十年來，唯一能緩解他的傷痛的慰藉不是陸軍或海軍，而是他費勁地抽著哈瓦那雪茄，讓空氣中瀰漫著革新的氣息。一架巨大的亨德里佩奇（Handley Page）轟炸機低空飛過盧埃林公園，向這位「天外救星」致敬：

> 世界上最龐大的陸上飛機，在此問候世界上最偉大的發明家。

|第三部|

化學

一九〇〇年至一九〇九年

愛迪生在他的化學實驗室，攝於一九〇二年。

愛迪生的五十三歲生日即將來臨，如果愛迪生不過生日，他可以忙著用不同的蘇打水濃度來冷凍液態碳酸。但他的兒子威廉在幾個月前寄來的信破壞了氣氛。威廉是個看起來不太老實的耶魯大學輟學生，他曾經許諾不再「踏進家門」。

威廉最近娶了愛迪生反對的「聲名鵲起」年輕女子。他在信中表示，他們住在紐約，也頗有「社會地位」；萬事俱備，只欠東風——等著愛迪生邀請他們造訪格蘭蒙特。「一個晚上就好……也許我是很不聽話的兒子，但不見得是糟糕或沒有半點價值的兒子。」他寫道。

愛迪生認為威廉符合這三項特質：不聽話、糟糕、沒有半點價值。至於威廉的妻子布蘭琪，她是德拉瓦州醫生的女兒，過著揮金如土的生活。顯然，威廉從瑪莉的遺產繼承的那一點錢，已經被他和妻子花掉了。而現在，他想從父親這裡取得資金。他們跟一般人一樣以為愛迪生很有錢。實際上，愛迪生手頭拮据。他為紐澤西州高地的鐵礦場揮霍了二百多萬美元，也投入五十多萬美元到新墨西哥州奧爾蒂斯（Ortiz）的金礦場，因此他實在沒有心思重新把威廉列入眾多受撫養者的名單，當然也無法顧及另一個浪子——湯姆，以及比布蘭琪「更快」聲名大噪的妻子。

這兩個兒子不再是小男孩了，分別為二十二歲、二十四歲。[1]他們不太關心父親還要撫養另一邊年紀較小的家庭成員，反而不斷向他提出要求——威廉時而謾罵，時而默許；湯姆時而發牢騷，時而自怨自艾——逼得他只好依靠米娜擺脫他們的糾纏。假如米娜是用慈愛的方式養大他們，而不是以出自責任心的態度對待他們，也許他們對瑪莉的模糊記憶，會被她這位「母親」帶來更貼近現實的經歷所取代。然而，無論她多麼努力，還是無法掩飾自己對親身骨肉的偏愛。於是，威廉和湯姆忽視她，試著從看似遙不可及

1 瑪麗恩在德國結婚，此時即將滿二十七歲。

的父親身上尋找「身分認同」。愛迪生如同一座永恆不變的熟悉大山，隱約地出現在他們的地平線。只不過，他們一靠近，這座大山就會變得模糊不清，或消失不見。真的有父親這個人嗎？

查爾斯和瑪德琳倒是沒有這方面的疑惑，西奧多長大後也沒有這種感受。他們把父母之間的愛，以及父母對他們的愛視為理所當然。如果愛迪生必須長時間離開格蘭蒙特，他們會把此事當成家庭生活節奏的一部分，就像他們在家裡會原諒他因充耳不聞、心不在焉的緣故而忽略他們。多年後，在一封來自麻省理工學院的意識流信件中，查爾斯表達自己很懷念這個不曾全盤包容同父異母的兄弟姊妹的家庭圈子：

我好想知道，客廳還是保留原來的樣子嗎？我記得從大窗戶看出去，可以看到結霜的草坪，窗戶下面也有散落的玩具。客廳裡也有一張大桌子、精美的舊躺椅。月光從大型楓樹搖曳的樹枝間灑落，穿透高大的北面窗戶，依稀可見。煤塊在壁爐裡燒得很旺盛，旁邊的椅子上方有一盞大玻璃燈。世界上備受尊崇和愛戴的人在客廳閱讀。地板上有一堆雜誌，門邊的小桌子上有皮革裝訂書，旁邊有椅子、小腳凳，還有你們、媽媽，一起待在客廳……至於南面的舊房間，姊姊待在裡面不停寫作。而富麗堂皇的會客室有鋼琴，有只插著月季花或罌粟花的高大花瓶，還有光線柔和的雪花石膏製電燈……安靜的餐廳裡有敞開式交談空間，也有一大間簡陋的書房。西奧多的房間有留聲機，而我的房間有白色的亞麻花和紅玫瑰。我接觸過的每一處、我思念的人，這些年來都在我的夢境中反覆出現。

瑪德琳跟查爾斯一樣都很敬重米娜。他們發現她很沒安全感，經常需要確定他們還愛著她，而且這種需求無窮無盡。然而，不管他們說了多少安慰的話，也無法消除她的憂鬱，這種情緒隨著她年紀漸長變得更加頻繁。她是發明家的女兒，然後嫁給了發明家，卻無法擺脫神經質的毛病——只因為愛迪生關心實驗室的程度高於關心她。

她現年三十四歲，早已失去了一八八五年夏季時讓愛迪生著迷的少女魅力（「我思念米娜時，差點被有軌電車輾過。」愛迪生說）。她的緊實身材漸漸走樣，太常待在家、不常放假也使她原本很像肖托夸少女（Maid of Chautauqua）的面容變得黯淡無光。但她並不是操勞過度的家庭主婦，因為有十一位工作人員負責使宅邸保持整潔、舒適及光亮的狀態，也幫她準備豐富的餐點（沒有酒，因為她不喜歡酒精）以及把莊園、溫室打掃得乾乾淨淨。她的孩子在私立學校接受教育，還有法國籍家庭教師特別指導[2]。車夫和馬車隨時待命，負

2「我們以前說法語時，能說得像英語一樣流利。」查爾斯回憶說。

格蘭蒙特的客廳裡有愛迪生的椅子與燈，約攝於一九〇〇年代。

責送她去參加女士午餐會、美國革命女兒會（Daughters of the American Revolution）地方分會的會議。愛迪生給她豐厚的私人零用錢，因此她穿得起昂貴的俗氣衣裳，也負擔得起紐約任何一場歌劇或舞會的頂級包廂。

雖然她享有象徵特權的飾物與設施，她身上卻散發出一股冷酷的氣息，而堅定的循道宗教義支持著她。她聽不懂別人說的笑話，看不慣舞衣和低胸禮服，也強烈反對愛迪生經常掛在嘴邊的不可知論。每年八月，她都會參加父親在紐約上州共同創立的肖托夸集會（Chautauqua Assembly），這是沉悶的「成人教育活動」，涵蓋能幫助她緩解憂鬱的靈歌音樂會和講座。她參與的講座主題包括「苦難的問題」、「從工業秩序了解耶穌的教誨」。

後來，她震驚地發現嗜酒成性的湯姆走上許多百萬富翁兒子的老路，娶了金髮舞女瑪麗・路易斯・圖希（Marie Louise Toohey）。她也不能原諒威廉告訴愛迪生：「我永遠都不會愛繼母，也不會對她有好感……我覺得她破壞了我們的幸福。」

無解

在愛迪生每年收到的三千封來信中，有一大部分是糾纏不清的信。他處理這類信件的方法是在第一頁上方草草寫上「無解」（通常是第二頁提到有關錢的事）。他會讓秘書約翰・蘭道夫（John Randolph）來判斷懇求者是否至少禮貌地表達歉意。蘭道夫經常丟棄宗教狂或孤寂「寡婦」以男性筆跡寫的信。在湯姆和威廉成年之前，愛迪生對他們有求必應，但後來時不時威脅他們，只要行為不端就會削減生活費。即便如此，蘭道夫無法放心地對湯姆和威廉的來信視而不見。這位秘書的情商不高，他不禁流露同情心。由於他是回應請求的第一線，也是幫愛迪生開支票的人，因此湯姆和威廉開始叫他「強尼」，把他當成盟友。如果他們無法順利說服父親，也許他可以辦得到。

一九〇〇年春天，愛迪生面臨的問題是如何讓兩個兒子遠離紐約這個紙醉金迷的地方。威廉寫信給米娜，揚言要對她施暴，再加上黃色報刊[3]報導了湯姆和圖希在麥迪遜廣場花園（Madison Square Garden）的阿里昂舞會（Arion Ball）上狂飲香檳口味的冰火氣泡酒（「最近在賭場的舞臺上出現穿著粉紅色網紗衣的亮麗人物。」報刊寫道），此問題就成了當務之急。

小愛迪生（湯姆），約攝於一九〇〇年。

但愛迪生對此感受到的不安，遠不及湯姆和新聞記者交談時，擺出發明家繼承人的架子來的大：「我從小在爸爸的實驗室長大，爸爸也親自教育我。我相信我有能力接下他可能無法在有生之年完成的工作。」蘭道夫經常煩人地回報說，這位年輕人不僅開空頭支票，還向所有來訪者吹噓自己的姓氏。

五月九日，有一張傳單送到實驗室，上面宣布湯姆擔任新成立「國際科學暨發明局」的諮詢專家，紐約、倫敦

3　以煽情主義的新聞內容為基礎，著重在犯罪、醜聞、流言蜚語、性等問題的報導，以達到迅速吸引讀者注意之目的。

及巴黎都設有辦公室。「公司的專業技術人員隨時準備審查和研究任何理念，或提供給我們的想法（請見空白處），並回饋他們的意見。必要時，他們也會提出改善的建議。」傳單上寫道。該局能為任何具有價值的發明申請專利，以換取日後所有利潤的三分之二。總經理弗萊登斯坦（A. A. Friedenstein）在末尾寫上附言，表示湯姆向他保證上述方案已得到愛迪生的認可。「既然如此，請你給我一些建議，因為我不想把錢投資到不適當的事。」他寫道。

多年來，愛迪生收到不少類似的信函宣傳湯姆白熾燈公司（Edison Junior Improved Incandescent Lamp）、湯姆侯哲爾鋼鐵加工公司（Thomas A. Edison Jr. & Wm. Holzer Steel & Iron Process Company）、愛迪生—羅傑斯透視鏡公司（Edison-Rogers Photoscope Company）以及湯姆化學公司（Thomas A. Edison Jr. Chemical Company），更別提那些宣稱能恢復婦女「嬌弱器官」的元氣，進而治癒婦女特有疾病的公司——愛迪生博士減肥藥（Dr. Edison's Obesity Pills）與愛迪生電帶（Edison Electric Belt）。於是，愛迪生把弗萊登斯坦的推銷內容介紹給律師，然後開始著手設計一項更符合他自身特點的發明：世界上最長的旋轉式水泥燒窯。

全新的電流混合物

某年五月，愛迪生站在曼哈頓的西側，等候從科特蘭特街（Cortlandt Street）開往澤西市的渡輪。史密斯麥克尼爾（Smith & McNell's）餐廳就在兩個街區以外的地方。他曾經飢腸轆轆地把剩餘的幾個硬幣花在一盤蘋果餃、一杯咖啡以及一支雪茄。在他的回憶中，這是最美味的一餐，甚至比他後來在德爾莫尼科餐廳（Delmonico's）負擔得起的餐點更好吃。目前那家餐廳仍有蘋果餃（二美元九十五美分），他時不時推薦給朋友。「你會發現，這是你這輩子吃過最好吃的餃子。」他說。

多年後，馬車將他照亮的街道擠得水泄不通——到處都是運貨馬車、不停咒罵的車夫、氣味濃烈的平板馬車，其糞肥和尿液使空氣中彌漫著臭氣，讓人需要抽味道最濃烈的雪茄，才有可能中和氣味。如果紐約的街道在這個世紀初就變得擁擠不堪，多久之後會陷入無奈的停頓呢？愛迪生花了兩個小時，在筆記本草草寫下補救辦法。

負載量有限。交通堵塞。由此造成的延誤和費用……

解決方案：電動貨車佔據一半的街道區域，速度增加一倍，有兩倍或三倍的承載能力……

必要的開發：

驅動裝置——容易。馬達驅動器——容易。操縱裝置——簡單。電池——（？）

與有軌電車、火車不同的是，電動貨車和汽車仰賴鉛酸蓄電池。後者沒什麼噪音，但代價是讓輪胎會爆胎般沉重的鉛板重量，更別提充滿腐蝕性液體的電池在正負兩極之間來回晃蕩，散發出一股很像馬尿的刺鼻氣味。當時有兩種替代方案，各有其不利條件。靠汽油驅動的車輛很難啟動（引擎必須靠著轉動曲柄才能發動，而且在反衝力的作用下可能會折斷人的手臂），駕駛起來也很費力，每次加速或減速時都需要緊湊地換擋。此外，這種車煙霧彌漫，發出的聲音很刺耳。至於蒸汽機汽車，必須經常裝滿水，在冬天也需要長達四十五分鐘的預熱時間。[4] 但這種車冒煙啟動時很強勁，主宰了全國八千輛「無馬之車」市場的

4　在一九〇〇年的美國汽車市場，蒸汽車占百分之四十，電動車占百分之三十八，燃油車占百分之二十二。

絕大部分。話說回來，除非某種驅動模式既實用又便宜，否則城市道路上的糞肥量不太可能大幅減少。

從愛迪生在科特蘭特街做記錄的筆記本可知，他推測沒有傳動裝置、不造成污染的電力會勝出——即使不能用於汽車，至少能用於貨車和出租馬車。他需要做的就是發明更輕、更便宜的可逆伽凡尼電池。這種電池須比得上汽油的高能量密度，像蒸汽般的潔淨，能產生沒有浪湧或崩塌跡象的電流，也能夠在需要充電之前提供長達數英里的牽引力。此外，該電池須承受得住短路、鄉間道路上的顛簸、過度充電以及電壓降至零的情況。誠然，這些都是難以衡量的條件，但這種電池的本質就是適合應對上述的挑戰。經過十年披荊斬棘的日子，愛迪生內心深處的科學家靈魂渴望回頭接觸電化學的邏輯原子論。

對於「只有鉛、鐵及硫酸才是能夠產生充足電流，使一輛汽車獨立移動的試劑」這種說法，他並不認同。他認為在理論層面很有說服力，但在實務方面站不住腳，因為其液態電解質本身有破壞性的影響。在理想的條件下，每輛車由六個或八個含鉛的硬膠電池組成[5]，也會造成百分之十五的效率損失。若想長時間維持這樣的比率，則需要比大多數「經常駕駛汽車者」更專業、更有耐心，更不用說把沒用的配件搬出來的力氣了，這通常需要兩個人才辦得到。「如果大自然打算運用電池中的鉛，為車輛提供動力，」愛迪生斷言：「那就不會把鉛創造得這麼重了。」

他並不知道科特蘭特街筆記結尾的問號是職涯中遇到最難解的項目，他開始尋找「大自然」中存在的電化學陰陽法則、正負兩極的理想抗衡力、吸引力與排斥作用、充電與再充電、質量與能量之間的關係。雖然他還沒實現目標，但應用電學之父亞歷山卓·伏特（Alessandro Volta）在一百年前發明的一次性電池中有跡可循：一疊用酸類浸泡過的圓柱形紙盤，交替地將銀與鋅、或銅與鋅的厚圓盤分隔。潮濕層與金屬層產生反應後，在電池與外部導體連接的瞬間，會透過電池產生從正極到負極的電流。雖然電流很大，流量卻不可逆，直到電池耗盡到「壽終」為止。

一八五九年，加斯頓・普蘭特（Gaston Planté）發明了能夠儲存外部電流注入的二次鉛酸蓄電池，這項發明可以媲美伏特的技術創新。當愛迪生還是個年輕的化學家、電工時，他為了深入了解這兩種電池，常常把自己搞得驚魂未定。當他成年、臉部被硝酸濺得幾乎毀容後，他才開始考慮可逆牽引用電池的可行性。這種電池充滿鹼性電解質，也許能完全消除平板電極，能量就不會浪費在密度大的金屬動向了。

一八八九年，他朝著這個基本的概念邁出第一步，當時他改進了拉朗德（Lalande-Chaperon）電池。這款一次性電池在其氫氧化鉀水溶液中的鋅陽極與鐵陰極相互對置[6]，其封閉結構抑制了電解液的蒸發，使他相信耐腐蝕的電池可以透過外部發電機再度充電。為此，有將近一年的時間，他持續使用氧化銅電極進行再生實驗，並浸泡在不同濃度的苛性鈉溶液中。結果不盡理想，因為銅要麼過度氧化，要麼無法逆轉。在一九〇〇年夏季結束之前，他嘗試五十種其他金屬與礦物的組合，目標是尋找全新的電流混合物。

不懂愛

以不同的運作方式來看，愛迪生的兩個大兒子非常像失靈的蓄電池電極。湯姆如同有腐蝕性的負極元素，注定要吸引像弗里德蘭德（Friedlander）先生這種如影隨形的離子。威廉則像噴灑出電子的硬端，有時有爆炸的危險，任何事都可能引爆，例如他想像中的輕蔑、謠言、房東催款，就像他能很快流露出真誠

5　現今，英文中的「battery」和「cell」皆可指「電池」。在愛迪生的時代，「battery」是指一組電池（cells）。
6　如今稱為愛迪生—拉朗得（Edison-Lalande）電池。到了一九〇〇年，愛迪生每年向鐵路公司出售幾十萬個這種用於信號機的電池。

的愛意或善意一樣容易。湯姆跟弟弟威廉一樣窮困，但他「重色輕財」。對威廉來說，獲得一張支票就心滿意足了。

不知何故，湯姆在七月時突然有個想法，認為自己對身為工業大亨的兒子抱持著不合適的期望。他馬上懷疑是米娜密謀剝奪他的繼承權。他的妄想症在沃爾特·馬洛里（Walter Mallory）收到的一封信中表露無遺。馬洛里是身材高大、愁眉苦臉的工程師，他負責經營愛迪生波特蘭水泥公司。

> 你能不能盡快告訴我，爸爸是不是要取消我的繼承權……是他老婆和幾個朋友幹的好事嗎？他們在這件事有影響力……爸爸不懂愛，但大家很快就會知道事情的真相。有人告訴爸爸有關我和老婆的事，都是扭曲過的謊言，他卻信以為真。反正他之後會後悔。我要讓他和米勒那夥人知道，我這個兒子不是紈褲子弟。

可憐的湯姆承受太多心理壓力，他的單薄身子披著高雅服裝，細長的脖子隱藏在高領下（相比之下，威廉看起來像準備脫光衣服去戰鬥的中量級選手）。「米勒那夥人」是指米娜的親戚，他們一向瞧不起她的再婚家庭。

威廉繼續抱怨必須謀生的煩惱。他在華盛頓特區經營一家汽車代理公司，但做得很不順利：

> 我的微薄收入不夠維持生活，只好去找工作。夠格的父親一定會關心我是否過得幸福。但我爸爸不曾花心思去了解我是死是活。馬洛里，我跟你講……我已經厭倦了這一切。在我化為塵土之前，會有醜事發生。

馬洛里把這封信轉交給老闆。過去一段時間，愛迪生每年給威廉二千一百六十美元，比大學教授的平均薪水還高。[7]他不理會這封信，但布蘭琪隨後寫了一篇歐斯底里又潦草的六頁長文，表示「本世紀最偉大的人物」不該讓自己的孩子生活得如此貧困。此時，他勃然大怒。

我不懂，為什麼我應該要承擔兒子的生活費？他又不給我面子，好幾次讓我顏面盡失。事實上，他有時傷我很深。十五年多以來，我每年靠著不到二千美元養家糊口，過得也還可以。但我每個月給你們那麼多錢，妳卻用這種態度對我，可見妳完全不懂得感激。妳叫老公學學我這樣自己賺錢吧。在此之前，我每個月還是會繼續給你們錢，但別奢望我借你們更多錢或提高每個月的金額。

我所有的錢

十月時，愛迪生的前兩項專利涵蓋了「可逆伽凡尼電池或蓄電池的實用改進新方法」，預示著他身為一名化學家的自我重新探索，同時也必須接受自己永遠不可能成為另一個安德魯・卡內基（Andrew Carnegie）的事實。採礦與磨礦的經濟效益迫使他放棄了在新墨西哥州的昂貴投資活動，當地的金砂太貧乏之，難以加工。同時，他關閉了紐澤西州奧格登斯堡市的採鐵廠；九年前，他與馬洛里滿懷憧憬地成立該工廠。

從此以後，愛迪生除了忙於改造長窯和殘餘的奧格登斯堡市機械，用來製造波特蘭水泥之外，他打算

7　愛迪生給湯姆的金額也差不多。同時，他還為兩個兒子支付抵押貸款，房地產的類型尚不明。

盡量多花時間研究試管和電流計。「我要把所有錢花在蓄電池上。」他說。

從專利的申請可知，他並不期待「早日成功」。他寫道，運用鎂的絕對中性可以防止鋅在充電期間以海綿般的形式沉積在負極，藉此改善鹼性電池的性能。反之，如果他採用的元素是氧化銅，就會產生大團塊。然而，鋅本身就是個問題，因為很容易在鹼性溶液中溶解。團塊在一段時間後逐漸降解，快速減少放電容量，正如其他使用這種電池的實驗人員所發現的結果。

最後一句話一直困擾著愛迪生。這表示他很了解不知名的瑞典科學家恩斯特・瓦爾德瑪・榮格納（Ernst Waldemar Jungner）的發明。榮格納開發的鹼性汽車「蓄電池」與他的發明很相似，時間點也很相近。要不是他們被兩大洋相隔兩地、語言不通的話，他早就懷疑有間諜行為的可能性。幾年前，榮格納也發明了另一種拉朗得電池。一八九九年八月二十六日，他發明的第一個鹼性銀鎘電池在德國取得專利。大概兩個月後，愛迪生開始測試鋅與銅在苛性鉀溶液中的極化反應。差不多在這段時間，榮格納也為鹼性電池申請美國專利，但尚未取得專利。

如果愛迪生在執行第一個專利申請時就熟知此狀況，他應該讀過榮格納在《電化學期刊》（*Elektrochemische Zeitschrift*）中寫的近期文章〈恆定導電率的電解質〉（Ein primär wie sekundär benutzbares galvanisches Element mit Elektrolyten von unveränderlichen Leitungsvermögen）。這並非不可能，因為他訂閱了類似的刊物——《電工技術期刊》（*Elektrotechnische Zeitschrift*），並聘請翻譯員來協助他掌握國外的創新趨勢。

無論如何，他在十月十五日申請的第二份專利，顯示出他對鎘元素的電化學有全面的了解，以及他成功克服了「所有前任實驗人員」無法解決的問題。他簡潔地描述一項比他在一八七四年發明四重訊號電報以來更加複雜的發明——首先，將兩塊矩形的薄鎳板軋製並退火，再分別浸漬鎘與銅元素，並像「無限鏡」（infinity mirror）般地把鎳板拉成面對面的角度。為此，他藉由赤熱和氫氣打磨，再將平坦的鎳板固定在容器上，目的是使電池盡量保持纖細。然後，將容器與鎳板穿孔，以便稍後浸泡在鹼性液體中。接下來則是錯綜複雜的程序，要準備兩種用來填塞容器的金屬粉末：一種用於正極板，由磨碎的鎘組成；另一種用於負極板，由磨碎的氧化銅組成。雖然目前為止，電池的裝配以對置為基礎，但元素必須以不同的方式製造。他藉著鉑陰極的電極澱積取得鎘，剝離出細絲般的帶狀形式，純度極高。接著在水中清洗，去除殘留的硫酸鹽，再將細絲塞進容器，緊密的塞填方式能使容器保持「連貫性」，但又不至於緊密到使容器毫無滲透的孔隙。

儘管這種操作方法很棘手，但還比不上分解氧化銅的難度。由此可了解，榮格納（或愛迪生指控過的前人）為何無法創造出有效的去極化劑。他們的嘗試都受到產量很少的銅鹽阻礙。銅鹽略帶藍色，可溶於鹼性液體。當銅鹽散開並溶解時，

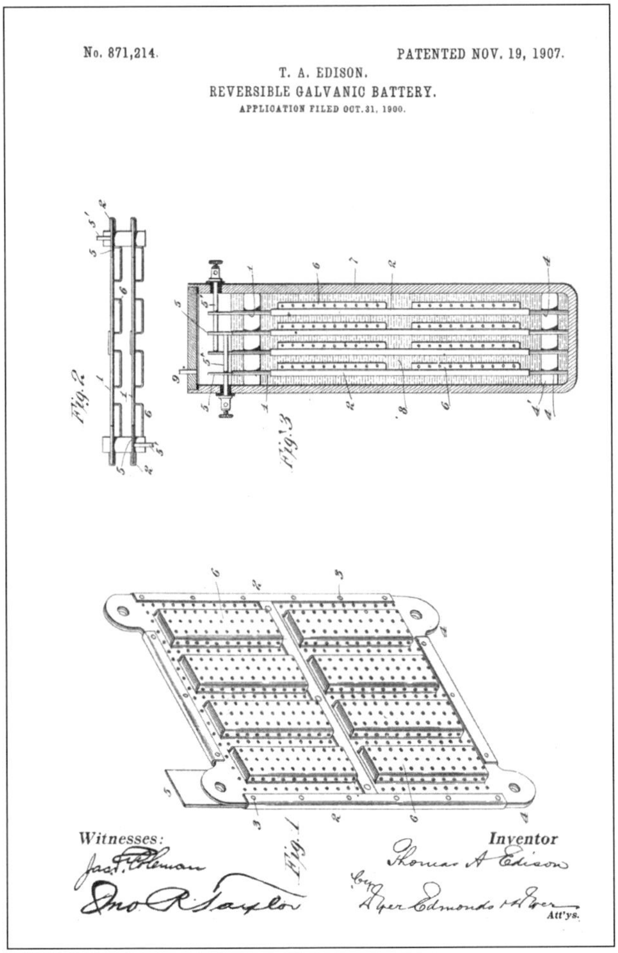

一九〇〇年十月十五日，愛迪生的鎘銅蓄電池專利申請圖示。

能快速破壞陽性元素與陰性元素，尤其是鋅。電池的尺寸勢必加大才足以彌補，而電阻也會隨之增加。

「因此，」愛迪生寫道：「以氧化銅做為去極化劑的可逆電池無法持續應用在商業領域，現在也過時了。」他的電池獨特之處在於，他用化學方法分解氧化物，使之變得像純淨的滑石粉一樣光滑。「假如……有一塊密度大的銅，無論尺寸有多小，或者，即使磨碎的銅被壓縮到足以具體增加密度，也能形成可溶解的氫氧化銅。」他說。他為了避免這種鹽引起的障礙，便盡量在低溫下用氫還原碳酸銅的方式來取得粉末。因此，粉末很輕、不含水、不易溶解，而不易溶解的特性對蓄電池電極的效率非常重要。「銅以如此精細的分割形式固定形狀後，就能模壓成特定外型的薄塊，緊密地放入極板的容器……」他說。

目前，他的專利申請已經進行了三分之二，顯然他陶醉於自己描述過的複雜細節（「化學是偉大的學問，也是我最喜歡的學科。」他說），也樂於研究可以預防箇中奧妙被侵犯的術語。

> 填平的銅板成型後，置於溫度不超過華氏五百度的密閉空間中六至七個小時，直到銅轉化為黑色氧化物（氧化銅的分子式：CuO）。如果需要更高的溫度，黑色氧化物的密度就會在不合適的情況下增加。氧化後，氧化銅塊以電解的方式還原為金屬銅，接著藉著電流在充電時重新氧化，直到轉化為紅色氧化物（氧化亞銅的分子式：CU_2O）。在這種形式下，銅塊插入需六個極板的有孔容器後，即可使用。
>
> 我之前說過，原本透過氫還原而取得的細碎銅，可以輕盈地裝進有孔的容器中，但不會先被高溫氧化。但我發現這道程序結束時，效率反而比銅一開始氧化成黑色氧化物還差，因為這跟鎘不一樣，沒有剝離出細絲般的外形，而最初產生的粒子也不會明顯地相互形成密切的電接點。

最後的製造階段是加固和隔離鎳框裡的負載極板，連接極板的電力，並將整套配件插進鎳套管——配件的設計很密實，但能像公事包一樣容易提起。接著，加滿一〇%的氫氧化鈉溶液，並密封起來，但不包括用於充電時釋放氫氣泡的單向閥。再加上正極與負極這兩個一致突出的極尖，即可完成電池。該電池可以和其他電池疊放在一起，共同提供所需的電力。

愛迪生陳述最後一段時，他非常滿意自己設計的二元性。在放電的過程中，鎘變成氧化鎘，而氧化銅變成銅。在充電的過程中，金屬與氧化物恢復到原來的狀態，甚至電解質中的水也各自分解和再生，使液體在每次放電後能保持完全相同的條件和數量。蒸發量很少，因此電池幾乎不需要加注蓋。「我實際做了之後才發現，在極板之間插入石棉薄片……只要用鹼性液體浸濕薄片，就能產生和實際浸泡極板一樣良好的效果。」他說。

這種先進的電池在金屬與濕潤的纖維質料之間交替，證明了伏特一百年前的電堆（electric pile）有效性。

跟蹤她的人

即使愛迪生簽了兩項新專利，他仍知道自己幾乎沒有動力去挑戰汽車鉛酸蓄電池並採取行動。他的鎘銅電池出現了幾個問題，首先是兩種金屬的成本高昂，[8]其次是輸出電壓只有〇．四四伏特，不切實際。即使可以製造出更便宜的電極來產生更多每單位重量的能量，但精巧的組裝並不適合商業生產，而且他也

8 當時的鎘價是每磅一美元二十美分，而鉛價是每磅四美分。

沒有完全解決藍鹽沉澱的問題。十一月時，他回到化學實驗室，再度尋找可逆電流的理想陰陽法則。

除此之外，威廉這個月的來信增添了活力，他似乎忘了前陣子引起父親發怒的事。現在他假借關心哥哥的名義來寫信，描述湯姆的舞女妻子拋棄了他，並濫用以前的人脈：[9]

有人看到圖希、兩位古怪的男子以及一位低俗的女子走進乾草市場（Haymarket），這是紐約最不正經的娛樂場所之一。她在田德隆街區到處走動，一見到人就吹噓說她是愛迪生的媳婦，也是愛迪生最疼愛的媳婦……她好像以為我們都是被她耍得團團轉的傻子。跟蹤她的人說她不但喝得酩酊大醉，還把這一切都告訴下流的人。

威廉請求父親想辦法保護家族的「好名聲」。愛迪生認為威廉說的很有道理，於是私下和圖希約定，只要她不再宣揚他們之間的姻親關係，他每週就會給她二十五美元。

他把注意力轉回到更適宜的水泥製造實驗，重新考慮了他在年初申請專利的長窯。他本來打算在紐澤西州斯圖爾茨維爾（Stewartsville）附近的新村（New Village）打造長窯，做為大型水泥製造廠的重要部分。[10]

雖然長窯可以運送上船了，但他還是忍不住在電池試驗的暫歇期間把長窯變得更長。沃爾特·馬洛里發現愛迪生對「長」的新想法是，無論管子的容積有多大，每天都能排出一千桶水泥。當這位工程師提醒他，產能比業界的火爐高出四〇〇%，他就想出了一百五十英尺長、直徑九英尺的窯規格：由十五個鑄鐵部分組成，在十五個軸承上旋轉，而軸承大到足以裝得下納爾遜紀念柱（Nelson's Column）。

佛羅里達州最美麗的地方

到了一九〇一年，有兩項專利在這新的一年待審核。一百多名實驗室工作人員協助愛迪生進一步開發鹼性蓄電池，而他無法向投機商隱瞞自己的宏大計畫。他唯一的競爭對手已經在斯德哥爾摩成立瑞典公司「蓄電池榮格納」（Ackumulator Actiebolaget Jungner），但公司名稱在華爾街的名氣遠不如愛迪生蓄電池公司，後者在二月一日的資本額為一百五十萬美元。十八天內，紐約的信託律師路易斯・博梅斯勒（Louis Bomeisler）向愛迪生出價三百萬美元，想取得他的新電池銷售權，即便該電池還處於理論研究階段，說不上是產品。

愛迪生迴避了。博梅斯勒以為他嫌報價太低，於是惱火地寫道：「我不希望為這麼重要的事付出許多心力後，卻在成交的前一刻發現自己還在競標……所以我出價很高，你不應該回絕。」其實，這個數字高到足以償還愛迪生的所有礦業債務，還能支付他的水泥研磨廠開銷。但他一直婉拒博梅斯勒（「我不想跟你吵起來。」他說），直到這位困惑的律師發覺他是一個不向金錢低頭的人。

湯姆則不一樣了，他急著宣傳自己的名字，導致湯姆侯哲爾鋼鐵加工公司的受騙投資人在二月中旬起訴他，要求賠償四十萬美元。第三方提醒湯姆有可能會入獄。愛迪生則像以前一樣不耐煩地回應：「我不

9　八月初，圖希與湯姆在喬治湖（Lake George）度假時，她在湯姆身無分文、衣不蔽體的情況下離開，並和另一個男人返回紐約。心煩意亂的湯姆隨後搭另一列火車。到了揚克斯（Yonkers），他沒有足夠的錢繼續坐火車往南方，只好徒步完成路程。八月十六日，《紐約時報》宣布圖希重返賭場劇院（Casino Theater）舞臺，演出歌舞喜劇《自由美人》（The Liberty Belles）。也許是飲酒作樂的緣故，湯姆失蹤了六週。愛迪生只好請威廉與平克頓（Pinkerton）偵探事務所尋找他的下落。

10　曾經是世界上最大型的工廠廢墟，現在依然位於紐澤西州的新村。

了解這件事的來龍去脈，寧可不插手。這個年輕人已經成年了，我不必為他做的任何事負責。」

接著，他決定暫停閱讀朱利葉斯·湯姆森（Julius Thomsen）寫的《熱化學實驗》（*Thermochemische Untersuchungen*）、格拉德斯通（Gladstone）與特里博（Tribe）寫的《蒲朗第與佛瑞的二次電池化學》（*Chemistry of the Secondary Batteries of Planté and Fauré*）以及過期刊物《美國化學會期刊》（*Journal of the American Chemical Society*）。「我要去佛羅里達州一個月，提升自己的才智。」他對朋友開玩笑說。十四年來，他第一次感覺自由地回到麥爾茲堡的莊園。他和以斯拉·吉里蘭（Ezra Gilliland）——兩人的關係還沒惡化成勢不兩立之前，曾經意氣相投——以前一起買下這座莊園，那時他們互相稱呼「戴蒙」（Damon）和「皮西厄斯」（Pythias）。吉里蘭還把米娜介紹給愛迪生，讓他們共譜佳緣。[11]發福的戴蒙因心臟病而往生，而且他也很久沒回到麥爾茲堡，因此他們不可能穿越相隔兩幢房子的二十碼花園互相發脾氣。

無論如何，從一八八七年以來，愛迪生就一直放任這塊地產受到度假者和病人的來來往往而日益磨損，現在該是他前去探訪的時候了。米娜、三名孩子、兩名親戚以及一名女傭陪同他，這次的拜訪比起懷舊更像是一種懲戒。他們的管理員試著幫房子刷上幾層新漆，但問題是屋內沒有足夠的床位供八個人睡覺，也沒有廚師幫他們準備飯菜。吉里蘭的房子目前歸於標準石油（Standard Oil）公司的多金總裁安布羅斯·麥葛瑞格（Ambrose McGregor），外觀與雜草叢生的鄰近房子形成鮮明的對比。儘管如此，愛迪生在一八八五年以對稱形式設計的週邊公園已經發展起來。米娜以園丁的眼光審視，也看到了恢復園藝優勢的巨大潛力。

接下來的五週，他們和麥葛瑞格一家人成為朋友，將就著在市中心的旅館吃飯，並為新的花圃引進大量土壤。愛迪生用一根釣竿磨練自己的智慧：他把一條重達三十磅的大西洋紅鱸從克盧薩哈奇河的清澈河水中拖出來，但他幾次試著把大西洋海鰱弄上岸都失敗了。他告訴記者，他打算把麥爾茲堡當成冬季的常居地。「這裡是佛羅里達州最美麗的地方。到東岸的遊客遲早會發現它的美。」

哪一個最好？

愛迪生回到北方後，最先做的事就是參加尼古拉・特斯拉在哥倫比亞大學舉辦的電氣講座活動。儘管他們都是該領域的創新者，兩人的共同之處猶如他們化身為相互較勁的電力系統——直流電與交流電——他們的關係一直都是「君子之交淡如水」。[12]愛迪生很難原諒以前試圖利用他教導的東西來致富的夥伴（吉里蘭可以證實這點），但特斯拉在一八八四年為愛迪生機械公司貢獻自己的才幹六個月後，他為了成立特斯拉電燈與製造公司（Tesla Electric Light and Manufacturing Company）而離開時，並沒有帶走愛迪生的任何東西。

愛迪生抵達哈維邁耶大廳（Havermeyer Hall）時，已經遲到了。觀眾一看到他入場就熱烈鼓掌。特斯拉原本在忙著展示電子振盪器的光效應，但他聽到一陣歡呼聲就抬起頭。記者進一步為他們兩人歡呼道：「我們可以看到最偉大的美國發明家……特斯拉先生停下手邊的工作，熱情地和愛迪生握手，並帶他入座。」

11 有關愛迪生與吉里蘭之間的早期交情、最終疏遠的關係，請見第五部與第六部。
12 愛迪生曾經寄一張自己的照片給特斯拉，他親筆寫上「愛迪生致特斯拉」。

另一位感興趣的旁觀者是古列爾莫・馬可尼。這位二十七歲的義大利工程師與現場的許多學生年紀相近。他在四月十六日來到西奧蘭治鎮，是為了檢視愛迪生的「無線電報」舊專利，以及花四個小時聽愛迪生漫談有朝一日會環繞地球並穿透太空的輻射聲波。這對馬可尼來說，並不是出乎意料的事。他曾經向英吉利海峽對岸發送過摩斯電碼。但他對這項專利非常感興趣，也覺得在自己的實驗進行階段值得參與更多的實務交流。

不久後，《西方電工》（*Western Electrician*）的頭版在討論這種媒介在二十世紀的適合名稱——「火花電報、太空電報、無線電報、以太電報、赫茲電磁波電報、無電纜電報，哪一個最好？」當時，連馬可尼都還沒提出過「無線電」這個詞。

一組電池

二十一日，愛迪生工業公司裡最精通理論的亞瑟・肯尼迪（Arthur Kennelly）博士在美國電機工程師學會的年會上宣布，他的老闆發明了新型蓄電池。愛迪生私下做了九千多次實驗後，他發現兩種金屬的電化學性質非常相似，於是將可逆伽凡尼電池應用到實務上。

肯尼迪接下來發表的報告有關技術，但也揭露了愛迪生決定用含鎳超氧化物製作正極，這在業界引起一陣轟動。眾所周知，鎳在氧化和還原狀態下不導電。如果做工精細，鎳幾乎跟鎘一樣昂貴。他用鐵製作負極，這是比較容易預測的對立電極，有可能形成大量的深度放電週期。愛迪生將微小的石墨薄片和鎳水合物混合在一起，並將合成的粉末填入之前在電池設計中使用過的凹槽板，藉此提升正極的導電率。石墨是純結晶碳，除了在每種化合物中產生微小的導線管，對新電池沒有其他作用。導線管使氧離子能夠在百分之二十五的氫氧化鉀溶液中自由流動——氫氧化鉀是愛迪生最喜歡應用在電池實驗的鹼性電解質。

肯尼迪聲稱，鎳鐵電池的儲存容量為每磅十四千瓦時，充一次電就有足夠的原始動力把與本身重量相等的物體抬到七英里的高度，這點讓一些抱持懷疑態度的人難以置信。相較之下，鉛酸蓄電池只能抬到二至三英里，然後就會掉落，在地面造成顯著的凹痕。愛迪生的電池是一組，而非一箱。如此堅固的混合體可以承受得住一般汽車遇到的衝擊，也具有非常安定的特性（如同其創造者）。在他報告的最後，他坦承實驗中的容器為愛迪生帶來一些麻煩。這些容器分別失去氧氣或收回氧氣時，膨脹和收縮的反應使鎳板稍微隆起，鐵板則會收縮。反過來說，在充電與重新充電週期的下一個階段也是一樣。在這兩種情況下，內部壓力的變化都會使電池的薄鋼壁進行類似吸氣和呼氣的動作，但他強調這些動作是在金屬的彈性範圍內發生。

最後，針對觀眾中所有埃克賽德員工都想了解的問題，肯尼迪答了一半：「至於成本，愛迪生先生相信，等籌備中的工廠設施建成後，他就能夠以每千瓦不高過鉛酸蓄電池的價格供應電池。」

水泥業的新紀元

那年春天，德拉瓦州、拉克瓦納（Lackawanna）及西部鐵路的六十英里距離與十七個車站分隔了愛迪生的兩個工廠專案。他必須在兩地之間往返，監督建築的每個細節，並評估產量的可能性。某個星期六上午十點四十分，他到新村巡視水泥研磨廠，涵蓋採石場、包裝廠。在十一棟鋼筋混凝土構成的大樓中，有七棟已完工或快要完工，其餘的大樓預計在仲夏時節準備就緒、配備齊全。儘管映入眼簾的是全國第五大水泥廠，他還是決定把每天四百桶水泥的產能提升到一千桶。他整個下午都在現場沉思，然後坐清晨五點半的火車回家。從早到晚，一直到星期天下午，他憑著記憶工作，針對研磨廠的設計列出將近六百項必要的修改清單，包括新機器的尺寸，以及訂購兩台卡內基蒸汽挖土機來開拓更多的潛在水泥岩脈。[13]

他印出這份清單並交給負責人後，才告知愛迪生波特蘭水泥公司的董事哈倫．佩奇（Harlan Page），公司必須出售大約四十萬美元的特別股，以支付他要求的修改費用。「我相信這家研磨廠會在水泥業創造新的紀元。」[14]

馬洛里的職責包括讓那些像佩奇這樣的人感到滿意。根據他的十年山區經驗，他明白愛迪生的設計主要是憑本能，其次才是靠推理。「我忍不住下結論，」當長窯運作，工廠每天生產一千一百多桶水泥時，他說：「他擁有一般人缺乏的能力，也就是憑直覺準確判斷機械與商業方面的潛在價值。」

二十三街發生了什麼事

一九〇一年六月八日，美國媒體在《馬里恩民主黨人》（*The Marion (Ohio) Democrat*）第一次暗示愛迪生不是唯一研發汽車鹼性電池的人。「斯德哥爾摩的榮格納先生是瑞典工程師，他發明了新型蓄電池[15]。雖然這款電池非常輕，據說有很大的容量……配有這種裝置的汽車，在沒有充電的情況下可以試車九十五英里……此方案似乎與愛迪生的前一項發明很類似。」

《巴克艾》（*Buckeye*）報紙的讀者對瑞典汽車輪胎的附著摩擦力沒什麼興趣，但愛迪生顯然在七月初就得知蓄電池的消息。當時，倫敦的企業家史都華（W. N. Stewart）給他機會將榮格納的歐洲專利與他自己的專利結合起來。「榮格納教授應該是很能幹的化學家。他做實驗七年了，而且都是意義重大的實驗……我認為榮格納教授非常欣賞你在這個領域做的事，他也不會提出令人難堪的條件。」史都華說。

愛迪生的反應很輕蔑，如同他看待直接競爭的態度。「聽說你買了榮格納的專利，我很驚訝。你之後會發現他的專利沒有價值，因為都是以理論為基礎。實際的實驗能證明他的專利在各方面都很糟糕。」他說。

他反而把自己以前的專利以及未來五年可能取得的新專利，以一百萬美元的價格賣給愛迪生蓄電池公司。他自己只拿了十萬美元現金，並相信自己可以從股票的收益賺到更多錢。如果他早知道在這段期間，他會獲得六十二份以上電化學專利特許證，也許他會更加看重自己的專業知識。

但他多年來不斷努力從中獲利的電影專利卻不是這麼一回事。此時，該專利擺脫了訴訟，也有希望給他豐厚的專利使用費。七月十五日，位於紐約南區的美國巡迴審判法庭在「愛迪生與美國電影放映機製片公司」（*Edison v. American Mutoscope and Biograph Company*）一案中裁定：愛迪生是最早發明電影攝影機的人，因此他可以阻止其他人在未經許可的情況下利用此發明物的特性。這項裁決可能會引發上訴，但暫時讓愛迪生成了美國最有影響力的電影製作人。

他向來對電影製作的創新方面不感興趣，他滿足於讓有才華的「御用」導演埃德溫・鮑特（**Edwin S. Porter**）負責製片，而他在加拿大待了六週，為新電池尋找鎳資源。這種金屬只比鎘或鈷便宜一些。如果肯尼迪提到的化工廠要獲利（在銀湖迅速崛起），他就需要私下商談以成本價格供應鎳。他假設電池能承受指令進行的一系列嚴格振動測試，預計在大約一年半後開始生產。

---

13 愛迪生還設計了全國最大型自動潤滑系統，安裝於新村。這套系統能在半英里的距離內，將石油輸送到一萬個軸承上。

14 一九二四年時，愛迪生的長窯已成為美國波特蘭水泥業的標準。

15 「accumulator」是歐洲常用的蓄電池術語。

到了八月初，他乘船向北經過聖克萊爾湖（Lake St. Clair），該處是分隔伊利湖（Lake Erie）與休倫湖（Lake Huron）的過渡水域，一邊是美國，一邊是加拿大。他在小時候航遊過這片水域，那次在兩地之間的航行是從俄亥俄州的米蘭出生地，到密西根州的格拉希厄特堡（Fort Gratiot）大白屋——他的成長故居。此時，他沒有多餘的時間在休倫港上岸、重訪童年經常去的地方，因為這艘船是開往安大略省薩德伯里（Sudbury）富含鎳的市鎮。

鮑特在紐約架設一台攝影機，拍攝一部新短片《二十三街發生了什麼事》（*What Happened on Twenty-third Street*）的那天，愛迪生拍打著黑蠅，並用磁化針探勘可以開發的礦層。鮑特捕捉到這樣的畫面：在酷暑中，年輕女子在人行道漫步。她經過通風的護欄時，發現自己的裙子飄起來，行經的路人產生了偷窺的快感。

無所不能

愛迪生順利地取得採礦權——他在薩德伯里市的東鷹橋（East Falconbridge）地區發現密集的鎳礦床[16]——但他返家後，卻發現自己又成了有家庭問題的人。他的幾個孩子遭到歹徒綁架勒索未遂，而瑪德琳的家庭教師為此心神不寧，最後自殺了。湯姆設法躲過了牢獄之苦，但他的支票被拒付，並利用湯姆化學公司的商標為「魔法墨水板」（Wizard Ink Tablet）的產品打廣告（「有一千家銀行大力推薦。」他說。）威廉一時沉默不語，但他的平靜通常緊接著情緒失控。

九月六日，儘管威廉．麥金利（William McKinley）總統在水牛城（Buffalo）舉行的泛美博覽會（Pan American Exposition）遇刺令人震驚，但至少生意還算不錯。[17]不幸的是，有關他臨終前以及副總統西奧多・羅斯福就職的新聞報導，使鮑特在夜間照明的展覽場地拍攝的精緻拍攝鏡頭（緩慢的搖攝效果有著如同黑天鵝絨般的光澤）顯得微不足道。除此之外，愛迪生的電影製片廠經營得不錯，而即便剛成立且積極成長的唱片切割企業「勝利牌留聲機公司」（Victor Talking Machine Company）來勢洶洶，他的錄音企業「國家留聲機公司」的銷售額一樣十分優秀，超越了其他競爭對手。水泥研磨廠已完工，化工廠也快要完工，而蓄電池受到了媒體熱烈評論。《羅契斯特民主與紀事報》（*Rochester Democrat and Chronicle*）發表一篇附圖解的「奇觀」文章，上面有一名男子坐著用單手舉起細長的金屬盒子。「愛迪生的這項最新成就，也許注定會像電燈一樣帶來天翻地覆的改變，」內文評論道：「每個人都該明白這個事實——擁有移山倒海般的駕馭能力，可說是無所不能的財富。」

愛迪生在十一月十六日收到一封長信。寄件人湯瑪斯・阿馬特（Thomas Armat）發明過一種叫做「幻影機」（Phantoscope）的電影放映機，後來在一八九六年經由專利購買的方式，成了愛迪生的維太放映機（Vitascope）。[18]他鑒於愛迪生最近勝訴，打贏了美國電影放映機製片公司，請求他考慮撤銷目前上訴的案子：「就算你對訴訟的結果有信心，你可能也會像我一樣領悟到，最後有可能打贏官司，但不是十拿九穩。」目前為止，這起案件的累積效應使當事人都無法得到本來應該獲得的利潤，但「數百位不學無術或知識淺陋的專利侵權者」卻以更低的成本致富。

---

16 一九〇二年至一九〇三年，愛迪生試著在鷹橋挖掘礦井，卻因流沙堆積成層而失敗。他最後放棄了礦井。

17 受傷的麥金利有一名助手想起愛迪生在一八九六年發明的螢光鏡，於是請求他從實驗室寄「X射線螢光鏡」到水牛城，期望輻射能以某種形式挽救總統的性命。一組工作人員及時從西奧蘭治鎮趕到現場，但麥金利的醫師認定他的身子太虛弱，無法接受輻射。

18 請見第四部。

阿馬特表示，與其繼續打官司，主要當事人不妨同意成立合併的電影公司或「信託」企業，將他們的專利集中起來。「這種聯合行動能建立真正的壟斷企業，因為沒有侵權者會對抗這些強勢要素組合而成的團體。」他寫道。如果愛迪生交互授權[19]多不勝數的專利特許證，得到的回報就是專利使用費與製造特權加起來超過總價值。

「我很快就會得到答覆嗎？」阿馬特問道，顯然他知道愛迪生對智慧財產權相關的對策有疑慮。

愛迪生向工作室負責人威廉・吉爾摩（William Gilmore）提議：「你跟他說，我不能光從信件內容深入了解這件事……我也不同意他提出訴訟方面的許多建議。」但他對信託的點子有興趣，於是請阿馬特派中間人來和他討論信託。最後，他們的意見不一致。愛迪生反而提議在法院裁決上訴之後，再協商交互授權的協議。阿馬特明白愛迪生想賭賭看接下來的勝訴，這樣一來他就有機會壯大勢力並獨佔鰲頭。

對實力較弱的一方而言，除了孤注一擲並等待法院的判決，別無選擇。最起碼，成立全國電影信託的構想第一次被搬上檯面。假如愛迪生最後敗訴，他們可能會再度討論這個構想。

勇於嘗試

一九〇二年一月十三日，在紐約舉行的美國電機工程師學會特別晚宴上，餐桌上的裝飾品不是鮮花，而是吸睛的小型綠色燈泡。在阿斯特畫廊（Astor Gallery）的兩端，有更大、顏色更淡的燈泡拼出神秘的詞「波爾圖與聖約翰」（POLDHU AND ST. JOHNS），還有三組燈斷斷續續地閃爍著摩斯訊號「・・・」，代表字母「S」。一個月前，貴賓馬可尼就是從康瓦爾郡（Cornwall）發送此訊號，越過大西洋，傳到加拿大。

這種看似平凡的光輝也照在其他電氣巨頭的臉龐：亞歷山大・格拉漢姆・貝爾、伊萊休・湯姆森（Elihu Thomson）、法蘭克・史伯格、卡爾・賀林（Carl Hering）、威廉・史丹利（William Stanley）以及該學會的會長查爾斯・史坦梅茲（Charles Steinmetz），另外也照亮了獨自坐在貴賓席的米娜。

「我想說出所有人的心聲，」史坦梅茲在開場時說：「那就是我們很遺憾業界大師——愛迪生先生無法出席。」但他很歡迎馬可尼，說道：「這是另一位天才……他在職涯初期就延續了愛迪生停下的腳步，並超越其他人的成就。」

這聽起來像是提及另一位知名的缺席者尼古拉・特斯拉的無線發明，但史坦梅茲沒有詳細說明。[20]他把接下來的活動交給主持人湯瑪斯・科默福・馬丁。馬丁立即唸出愛迪生親筆寫的便條：「很抱歉，我無法參加今晚的年度晚宴。我特別想向馬可尼表達敬意，他是個勇於嘗試的年輕人，也成功地讓電波橫越了大西洋。」

冷酷無情的爸爸

那天晚上，愛迪生在紐約的醫院臥病不起，忍受著經常困擾他的嚴重胃痛。他在過去四天只喝水，沒有攝取其他食物。米娜願意離開他的病床去吃晚餐，代表他漸漸康復了。但再過三天，他才能喝牛奶和吃排骨。

19 兩個以上的專利權人，互相表示自己的專利可以授權對方使用，達到共存共榮的狀態，能免去相互侵權的訴訟麻煩。

20 特斯拉通知馬可尼，他覺得自己「無法應付該場合」，但他祝賀馬可尼的「測心儀」穩定發展。六天後，他申請了無線專利。

威廉原本可以挑個更適當的時間點寫信給繼母，抱怨他身為偉人的兒子卻過著悲慘的生活，但機智本來就不是他的最大優點。他也毫不避諱地向能夠幫助他恢復正常生活的家庭成員求情：

> 我已經兩年多沒有接到你或其他家人打來的電話了，被這樣對待真的讓我很難受。當然，我相信如果不是為了爸爸，妳也不會對我這麼冷漠，因為我知道妳有一顆善良的心，不像爸爸那麼冷酷無情……我一點也不怪妳，因為妳有自己的孩子要顧，他們需要妳花大量的時間奉獻。我們就像枯死的木頭，沿著緩慢流動的小溪漂流，要把木頭從起始點倒推回去，可不是容易的事。如果一個人沒有屬於自己的家，他很難在星光下尋找家的方向。我經常在前往奧蘭治郡的半途中，無意間產生停下腳步的念頭。如果我此時伸手求救，不知是否有人願意拉我一把。

根據米娜的經驗，每當威廉伸手求救，都是為了錢。但這次，他只請求得到一張兄弟姊妹合照。「我怕哪天在街上遇到他們，卻認不出來。」他寫道。

米娜帶愛迪生到麥爾茲堡休養。三月中旬，愛迪生的身體還很虛弱，他聽說湯姆和威廉在北卡羅萊納州的伊麗莎白市（Elizabeth City）與警方爭吵並被逮捕。湯姆被指控醉醺醺的出現在公共街道，而威廉毆打了拘留他的警察。他們在監獄待了一夜。湯姆交了七美元五十美分的罰款後就被釋放了，而威廉在某處弄到一百美元的保釋金，隨後以襲擊和毆打的罪名出庭。

縱使這件事沒有使兩位年輕人的「冷酷」父親感到擔憂，報導此事件的《夜世界》（*The Evening World*）也在同一期刊登了另一則新聞：

愛迪生並不是電影的發明者

今天下午，美國聯邦上訴法院做出裁決，宣布湯瑪斯・阿爾瓦・愛迪生不是電影的發明者，以及除了他自己的機器，其他機器都沒有侵犯到他的專利。此裁決將使愛迪生的公司損失數千美元的專利使用費。

愛迪生的反應很憤怒，他重新發布基本的攝影機專利，縮小專利範圍並再次起訴顯著的大型工作室，包括法國的梅里愛（Mélies）和百代電影公司。對他來說，即便國家留聲機公司回報「金模壓」蠟唱片的新系列銷量飆升，目前每天以一萬個圓筒的速度複製產品，但這個月一點也不愉快。他在四月回到西奧蘭治鎮之後，每天中午仍然需要休息一下。

隨著夏天到來，比起他的身體和精神所需的藥罐，對他更有幫助的是蓄電池的成功實地試驗。第一次試駕是伍茲（Woods）小型汽車直行六十二英里，ESBC股東給了他一盒雪茄。他也參與幾次試駕，變得像蟾蜍一般，對於在鄉間公路上以危險速度顛簸而行的刺激感心馳神往。「我會說，這是王公貴族的消遣——行駛速度是每小時七十英里，簡直無與倫比。」事實上，愛迪生的「電動車」不可能達到這種速度，除非是汽油車，但真正的關鍵是機動性。如果可以，他可能會在餘生中扮演著「路霸」。奇怪的是，像他這種喜歡掌控局面的人，開車卻不適合他。他試駕了一兩次，結果都掉進溝渠，於是他改坐到司機旁邊。他坐在這個座位不但視野好，還能讓坐在後面的乘客吸到他的雪茄二手煙。

米娜對他的新嗜好感到緊張不安。「我們今天下午開車兜風到南奧蘭治市，回程是坐一輛飛快的汽油車，」她寫信給母親：「這是不錯的消遣，但我一直緊抓著車內的側邊，也覺得神經緊繃，生怕突然發生什麼事。」愛迪生為了在內陸旅行而買下兩輛大型的白色「蒸汽機汽車」後，他的家人為這兩輛車取名為

「阿吵」和「阿災」。

會有一場大火

到了仲夏，電池開始出現大批訂單。這比預期還早，因為愛迪生是個狂熱的試驗者。在他的五組原型電池都能承受像三噸重貨車般大小的電動車行駛五千英里的顛簸路程之前，他拒絕投入生產。此外，他還在試驗鎳鐵以外的組合，並對鈷產生濃厚的興趣。

這並沒有阻止他在七月號的《北美洲評論》（*North American Review*）雜誌宣布，他使鹼性蓄電池達到了「盡善盡美」的標準。他表示鉛酸蓄電池無法與之媲美，因為前者具有自滅的特性，同時也很重。「蓄電池可說是名副其實的理想可逆裝置，能像發電機一樣在不破壞轉換機制的情況下接收與發出電力。」他寫道。他目前測試的每個鹼性電池都不到十六磅重，即便電池已經充電和放電超過七百次，也沒有化學變質的跡象。

他坦承用他的電池驅動的電動車不便宜，要價七百美元以上，但他認為電動車的馬力很便宜，這與汽油驅動的馬力不同。愛迪生的電池花五十美分充電，就能推動兩人座的貝克（Baker）電動車在平坦道路上行駛八十五英里。不需要開車時，也不必每天為車子加滿油。更何況與馬車相比，電動車在運作時不會發出煩人的雜音。「電動馬車幾乎是靜音，在緊急情況下也能輕易停車。」

在這個重要關頭，也許有人期待埃德溫・鮑特想出以汽車為特色的場景，因為他面臨的壓力是該如何拯救老闆的窘迫電影業務。然而，當他想到可以拍一部呈現戲劇性故事的電影時，他不採用像拳擊比賽或單人舞那般的階段性「轉折」，而是以一群奔馳的馬做為電影的主要壯觀場面。他在那年秋天開始拍攝《美國消防員的人生》（*His Life of an American Fireman*），如此精心的製作吸引到《紐瓦克晚間新聞》（*Newark Evening News*）在十一月十五日提醒讀者：「今天下午，東奧蘭治市的羅德島大道會發生火災。」

鮑特後來喜歡誇口說，《美國消防員的人生》是「史上第一部劇情片」。這不是事實，但片中運用的時間重疊技巧確實是前所未有。他拍這部片之前，參考了杜象（Duchamp）的《下樓的裸女》（*Nude Descending a Staircase*），將動作分解成一系列視覺片段，每個片段的角度都不同，但能與前後的片段相結合。敘事速度與內容的繁忙產生了矛盾的效果，但這部片的長度是一般電影的兩倍多（如同愛迪生的長窯）。

一名昏昏欲睡的值班消防員坐著，半夢半醒地想家（浮現的片段是妻子把女兒抱到床上）。此時，他沒聽到警報聲響起，但他的熟睡同事都紛紛醒了，趕緊穿上防水衣，順著一根桿子滑出現場。樓下是馬廄，還沒有人沿著桿子滑下來，而急不可耐的馬被套上消防車的挽具。直到滑下來的消防員及時趕到，他們跳上了正要離開的消防車。外頭竟是大白天，消防站的外觀看起來很僻靜。接著，一組接著一組人馬衝出馬廄的門，疾馳而過。在住宅區的街角，有一群人看著多達十輛消防車在攝影機前方迅速駛離。在城鎮的郊區，為數不多的旁觀者看到同樣的隊伍漸漸接近並減速。當隊伍停在著火的房子前方時，左方的搖攝鏡頭跟著消防水帶車移動。在樓上的臥室裡，小女孩與母親睡在一起（因作息不規律），陣陣煙霧忽然從門和地板飄進來。女子醒來後，哽咽地衝向垂直推拉窗，揮手求救，接著暈倒在地。一名消防員進屋後，用斧頭撬開窗戶。梯子的尖端頂住窗臺，他把女子扛在肩上，爬出窗子，然後消失在視線之外。過了一會兒，他又爬進屋子，發現女孩斯諾庫絲（Snookums）還在煙霧中睡覺。她被帶到安全的地方時，兩名拿著消防軟管的人進門噴灑臥室。水柱的力道很強，使室內的重要飾品——上面寫著「湯瑪斯・阿爾瓦・愛迪生」商標的鑲框牌匾差點掉下來。

在樓下的花園，負責救援的消防員準備要衝進房子。女子出現在他的上方，從垂直推拉窗向外揮手，這與一分半鐘前看到的景象正好相反。援救專用的梯子尖端朝著窗臺傾斜時，她卻昏倒了。這時，拿著斧頭的消防員已經上樓，他打破窗戶後，把女子抱下來，輕輕地把她放在潮濕的草地上，但她醒過來大力揮著手告訴他，還有人需要救援。他急忙地爬回梯子，帶著斯諾庫絲回到地面。最後的特寫鏡頭是兩個穿著睡衣的女性抱在一起。

十三年後，愛迪生的客串演員格里菲斯（D. W. Griffith）才以電影導演的身分，取代了鮑特在觀眾心目中的地位。[21]同時，愛迪生開創了一個日後被電影圈稱之為「似曾相識」（déjà vu all over again）的嶄新風格。

托普西

鮑特拍的下一部故事片是《受電刑的大象》（*Electrocuting an Elephant*），娛樂成分較少，但可怕的畫面很有看頭。一九〇三年一月四日，這部片在康尼島（Coney Island）拍攝，錄下了托普西（Topsy）臨終前的幾分鐘。托普西是一頭在馬戲團裡脾氣不穩定的母象，牠在三個月內導致三人喪命，因此被監禁。最後一個鏡頭是喝醉的馴獸師認為餵牠吃點燃過的煙蒂很有趣。牠一邊擺動著頭，搖搖晃晃地跟著馴獸師走到有六千伏特直流電的墊子上，乖乖地讓馴獸師綁在原地。牠靜靜地站了幾秒鐘，然後白色的煙霧在牠的腳部周圍飄揚，牠就像一艘破裂的飛艇倒地不起。攝影機捕捉了牠側臥的特寫鏡頭，直到牠原本僵直的左後腿放鬆下來。[22]

「湯瑪斯・阿爾瓦・愛迪生」這個名字

那年冬天，威廉想要保護父親的「好名聲」成了緊迫的商業問題，即便他自己也在糟蹋名聲。無論是在片場的牆上鑲框，或印在成千上萬台留聲機、發電機和其他設備上，商標是一種寶貴的資產。就在愛迪生準備批准大規模生產蓄電池和波特蘭水泥時，他很後悔幫長子取了和自己一樣的名字。

約瑟・麥考伊（Joseph F. McCoy）是他的業界間諜兼私人間諜，曾回報湯姆把名字推銷給查爾斯・史迪威（Charles F. Stilwell），還額外奉送「小愛迪生」這個名字。「史迪威先生想賣出小愛迪生留聲機公司，他說能賺到一大筆錢。」麥考伊說。

史迪威是湯姆的舅舅，以前是個經常忍受高溫環境的吹製玻璃工。愛迪生對他懷有戒心。他曾經利用家庭人脈協助湯姆成立「湯姆白熾燈公司」，也在備忘錄寫下他們的新企業冒昧地侵犯了愛迪生的私人領域。「史迪威上週回絕了五千美元的報價，因為他認為應該拿到更多錢。」麥考伊寫道。

顯然，史迪威已經試過將愛迪生的名字轉售給哥倫比亞留聲機公司（Columbia

愛迪生的商標簽名，攝於一九〇二年。

21　一九〇七年，在鮑特與詹姆斯・塞爾・道利（J. Searle Dawley）導演愛迪生的故事片《虎口餘生》（Rescued from an Eagle's Nest）中，格里菲斯飾演跑龍套的角色。

22　《受電刑的大象》引發了網路傳言：愛迪生為了證明交流電比他偏好的直流電更有致命危險，而蓄意殺死托普西。另外一種說法是月光公園（Luna Park）的官員下令處死托普西，他們原本打算絞死牠。在防止虐待動物協會（Society for the Prevention of Cruelty to Animals）的批准下，有人勸諫他們改用毒殺、勒死以及電刑的方法。雖然這部紀錄片是以愛迪生的公司名義發行，但他沒有參與這部片的拍攝。關於他對電椅研發的貢獻，請見第四部。

Phonograph Company），也就是國家留聲機公司的主要競爭對手，但他失敗了，因為中間人爛醉如泥三週以上，該公司不願意與他們做交易。如果說還有什麼事能決定湯姆的父權命運，那就是史迪威對麥考伊說的話：「愛迪生先生只能再多活幾年。他去世後，史迪威就會起訴國家留聲機公司在留聲機、唱片及設備上使用『湯瑪斯・阿爾瓦・愛迪生』這個名字。如果他們繼續使用『湯瑪斯・阿爾瓦・愛迪生』這個名字，史迪威就能從中賺一大筆錢，就像公司必須付錢給他一樣。」

愛迪生一方面生湯姆的氣，一方面很同情史迪威，因為史迪威最近失明了，還要撫養許多家庭成員。儘管兩人以前在照明業合作過，但他們都不是特別精明的人——就像史迪威天真地以為麥考伊不會立即提醒愛迪生留意他們的意圖。

愛迪生很清楚，湯姆應該受到法律的制裁，這樣他就不會再盜用身分了。同時，由於他依然不願意讓湯姆和威廉在自己的工廠工作，只好為湯姆的悲慘處境承擔一些責任。這位年輕人窮困潦倒，因婚姻觸礁而鬱鬱寡歡，目前與史迪威一家人住在紐瓦克，酗酒成性。此外，長期折磨他的突發性頭痛使得他臥床不起。

但即使是現在，愛迪生也不願「以父愛之名」關心兒子。他說：「湯姆不是瘋了，就是人品很差勁。」他請秘書約翰・蘭道夫寫簡短的便箋給湯姆，表示他們必須立即達成法律協議，雙方才有一定的保障。

後來，他收到一份三頁的信函，字字句句表達滿腔怒火，讀起來很難讓人相信是膽小湯姆寫的信。一開頭是「敬啟者」，接著寫道：

> 自從我六年前離開你，大家都知道我的職涯變得亂七八糟，但我對自己做的事一點都不後悔。就算我後悔傷害過你，那也已經是過去的事。我現在要跟你打開天窗說亮話，因為我們之間有新仇

舊恨。

我老實告訴你，我從來都沒有想傷害你的意圖，但你偏偏堅持不讓我回去，那我經常顧著私利、不顧你的利益也是人之常情。我做過的每一筆生意都被別人占過便宜，還常常迫不得已簽一些讓自己擺脫貧困的協議……

我不敢請教你的意見，也不敢找你商量任何事，因為打從一開始，你就讓我清楚了解到你是我的死對頭，我到現在都還是這樣看待你。

湯姆的筆調洋溢著有條理的節奏，似乎能使他本人稍微平靜下來。他承認愛迪生沒有對他造成過嚴重的傷害：「就算你想傷我，你也傷不到我，因為我已經讓自己傷得太重，別人的伎倆對我根本不痛不癢。」他在絕望之下才匆匆地與史迪威達成協議，卻不曾與自己的父親達成任何協議。他坦承，還有其他的品牌銷售合約可能會讓愛迪生難以接受。[23]「我寫這封信給你，只是想搞清楚你對取得所有權是否還有興趣。當然，這些合約都是我目前唯一的謀生手段。」

這種信通常會出現乞求的口氣。果然湯姆發洩完後，便放下身段，以口語化的形式請求父親寬恕他。「我願意跟你簽合理的協議，你可以在協議上提出條件，而且這份協議永久有效：我以後會喪失愛迪生公司名稱的所有權利。」他寫道。

在許多人的一生中，也都曾遇過這般卑躬屈膝的讓步。愛迪生請法務部門起草一式兩份的合約，保證

23　在愛迪生的整個職涯中，模仿者和騙子試圖以他的名義出售產品，讓他百般困擾。這就是為何他的親生兒子濫用名聲使他氣憤難平。

湯姆與史迪威每年分別取得一千八百九十美元和一千三百五十美元，交換條件是他們立誓不再榨取他的利益。為了確保他們理解條件，他還特地上法庭阻止湯姆化學公司再出售「愛迪生磁電活力素」（Edison Magneto-Electric Vitalizer）。

自燃

到了二月中旬，愛迪生的兩家紐澤西州大型新工廠開始生產水泥和汽車電池。每個案件都處於試驗階段，也進展得很慢，但他預測很快就能達到開始行銷的階段。「蓄電池榮格納」公司申請的銅鎘電池專利懸而未決，這對他產生威脅，但他毫不畏懼。該公司大概是為了引起美國人注意，而用英語宣布：「美國專利局還沒有同意愛迪生的主張，但已經向他提出幾個難堪的問題。他和榮格納之間的某些案件細節會影響到陪審團的決定。」

專利局確實曾經同意審理榮格納的反訴——早在一八九九年，他在英國申請了銀鎘電池專利，但愛迪生相信審查員會發現榮格納的早期裝置無法使用。無論如何，他已經對鎘不再感興趣，也更順利地申請鎳鐵混合物的專利。

「我終於完成了蓄電池的實驗，」記者偶然在實驗室看到他趴在黃色軟墊上，他告訴記者：「現在我要休息一下。」他扔下粗短的鉛筆，一屁股坐到扶手椅上。「我很累，整個人筋疲力盡。」他說。

他說這些話時，眼睛炯炯有神，但他強調自己需要非常長的假期，希望能馬上從佛羅里達州出發。他有一本長達四百頁的筆記本，裡頭記錄著他沒有多餘時間去實現的想法。「我下定決心要暫停接觸工業科學整整兩年，改成接觸純科學來讓自己好好休息。」他說。

愛迪生確實疲憊不堪，他到麥爾茲堡釣魚後，也沒有再提到筆記本。他只是一時有閒情逸致就釣魚，但這項消遣很適合他的失聰症狀以及喜歡獨處的個性。叫做「瑪德琳」、「查爾斯」、「西奧多」的小船沿著延伸到克盧薩哈奇河的碼頭，輕輕地上下晃動。還有一艘九十二英尺的雙層汽船叫做「湯瑪斯・阿爾瓦・愛迪生」做為上游的遊覽用途。米娜有自己的同名漁船，是一艘二十五英尺石腦油汽艇。但她更喜歡那棟在過去兩個淡季大幅度整修過的房子。她說：「整體看起來煥然一新又漂亮。」她決定以後叫這棟房子「塞米諾爾小屋」。

愛迪生「休息」了一週後，就聽到新村（New Village）發生不幸的消息。工廠的吹煤機發生爆炸，引起鄰近的油箱起火。至少有六人喪命，幾十人受傷，還有一些人嚴重燒傷，臉部像培根一樣變得捲曲。隨後的報導是死亡人數增加到十人，並將爆炸事故歸因於七十噸煤粉的自燃。根據報導，工廠幾近全毀，除去

愛迪生在塞米諾爾小屋，攝於一九〇〇年代初期。

訴訟部分的損失大概有幾十萬美元。[24]

這是愛迪生的職涯中發生過最嚴重的工業災難。他開始制定加強工廠安全的計畫，似乎不打算回到北方安慰寡婦和受難者。誠如他的助手帶著嘲弄的嫉妒口吻所說：「愛迪生先生是相對幸運的人，因為他天生麻木不仁。」

湯姆在六月感同身受，當時他簽了一份正式協議，內容有關他不再將父親的名字用於商業，但他能自由使用「小愛迪生」。交換條件是他每週能得到三十五美元的津貼，每次給付都有收據。他天真地以為自己的過失得到諒解，於是他在下個月申請實驗室的工作。愛迪生很快就打破他的美夢。「你別忘了，你有過空頭支票和酗酒紀錄……我不可能讓你和我的商業專案扯上任何關係，」他寫道：「奇怪的是，以你每週的收入來看，你竟然連小本生意都做不成……威廉好像混得不錯。」

他沒有提到自己剛剛批准了威廉想在華盛頓特區買一間汽車修理廠而需要「借二千美元」的請求。雖然愛迪生平常對大兒子的態度都很冷淡，但只要他們試著憑一己之力做一件事，他對待他們的方式相當公正。威廉是優秀的機械工，而此時是他從事汽車業的有利時機。七月十七日，也就是福特在底特律成立新汽車公司的隔天，威廉收到了第一期貸款。

「親愛的父親，這是我最後一次拜託您，」威廉誠懇地寫道：「我保證，我再也不是幾年前的吳下阿蒙了。」

開發一項發明需要花時間

那個月，《電氣評論》（*Electrical Review*）的代表前來參觀實驗室時，愛迪生暗示說自己有可能會成為汽車工程師。他剛完成二十四馬力的汽油車後座部分測試，發現速度很快但不穩定。「你看汽車數據，」他一邊說，一邊拿出紅皮革裝訂的筆記本，內頁充滿了筆記和圖表：「我要打造一台好車。」他指的是全電氣化、可適應沙地摩擦力的車。「在長途行駛中，這台車可以超越或至少可以跟上任何汽油車的速度。」他說。

記者不禁問了有關他來到西奧蘭治鎮的重要問題：「經過那麼多次公開聲明，為什麼鹼性蓄電池到現在還沒上市呢？」

愛迪生懷有戒心地說：「我們每天做一組，很快就能做出兩組。我們不打廣告，因為訂單數量已經超出供應速度……大眾似乎不了解開發一項發明需要花時間。」他說分別花了六年、八年、十六年使電燈泡、電話傳聲器以及留聲機商業化。

實際上，他的電池比以前的裝置更複雜——理論上很簡單，但更難生產。棘手的問題是該如何防止鐵電極被對立的鎳電極上升容量超越，以確保放電週期的電壓曲線保持平穩不變。正如他的優秀化學家沃爾特・艾爾斯沃斯所說，這兩種元素都必須「受訓」。壓縮每平方英寸四噸的石墨薄片很重要，但細胞壁的彎曲使得保持恆定水準很難實現。這會影響到薄片導電率和裝置的性能。愛迪生盡量從瑞典訂購優質的堅固鋼材，但他為費用發愁，也對運輸延誤感到不滿。

電池經濟前景面臨的另一個威脅是獨創性問題。果然，專利局駁回了榮格納的專利衝突訴訟案，卻是援引鮮為人知的法國鹼性電池專利（達里厄二三三〇八三），這項專利比愛迪生的專利早幾年出現。此時，愛迪生聽說榮格納在九月一日取得的美國專利，是直接根據他的專利來改良，才做出了「新型」蓄電

24 愛迪生波特蘭水泥公司以每人五百美元與死者的遺孀達成和解。受傷的職員須上法庭要求賠償損失。

池。至少愛迪生的看法是如此，於是他向專利律師法蘭克．戴爾求助。

幾個月前，他聘請戴爾專職處理堆積如山的專利特許證，現在他已經有超過八百份專利特許證，而公司每年要支付十萬美元的保護性訴訟費用。戴爾對電影版權也有全面的了解，他有資格充分利用美國聯邦上訴法院出人意料的裁決，准予愛迪生製片廠擁有在國會圖書館（Library of Congress）以紙質印刷形式申請電影的全部所有權。雖然裁決偏技術性，卻對該產業產生重大的影響。他在努力確保能挽回愛迪生製片廠的財富。[25]

年底前，戴爾也兼任老闆的私人律師。他身材高大，戴著眼鏡，有書生氣息，做事一絲不苟。對一位無法忍受約束、排斥正當程序的發明家而言，他可說是理想的「配角」。他性情冷靜，善於處理人際關係形成後衍生的強烈反應。他尊敬愛迪生，但不太喜歡他，也很同情湯姆和威廉的境遇，把他們視為永遠無法與舊積木重新結合在一起的碎片。

一槍接著一槍

就在戴爾為了取消榮格納的新專利而準備著具侵略性的案子時，鮑特又開始製作愛迪生的電影，其中一部喜劇電影的名稱在一九〇三年秋季聽起來比後世更單純：《快樂的鞋店售貨員》（*The Gay Shoe Clerk*）。[26]他當年的主要故事片作品是《火車大劫案》（*The Great Train Robbery*），這部片有效地將觀眾的注意力轉移到凶殘歹徒劫持的火車上，屬於開創性的「動作片」，並成為美國歷史上第一部賣座巨片。在敞開式行李車上拍攝的場景有逼真的移動效果（沿著愛迪生去水泥廠時走過的拉克瓦納縣疾馳），從噴煤渣的火車頭上方和後方拍攝更驚險的連續鏡頭也有同樣的效果。但最後的殘忍特寫鏡頭更能使觀眾放聲尖叫：主嫌扳起左輪手槍，面無表情的直接朝著螢幕開槍，一槍接著一槍。

也許愛迪生在無意間領悟到固定式攝影機的時代走到了盡頭，他下令拆除「囚車」——他十年前用作電影製片廠的黑色舊箱子。

最近蒙羞的事

對湯姆和威廉來說，這一年是以糟糕的局面收場。湯姆因為不明的病因而住進療養院，威廉把位於華盛頓的汽車修理廠稱作愛迪生汽車公司（Edison Motor Company），惹得父親大發雷霆。「你現在對我造成極大的傷害，」愛迪生寫信給威廉：「你的名字跟湯姆一樣被人利用，你應該無藥可救了，所以我現在通知你，以後你可以走自己的路，好好照顧自己……以上就是我想跟你說的話。」

威廉擔心貸款陷入險境，他向父親道歉並聘請律師來撤銷他在「不明智」的情況下成立的公司。公司改組為哥倫比亞汽車公司（Columbia Auto Company）。布蘭琪寫信表示，她正在經營這家公司，有四名機械工在嚴密監督之下不分晝夜地工作。顯然，她認為丈夫對商業一竅不通，以及成功的不二法門就是額外注入資金。「我們需要二百美元來渡過難關。」她寫道。

---

25 直到一九一二年，電影才有版權保障。然而，如果電影是以一系列相同尺寸的單張劇照在感光紙上印刷，便符合現行法律的保障條件。愛迪生的製片廠竭力地做到這一點，為電影的保存起到重要的作用，否則這些電影可能會在硝酸鹽引起的那場大火付之一炬。相關檔案在國會圖書館的紙質印刷電影收藏品中占多數。

26 獨立的電影製作人齊格蒙德・魯賓（Siegmund Lubin）也不甘示弱，製作了故事片《不要調戲美甲師》（Don't Get Gay with Your Manicurist）。

愛迪生拒絕了她。

「你好像以為我不懂得感激你為我做的一切，」威廉寫信給他：「但其實我很感激你……我想提醒你一件事，我從來沒有經歷過大多數父親會讓兒子接受的商務培訓，這不是我的錯，因為我一再請求你讓我待在工廠工作，但你每次都拒絕我。」

接下來是史迪威寫便條給蘭道夫，證實了湯姆的病情嚴重，病因可能是酗酒，他將在紐瓦克市的聖詹姆斯醫院（St. James Hospital）接受治療。史迪威希望蘭道夫不要讓愛迪生知道「愛迪生名聲」最近蒙羞的事。

野餐

到了一九〇四年一月，愛迪生的汽車電池產量終於已經增加到能夠在市場上銷售。他將這種有三種尺寸與濃度的電池命名為「E型電池」。然而，戴爾無法說服專利局的審查員，他們不公正地授予榮格納優先權——有效的鹼性可逆電池發明家——愛迪生原本很看好E型電池最初的興旺銷量，卻因此產生了疑慮。

愛迪生非常擔心遭到榮格納或達里厄起訴，於是他生平第一次遊說重要的政治人物。「先生，」他寫信給羅斯福總統：「我接觸專利局三十年了，雖然我有時候覺得受到的批評有道理，但我始終保持緘默。最近，我受到非常不公正的待遇，疑似是審查員不稱職或詐騙的緣故。」他後來刪掉了「詐騙」的字眼。他抱怨專利特派員拒絕他提出正式審查案件的請求時，採取了武斷與充滿敵意的立場。他寫道：「我覺得自己有資格接受審查。如果我能證明確實有冒犯的行為，那我就心滿意足了。」他後來把「冒犯」二字改成「不公正」。

羅斯福立即對特派員弗雷德里克・艾倫（Frederick Allen）施壓：「湯瑪斯・阿爾瓦・愛迪生為國家做了很多事，我希望你能盡力禮貌地對待他。」他要求艾倫至少要「全神貫注」聆聽這位偉大發明家說的話。

讓愛迪生感到欣慰的是，榮格納的德國專利於一月九日在柏林被撤銷，因為最高法院的裁決認定他的電池「無法使用」——正是愛迪生之前在美國提出的質疑。艾倫別無選擇，只好下令對審查員的案件進行複審。

二月時，愛迪生訂購了兩輛蘭斯登（Lansden）電動車、一輛旅行車以及一輛快運貨車，做為預先送給自己的生日禮物。[27]他不向日益普及的汽油車認輸（威廉和布蘭琪從華盛頓誇耀，他們已得到了新的福特汽車），而之前買他電池的人抱怨產品不符合大肆宣傳的說詞，他也沒有因此而氣餒。他的每磅電池發電量遠不如鉛酸蓄電池，平均每個電池只有一・八千瓦時，其焊料的接縫產生了會洩漏電解質的微小氣孔。更惱人的是，每個充電或放電的週期都會降低容量。愛迪生發現後者可以藉著逆轉過程中的耗時加熱來解決，但他也發現必須消除這項缺陷，電池才能做得成功。

他已經花了一百五十萬美元開發電池，對進一步實驗的需求產生反常的興致。長期堅忍的實驗室助理說：「他給我的印象永遠都是很享受遇到嚴重的挫折。」完成後的電池很迷人，閃閃發光的外殼裝著高達

27 他也在麥爾茲堡花了二千二百五十美元（相當於現今的六萬五千美元以上）買一艘叫做「信實」（Reliance）的三十六英尺遊艇。一九〇八年，他立刻買下蘭斯登電動車公司（Lansden Electric Car Company），成了汽車製造商。資料來源：阿爾比翁（Albion）寫的《愛迪生的佛羅里達州生活》（Florida Life of Edison），第六十頁；米勒德（Millard）寫的《愛迪生的事業》（Edison and Business），第一八八頁至一八九頁。

十八磅的鎳水合物、氧化鐵、鋼鐵以及苛性鉀。愛迪生堅持要把隨機挑選的模型從實驗室樓上扔到柏油路上的庭院，這麼做有點受虐或施虐的傾向（「現在試試從三樓丟下去。」他說）。如果這些電池因此無法使用，就代表還不夠堅固，必須改進設計。

對他來說，完美是一種近在眼前、可實現的狀態，因此他不把時間花在慶祝過去的成就。美國電機工程師學會舉辦了常見的正式晚宴，這次是為了祝賀他發明實用的電燈。他維持一貫的含笑不語姿態。然而，這次的週年紀念日似乎對他產生了影響。五月中旬，紐澤西州的鄉村變得綠油油時，他接受了奇異郊遊俱樂部（General Electric Outing Club）的邀請，參觀門洛帕克市的遺跡。

一開始，他鬱悶地看著瑪莉去世時住的房子，如今已被義大利人租下；曾經與他的第一台大型發電機一起發出低沉轟鳴聲的機械工廠，如今變得破舊不堪；他最早發明的電動火車成了生鏽的殘骸，陷進無軌的草叢中。法蘭西斯．傑爾以前製造碳煙專用的小屋，如今變成雞的棲息地。然而，至少老舊的實驗室大樓完好無損（他父親在一八七六年為他建造時，看起來很高大），可以用作周圍農業社區的消防站兼劇院。那裡依然有類似火車站的地方，遊客不妨試著說服賓夕法尼亞鐵路公司在此處停車；也有一間郵局，持續收取寄給愛迪生的郵件。如果沒有這些設施，整座村莊就會像鬼城。

愛迪生參觀了所有地方，除了他以前的辦公大樓，因為那裡住著愛發脾氣的隱士。後來，他的心情好多了，坐在大樹下的原木上吃著冷掉的雞肉麵包。「我很不喜歡大型宴會，」他說：「但我很高興能參加這種野餐。」

那天下午的天氣很不錯，他一直待到太陽下山才離開。

最糟糕的情況

總統的關注使愛迪生對榮格納專利提出的質疑成了華盛頓的熱門話題。特派員艾倫謹慎地去度假，將辦公室的審查工作交給代理的副專利特派員愛德華・摩爾（Edward B. Moore）。摩爾將這項任務分為三個審查部分，並分別做出裁決，接著請五名宣誓保密的內部專家重新審查，再將最終的報告交給內政部的助理司法部長亞歷山大・坎貝爾（Alexander M. Campbell）。坎貝爾暫時核准該報告，但請求老闆伊森・希奇考克（Ethan A. Hitchcock）部長進一步批准。希奇考克不願參與此事，只將這份厚厚一疊的文件交給羅斯福，而羅斯福授權坎貝爾在六月十四日宣布愛迪生敗訴。

專利局決定授予榮格納的蓄電池優先權，毫無瀆職的跡象，因此證實是正當之舉。但顯然為了安撫愛迪生或總統的感受，審查員被調到其他部門。

此時，愛迪生面臨兩種選擇：他可以繼續大規模生產電池，並賭榮格納沒有錢或意願起訴他侵權。但如果他賭輸了，他就很容易破產。另一個選擇是，考慮到抱怨電池不可靠性的人愈來愈多，他應該收回已經售出的電池，並花費所需的時間和金錢來好好修理他的發明。這兩種選擇都很棘手，因此他整個秋季都遲遲不展開行動。

同時，他必須應付這則消息：湯姆為了躲避心存報復的商業夥伴，入住紐約格林伍德湖（Greenwood Lake）的度假酒店。此外，曾經在一八九〇年代協助他進行無數次X光實驗的克拉倫斯・達利（Clarence Dally），後來成了雙腿截肢者，並因輻射中毒逝世。

愛迪生幸運地逃過類似的命運。最近，他忍不住對第一批進口到美國、已知數量的鐳進行實驗。威廉・漢默曾是他手下的照明工程師，也曾在巴黎與皮耶・居禮（Pierre Curie）、居禮夫人共事，並經過他們的許可，將九個溴化鐳試管帶回家觀察是否可以用來製造新的發光物質。[28]愛迪生向漢默買了一個溴化鐳試管，他認為鐳和毒害達利的發光鹽類沒什麼共同之處（「不要跟我提到X射線，我會怕。」他說）。他發現一百多種化學物質暴露在這種神秘的元素下能發出螢光，而鐳也能在一枚鑽石戒指上誘發磷光。但他感覺到自己的胃和左眼受損時，他就放棄了輻射研究。達利於十月二日辭世。

到了月底，愛迪生的蓄電池在市場上的表現很不穩定，不得不退出市場。只售出三萬七千個電池，意味著公司蒙受巨大的損失，也是愛迪生繼礦業失敗以及在專利局蒙羞之後的另一個挫折。他下令收回保固期內的產品，並與十八名助理組成的團隊共同投入一系列補救實驗。他們每天在兩間實驗室，二十四小時輪班工作，專心致志地研究一個電池接著一個電池，一輛汽車接著一輛汽車，想釐清費解的不同電池功率消耗率。愛迪生以為三個月後就能解決問題，但他的期望落空了。整個團隊陷入愈來愈絕望的「捕風捉影」盲點，只有他相信電極有完全可逆性。弗雷德是長期備受折磨的其中一位實驗員，他必須在不戴手套的情況下對各種抗衡力進行調整，導致熱鉀鹼滲到他的指甲下並出血。當他痛到快受不了時，就把手指浸在醋酸中，好讓酸與鹼進行中和的反應。他晚上睡不著，除非把灼熱的雙手放在頭上。「在我們追尋過難以搞定、掃興的事物中，」事隔五年，一位同事說：「這是最糟糕的情況。」

一九〇五年一月，在重新研發的初期階段，愛迪生因左耳染上慢性乳突炎而倒下。因此，他必須做危險的手術，消除左耳僅存的一點聽力。[29]手術後的檢查結果指出，他的左眼視神經已增厚得像線繩的直徑。有關這是不是輻射造成的後果，超出了目前醫學界的知識範疇，因此他得忍受部分視力模糊以及失聰惡化的折磨。這使他愈來愈難與人交談，因為他會試著用獨白或特有的老掉牙幽默感來牽制談話對象，比如他說一位患有肝臟問題的人在聖華金谷（San Joaquin Valley）買了泉水，治癒了世界各地的患者，從此發家致富。「大約二十年後，這個人死了。驗屍後，驗屍官必須將他的肝臟取出，並用棍棒殺死。」他說。[30]

愛迪生做完耳部手術後，很快就康復了，但手術刀切進了他的顳骨後方，醫生指示他在春天還沒來臨之前不要「動腦筋」。他沒有照做，反而立即回去做蓄電池實驗，甚至不肯到佛羅里達州休養。二月時，他發現石墨片在長期的電解作用下很不穩定，這與他原本的想法相反。用於陽性元素時，石墨片經常短路，電阻會增加，因此減少了電池的容量。他必須尋找其他不易溶解的材料，這些材料能像石墨一樣剝落，同時與鄰近的活性粒子保持一致的接觸。三月三十一日，他試著為這種做法申請專利：在電極鹽中填入高導電性的微小鈷片，這種鈷片與鎳結成合金，將氧化作用還原到趨近於零。製作過程中需要細心處理。首先，他在銅極板上電鍍了一層鋅的「腮紅」，然後將清洗好的極板移到電解池。電解池鋪了一層鈷與鎳製成的薄膜（按比例由不同的陽極混合），厚度只有〇・〇〇〇二英寸，比下層的「腮紅」脆弱。

第三次的浸泡是放入稀酸中，鋅溶解後，微小的氫氣泡會從銅上冒出，使合金膜隆起。愛迪生表示，合金膜自由飄動時，會分裂成微小的薄片或鱗片，自然呈現彎曲狀或捲曲狀，這是鈷特有的現象。這些薄片的尺寸透過微孔篩網成形，然後在氫氣中退火到赤熱的狀態。「這種做法能妥善清潔表面。」他說。

他改善了精緻的程序後，金屬片彎曲的嚴重問題就再度出現了。將大量鱗片狀斑點的鎳水合物塞進容器，並無法保持壓縮狀態，這麼做毫無意義。一個月後，愛迪生與艾爾斯沃斯申請聯名專利，將容器設計成管狀，而非立方體，依然由穿孔的鋼材製成，但頂部和底部都是封閉的，透過管狀的結構可以防止膨

28 皮耶・居禮反過來向漢默要了鎢酸鈣的樣品。愛迪生曾在一些私人照明實驗中使用過鎢酸鈣。

29 法蘭克・戴爾在一九〇六年抱怨道：「跟他說話很費力。」一九〇八年二月二十三日，愛迪生接受第二次危及生命的乳突炎手術，使他的聽力狀況更糟糕。

30 愛迪生在一九〇六年講述的其中一則故事錄音，可在密西根州立大學（Michigan State University）的文森有聲圖書館（Vincent Voice Library）收聽，網址是http://archive.lib.msu.edu/VVL/dbnumbers/ DB500.mp3。

脹。當這些「不可變形」的管子裝進活性鎳水合物，並吸收周圍的電解質後，根據用途，應該能夠達到理想的內部壓力並維持此狀態。

審查員認可這項假設，最終核准專利，但內部彈性與外部堅硬之間保持恆久平衡的概念，後來證實不切實際。更糟糕的是，活性質量內部的鈷片不斷移動和發生短路。鈷片的表面有一層連愛迪生手下的化學家都無法分析的油性絕緣物質。將擠壓力從每平方英寸六千磅增加到二萬磅，可以提高鈷片的導電性，但如果將容器的內容物壓縮到像滑石的硬度，滲透性也會隨之下降。

因此，「改善」可逆鹼性伽凡尼電池的差事一直拖延到夏天、秋天，也沒人曉得還會繼續拖延幾個季節。就連愛迪生鬱鬱寡歡時，他也在思考到底能不能成功改造電池。每當「陰」在凸面隆起時，「陽」的凹面尾端似乎就會陷下去。

波頓・威拉德夫婦

湯姆搬到紐約格林伍德湖的谷之家飯店（Valley House Hotel），並沒有順利躲過債權人的盛怒。他以化名待在飯店，一邊酗酒，一邊與疾病、憂鬱症搏鬥，直到神秘背景的年輕女子碧翠斯・威拉德（Beatrice Willard）解救他。這名女子在人生的不同階段，分別扮演著瑪蒂達・海澤（Matilda Heyzer）、碧翠斯・拉蒙塔・海澤（Beatrice La Montagne Heyzer）、碧翠斯・瑪蒂達・海澤（Beatrice Matilda Heyzer）小姐、湯瑪斯・蒙哥馬利（Thomas Montgomery）太太（麥迪遜廣場花園售票員的遺孀），以及她最近扮演的碧翠斯・威拉德女士。

她的出生日期和名字幾乎一樣多。推算一下她的年齡，應該是三十一歲、二十三歲或十歲。

湯姆第一次寫信給家人，提到她的那個時候，她扮演著「威拉德太太」，也就是在他最近一次「精神崩潰」後，待在飯店照顧他的客人。此後，她很難否認之前有一位「威拉德先生」的存在。一九〇五年，湯姆渴望在碧翠斯的陪同下返回紐約，因此他使用「威拉德」這個姓氏解決了許多問題。這對情侶本來打算結婚，但一直等到湯姆身邊那位逃避責任的妻子同意離婚後，他們才結婚——只要圖希照樣每週都能收到愛迪生的支票，她就不太可能同意離婚，更何況她是天主教徒。因此，作為波頓．威拉德（Burton Willard）夫婦，湯姆和碧翠斯目前住在史坦頓島的出租房。

九月時，他們待的庇護所遭人突破，當時新布萊頓（New Brighton）的醫生寫信給約翰．蘭道夫，表示某位「年輕人」需要有人收容。「我建議他下週搬到哈德遜河畔的康瓦爾村莊，也就是拉寧醫生住的地方。」他寫道。這名顧問醫生指的是康瓦爾療養院（Cornwall Sanitarium），該院致力於酒類、毒品成癮以及神經疾病的科學療法與長期治療。這聽起來非常適合湯姆。「並不是我對這位『年輕人』很有信心，」他寫道：「而是我看過一些很嚴重的病例在那間療養院接受治療。」

蘭道夫不能隱瞞愛迪生此消息，因為他認為愛迪生不會願意付療養院的帳單。拉寧醫生表示，光是酗酒的治療就需要每週一百美元的費用，另外須加上病人及其「妻子」的食宿費用。[31]他預估湯姆待一個月後就能夠戒酒了。後來，愛迪生指示蘭道夫做好必要的準備。

十一月下旬，他再度收到兒子的來信時，字裡行間流露出令人憐憫的感激之情，暫時轉移了他對電池開發的注意力。「我最近生病期間，您的善意讓我很感動，言語實在不足以表達我對您的感謝，」湯姆寫道：「我全身上下徹底擺脫了迅速侵蝕性命的毒素，渾身是全新的男子氣概，終於配得上自己的名字。」

31　有證據顯示湯姆在此時也有吸食鴉片的問題。

既然之前逼得他快要自殺的「恍惚、瘋狂、痛苦、憂慮」狀態已成了過去，他此時自在地坦承：「我以前常常渴望別人同情我，但又不敢向你求助，因為我沒有勇氣承受譴責。」即使是現在，他覺得自己與父親之間的紐帶，無法使他期待私下與自己最景仰的人面談。然而，他表示：

有了新名字、新生活、新朋友後，我準備全副武裝重新出發，目標是精進我的經商能力。首先，我得找到適合自己的職業……

長期以來，我一直對農業很感興趣。我也發現自己的遠大抱負和內心的渴望是擁有農場，並開始經營蘑菇生意……我十分了解有關蘑菇的一切。

這對愛迪生來說是新聞，但他早就了解湯姆在第四頁提到擁有農場需要花費資本的事實。「我的想法是先拜託你幫我買農場，按百分之六抵押貸款……。」他寫道。

愛迪生仔細讀了剩餘的信件內容，並在上方寫著：「蘭道夫，你叫他最好先租農場……一段時間過後，如果他覺得很滿意，再決定買下農場。你告訴他，挑好地點、確定租金與經營一年所需的費用後，再告知我。只要他中意，我會金援他。」

那年冬天，威廉也感受到大自然的召喚。他在一連串失敗的汽車生意中，擔任了兩年經理、推銷員及汽車修理工後，從維吉尼亞州的沃特維尤（Waterview）寫信給父親，信紙上印著「潘趣酒碗小島野味與家禽農場」。他與布蘭琪名列業主。他們及時在聖誕節之前供應青銅大火雞、英國紅腹錦雞、信鴿、比利時野兔、帝王北京鴨、淺黃褐色的交趾雞、墨西哥鳳頭鶉鳩等。

只要是知道威廉在信頭寫的寄件人資訊經常不一樣的人，都了解他提到的新事業只不過是紙上談兵。

他暗示說，即將在春天考慮另外兩處鄉村房地產，也希望自己能夠付得起其中一處房地產的頭期款。

劇情急轉直下

愛迪生似乎習慣在歲末年初之際毒害自己。一九〇六年一月一日，他吸入過多氰化氫，於是匆匆奔向戶外，讓冷空氣淨化自己的肺部。實驗室助理在午餐時間告訴法蘭克・戴爾：「老頭執意要把這些東西當成牛奶來處理……我覺得會害死他。」

戴爾發覺老闆快滿六十歲了，於是他開始寫日記，期待有一天能為「湯瑪斯・阿爾瓦・愛迪生」的官方傳記貢獻或撰寫內容。他說：「這是我想做的事。」他也發現生意興隆的留聲機公司與電影公司總經理威廉・吉爾摩的慾望跟湯姆差不多，而且習慣無故長時間缺勤。愛迪生可能有朝一日不再歡迎吉爾摩，如此一來，與愛迪生更親近、雄心勃勃、看起來像律師的高階主管，就有機會接替他的位置。

雖然戴爾無法對榮格納的電池專利進行全面起訴，這次的失敗似乎代價慘重，畢竟薄片浸漬方法徹底改變了技術。他仍鼓勵愛迪生談一些法律以外的話題，然後快速錄下談話中出現的生平相關摘錄：

我今天跟愛迪生談到要廢除股票投機買賣的計畫，做法是要求所有的購買都要在華盛頓登記，如同受到聯邦公司法限制的房地產契約。他不斷以清晰又有趣的方式表達反對意見，彷彿他已能敞開心胸，用心聆聽與此觀點相關的內容，並試著理解……

我問他從哪裡得知這麼多關於華爾街的消息，他說他接觸股票行情報價機已經五年了。他一旦了解事實的來龍去脈，就不會遺忘。

讓蘭道夫感到寬慰的是，戴爾也成了愛迪生及其麻煩兒子之間的主要談判者，更不用提他們更惱人的妻子了。他很喜歡閱讀維多利亞時代的小說，也樂於感受這種小說帶來的情緒波動。他在二月八日見到碧翠斯．威拉德，並發現她非常渴望嫁給湯姆，不但熱情洋溢又令人感動。九天後，年僅二十六歲的圖希去世了，就像一部廉價小說的結局。

戴爾只好處理這則劇情急轉直下的故事隨即產生的三種後果（「湯姆的妻子往生了——歌舞團女孩嫁給發明家的兒子，不久後就離開他。」他說），首先是圖希的家人以為愛迪生會願意支付葬禮費用（他不樂意，但還是付了錢）。湯姆接著問，他現在能不能和碧翠斯結婚。在他等待愛迪生做出決定的同時，戴爾到史坦頓島拜訪這對「威拉德情侶」，並發現湯姆不再像個失敗者。這位年輕人的氣色很好，看起來很快樂，也對蘑菇的前景充滿期待。他熟練地彈著鋼琴，而碧翠斯做了美味的午餐。「實在太好了，」戴爾那天晚上寫道：「我希望他的父親能幫助他。」

愛迪生履行了諾言，租下湯姆在紐澤西州伯靈頓市找到的農場，並提供設備，但他不願在格蘭蒙特接待他和碧翠斯，也不想聽到他們要結婚的事。然而，湯姆告知戴爾結婚儀式不宜再拖延，於是他們在七月九日舉行了婚禮。愛迪生聽到此消息後，反應居然很溫和。他認為家庭生活對兒子非常有幫助，也許能讓他變得循規蹈矩。

除了湯姆在十月含糊其辭的表示他與碧翠斯很合得來，後來並沒有碧翠斯懷孕的消息。他漸漸開始對於這種差事畏縮不前。冬天即將來臨，這也是真菌類栽培最艱苦的季節。他又病倒了。他不確定自己是否有足夠的力氣搬運、栽種、壓平以及噴灑數百輛裝著馬糞堆肥的貨車，以便展開浮誇的漫長程序，為明年春天培育出可銷售的作物。他曾經在絕望時向戴爾表明，也許他比較適合在父親的水泥廠工作，或成為專業攝影師。

愛迪生一聽到這些話，就勃然大怒，露出戴爾沒見過的神情。他表示不希望兒子接近他或他的工廠。如果有必要的話，他願意協助湯姆另尋出路，但他相信最後一定會失敗，因為湯姆之前試著經營的生意都沒成功過。「湯姆很不中用，是個頹廢的人。」他說。

戴爾試著說服他同情湯姆，但徒勞無功。「太奇怪了，」他在日記中寫道：「愛迪生竟然這麼冷漠、愛記仇。」

小型宮殿

碰巧的是，愛迪生當時承受著相當大的壓力。他做了一萬多次汽車電池的實驗後，抱怨自己掌握的鹼性電化學知識還不到應該具備的百萬分之一。他與艾爾斯沃斯改進格倫里奇生產的E型電池時，老舊的電池卻剛好在保固期內需要高昂的維修或更換。

諷刺的是，由於五分錢電影院散布於全國各地，以及留聲機變成了家具的重要配備，他把業務的各方面重新分配給其他人——埃德溫．鮑特負責製片作業、沃爾特．米勒負責錄音產品——為他帶來了大筆收入。馬洛里管理的新村大工廠還需要幾年時間才能收回創辦成本，但該廠每週都能產出六千桶優質的波特蘭水泥，而且有望比蓄電池公司更快轉虧為盈。

愛迪生在產品的卓越方面確實功不可沒，他設計了自動測量的料斗系統，可以將石灰岩、水泥岩等粗糙原料的相等分量輸送到不同的槓桿秤，各秤依照化學家規定的重量來傾倒。槓桿秤傾斜時，一根針浸入通電的水銀杯，然後關掉料斗系統，精確地調整組成的混合物比例。這種精確性還不足以徹底證明他的水泥品質。主因在於他堅持把長窯用的漿料磨得比工業平均水準還細一〇%，如此一來，至少八十五%的漿料在鍛燒前要經過二百個篩孔數的網篩。另一端產生粒狀渣塊後，先重新研磨成粉末，光滑的程度足以在濕潤的手指之間形成乳脂狀。但他發現這種黏稠度會凝固得太快，於是他調整了壓碎機，讓水合物的顆粒更粗糙一些。[32]用此漿料漂白的混凝土有很大的優勢。「這種混凝土很適合用來建造未來的建築物，」愛迪生自豪地說：「既不會彎曲，不會斷裂，也燒不起來。」

去年五月在舊金山發生的悲慘地震，讓他回想起當初水泥研磨廠準備開工時的構想。他發現低成本的模塑混凝土房屋取代了大多數美國人居住的易損木屋——承包商當場將水泥（加入用於沙礫懸浮的膠狀添加劑）和溢出物混合成預先構思的房屋形式。一棟三層樓的房子可以在六個小時內澆置，並在一週內塑化。外在結構可以拆開，分成不同部分。如果街坊鄰居可以接受的話，不妨用來建造許多相似的住宅，但不一定要建得一模一樣。「大概會有數百種設計，」愛迪生對《保險工程》（*Insurance Engineering*）雜誌的代表說：「建築師能做得很愉快，因為他們在處理牆面的同時，可以澆置雕塑和各種裝飾品。所以，我們就可以租到這些小型宮殿，每個月的租金大約十美元。」

「屋頂也是水泥做的嗎？」

「沒錯，整棟房子都是用水泥澆築。」[33]

他坦承這些由鍍鎳鑄鐵零件組成的不同配件都很貴，每套大約為二萬五千美元。不過，他們能在使用頻率和各方面的細節賺回成本，例如成型的壁爐架、欄杆、老虎窗、線路的導管，甚至是浴缸。承包商投資後，可以每四天澆置一棟新房子。每棟房子能以五百美元或六百美元出售，使數百萬名低收入的美國人能夠成為屋主，不必擔心地震、颶風或火災。「就算我六十歲了，」愛迪生承諾：「我還是會把這種創新的方法當成老生常談。」

全國各地的建築商對此懷有疑慮。他們以前聽說過混凝土房子，但從來沒有從這麼有決心又能幹的夢想家那裡聽說過。「只有天才想得到瘋狂的點子，」賓州紐卡斯爾市的混凝土工人說：「愛迪生是個古里古怪的人。如果他無法用鈷電池解決汽車的問題，使電動車可以超越汽車，他就不會成為偉大的發明家。」

既成事實

結果，愛迪生六十三歲時才澆置完成最初的幾棟展示屋（包括位於盧埃林公園的兩間屋子）[34]，並推出他

愛迪生與水泥屋模型，約攝於一九〇六年。

32 愛迪生的水泥很光滑，他的競爭對手心裡很不是滋味。其中一人不滿地說：「如果你能做出跟我們差不多的水泥，那就更好了。」儘管如此，愛迪生的水泥質地還是成了業界的標準。

33 愛迪生和採訪者都犯了常見的錯誤：把水泥當成混凝土。水泥其實是組成混凝土的一部分。

34 這些建築依然堅固，可用作國家公園管理局（National Park Service）經營的格蘭蒙特房屋參觀活動的附屬設施。

重新設計的汽車電池。那時，鈷片跟去年的樹葉一樣，都是他憑空想像出來的產物。新的季節一來，他又闖入新的領域，比方說自傳，更確切地說，是他為了滿足好奇心旺盛的博斯韋爾（Boswell）夫婦而隨手記下的往事。從一八七七年開始，法蘭克・戴爾、《電的世界》雜誌編輯湯瑪斯・科默福・馬丁就認識他了。他們兩人的思路清晰、冷靜沈穩，從他們的散文就可以看出這點。他們完成了兩卷傳記《愛迪生的人生與發明》的權威研究著作[35]，筆調非常嚴肅，卻也流露出崇敬之情，為將近一千頁的學術文本投射理想化的光輝。

愛迪生的失聰狀況[36]使他們難以進行口頭方面的問答，因此雙方都有採訪的「腳本」。他的回答很零碎，也不連貫，多半歡快又草率，回憶中最嚴重的創傷莫過於母親與第一任妻子離世。此外，除了他對自己的專利充滿自豪感，很少顯露虛榮心。他最愉快回憶是在俄亥俄州的童年（「洛克伍德家的男孩和我去游泳池。他下水，我等他游完，然後就回家了。」他寫道），以及早年在紐約度過的日子，那時他還沒以獨立發明家的身分起家：

一八六九年某天，我展示了順利做出的設備後，萬一股票行情報價機在經紀人的辦公室突然失常，開始狂印數字，中央處理系統能夠讓局面恢復正常，不但省去許多人力，也讓經紀人減少很多麻煩。馬歇爾・萊菲（Marshall Lefferts）把我叫進辦公室，他說：「年輕人，我想了結你的發明案件。你認為自己應該得到多少錢？」我考慮到工時和趕工的速度，認為自己有資格得到五千美元，但我也能接受三千美元。不過，等到真正開口的時候，我卻沒有勇氣說出這麼大的金額。我說：「嗯，長官，你決定吧。」他問：「你覺得四萬美元怎麼樣？」我聽到後，差點暈了過去。我真擔心他會聽到我的急促心跳聲。總之，我回答他這個數字很合理。

精通文學的戴爾與馬丁、威廉・米德克羅一起潤飾愛迪生的文法，緩和他提到「猶太紀事報」與「猶太人」時的活潑語氣。戴爾也是企業謀略家，他小心翼翼地引導他進入雙贏的局面。[37]

他利用一九〇七年的兩項法院判決，確認愛迪生與電影放映機公司持有的競爭電影專利，以便建議訴訟當事人成立「信託」，將他們的權利與其他重要製片廠的權利聯合起來，把獨立製作人和侵害版權的參展商排除在外。這促使戴爾在一九〇八年十二月自豪地成立電影專利公司，該公司的相關巨頭也在實驗室圖書館舉行的慶祝會上紛紛討好愛迪生。他依舊待人親切，也對於把電影視為娛樂的概念感到厭倦。他吃完晚餐，拿出法律文件後，他說：「你們兩個慢慢討論，我去小睡一下。」他在書架後面的折疊床上休息，醒來後發現自己掌控了九〇%美國電影產業。

戴爾要求他允許開發圓盤式留聲機技術，以便與新興的勝利牌留聲機公司匹敵，但他不太願意。讓愛迪生難以理解的是，許多唱片買家都選擇了新奇的平坦硬唱片，聲音聽起來就像用砂紙打磨般，反而不選擇他珍視的兩分鐘圓筒——裝在沉重的硬紙板罐裡出售，開啟時會散發出蠟的馨香氣味，而留聲機的牽牛花造型大喇叭能播出優美的旋律。但讓他感到開心的是，聯邦上訴法院撤銷了他的賽璐珞錄音媒介舊專利，因為儘管他耳聾，卻不認同音量比精確性更重要。

一九〇七年，國家留聲機公司賣出七百五十萬個圓筒的驚人銷量，表明他並不是唯一有這種偏見的人。當他的主要競爭對手美國留聲機（American Graphophone）公司推出了可播放四分鐘的六英寸圓筒，

35 一九一〇年十月，由哈潑兄弟（Harper & Brothers）出版社於紐約出版。

36 一九〇八年二月二十三日，愛迪生接受了第二次有生命危險的乳突炎手術，殘疾問題變得更加嚴重。

37 一九〇八年七月二十三日，戴爾接替威廉・吉爾摩的職位，在愛迪生的手下擔任工廠業務經理。

他的反應是發行新型黑蠟安貝洛爾唱片。這款唱片符合愛迪生的標準心軸，但每英寸有二百條細微紋溝。播放時間一樣長，也沒那麼刺耳，但突起的部分很脆弱，容易跳針。[38]

戴爾只能等著愛迪生承認柔和聲音的時代已經結束了。當安貝洛爾和相配的播放機安貝羅拉都無法在一九〇九年二月避免銷售額下降五〇%以上時，米娜告訴很懂技術的孩子西奧多，他的父親研究新型圓盤機時，無法解決播放裝置的問題。「我希望你能給他一些解決困難的建議。」她說。

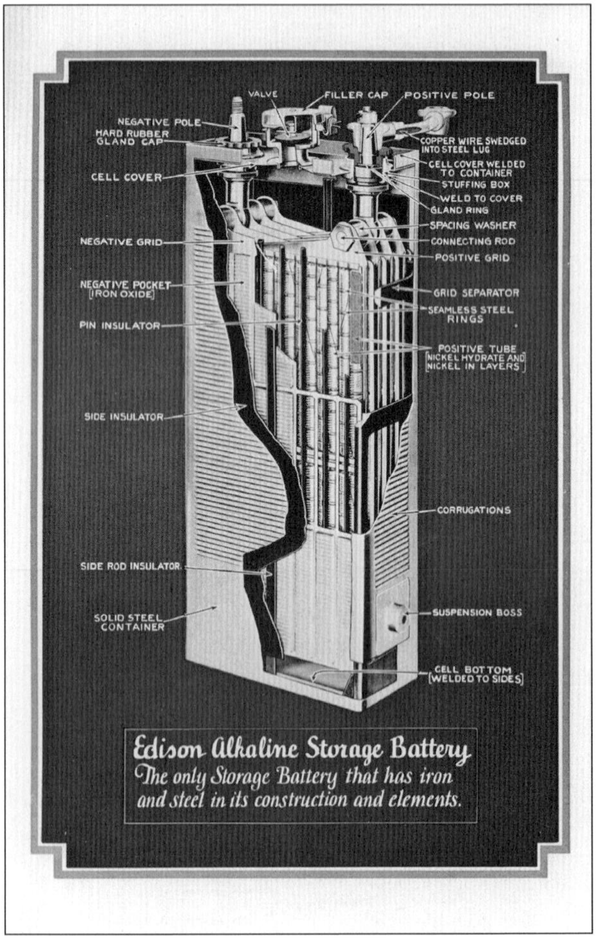

愛迪生的A-12型蓄電池，一九〇九年。

無論愛迪生遇到什麼問題，都很難與他於六月二十六日宣布「蓄電池是既成事實」之前，在智力、機械及化學方面付出的九年心力相比。記者好幾次聽到他發表類似的聲明，以至於相關報導很少登上頭條新聞，更不常刊登在頭版。直到七月，首批細長、輕便、光亮、經過複雜設計而趨近固態的一．二伏特A型電池出現時，大眾才發覺愛迪生在電化學領域掀起了一場革命。

他這次的做法是運用薄片技術，將鎳片鍍得很薄，使之輕盈地在空氣中飄動。接著，拍平二百五十張薄片，直到厚度與名片差不多，再輪流從他浸入銅鎳電解液中的旋轉滾筒快速抽出來。每一種沉積物經過沖洗和乾燥後，累積起來的厚度還比不上重複交疊那麼厚，一旦製成〇．三九六九毫米的薄板時，再剝離薄片並切成微小的方形，浸泡在能侵蝕銅的溶液中。這會留下一百二十張鎳片，每片的厚度約為二萬五千分之一英寸。

隨後的電極加載程序是使用他設計過最精密的儀器來進行，耗費了他多年的時間和一百五十萬美元。其中包括反覆將細長的棒子插入A型電池的穿孔鋼管中，並用七百個由粉末狀的鎳水合物和鎳片組成的圓盤包裹起來。此時，鋼管是螺旋纏繞的結構，用無接縫的鋼環加固，才能承受每平方英寸二千磅的插入力。鋼管的末端要壓緊，就像他壓住燈泡的撤出點，然後並聯地安裝到正極板的網柵。更簡單的類似方法是用精細的氧化鐵填塞扁平的負極板容器，不浸漬薄片的原因是其電阻比鋼管低。

每個電池由五個負極板和四個正極板組成，而這些極板是用硬膠形成絕緣效果，堅固地夾在一起，然後用鋼板裝罐，以及用摻雜鋰

愛迪生的A-12型蓄電池，攝於一九〇九年。

38 儘管該唱片的媒介通常被稱為蠟或蠟製品，但安貝洛爾的媒介是硬脂酸與氯化鈉的軟皂化合物，由地蠟和硬脂酸鋁進行硬化。

的氫氧化鉀浸透。[39]愛迪生大膽地焊接金屬罐的頂部，他估計在電池壽命至少長達四年的情況下，不需要打開金屬罐。[40]唯一的擠壓件是雙錐形端子、補水用的蓋子孔和釋放氫氣泡的閥門。

他不想再因市場召回產品而蒙羞，於是直接隨機對新電池進行物理測試。隨機挑選的電池在固體塊上上下下撞擊大約二百萬次，然後以每小時十五英里的速度撞擊磚塊或石橋臺五百次。如果電池能承受這種摧殘方式而不減損容量，他就能確定電池會通過在紐約實際應用的最終測試。「我期待不久之後，每一輛上路的計程車都安裝我的新型蓄電池，」他自豪地說：「汽車和其他遊覽車也一樣。」

在某些方面，他的夢想實現了。他很快就從計程車、有軌電車及快遞公司接到超量的訂單，而他的鹼性供電裝置具有無聲、無味的優勢，讓鉛酸蓄電池的製造商很吃驚，甚至有製造商發行外觀類似的電池，稱作「鐵甲艦」，但不含鐵的成分。多年來，愛迪生的各種A型電池驅動了全國一半以上的電動貨車、鐵路訊號、出勤紀錄系統、礦工燈、引爆裝置、中央處理站的備用設備、船舶的收音機。西奧蘭治校園有一位上進的年輕工程師甚至打造了足以驅動潛水艇的巨大電池。但愛迪生拖延太久了，以至於無法對抗以內燃驅動的「觀光交通工具」快速普及。底特律的福特汽車公司推出低價、高里程的T型車一年後，愛迪生的電池就上市了。當「電動車」這個詞開始聽起來很新奇，而且無意間出現在日常用語時，他的電池銷售速度就加快了。

擅自墾荒的人

十年來，愛迪生很高興看到自己的水泥與電池發明有成功的結果，並期待這些發明帶來的財富。撇開不談他現在承受的嚴重耳聾與慢性胃痛，他就像研究生一樣精力充沛，對科學充滿好奇心。「你有沒有發現，所有的工業化學在本質上其實都是膠體？」他問兩位老夥伴。[41]四十年來，他平均每十一天就做出一項發明，沒有心思聽從年邁表妹麗茲·沃茲沃斯（Lizzie Wadsworth）的勸告：「我覺得你該讓大腦休息了。你已經為這個世界付出夠多的心力，下半輩子值得好好放輕鬆。」

他認為把事業交給小兒子之前，自己可以繼續有效地工作二十年以上。年長的兒子對他來說，依然像微不足道的碎片，而非麻煩人物，讓他有時無動於衷，有時傷心。只要他還活著，也許大兒子帶給他的感受會持續不變（除非他們像之前一樣揚言要自殺）。「波頓·威拉德」（即湯姆的化名）就是相當悲哀的兒子，身體狀況良好時在蘑菇農場賣力地幹活，但身體欠佳時不得不求助。他的腦疾最近頻頻發作，使他在費城的醫院臥床七個月。

威廉和布蘭琪依然在日月如梭之下處在水深火熱的困境中，一面遭到憤怒的房東追討，一面揮霍愛迪生每週給的支票，例如到乞沙比克灣乘船喝香檳酒之類的享樂活動。當威廉乞求額外的訂製衣服和一輛皮爾斯阿羅遭到拒絕後，他惱怒地寫信給父親，使戴爾忍不住拋開律師形象的禮儀，答覆他：「我絕對相信，如果我們把十萬美元交給你們，這些錢在兩個月後就會被你們白白花掉。到時候，我們還會聽到同樣的抱怨和藉口……你們表現得像小孩子，不值得我同情。」

---

39 愛迪生在電解質中加入鋰水合物，顯著提高了A型電池的容量與穩定性，而鋰離子電池的發展預計需時六十年，目前是電力科學的主要產品。曼哈頓計畫的弗朗西斯·邦納（Francis T. Bonner）形容這種新方法是沒有人在一九五〇年代能完全理解的「真正魔術」。

40 他低估了十倍以上的電池壽命。四十五年後，愛迪生的蓄電池依然在美國各地使用。二〇一一年，研究員重新使用壽命長達八十五年的A型電池時，發現依然能夠正常運作。

41 愛迪生在一九〇九年四月提出此問題。六年後，沃爾夫岡·奧斯瓦爾德（Wolfgang Ostwald）出版了有開創性的《膠體化學手冊》（Handbook of Colloid-Chemistry）英譯本。

愛迪生對威廉設計的雙動火星塞產生興趣，但他不禁把這項設計視為多餘的燃氣發動汽車新時代象徵。他和老朋友阿爾伯特·哈伯德（Elbert Hubbard）一起吃午餐時，他的言談透露出對未來既擔心又滿懷希望的心情。哈伯德是藝術家，也是哲學家，他和愛迪生都是木星協會（Jovian Society）的創辦人。該協會由一群提倡電力做為未來清潔能源（clean energy）的環境保護主義者組成。愛迪生拿出新鮮的雪茄後（「把火柴傳給我，謝謝！」他說），開始抨擊其他能發出火花的裝置：

> 總有一天，會有人發明出集中與儲存陽光的方法，用來代替普羅米修斯用火的荒唐舊方法。如果沒有人能辦得到，我就自己讓美夢成真……。
>
> 我對這種為了取得動力的燃燒方法很反感，因為實在太浪費了……我們應該運用自然的力量，才能獲得我們需要的所有動力。陽光是一種能源形式，而風和潮汐是能源的表現形式。大家有善加利用嗎？沒有。大家反而燃燒木頭和煤，就好比房東燃燒前院的籬笆做為燃料。我們的生活方式就像擅自墾荒的人，不像真正擁有地產的人。有朝一日，熱能和動力可以無限量地儲存在每個群落，由自然的力量聚集而成。電力應該跟氧氣一樣容易取得，畢竟沒有人能摧毀電力。
>
> 話說回來，我相信自己的新型蓄電池符合人類的需求。

| 第四部 |

磁力

一八九〇年至一八九九年

愛迪生在奧格登（Ogden）的礦場，攝於一八九五年。

愛迪生在四十三歲生日的前夕，突然罹患不尋常的抑鬱症。他剛目睹最自豪的成就——紐約的珍珠街（Pearl Street）發電廠——燒成了灰燼，八個主要發電機中有七個已毀壞。他才剛從這次的打擊中振作起來。幸虧當地的照明企業迅速應變，系統在幾天內就能恢復運作。不過，當他聽說愛迪生奇異公司的多金總裁亨利・維拉德（Henry Villard）希望他犧牲掉自己在該公司的一千股，好讓某些范德比爾特（Vanderbilt）企業集團在卓克索摩根（Drexel, Morgan）銀行的支援和教唆下，可以買進股票時[1]，他之前目睹自己精心設計的發電所黑糊糊、濕淋淋、窗子裂開地矗立原地的畫面，依然記憶猶新。

這種隨意的假設試圖讓他在一家以自己的名字命名的公司董事會上邊緣化，激起他滿腔怒火（金融家能保有商標多久呢？），當時他比較希望拋售投資組合中一些等級偏低的資產。一八八〇年代，他願意接受自己在全國各地設立幾十個獨立中央處理站的會計提供的股票，而非現金。他持有將近四百萬美元目前毫無價值的證券。說起來也許可笑，他還同意愛迪生奇異公司合併他以前控管的所有電氣製造公司，以取得相關證券並取代原先的現金付款，之後他發現自己的收入從二十五萬美元降到八萬五千美元——少到不足以持續經營西奧蘭治的實驗室，除非他自掏腰包。[2]

「你的要求讓我很擔心，可以說是讓我精神崩潰的主要原因。」他寫信給維拉德，表明他需要到北卡羅萊納州的山區度假，消除身心的疲勞。

1　一八八九年，愛迪生奇異公司由三家愛迪生的電燈製造公司合併而成。

2　然而，愛迪生在一八九〇年初期絕不是窮光蛋。根據他在卓克索摩根銀行的近期對帳單，餘額為四十六萬五千四百四十美元二十五美分，相當於二〇一九年的一千二百萬五千美元。

二十二年來，我為了賺錢而疲於奔命。當我把公司賣給愛迪生奇異公司時，收到的現金總額是很大的誘因，我認為自己可以守住這筆錢，然後我的心思就能從經濟壓力中解脫出來，讓我能夠勇闖技術領域。我沒有考慮再把這筆錢投入生意……我覺得該是從照明企業退休的時候了。我想全心投入更愉快的事物，讓自己的壓力沒那麼大，煩惱也沒那麼多。

維拉德認為這種徵兆是喜怒無常的天才偶爾會發出的心聲。「別擔心，」他回答：「我相信你經過長時間的休息，回來後會比較愉快。」

像豹的斑點

愛迪生平常很少失態，這點真的很了不起。自從他的第一任妻子在五年半前去世後，他都沒有顯露出消沉的情緒。但這十年對他來說無疑是充滿一大堆煩惱——相比之下，一八八〇年代是一段逐漸邁向可喜可賀、成功的漫長期間。此時，他又成了金融家的玩物（維拉德建議他借錢來彌補收入損失）；根據合約，他被迫每天無償工作長達九個小時，處理一些本來該由現場工程師處理的電氣問題。他也另外花九個小時解決「戳到痛點」的問題——十八個小時是他的慣常時程——例如不穩定地開始生產愛迪生牌的說話娃娃；留聲機與唱片的銷量大幅下滑；兩項迫在眉睫的法院判決可能會使他蒙羞；他在賓州開設的試驗性鐵礦場傳來壞消息；從德國傳來更糟糕的消息——他的大女兒染上了天花。

此時，十七歲的瑪麗恩躺在德勒斯登（Dresden）的醫院。根據家庭教師兼監護人伊莉莎白．厄爾（Elizabeth Earl）的說法，瑪麗恩的身體出現許多很像豹的斑點。她在歐洲旅行了十個月，有一部分的原因是為了完成學業，但主要是為了和米娜保持距離。愛迪生認為湯姆和威廉從喪母的痛苦中恢復過來，也很容易適應另一位母親，這種狀況在家庭中只是小事。然而，瑪麗恩對瑪莉的記憶更久遠（只記得金髮、巧克力、笑聲），她無法諒解米娜取代了瑪莉。米娜無法填補瑪麗恩心中的空虛感，而這位女孩也決定獨自出國。

瑪麗恩的青少年時期照片。

這趟冒險花了愛迪生很多錢。更何況，假設瑪麗恩活了下來，他現在也面臨數千美元的醫療費、養病費——有證據表明瑪麗恩的疾病屬於出血性。[3]米娜留給其他家人的預算也有「通膨」的跡象。她的兒子在秋季就讀新罕布夏州康科德（Concord）的聖保羅（St. Paul's）高中，這是一間所費不貲的寄宿學校。[4]此時，她也懷了第二個孩子。

3 「她背上的膿腫引起脊椎永久性損傷，」厄爾太太在三月十日寫信給米娜：「當醫生用柳葉刀割開膿腫……她失血過多，醫生擔心她的性命。」出血性天花多半會致死。

4 一八九一年，在聖保羅高中的兩名寄宿生須付每年學費一千二百美元，相當於二〇一九年的三萬二千二百八十美元。

只要愛迪生財力充裕，他就會心甘情願撫養所有依靠他生存的未成年貧窮家庭成員，包括八十五歲的父親、不到兩歲的瑪德琳。但他的善舉只限於簽發支票。他覺得沒有必要另外寫慰問信，即使是在國外療養院承受化膿之苦的瑪麗恩也一樣。雖然無論瑪麗恩的麻子臉需要多久時間才能復原，她都能夠指望父親幫忙支付醫療帳單，但這位父親顯然忽略了家庭教師以前的提議：瑪麗恩最需要的是父親寫給她一封充滿父愛的信。

愛迪生對每一位阻撓他的陌生人都很親切，甚至也不吝於提供競爭對手一些建議，但他卻沒有察覺到自己經常傷害知己的感情。他既愛交際又不好相處，曾經坦承：「我活在屬於自己的大型移動世界中。」他就像從電影放映機的窺視孔看出去的迷濛身影。即使他注意到一些不像他那麼成功的人處於痛苦、孤獨、羞愧的狀態，或患有精神官能症，他似乎不明白為何他們不展開大膽的冒險來讓自己振作起來，如同他即將要做的事。

更多、更大的岩石

有關他到北卡羅萊納州山區的探勘傳聞，比起新鮮的空氣，他主要是為了尋找鐵礦。多年來，他一直夢想成為礦業大亨，這與他從事實驗室工程師的工作形成強烈的反差。這種幻想可以追溯到他在一八八一年發現長島奎葛（Quogue）村莊的黑沙灘——每當風向改變或退潮時，一層又一層磁鐵礦粉就會在沙灘上移動並飛落。無論是過去或現在，大西洋坡（Atlantic Slope）的氧化鐵對他來說就像黃金，即便在品質與數量方面都比不上蘇必略湖（Lake Superior）附近的巨大氧化鐵礦床。

他消耗了好幾支4B鉛筆，用來計算他需要匯集多少低等的阿帕拉契山脈磁鐵礦，才能以更低的價格賣給密西根州赤鐵礦的當地熔爐工。這種赤鐵礦的硬度更低，儲量也更豐富，但要沿著一千英里的鐵路運往東部，須花一大筆錢。愛迪生的等式取決於許多可變因素，包括他為這種尺寸和精密程度的機器設計挖掘、壓碎、研磨、分離的能力，以便在該地區的其他研磨廠不營業、中西部產量增加的情況下保持競爭力。他也必須確保無論發現任何礦床，儲量都要足以保證礦石不會枯竭。

他沿著藍嶺山脈尋找鐵礦層六週，結果一無所獲（「我去採勘這一帶的地產，然後遇到一個黑人，他把我介紹給另一個黑人，最後我找到了礦——牙鑽般的礦脈。」他說），他回到北方後，相信最保險的辦法在於家鄉的繁茂高地，位置就在奧格登斯堡市的附近。[5]他最近獲得斯巴達山（Sparta Mountain）上的一萬六千英畝土地，其中包括以前唯一鐵礦是東部鐵的時代所遺留下來的廢棄洞穴。根據他的估計，奧格登礦場中央三千英畝的土地可能蘊藏著二億噸低等磁鐵礦。如果他按照自己的計畫開採，足以搖身一變成為億萬富翁。他說：「紐澤西州的礦石在原始岩石中。如果這些含礦物的岩石可以進行商業開採，紐澤西州的鐵礦其實比世界上其他同等面積的地區更多。」

邊境另一頭，坐落著艱苦掙扎卻依然活躍的賓州東部鑄造廠，以及為鑄造廠帶來天然鼓風爐燃料的無煙煤礦。他在方案中寫下根本原因：「市場就在中央。」他指出，當地的勞動力較便宜，而阿勒格尼山脈（Alleghenies）這一帶有更多專業的管理人員。「唯一需要的就是廉價礦石。這種商品的儲量豐富……美國的鐵礦生產中心會往東遷回好幾英里以外的地方，而西部出口商不會開出比東部研磨廠更低的價格。」他寫道。

5　一八八八年至一八九一年間，愛迪生針對從紐約州到卡羅萊納州（Carolinas）的阿帕拉契山脈鐵礦場進行大規模的地磁傾角針調查，並在過程中買下東部鼓風爐實際範圍內可濃縮礦石的百分之九十七所有權。

他不需要進一步的誘因，就能以紐澤西州與賓州精礦廠（New Jersey & Pennsylvania Concentrating Works）的名義重振奧格登礦廠。以前的愛迪生礦石加工公司浴火重生，即將具備合法成立公司的所有特點，擁有小型董事會以及二十五萬美元的股本。他決心不讓該公司進入公開市場，並準備親自為未來的擴張提供資金，而不是像以前那樣依靠摩根這樣的小氣鬼提供開發資金。目前，他很滿意能當大股東，也有忠誠的朋友支持他，例如小羅伯特．坎廷（Robert L. Cutting, Jr.）、查爾斯．巴徹勒（Charles Batchelor）、塞繆爾．英薩爾。

三月二十四日，有許多照明業的資深人士參加了亨利．維拉德在紐約舉辦的晚餐會，這證實了他長期以來的疑慮，也就是維拉德在處理的愛迪生奇異公司與湯姆森休斯頓電氣公司（Thomson-Houston Electric）的合併事宜——如果進行得順利，此舉能結合這兩家公司在照明與馬達技術方面的優勢。愛迪生反對這個想法，因為湯姆森休斯頓電氣公司可以透過交互授權，利用他的專利進行交易。他不確定自己是否能得到合理的補償。此外，該公司採用的交流電系統比他的系統更有效率，也因此令他反感。[6]不管這筆交易是否成功，他研究連接電線二十年後，對電氣發明貢獻不少。但他不明白電力究竟是什麼，除非電流在他的手指下振動、衝擊或發熱，否則他在處理實質性的物件時感受不到電力的存在。

他小時候讀過理查德．格林．帕克寫的《自然哲學》（*Natural Philosophy*），那時他知道科學分為「有重量」與「無重量」，也就是有質量和沒有質量的媒介。目前為止，他處理過電報、聲音學及光的無重力現象。現在他想用世界的物質豐富性來衡量自己的力量。他殷切期盼比前人壓碎更多、更大的岩石，並靠著磁力從塵土中提取鐵礦。

《鐵器時代》（*Iron Age*）貿易期刊中的社論特別提醒，這種欲望會讓人上癮，也可能造成毀滅性的後果：

> 從貧礦生產精礦的過程中，很少能檢測出外來物質的顆粒，這點很有趣。凡是接觸過這個課題的人，都會察覺到發明家的滿腔熱情，以及取得這般成就後的勝利氣勢……不過，這種工作很少有推銷商對涉及的成本與損失有充分的認識……
>
> 這並不是說磁性精礦的領域無法發光發熱。然而，期望通常是以低估的成本為基礎，勢必會導致失望的局面。

黑色牙膏

愛迪生認為在所有的奧秘中，最大的奧秘是磁鐵南北兩極之間的謎，甚至超越電的神秘性。他並沒有因此在青年時期停止進一步撰寫關於磁性在自動調節的電報繼電器中的反應，也想了解磁性是否可以使太陽光譜中的鐵射線轉向。他又發明了許多電磁裝置和熱磁裝置，包括可以非常精確地測量各種金屬完整性的長菱形橋接器。他最有創意的力量用法是應用到彎曲的燈絲。每當他經過磁鐵旁邊，燈絲就會神奇地變直。他說：「一極吸引，而另一極排斥帶電的碳。」最近，他在西奧蘭治鎮展示一種極具分離礦石潛力的軟鐵磁石，有六英尺長，兩英尺半寬，用大量銅線纏繞，重達三千多磅。

在不折不扣的科學家當中，他並不是只會做技術實驗，他也深入研究有關分析的文獻，並熟悉自然力理論的各方面，包括法拉第和詹姆斯・克拉克・馬克士威（James Clerk Maxwell）的著作。他對某些現象的研究受限於他缺乏數學知識，例如反磁性對磁應力的影響，或強磁性材料的導電性損失。為了獲得額外

6 請見第五部。

的理解，他漸漸依賴亞瑟．肯尼迪。

現在，只要又細又寬的礦石流流經兩極，烏黑的部分就會在側邊晃動著，而其餘閃亮的部分則直接落下，他就能夠欣然接受磁性的謎團。他設計過的第一台選礦器非常簡單，看起來像沒什麼用處的裝置（一八八〇年，他興致勃勃的改善白熾燈時，意外地設計出選礦器），配有木製的燈桿、來回擺動的料斗、安裝好的電磁鐵、分叉的容器。然而，光是利用物理學中最基本的力量──重力和磁力，這台選礦器就能在含鐵的沙灘上正常運作。

愛迪生並沒有佯稱自己發明了磁性分離法。他在一篇與約翰．博爾金比（John Birkinbine）合著並發表於《美國礦業工程師學會會刊》（*Transactions of the American Institute of Mining Engineers*）的研究論文中強調，阿第倫達克山脈（Adirondacks）以及偏遠的波西米亞、紐西蘭等國家已嘗試過多種磁性分離法，但其中能夠與愛迪生從一八八一年開始申請專利的七台選礦器相媲美的磁性分離法寥寥無幾。最近有一台選礦器解決了分選過程中太過乾燥的礦石結塊落下，使黑矽石的顆粒阻礙鐵粒提取的問題。他直接將碎石放進水箱，然後在旋轉的磁化滾筒中攪拌，使所有微粒自由分散。碎石從水中浮出時，微粒會依附在滾筒的兩極，隨後可以像黑色牙膏般被刮除。

為了奧格登礦場，他此時與手下最有天分的工程師、蘇格蘭籍攝影師威廉．迪克森合夥，為精密的選礦器申請專利。這台選礦器與他們在製作的神秘相機十分相似，由驅動輪、線軸及裝載著粒狀產品的傳送帶組成。

蜿蜒的供給裝置將潮濕或乾燥的礦石擰進料斗，一邊裝進微粒，一邊裝進粗粒。同時，四塊巨大的磁鐵把鐵粉牽引到傳送帶上形成一連串的波紋，隨著磁極移動而愈來愈密。進行的過程中，鐵粉被消磁了，然後從採集袋落入運輸容器中。旋轉的風扇吹走了間接產生的灰塵，並過濾「浮鐵」的粉塵。整套系統的獨特之處在於反覆抵銷重力與磁力的作用，以提高微粒的濃度，最終在沉澱時形成高純度。

五月時，愛迪生下令在奧格登進行一系列初步試驗。他把試驗交給迪克森處理後，在秋季回到西奧蘭治鎮籌劃設施的大規模擴建。如果其他東部「鋼鐵工」每天都很難生產一千噸的礦石，他打算開採和碾磨五倍的量。他急著制定計畫時，可能從來沒讀過《匹茲堡電訊》（*Pittsburgh Dispatch*）在五月十一日刊登的報導：「新鐵礦區——在明尼蘇達州未開發的地方有豐富的發現」。該區稱為梅薩比（Mesabi），據說有大量的紅色赤鐵礦，吸引三名當地企業家建造一條從德盧斯（Duluth）通往世界各地的鐵路。

心懷感激

多虧德勒斯登的優秀醫生悉心照料，瑪麗恩終於逃過了天花的禍害，但她的臉有許多麻點，她不敢再走進歐洲社會，直到緋紅的傷疤消失為止。愛迪生寄一套精美的銀器給醫生，並在蔚藍海岸（French Riviera）為瑪麗恩租一幢別墅，讓她可以在那裡好好休養，並與厄爾太太一起隱居。要說服瑪麗恩不戴面紗出門，需要花好幾個月的時間。她一面自責自己成了父親的負擔，一面渴望收到父親寫的信，但大多時候都是空等。「一想到我讓爸爸花那麼多錢，我就開心不起來。」她寫信給米娜。

顯然這位年輕女子不太可能早婚，因此減輕了愛迪生對她的責任。她很想家，但也很高興得知父親的另一個家庭要出現新成員了。於是，她待在厄爾太太的身邊，接受了身為離鄉背井的病人命運。

查爾斯在八月三日出生。「媽媽，妳真是個幸運的女人，」瑪麗恩得知此消息後寫道：「妳應該要心懷感激，有這麼討喜的男人當妳的老公，還有可愛的小嬰兒增光、帶財、逗妳開心。對我來說，妳彷彿置身天堂，夫復何求？」

諧波曲線群

愛迪生開玩笑地提到其他新的收購案時，他比喻「奧格登任務」顯然比不上查爾斯攝取加工食品的能力。迪克森從布倫南（Brennan）公司租壓碎機，用來碾碎一些當地岩石，並發現產生的粉末與海灘的磁鐵礦截然不同。這些岩石在乾燥的天氣形成粉末後，能磨蝕機器的防水接頭，也能滲透非常厚的口罩。粉末沾濕時，使泥土的表面凝結水汽，會堵塞原本能夠滲透的旋轉過濾器。不幸的是，斯巴達山的鐵量比愛迪生預期的還要匱乏，平均只有百分之十六。上一代的礦工已將四條可採掘的礦層鑿開了，因此他必須想辦法挖掘其餘的礦層。

他聽到迪克森回報說最初的測試結果十分糟糕時，並沒有因此洩氣。一如既往，困難激發他著手設計新的篩選系統和乾燥系統，以克服奧格登礦場的所有挑戰。他也先關閉了工廠，期望在一八九一年春季全面營運。這使他和局促不安的董事會每個月須承擔二萬到三萬美元的持有成本。同時，有關在明尼蘇達州發現赤鐵礦的消息接踵而至。

九月時，抱負遠大的作家喬治．帕森斯．拉思羅普（George Parsons Lathrop）來到西奧蘭治鎮，他希望愛迪生此時有空檔一起完成某項專案，靈感來自愛德華．貝拉米（Edward Bellamy）寫的烏托邦小說經典《百年回首》（*Looking Backward*）。拉思羅普是〈與愛迪生交談〉（Talks With Edison）的作者，該文章於今年初發表在雜誌上，使他的許多主題顯得更有親和力。愛迪生靈感迸發、富有想像力地構思發明的方式，讓他留下了深刻的印象，於是他提議合著一部科幻小說，把書名取為《前進》（*Progress*）。「這些想法一直出現在我的腦海中。」他說。令他吃驚的是，愛迪生不但答應了，也不在意費用問題。他只須負責寫作，而愛迪生的參與純粹是為了樂趣，不僅想出一些新奇的概念來潤飾故事，甚至還提議使用自己的圖畫補充說明。

根據麥克盧爾（McClure）報紙聯盟的首次連載版權合約，他們的合作事宜必須保密。拉思羅普告知阿佛烈・塔特（Alfred O. Tate）：「你們和我都能賺到錢。」塔特是愛迪生的秘書兼協議中間人。無庸置疑，這本小說接下來會成為暢銷書。在這種情況下，他也願意分版稅給愛迪生。「我認為版稅並不是他的主要考量因素。」他說。

三十九歲的拉思羅普在文壇並非無足輕重。他娶了納撒尼爾・霍桑（Nathaniel Hawthorne）的女兒，出版過幾冊小說和詩歌，創立了美國版權聯盟（American Copyright League），並擔任《大西洋月刊》（*The Atlantic Monthly*）的副主編。不過，這些成就並沒有幫助他擺脫自由作家職涯中的雙重負擔：焦慮和酒。在接下來的九個月，儘管他的老毛病又犯了，卻還是察覺到愛迪生似乎是美國最忙碌的人。[7]

十月中旬時，他們的合作進度經常延誤，當時愛迪生寄了三十三頁筆記給拉思羅普，但字跡太過潦草，很難閱讀。有些內容荒誕不經，有些則不切實際。大多數的句子讀起來像是愛迪生寫給自己看的實驗提示，彷彿他忘了考慮到要讓其他人看得懂：

高溫潤滑，由溴取代

藉著移交熔化的鈦製造氧氣

用白熾解離所有鹵族

7 根據阿佛烈・塔特的說法，愛迪生當時忙著處理七十二項專案。

拉思羅普收到潦草的筆記後，假裝很高興。他說：「我都抄下來了。內容真精彩！」他把手稿還給愛迪生，上面有許多他用紅筆加註需要說明的部分。他不清楚「諧波曲線群」是什麼，也不知道汽化的雲母如何透過電的刺激轉變成微縮膠片。他還需要一些技術方面的解釋，例如靠著「以太力量」供電的電纜電報、無螺絲汽船、氣候變遷、空中導航、催眠機、速記報紙、撒哈拉沙漠運河、珍珠母配電盤以及彩色音樂。愛迪生沒空接受採訪，但他承諾會在蠟筒錄下說明。拉思羅普徒勞地等待錄音。當他收到另一批費解的備忘錄和兩張飛艇的草圖時，他並沒有豁然開朗。愛迪生最後撥冗見他，匆忙地與他討論內容，依然使他「百思不得其解」。

隨著他的預付款愈來愈少，以及麥克盧爾提出了令人尷尬的問題，他試著把手邊的筆記轉變成文學作品。即使內容不是偏技術性，也很難做到這一點。愛迪生對科幻小說付出的心力，是其他人無法以小學生的程度創作出來（「人在沒有傳導性的室內……我們的大氣防護層超越極限，適應每秒十萬英里的速度，在空洞的空間裡沒有摩擦力。」），也不太可能在人昏昏欲睡、半夢半醒的狀態下創作出來（「籍籍無名的螢火蟲努力追求理想的穩定性——形成美麗的眼睛。」）。

拉思羅普把開頭的幾個章節拼湊起來，寄給愛迪生審閱。六週過去了，沒有回音。他只好懇求麥克盧爾延長合約的期限，並期盼著無論愛迪生因為什麼事而分心，他們能盡快繼續完成充滿想像力的旅程，然後進入另一趟旅程。

視覺暫留

那年秋季，愛迪生在實驗室裡的「精密儀器室」默默工作。他在研發一種比長篇小說更新奇的裝置

——電影攝影機，這是他依據兩年前構思的圓筒型電影放映機所改造的新設計。[8] 威廉．迪克森（他回到西奧蘭治鎮過冬時，奧格登礦場出現了新建築）曾說服他使用一條半透明的膠捲，在幻燈機的側邊一個接著一個捲軸纏繞著，可以以每秒十個鏡頭的速度呈現幾百個更大、更清晰的圖像。[9]

十一月左右上映的《惡作劇》（*Monkeyshines*）就是很貼切的例子。愛迪生手下的希臘籍職員穿著束腰的白短裙，充滿活力地揮著白袖子，展現一連串模糊動作。這樣的畫面持續不到半分鐘，有時漫射得像水母在震動，卻結合了表演、攝影及歷史，成了第一部在美國製作的電影。迪克森和助理威廉．海斯（William Heise）負責完成大部分的機械作業。[10]

《惡作劇》的幻燈片是來自紐約羅徹斯特市的喬治．伊士曼從塑化的感光性硝化纖維剪下來。幻燈片又薄又有彈性，散發著香蕉的芳香味，捲片的寬度為七十毫米。迪克森認為沒有必要做得那麼寬，於是將幻燈片切成兩半，然後在邊緣處穿孔，以便配合電影攝影機的鏈輪。結果，三十五毫米寬的膠捲成了電影攝製藝術的標準素材（身為被世人遺忘的老人，此舉令他感到自豪）。[11] 繼《惡作劇》之後是聚焦功能更

---

8 請見第五部。

9 大多數電影歷史學家認為，愛迪生發明電影攝影機的時間可以追溯到一八九〇年十月，恰逢迪克森與他在實驗室重逢之時。然而，《奧蘭治期刊》（Orange Journal）早在當年二月報導：「過去幾個月，愛迪生持續進行一系列瞬時攝影的實驗，最終順利地完成實驗。」四月時，《西方電工》如此描述紐約雷諾克斯學府（Lenox Lyceum）的神秘愛迪生式投影：「不可思議的魔法燈投射到天花板……這般畫面是栩栩如生的演出！」當月，《明尼亞波利斯時代》（Minneapolis Times）聲明他在試驗一種水平置入的繞線式電影攝影機，並打算配上同步聲音：「完工時……也許不但能聽到人的說話聲……還能同時看到人的表情，包括表情的細微變化、眼珠的移動等。」

10 電影發明的複雜年表是法國、英國及美國學者尚未解決的爭議，涉及同時在這三國進行的實驗和優先權。我會在第五部探討愛迪生與艾蒂安—朱爾．馬雷（Étienne-Jules Marey）的關係，以及他在一八八八年和一八八九年接觸電影放映機的開創性工作。

11 迪克森表示，他看了一眼愛迪生的「打孔帶自動電報」之後，就產生了幻燈片的概念。

佳的續集及一系列逐步改善的相機測試，但許多驅動問題和暗房問題一再拖延愛迪生公開宣布他的發明。擒縱裝置不是運作得太慢就是太快；顯影過程中，膠片上的乳膠膜會從底片脫落，而槽底留下含油的圖像；齒孔有問題；力矩排除了沒有校準的圖片。愛迪生解釋眼睛無法區分快速連續的靜態圖像時，很喜歡提到「視覺暫留」這個詞。但視覺暫留目前給人一種新媒介的突兀感，還沒有成熟到能夠合成的地步。

沽名釣譽

一八九一年一月一日，愛迪生惱怒地看到《太陽報》刊登他與羅伯特．路易斯．史蒂文森（Robert Louis Stevenson）、魯德亞德．吉卜林即將出版重要小說的消息。此消息甚至傳到了德國，該國宣布愛迪生隨後會將這部兩卷式電氣小說改編成舞臺劇。《哈特福德》（*The Hartford Courant*）日報則添上震驚之意：「別讓他接觸文學吧，他完全不屬於那圈子。」

愛迪生把這件事怪罪在合作夥伴身上，指責對方「背信棄義」，並揚言一旦又出現令他難堪的宣傳消息，他就要終止合作關係。拉思羅普辯解自己是無辜的，並指出《太陽報》的誤述忽略了他的名字，因此也傷害到他。愛迪生原諒了他，但從此以後漸漸疏遠他。拉思羅普請求米娜幫忙歸還他寄到格蘭蒙特的章節後，卻發現愛迪生顯然沒有讀過稿子。

除了愛迪生與威廉．迪克森在奧格登礦場共享新型磁選機專利的特殊狀況，他實在不喜歡自己的名字與其他發明家的名字聯繫在一起，無論是拉思羅普這類二流天才，或是像他以前的職員法蘭克．史伯格那樣才華橫溢的發明家。在一八八〇年代，他一直小心翼翼地不讓史伯格參與實驗性電氣鐵路專案，因此錯過了史伯格後來在鐵路牽引技術方面的重大創新。這種虛榮心在水牛城的採訪中流露了出來，當時他告訴當地記者：「愛迪生奇異公司即將為你們的有軌鐵路系統供電。」

「但這邊的公司不會使用史伯格的系統嗎？」記者問。

「會使用啊，但系統的名稱不叫『史伯格』，而是叫『愛迪生』。我們已經兼併和改善史伯格的系統了。」

愛迪生奇異公司最近確實收購了史伯格電氣鐵路暨汽車公司（Sprague Electric Railway and Motor Company），取得該公司的寶貴專利和迅速發展的商譽（從一八八七年開始，安裝或承包的都市系統超過一百個），同時提供公司擴張所需的資金。但愛迪生吹噓自己已「改善」公司的技術，有資格用他的名字代替史伯格，這聽起來就像趁史伯格在收購後辭職時，打他一記耳光。三十三歲的史伯格渴望成名，他指責愛迪生奇異公司和亨利・維拉德阻礙他：

> 貴公司的經營方式不是以股東的最大利益為出發點，也沒有善加運用財產和人脈，而是優先考量愛迪生先生及其代表的個人利益，已嚴重傷害到我的私生活、專業及生意。嫉惡如仇、沽名釣譽都是很明顯的動機……
>
> 公司只顧著發布公告，而且這個國家的每位鐵路員工都知道此消息不屬實。公司也開始竭力除去史伯格的名稱，只為了讓愛迪生先生贏得本該屬於其他人功勞的聲譽……只要有人鄙視史伯格的一切，他就會大力支持。如果他受到冷淡的待遇，他就會輕蔑對方。崇拜愛迪生是天理，史伯格的名稱勢必廢除，這就是公司的原則……
>
> 不只是愛迪生先生的下屬以及沉浸在洋洋自得情緒的人，愛迪生先生本人也得意忘形。只要有人在電力科學占有一席之地，哪怕是微不足道的地位，他都會心生嫉妒，並找機會攻擊對手，就像他試圖打壓我一樣。

史伯格後來成了同樣傑出的垂直式牽引系統發明家，並在餘生不斷抱怨世人不認同他的天賦，反而以為愛迪生就像帕納塞斯（Parnassus）山脈的巔峰。[12]雖然他有偉大的成就，卻不曾承認自己的成就僅限於電氣科學，也不承認自己對其他領域一竅不通，諸如音樂中的泛音、電影的幻覺技巧、索氏提取器中的橡膠分子散布、紐澤西州北部高地的磁性分離法。

玫瑰色葉理

二月初，愛迪生奇異公司的可觀股票收益消息，讓愛迪生迫不及待的想趁嚴冬的地面解凍時，到奧格登礦場開採和提煉。投機者把股價飆漲歸因於傳言：亨利．維拉德手頭拮据，準備將多數股份賣給某位與范德比爾特家族有來往的人。然而後續沒有類似的交易，但這並不是愛迪生第一次聽到維拉德與范德比爾特的名字相提並論。他不愉快地想起自己發明的燈泡、打造的發電機、創立的產業都已經企業私有化，遠遠超出他的掌控範圍。

他在三月中旬前往北部籌備新工廠的生產。有一列小型礦車在霍帕康湖（Lake Hopatcong）接他上車，然後登上斯巴達山的後支脈，經過一個世紀前廢棄的赫德（Hurd）礦場，並朝著樹葉依然稀疏的密林前進。森林裡沒有蕨類植物，也沒有蔓生的藤蔓，但斜坡上處處是散亂的巨石，有些石頭看起來隨時會滾下來壓扁火車。當火車行駛了一千二百英尺時，突然停下來，愛迪生只好徒步攀登剩餘的半英里路程到奧格登。

這條濕滑的小路通往「鐵丘」（Iron Hill）採石場的採掘面，此處是廣闊的場地中最容易進入的區域——四英里長的平板狀片麻岩[13]，沿著比弗湖（Beaver Lake）背斜層的東南斜坡綿延，與阿帕拉契山脈的整體波浪狀呈平行。當春雨沖洗岩石上的淤泥和雪時，雲母片就會閃閃發光。片麻岩中的玫瑰色葉理展現出磁鐵礦晶體的散布，在某些地方較密集，在其他地方則零零落落。但是，誰知道這些礦層有多深、礦產有多豐富呢？礦層要麼沉入斜坡，要麼幾乎垂直潛入岩床？愛迪生估計每個方位至少有四百英尺和一英里。如果有必要，他準備鑿開整座山。

從山脊和東面水庫之間的有利位置來看，「紐澤西州與賓州精礦廠」具有一定的溢流連續性，卻受制於他決定盡量改造老舊礦場建築的阻礙。他為了新的磁性分離廠，以及增加一些儲藏庫、幾英里長的鐵軌，花費將近五萬四千美元。現有的石材發電所容納了他在一八八九年巴黎博覽會（Paris Exposition）砸錢買下的四汽缸、三段膨脹直立式引擎。鐵丘的上層工作臺架設了鏈斗式空中索道，可以將人力加載的礦石塊搬運到下面四百碼處的研磨廠（因為他缺乏可吊起巨石的起重機），該廠有十七台顎式碎石機能夠把礦石塊壓碎成礫石。然後，礫石經過許多研磨機和旋轉篩，漸漸從砂礫變成細粒。磁力選礦機接下來會把細粒區分成用於儲存和運輸的「鐵粉」，或在礦山廢石堆做為沙子單獨出售的含砂「尾礦」。礦石堆的其他地方依稀可見兩間磨坊，一間很老舊，另一間很新；磨坊裡有機械廠，也有聳立的黑泵從建築群中央的廢棄礦井汲取洪水。

這是一幅原始又難看的景象，毫無樹葉的蹤跡。愛迪生手下的幾百名勞工以義大利移民居多，在此處沒有留宿的地方。他們跋涉了半小時的山路後，不得不擠在奧格登斯堡市的廉價公寓。愛迪生認為，至少

12　一九一一年，史伯格得知電機電子工程師學會（Institute for Electrical and Electronic Engineers）要授予他愛迪生金牌（Edison Gold Medal）的最高榮譽時，不禁喜出望外。

13　到了一八九八年，地質學家把這一帶稱為「愛迪生片麻岩」。

工廠東面的農舍很好客。他每次從六十英里外的格蘭蒙特來到這裡，農舍都會邀請他留宿。

補上許多零

奧格登的總經理哈里．利沃（Harry Livor）試著遵照愛迪生的指示，立即進行研磨作業。然而，操作系統太過複雜，直到四月初才有快速生產的跡象，那時也出現了許多機械與協調相關的問題。從採石場運來的原礦通常很潮濕、沾染髒泥土或帶有纖維狀的地下莖，會堵塞機械設備和篩網。原礦也可能產生一團團塵土，與空中索道輪子上的油脂混合並磨損輪子，因此需要經常停機更換和維修。顎式碎石機的容量小得令人失望，而六個帶式分離器也需要經常校準。愛迪生毫不氣餒，他前往賓州尋找鐵精礦的鑄造訂單。他計算出能以每噸五美元二十八美分的價格，供應含礦率百分之六十六的鐵精礦（大於一般礦石的百分之二十五），賺取二美元六十二美分的利潤。

與其說伯利恆鐵公司（Bethlehem Iron Company）的約翰．弗里茨（John Fritz）認為愛迪生計算出的數字很有說服力，不如說他認同愛迪生的雄心壯志。「嗯，愛迪生，你為東部的熔爐有貢獻……我願意幫你。就當作我做人情生意好了，我會跟你下訂十萬噸的訂單。」他說。

愛迪生應該會「選擇性」記住這次的對話，他習慣在喜歡的數字後面補上許多零，就像水管冒出的肥皂泡沫。[14]弗里茨的訂單實際上是每天一百噸，條件是預先交付的產品冶煉性能良好。賓州鋼鐵公司（Pennsylvania Steel Company）和北支鋼鐵（North Branch Steel）也做出類似的承諾。利沃設法按照弗里茨期望的速度交貨，但每天只能提供其他客戶四十噸，產品的品質也下降了。「伯利恆鐵公司抱怨鐵減少、磷累積太多，」愛迪生提醒利沃：「小心行事，不然我們會面臨停止發貨的窘境。」利沃也反過來抱怨得不到行銷方面的充分支持：「顯然缺乏出售產品的幹勁……礦石抵達後，對這一行略知皮毛的人都知道要盡快趕到熔爐的場地。」

這不是與愛迪生說話該有的語氣。利沃不久就被解雇了，他就好比愚蠢的採礦專家竟敢預言奧格登的採石場與精礦開採法永遠不會獲利。

美妙的結合

正如愛迪生擔心的，伯利恆鐵公司只向他買了幾千噸精礦後就取消了訂單。該公司指出磷的等級、熔爐回火、結塊都是奧格登細粒的主要缺點。

他認定只有自己才能實現重大計畫，這代表他們要在山中待更長的時間，也可能需要進一步重新設計和重建。他認為自己能勝任這項任務。「我覺得自己處在風華正茂的時期，也比以前更能幹了。」他說。但首先，他要到紐約南區巡迴審判法庭起訴一樁重大的專利侵權案件——愛迪生電燈企業（Edison Electric Light Co.）起訴美國電燈企業（United States Electric Lighting Co.）。如果威廉・華勒斯（William J. Wallace）法官判他勝訴，他就能贏得數百萬美元。

然後，他必須準備兩份非常困難的專利申請，涉及到他尚未公開的電影攝影機技術。迪克森和海斯改進了攝影機及其搭配的播放器，已經能夠向精心挑選的觀眾展示產品。不過，法國和英國有許多具備競爭

14　一九〇六年，他宣稱新村的工廠每週生產六千萬噸波特蘭水泥，實際數字其實是六十萬噸。一九八一年五月，他告訴記者奧格登礦場的鐵儲量為二兆噸。

力的設備正在開發中（艾蒂安—朱爾．馬雷最近在《科學人》發表關於海馬和海葵產生波動的精美計時攝影作品），使人懷疑愛迪生成功申請專利的可能性，但不包括他自己的狹義專有權利主張。[15]

他突然想到拉思羅普還在盼望他的合作。拉思羅普是發表電影攝影機相關文章的理想作家，這篇文章也許能透過潛意識影響專利局的審查員，進而對他有利。拉思羅普把握機會，開始為《哈潑週刊》（*Harper's Weekly*）研究長文。愛迪生隨即忍不住提早討論這件事，並搶先聯繫他選定的公關人員。

他在五月十二日參與會議，有些與會者是打算於一八九三年在芝加哥舉辦世界博覽會的委員。他告訴這些委員，他要展示一些能夠引起家庭娛樂大變革的東西：

> 攝影與電力可以美妙地結合在一起，例如坐在家中客廳的人能夠看到布幕上描繪的歌劇演員身形展現在遠處的舞臺，並聽到歌手的聲音。當這套系統在世界博覽會舉行之前變得更加完善時，歌手臉上的每一處肌肉活動都能顯而易見，他們的所有服裝顏色都能準確地複製，步伐和姿態也能像活生生的人物一樣自然又多變。也許在體育界，這套系統不久之後能應用到職業拳擊賽。整個場景可以如實轉錄，包括打擊聲、談話聲等雜音。

有人問愛迪生這項新發明的命名時，他第一次公開說出名稱。「『Kinetograph』是什麼意思呢？這個字的前半部指『移動』，後半部指『書寫』，合在一起就是對移動的描繪。」

從他對音效、色彩、特寫攝影及投影的重視，可以察覺出他的想像力已遠遠超越迪克森和海斯從窺視盒想像出無聲的閃光。他隻字未提其中涉及的機械學。「但愛迪生不在乎，」《費城詢問報》（*The Philadelphia Inquirer*）評論道：「他認為構思就是為了執行……他暢所欲言，似乎蔑視竊取設計的所有人，即便這些人是在他給予提示之後竊取設計。」[16]

兩週後，他列席曼哈頓的法庭，緊張地嚼著牙籤。當時，他的專利律師理查・戴爾（Richard N. Dyer）[17]針對愛迪生的公司起訴美國電燈企業長達七年的案件做總結。由於美國電燈企業目前由喬治・威斯汀豪斯持有，戴爾的論點將是「電流大戰」的最後一擊。愛迪生已在過去十年為了應付對手而吃了不少苦頭。[18]

戴爾爭辯了四個小時，表示愛迪生在一八七九年申請的基本電燈專利是原創，也是前所未有。他聲明接收器完全由玻璃製成，導體通過的碳燈絲裝在近乎理想的真空中。因此，威斯汀豪斯持有的舊專利有問題（美國，二〇四一四四），構成了無效競爭，他沒有資格銷售那些模仿愛迪生的燈具。由於美國電燈企業從一八八〇年開始就這麼做，威斯汀豪斯可能虧欠愛迪生奇異公司高達一千五百萬美元的專利使用費，這還不包括愛迪生的專利在一八九七年到期前應付的二百萬美元。

上訴的指控涉及太多枯燥的技術資料，以及在法官面前堆積的七卷證據，以至於法庭上的公共席位不久就空無一人。愛迪生獨自留在席位上，陪同他的人只有二、三位報社記者。他感到厭倦後，心甘情願地回答《太陽報》代表低聲提出一些有關電影攝影機的問題，並邀請他到西奧蘭治鎮觀賞。

---

15 愛迪生很熟悉馬雷的開創性工作，也不得不承認馬雷的作品勝過自己。他也隱約察覺到威廉・弗里斯—格林（William Friese-Greene）的作品。這位英國發明家在一八九〇年三月十八日寫信告知他，另外寄了一份郵件，內文描述每秒可拍攝十個連續畫面的機械式相機（Machine Camera）。原始紀錄中沒有這份文件的蹤跡，但愛迪生確實收到了這封信。

16 李曼・法蘭克・鮑姆（L. Frank Baum）參加了愛迪生在芝加哥舉辦的深奧演講，他是在場的其中一名記者，為《芝加哥晚報》（Chicago Evening Post）近期雇用的新人。愛迪生「頭重腳輕」的外表吸引了他。「門洛帕克市的巫師不胖也不瘦……頭部特別大。」這位後來成為《綠野仙蹤》（The Wizard of Oz）的作者寫道。

17 法蘭克・戴爾的哥哥和合夥人，也是湯瑪斯愛迪生有限公司的未來總裁。

18 請見第五部。

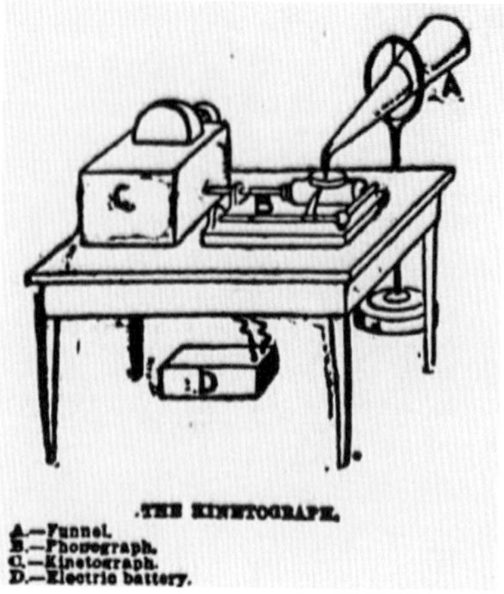

一八九一年五月二十八日，愛迪生畫的電影攝影機靜物草圖。

因此，這兩個人有藉口不參與接下來的審判。審判又持續了幾天，直到法官華勒斯承諾在夏初做出裁決。同時，愛迪生返回實驗室，不僅展示「非凡機器」的運作狀態，還為賓客畫一張草圖。這讓拉思羅普妒火中燒。

愛迪生解釋A是擴音器，B是留聲機，C是攝影機，D是驅動整體同步系統的主要電池。顯然，他依然把電影攝影機當成一種視聽設備，但基於專利用途，他只須描述C。草圖中沒有清楚說明的是，零件的設計只是為了拍攝照片，還是也為了投影？他堅信桌上的物品能夠在視覺與聽覺兩方面，錄下歌劇的整個場景。「瑪麗．詹森現身唱歌，而樂團演奏迷人的華爾茲小步舞曲，然後她跳起舞來，觀眾紛紛鼓掌。」他說。

「愛迪生先生，你打算怎麼做呢？」記者問。

愛迪生開始發揮想像力。「我會請公司幫我準備帶妝彩排，也會在管弦樂隊後面的桌子放上由留聲機與電影攝影機組成的複合機器，可容納三十分鐘的作品。管弦樂隊演奏時，布幕升起，歌劇開始演出。兩台機器同時運作，一台記錄聲音，另一台拍照，以每秒四十六張照片的速度錄下動作。」

他表示，快門速度給人非常真實的連續移動錯覺。[19]「沖洗並更換機器中的底片後，用投影鏡頭取代攝影鏡頭，並調整留聲機的翻拍部分。接著，利用聚光燈在白色布簾上重現逼真的效果。」他說。

他的實驗室圖書館掛著這類設計圖，但他不願展示電影攝影機以外的計畫。他就像個精力充沛的男孩跑上樓，打開一個看起來像松木製的普通盒子，拿出一條四分之三英寸寬的「膠質」軟片，然後沿著一個邊穿孔，在兩個絲絨加襯的細長捲軸之間平行穿線，並印上微小又質樸的攝影圖像。每一個畫面都描繪了年輕男子——威廉・迪克森——伸手取帽子的不同細微角度。不過，當愛迪生關上盒子，開啟電力驅動裝置，並把全功率應用到收線管時，他透過一英寸寬的窺視鏡頭看到的迪克森，成了具有神奇機動性的人影——脫帽致敬、搖頭、揮手、捧腹大笑。只有在功率降低時，迪克森的動作才會顯得斷斷續續，最後變得很僵硬。

「如果我想要的話，我可以把一英里長的膠條放進去。」愛迪生吹噓道。他表示這可以容納八萬二千八百張半平方英寸和半英寸間距的圖像，而且以每秒四十六張畫面的速度拍攝，可以拍連續半小時的動態圖像。

記者注意到他的數學計算有錯誤，但不敢貿然糾正天才。

隔天是五月二十八日，《太陽報》充分利用獨家報導，在頭版放上大標題「電影攝影機——愛迪生創造出最新、最驚人的設備——記錄與複製純粹的動作」。在這種情況下，拉思羅普寫的文章在幾天後刊登於《哈潑週刊》時，他能夠記述的事就不多了。然而，他確實引用過一句話，表明這位發明家承認自己對邁布里奇、馬雷等「瞬時攝影」先驅的感激之情：「我所做的一切，都是為了改善之前有人嘗試過卻沒有成功的東西。這只不過是我邁出的其中一步。」愛迪生指的既不是聲音實驗，也不是投影實驗，而是旋轉快門與畫面跳躍的準確協調性。在每秒四十六張畫面進展的速度下——大約相當於蜂鳥振翅的速度——他們找到能同時曝光和轉印的時間，因此每一個圖像都能準備好曝光。

拉思羅普對這種技術的潛力驚嘆不已，不但能分散人與人之間的注意力，也能使人的思緒脫離現實本身。他說：「我們似乎在接近這樣的時代：每個人都可以放鬆地在房間，透過錄影帶實現縮影的舊時哲學

---

19 關於這點，迪克森似乎已經說服了愛迪生。馬雷以每秒三十至五十張畫面的速度拍攝。

概念——屬於個人的小世界。錄影帶裡充滿了適於居住的地球的所有形式和運動。」

比這更好

七月十四日中午，愛迪生在奧格登睡著了。在此之前，他日以繼夜地工作。礦場負責人亨利·哈特（Henry Hart）觸碰他。

「什麼事？」愛迪生問。

「有好消息。」哈特說。

「我猜，篩板到手了。」愛迪生說。

「比這更好。」哈特說。

哈特把電報遞給他，而他坐在床邊讀電報。華勒斯法官決定支持他的電燈專利。經過十一年的所有模仿、挑戰、公然侵權事件——最令他厭惡的是威斯汀豪斯的仿製品——他在一八八〇年發明的基礎燈泡終於以最純粹的姿態熠熠生輝

他一時想不出該說什麼話，只有在與哈特和礦工們一起吃年餐前才問了一句：「那不是雛菊嗎？」

威斯汀豪斯一定會上訴，儘管此決定是基於具體的設計細節，但他的動機可能只是為了延後必須支付專利使用費的起始日。同時，從技術層面而言，愛迪生無權要求美國電燈企業償還一千五百萬美元的拖欠款項——說到技術細節，他的專利目前屬於愛迪生奇異公司，也須由公司董事會全體成員提起訴訟。涉及大金額的訴訟勢必拖延至一八九七年以後，而且牽涉的相應成本導致維拉德在此過程中破產。[20]

基於同樣的原因，愛迪生也不可能指望上訴法院判他勝訴後能有多大的發展。根據他處理重要專利的

經驗，法律允許的最長保障期限是十七年，這段時間不足以保護專利，更不用說從實際的價值中獲利了。「我之所以能創造出新玩意，是因為我對這些發明有更深入的了解，也比侵犯版權的人更擅長控管發明的製造。」[21]他說。

至少他還沒淪落到抱怨自己在電燈與電力方面的專利不曾賺到一分錢的悲慘地步。既然電影攝影機已經廣為宣傳，他很快就會申請兩項專利，包括攝影機和播放器。[22]不過，他很同情那些無力保護專利的發明家。「專利證書只不過是一張發給貧民的憑證。」

從大處著手

愛迪生把所有時間改用在奧格登。如果有必要，他決心待在那裡半年，因為他認為其他人都無法妥善管理礦場和研磨廠，也無法解決複雜的固有經營問題。記者在某天傍晚遇到他，發電所的巨大引擎就在此時停止了震動。夕陽從斯巴達山落下，而牛鈴在山谷中叮噹作響。然而，一群義大利籍勞工朝著鐵丘前

20　一八九二年，愛迪生的居家雜誌《話傳電報》（The Phonogram）預測，由於所有其他照明企業在侵權判決中都要承擔責任，愛迪生奇異公司應支付高達五千萬美元的拖欠賠償金，以及未來每年須付二百萬美元的專利使用費。

21　一八九二年十月四日，美國巡迴上訴法院贊同華勒斯法官的判決，這是在電燈專利發行十二年多之後的事。一八八七年，在愛迪生與斯旺聯合電燈公司（Edison and Swan United Electric Light Co.）起訴伍德豪斯與羅森公司（Woodhouse and Rawson）一案中，英國法院也做出同樣的判決，認定愛迪生的海外發明具有原創性。

22　愛迪生不打算在海外申請電影攝影機的專利，原因可能是他沒有信心面對與馬雷、雷・普林斯（Le Prince）、弗里斯—格林等人相互競爭的發明優先權所付出的代價與困難。然而，他因此損失了數百萬美元，使盧米埃（Lumière）、百代電影公司等法國競爭對手得以大舉進軍美國市場。

進，那裡有堆積如山的米色粗石等著被運往碎石廠。

「我們不會一直在這裡逗留。」愛迪生一邊說，一邊指著採石場附近的一排弧光燈。這些燈準備照亮晚班。他顯然對屬於自己的方圓六英里遼闊景色感到十分自豪，並表明山裡有夠多的含鐵岩石，可供開採至少一個世紀。

地勢較高的工作臺傳來一聲「地動山搖」的爆炸聲。「哎呀，又有五千噸了。」他笑著說。

就像許多孤僻的人一樣，愛迪生喜歡向陌生人吐露心聲。「我喜歡從大處著手。人生太短了，不能從小處著手。大處包含小處，細節會衍生原則……我們往往對眼前的巨石印象深刻，卻不去思考巨石從哪裡滾下來——就在我們上方的那座山。你讀過埃德加．愛倫．坡（Edgar Allan Poe）寫的《阿恩海姆樂園》嗎？」

他解釋這本書講述的是一位富人的故事[23]。富人熱愛美麗的事物，並不厭其煩地追求不朽的美感。「他追求的是實際做些事，而不是功成名就。愛倫．坡描述他蔑視雄心壯志，然後發現了世俗的幸福原則。」

他的秘書阿佛烈．塔特告知拉思羅普，愛迪生目前在奧格登全心投入工作（「他簡直過著與世隔絕的日子。」塔特說），然後這位不知所措的作家寫了一封充滿怒氣的信給愛迪生，發洩沮喪的情緒。他提醒愛迪生，自從他們第一次討論一起寫書，已過了十四個月：「你那時十分贊成，甚至提議把草圖剪下來。」在這種鼓勵的氣氛下，「麥克盧爾付我一些款項，但我現在不能退還。」他寫道。

我不該承擔退款的責任，因為你遲遲沒有完成我重視的筆記……

我能理解你最近有別的事要忙，尤其是如果你已經對合著的計畫不太感興趣，那麼我再次提起這個話題可能會讓你反感。但我希望你能試著了解我的心情——我就像一隻被迫徘徊等著骨頭的狗，最後甚至等不到骨頭……

你應該給我機會討論這本書，就像我們當初聊起書時那麼愉快和友好，這樣才公平。我一直願意等待，也願意和你一起去礦場或其他地方，只為了把事情做好。但麥克盧爾現在確定會把故事刊登在十月的報紙，沒有時間再等下去了。

我是信守諾言的人。你也是不食言的人。我把你捧上天，是因為你不僅才華出眾，也遵守承諾，說出來的話比契約上的文字更可靠——如你曾經告訴我的。我希望你能堅守此信念，並身體力行。

拉思羅普還不如省點墨水。愛迪生確實對小說喪失了興趣。他沉迷於礦場和研磨廠，因此他透過塔特提出要補償麥克盧爾的損失。拉思羅普認為這是自己欠下的信譽債，於是憤慨地拒絕了。「雖然我欣賞他寬宏大量，但我絕對不會接受愛迪生金援。」他說。

因此，當他試著把愛迪生在頭幾次見面說過的話之中還記得的部分，寫成似是而非的科幻小說時，他面臨好幾年的貧困、酗酒及迷惘。最後，他出版一部了無生趣的奇幻小說《時光深處》（*In the Deep of Time*），內容有關兩名男子踩著機械化、反重力的高蹺到火星探險。儘管廣告中聲明拉思羅普與愛迪生共同完成這部小說，卻沒有引起多大的關注。[24]

23　名字碰巧叫艾利森（Ellison），聽起來有點像愛迪生。

24　債務和獨子逝世使拉思羅普心理受創，他在一八九八年因酒精中毒身亡，享年四十六歲。他的最後一項文學專案是寫愛迪生的傳記。

遠離太陽

那年夏季的某天，愛迪生在大鐵架頂端的樹下吃午餐時，他突然注意到袖珍指南針的指針異常地顫動。他頓時覺得是星際空間發送的信號造成干擾。然後，他想起自己正坐在五、六英里深的磁鐵礦中央。無論磁鐵礦的等級有多麼低，對太陽黑子電磁閃焰的反應至少比英國喬城天文台（Kew Observatory）底下的礦床靈敏一百萬倍，而且此處每天都有測量太陽的輻射。

他興致勃勃地嘗試連接自己與太陽的磁場能量。首先，他在鐵礦層周圍設置的磁極上紮著由十五條線組成的銅製電源線，並連接到工廠裡的普通貝爾電話聽筒。他表示這麼做能聆聽太陽黑子的聲音，也能透過望遠鏡觀察太陽黑子。「哇，太漂亮了，」他得體地對《太陽報》的記者說：「干擾很大……沒錯，我可以用電話聽到聲音……如果下次太陽黑子產生劇烈的變化，擾亂地球的磁力線，我一定會知道。如果六十萬英里的氫氣即將遠離太陽，我也能聽到聲音。」[25]

更多橡膠

塞繆爾．英薩爾告訴愛迪生，奧格登企業每月虧損六千美元時，他特別喜歡卯起來對付一大堆困難的癖好再明顯不過了。他的反應是銷毀利沃安裝的許多昂貴機器，接著訂購自己設計的替代品，沿著西面斜坡下方修建一條窄軌鐵路，並開始建造鄰近的定居地，配有郵局、商店及酒館，以便安置他的義大利籍、匈牙利籍移工。誰也沒想到，這座村子被命名為愛迪生鎮區（Edison, New Jersey）。[26]

《工程與採礦期刊》（*Engineering and Mining Journal*）派出的檢查小組在秋季初參觀工廠。雖然有些部分因整修而閒置，愛迪生也不願意展示新機器，但他們看得出來他已經掌握開採和磁性分離的技巧，即便不包括艱難的壓碎與提煉過程。他們對空中索道系統的印象特別深刻，每個懸吊的「廢料桶」可以運送四噸岩石到破碎機，每次只花費十二美分。不過，依他們推測，鑒於當地礦石的含鐵量偏低，愛迪生仍須耗費巨資，並盡力部署工程技術資源，才能使之與含鐵量為百分之六十四的梅薩比礦石媲美。「以他不凡的天資和承受痛苦的抗壓力來看，他最後一定會大獲成功。」

小湯瑪斯・羅賓斯是來到奧格登的另一位訪客，他是二十二歲的橡膠銷售員，需要找一份工程相關的工作。他注意到一些帆布傳送帶被更換了，於是詢問亨利・哈特使用壽命。

「六週到八週。」礦場負責人說。

羅賓斯仔細查看廢棄的傳送帶，上面塗了橡膠，用途是預防尖銳的磨蝕物，但這層膜非常薄，他甚至可以用指甲戳破。因此，承載最大重量的中央傳送帶磨損了，而槽形軸承內的帶子捲曲邊緣處也磨損了。他計算後，發現總共有五十條傳送帶，有些傳送帶的長度超過五百英尺，而且更換需要花研磨廠不少錢。工廠需要的是更多橡膠，好讓彈性取代阻力，並製造出更輕、使用壽命延長五十倍的傳送帶。

羅賓斯的洞察力使他在一九〇〇年的巴黎博覽會贏得了大獎，也因此博得愛迪生的好感。接下來的幾年，愛迪生讓他待在工地改善發明物，使奧格登成為世界上第一個連續物料處理系統的發源地。

25　一九二〇年，愛迪生提議在密西根州建造用於科學的星際訊號監測站。密西根州的大量礦石，也許很適合用來接收外太空發送的磁性訊號。

26　注意別與米德塞克斯郡（Middlesex County）的現代愛迪生鎮區搞混——為了紀念門洛帕克市的原址。

與太陽有關的驚喜

在愛迪生接管「紐澤西州與賓州精礦廠」管理工作的六個月內，他將公司的認購資本從五十萬美元增加到一百萬美元。其他主管都察覺到他準備再把資本翻一倍，並在他們畏縮不前時開支票。他深信有朝一日，訂單會源源不斷地湧來，就像用卡車運走純粹、不含磷的細粒一樣快速。

與只持有愛迪生奇異公司百分之十股份時的無力感相比之下，他在建造和重建的過程中感到快樂。宏偉的公司總部位於曼哈頓市中心，由維拉德主宰，而董事會成員也對華爾街愈來愈感興趣。愛迪生的習慣性缺席並沒有影響到維拉德，他再度試著出售多數股權，並合併愛迪生奇異公司與湯姆森休斯頓電氣公司。近年來，湯姆森休斯頓電氣公司由傑出的商業謀略家查爾斯．科芬（Charles A. Coffin）經營。該公司充分利用愛迪生對交流電系統的偏見，並在一八九二年初將公司的帳面價值提高到一千八百四十萬美元，超越了愛迪生奇異公司的一千五百萬美元。事實上，該公司的規模較小，利潤較低，產品的品質較差，而且企業經營方式跟盜竊行為沒有太大的差別。相較之下，愛迪生奇異公司巧妙地為四千至五千位客戶服務，每個月帶來價值一百萬美元的生意；該公司有十四英畝的製造廠，而湯姆森休斯頓電氣公司只有八英畝。然而，科芬發現該公司的弱點——三百五十萬美元的流動貸款，經過銀行家摩根私下批准，他可以加以利用。

兩家公司計畫合併的消息在二月六日星期六洩露了，立即引起轟動。這天是維拉德打算在愛迪生奇異公司受託人的年度會議上宣布此消息的四天前。自從華勒斯法官核准愛迪生的電燈專利優先權後，多數人以為他的公司會吞沒所有競爭對手。結果相反，鯊魚準備要吞掉鯨魚。維拉德確定談判正朝著此方向進行，並進展迅速時，他決定勇敢面對。

就在那個週末，愛迪生奇異公司被收購時，發生了一連串可怕的電暴事件。強烈的磁暴開始席捲太陽表面。同時，被判謀殺罪的查爾斯・麥克爾韋尼（Charles McElvaine）即將在週一早上於紐約的奧西寧（Ossining）遭處決。愛迪生與這兩件事的關係比想像中深入。他在奧格登裝上「宇宙電話」就是為了這種與太陽有關的驚喜。他告知新新（Sing Sing）監獄當局，一千六百伏特的電荷通過麥克爾韋尼的手腕，可能比通過頭部更快致命，因為血液的抵抗力比骨頭還弱。

這次的處決使人想起愛迪生很快就忘記的宣傳運動——他在一八八〇年代晚期把交流電塑造成一種最適合死刑的致命力量。[27]在他從談判的私人代表塞繆爾・英薩爾那裡得知消息之前，他對合併事宜暫不表態。他派亞瑟・肯尼迪監督處決過程，而他負責追蹤太陽黑子的變化（目前，肯尼迪對一隻狗和一位男孩的大腦進行電磁治療效果測試[28]）。

週一上午十一點，麥克爾韋尼被綁在新新監獄的電椅上。電椅被重新設定後，他的胳膊被壓進兩罐鹹水，並用電線串聯在監獄的交流電發電機上。「處決麥克爾韋尼先生時，」履行職務的醫師告訴見證人：「我們會採用愛迪生先生提出的新方法。」最初持續四十九秒的震動，證明了愛迪生提出的增強導電率理論有誤。麥克爾韋尼似乎還活著，因此執行者匆忙地把電極安置在他的頭骨上。他在上午十一點十三分斷氣，身上束縛的帶子變得很硬挺，渾身散發著陣陣蒸汽。

與此同時，冬季的風不停吹過愛迪生在斯巴達山上設置的電極，使他聽不到影響世界各地天文台的太陽磁性訊號漸強音。那週的其餘幾天，他經常緊抓著望遠鏡，對宇宙產生的興趣超越了英薩爾保護他不受

27　請見第五部。
28　肯尼迪的「磁力療法」實驗是愛迪生當時發起重大磁性研究計畫的一部分，他們早在大約八十年前就預料到現代的核磁共振成像技術。

科芬和摩根的貪婪傷害所作出的努力。

太陽黑子越過太陽子午線後，他在週六興高采烈地說：「昨晚的北極光很美，不覺得嗎？」那時，其他主管已經正式批准湯姆森休斯頓電氣公司兼併愛迪生奇異公司。合併後的企業名稱尚未決定，而且嚴格來說，維拉德目前是該企業的總裁，權力比以往更大，更何況愛迪生奇異公司的名稱不久就會縮短成兩個喪失個人風格的字。

大家會忘記

多年以後，阿佛烈・塔特表示愛迪生一聽到自己成了惡意收購的受害者時，嚇得臉色發白。「我以前沒看過他嚇成這副德性。他的膚色本來就很白皙，屬於健康的白淨顏色，但他聽到我通知的消息後，臉色就變得跟衣領一樣蒼白了。」米娜在晚年時也抱怨英薩爾出賣了她的丈夫，害他快要破產，卻為自己奠定了可觀財富的基礎。

戲劇性的事件往往能深植人心。愛迪生當時氣勢洶洶地說他贊成合併。他不但沒有因此變得一貧如洗，反而相信摩根提出用愛迪生奇異公司的一〇％持股換取新公司的類似股份，會在財務方面對他有利。他仍然是幾家大型工廠的所有者，這些工廠並沒有列入湯姆森休斯頓電氣公司的收購項目，其中最新成立也最有潛力的工廠是位於紐澤西州的鐵精礦廠。他承認自己對英薩爾的談判表現有點失望，但他說：「我們現在的關係很好。我希望合併事宜處理完後，他還會跟在我身邊。」

至少，他一開始的預測獲得了證實。摩根將聯合企業的資本額核定為五千萬美元，使愛迪生變得比以往更富有，大概擁有五百萬美元的現金。儘管英薩爾希望自己——而不是查爾斯・科芬——成為總經理的希望破滅了，他表現得可圈可點，於是被任命為第二副總裁，階級只比總經理低兩階。其他高階主管可沒像他那麼受到青睞，因此激起西奧蘭治鎮和斯克內塔第市的同事憤怒地猜測「薩米」[29]出賣了他們和老頭。

幸好，芝加哥愛迪生公司（Chicago Edison Company）的主管一致要求英薩爾物色新總裁時，他毛遂自薦並受到認同。愛迪生沒有提出異議就放他走了。這位矮小的英國人向來不受歡迎，有著像收銀機般的辦事效率和奧茲曼迪亞式（Ozymandian）譏諷態度，他曾在德爾莫尼科餐廳參加告別晚宴，出席者包括愛迪生、維拉德以及許多電氣業的大人物。當時，他才三十二歲。出身低微的少年眼前盡是夢寐以求的華麗景象——奇蹟般的成功、美麗的女演員妻子、三萬一千平方英尺的豪宅、價值二千萬美元的歌劇院，但更遠的前景則是低俗小說中的情節：經濟崩潰、逃避法律、在異鄉的火車站喪命，口袋裡只有一條絲織手帕和八美分。[30]晚宴上的另一位賓客查爾斯・巴徹勒（Charles Batchelor）說：「我認為他參加這場晚宴是明智之舉。」

四月十五日，奇異（General Electric）公司正式宣布成立。愛迪生沒有公開反對公司的商標名稱拿掉了自己的名字。他也沒有覺得自己受到冷落，除非伊萊休・湯姆森、埃德溫・休士頓（Edwin Houston）對他做出此事。他被任命為這家大型新企業的董事，卻只參加過一次會議。唯獨他與私人秘書談話時，曾經表達自己對於從親手創立的產業歷史中消逝深感痛心。

29　英薩爾的暱稱。

30　奧森・威爾斯（Orson Welles）曾把英薩爾——而非威廉・倫道夫・赫茲（William Randolph Hearst）——當成《大國民》（Citizen Kane）中的模範。「他為自己選擇的女高音歌手建造歌劇院，堪稱堂堂男子漢。」威爾斯說。然而，與片中主角凱恩（Kane）不同的是，英薩爾的價值五億美元電氣帝國在經濟大蕭條中瓦解時，他失去了財富。他也遭到聯邦政府以反壟斷的指控起訴。雖然他最後被判無罪，卻再也沒有從隨後的責難中振作起來。

泰特，如果你想知道任何關於電學的事，可以去發電室請教肯尼迪。在這方面，他懂的比我還多。其實，我領悟出的心得是：我根本不了解電學。我決定要做與眾不同的事，比我以前做過的事更重要。大家會忘記我的名字曾經與電氣扯上關係。

喘息聲或急促的呼吸聲

七月時，愛迪生得知採礦企業目前已花了八十五萬美元，包括無法列入預算的十萬美元左右。光是在傳送帶的兩端裝載和卸下岩石的苦工，就得花一大筆錢。顎式碎石機的運作方式很費時，也經常故障，需要花高昂的維修費。有篩選問題的磁力選礦機只匯集了百分之四十七的鐵——遠低於他需要百分之六十六或百分之七十的量，以匹配五大湖（Great Lakes）的豐富礦產。當他還在試著理解情報時，仍在奧格登建造的倉庫倒塌了造成五人喪命、十二人受傷。死者的家屬提起訴訟，指控疏忽的過失。

愛迪生放在皮夾裡的剪報寫著：「湯瑪斯・愛迪生是個快樂又健康的人。他不擔心。」一如往常，他遇到壞消息的阻力時，應對方式是更努力向前邁進。他沒有透過臨時的調整做法來持續「改善」奧格登礦場，而是將總公司的資本增加到一百二十五萬美元，然後關閉工廠進行拆除重建，以便擴大工廠規模，並使工廠變成自動化設計的樣品。新的選礦廠才剛興建，他就確定廠內需要一些篩塔，甚至決定重頭建造整座選礦廠。

「老頭今天還好嗎？」消防員低聲問裝配工頭。「他叫我打地基。」工頭說。這項差事需要四十個人執行。

建築工經常看到愛迪生在他們身邊工作、吃飯、甚至睡覺。他很喜歡做苦工，也很享受最後撲倒在床上或鄰近的一堆柔軟粒煤上時，所產生的筋疲力盡感。他寫了一封信給米娜，看起來是潦草地倒著寫字，底下的署名是「永遠的摯愛（睡覺時穿著靴子，抽二十三美分的雪茄）」。

米娜本來可以到格蘭蒙特找他作伴，但她有不協調的家庭問題需要打理。十九歲的瑪麗恩終於從歐洲回來了，她的天花傷疤差不多都已經消失，可以準備與從寄宿學校返家過暑假的湯姆、威廉團聚。這兩個男孩要在他們討厭的聖保羅高中待多久，是懸而未決的問題。更何況，米娜有多大的把握能讓瑪莉的孩子融入自己的孩子呢？她目前覺得自己有能力照顧兩邊的孩子，也有保姆幫忙照顧瑪德琳、有護士幫忙照顧年紀尚小的查爾斯。但對瑪麗恩來說，她渴望與父親恢復熟悉的親近感。當然，米娜遲早會利用特權，占有丈夫以及自己的親生孩子。

愛迪生在斯巴達山待得愈久，就愈懷念以前的淺褐色健碩身材——還沒因青春逝去而變得粗糙的狀態。「我們親愛的媽咪不想離開美好的家，不想來陪伴她的愛人。為什麼？因為不是真愛。」他開玩笑地寫，似乎沒有想過她可能也有同樣的感受。他在一封接著一封信中，以「夏娃的第六百四十九個孫子」致意，還加上流露愛意的稱謂：「親愛的比利以及旁邊的兩位天使」、「最討喜可愛的比利」、「在這布滿花崗岩、草木及水的地球上最甜美的女人」。他的署名更具形象化：「以安第斯風格的愛見證，你的愛人湯瑪斯・阿爾瓦・愛迪生」、「獻上十三英寸砲彈般的飛吻，永遠最可靠忠實的愛人」。

他表示很渴望見她，甚至四處尋找她的照片，卻沮喪地發現照片不多。他知道她喜歡聽黃色笑話（嚴守教規的端莊形象背後的另一面），於是分享了他在工廠聽到的一則笑話。問題：「怎麼辨別新時代女性和有前途的女人？[31]」答案：「聽她的喘息聲或急促的呼吸聲。」他在下一封信提到，他還有更多黃色笑話

31 「有前途的女人」（Coming Woman）也有「達到高潮的女人」的雙關意味。

等著跟她見面時分享。「我猜，妳應該看得懂『有前途女性』的笑話。如果妳看不懂，我可以畫圖和寫註釋給妳看。」他寫道。

逐漸產生隱憂

十月時，愛迪生指派沃爾特·馬洛里監督奧格登礦場的美化工程。馬洛里是經驗豐富的鋼鐵專家，不久就成為他身邊最親近的夥伴。他在西奧蘭治鎮重建自己的事業，並與迪克森共同改良電影攝影機——他想申請專利並在明年春天的芝加哥世界博覽會展出。他在《話傳電報》雜誌上發表的聲明再度表明，他把這種新儀器當成視聽設備：「我的電影攝影機是一種旨在同時產生動作與聲音的儀器，可說是攝影機與留聲機的特殊組合。」三十五毫米的膠捲目前是垂直攝製，而非水平攝製，因此雙排齒孔以每秒四十六張圖的速率曝光時，能使畫面保持穩定，並與錄影設備的電氣相接，成了下一個世紀的電影攝影機原型。

斯巴達山上建起巨大的新建築時，迪克森在西奧蘭治鎮的實驗室後方空地建造一棟較小又非常難看的建築物。外觀漆成黑色，屋頂塗上瀝青，並用大片的毛氈壁板固定在一起。除了一小塊長方形的紅色玻璃和朝向天空敞開的隙縫，沒有任何窗戶。此建築也缺乏地基，直接搭在環形的接木橋上，因此隨時有可能傾塌。然而，這棟小屋是世界上第一座利用自然光的電影製片廠，而不是使用會發出嘶嘶聲和閃光的弧光燈，或發出柔和光的「奇異」燈泡。迪克森以每秒跑四十六張畫面的速度拍攝時，需要充足的照明。他將舞臺後方圍成十四英尺的圓錐狀，為前景作業提供黑暗的背景，並將電影攝影機安裝在橫木上，以便攝影滑輪車在有限的變焦鏡頭下向前移動。他也準備了聲音同步實驗專用的留聲機、置於中央的爐子以及後方的暗房。天氣險惡時，他可以用一層黑色密封面的瀝青紙蓋上天窗。這棟小屋後來稱為「愛迪生的黑色瑪麗亞」。[32]

幾個月後，愛迪生和大女兒找回了瑪莉去世後的相依共存感。瑪麗恩很高興得知自己崇敬的父親回到了格蘭蒙特，並發現父親不再像她當初離家時對她那麼冷淡了。然而，湯姆和威廉再度回家過聖誕節時，米娜發覺家裡有太多瑪莉的孩子了。對於瑪麗恩拒絕了在馬德里遇到的社會名流求婚，米娜也難掩遺憾之情。

令愛迪生尷尬的是，有位八卦專欄作家在《城市話題》（*Town Topics*）雜誌上公開他的家庭情況：

> 我經常從吸睛的報紙上讀到有關某位偉大發明家的家庭生活報導。這位天才住在離紐約不遠的地方，他很開心能娶到貌美如花又忠貞的年輕妻子，還生了兩個乖孩子。但這位發明家和第一任妻子所生的幾個孩子都

黑色瑪麗亞，約攝於一八九三年。

32　愛迪生國家歷史公園（Thomas Edison National Historical Park）有一棟重建的「黑色瑪麗亞」，尺寸與原建築相同。

已經長大成人……。大家都知道，要扮演好繼母的角色有多麼困難，因此他的第二任妻子並不是一般人以為的那種慈愛又慷慨的繼母，也就不足為奇了。據說，她認為自己對丈夫的孩子一視同仁，但我相信她的朋友都看得出來她不夠寬容和仁慈。

一八九三年一月，體弱多病的十七歲湯姆纏著瑪麗恩，不肯再回到聖保羅高中，他表示想為父親效勞。愛迪生發現家庭逐漸產生隱憂，於是決定把位於門洛帕克市的舊房子送給瑪麗恩。她還沒成年，但愛迪生覺得沒必要再等一年才把房子交給她。她在某些方面比米娜更成熟，因為米娜從來沒經歷過四處漂泊的不穩定生活，更不用說在國外面臨死亡了。他在當月的最後一天轉讓地契，而瑪麗恩在幾週後搬出格蘭蒙特。她一個人在梅塔欽（Metuchen）另一側的破敗村莊能夠忍受住多久，還有待觀察。對愛迪生來說，她的生活從此「安頓下來」了。

愛迪生回到奧格登後，他試著用「激將法」安撫米娜的怨言——她覺得他的心並非完全屬於她。「妳又像在上一封信那樣懷疑我，未免太刻薄了……妳只有在某些時候才讓我覺得被愛，不像我對妳的愛那麼深沉。妳的愛太不穩定了。但我相信，親愛的比利有一天會回到我身邊……今天這邊很冷，風颳得很猛。」愛迪生寫道。

時機還沒成熟

二月時，在美國擴張過度的運輸業中，備受爭議的費城雷丁鐵路（Philadelphia & Reading Railroad）突然破產了。已對財政部黃金儲備減少感到擔憂的投資人，紛紛盡量搶購金塊。正當芝加哥世界博覽會的籌辦者準備慶祝美國的工業實力時，恐慌開始蔓延。

迪克森的健康出問題，恰逢鐵路公司倒閉。身為攝影師、製作人、表演者、工作室建築商及調音師——例如在某次實驗中，他一邊拉著小提琴，而兩名年輕人不自然地對著鏡頭跳華爾滋舞[33]——多元職責令他疲憊不堪。除了這些責任之外，他也經過授權，著手撰寫雇主的人生，並且先在《卡西爾雜誌》（*Cassier's Magazine*）發表幾個章節。愛迪生很同情他，於是招待他在麥爾茲堡的住宅度過十週帶薪假期。此舉打消了其他人殘存的期望，畢竟他們承諾過在博覽會上展示播音版的電影攝影機，甚或基本款的攝影機。

愛迪生已經放棄早先的夢想，那就是成為博覽會的官方電力供應商，並用自己的偉大發明點綴博覽會裡的白色建築。由於他不再涉足照明業，威斯汀豪斯憑著開出比奇異公司更低的價格來贏得榮譽，對他來說已經是無關緊要的事。就個人而言，看到威斯汀豪斯提供有漏洞、重新裝配的燈泡，使用壽命大約跟蠟燭一樣，因此不侵犯他目前交流電、直流電通用的電燈專利，他感到心滿意足。

五月初，克里夫蘭（Cleveland）總統才剛宣布博覽會開幕，另一個投機巨頭「國家繩索公司」（National Cordage Company）就進入破產管理狀態。股票市場崩盤了。可見，此時的經濟邁向大蕭條。數百家銀行紛紛催收貸款，接著卻倒閉了。愛迪生在自己公司進行的多樣化投資，多多少少讓他倖免於難，但問題是他的所有孩子都還要依靠他，再加上米娜很喜歡吃美食、買質料好的衣服，使他每個月的私人開

33 《迪克森實驗有聲電影》（The Dickson Experimental Sound Film；一八九四年或一八九五年）是電影史上第一部有聲電影，其修復版已由國會圖書館和紐約的漢默斯坦錄音檔案館（Hammerstein Archive of Recorded Sound）共同完成。觀看網址為：https://www.youtube.com/watch?v=Y6b0wpBTR1s。

銷落在三千美元左右。[34] 他以為自己能像改造舊工廠那樣迅速地在奧格登建造新工廠，但現在還不是發現他假設錯誤的時機。儘管這項專案還沒花費四個月的時間和十萬美元的開銷，但有可能會拖延一年半，成本無法計算。至於他手邊屈指可數的精礦訂單，也沒有增加的跡象。

「奧格登礦場的任務出問題了。」他對塔特說。

他自己也身體不適，困擾他餘生的糖尿病又發作了。兩家保險公司以他「攝取糖分」為由，不肯幫他辦理保險。直到他嚴格地節食後，另一家保險公司才讓他投保。至於其他的壓力跡象，包括他以百分之六的高利率向卓克索摩根銀行借了十一萬五千美元，解雇了許多員工，並抱怨「行家」持續侵犯他的發明。「我受夠了專利。」他告訴向他招攬生意的律師。在接下來的四年，他只交五份專利申請書給專利局，算是他表明徹底抵制的立場。

鍛造場景

五月九日，迪克森及時從佛羅里達州趕回來，協助愛迪生在布魯克林研究所（Brooklyn Institute）首次公開展示電影攝影機。有悖常理的是，這個場合與商業無關，由物理系主任喬治．霍普金斯（George M. Hopkins）向四百名科學家發表演講。這次，愛迪生沒有安排報社報導，也沒有親自出席。「這些西洋鏡設備的性質令人感傷，」他對埃德沃德．邁布里奇嘲笑道：「很難吸引大眾投資。」在他承諾於世界博覽會展示有聲有色的電影兩年後，他或許會因為想不出比當晚塗著清漆、頂端有窺視孔的高大機台更令人印象深刻的東西，而感到難為情。至於圖像，他只能提供一些無聲的黑白實驗性短片給霍普金斯博士。

這位教授選擇二十七秒的循環：三位鐵匠圍在鐵砧旁，一起享用啤酒，也一起鍛造白熱化的鐵。他無法播放影片給公眾觀賞，只好用幻燈[35]在觀眾席的銀幕上展示幾張劇照。每張畫面之間的漸變差異至少可以辨認出來。「視覺暫留，」他解釋：「取決於將接二連三的圖像混合成不斷變化的連續照片。」他利用幻燈的放射狀狹長盤式快門，展示斷斷續續的移動跡象。「愛迪生先生的儀器呈現出更理想的成果，」他說道，並解釋先進系統是該儀器的基本特色，而這套系統以不可思議的速度運作：「這台攝影機每秒鐘可以啟動、移動及停止接收攝影圖像的感光片四十六次。」接著，他邀請同事排隊經過電影攝影機，並在窺視孔前俯身觀看《鍛造場景》（*Blacksmith Scene*）在機台內無休止地播放。[36]

三個小時過去了，還沒輪完所有人。除非當中有人在國外——機會很渺茫——看過路易斯・普林斯（Louis Le Prince）、艾蒂安—朱爾・馬雷及威廉・弗里斯—格林的紙輥電影私人展，要不然這種新媒介的景象如此新奇，令人一開始難以理解。每位科學家輪流讓視線移到玻璃鏡片，然後彷彿從明亮的劇院進入一個若隱若現的世界。他們可以看到「小人」的身影在明暗的對比中移動，手上的小錘子無聲地落下。

起初的幾次震動

相比之下，奧格登礦場從八月開始就充滿噪音，因為愛迪生開始組裝和測試新的精礦設施零件。首先，世界上最大型橋式起重機——二百一十五英尺長的橋架——在採石場的軌道上隆隆作響，並透過氣

34 一八九四年秋季，約翰・蘭道夫為瑪麗恩準備的預算數字表明：愛迪生目前每年的家庭開支為三萬三千二百二十美元，相當於現今的一百萬美元。

35 早期放映機。

36 YouTube有《鍛造場景》供觀賞，網址是：www.youtube.com/watch?v=FaFqr7nGsJM。

壓提起超載的廢料桶，發出震耳欲聾的嘶嘶聲和噴氣聲，還有一臺六噸重的升降機，以雷鳴般的速度將礦石灑進碎石機。一八九四年三月，愛迪生發明並安裝一對封為「特大號」的輥式壓碎機時，刺耳的活動鳴笛、震動的引擎與發電機及幾英里長的傳送帶聲響擴大了上述設施的綜合噪音，演變成有傷害性的程度。

這些逆旋式波紋筒的直徑為六英尺，每個重達三十噸左右。連同四對附加的捲軸，設計用途是將非常堅硬的片麻岩還原成粉末。只有聽覺模糊的愛迪生可以自在地站在附近。「表面速度大約每小時四十英里，」他吹噓道：「可以擊出一百八十萬磅的力道。」[37]這股猛勁來自於他在驅動器添加的電纜摩擦離合器，能夠解決「無法抵擋的力量碰到不可移動的物體」這個古老難題。做法是趁捲軸卡緊巨石之前釋放，使捲軸自由旋轉；單憑這股衝力，七十噸的淬火鋼撞擊許多岩石時，就能夠順利擊碎。

起初的幾次震動顯示出，他把捲軸配件安裝在木製基座很不明智。從料斗落下的石頭造成的錯位問題，要麼堵塞機器，要麼把巨石拋向高空，然後巨石落下、旋轉並看起來像乒乓球一樣輕盈地繞著捲軸。在這種情況下，工作人員必須散開，才能躲避飛濺的碎塊。愛迪生發現只有鑄鐵基座和鑲巴氏合金的軸承，才能更有效地加強「特大號」與中型的捲軸堆，以便承受源源不斷的礦石流。這些測試就好比一場災難，需要花更多個月重新設計碎石機，因此又讓他花了二十萬美元，並再度拖延「紐澤西州與賓州精礦廠」投入正常生產的時間。

外面那群人

愛迪生回到實驗室後，無法順利地把留聲機和電影攝影機結合起來。他決定在春季推出霍普金斯在布魯克林展示的窺視播放器的投幣式版本，連同小型「電影」收藏室一起示範拍攝的動作奇觀。機台沒有裝上聲音專用的電線，顛覆了一般人的想像。他將機台重新命名為電影放映機（Kinetoscope）[38]，並宣示其第一部影片將以號稱「地表最強的壯漢」尤金・桑多（Eugene Sandow）的舞蹈二頭肌為特色。桑多的別名是弗里德里希・威廉・穆勒（Friedrich Wilhelm Müller），他是德國籍鎖鏈切割師，曾在世界博覽會贏得全場觀眾的喝采。對桑多來說，有機會在博覽會與當代的知名發明家往來，不僅僅是大人物齊聚一堂的意義，更重要的是成千上萬、甚至數百萬名美國人可以在現場欣賞到他的體格，並買他的各種健身產品。這種宣傳方式不會妨礙到愛迪生，而愛迪生也需要利用電影放映機來轉移大家對鋼鐵廠停工的注意力。他歡迎這位魁梧的年輕人到西奧蘭治鎮，並在他身旁擺姿勢拍照，還不忘站得高一些，然後護送他到「黑色瑪麗亞」。進去之後，桑多脫下衣服，只穿著拳擊靴與白色內褲，賦予了「內褲」這個詞全新的意義。

迪克森與海斯在燦爛的陽光下拍攝四十一秒的合成「實際畫面」。桑多在鏡頭前握緊拳頭、扭動與旋轉身體時，出色地呈現肌肉的線條。但出於偶然，或更有可能是刻意安排，燈光凸顯了一些不太容易活動的隆起部位，引導觀眾把注意力放在細節，這是電影攝製藝術七十年來首次出現的亮點。

然而，四月十四日星期六，也就是桑多和其他二十多部「電影」[39]亮相的前兩天，青銅製石膏鑄造的

37 愛迪生誇大了碎石機的動力，實際上相當於七噸的力道，足以粉碎五噸重的岩石。

38 從此以後，電影攝影機（Kinetograph）指的是有聲攝影機。

39 一八九四年，美國報紙常用的關鍵字表明「電影」一詞首次被用來描述攝影活動的錯覺，而愛迪生於三月十日宣布他創造了電影放映機。在此之前，「Kinetoscope」指的是引起情感的靜態圖片，或舞臺上的移動場景。七月二十一日，《美國百科辭典》（American Encyclopedic Dictionary）宣稱是第一本定義「Kinetoscope」與「Kinetograph」的參考書。直到一八九五年，盧米埃兄弟為電影攝影（Cinématographe）專用的放映機申請專利後，「電影」（cinema）這個單字才列入美語。一八九六年出現「電影」（motion picture）一詞；一九〇八年左右出現「電影」（movie）這個單字。眾所周知，愛迪生在一九一三年創造了「有聲電影」（talkie）這個單字。

愛迪生肖像出現在紐約第一家電影放映機大廳前方的基座上。百老匯大街一一五五號的場地出租人阿佛烈·塔特很有野心，他跟英薩爾一樣都把在愛迪生手下做的私人秘書工作轉變成多元的外部責任。在哥哥伯特倫（Bertram）和朋友湯瑪斯·隆巴德（Thomas R. Lombard）的幫助下，他花了整個上午的時間籌備十台電影放映機供觀賞。橡木櫃的電力裝置連接成兩排，並環繞於彎曲的橫木，讓贊助人從一個窺視孔移動到下一個窺視孔時方便倚靠。牆上的高處掛著五幅鑲框的二十五美分畫作，似乎是為了凸顯靜物和下方「動畫」之間的對比，地板上光，則是為了映照儀器上塗著清漆的橡木，而棕櫚樹盆栽的樹枝增添了沙龍般的優雅格調。

午後不久，週一的開幕事宜已準備就緒。塔特和夥伴到辦公室後面抽菸和聊天。

> 我們打算在那天傍晚到百老匯二十六街（Broadway and Twenty-sixth Street）東南角，在生意興隆的德爾莫尼科餐廳享用精緻晚餐，一起慶祝電影放映機事業的展開。從我坐的位置可以看到陳列品櫥窗，以及一群又一群停下腳步凝視愛迪生半身像的人。突然間，我想到了好點子。

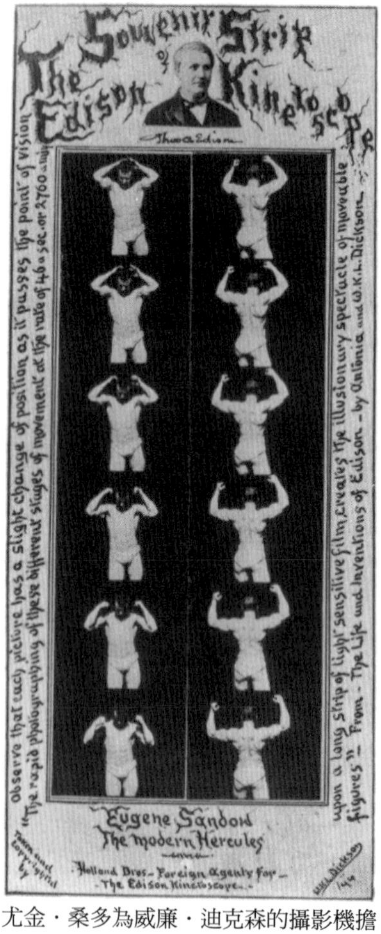

尤金·桑多為威廉·迪克森的攝影機擔任模特兒，攝於一八九四年三月。

「聽我說，」我指著窗戶說：「我們何不讓外面那群人幫忙付今天的晚餐費呢？」

他們兩個觀察了一下窗前來來去去的人群。

「你打算怎麼做？」隆巴德笑著問。

「伯特[40]，」我告訴哥哥：「你負責處理機器，我賣票。」然後我告訴隆巴德：「你站在門口當接待員。我們可以賣到六點，到時應該能湊到晚餐的錢。」

這三個人以前沒去過德爾莫尼科餐廳。顧客蜂擁而至，因此塔特在週日凌晨一點才停止售票。接下來的幾週，那座半身像宛如吸引男男女女的磁鐵，顧客欣賞桑多的陽剛之氣，也欣賞女舞者與柔身術表演者的旋轉動作，直到愛迪生尷尬地下令搬走半身像為止。

鑒於電影放映機影片的非敘述性簡略特徵，觀眾的沉迷超越了色慾，因為他們懷疑動作可以被記錄和重播，畢竟動作的本質是持續變化的狀態。五十英尺長的循環電影膠片，神奇地持續呈現拳擊手猛擊、理髮師剃毛髮、體操運動員翻筋斗、弗雷德打噴嚏、安妮・奧克利（Annie Oakley）射擊，直到賽璐珞膠片出現疲勞反應，不斷有副本繞到捲軸上才停止播放。除了拍攝蝴蝶、太陽及安娜貝爾・惠特福德（Annabelle Whitford）表演的蛇舞，迪克森和海斯對新奇的事物比美學更感興趣。惠特福德的金黃頭髮、閃閃發光又飄逸的服裝，啟發他們把手工上色技術運用在一個接著一個畫面的膠片。幸運的觀眾可以看到惠特福德小姐在彩色薄紗的波動中旋轉，薄紗時而像翅膀，時而像隨風飄動的巨大花瓣。[41]

40　伯特倫（Bertram）的簡稱。

41　可參考網址：http://earlysilentfilm.blogspot.co.uk/2013/08/peerless-annabelle-symphonyin-yellow.html。

不久，愛迪生製造公司的電影放映機部門就透過三家相互競爭的代理商，每週銷售價值二千美元的播放器，外加電影攝影機的攝像機與膠片。隨著新的展演廳在全國各地陸續開張，訂單也快速增加。在接下來的一年，愛迪生從發明獲得的收入超過了二十五萬美元。[42]然而，他再度避開在海外申請專利，也在《世紀雜誌》（*The Century Magazine*）六月號發表手寫的聲明，再次強調他不是唯一的電影創造者。他表示，如果技術能夠呈現像大都會歌劇院那樣壯觀的場面，那就要歸功於他自己、迪克森、邁布里奇、馬雷以及其他即將踏入此領域者的心力。

無論愛迪生的優美書法（還拼錯了馬雷的名字）為這種適度的榮譽分享帶來多大的真實性，他在前幾行的聲明中洩露了心聲：「一八八七年，我想到可以設計出一種為眼睛製作的儀器，就像留聲機對耳朵的作用。」

假如更改實際發明的時間順序是刻意的，而不是單純的筆誤，那麼這個謊言會使他和迪克森——在接下來的四十年執迷不悟——在歷史的道德評價中令人生疑。

丟人現眼

前一年的恐慌引發的大蕭條在七月陷入深淵。即便如此，參展商還是急著投資電影放映機。愛迪生後來才發覺到娛樂是大眾的「必需品」，在艱困的時期尤其如此。他再也不能佯稱自己的留聲機是最適合速記的商業工具。他回想起愛米爾．貝利納（Emile Berliner）的唱機競品有多麼成功，然後覺得自己可以做得更出色。投幣式留聲機大受歡迎，可說是遊樂場中很適合窺視儀器的配件。但首先，他必須從境況不佳、走下坡的企業家傑西．李賓科特（Jesse Lippincott）手中奪回自己的發明商業權利。

六年前，他把商業權利賣給李賓科特，同時答應專門為他生產留聲機，每台可賺二百五十美元。合併後的北美留聲機公司（North American Phonograph Company）在日益加劇的競爭中持續勉強償還債務。當愛迪生聽說該公司有一百萬美元的債務時，他決定讓公司進入破產管理狀態。

他忽然做出如此蠻橫的行為嚇到了塔特。塔特是北美公司董事會的代表，他覺得有義務履行公司與地區零售商的許多協議——如果破產訴訟正式通過，他必須廢除這些協議。他不但沒有執行職務，反而宣布辭職。「塔特，你怎麼了？」愛迪生惱怒地問：「你為什麼要讓自己出糗？」

這次也是愛迪生與以前在門洛帕克市認識的資深職員分離，但顯然他沒有塔特那麼難過。塔特早已注意到愛迪生的作風愈來愈任性。

自從愛迪生奇異公司、湯姆森休斯頓電氣公司合併後，我發現他在這方面的明顯改變：他似乎很排斥討論，而且他的決定變成來自內心深處的命令。只要有人質疑他的決定，他就會很不耐煩，反而重申決定……

當我下定決心離開自己誠心仰慕的人時，這種感覺就像鐵具夾到了我的肉體。

八月二十一日，北美留聲機公司宣布破產。儘管愛迪生受到沒他那麼機敏的競爭對手挑戰，但他最終仍以十二萬五千美元順利收購資產，得到接管人的認可。因此，他重新取得了開發與銷售所有喜愛的發明權利，並為此設立新的子公司——國家留聲機公司。「我不介意別人對我的智慧結晶有留置權。」他說。

42　以二〇一九年的美元計算，相當於七百一十萬美元以上。

塔特過著漫無目的、碌碌無為的生活，而他的管理職務由威廉・吉爾摩接手。吉爾摩是更適合當時趨勢的強勢高階主管。[43]

不體面的男子

那年夏天，儘管愛迪生的電影事業很成功，他還是不得不把「紐澤西州與賓州精礦廠」的股本增加到一百七十五萬美元。他需要資金在鑄鐵基座上重新安裝研磨廠的壓碎機，加固橋式起重機（專家提醒他，起重機太寬闊並不安全）並在金屬製造廠附近第一次建造磚屋。這項耗資龐大的實驗就是愛迪生對冶煉廠傳出抱怨的回應——他們抱怨奧格登礦場的細粒顯示出鼓風爐有「爆炸」的危險傾向。他希望找到方法將精礦凝聚成如同貝塞麥煉鋼法製成的優質煤磚，使其堅硬度能夠承受劇烈的鏟挖動作，而滲透性又足以在高溫下吸收還原性氣體。

在奧格登礦場每解決一個問題後，似乎又會產生十幾個問題。捲軸上的傳送帶開始以異常的速度滑動，而建築物需要多次重新配置，使得木匠疏於分內的工作，憤世嫉俗地假設一切遲早都會有所改變。愛迪生處理每個程序上的障礙時，做法是盡全力投入其中，直到克服問題為止。他和沃爾特・馬洛里為了調查上方的堵塞情況，爬進八十英尺高的塔式烘乾機時，被埋在一大堆礦石下方，差點窒息。

這可能發生在愛迪生難得回家探親之前，讓年紀尚幼的瑪德琳留下難以忘懷的回憶畫面：

> 某個星期六，查爾斯與我本來在玩耍。媽媽後來要求我們梳洗和盛裝打扮，然後陪她去車站見人……媽媽美若天仙，穿著有花卉圖案的洋裝，戴著鴕鳥羽毛帽，撐著有蕾絲邊的陽傘，整個人看

起來十分優雅。車夫穿著高雅的制服，駕馭著一組精神抖擻的棗色馬……而我們兩個人不情願，但最後還是穿著拘謹的服裝順從了，因為我們意識到重要的時刻即將來臨：爸爸要回家了！

接著火車來了，噴著黑色的軟煤煙。下車的乘客是我見過最不體面的一群人，他們在塵土飛揚中一邊說笑，頭髮凌亂，臉上沾染煤灰……看起來像一整週沒刮鬍子。我震驚地盯著他們，然後當中有一個穿著非常不整潔的男子走出人群，突然跳上我們的馬車，熱情地親吻媽媽。馬車開始前進——因為爸爸來了。

如果瑪麗恩也在場，她可能會想起以前更年輕但同樣蓬頭垢面的愛迪生弄髒了母親的亞麻衣裳。但不出所料，她已經無法忍受門洛帕克市的鄉村生活，並回到德國請求父親同意她嫁給皇家撒克遜軍隊（Royal Saxon Army）的奧伯斯特・奧斯卡・奧瑟。「我終於愛上了一個人——我愛他勝過愛自己，」她以慣有的坦率語調寫道：「我希望親愛的爸爸能搭飛機到歐洲看我結婚。我有充分的理由盼望你為我做這件事。畢竟，我不亂花錢。大家都說我是冒名的騙子，不是你的女兒。」

就像心智快速成熟的兄弟一樣，瑪麗恩也擔心父親以後會用不公平的方式瓜分自己的「王國」。米娜對愛迪生的影響，比他們所有人加起來更有力，而她也一定會像高納里爾（Goneril）[44]一樣盡力爭取最寵

43　塔特在自己的回憶錄中沒有提到：脾氣來得快、去得快的愛迪生借給他一筆八百美元的告別金，並表示他能以自僱商人的身分賺到「第一桶金」時再償還這筆錢。二十六年後，塔特很高興地寄一張連本帶利的二千零六十美元支票給愛迪生。

44　莎士比亞的悲劇《李爾王》（King Lear）中的角色，為李爾王的長女。

大的領地，支持享有特權的親生孩子。至少這是瑪麗恩的明確想法，因為她離開時，愛迪生氣到不願意為她送行，也阻止米娜送行。

奧瑟懇求娶她的真誠態度使愛迪生平靜了下來，但還不足以使他同意讓女兒橫跨大西洋嫁出去。直到中間人向他保證，奧瑟中尉是愛他女兒的正人君子，他才同意婚事。瑪麗恩在諾薩爾察—斯普倫貝格（Neusalza-Spremberg）市鎮的舒適住宅住了好幾個月後，才為自己離開美國前的態度道歉。她責怪老旅伴厄爾太太使她懷疑父親對自己、湯姆及威廉的善意：「就是她告訴我，你把所有錢都交給米娜了，所以我們才拿不到錢。」

古往今來最偉大的天才

九月時，湯瑪斯克羅威爾公司（Thomas Y. Crowell Company）宣布即將出版《愛迪生的發明人生》（*The Life and Inventions of Thomas Alva Edison*）。這是四開本的特大書，大約有四百頁，附有二百五十張插圖，由威廉·迪克森和他的姊姊安東妮亞（Antonia）合著。這本書是增訂版，集結了他們在《卡西爾雜誌》發表關於愛迪生傳記的文章，堪稱「第一部完整的愛迪生真實生平故事集」，也反映出兩位作者與愛迪生多年來的合作。

愛迪生收到樣書後，寫下簡短的推薦評語：「我沒空仔細讀完，但隨意翻閱後，我覺得這本書寫得非常棒。」

也許他還沒讀到書中的最後一句。那句話形容他是「古往今來最偉大的天才」。他已習慣誇讚的稱呼，也很清楚自己的公眾形象，但迪克森姊弟在其他方面對他的讚譽足以使自大狂感到尷尬。這並不是好事，畢竟該書包含了許多愛迪生本人親自透露的生平資訊。《紐約時報》給予極高的評價：「每位讀者都會不禁仰慕書中描寫的主角。他白手起家，卻獲得了一般人重視的許多東西。」四十年前在大幹線鐵路賣報紙的男孩，如今成為世界各國熟知並尊敬的人物……許多人認為只要愛迪生活得夠久，他就能發現更多新玩意。

糟糕的裝飾品

愛迪生耗費巨資建造新的奧格登工廠，在過程中變賣奇異公司的所有股票。起初，這個重新開放的工廠似乎注定成為設計者的空想：精鍊磁鐵礦的全自動化來源，無限量又廉價地運送到阿第倫達克山脈任一側恢復生產的鑄造廠。

十月中旬，他把工廠的機器應用到實驗性運動。他知道在粉碎、分離及精製的二十二道程序中，隨時出現的故障問題都可能使整個系統陷入癱瘓。第一場災難發生在十二月，當時有一台礦石升降機裂開並墜落，因此需要重建三台設備，並針對這些設備適用的壓碎機進行複雜的調整。經過幾次失敗的嘗試後，新磚廠生產出一些磁鐵礦含量非常高的塊狀物，但數量太少且易碎，很容易在運往鑄造廠的途中碎裂。天氣潮濕時，這些塊狀物也會像海綿般吸水。愛迪生只好讓奧格登在冬季停產。他下令建造更精密的大型烘烤廠，並著手開發樹脂黏合劑，但他沒有預料到製造煤磚的問題會在接下來的幾年折磨他。

在一八九五年初的頭幾個月，他兩次要求其他股東增資。股東考慮到製造廠光在維持經營方面就需要每天花一千二百美元，因此他們拒絕增加持股。愛迪生的工程師都鬱鬱寡歡，他們認為龐大的捲軸是糟糕的裝飾品。只有愛迪生依然相信，當捲軸的動力作用能夠加速到超越炸藥的爆發力時，工廠就會迎來自動化磁性採礦的新時代。

夠多的光彩

世界各地的西洋鏡參展商爭相購買愛迪生的機器、放映愛迪生的電影，使迪克森的膽量變大也更加富有。他決定在此時出版《電影攝影機、電影放映機以及有聲電影機的歷史》（*History of the Kinetograph, and Kineto-Phonograph*）。這部專題著作凸顯了他身為偉人身邊最親近的助手的榮耀。愛迪生則對所有親密關係的假設非常敏感。他認為自己在《世紀雜誌》讚揚迪克森、邁布里奇、馬雷以及其他人的攝影創新，已增添夠多的光彩了。

現在，他看到同樣的盛讚之辭，連同他的整頁肖像出現在該書的開頭，若非如此，這一切對他也只是「過眼雲煙」。接下來的內文顯然是由迪克森的妹妹安東妮亞撰寫，她的文采斐然（「『黑色瑪麗亞』有著下垂的大型帆狀屋頂和烏黑色調，外觀顯得怪異又有點像船舶的形狀，宛如笨重的中世紀海盜船或邪魔的飛艇。」她寫道）。迪克森是該書的美編，他設法在大部分的插圖附上自己的清晰簽名，包括兩張古怪的自畫像——一張呈現他把手塞進外衣，模仿拿破崙的姿勢，而另一張惡作劇照片呈現他被砍下的頭顱放在大淺盤子上。

然而，他的主要動機是「應要求」附加《美國攝影年鑑》（*American Annual of Photography*）裡的一篇文章，該文描述他是聰明的年輕電機工程師，曾與愛迪生共同發明磁選機。這使愛迪生大動肝火，提供速記員口述紀錄：

我反對迪克森出版那本小冊子。其中有關迪克森是磁選機等產品的共同發明人部分並不屬實，因為奧格登的業務中沒有迪克森或其他人參與發明的產品……。迪克森所付出的一切將獲得充分的肯定，不必試著對別人洗腦……。我並不執著在書中放自己的照片，因為這麼做很像是我太自負或自命不凡，更何況大眾對待性格張揚的人通常不太友善。內文應該著重在大眾想知道的事，而不是他們毫不在乎的人。

縱然別人不信，愛迪生確信自己具有謙卑的特質後，冷靜了下來。反觀迪克森，他永遠都得不到身為美國電影攝製藝術先驅應有的充分認同。

頂尖實驗家

三月中旬時，愛迪生準備重新開放奧格登，當時有消息傳出特斯拉的曼哈頓實驗室被大火燒毀了。儘管這位塞爾維亞籍發明家是有錢人，擁有在交流電與無線電力傳輸方面的傑出創新優勢，他卻忽略了為資產投保的重要性。有人看到他像隻鸛一般經過廢墟，拾起一件黃銅製品，吹掉上面的煤灰，然後淚流滿面地扔向一旁。

「我悲痛欲絕，不想說話，」他告訴記者：「我還能說什麼呢？我半生的心血幾乎全毀。所有的機械和科學器材……都消失了。我得重頭開始。」

愛迪生慰問這位深受打擊的同行，他明白這種處境意味著一遍又一遍重起爐灶。「我收到愛迪生先生寫的信。他邀請我使用他的工作坊繼續進行實驗，」特斯拉向記者透露：「他對我釋出善意和表達關心，但我不會接受他的提議。」

孤僻成性的他表示要在城市尋找臨時住所，並嘗試在那裡重新開始工作。許多人認為他有可能失去理智。就在幾週前，他坦白說眼前的實驗非常美妙、迷人又重要，以至於他痴迷到廢寢忘食的地步。這令人難以置信，因為特斯拉是經常在德爾莫尼科餐廳獨自用餐的客人，而且他吃的肉量很驚人。[45]由於他的體質虛弱，無法在效仿愛迪生的工作時間條件下維持健康。他也坦言：「也許我該撐到身體垮掉吧。」

除了創造力，這兩位發明家在其他方面恰恰相反。三十九歲的特斯拉是個愁眉不展的獨身主義者。愛迪生在四十九歲時仍然有健康的性欲，也娶過兩個十幾歲的新娘，一再使她們懷孕。[46]如果說愛迪生是自負的人，那麼他的虛榮心只涉及工作，但特斯拉的狂妄自大毫無限度。《紐約時報》誇張地報導他們私下是來往熱絡的朋友，儘管彼此的專業不同，還是互相敬佩。愛迪生克制了自己對交流電的蔑視，反而讚揚特斯拉從尼加拉大瀑布的水電傳輸方面取得優異的成就，而特斯拉也公開表示自己非常信賴愛迪生的天資。

銷聲匿跡的先驅

就在奧格登恢復開工時，有消息傳來：電影放映機的事業在美國突然陷入低迷。愛迪生的三家主要參展商——萊瑟姆公司（Latham Company）、麥奎爾博卡斯（Maguire & Baucus）及拉夫加蒙（Raff & Gammon）——在一月皆有達到巔峰的銷售業績，隨後分別驟降百分之七十二、百分之九十二及百分之九十五。顯然，透過窺視孔顯示動態影像的設備不再有新鮮感。除了少數偷偷摸摸的顧客外，尤金．桑多的影片因為讓人尷尬的緣故，也沒有起到刺激顧客重複觀看的效果。

法蘭克・加蒙（Frank Gammon）請求愛迪生將電影放映機改造成投影機，如此一來就可以讓在座的許多觀眾共享娛樂，而不是一次只能讓一人站著觀看。可惜他的期待落空。四年前，愛迪生無法投影出寬度超過十英寸的放映圖像，從此他對放映圖像失去了興趣。[47]投影的困難之處在於需要間歇性的移動——每張畫面在光線與鏡頭之間經過時，每秒有四十六次斷斷續續的膠片撕扯。否則，在二十英尺遠的地方無法清晰地投影，更不用說在一百英尺遠的地方了。電影放映機的循環電影膠片在目鏡下方能平穩操作，清晰度尚可。

總之，比起向劇院出售個別機器，愛迪生這位製造商比較喜歡向店鋪出售多種機器。迪克森用字遣詞很小心，他說萊瑟姆公司在建造一台專門用來放映愛迪生電影的投影機，但愛迪生沒有專心聽他說話。迪克森不打算提起自己設計了投影機，並在紐約花好幾個晚上與萊瑟姆公司的夥伴進行私下討論：一旦完成機器，他就會與他們一起成立大型生產公司的計畫。這種工作室想當然耳與愛迪生有競爭關係，因此迪克森即便目前仍是愛迪生的下屬，但卻是潛在的叛徒。

45 據說特斯拉咀嚼肉時，會一邊計算自己的下巴活動次數，也固定使用十八張紙巾。

46 米娜除了生下三個孩子，至少有過一次到三次的流產經驗。

47 愛迪生不曾解釋為什麼要放棄投影法（石灰光成像、開槽旋轉式快門、放大鏡以及銀幕）。他曾在一八九一年使用這種方法，吸引到《太陽報》記者的注意。迪克森姊弟在《生活與發明》（Life and Inventions）第二十二章描述了這點。他們特別提到愛迪生攝影部的放映室「展覽晚會」：牆壁一片黑是為了防止另一端銀幕散發「光圈」導致反射。投影機也被遮蓋起來，只露出用來調節鏡頭的窺視孔，並連接到發出奇怪單音調的電動馬達。他們甚至提到有些圖像立體投射時會發出宜人的響亮聲音。晚會不太可能在一八九四年九月之後舉行，也就是該書付印的時候，也大概不早於一八九三年十月，因為當時《卡西爾雜誌》出版了這個章節的簡短版本，完全沒提到投影。如果投射在銀幕上的圖像正如迪克森姊弟所形容的「栩栩如生」，那麼愛迪生可說是電影的投影創始人。然而，放大的圖像顯然不超過原本三十五毫米畫面的十倍，對商業性的觀賞而言太小了。

他在愛迪生手下做了十二年後，很擔心在確定與萊瑟姆公司之間的穩定關係之前被抓包並失去工作。與他付出許多心力且視為神話的龍頭企業相比，萊瑟姆公司沒什麼名氣，資金短缺，在企業界顯得微不足道。儘管他們願意提供誘人的十二萬五千美元新創企業股票，但他在西奧蘭治鎮擔任攝影部的負責人，薪水很高，專利使用費也很可觀。他最近也經營有賺頭的副業，出售愛迪生的肖像、實驗室的照片以及紙質印刷的幻燈片，這些都以他的名義擁有版權。然而，額外的收入卻被威廉．吉爾摩削減了。這位總經理迫使迪克森將大部分的版權轉讓給愛迪生製造公司。正因為如此，迪克森憎恨吉爾摩，因為吉爾摩取代了他，變成老頭最喜歡的助手。

事實上，總經理這個不固定的頭銜目前屬於沃爾特．馬洛里。愛迪生一直對迪克森販賣照片的行為「睜一隻眼，閉一隻眼」，畢竟這有利於他的公眾形象。但他認同吉爾摩停止這種做法。他突然批評迪克森吹捧他（縱使他多年來假裝沒注意到），可見吉爾摩曾建議他疏遠即將離開的夥伴。

吉爾摩得知迪克森與萊瑟姆公司一伙談判時，確實有意挑撥。四月二日，他當著愛迪生的面，指責迪克森背叛公司。迪克森理直氣壯的表示自己只是在暗中監視競爭活動，並要求愛迪生在他與吉爾摩之間做出選擇。他如願以償，但不是以他期望的方式實現。

後來大家才發現，迪克森也向美國電影放映機公司（American Mutoscope）提供有創意的建議。該公司計畫在西洋鏡和螢幕設備技術方面超越愛迪生製造公司。[48]愛迪生在公開場合只表態：「我們不是很要好的朋友。」迪克森成了美國電影放映機公司的環球攝影師——從愛迪生手下的顯赫職位退下來。晚年時，他就像愛德華．強森、法蘭西斯．傑爾、阿佛烈．塔特以及其他門洛帕克市的老同事一樣，成了尋求歷史學家、傳記作家關注的可憐人。他對自己參與電影攝影機、電影放映機的合力發明撒了謊，而且執迷不悟——他堅持當初將日期都提前一年，是為了宣示愛迪生比馬雷、弗里斯—格林更有優先權，以至於掩蓋了他自己才是完成大部分的差事，功勞甚大的這件事實。直到他不再為愛迪生工作將近一個世紀後，一八八八年十月十四日在約克郡屋子的花園拍攝的原始電影片段，才證明路易斯．普林斯是在這些人當中銷聲匿跡的先驅。

花季中的熊蜂

春季期間，愛迪生的電影放映機事業持續急劇下滑。他徒勞地試著彌補損失，推出了他與迪克森在一年前組裝的「有聲電影機」，並重新命名為「有聲活動電影機」。這是一種由圓筒與捲軸組合的播放器，配有兩組塗著橡膠的耳塞管，因此情侶可以一起觀賞窺視孔影片，同時還能聽到突然鳴響的背景音樂。只可惜這台儀器沒有進一步改善細微的同步性能，只賣出四十五台。

愛迪生讓吉爾摩去應付萊瑟姆一伙的消息——他們與愛迪生同時順利地在公眾面前演示電影放映系統「Eidoloscope」——自己則放心地回頭處理鐵礦開採事宜。

「這家製造廠目前是世界上最大的碎石廠，」他在給投資人的草擬報告中誇耀：「產能是蘇必略湖『卡路美赫克拉』銅礦的大型碎石廠的兩倍。」產能發揮到最大時，奧格登每天應該能夠生產一千四百至一千六百噸「貝塞麥型煤磚」。奧格登在機械與做法方面很現代化，自動化的程度達到了「極限」，因此也許未來只需要一名主管負責經營。「此商業冒險具有長期成功必備的所有要素。」他寫道。

48 這家公司最後成了美國電影放映機製片公司（American Mutoscope and Biograph Company）。愛迪生在耗時的專利侵權案件中起訴該公司並勝訴。

當然，阿帕拉契山脈的天際線不曾出現過這麼醜陋的景象。根據最新的統計，由於他不斷擴建，工廠由位於奧格登上方的愛迪生路（Edison Road）頂端的三十九座主要建築組成，占多數的是與大教堂尺寸差不多的磁力選礦大樓，並與許多橋樑、起重機、傳送帶、蒸汽管、電源線以及繁忙的小型鐵路交織在一起，看起來就像一座壓縮後的紅色城市。北邊、南邊及西邊散落的灰色岩壁邊緣地帶漸漸後退，而周圍的森林也退縮了（古老礦井處處是裂縫），留下一堆被砍伐或枯萎的樹木。從製造廠不斷冒出的灰塵漂白了所有朝上的表面，而工人、管理人員的衣服和頭髮也都染白了。很在意吸進粉塵的人都用海綿填充的橡膠噴嘴摀住鼻子。從十英尺或十二英尺遠的昏暗中望去，他們看起來就像直立行走的豬。只有在雨水沖洗這般骯髒的景象時，奧格登才暫時變成令人覺得潔淨的地方。

愛迪生把工廠視為天堂，他似乎不在意別人的看法。他在實驗室中不修邊幅，而他在這裡模仿底下員工的寒酸相。不過，棕色帽子下的大頭（為了戴得下，只好在帽子後方開叉並繫上帶子）以及剃得乾乾淨的下巴（嚼著雪茄或塞著口嚼菸）在在顯示了他就是那位「老頭子」——經常停下腳步交流意見和講粗話的仁慈獨裁者。

「今天比循道宗牧師要去的冥府第七區更熱。」他在八月九日寫信給米娜，她當時在肖托夸集會進行一年一度的虔誠靜修。「空氣中的灰塵真可怕……我沒回家見親愛的『無塵』比利，感到很失落。我沒洗澡該怎麼辦？有些蕁麻種子開始在我的大衣接縫發芽……想想看吧，親愛的比利，妳的愛人變成一座花園了。」他寫道。

十二天後，他又有更嚴重的問題要回報。磚廠的毀壞率超過百分之五十，而且上層的生產線經常發生事故，引發勞資糾紛及昂貴的安全措施更動。為了確保夏天期間持續生產，愛迪生只好又賣出一批奇異公司的股票。

一切似乎都出了差錯。我擔心我們會因為缺錢而不得不關閉工廠……

我在四天中只睡了六個小時，也很努力撐過去。尤其是磚匠，一旦磚牆砌完，所有問題就解決了。我們實際上也很清楚自己能做什麼。我會一直做到星期六晚上。如果運氣夠好，我可能會一直做下去。但如果運氣不好，我可能會停工，直到我的財路通暢為止。在籌集資金的同時，我可以找時間休息一下，以及仔細檢查所有流程。如此一來，我們重新開始時，一切都會好轉。馬洛里是你見過最狼狽的人。總技師和康利（Conley）先生都垂頭喪氣，但妳的愛人就像花季中的熊蜂一樣快活。

愛迪生突然想到，既然工廠建設的重要階段已結束，他可以藉著減少雇員來大幅削減成本。他驚訝地看著迪克森在一八九四年拍攝的合照，照片上至少有四百名工人聚集在製造廠的院子，就像屋頂與蒸汽管道上的螞蟻般聚集在一起。那時，他們看起來心滿意足——即便都是每天賺不到一美元三十美分的礦工、施肥工以及運煤工。但他們現在揚言要罷工，因為愛迪生不願意支付加班費。

八月二十二日星期四，當他聽說當天下班後要召開罷工會議時，他看到了加快生產速度的契機。離下班時間還有五分鐘，愛迪生在化驗所外面豎起大大的告示牌，上面寫著「製造廠暫時停工，員工將於二十四日星期六領到全額工資」。

結果，週末有大批憤怒的員工離去。製造廠在週一恢復運作時，剩餘的人力非常少。馬洛里驚訝地發現，在缺乏人力協助的情況下，生產線的運作狀況竟然很不錯。他打起精神並說服自己，幸虧有愛迪生勢不可擋的幹勁，他們很快就能生產出利潤豐厚的產品。

幾十年後，「紅色城市」消失了，而森林重新吞沒了礦井。馬洛里寫道：

你和誰生活在一起，就會了解到關於他的許多事。天冷時，他只穿兩套或三套內衣褲，而不是穿很多件毛衣和外套。他通常在晚上脫掉衣服後，把衣服丟在地板上，隔天早上就能方便地再穿上。他愛吃餡餅。他非常喜歡抽雪茄。這些都是不足掛齒的事，卻也是造就大事的出發點。有太多大事了。所有與愛迪生有來往的人從一開始就明白：必須懂得如何與這位非凡的人打交道。

更具獨創性的天才

這十年來，愛迪生大多時候都在奧格登度過，每天平均工作十六至十八個小時，只有在週日才回到格蘭蒙

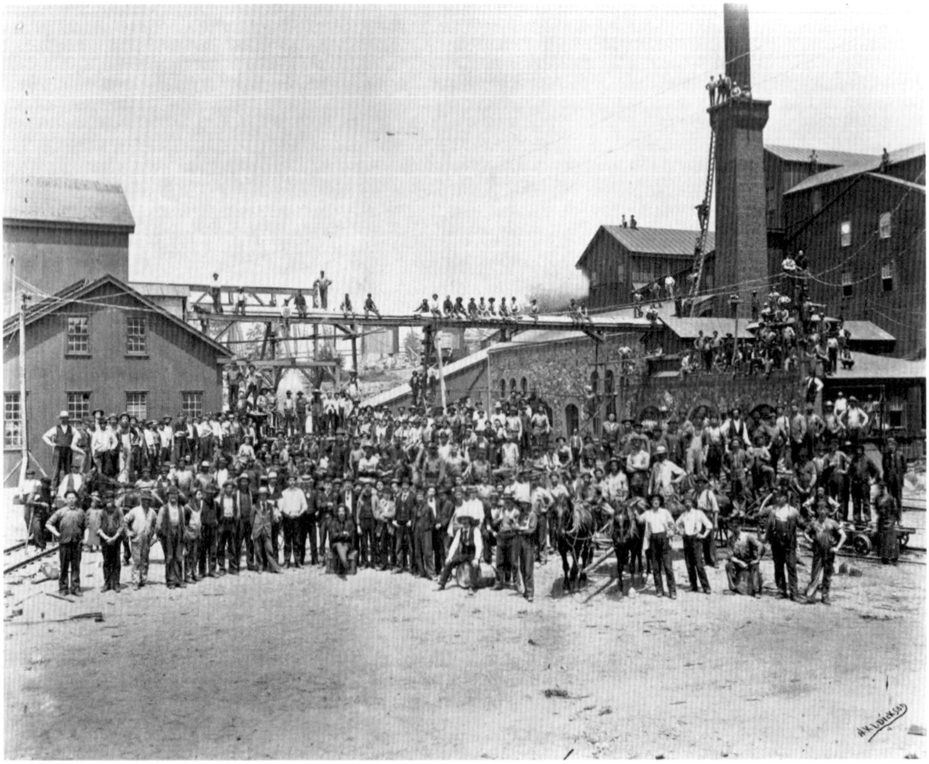

奧格登礦場的勞工，約攝於一八九五年。

特。他停工後又復工的頻率很高（「每天都有新問題需要解決。」他說），以至於有關他即將大獲成功的預言聽起來不切實際。製造廠耗費的錢比磁鐵礦還多，而為了維持自己的富裕生活，他只得接受奇異公司的一萬五千塊美金預付金來開發噴射纖維燈絲。

這種惱人的事沒有持續很久。然而，一八九六年的第一週，另一件不可避免的事暫時使他分心了。從倫敦傳來消息，德國物理學家威廉・倫琴（Wilhelm Röntgen）從帶電的玻璃真空管發現神秘的綠色X射線。即使中間放置非常厚的硬紙板，此射線能使九英尺外的亞鉑氰化鋇（barium platinocyanide）螢幕發出螢光。當射線穿透人體時，會產生詭異的效果，使結實的肉體溶解成水氣，骨頭顯得鮮明，既煽情又恐怖。倫琴照射妻子的手和結婚戒指後，妻子說：「我看到了自己的死亡。」

愛迪生立刻充滿探索、甚或利用這種電磁現象的欲望。收到消息的十個小時後，他開始在西奧蘭治鎮建造特殊的暗房。「你想不想來做『Rotgons』的新輻射實驗？」他寫信給亞瑟・肯尼迪：「我有吹玻璃機、幫浦以及所有攝影設備。趁其他人恢復精力之前，我們可以做好多事。」

不久，他自己製作了X射線，並在二月的第一週拍攝與沖印X光片。新聞記者紛紛纏著他索取可以刊登的照片。威廉・倫道夫・赫茲特地請求得到人類大腦的圖片。愛迪生無法靠著倫琴曾經使用的標準克魯克斯管（Crookes tube）來體現這種侵入性攝影。他反而設計了一系列不同燈泡，用鉑絲和更薄的玻璃來增強光線的發射。他對成像的興趣不如無法偏斜、非光源的無形光束：「我想知道X射線是否真的與負極板相互垂直，或者像磁性射線一樣在負極與正極之間變成曲線。」

他全神貫注在自己的工作，幾乎沒有注意到巴黎報導了盧米埃兄弟已改善間歇性動作的投影機，也就是電影攝影機（Cinématographe），並向付費觀眾展示電影。當威廉・吉爾摩建議他立即取得與之競爭的美國「幻影機」權利時，他無奈地同意，並回頭投入輻射實驗。[49]

當月的某個晚上，《大都會雜誌》（*Metropolitan Magazine*）的代表發現愛迪生在暗房裡調整長型燈泡的電力平衡與真空狀態。他似乎對世界上的一切不以為意，只注意到燈管內的燈光逐漸變化。他從恍惚狀態回神後，表示自己現在試著確定X射線究竟是如空氣般的輕盈，還是與更粗糙的物質有關。這些用語含糊不清，可見他的研究仍然不符合科學原理。他和四位協助他的年輕實驗室工作人員一樣，天真地享受著探索目前看來無害的新技術所帶來的興奮感。他們工作到深夜，拍攝了不同程度的輻射對不透光物質的影響。每張底片曝光了二十分鐘。直到凌晨兩點，他才讓照片晾乾，並邀請記者和他、「年輕人」（包括湯姆）一起吃晚餐。他吃飯時，不停地談論倫琴的神奇射線所具有的實際意義。

有人設法將原本的螢光研究主題改成白熾，並詢問愛迪生是否願意接受測試：看看人類的視網膜能不能儲存光。他同意了。首先，他閉著眼睛坐了兩分鐘，接著在攝影機上方幾英寸以外的刺眼燈光照射下睜開眼睛。他忍受了兩分鐘的強光，然後所有的燈都被關掉，攝影機同時發出咔噠聲，捕捉到愛迪生視線後方的短暫雙重閃光。根據沖印出的照片，他看起來不太像人，反而比較像貓科動物，猶如一隻在黑暗中的大貓。[50]

愛迪生絕對不是美國唯一、也不是第一位X射線實驗者。倫琴的聲明激勵了美國許多優秀的電機工程師，包括伊萊休．湯姆森、威廉．麥吉（William F. Magie）以及特斯拉。他發現這些人都跟他一樣冒險闖入未知的新領域，於是他不再嘗試在競爭中維持領先地位，並於三月十八日在《電氣評論》發表他目前的研究結果，其中包含兩項能說明X射線反應的卡羅爾式（Carrollian）矛盾理論的結果：第一，真空度愈低，管內的螢光愈弱，而試管外部的輻射就愈強。第二，愈短的燈泡能彰顯愈清晰的「投影」，而距離的增加也能使之更加清晰。

就在同一天，特斯拉也在《電氣評論》描述自己的輻射實驗。他花了將近一年的時間，才從失去實驗室的傷痛中振作起來。他自豪地表示，幸虧他最近發明了振動型蒸汽發電機，已成功地把X射線發射到四十英尺以上。他也曾試著拍攝自己的大腦，在近距離衝擊大腦半小時以上，卻只發現這種做法使他昏昏欲睡。愛迪生寫了鼓勵的話給他：「我希望你有進展。我們一起打敗倫琴吧。」

儘管他們之間存在著有戒心的善意，《斯克里布納雜誌》（*Scribner's Magazine*）當月的某篇文章還是盡量把他們描繪成大衛與歌利亞（Goliath）的關係。作者是布朗大學（Brown University）的校長班傑明・安德魯斯（C. Benjamin Andrews），他認為特斯拉是個比愛迪生更有獨創性的天才，因為他除去了燈泡內部的線路，讓高壓電流通過自己的身體。「他讓自己的周圍環繞著一圈電光，從泥土引導出紫色的光束，目的是使人類的機械直接與自然界體系連接。」他寫道。愛迪生讓這種誇張的說法不言自明。然而，「天資」的比較部分登上了全國許多報紙的頭條，把他和特斯拉塑造成預定於五月四日在紐約開幕的全國電氣展（National Electrical Exhibition）一爭高下的競爭對手。

巧合的是，他們兩人都在開發螢光燈，希望能夠及時展示。特斯拉聲稱自己擁有的發光強度為二百五十燭光，以及百分之十的發光效率。愛迪生則期望達到百分之十二或百分之十五的發光效率，也表明在燈管內塗上一層秘密材料，藉此掌控了X射線的部分電磁能量。「我把X射線轉化成非常脆弱的純白光。」愛迪生說。

49　山姆在二月二十六日去世，享耆壽九十一歲，因此這些實驗暫停了。愛迪生前往休倫港參加葬禮。

50　一九一七年，愛迪生為美國海軍研究夜視光學時，決定重複做這項實驗。

他保守著這種塗層（鎢酸鈣）的秘密，只是因為他曾應用到另一個裝置；如果該裝置也能準備展出，肯定會在展覽會引起轟動。化學家愛迪生測試了一百五十個燈管中的一千八百種螢光鹽後，他發現螢光鹽的熔化晶體在真空中受到刺激時，鎢酸鈣的螢光粉就會變得非常活躍。於是，他把螢光粉應用到便攜式遮陽板的螢幕上。遮陽板呈喇叭狀，而螢光粉緊貼著表面，可以瞬間拍出X光片，甚至是移動中的照片——如果有需要，還可以拍出輻射箱前方的物品。「你可以清楚看到身體的所有骨頭和心臟跳動的情形。」他告訴米娜。[51]他稱為「螢光鏡」的性能對醫護人員而言顯然有好處，因為在緊急的情況下，比如他們需要攝影時，不希望花兩個小時等候X光片曝光和顯影。因此，他拒絕申請專利，並將以前的模型寄給實驗夥伴——哥倫比亞大學的米海洛·卜平。

「這台儀器很迷人。」卜平寫下出乎意料的謝意，表明自己在三場公開演講中展示其神奇力量，贏得了熱烈的掌聲。然而，他質疑螢光鏡在外科手術中的使用會完全取代診斷的攝影方法，畢竟診斷紀錄非常重要。為此，他測試了可以直接從愛迪生的「卓越」螢幕提取接觸式印相照片（contact print）的概念。「你的成功會受到所有科學工作者的熱烈歡迎。」他寫道。

愛迪生不習慣閱讀這般恭維話，尤其是信紙上有「純科學系」（University Faculty of Pure Science）的字樣。他很感動，並回覆自己在研究其他燈管：「我覺得這些燈管會讓你吃驚，也對你的科學研究有幫助——這方面不是我的專長。」

遮掩他的鎢酸鈣燈泡並沒有意義，因為螢光鏡很快就使鎢酸鈣燈泡在電氣展的前幾週成了新聞焦點。凡是保證「愛迪生會出席，特斯拉也會出席」的廣告，都能增加售票量，這就好比聲明：有勇氣在神奇機器下握手的參加者，可以免費接受骨骼檢查。

有了這種分散注意力的事，特斯拉就不必回答太多尷尬的問題，例如：為什麼他自己的燈沒有展出？

愛迪生從來沒把他當成專業的照明工程師，也明白他在這方面有困難。不過，他請求《西方電工》的編輯不要刊登「不明智」的信函——不適當地比較他們各自的分子撞擊系統以及丹尼爾・麥克法爾蘭・摩爾（Daniel McFarlan Moore）的新型輝光放電管。「我不在乎別人怎麼說，但特斯拉是個有神經質傾向的人，這項特質會使他非常苦惱，也會影響到他的工作……摩爾先生不能忘記，特斯拉是頂尖的實驗家，也許他能及時創造出自己有把握的東西。」愛迪生說。

他的要求當然沒有受到重視，而媒體紛紛猜測愛迪生與特斯拉是競爭對手。《紐約時報》有一篇簡短的報導指出，他們兩人都抱怨長期暴露在X射線下傷到了眼睛，但沒有引起大眾關注。

烤得很理想，像花崗岩一樣堅硬

隨著電影技術的進步，專利局與版權局充斥著希臘文名稱、拉丁文名稱，其中大部分的名稱結尾是「scope」，就連娛樂業的律師都很難記住以下名稱的差異：快速視鏡（tachyscope）、電影放映系統（eidoloscope）、電影放映機（mutoscope）、舊式電影放映機（bioscope）、帕拉放映機（parascope）、韋里放映機（veriscope）、麥格尼放映機（magniscope）、卡拉科技放映機（kalatechnoscope），更別提電影攝影機（cinematograph）、格拉夫投影機（projectograph）及凱恩投影機（kineopticon）了。幸好愛迪生

51　當時，年輕的美國舞蹈家勞伊・富勒（Loie Fuller）造訪愛迪生的暗房，並穿著充滿發光鹽的戲服表演，而有所頓悟。他們一起做實驗，一開始就有成效，但螢光漸漸變暗了。富勒以光為主的編舞在後來的職涯中聞名遐邇，同時也成為放射學的業餘研究者。

是知名人物，他只需要把自己的名字附加在電影放映機（Kinetoscope）和電影攝影機（Kinetograph），就足以顯示產品脫穎而出的優越性。吉爾摩力勸他為「幻影機」增添類似的聲譽，即便發明者是年輕的工程師湯瑪斯．阿馬特——已授權換取展覽的專利使用費。他同意以「愛迪生的維太放映機」、「愛迪生的最新成就」等稱號來推銷這台放映機，但這麼做反而使他參與交易，對他引以為豪的個人聲譽造成莫大傷害。[52]

然而，他的財富也因此挽回不少，因為維太放映機是文化變革的成功經驗。觀眾對《多佛的驚濤駭浪》（*Rough Sea at Dover*）中的澎湃巨浪驚歎不已，也對《梅．歐文之吻》（*The May Irwin Kiss*）的長時間親密畫面嘖嘖稱奇——放大到驚人的逼真尺寸，並成了愛迪生工作室當年最受歡迎的作品。「天才能走得更遠嗎？」《洛杉磯時報》（*Los Angeles Times*）表示驚奇：「我們本來能聽到遠方朋友的聲音，現在我們還能看到他們的一舉一動。」只剩下愛迪生在鏡頭前展現風采了，他調皮地趁年輕的報刊畫家詹姆斯．斯圖爾特．布萊克頓（J. Stuart Blackton）為他畫素描時，自己跑到了銀幕外。[53]

布萊克頓率性地揮過炭筆，凸顯了愛迪生特有的額髮和黑色眉毛。[54]

八月十一日，底特律的愛迪生電燈公司工程部經理亨利．福特有機會到長島的曼哈頓海灘（Manhattan Beach），在產業大會的現場欣賞到同樣的人物特寫。他悄悄地拍下愛迪生戴著草帽在東方飯店（Oriental Hotel）的走廊上打盹的樣子，但直到午夜時分，愛迪生與一些以前在門洛帕克市認識的老員工坐在一起喝啤酒時，他才敢靠近愛迪生，鼓起勇氣表明自己設計並開過「小型燃油車」。雖然愛迪生漸漸發覺蓄電池是最適合不需要馬拉的馬車動力來源，但他的反應令人鼓舞：「繼續研究引擎吧。如果你能實現目標，我相信你的前途不可限量。」

不到一個月後，州博覽會（state fair）在羅德島州的普羅維登斯（Providence）郡舉行，有兩輛平均每小時十五英里的「電動車」在美國有史以來舉辦的第一屆汽車場地賽中，超越了五輛燃氣發動的杜里埃（Duryea）汽車。

那時，愛迪生回到了奧格登，而煤磚製造廠終於有顯著的進步。「製作的一萬三千個磚塊都沒有失誤，」他得意地寫信給妻子：「烤得很理想，像花崗岩一樣堅硬。既然有好轉的跡象，我們就有望達成任務。」

米娜聽到這樣的溢美之辭很多次了。她渴望愛迪生的陪伴已久，因此很難裝出興奮的樣子。她反而想要發牢騷，或以愛迪生認定的「咆哮」行為，抱怨他們多次分離。她剛滿三十一歲，也像以前的瑪莉一樣漸漸發胖。愛迪生在信中流露滿滿的愛意，試著讓她感受到關愛。「親愛的比利（法定咆哮人）……我愛妳入骨……我給妳的吻，濃厚到四千萬盞X光燈都無法穿透……。」他寫道。

同時，在明尼蘇達州的梅薩比山脈，蒸汽挖土機正在推開薄薄的表土層，並挖出一堆又一堆高等赤鐵礦，每次重達十三噸。這種赤鐵礦的價格逐漸下降，而出貨量則增加——從一八九三年總共六十二萬一千零四十七噸，增加到今年驚人的二百八十八萬四千三百七十二噸。愛迪生的唯一反應是擴大進攻斯巴達山的規模。他也向報社透露自己訂購蒸汽挖土機，如果煤磚樣品在賓州卡塔索夸（Catasauqua）市鎮的克蘭鐵廠（Crane Iron Works）測試結果理想，他準備以每天五千噸礦石的速度全面生產。在這種情況下，其他東邊的熔爐工一定會改用光滑的奧格登集塊岩，並為他們再也不用煩惱從德盧斯列車運來的紅色碎石而感到欣喜。

52 愛迪生的專利許可證只使用了一年。一八九六年十一月三十日，他推出備受讚譽的放映機，並在一八九七年將「幻影機」的專利重新轉讓給阿馬特。

53 可參考網址：https://www.youtube.com/watch?v=lW3uIm82hpY

54 布萊克頓在這部九十五秒長的短片結尾鞠躬，此後成了重要的電影製作人和電影動畫創始人。

他似乎是為了提醒世人，自己依然是個發明家，因此他藉著發布一系列新產品，圓滿地結束一八九六年的實驗室工作：高級投影機（取代湯瑪斯・阿馬特的發明）；彈簧驅動的居家留聲機；圓筒專用的改良蠟；可發送點陣稿與草圖的「自動測繪電報機」；與特斯拉的線圈振盪器相結合的快速電流斷路器，能夠大幅增加X射線機器的電磁力。

十一月二十三日，肯塔基大學醫學院（Kentucky School of Medicine）示範了這種連接裝置，展示如何利用輻射幫助外科醫生從人類的肉體中取出子彈碎片——在美國該區已是司空見慣。這家醫學院也試著暗示，如果能說服愛迪生、特斯拉這兩位「天才」組成團隊，也許能創造科學奇蹟。但考慮到他們的性格迥異，如同奧斯卡・王爾德（Oscar Wilde）與昆斯伯里侯爵（Marquess of Queensbury）之間不太可能結盟的關係。愛迪生開玩笑說特斯拉根本沒有螢光燈：「如果特斯拉有螢光燈，為什麼不展示出來？」特斯拉則批評他為了觀察是否有內在的光模式，不惜用X射線照射盲人的眼睛：「在依據不足的情況下給盲人無謂的希望，不是很殘忍嗎？」

他們的共同點是：過度地玩弄X射線，使自己受到詭祕的傷害。因此，在他們更深入了解輻射的病變之前，寧可回頭進行較安全的研究。

「在晶體與鹽類當中，確實存在著未知領域，」愛迪生告訴拜訪實驗室的人：「來工作坊看看我的助理是怎麼忍受這些射線的衝擊吧。」他帶訪客走進另一個房間，請克拉倫斯・達利伸出手臂——腫脹得不成比例，看起來就像被棍棒重擊過。

比起同情心，愛迪生似乎對這種現象更感興趣。他很想搞清楚：聚焦的射線是否無法消滅結核桿菌，也無法淨化白內障？「我可以一邊蒙住你的眼睛，一邊用X射線讓你看到物體……我知道有些人認為這種事不可能發生，但你不可以對事實一笑置之呀。」[55]

最後一個槽口

一八九七年元旦那天，愛迪生到卡塔索夸市鎮觀察一系列奧格登煤磚測試的初步程序。陪在他身邊的是形影不離的助手弗雷德。幾年前，弗雷德在電影攝影機前假裝打噴嚏，因此成了歷史上第一位電影明星。

「這位是弗雷德。」愛迪生對克蘭鐵廠的總裁李奧納多・佩基特（Leonard Peckitt）說。佩基特是英國人，他把弗雷德里克的簡稱「弗雷德」（Freddie）聽成「弗萊德」（Friday），也就是另一位著名的總務。

後來，只有他們兩人在一起時，佩基特問：「弗萊德做什麼工作？」重聽的愛迪生回答：「沒什麼事做。」

「如果他沒什麼事做，你為什麼要雇用他？」佩基特問。

「因為他睡不著。我請他來就是需要他保持清醒。每次我需要他時，他能及時幫忙。其他該死的傻瓜都在我需要協助時睡著。」

佩基特讓愛迪生待在家裡，而弗雷德待在當地的旅館。用餐時，客人對菜色毫不在意的態度深深吸引了他。

> 他不指定菜色，不表示偏好，也不自己夾菜。他吃喝著眼前的食物，但就算你沒幫他夾菜，他也沒有察覺到自己的盤子是空的，然後自顧自地講了無數的故事。

55 一八九六年十一月二十日，尼加拉大瀑布白內障（Niagara Falls Cataract）公司表示愛迪生長時間研究X射線後，會閉上疼痛的眼睛，隨後發覺自己依然看得見雙手。

如果你把一杯葡萄酒放在這位發明家面前，他會喝下。不管是雪利酒還是香檳，他二話不說就把杯子裡的酒喝光。然後他繼續說話，很快就把盤子裡的食物吃光了。

愛迪生很滿意鼓風爐一開始產出的煤磚，但他不斷使吹煤機增加轉速，以產生更多熱量。佩基特擔心爆炸，因此反對他這麼做，他則用嘲弄的口吻表示自己故意在奧格登毀壞了一台價值二萬五千美元的碎石機，目的是想看看碎石機能夠承受多少裝載量。「我現在可以重新設計和打造碎石機，性能會像改善最後一個槽口之前一樣好。」他說。

整個賓州的煉鐵業都對進行中的測試產生強烈的興趣，而這些測試通常從凌晨兩點開始。熔爐準備鑄造時，業界記者待在佩基特的辦公室聽愛迪生講故事。某天晚上，愛迪生講到一半，突然大聲吼道：「喂，你在幹嘛？搞什麼東西啊？誰來踢他一腳！」

弗雷德已經睡著了。

愛迪生在卡塔索夸市鎮待了一個星期，這段期間足以等到明確的測試結果，還有等待工廠出示最終報告。他在返回西奧蘭治鎮前不久，發了一封電報給紐澤西州安多佛（Andover）的安德森（S. B. Anderson）——佩基特的冶煉業競爭對手之一：「來吃早餐吧。有一萬一千噸要給你。」佩基特問他這是什麼意思，他解釋說帕特森（Paterson）嘲笑他製造煤磚的方法時，說了這句話：「我會把你做的東西全都吃掉。」

一英里磁鐵

測試結果不只明確，還很驚人。佩基特回報說，煤磚使熔爐的冶煉量增加了百分之三十三。他相信如果能取得大量煤磚，冶煉量將達到百分之五十。煤磚使礦石還原成沉澱物，「這種沉澱物具有獨特的優勢，而且是我們製造過最堅硬的鑄鐵。」他說。從技術層面考量，他表示：「再適合不過了，因為煤磚的純度使我們能夠製造出磷與硫含量極低的鐵。」

更棒的消息是克蘭鐵廠的訂單：取決於愛迪生願意運送多少礦石。此外，愛迪生的電影與留聲機生意興隆，而威廉・麥金利當選總統結束了長期的經濟大蕭條，簡直是他二月在奧格登度過五十歲生日時收到的最棒禮物。米娜送來祝賀的蛋糕，上面有礦工與小電燈的模型。

愛迪生不需要別人進一步建議就批准了工廠再度擴建，他打算在春季全面轉向商業生產。他委託製作了兩台「祝融星蒸汽挖土機」（其中一台重達九十三噸，為有史以來最大型蒸汽挖土機），並在巨大的捲軸鑲上鋼鐵「強擊」旋鈕，旋轉速度提高一倍多。他也發明了能使灰塵變成潤滑劑而非凝結劑的裝置，並將生產線延長到《哈里斯堡獨立報》（Harrisburg Daily Independent）所描述的「一英里磁鐵」，總計四百八十道分離程序。

他的目標是每天提煉五百噸精礦，但問題是磚廠只能處理一半的產量。除非他花五萬美元另外安裝十五台製造機和八個新熔爐，否則兩間倉庫很快就會被礦粒淹沒。馬洛里只好寄「討錢信」給投資人，告知他們愛迪生已在奧格登花了一百多萬美元（光是巨型捲軸就花了二十萬美元），而現在他的產品很搶手，需要「朋友」的幫助。

與此同時，有消息傳出梅薩比的貝塞麥礦石價格在一八九六年跌至每噸三美元二十五美分，如今卻急遽下跌，可能不久就會接近二美元大關。愛迪生堅持說他能以每噸七十八美分的價格發貨，但他不善於算術。美國礦業工程師學會的會長在年度大會上表示，奧格登礦石的價格比較接近每噸四美元八美分。在這種情況下，「愛迪生的工廠不太可能持續盈利。」他說。關於斯巴達山的非凡商業冒險，他表示最值得稱道的是：「這座山在原創研究方面，宛如屹立不搖的紀念碑，當然值得我們敬佩。」

在這種情況下，愛迪生的資助人再度拒絕給他更多錢，因此他又必須承擔重要的改良費用。同時，他至少能省下次要的開支——他持續付工資給在奧格登擔任普通技工的長子。湯姆剛滿二十一歲，得到了瑪莉留給他的一萬七千三百零九美元九十一美分的遺產。在一封半是委屈、半是懇求的信函中，他表示想要獨當一面：「我覺得自己做過的事都沒有讓你滿意過……我不相信自己能以喜歡的方式跟你交談，因為目前為止，你在各方面都比我優秀——我在你面前時，顯得很無能。」

愛迪生沒有理會湯姆提出的特殊任務要求——給他機會證明自己也是發明家。這位年輕人在寫給米娜的一連串信件中，只是不斷證實自己是牢騷滿腹的人：「為什麼我不快樂？為什麼我感到孤獨？……為什麼我這麼笨？……我心中有愛，卻不被愛。」

他向西和向南走了幾個月，卻免不了像不規則軌道上的小月球，屈服於天體的引力。到了五月，他回到工廠做著工人的差事。父親似乎沒有注意到他之前離開了一段時間。「我敢打賭，」他寫信給米娜：「他根本沒看過我一眼。」

愛迪生幾乎沒有多餘時間盯著時鐘。他忙著把碾廠的規模擴大一倍、建造更大間的發電所、為奧格登的篩選系統申請專利、設計新機器（例如：為某項設備設計了四十八個版本）、收取祝融星蒸汽挖土機，也很快就把錢花光了。八月時，經過另一次開工又停工後，他為了在停業期間維修製造廠，只好賣掉自己在愛迪生電氣照明公司（Edison Electric Illuminating Company）的股票。「雖然心不在焉的神在這項計畫當中，勢必讓我嘗到不被眷顧的滋味，但我還是一肚子怨言。」愛迪生說。

即使在夏末，愛迪生也明白奧格登下次開工時，必須持續保持開業狀態，並證實是他老早許諾過的無窮盡鐵寶庫。否則，奧格登會永遠變成「愛迪生的裝飾性建築」——過往成就的數百萬美元笑柄，除了生產沙子之外沒有其他用處。

到了九月底，新的製磚機已經準備就緒。他將整條生產線投入運作，並首度開放記者拜訪。結果，《鐵器時代》、《科學人》及《麥克盧爾雜誌》（McClure's Magazine）的三篇主要文章附上相關的精美插圖，筆調也充滿崇敬的味道。「愛迪生先生以全新的形象現身——才華橫溢的建築工程師，他在努力解決至關重要的技術問題和商業問題。」業界記者寫道：「他追求的選礦方法使許多受過相關訓練的人目瞪口呆。但考慮到待解決的問題較特殊，他的方法是公認的划算權宜之計。」

訪客除了目睹世界上最大的鐵精礦廠，他們也對愛迪生如何使工廠的所有營業活動同步進行感到敬畏——將機械動力與重力、動量、磁力等自然力量結合在一起。在鐵丘的高處，蒸汽挖土機將重達六噸的黑粒片麻岩板材裝進廢料桶，每四十五秒裝一桶。廢料桶沿著傾斜小徑運往研磨廠，而空桶同時運回採石場。

橋式起重機把板材抬到壓碎廠的頂端後，板材從十英尺高的地方墜落到龐大捲軸之間發出嗡嗡聲的裂縫——沒有人敢直視的深坑。不到三秒內，板材被砸碎並掉到一組居中的捲軸，碎成了石塊。一號升降機把石塊帶到第一個、第二個三十六英寸的捲軸進一步粉碎，成了一堆快速移動的碎石。在炎熱天氣以外的日子，這種削減程序通常有濕氣，因此碎石會經過二十四英寸的捲軸到達二號升降機，滑落羅賓斯設計的第一條橡膠膜傳送帶，並在一號烘乾機中烘烤。接著，經過三號升降機、第二條與第三條傳送帶進行燻染，同時運送到三輥式捲軸擊成砂礫，然後以曲折的軌跡落到十四個篩孔數的網篩，唯有精細的粉末才能到達選礦廠——從高處落下，像一層薄薄的灰幕，隨著三塊吸力愈來愈強的十二英寸的磁鐵吸走鐵粒，灰幕的顏色也逐漸變淡。儘管如此，黑色的抽取物不夠豐富，無法滿足愛迪生的要求。他將抽取物置於二號烘乾機裡加熱後，用五十個篩孔數的網篩和八英寸磁鐵重新濃縮，接著在除塵室進行清洗和脫磷，最後用四英寸磁鐵提煉，輸送到大型倉庫，準備結成塊狀和烘烤。

愛迪生把細粒轉變成既透氣又能防水的特殊硬煤磚。只有同樣精通化學與物理的發明家才有辦法設計出此過程。他將鐵粉與溫熱的黏合材料混合在一起，而這種材料的配方是商業秘密。接著，他把麵團般的混合物轉移到一排壓模機——取出、切割、壓縮三次（噴了點油，避免沾黏），最後一個活塞以六萬磅的力道落下。每台機器以每分鐘排出六十個煤磚的速度運作，而每個煤磚是直徑三英寸、重量十九盎司的黑色低矮圓柱體。這些煤磚在裝運之前會加熱至高溫一個多小時。

《麥克盧爾雜誌》的作家西奧多．華特斯（Theodore Waters）對奧格登的完全自動化技術驚歎不已：「源源不絕的大量物料持續在各個工廠流通……過程中不曾在人為的推動下受到阻礙或變慢。」他也對工廠回收廢品的節約方式印象深刻。九月的最後一天，他看到傳送帶從「磁鐵廠」鋪展開來，像金色的小瀑布一樣傾瀉到丘陵般大小的沙丘上，而沙丘在陽光下閃爍著古怪的光芒。傳送帶是由石英、長石及磷酸鈣尾礦組成的混合物，而閃光來自其清晰度，不像海灘上的沙子那麼晦暗。建築商和磨料製造商都很珍視這種傳送帶，可說是愛迪生的私有黃金。他甚至把脫磷室裡的塵土賣給油漆公司，而這些公司把斯巴達山上曾經是岩石的粉塵用來調濃顏料。

搶手貨

奧格登全面投入生產時，愛迪生卯足全力賺錢。畫家威廉．多奇．史蒂文斯（William Dodge Stevens）為《麥克盧爾雜誌》畫了愛迪生的素描，而華特斯端詳畫作時，發現愛迪生的眉宇之間露出擔憂的神情。

他剛剛抵押西奧蘭治鎮的留聲機公司，借到了三十萬美元。就在同一天，他從長子那裡借了一萬一千

威廉・多奇・史蒂文斯描繪的愛迪生，奧格登，一八九七年九月三十日。

一百七十五美元的遺產，這讓他覺得很沒面子。雖然他付給湯姆百分之六的貸款，但湯姆對這筆交易不以為然。他在效力可疑的「債券般」協議方面已經欠了湯姆四千五百美元。兩次的提款都快把瑪莉留給湯姆的遺產提光了。但在父親的掌控下，湯姆還是像以往一樣無可奈何。他只能從紐澤西州的阿斯伯里帕克（Asbury Park）——他第二次離開奧格登後就在此處定居——繼續寄自私自利的信給米娜，畢竟也沒有人為他的離開感到遺憾。

湯姆之前寫出的滑順字體與愛迪生的筆跡十分相似，但他現在的字跡變得細長又不穩定，就像變了個人似的——字體向右偏斜，彷彿他寫字時失去了平衡。他在十一月二十七日寫信給愛迪生，告知自己生病的原因是：「家人對待我的態度」，並表示自己可能活不久：「我誠心盼望，如果我的病情非常嚴重，能讓你們覺得滿足……我還有一段時間能做你的愛子。」湯姆把簽名改成筆直的字體，但墨水太淡，很難辨認。

在另一封寫給米娜的信中，他的筆調顯得愉快又充滿壯志凌雲的氣概。他表示自己發明了世界上最優質的白熾燈之一，並在紐約順利地推銷。這款燈號稱「小愛迪生改良版」。「一定會暢銷。其實我供貨的速度已經跟不上訂單量，因為成品實在太出色了……我打算委託一萬家代理商……我要麼控制得了世界市場，要麼破產。」他興奮地寫了八頁，結尾是：「我很想知道爸爸聽到此消息之後有什麼想法。他八成不會相信吧。」

湯姆猜對了。愛迪生知道這款燈是從他們前一年共同研究的螢光燈管衍生而來。他也聽說有一些無恥的「支持者」希望乘機利用湯姆的姓氏名聲來牟利。《星期日世界》（*Sunday World*）在十二月五日特別刊登一大幅畫，畫中的年輕人處在燈泡裡，而這個年輕人就是湯姆。燈泡的底座有湯姆的新版簽名，字體很大，也非常像父親的簽名，因此愛迪生趕緊申請商標保護。更讓愛迪生惱火的是，下方的文章宣稱「新的個人力量正在發明界崛起」，並引用湯姆的話表示他很快就會在紐澤西州的門洛帕克市建造電燈工廠。

顯然湯姆的戀父情結漸漸退化成化身的幻想。除非他不久就接受查核，否則他可能會聲稱自己是發明留聲機的人。米娜寫給他幾句善意的告誡，得到的回應是強烈的情感流露，很像小內爾（Little Nell）的筆調：「信函不曾離開我心靈深處的聖地，使我與親愛的媽媽愈靠愈近。」

他們最想要的東西

一八九八年一月十二日，愛迪生在「紐澤西州與賓州精礦廠」的年度董事會上吹噓奧格登目前實現了自動化，他已將員工人數從四百人減少到七十八人。如此精簡的數字聽起來很不真實，因為製造廠又停工了。為了解決乾燥問題，他關閉了工廠，也無法保證何時能恢復生產。但至少，泥漿與冰塊堵塞礦石的問題是成功的結果所引起：事實證明，蒸汽挖土機在快速耗盡山地方面比炸藥更有效。「現在，捲軸容納得下所有可以放進料斗的東西。」他說。換言之，生產線的下端必須進行調整，才能夠應付難以抉擇的窘境，尤其是已塞滿非磚砌礦粒的倉庫。

他以慣常的樂觀態度談論了一會兒，然後堅稱工廠資金短缺（沃爾特・卡提盯著他看）：「我目前與財團談判，為的就是提供經營資金，直到公司擁有本身的資金。但是，關於清算公司現有債務所需的資金、測試費、保險費以及租賃費，除了我自己做的事，其他人都沒有付諸行動。」

他表示自己依然盡力準備資助工廠，並相信工廠不久就會轉虧為盈。馬洛里接著列舉一些數字，令人質疑他提及的「不久」：奧格登的資本額為二百二十五萬美元，目前在建造、裝備及測試方面花了二百零九萬一千九百二十四美元，卻只賣出了價值十五萬八千五百九十一美元的鐵和沙子。

在這種情況下，很難讓人相信愛迪生（他私下向岳父借了一萬五千美元）才剛告訴記者，他打算在新墨西哥州的聖塔菲（Santa Fe）東南區建造價值一百五十萬美元的金礦場。[56]然而，正是他散發的這種積極魅力，使其他主管再度推選他擔任總裁，並認同他的提議：在接下來的六個月借五萬一千五百美元給公司。誠如馬洛里對華特斯說過：「關於他的個人魅力，大家的說法毫不誇張。」

愛迪生在二月九日寫信通知米娜，他已清理了倉庫，準備要重新開始做碾磨工作。他為了籌集資金，每天工作十六個小時，有三、四項發明取得不錯的進展。而他的長子則不一樣，聽說按照醫囑去了佛羅里達州。「湯姆寫了一封糟糕的信給威廉，表示自己遭到家人遺棄，病危將死，我們可能再也見不到他了。」

湯姆也寫了類似的宣洩信給米娜。她是湯姆寄信的主要收信人，頻率大概是每週收到二、三封信，形成持續不斷的躁鬱症紀錄。「我向麥爾茲堡的代理人打聽了一下，」愛迪生繼續寫道：「聽說湯姆和他的愛迪生寫道。

56 愛迪生慎重其事。他在奧爾蒂斯山脈（Ortiz Mountains）的多洛雷斯（Dolores）買下五萬四千英畝低等金砂的兩年租約。到了一八九八年夏季，他讓初步建成的乾砂礦廠投入運作，用磁力筒方法提取黃金。該工廠發展到像奧格登一樣的規模，花了他五十萬美元，卻以失敗告終。「我平常都是損失這麼多錢。」他開玩笑說。

威廉·愛迪生，約攝於一八九八年。

朋友玩得很開心，最近剛獵完鹿回來。」

米娜是個抑鬱症患者，而且天生就富有憐憫心，多少都有點同情湯姆。湯姆之前的確病得很重，似乎是急性風濕多關節炎（inflammatory rheumatism）。她害怕湯姆會回「家」住，而他偶爾也以此威脅她。

威廉是另一個要求她盡到繼母責任的人。他在耶魯大學讀大一，而且很討厭上學。米娜盡力滿足他們最想要的東西——表達「母愛」和付帳單——但她預計在七月生下另一個孩子，幾乎沒什麼時間能留給兩個早就該「長大」的不滿現狀者。愛迪生更沒空。對他而言，這兩個兒子的目前生活相當於他十二歲時的人生階段；以他當時的處境來看，如果他們不肯力爭上游，就會活活淹死。

年輕的歲月

那年春天，愛國的美國年輕人察覺到美國與西班牙快要爆發戰爭的氣息，導火線是美國支持古巴獨立，而「自由古巴」（Cuba Libre）這個口號意味著為美洲大陸最後一個主要歐洲殖民地爭取自由的運動。

如果麥金利總統發出戰鬥號令，米娜的弟弟西奧多・米勒（Theodore Miller）將是首批誓死打仗的耶魯人之一。他當時二十三歲，是紐約的法律系研究生，與威廉、湯姆都很熟，但不欣賞他們。不管怎麼說，威廉也想參軍（他在三月初退學了）。至於湯姆，顯然不適合服役。湯姆含糊地提到「即將離去」，卻同時假裝自己是一家價值十萬美元的新照明公司總裁，還有兩位舅舅資助。「他真是個古怪的男孩，」西奧多・米勒寫信給愛迪生：「我很難過地得知他居然有辦法做這些事。我也跟米娜談過了，但米娜說愛迪生先生認為他什麼事都做不好。」

國會在四月二十五日宣戰。六週內，西奧多・米勒和威廉被徵召為列兵，前者屬於美國第一騎兵部隊（First U.S. Volunteer Cavalry），亦稱莽騎兵（Rough Riders），而後者屬於紐約第一義勇兵團（First New York Regiment of Engineering Volunteers）。

對於在斯巴達山孜孜不倦地苦幹的愛迪生而言，美西戰爭只不過是安地列斯群島（Antilles）長達十二週的地緣政治動亂，而他的製造廠發出的宜人轟鳴聲彷彿能蓋過隆隆作響的戰鬥聲。他很關注此戰爭，甚至提供海軍一種由碳化鈣與亞磷酸鈣組成的夜間光源，可以裝在炮彈內，一旦接觸到水就會爆炸，而且爆發時間很長，能讓四、五英里外的敵方船隻偵查得到。然而，如他在晚年發現的事實，政府對民防的概念不太感興趣。

米娜在盧埃林公園綠意盎然的寧靜氣氛中等著孩子出世，也許她很難理解愛迪生為何非常喜歡待在奧格登，他覺得要在星期天回家是一件苦差事。他甚至對自己的實驗室興趣缺缺。儘管西奧蘭治鎮園區的其他地方因留聲機、電影、攝影機及投影機迅速發展而繁榮起來，但缺乏這位老頭的參與，生意終究還是陷入衰敗。

此時，愛迪生已接受事實：基於梅薩比的狀況，鐵價再也不會比五月創下的歷史低點高出幾美分（貝塞麥礦石的最低價為二美元二十五美分，非貝塞麥礦石則是更低的一美元七十五美分，比他在十年前開始採礦時期望的鐵價低了大約六十美分）。不過，他對自己迄今取得的重大成就非常自豪，因此他漸漸認為規模大是一種經濟優勢。他想藉著建造更多奧格登工廠來占上風，而每一間工廠的規模是原工廠的四倍大。

除此之外，他在工廠過得很快樂，甚至比他在一八七六年的門洛帕克市與查爾斯．巴徹勒、年輕夥伴一起展開事業時更快樂。巴徹勒目前很少現身，過著半退休的生活，也因多年來的共同發明而享有財富，但愛迪生不思念他。他現在結交了不同的玩伴，這些玩伴充滿粗獷的陽剛之氣，也跟他一樣很喜歡山林裡的生活。他們在難得的假日打棒球、玩拳擊、把工資賭在響尾蛇上或深坑中打鬥的公雞。愛迪生允許公司的商店販賣啤酒，但不鼓勵私運禁用的烈酒。種族暴力偶爾在薩默維爾（Summerville）定居地發生，那裡的勞工都住在廁所外的骯髒木屋。這種暴力源自於舒適地住在布穀鳥公寓（Cuckoo Flat）或愛迪生為遊客、資深管理人打造的飯店的「美國人」漠視了來自東半球的敵意。有人經常看到愛迪生在門廊做白日夢，或戴著大草帽、穿著防塵外衣，漫步到採石場觀察蒸汽挖土機的運作狀況——那景象總是令他著迷。

「那是我這輩子度過最開心的歲月，」他多年後回憶道：「專心地努力工作，不被外物干擾，享受清新的空氣、簡單飲食……非常愉快。」年邁的丹．史密斯（Dan Smith）是重要的礦場裝配工，他也帶著同樣的懷舊之情回顧過去：「年輕的歲月……是我一生中最快樂的時光。」

話說回來，這兩個男人都沒有在古巴服役。七月一日，西奧多．米勒與指揮官西奧多．羅斯福上校並肩作戰，在群雄薈萃的聖胡安（San Juan）戰役中身受致命傷。十天後，痛苦萬分的米娜生下了兒子，被命名為西奧多．米勒．愛迪生（Theodore Miller Edison）。

威廉在八月十二日的休戰中倖存下來，此後臥病在床，在波多黎各無所事事，於是他懇求父親協助他早日出院。此時，愛迪生急需專注在製造廠的問題，似乎威廉提出的問題還不足以分散他的注意力。而湯姆也抱怨自己健康欠佳，以及平時的財務窘境。後來有涉及醜聞的報導指出，湯姆與舞女圖希單獨在阿第倫達克山脈的營地避暑。湯姆否認媒體謠傳他們訂婚的消息。到了十月，圖希再度出現在他的公寓時，他對外堅稱圖希只是去「照顧」他。

丟進地洞

在一八九八年的最後幾天，私人、職業及氣象方面的危機都朝著愛迪生襲來。由於事發突然，他感受到職涯中前所未有的恐慌。一場暴風雪使斯巴達山變得白雪皚皚，隨後陷入長時間的嚴寒考驗。許多勞工離開工作崗位後，再也沒有回來。他們在經濟大蕭條期間沒有足夠的安全感，只能忍受著愛迪生吝惜的低工資和簡陋的住處。但現在，他們可以到別的地方追求更好的前途。馬洛里提出警告，除非在工廠建造像樣的宿舍，否則自動化的奧格登很難獲利。事實上，奧格登已經面臨財務危機了。

十二月二日，愛迪生絕望地寫信給在阿克倫市探親的米娜：「我必須用一萬兩千美元的奇異公司債券換取留聲機公司的債券，要不然就要關工廠了。」他需要在十五日那天取得這筆交易的現金，還需要在聖誕節之前取得五千美元的北太平洋（Northern Pacific）債券。「妳最好搭飛機回家，」三天後，他發電報給米娜：「我覺得妳最好在十號之前回來……這點非常重要。我渾身不舒服。」他後來在另一封信中補充：「我對很多事憂心忡忡。」

米娜趕緊去見他，但她還沒來得及回到格蘭蒙特時，天氣和勞工不斷減少的問題迫使他關閉工廠——似乎是最後一次關閉工廠的惡兆。同時，黃色報刊出現許多關於湯姆的古怪行為文章，讓愛迪生火冒三丈。他透過威廉，語帶威脅地轉告，除非湯姆停止濫用姓氏，否則就要採取法律手段。「老爸說要跟你斷絕關係，」威廉樂於執行此任務，寫道：「他還提到你欠債、娶了女演員。」

湯姆是否真的與圖希結婚了，沒人確定。但他在十二月十七日憤怒地回信，一開頭稱呼父親「敬啟者」，然後質問為什麼要委託第三方譴責他：「但我知道這也是你的作風，」他敏銳地指出，自己並不是家族中唯一欠債的人：「你最好知道如何處理自己的成就，否則你現在遇到的問題，只能向金融界請教吧，他們知道怎麼解決……把錢投資到你的發明的人都完蛋了，最後他們不想再看到愛迪生的名字。要不是因為你，我就有機會變成富翁了。」

讓愛迪生覺得難受的是，湯姆寫的內容與他目前遇到的實際狀況很相近。而湯姆另外寫給威廉的回信，則表明他知道事情的來龍去脈。「他籌不到錢後，在工廠自掏兩百萬美元——就只是因為沒人願意借他這筆錢。」

愛迪生賭上自己對磁性採礦的殘存信心，指望從國家留聲機公司借些錢，即便吉爾摩很厭惡「拆東牆補西牆」。當月的最後幾天——他說：「什麼？聖誕節已經到了？」——他藉著閱讀來消除擔憂。但他讀的書籍和期刊，與鐵精礦沒什麼關連，而是與磁性分離廠外面堆積的金黃沙塔比較相關。當年結束前，他就準備將尾礦的分離技術應用到波特蘭水泥的生產。

直到這個世紀末，他會持續相信奧格登的偉大實驗一定能成功。不過，在一八九九年期間，帶有決定性或重大變化意味的事件不斷提醒他很難順遂，但研究與發展的其他途徑能為他開啟探索的大門。過去十年的大部分時間，他面臨奧格登帶給他的種種難題，也為自己能夠陸續解決問題而感到欣喜。然而，他在年初時編製了一份列出尚有一百八十三個問題需要處理的清單，他再也不能忽視對自己不利的可能性了。

二月十七日，米娜敬愛的父親路易斯．米勒（Lewis Miller）去世了。這是她七個月來遇到的第二大打擊，象徵著她步入了中年。至於剛滿五十二歲的愛迪生已是白髮蒼蒼。三天後，他聽說湯姆與圖希以羅馬天主教的儀式結婚了，至少證實了他們之間的關係很認真——更何況有消息說，圖希為了當全職太太，放棄了自己的舞臺生涯。有人引用湯姆的話說：「沒經過我的同意，她不可能重回職場。」湯姆似乎想讓自己聽起來像個有掌控權的男人。

春天來臨時，奧格登仍然處於停業狀態。全國的鐵礦需求劇增，蘇必略湖的礦場肯定能滿足這種需求。馬洛里告知資助人，需要十萬美元才能使工廠重新開工。如果有必要，愛迪生先生會提供更多現金來換取股票，但當務之急是為勞工打造像樣的宿舍。

那時，愛迪生回到實驗室全心投入工作，同時鑽研波特蘭水泥生產的各方面知識。在長達二十四小時的不眠期間，他設計出後來成為全國最大型的水泥廠，甚至包括管道系統、潤滑作用、通風設備等瑣碎的細節。

四月十五日，他成立了愛迪生波特蘭水泥公司，資本額為一千一百萬美元。他開始在紐澤西州西部尋找合適的據點，並於下個月參加在紐約舉行的年度電氣展覽會，那裡的話題都圍繞著電動汽車。他否認正在為自己打造這種汽車，但他把心中的想法告訴馬洛里：要製作一種輕便、高效、耐用的蓄電池。他說：「絕不使用鉛和硫酸。」他立即開始進行實驗，不久就有一百多位技術員參與這項計畫。

湯姆在七月告訴記者，自己已與父親「斷絕關係」，將以發明家的身分展開獨立的事業：「我認為他是非常聰明的人，不會煩惱不可避免的事。」至於已不再穿著制服的威廉，對於沒有得到西奧蘭治鎮的工作機會而感到氣憤難平。他在十月二十六日滿二十一歲之前，也為了獨立自主而做出類似的努力。「再過幾天，我就能領到一點錢，我要用這筆錢投資電影攝影機和一間小工廠，」他寫信給愛迪生：「如果我失敗了，我會自己承擔損失。」不到三週，他也結婚了，並開始用一輩子的時間證明自己的聲明。

十一月時，奧格登的工程展開了——修建沿著斯巴達山的山脊配置的幾排勞工屋子。愛迪生與馬洛里都大膽地提到：等屋子都住滿人，栗子樹也長出葉子後，製造廠就會重新開張。然而，奧格登的資產負債表在年底公布時，凸顯了人類願望的虛榮心。從一八九〇年以來，「紐澤西州與賓州精礦廠」在建造、經營方面花了二百六十萬九百四十二美元，卻只賣出總價十八萬六百八十八美元的產品。愛迪生的欠款是三十三萬四千六百一十一美元，還要加上預付現金的利息。他也沒有待收的償還金。他已經擁有公司剩餘的大部分不可贖回的證券，帳面上只有一份合約尚未履行：伯利恆鐵公司為期兩年、以低磷含量為條件的五百噸煤磚訂單。如果他在國家的庫存充斥著低廉礦石時決定履行合約，則必須依靠有競爭力的價格，但這會使他進一步陷入債務。

工廠變成一堆廢棄的建築後，一些老人分享的回憶被記錄下來。關於是誰讓愛迪生意識到工廠面臨破產，他們的說法各不相同。巴徹勒回想起自己告知愛迪生一則新聞報導：約翰．戴維森．洛克斐勒（John D. Rockefeller）收購了梅薩比礦區，這意味著產量將大幅增加，而運輸將透過五大湖與聖羅倫斯（St. Lawrence）水路運往世界各地。但不可思議的是，巴徹勒說這則報導讓愛迪生突然大笑起來，接著大聲說：「好吧，我們不如公開宣布停業。」

羅賓斯聲稱自己當時也在場：「他與我跨坐在兩匹馬中間的木板上。」但他不記得有笑聲，只記得愛迪生好心地關切：萬一製造廠停工，年輕的巴徹勒就會失業。然而，羅賓斯與巴徹勒早就在一八九九年之前離開了奧格登。

馬洛里的描述聽起來最接近真相。愛迪生在山上工作的大部分時間，馬洛里日以繼夜地相伴。他表示一聽到這則壞消息時，不忍心轉達。愛迪生察覺到不對勁後，他們避不見面了三天，兩人都在拖延揭開可怕事實的那一刻。最後，他們在霍帕康湖飯店（Lake Hopatcong Hotel）的陰涼臥室見面。馬洛里把房門鎖上。為了壯膽，他盡量大聲說出自己聽到的消息。

愛迪生坐在床邊聽著，緊張地拉扯右眉毛。他當下的反應可想而知：「沒錯，這是個問題，這是個問題。但擔心解決不了問題。要動腦想辦法。」馬洛里大膽地表示不認同，因為他知道再多的思考也改變不了供需定律。

愛迪生揮手示意要他住嘴，接著沉思了許久，依然一邊拉扯著眉毛。他最後平靜地說：「我們馬上停工吧。」

除了沿著山脊的建築物，其實沒什麼需要停止的作業。製造廠早已停擺一年。愛迪生在一些機器上做標記，準備將機器移到斯圖爾茨維爾附近的石灰岩區，那裡是他選為新水泥廠的據點。但在此之前，他決定以新低價履行伯利恆鐵公司的合約。奧格登如同他養的一隻笨重鳳凰，必須在永遠陷入沉寂之前，再度努力奮起直

白雪茫茫的奧格登工廠，攝於一八九〇年代晚期。

追。[57]

無論伯利恆鐵公司付多少錢，他都不接受破產。他的榮譽感是湯姆與威廉無法理解的，這種情感督促著他還清製造廠的所有債務。面對挫敗，他沒有表現出難堪的情緒。他在餘生中，能帶著懷舊的心情回顧採礦的歲月。只有一次，他回來探訪時說了一句：「我把三百萬美元丟進那個地洞後，再也沒有聽到落到底部的聲音。」

57 一九〇〇年，工廠確實重新開工了幾個月，可惜無法滿足伯利恆鐵公司對低磷含量的要求，於是被迫以低於成本的價格處理剩餘的煤磚，最後在當年的年底停業並拆除。

|第五部|

燈

一八八〇年至一八八九年

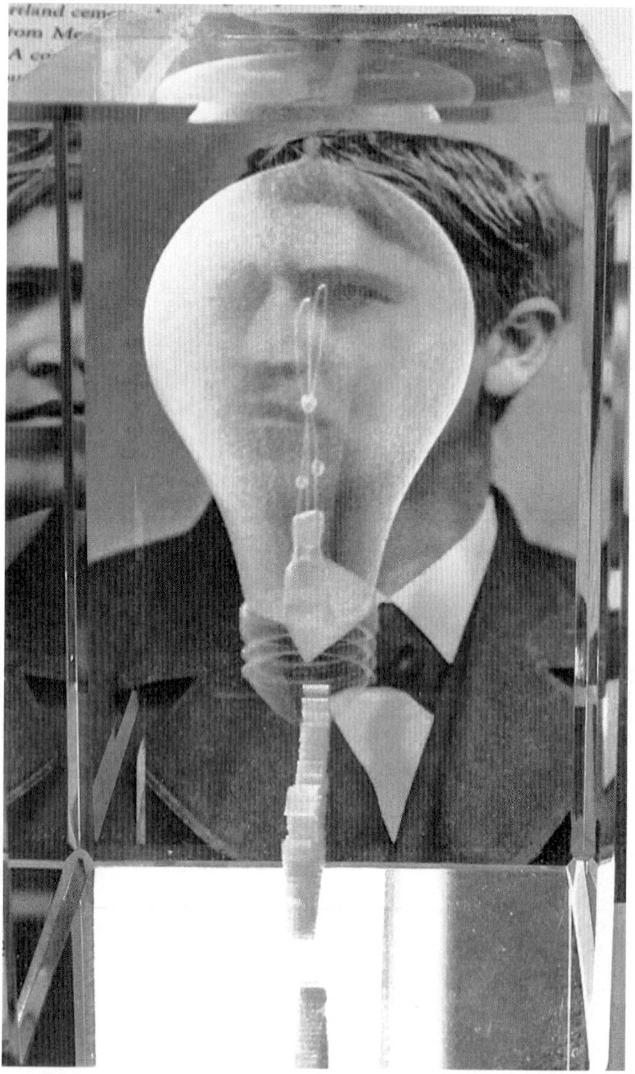

愛迪生的折射照。

愛迪生三十三歲時，展開了他後來描述的冒險：「我一生中最棒的冒險……很像在未知的海上探險。」他面臨的挑戰是將剛改善的小白熾燈——史上第一顆可靠的電燈泡——轉變成廣闊的都市照明系統。他必須親自發明、製造及安裝系統的每個部分。

一八七九年的除夕夜，他在門洛帕克市舉辦精彩的聯合燈展後，他在大眾的心目中從錄音「奇才」變成了電燈「天才」。他覺得被貼上「天才」的標籤很可笑，此稱號從貝多芬、歌德辭世後就被濫用了。「你很清楚我不是天才，」他對老搭檔沃爾特・菲利普斯（Walter Phillips）說：「除非我們認同迪斯雷利的說法——天才只不過擁有恆久的耐心。我有足夠的耐心，這點無庸置疑。」

擁有這種天賦的麻煩在於，愛迪生經常接待訪客，當中很少有人體貼地想到是否打擾了他。隨著門洛帕克市的燈展繼續進行，他的鄉村實驗室在一夜之間成了熱門的地點。他在公共關係方面有意想不到的成功，對外界敞開了大門。不過，承諾他要支持迫在眉睫的「照明區」（也許是繼電報之後最具革命性的發明）的資助人發現，他每花一小時與陌生人一起抽雪茄、愉快地閒聊，相當於有競爭關係的電機工程師花一小時努力在專利局、市場方面超越他。他的高電阻、圈狀碳、熔融玻璃、真空燈的關鍵要素廣為人知，因此他必須立即加以保護，否則他發明的燈泡很快就會像雪花蓮屬植物（snowdrop）一樣在大西洋兩岸湧現。

「如果按照我的方式行事，」負責處理專利轉讓的律師寫道：「我不會讓愛迪生先生參與一半的宣傳活動。」門洛帕克市勢必面臨衍生的後果。以前，賓夕法尼亞鐵路公司的火車很少出現乘客，因此火車往往直接飛馳而過，沒有停下來。而現在，火車站每天傍晚都擠滿了數百名好奇的人，大多數人只是單純想盯著偉大的發明家。許多照明設備的專家都是特地來刺探產業情報，包括喬治・威斯汀豪斯、查爾斯・布拉什（Charles Brush）、愛德華・韋斯頓（Edward Weston）、伊萊休・湯姆森、威廉・索耶（William

Sawyer）以及海勒姆・馬克沁。

未來之光

考慮到藝術的破格自由，《哈潑週刊》的新年版有一張插圖描繪遊客在走上棧道之前所看到的景象，而棧道通往斜坡頂端的研究中心。他們眼前的景色主要是愛迪生的房子——擋住夕陽，前院已暗了下來。瑪麗恩與湯姆在盪鞦韆，另外有三位成年人（一男兩女）在索納爾大道（Thornall Avenue）的尖樁柵欄附近散步。他們彼此離得很近，而有「O型腿」的男子向路過的馬術師揮帽致意，但他看起來不像是這間房子的主人。實驗室的吹製玻璃助理查爾斯・史迪威很可能住在那裡。如果真是這樣的話，那兩位女性就是史迪威的姐妹：二十七歲的愛麗絲・史迪威（Alice Stilwell）與二十四歲的瑪莉・史迪

愛迪生的門洛帕克房子，繪於一八八〇年一月。

威・愛迪生（Mary Stilwell Edison）——可從豐滿的身材辨別。

帽子、揮手、柵欄、騎手，以及前方的旗杆、後方的風車，皆為庫里埃艾夫斯（Currier & Ives）公司無數印刷品中的部分圖像，但不包括房屋的某些窗戶發出另一種光芒——對面的人行道上也有白色柱子散發同樣的光，似乎冠上了不成比例的歪斜光環。藝術家顯然不曉得該如何呈現這種光。這是世界上第一盞投射白熾燈的街燈，也是在五十八個玻璃魚缸般的燈泡中第一個置於山坡上其他地方的燈。

目前，這些燈照耀著只有幾百平方碼的建築，以及綿延到茂密山頂的貧瘠田野。門洛帕克市的房屋不多，稱不上是個村莊。只有由低垂的裸銅線串在一起的三盞燈，發出類似愛迪生發明的燈光。光線柔和，色調呈淡橙色，光源穩定，不同於油燈的柔光，也不同於煤氣燈的偏白強光。多種光芒並沒有結合在一起，而每個燈桿彷彿投射出液化般的光輪。最靠近的光源來自大家聚集的據點——實驗室的樓上，那是狹長的獨立兩層樓棚子，兩側有磚砌辦公室／圖書館、玻璃吹製屋以及機械工廠。

對早期的紐約遊客而言，報紙上描述的「光之村」一開始讓他們很失望，因為陳列品比不上百老匯大街的炫目弧光燈。然而，當夜幕降臨，除了遠處幾扇被提燈照亮的農家窗戶之外，門洛帕克市周圍的農村漸漸陷入一片黑暗，使愛迪生創造的奇蹟變得更加明顯。在這裡，不顯眼的發電廠照亮了荒郊野外，而玻璃球不散發煙霧，不燻黑天花板，不點燃任何物品；發光時可以放在手中，只釋放令人愉快的溫暖；可以埋入雪堆，甚至可以浸入水中而不熄滅。燈泡寂靜無聲，也不閃爍，各個像十六支蠟燭般明亮[1]，據說對某些年齡層的女性來說很討喜。令人難以置信的是，燈泡從六英尺高的地方掉到實驗室的木地板時，居然沒有破裂。這些燈可以像花朵般簇擁在一塊，也可以像星星般零星散布，但只需要一個開關就能一併開燈

1　十六支蠟燭的燭光相當於現代的九十五瓦特左右。

或關燈。此外，燈的序列不受「中斷」的影響，例如將一連串二十顆燈泡中的一顆燈泡取下後，其餘十九顆燈泡依然繼續發光。

不懂技術的參觀者很難理解，每組燈泡裡面閃亮的小U形板原本是紙。查爾斯．巴徹勒為愛迪生做事，是個工匠般的助理發明家，他已改善了從高級繪圖紙切割出U形的方法，並在白熱下碳化，直到紙張縮成堅硬、有光澤的黑色「燈絲」——愛迪生創造的電學新詞。燈絲夾著鉑線，在一百萬標準大氣壓的真空中白熾化，燃燒時不會燒毀本身。有些燈絲甚至能燒幾百個小時。至於平均燒多長時間，實驗室裡沒有人能給答案。

有些尋找紀念品的人到九英尺高的地方，盡可能取下每一盞街燈，他們不了解、也不在乎愛迪生是否需要對每一盞燈進行統計。比較矮的蓄意破壞者趁著實驗室擠滿了人，悄悄把工具和試管裝進口袋，並從工作檯刻掉一些木塊。因此，「偵探型」保全人員被請來攔截貴重設備的盜竊或破壞活動。他們抓到一名煤氣產業的代表試圖利用穿越大衣袖子的跨接電纜，使室內的整體電路發生短路。

愛迪生經常悄無聲息地穿梭在人群中。很少人看過他的照片，因為報紙只刊登刻畫出來的肖像，而這些肖像無法彰顯逼真的眼神。他穿的粗陋工作服看起來也跟實驗室的其他工作人員差不多——除非那條在一邊耳朵下方打結、替代衣領的白色絲巾引起別人注意。他懶洋洋地走來走去，嘴裡叼著雪茄，一綹頭髮垂在他寬闊的蒼白前額。乍看之下，他就像個偶爾從火車站走出來的流浪漢。

他給人一種遊民的印象，並不完全是表象。過去的幾個月，他潛心鑽研照明技術，可說是實驗室裡的住戶。瑪莉對「丈夫待在家」不抱希望，於是把晚餐送到辦公室內漸漸冷卻的木板道。「他的助理表示，如果沒人提醒他吃飯或睡覺，他就會廢寢忘食。」《太陽報》報導。

前幾天，他從紐約回來時，在門洛帕克市下車，卻忘了小女兒還在火車上。當火車準備開往費城，車長認出了那個孩子。「妳不是愛迪生先生的女兒嗎？」他問。「對呀！」女孩說。他把女孩帶到月臺。就在前方不遠處，可以看到她的父親匆匆趕著回實驗室，完全不知道自己漏掉什麼。

雖然愛迪生很健忘（甚至在晚上的接待會，他也忘了摘下大大的寬簷帽），但他還是用手搗著右耳，專注地聆聽大眾提出的每個問題，並以保守的作風禮貌地回應。有人一再問他，每顆燈泡內沒有空氣的原因。「你用什麼方法抽掉空氣？」參觀者問。他盡量用簡單明瞭、參雜著笑話的方式，解釋巴伐利亞的吹製玻璃工路德維希．玻姆如何將每個玻璃球吹成型，然後個別用半熔化的底座連接，而底座與燈絲配件、兩條鉑製引線相接。他一次又一次示範水銀泵、吹管以及圓柱狀剪切器的操作方式。只有當他無意間說出真空的拉丁文術語，或引用鉑與玻璃之間得出的相同收縮系數、膨脹系數時，他才顯露出身為專業發明家的事實。[2]

「他的聽力不好，為人謙虛，」《泰晤士報》的記者發電報回英國：「但他發現訪客很同情他，不是專門來批評的『專家』後，他就變得熱情又有趣……一點也沒有成功人士通常會擺出的那種自作主張的架子。」

愛迪生確實進一步認識了公共關係的價值。他似乎既樂於與無產階級聊天，也樂於與科學家、金融家聊天。「愛迪生不必動腦思考時，」當地的農民說：「他就像小學生一樣快樂。」賓夕法尼亞鐵路公司向東

2　羅伯特．弗里德爾（Robert Friedel）發現：「大眾在此時對愛迪生的追捧象徵著先進技術與普通人之間的新關係。愛迪生的電燈跟當代的發明一樣令人覺得神秘又敬畏……如今，科學技術的奇蹟不是猜忌的根源，而是希望之源。這種看待科學與技術力量的態度，是十九世紀最重要的歷史遺產之一，而且沒有任何一個例子比群眾聚在門洛帕克市迎接下一個十年的熱情更能說明這點。」資料來源：《愛迪生的電燈》（Edison's Electric Light），弗里德爾（Friedel）與伊斯瑞爾（Israel），第八十九頁至九十頁。

部與西部增設火車後，參觀人數達到每天三千人。就連愛迪生也認為實驗室應該恢復清靜的狀態，以免到時候分身乏術。他的父親以前將實驗室裡的木製家具做得很完善，但到了一月的第二週，牆壁就需要靠電線桿支撐了。

此後，只有真正的科學家或與愛迪生電燈公司（Edison Electric Light Company）有來往的官員，才能「打擾」他。他正在集結人力、機械、知識、金融等必要資源，來實現都市電力計畫。他的老朋友格羅維諾．路萊（Grosvenor P. Lowrey）是律師，也屬於少數了解眼前任務多麼艱巨的人。每當風濕病惡化，他感到恐懼時，就懷疑自己做不來。但在近期的展覽中，燈具的無瑕性能讓他感到欣慰。「我坐在愛迪生的書桌，藉著『未來之光』寫字。」他說。某天晚上，實驗室裡靜悄悄，他潦草地寫給朋友：「我開始寫字時，就發現旁邊的燈依然寂靜……在此之前已燒了三百個小時。如果這盞燈能夠經得起另一項測試，就能證實其節約與持久的特性。」

偉大的發現者

路萊的樂觀態度在海外也得到倫敦《泰晤士報》官方的回響。專欄文章贊揚愛迪生的成就，有一半的篇幅可能是電燈公司的公關人員所撰寫。

> 愛迪生先生下定決心保護自己在當代的偉大發現者地位。經過幾個月的沉寂，他再度以發明電燈系統之姿出現在世人面前。他表示自己完成的這套系統面面俱到……。正如愛迪生先生的機器配備，這種新光源可以應用到各種公共用途、私人用途，與煤氣燈一樣易於控管，還可以將亮度提高到

比煤氣燈更強的程度，或調低成一絲光芒。在使用上沒什麼困難。只需要準備一條與發電機相接的細線。它是沒有熱度的光；無論怎麼粗心地使用，都不會有火災的危險……而且色調與常見的日光差不多。除了上述的優點之外，在所有燈具當中，這種燈的生產成本最低。

英國電氣工程機構的成員紛紛站出來抗議：沒有受過相關訓練的美國推銷員，連鬍子都留得不體面，怎麼能完成這些事？電化學家約瑟夫・斯萬（Joseph Swan）是第一個宣稱自己在電化學領域超群絕倫的人。「十五年前，」他在《自然》（*Nature*）期刊表示：「我按照白熾原理，用燒黑的紙與卡片製造電燈。」他坦承：「我當時沒有順利讓電燈具備自己尋求的持久特性。」[3]他沒有解釋為什麼不曾為了保護電燈，而申請限制條款或臨時說明書[4]，但他斷斷續續地做試驗，超出了英國貿易刊物的知識範疇。《電工》（*The Electrician*）、《化學新聞》（*Chemical News*）等期刊糾正了這種缺乏說明的情況，當然也包括《週六評論》（*Saturday Review*）——在一月十日發表標題為〈偉大愛迪生的恐慌〉（The Great Edison Scare）的匿名抨擊文章。其中有些論點一針見血：

> 愛迪生先生是個多麼幸福的人啊！在短短的十八個月，他三次光榮地順利解決了全世界都感興趣的問題。每次都出現同樣的問題，而且每次解決後又重複同樣的情況——出現問題、微笑面對、尚待解決、準備迎接下一個打擊……。也許他的朋友期待同樣幸福的長遠未來，每隔一段時間有類似的耀

3 後來，斯萬把發明時間回溯五年，即一八六〇年。他過世後，他的孩子又把時間回溯五年，即一八五五年。

4 十九世紀時，美語中的「限制條款」或英語中的「臨時說明書」，都是在更正式、詳細的發現結果之前能夠保護發明物的關鍵要素。

> 眼勝利、最終取勝；畢竟，關於他在電燈領域付出的努力，如果他繼續遵從目前為止所帶來實際成果的嚴謹節約特性，那麼在接下來的二十年，他就沒有理由在絲毫不影響趣味性與新奇感的條件下，卻解決不了每年兩次的電燈問題。

斯萬花了十個月，才製造出自己的白熾燈。事實證明，他的燈與門洛帕克市展出的燈如出一轍。但這並沒有阻止皇家科學研究所（Royal Institution）備受尊崇的自然哲學教授約翰．丁達爾（John Tyndall）支持斯萬的追溯說法——在一八六〇年代開發此燈。他認為愛迪生的燈「被施了完全缺乏獨創性的魔咒」，但他也認為這兩位發明家都在追求一種幻想。八十年的研究已證明：最符合經濟效益的電燈，十之八九是弧光燈。

愛迪生和斯萬確實只是電力照明先驅歷史上的新一代，早期可以追溯到漢弗里．戴維（Humphrey Davy）爵士——在這個世紀初期，從許多相接的伏打電池誘導弧光燈與白熾燈發光。從那時起，不少發明家試著把這兩種不相容的光（一種是刺眼、消耗性的強光，而另一種是十分不穩定又微弱的光）轉變成可靠的光，而且這種光可以與煤氣燈媲美。早在一八四〇年，威廉．格羅夫（William Grove）就做出螺旋狀的鉑絲，能夠在玻璃杯中白熾化好一會兒。國際弧光燈圈子——尤以俄羅斯的帕維爾．亞布洛奇科夫（Pavel Yablochkov）為代表——曾經成功地用發出劈啪聲的「蠟燭」照亮一些重要的公共場所，但世界各地的一般人都覺得這種光不適合在家庭和辦公室裡使用。

現在需要思考的問題是：斯萬是否真的比愛迪生更早完成可實際使用的白熾燈？此問題不會因為丁達爾的說法而了結，也不會因為斯萬目前有唯一可以作證的燈（裝在燒瓶中的碳棒，外觀像泌尿外科設備）而了結。斯萬在一八七九年初展示過這盞燈，比愛迪生過早完成的鉑螺旋型燈晚了幾個月，卻比首批小型碳化「U形板」開始在門洛帕克市周遭的球體中發光之前更早。

根據各方情報，斯萬的碳棒發出一到兩分鐘的充足光芒，但也產生許多煙灰，這代表真空有瑕疵，或暴露太多碳。然而，當月的英國限制條款列表有一個不妙的跡象表示，斯萬跟愛迪生一樣都很了解燈絲的技術。斯萬表示打算為了改進燈泡排氣的流程，而尋求專利保護。改善方法是利用高溫排出白熾燈配件中的閉附氣（occluded gas），包括碳棒、燈絲、薄片。

一月底前，英國官方一致反對讓出優先權給愛迪生。[5]《自然》期刊的編輯貶低了他的燈：「這種無可救藥的失敗品，設計有誤、原理有誤，只能用來說明聰明又務實的人也可能缺乏扎實的科學知識。」

「簡單來說，小伙子，這裡沒有人歡迎你，」愛德華・強森從倫敦寫信給他：「你犯了嚴重的錯誤，那就是你已經成功了。」

巴黎也一樣，只不過法國照明技術的權威人士狄奧多西・蒙塞爾（Théodose du Moncel）所引用的先例，多半是同胞的作品。他告知《時報》（*Le Temps*）的讀者，愛迪生只是個非常有獨創性、思維活躍的發明家，還不足以宣稱自己對電氣科學的微妙之處瞭如指掌。他也表示愛迪生的新燈白熾化時，沒有分解的跡象，實在令人難以置信：「碳製的U形板那麼精緻小巧。」蒙塞爾建議歐洲的評論家先不要誇讚愛迪生，除非愛迪生能證實自己用一台發電機點亮五十、六十顆燈泡。他也會繼續多加留意「從美洲大陸傳來的浮誇聲明」。

---

5 此共識在現代的英國延續下來了。可參考「葛蕾絲的英國工業歷史指南」（Grace's Guide to British Industrial History）中的約瑟夫・斯萬（Joseph Swan）下方大事紀（網址：https://www.gracesguide.co.uk）。內容提到斯萬在一八六〇年取得了涵蓋部分真空、碳絲白熾燈的英國專利，但他到了一八八〇年十一月二十七日才申請專利保護（一八八〇年英國專利四九三三號），比愛迪生預期的英國專利（一八八〇年英國專利四五七六號）獲得批准晚了九個多月。

關於外國的反美主義，愛迪生泰然自若，對這些評論不屑一顧。然而同胞的謾罵使他的耐心有限，這些人宣稱自己更了解他的發明。史蒂文斯理工學院（Stevens Institute of Technology）院長亨利・莫頓（Henry Morton）在一封廣為流傳的信中表明，愛迪生發明的燈是顯而易見的失敗品，也一定會一直這麼失敗，因為熟悉此專業領域的人都知道：把大量燈泡串在一起，會造成極大的效率損耗。西門子（Siemens）、韋斯頓、布拉什、馬克沁等電氣科學先驅進行的「相同」碳試驗，一再證明白熾只是短暫的現象。

在實驗室天花板懸掛的八十四盞燈照射下，愛迪生讀著莫頓寫的信。「他應該先調查清楚，再批判吧。」他告訴在旁邊觀察的記者。

相關操作

在一月二十七日、二十八日，愛迪生先後申請並取得職涯中最具歷史意義的兩項專利：美國專利二二三八九八號「電燈」與美國專利三六九二八〇號「配電系統」。前者保證他的基本燈泡受到十七年的保護——假如當中的十一年不是用來對抗那些忌妒的訴訟[6]，那麼應該有完整十七年的專利保障。後者的申請書序言表明，他的主要計畫是照亮曼哈頓下城，概念只在他的腦海中組合起來。

敬啟者：

眾所周知，我「湯瑪斯・阿爾瓦・愛迪生」來自美國紐澤西州的門洛帕克市。我已經在照明與供電方面做出一些全新又有用的改善。這項發明的用途是為了發電、供應及消耗光、電力（或兼而有之）而籌備的系統，與此相關的所有操作都需要特別小心、注意或了解技術知識，並在中央處理站為許多消費者執行系統，而消費者只需要根據需求來關閉或開啟電源。

緊接在後的四千多字和複雜的圖表，更有力地證明路萊的擔憂：愛迪生電燈公司的資金（目前為三十萬美元）用完之前，沒有人能夠設計和建造這種系統。反之，愛迪生認為自己的計畫是既成事實，他在一張圖畫中為街道標上「科特蘭特」、「百老匯」以及「梅登街」（Maiden Lane）。而在另一張圖畫中，四個相同的電力「地帶」在輸電網中排列，各自有專屬的「中央處理站」與互相連接的「導體」，不僅考量到未來一個世紀的電路系統面貌，也清楚說明了他嚮往著照亮所有城市。

「我在此聲明，」愛迪生寫道：「所有將電力轉化成作業的裝置，都排列在多重電弧系統，而每個裝置都在獨立的分支電路中。基本上，產生的效果是為各個裝置提供與其他裝置分開的電源電路。」

最後一句話，是指所有機器與固定的連結，介於中央處理系統儲存的原煤與另一端輸出的光或電力之間。年輕時的法蘭西斯・厄普頓曾經在雜誌發表文章，時機剛好與老闆的專利申請吻合；他把轉化的電弧擴展得更遠，從陽光延伸到人造陽光。然而，愛迪生只專注在做好工作的具體細節。

他先研究基本的發動機，以及蒸汽機——其傳動帶與軸可以使一組發電機產生大量電磁能或「力場」，並複製到市場所需的數量。他提出自己最喜歡的電磁學主題，針對前一年申請雙極發電機專利的「極長」磁芯撰寫不著邊際的論文，目的是讓他的燈泡實驗顯得更有力量。為了應付專利局的反對意見，他不得不大幅度重寫申請書的此部分，但當他這麼做的同時，提出了重要的聲明，即「期望的高電磁力電

6　十天後，愛迪生的其他類似英國專利「一八八〇年英國專利四五七六號」獲准了。至於「美國專利二二三八九八號」的最終批准情況，可參考第六部；此專利可說是愛迪生的四百二十四項照明與電力專利中最重要的一項。

流可以在低電阻的電樞中產生，而這種電樞中以熱量形式存在的能量浪費會減少到最低限度」。

他接著研究銅纜導體，也就是「電力網」。電流在由調節器控制的壓力下，沿著導體流動，而調節器能感應到用戶開啟、關閉電燈的波動變化，因此能在極大的間距下維持愛迪生獨創高效燈泡的高電阻。他解釋，常見的低電阻差距正是其他發明家的燈缺乏經濟效益的原因。他使用多重電弧，意味著他可以在不明顯削弱發電機輸出的情況下，連接任意數量的線路。為了確保壓力的一致性，他設想在中央處理系統安裝光度測試燈，以及在所有合適的位置安裝電流計，以便透過光線的變化、或針的偏轉來標示任何中斷或浪湧。

「為了分配由此產生與調節的電流，」愛迪生接著說：「我偏好使用絕緣管或管道系統內的導體來防水，並埋在地底下，以適當的間隔為住宅或側邊的連接線路做預備。」他見過紐約市中心的某些街道交錯著電話線與電報線，而他生怕捲入其中。[7]如果在都市的人行道下鋪設管道需要電燈公司耗費大量金錢與人力，再加上須經市政官員的許可，以及隨之而來的繁文縟節，那麼這項投資需要慎重考慮預算。煤氣產業在幾十年前就安裝了專用的管道，並從中獲得可觀的利潤。[8]

然而，與確保電氣管道中的銅不沾水、不受嚙齒動物啃咬相比，使氣動管（pneumatic pipe）形成絕緣效果是相對不費力的差事。在交叉點上，可靠的密封裝置非常重要。交叉點的分支線向上延伸到街燈柱，或橫向地沿著次要電力網的小街，甚至延伸到願意使用這種新系統的住宅或商業機構。因此，入口位置需要安放防拆的儀表。此外，建築物本身必須連接分支電路，為用戶需要安裝的可切換燈泡或通電的電源插座提供照明或電力。

當然，愛迪生已經把取得專利的球體當成龐大電力樹上的偉大花朵。但他覺得可以繼續開發，同時也表明還有一些配件還沒發明出來，例如保險絲、離心式調速器——可根據需求來控制發動機的運作。同時，他聲稱已列出電動科學領域的十三項獨創貢獻。他用簡單易懂的措辭，為這些貢獻爭取保障：「如此安排的系統能滿足先決條件：以照明或原動力媒介的形式，節約、可靠地利用電力。」到了下半年，他在門洛帕克市離群索居，把實驗室及其鄰近的空地、人行道、田地改造成規畫中的紐約市「第一」照明區約莫三分之一大小比例的範本。他打算在此區產生足以點亮八百盞燈的電力。賓夕法尼亞鐵路公司的火車恢復了慣常的措施：除非事先預約，否則不在車站停車。這種做法並沒有減少大眾對門洛帕克市的興趣。到了晚上，往返紐約的旅客聚在一起尋找他的傑作。「那是愛迪生發明的燈耶！」他們驚呼道。前方的一片黑暗冒出一些明亮的小光點。光點漸漸擴大，剎那間一閃而過，很快就消失在黑暗中。

毫無生氣的身軀

如果說愛迪生在二十幾歲時，以勤奮和行動力著稱，那麼他目前在這兩方面顯得很古怪——員工覺得他是超人；資助者覺得他是不受控的幻想家，有一半的天資與一半的愚蠢；競爭對手覺得他像個缺乏獨創性又愛作秀的妓女；妻子和孩子感覺他漸行漸遠；專利局的審查員覺得他是不知疲倦的討厭鬼，光在一八八〇年就申請了六十項專利。[9]

7　「沒有鳥能順利飛過這種天羅地網之厄，」埃德蒙．斯特德曼（Edmund C. Stedman）在一八八〇年代描寫紐約市區亂七八糟的線路：「人幾乎可以在上面行走了……這些線路使底下的街道和窗戶變得黯淡。」

8　愛迪生的想法是：在每棟通電的建築物中盡量使用現有的煤氣裝置，甚至改造燭臺的外罩。他能因此省下一些錢，同時激怒競爭對手，可謂一舉兩得。

9　從一八八〇年至一八八三年，愛迪生申請了三百二十一項專利，是他的職涯中擁有最多專利的階段，而專利累積的速度也比古往今來的發明家更快。此總數並不包括他聲稱遭到貪污的專利律師宗納斯．威爾伯（Zenas Wilber）竊取並出售的七十八項專利申請。

他的計畫範疇使至今的電機工程學相關事物顯得遜色多了，而計畫中的大部分項目都很新穎，以至於如果他招募不到更有智慧的大型助手團隊，就不考慮展開計畫。除了在他小時候教過他電報的老詹姆斯・麥肯齊（James Mackenzie），以及像個行蹤不定的七旬老爹哈克貝利・費恩（Huckleberry Finn）之外，其他隊員都是年輕人。人數從春季的六十四人增加到秋季的七十五人左右。愛迪生對求職者精挑細選，給的起薪很少或不支薪，理由是有天賦的人很快就能賺取自己的價值，至於缺乏天賦的人、或需要正常睡眠時間的人則會因為「物競天擇」而遭到淘汰。因此，他很少需要解雇人。

過去九年來，蓄著黑鬍子的冷漠代理人巴徹勒始終是他不可或缺的夥伴，為人忠誠、一絲不苟、無趣。每當他過於衝動，巴徹勒猶如一陣英國的涼風。法蘭西斯・厄普頓將菲利普斯學院（Phillips Academy）與普林斯頓大學的方法、自己精通的數學與科學理論結合起來。[10]愛迪生幫他取的綽號叫「文化」（Culture）。約翰・勞森（John Lawson）是喜歡追根究柢的化驗師，他堅決認為鹼性氧化物需要進行特殊的熱處理，因此他的別稱是「鹼性・勞森」（Basic Lawson）。馬丁・佛斯（Martin Force）是實驗室裡的雜務工，別稱是「響屁・摩斯」（Fartin' Morse）。聰慧的查爾斯・克拉克在鮑登學院（Bowdoin College）取得理學碩士學位，獲聘為每週工資十二美元的電子系統分析師，但事實證明他更適合當繪圖員，因為他繪製的草圖精確得像鋼版雕刻品。二十二歲的威廉・漢默是有才華的電機工程師，理著平頭，衣冠楚楚，對待位階較低的人很傲慢。另外還有十幾歲的勤務員約翰・蘭道夫（強尼）與喬治・希爾（George Hill），以及在實驗室附近閒晃、找機會偷雪茄或爆炸性化學製品的社區頑童。史塔克頓・格里芬（Stockton Griffin；格里夫）擔任愛迪生的私人秘書，而約翰・蘭道夫日後會接任他的職位。十九歲的法蘭西斯・傑爾對電學非常感興趣，但他力大如牛，因此總經理威廉・卡爾曼（William Carman）讓他負責為真空泵裝滿比鉛更重的水銀。威爾森・霍威爾（Wilson Howell）是戴著眼鏡的年輕人，渴望做沒有報酬的零工，而其他幾個有抱負的實驗室工作人員也希望愛迪生能讓他們承擔類似的工作。

龐大的德國連結影響了門洛帕克市的委託程序與狂熱簿記的習慣。機械大師約翰・克魯西（Johann Kruesi；誠實的約翰）會說瑞士德語。肺部強健的吹製玻璃工路德維希・玻姆、愛迪生的吹製助理威廉・侯哲爾（William Holzer）、化學家奧托・摩西斯（Otto Moses）與阿佛烈・海德（Alfred Haid）博士都是在德國出生的人。約翰・奧特（John Ott）、弗雷德・奧特、法蘭西斯・傑爾都是從小在家裡講德語長大。甚至連厄普頓這個道地的美國人，也曾在柏林大學念過一年研究生，在

門洛帕克市的實驗室小組成員，攝於一八八〇年二月二十二日。從左至右：路德維希・玻姆、查爾斯・克拉克、查爾斯・巴徹勒、威廉・卡爾曼、塞繆爾・莫特（Samuel Mott）、喬治・迪恩（George Dean）、愛迪生（戴著無邊便帽）、查爾斯・休斯、喬治・希爾、喬治・卡爾曼（George Carman）、法蘭西斯・傑爾、約翰・勞森、查爾斯・弗萊默（Charles Flammer）、查爾斯・莫特（Charles Mott）、詹姆斯・麥肯齊。照片出處：國會圖書館。

10 厄普頓是愛迪生經常戲弄的對象。愛迪生要求他計算梨形燈泡的容積，他花了幾個小時絞盡腦汁地計算弧線的三維空間。在他準備證明計算結果之前，愛迪生突然又考驗他：在燈泡內裝滿水銀並稱重的做法，是否更簡單？資料來源：戴爾（Dyer）與馬丁（Martin），《愛迪生》（Edison），第二七七頁。

赫爾曼・馮・亥姆霍茲（Hermann von Helmholtz）指導下學習。

儘管他們都懂得職業倫理，依然必須適應愛迪生看待時間的方式不像個典型德國人。一天下來，他的作息分界點只有七點的早餐、凌晨十二點的宵夜，而且他居然可以忘記吃這兩餐。通常在凌晨四點左右，他感到疲倦不堪時，就像個流浪漢一樣蜷縮在樓梯下方，睡在一堆舊報紙上。因此，在大樓的不同位置、在晝夜的不同時間點，都可能出現一具毫無生氣的身軀，而周遭卻繁忙進行著實驗活動。

神秘的藍色光環

考慮到民族與其他方面的偏見，質疑愛迪生的人說他還沒有發明出完美的燈泡，這點確實如此。紙張製成的燈絲易碎，也不易安裝，有時在巴徹勒的靈巧手中也會碎裂。燈絲放在碳製的夾鉗時，能發出美麗的光芒，但下方的玻璃冠容易在引線周圍爆裂，導致真空損失，以及隨後的碳氧化。

這些是愛迪生有信心解決的熱問題。然而，過了一、兩週後，電燈內部變暗使他迷惑不解。他認為應該是燈絲散發出不顯眼的「碳煙」，只有在鄰近玻璃上的分子變得稠密時，這種煙灰才會趨於明顯，起先使玻璃變得模糊，然後變暗。但煙灰是火焰的產物，而不通風的燈泡內不可能有火，只有熾熱。他身上變黑的制服也不是火造成的。從特定的角度觀察，似乎能看到燈絲的陰影，尤其在U形板的正面最明顯。威廉・漢默將燈泡與夾鉗周圍出現的藍色螢光聯繫起來後，燈對磁力產生了奇怪的反應，可以從一個磁極拖動到另一個磁極。愛迪生認為藍色螢光是碳製的夾鉗釋放的氣體，但他換成銅製的夾鉗後，同樣的「光環」在周圍閃爍。他把氧化鋯塗在燈絲上，結果藍光加深成了紫光。他著迷地在兩極之間插入金屬絲，並透過電流計連接到接頭。磁針立刻顯示出附帶電流的電弧把兩極連接在一起。然而，這並不能解釋碳製U

形板的一側透過帶電的方式攜帶碳——電流逆轉時，這種現象就會逆向改變。也許是熱氣鬆開了燈絲烘烤後的內聚力，導致轉移到附近較冷的表面。「承載的數量，」愛迪生寫道：「取決於燈絲的電阻、熾熱程度、固定電極之間的電動勢，以及真空狀態。」

儘管他提到的內容漸漸偏向電子學[11]，但他並不明白自己就快要發現電子技術了。要再過十七年，電子理論——帶電的次原子粒子——才由約瑟夫・湯姆森（J. J. Thomson）提出。[12]而現在帶有嘲弄意味的知名「愛迪生效應」就是熱電子發射。[13]就照明而言，這是麻煩的事，但他請普林斯頓市的天文學家查爾斯・楊（Charles A. Young）使用分光鏡檢視神秘的藍色光環，對他來說非常新奇。結果沒有定論。他繼續進行三年的無線分子轉移實驗，最後取得了該現象的專利，目的是利用這項發現來指示或調節電動勢（electromotive force）。但他沒有想過有可能因此改變世界，就像廣播一樣。[14]

11　愛迪生也提到分子碰撞（molecular bombardment）。

12　一九七二年，分子生物學家岡瑟・史坦特（Gunther Stent）提出著名的科學「早熟」問題，也就是遠遠超出當代知識範疇的發現或理論，直到多年後才被認真探討。

13　如今以真空二極管為例。

14　愛迪生的美國專利三〇七〇三一號是第一個在美國得到認可的電子設備，特點是雙配件真空燈的圖畫與鉅細靡遺的描述，預先考慮到了約翰・安布羅斯・弗萊明（John Ambrose Fleming）於一九〇四年「創造」的二極體。弗萊明曾經運用「愛迪生效應」轉換無線電波。二十年後，愛迪生惱怒地讀到弗萊明在自傳《電力的五十年》（Fifty Years of Electricity）中聲稱，自己是第一個發現燈泡內密封著金屬板的碳絲白熾燈可以用來轉換高頻率交流電的人。愛迪生憤怒地在頁邊潦草地記下：「簡直是一派胡言。他胡說八道。」

星光

到了三月，愛迪生讓二百二十盞燈在門洛帕克市附近夜以繼日地發光。他邀請查爾斯．楊和另一位普林斯頓市的物理學家齊魯斯．布拉基特（Cyrus F. Brackett）參觀實驗室，並分別評估他的發電系統。評估結果的報告發表於六月份的《美國科學雜誌》，內容讓整個學術界難以置信。布拉基特與查爾斯．楊發現，愛迪生的雙極發電機總效率等級（電力輸出與機械輸入成正比）為百分之八十九點九。即使發電機內部消耗輸出為四個百分點，依然讓理論上的最高電勢／工業平均值百分之七十看來相當諷刺。

另外兩位物理學家——賓夕法尼亞大學（University of Pennsylvania）的喬治．巴克（George F. Barker）和約翰霍普金斯（Johns Hopkins）大學的亨利．羅蘭（Henry Rowland），也在同一份期刊對愛迪生的燈泡熱效率（thermal efficiency）給予好評。「如果製造這種燈夠便宜或夠耐用，實務上的成功就指日可待了。」他們表示。但盛讚之辭又廣受駁斥了，使愛迪生逐漸打從心底瞧不起純科學界。

若非手工製造的每顆燈泡要花上幾個小時，他本來可以在機械工廠的小型設備加裝兩噸重的發電機，然後點亮幾百盞燈。玻璃須吹製；燈絲須烘烤、安裝、接線；空氣須在噴燈的熱度下抽出，排氣口須密封和冷卻，然後整體燈泡要進行測試，並非一定會成功。有些看起來很完美的樣本其實不會發光，或光線很暗，或因為空氣跑進去的關係而燒壞。微小的裂縫不僅可能出現在底座，也可能出現在玻璃球的斜上方位置。沒人知道確切的原因是什麼。不過，這些燈泡的平均發光時間為六百八十六個小時，因此一致性的品質足以讓愛迪生大膽接受要求與街燈相反照明方式的商務訂單。

下訂單的人是鐵路巨頭亨利．維拉德。他在建造用於太平洋沿岸的汽船「哥倫比亞號」（Columbia）。之前，他參加愛迪生的「光之村」展覽後，想要讓類似的星光漂浮於海上——具體來說，就是他的船在五月初第一次航行到舊金山時，將繞著合恩角航行。雖然此構想打亂了愛迪生的紐約照明區計畫，但從許多角度來看很有吸引力，尤其是宣傳活動方面。期限雖短，卻使門洛帕克市的團隊團結又富有成效，而哥倫比亞號的小巧船身——從船頭到船尾長達三百三十二英尺，橫樑為三十八・五英尺——使愛迪生能夠近距離的把將來會構成城市區域的所有要素整合起來。維拉德要求在「全玻璃艙」安裝一百二十盞燈、每間包廂安裝一盞燈、每間大廳安裝幾個枝形吊燈。[15]他在船的後方為四台一百一十伏特發電機保留充足的空間，其中三台繫在直立式引擎驅動的副軸，並與燈的電路平行連接。用軟膠管絕緣的扭絞式電纜，使引擎室的配電盤能夠向全船輸送電力。電纜（由棉絮包覆，外觀塗上紅色或白色以表示極性）在七個獨立的供電電路中發射，而每個電路再細分，為分布在上層與下層甲板的燈具供電。為了更安全，愛迪生發明一系列跳脫裝置（tripping device）。裝置中的每個電路都有可熔金屬絲，而單極斷路器固定在大廳燈的細小玻璃管中。萬一產生浪湧，熔化的鉛合金也不會滴到任何人的晚禮服上。他的照明技術帶來的另一項新發明是鍵控插座與托架，可以用來支撐每盞燈以及天花板上的固定裝置，使枝形吊燈在航海的路程中改以輕微地擺動。開關被鎖在船上嵌板中的紅木盒內，只有服務員才能操作。

儘管有防護裝置，維拉德聘請的造船工程師還是很擔心電氣火災的風險，他不願意採用相關系統。愛迪生與巴徹勒因此累積了親自監督安裝的有用經驗。等到厄普頓帶來燈泡時——裝在巨大的籃子裡，像新鮮的雞蛋分別包裝——他們實際上創造了第一間「與世隔絕」的照明工廠。

哥倫比亞號成為世界上第一艘全電氣化的船。四月二十七日晚上，這艘船燈火通明地停靠在東河的碼頭。愛迪生陪同妻子上船參加慶祝招待會。海濱樂團在甲板上為維拉德的幾百位高雅朋友演奏小夜曲，而

15 愛迪生沒有被要求提供導航專用的燈。導航燈的功能由海勒姆・馬克沁創造功率更大的弧光燈來展現。

這些朋友在底下的舞廳隨著音樂起舞，接著享用晚餐，期間沐浴在柔和的白熾燈下。對瑪莉而言，這是難得的款待場合，因為她平常沒什麼機會在門洛帕克市展示精美的服裝。對愛迪生而言，這是另一個維繫公共關係的成功之舉。他的設備比船上的奢侈裝置更吸引其他人讚賞。十天後，哥倫比亞號向合恩角起航，發光的舷窗呈現流光溢彩，經過了紐澤西州和德拉瓦州，直到地平線遮蔽光彩。

一場華麗的意外

那年春季，在門洛帕克市覺得百無聊賴的工人，無疑是一位留著紅髮、滿臉雀斑、面容像癩蛤蟆的愛爾蘭男孩。有人看到他整天坐在戶外，把枕木浸入滾燙的瀝青桶。他要使枕木不具傳導性，因為愛迪生在實驗室北邊建造一條實驗專用的電氣化鐵路。這關乎維拉德資助的另一項運輸專案，而愛迪生也樂意把握機會研究馬達機械學與負載平衡的定律——兩者對他的都市照明計畫都很重要。

軌道往山上延伸（有兩個頑童站在對面的鐵軌上握手時，差點被電死），經過開闊的鄉村、樹木繁茂的山脊，路程大約三分之一英里，然後向西拐了三分之一英里就回到實驗室。即使軌道能巧妙地仿造龐大的燈絲軌跡，維拉德也無法理解其中的相似之處。他在巴伐利亞的施派爾（Speyer）市出生，本名是海因里希．希爾加德（Heinrich Hilgard），沒什麼幽默感。

愛迪生使用安裝在哥倫比亞號上的兩台相同發電機刺激鐵路的電路。他指派頂尖工程師查爾斯．休斯把另一台發電機固定在鐵製的貨車上，而貨車能容得下兩個人坐在後方，藉此將發電機變成火車頭。司機使用長型的摩擦變速桿控制著兩個巨大前輪的牽引力；即將脫軌時，變速桿可以派上用場做為撐竿。其中一個輪子從軌道取得動力，並透過黃銅輪軸刷將動力傳遞到馬達的旋轉線軸或電樞，同時電流快速流向另一個輪子。愛迪生的發動機在五月十八日進行第一次試驗，結果證實功率大到足以拉動兩輛載著十二到十四人的汽車，相當於貨物的重量。嚴格來說，這代表他實現了四年前在中西部懷抱的一部分願景：滿載玉米的自動駕駛電動火車，在平原上縱橫交錯，而車輪像鐵腕般抓住鐵軌，藉著風力發電機取得動力。

儘管在炎熱的日子，從發動機飄出的電樞氣味摻雜著浸入瀝青的枕木氣味，使人覺得刺鼻難受，但由於有電動前照燈、信號鈴、有流蘇裝飾的觀景車廂等改良後的配備，前來參觀這列火車的遊客絡繹不絕。經過一個涼爽的夜晚，瑪莉帶幾位朋友去體驗也許是史上第一次靠著電力照明的鐵路遊覽。

到了六月初，「愛迪生快車」的速度達到每小時四十英里，都快讓格羅維諾・路萊殘餘的頭髮變白。「脫軌了啦。」他對未婚妻說。他在鐵路待了一天，也許是他最後一次搭火車。

> 我對急轉彎時的速度表示抗議（用意是指出發動機的動力），但愛迪生說他們經常用這種速度行駛。我在最後一趟行程表示不喜歡搭這列火車，但會耐心地等愛迪生結束這趟旅程。火車在短短的彎道上脫軌，把負責駕駛火車頭的克魯西甩了出去，使他「跌個狗吃屎」，而另一個人掉到灌木叢中，滑稽地翻了個筋斗。愛迪生立刻下車，又跳又笑地說這是一場華麗的意外。克魯西站起來，臉上流著血，渾身發抖。我永遠都不會忘記他用外國口音說話的語氣，以及他當下的面部表情：「對啊，平安無事！」

愛迪生為鐵路的不同部分申請專利，卻沒有整套系統的全面優先權。[16] 他向記者強調，維爾納・馮・西門子（Werner von Siemens）一年前在柏林發明並操作了一列電動火車。在七月時有消息傳出，美國工

16 在密西根州迪爾伯恩市的亨利福特博物館，可以看到愛迪生在一八八〇年發明的火車頭與車廂。

程師史蒂芬・杜德利・菲爾德（Stephen Dudley Field）發明的火車頭與他的成品外形非常相似，而且還取得專利特許證。對此，他的反應是一笑置之。菲爾德的所有權只限於縱向推力桿的新穎性，此設計能從鐵軌之間或單側的導體取得電流。「奇怪的是，一般人都不太了解專利的概念……有人用改良的設備創造出一整台機器後，大家就認定他是發明者。」他說。

這種幽默又客觀的言論體現了愛迪生百折不撓的態度（即使專利局宣稱他的申請與菲爾德產生「衝突」），而且對於像路萊這樣的悲觀主義者來說是一劑良藥——他擔心愛迪生只是隨便玩弄船和火車，因為他認為愛迪生應該全心投入電燈。這位身材肥胖、雙眼瞪得像銅鈴、喪偶的五十多歲律師，從一八六九年就認識並欣賞著愛迪生。他總覺得自己時時有責

愛迪生的電動火車，由查爾斯・巴徹勒駕駛。

任保護委託人不受「爭先恐後」的心態影響。此時正是關鍵時機。身為愛迪生電燈公司的法律顧問，他知道公司的董事擔心愛迪生的實驗室費用不斷增加，而之前宣布在紐約設立的中央處理站卻似乎停滯不前。

事實的確是如此。一週接著一週過去，愛迪生面臨數不清的開發問題，而這些問題可能使專案經理無法樂觀地看待即將到來的挫敗，就像燈泡變暗的問題尚待解決。某天，路萊鬱鬱寡歡地坦白說自己很擔心電燈公司的財務狀況。他到門洛帕克市，希望聽到委託人說一些激勵的話，結果他沒有失望：「我和愛迪生聊一個小時後，精神恢復了……既然他能治好我的心，也許我該嫁給他。」

全能上帝的工作坊

愛迪生曾說過，人類很容易憑著直覺從特定的角度判斷整體性。愈來愈多媒體說他為紐約設計的市政照明方案是異想天開，他的反應是不屑一顧，並將此說法歸因於煤氣產業的遊說團體。「我在淘汰投資金額約為八億五千萬美元的人工照明系統，」他告訴《波士頓環球報》（*The Boston Globe*）的代表：「並非一蹴可幾。」

那位記者比路萊客觀。他仔細觀察愛迪生說話的樣子後，發覺愛迪生給人一種出家人的鮮明印象。

> 他很像在羅馬天主教團體中見習幾年的年輕人，看起來很疲倦，幾乎面無表情，整體給人的感覺像是經常足不出戶，不停地專心工作與思考……。他的眼睛炯炯有神，宛如散發著敏銳洞察力和快速感知能力的電光，照亮了他的整張臉。要不是眼睛有亮點，他的臉看起來會很消沉……。他的黃褐色頭髮摻著幾縷白髮。

那年夏季，厄普頓計算曼哈頓下城電氣化的市場數學；克魯西挖出門洛帕克市的紅土來掩埋用於實驗的管道系統；愛迪生與巴徹勒則專心做燈絲實驗。電燈工廠定於秋季開始運營，預計年產量為五十萬盞燈。到那時，基本款燈泡必須符合標準。在實驗室裡測試的燈當中，測試失敗的次數多到足以讓人想起蒙塞爾曾提及白熾燈的配件會萎縮這件事。愛迪生質疑高級繪圖紙副本的乾軟質地：「紙是人造的，不適合做燈絲。」無論小紙圈烘烤得多麼堅硬又光亮，都無法在電氣化的條件下確保熱度均勻分布。

一週又一週過去了，愛迪生與巴徹勒把盡力弄到手的各種纖維物質切開、刨平、碳化成燈絲。這些物質囊括山核桃木條、冬青木條、槭木條、薔薇木條；黃樟髓；猴靭皮；生薑；石榴皮；尤加利樹和肉桂皮的香條；乳草；棕櫚葉；雲杉木；浸入瀝青的棉絮；桃花心木；雪松木；亞麻；椰子殼的粗纖維；長時間用楓糖漿浸泡的黃麻；用紙包裹的纏繞馬尼拉麻（manila hemp）浸泡在橄欖油中。愛迪生丟棄了六千多份完整度參差不齊的樣本，因為這些樣本變形或破裂了。「在全能上帝的工作坊某個地方，有一種植物的幾何外形具有適合我們使用的有效纖維。」他說。[17]

在大熱天，熱氣襲向草帽和藤傘時，他想到了竹子。自然界中，沒有比這種管狀的植物長得更直挺的物質了。竹子的空心莖很容易切割，本身也容易彎曲，因為矽質的表皮承受著內部壓迫的張力。另外一項優點很符合他的用途，那就是對電流的強度有極高的抵抗力。他從扇形葉外圍切下幾個竹圈並碳化後，竹圈有一百八十八歐姆的低溫，其中一個竹圈發出的亮光相當於真空中四十四支蠟燭的燭光。這種特別的樣本是廉價的加爾各答竹子，在夾鉗中呈藍光，一小時過後就熄滅了。後來，他發現遠東地區的薄木條能磨成更細的顆粒，碳化的情況也不錯，因此可以承受熔化鉑夾鉗的熾熱。為了順應特有的曲度，玻姆吹製新的梨形燈泡。在八月二日的決定性實驗中，有些日本樣品在相當於七十一支蠟燭的耀眼白熾光下，維持了將近三個半小時，亮度遠遠超過商業用途所需的四倍。另一個樣品在一百一十伏特的電流下，燒了一千五百八十九個小時，最後依然有相當於十六支蠟燭的柔光，實在令人驚訝。當晚，威廉・漢默拿著燈泡跑上實驗室的臺階，就像個揮舞著聖盃的騎士，迫不及待地將創紀錄的消息告訴愛迪生、巴徹勒以及厄普頓。四個人即興地排起康加舞（conga）的隊形，迂迴地繞著工作檯跳舞，一直行進到樓下，在夜間合唱和歡呼。從那天起，「竹子」（bamboo）與「燈絲」（filament）在門洛帕克市成了行話中的同義詞。

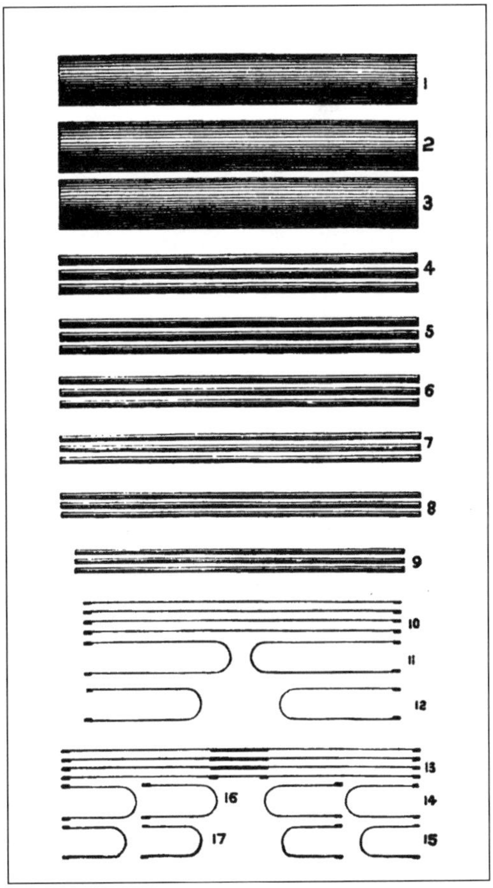

劈開剛竹（madake bamboo）並切成條狀後，準備碳化製成燈絲的流程示意圖。

長長的波紋

約翰・克魯西是愛迪生手下最有天賦的瑞士籍機械工，他精通幾何學圖形和物理學，也很擅長精密機

17 他甚至嘗試一些古怪的材料，例如沒藥樹脂、通心麵、瀝青、釣魚線、軟木塞、鈔票。

械加工（他曾製造留聲機原型），並致力於設計世界上第一個地下配電系統。他的修長胳膊、肩部傾斜的駝背身形，似乎能使他順利地從事力所能及的體力活。他處理技術問題時太過理性，因此投資人紛紛迴避。愛迪生試著讓他明白真理與「遲來的真理」之間的差別，可惜沒有用。

話雖如此，克魯西的直覺還是夠敏銳，他把老闆的簡略圖表變成能合理運作的模型。其中最具啟發性的是「支線與主幹線分布」原理，能一舉解決數學家一整年苦苦思索的問題：如何在不使用大量銅的情況下，透過城市裡一個又一個街區傳導電力？根據估計，光是九個街區就要八十萬英鎊，花費超過七十萬美元。假如顧客允許愛迪生將電線繞進他們的住宅，這種金屬不可能使他把煤氣燈的價格降低到需要的程度。

克魯西的發明取代了他最初設計的「樹狀」系統，這與電燈本身的發明同樣重要。起初，一根銅棒（樹幹）從中央處理系統冒出，衍生出許多分支（樹枝與莖），然後轉變成鉑、碳（葉子）。為了盡量把電力（樹汁）輸送到「樹頂」，「樹幹」的構造務必厚實。即便如此，厄普頓還是提出警告：由於過程中有阻力，電力會下降三〇%。

愛迪生在申請的前項專利中，為「支線與主幹線」的概念註明：「這項發明的目標就是消除這種風險，並在整套系統的流程中保持相等的壓力。」他畫了有「CS」標記的方形，代表「中央處理系統」，接著在周圍畫了四個展開的對稱方形分界線，如同典型美國城市的地段、街區及行政區。「CS」的每一側都延伸出兩條朝向北邊、南邊、東邊、西邊輸送的線路，最後合成輸電網。長長的波紋顯示每條支線通往的最終主幹線位置，在平衡力的精確分布中，偶然清晰地在整體周圍傳遞電流。一百一十伏特[18]的實際效果能使銅的成本降低八分之七，幾乎能完全吸收距離中央處理系統最遠的預期電燈能量損失，而且不會出現燭光變暗的情況。[19]

有人問英國的傑出電學科學家威廉・湯姆森爵士，為什麼之前沒有人想出這麼簡單又高效的系統？他回答：「我能想到的唯一答案是，這世上只有一位愛迪生。」

從物理的現實來看，這套系統比畫在紙上看起來更複雜。愛迪生的第二項專利申請——他為配電系統申請七十七項專利的其中一項——以放大顯示的圖表、有註釋的段落為特色，但不太可能迅速獲得專利局的批准：「根據圖六，直接或主要供電的電路是一、二。五、六連接電燈的電路三、四。九、十連接分支線路七、八、十五、十六。二十一、二十二通往小街，為電燈的電路十七、十八、十九、二十、二十三、二十四供電。分支線路二十五、二十六是主要支線的衍生電路。」然而，他的整體主張是提供消耗性電路，會使電壓廣泛下降，因此每一盞燈的燭光電量非常充足（肉眼難以察覺）。加拿大、義大利、比利時、法國、奧地利、澳洲、紐西蘭、西班牙以及印度隨即授予他專利特許證。至於美國專利，要等到他設計的「電燈電路」在曼哈頓第一區附近發出五千倍的光後才會賜予他。

克魯西和六名挖掘工才剛埋好門洛帕克市的地下實驗性管道——長達五英里的線路，四乘四松木箱，每箱有十六英尺長——兩週的雨水就使覆蓋在上層的泥土液化了。即使每對導線都放在全是煤焦油的溝槽，也有木頭蓋住，夾雜紅土的雨水還是滲入一些箱子，使導線短路了。整個輸電網不得不挖掘出來，而克魯西必須鑽研未經研究的絕緣科目。他用白橡膠布、平紋細布以及雙股細纜麻布包裹不同長度的銅纜，而這些布料浸泡過熱煤焦油、冷煤油、或亞麻籽油，抑或是塗抹過樹脂膠，又或者長時間用黑瀝青、松焦油、棉籽油或其他物質浸泡，但防水效果都不夠好。愛迪生讓年紀輕輕的威爾森・霍威爾自由支配實驗室

18 愛迪生選擇此電位，而不是選擇競爭對手偏好的較低電壓，最終成為美國的標準電壓。

19 愛迪生也發明了「三線」連接系統，能使導體的銅含量再減少三分之二。

裡的圖書館與化學室，烹煮一系列化合物。有些化合物的毒性太強，甚至連習慣刺鼻氣味的奧托・摩西斯也受不了，急著尋求新鮮的空氣。最後，他們選擇精製千里達（Trinidad）瀝青的混合物，由添加煤油與少量蜂蠟的氧化亞麻籽油煮沸而成。十五個人一起將混合物塗在電纜上，做法是把明線（bare wire）設置在鋸木架上，然後三人一組跨立其上，每雙手緊緊地纏繞著一條黏稠的薄紗緞帶，一英寸接著一英寸、一層接著一層向前行進，似乎永遠都無法接近終點。然而，他們終於塗完電纜時，發現這種繞三層的電纜，既能防止內部的電流外洩，也能防止進水。

在十一月二日的選舉日之前，第一條完全絕緣的線路重新埋好並重新連接。地下管道環繞著實驗室，並朝著東北方延伸一英里，與索納爾大道、鐵路保持平行。夜幕降臨時，忠實的共和黨人愛迪生告訴配電盤操作員：「如果加菲爾德當選，就點亮電路。如果他沒當選，就別這麼做。」[20]

天黑後不久，實驗室的電報發聲器開始公布選舉結果。愛迪生在引擎室開足馬力，隨時準備啟動線路的發電機。大約九點時，有利情勢顯然偏向加菲爾德，於是他下令啟動電力。從火車站到他房子後方的穀倉，竹製燈絲街燈在一英里長的路途上大放光明。

他們一直待到將近午夜，也第一次使用白熾燈向美國總統候選人的勝利致敬。

沒有支持者

那年秋季，愛迪生沒什麼值得慶祝的事。電燈公司的董事會對他施壓，要求他向紐約市議員的代表團說明他提出的第一區照明計畫主要內容。然而，他還無法做到這點，除非他的新型數百馬力「波特艾倫」（Porter-Allen）蒸汽機問世，並下令使用此蒸汽機為門洛帕克市擴大後的工廠供電。「波特艾倫」仍然在費城進行艱巨的建造。「現階段的任何耽擱都讓我們很窘迫，」他寫信給建築商：「我們不能再等了。」

但他只能等待。業界謠言四起：奇才宣稱自己解決了電燈細分問題的兩年後，反而被問題的複雜性打敗了。與此同時，資深吹製玻璃工路德維希．玻姆告別了門洛帕克市的過渡階段。他在辭職信中提到，很厭倦在實驗室飽受「年輕人」霸凌的日子：「昨天，巴徹勒先生和我為了不足掛齒的事吵起來。吵到最後，他竟然說如果我不在這裡，你就會支持民主黨。」

愛迪生長期依靠玻姆協助成立世界上第一家電燈工廠——精心設計、自籌資金，用一萬元改造鐵路旁的老舊電筆（electric pen）工廠。厄普頓與克拉克推測了與紐約的煤氣照明競爭所涉及的人工成本，很早就意識到必須設計出製模的機器，才能加快燈泡的生產速度。由於缺乏玻姆的專業知識，再加上面臨許多創業問題，愛迪生只好與康寧玻璃公司（Corning Glass Company）簽訂分包契約，以每籮五美元的價格供應他空玻璃球。每天都有兩輛貨車運來空玻璃球，一次運送三萬個，就像發送早晨喝的牛奶一樣準時。

他在工廠面臨的主要挑戰是安裝四百七十六台高聳的水銀泵。考量到協調日常運作，水銀泵不能仿造法蘭西斯．傑爾在實驗室埋頭研究的精緻「施普倫格爾與蓋斯勒」混合體。雖然運作的速度很慢，但重力把液態金屬吸下去時，每滴液體都能將附著在燈泡殼上的「氣體」吸出來，因此抽吸的功能良好。然而，附加的測量儀器與管子都需要不斷維修，成了很大的累贅。愛迪生提議懸賞能設計出更簡易版本的員工。不出所料，傑爾辦到了。老闆給他一．六張電燈公司的股票，也慈祥地告誡他：「法蘭西斯，你得保密。」

傑爾的原型機雖然提升了效率，但裝置同樣要靠重力運作，因此須仰賴水銀的持續流通。愛迪生發現，二十五噸的液態金屬必須在工廠的生產線不斷保持懸浮狀態。為了達到此目的，他發明了符合阿基米

---

20 俄亥俄州共和黨人詹姆士．加菲爾德（James A. Garfield）與賓州民主黨人溫菲爾德．漢考克（Winfield S. Hancock）競選總統。

德式螺旋抽水機（Archimedean screw）原理的強力泵。他不採用蒸汽能源，而是藉由與中央處理系統相連的電動機來驅動整個排氣系統，開創了電力工業應用的先河。

為了大批生產燈絲，他也必須製造龐大的碳化爐和退火爐。巴徹勒為此設計了精美的模具。然而，從工廠出來第一批測試專用的九十顆燈泡，只有二十五點八個小時的平均使用壽命。相較之下，漢默在實驗室製作的燈泡創下了一百三十二天的紀錄。與其說是爐子的問題，不如說是某些粗纖維的竹子在白熾化時，有變形的毛病——有的甚至彎曲到碰觸並熔化玻璃球內部。

日本的竹子依然是愛迪生採用的燈絲材料。不過，當他得知世界上有超過一千種剛竹屬植物時，他向六位自雇的探險家開立信用狀，請他們到加勒比地區、南美洲及亞洲尋找結構緊密、可無限度承受熾熱的藤條。這是有代表性的大手筆，他在接下來的幾年將花費十萬美元。

「聽說愛迪生正在朝著改善電燈的目標邁進，可能很快就會成為大富翁，」鄧氏（R. G. Dun）信貸機構表示：「他的年收入一定相當多，但他不斷地實驗，很快就把錢花光了。大家都說，他到現在還是存不了多少錢。」

十一月中旬，愛迪生聽說發明家海勒姆・馬克沁設計的六十顆燈泡在紐約的公正人壽大廈（Equitable Life Building）運作良好。據說，雖然這些燈泡會隨著原本的發電機節奏而閃爍，變得不太穩定，但亮度比他的燈泡更強。他回想起馬克沁在年初來過門洛帕克市，花了一整天的時間「東看西看」。根據密探回報，馬克沁的新燈泡只不過是複製了他原先的紙纖維燈泡，差別在於燈絲扭轉成「M」的形狀。[21] 但他對隨之而來的猛烈競爭性宣傳無能為力，使他一年前為了自己而煽動的興奮情勢發生大逆轉。

有競爭性的「造勢者」以大學教師居多。亨利・莫頓在一篇交給國家科學院的論文中指出，馬克沁的燈比愛迪生更符合經濟效益、更有效率。天文物理學家亨利・杜雷伯（Henry Draper）在自己的實驗室舉辦招待會，同時召開會議，並使用馬克沁的燈照明。喬治・巴克（George Barker）是賓夕法尼亞大學的物理學家，他在年初對《晚間郵報》（*The Evening Post*）大力讚賞道：「無論是我，還是莫頓教授、杜雷伯教授，我們都很肯定馬克沁先生的傑出發明……我並不是說馬克沁是一位比愛迪生更優秀的電工，而是強調他發明的電燈比愛迪生夢想中的電燈更卓越。」

愛迪生可以忽略莫頓的批評，並把他當成在電力方面沒什麼實務經驗的人。但巴克的評論傷到了愛迪生的心。他們兩個人早在一八七八年跟著杜雷伯到西部觀察日全食之前，就已經是朋友了。那時，愛迪生第一次提出集中電力的想法，而愛發言的巴克是最支持他的學者，曾經稱讚他擁有充滿創意又足智多謀的科學思維。如今，巴克十分勢利，一味阿諛奉承，尤其是當他想借用門洛帕克市的設備進行公開演講。他現在似乎準備好背信棄義。

「我注意到昨晚的《紐約郵報》，」愛迪生在十一月二十三日寫信給他：「內容有關你的訪談，以及你說了一些關於我的電燈工作的事。我完全不敢相信那些話是你說的。你敢說，你提供記者的資訊稱得上是真正的採訪嗎？」

巴克還沒來得及回答，約瑟夫・斯萬就向英國電報工程師協會（Society of Telegraphic Engineers）展示三十六顆含單纖維、連接在一起的白熾燈泡。出席會議的人都是英國電氣企業的菁英，包括約翰・丁達爾、亞歷山大・西門子（Alexander Siemens）、威廉・亨利・普里斯（William Henry Preece）。斯萬對自己的碳物質含糊其辭。他說有一項專利還在等待審核，但令人信服的是他指出碳物質如金屬絲般纖細又堅硬，只可惜容易彎曲。他又一次聲稱自己在二十年前就用碳化的紙板導體做過實驗，卻對大西洋彼岸的

21 馬克沁也採用鬆散密封於燈泡中的阻燃型煙蒸汽，以取代愛迪生的高真空（high vacuum）。

對手隻字不提，只回想起愛迪生早期「失敗」的鉑燈。[22]根據正式的會議記錄，他展示的燈光既迷人又穩定，受到了許多人祝賀。

「沒有人站出來為你說話。」富有同情心的與會者寫信給愛迪生，卻沒有解釋自己為何也不幫忙發聲。

巴克也證實自己在《紐約郵報》發表的言論。他在一封客氣又帶著優越感的信中表示已得出的結論：斯萬與馬克沁是實際的白熾燈發明者，擁有優先權。他在特別讚賞馬克沁之前，也參觀了他的實驗室。「坦白說，……他製作碳環的方法有鞏固的作用，並產生強大的抵抗力與耐久性。他在整整一個月內運作到六十燭，而且一切看來很好。」他說。

愛迪生對M型燈的評價有所保留。但巴克「無知地」斷言馬克沁在一八七八年十月四日申請專利的粗糙碳棒，是提早預料到他自己的碳化棉絮燈絲會在一年後順利地承受熾熱，這點讓他非常震驚。根據《化學新聞》報導，從專業的角度來看，更可恥的是巴克身為美國科學促進會（American Association for the Advancement of Science）的會長，似乎認同斯萬無憑無據的聲明。

「都什麼時候了，他這樣抨擊我也太卑鄙了吧，」愛迪生抱怨道，把巴克的評論副本傳送給亨利・羅蘭：「你最近有沒有注意到，技術類的報刊評論毫不在乎地把科學成果的功勞，歸因於以前的、或第一次出版與公開展覽？」他以往樂意讓競爭對手拜訪門洛帕克市、觀摩與測試他的發明，這些事在期刊當中——本來應該採取客觀立場看待以經驗為依據的程序——似乎顯得毫無意義。由此可見，這些評論的總結就像針對專利的評論一般。只有一份雜誌為他辯護，表明在愛迪生的刊物與展覽公諸於世之前：「如果能找得到印刷品來證明斯萬先生的作品，應該會很有意思。」

愛迪生吃了不少苦頭，因為他這幾個月來很努力展現自己既是科學家又是發明家的形象，甚至自掏腰包為新週刊《科學》（*Science*）提供資金。[23]但他的努力都白費了。自從他發明留聲機以來，抨擊他的呼聲漸漸鋪天蓋地而來。許多人諷刺他是巴納姆（Barnum）的偉大繼任者（此處應指P．T．巴納姆，以奢侈的廣告和怪異展品聞名），還說他是沒有受過教育的自吹自擂者，貪圖錢財卻漠視學術界的殊榮。巴克最近也湊熱鬧發表刻薄的評論，使他覺得自己陷入困境的原因是因為「我努力設計出可以細分的電燈。」

羅蘭是正直的科學家，他認為巴克無權與記者交談：「我看到有關馬克沁的電燈聲明時，我的反應跟你一樣驚訝，」他寫信給愛迪生：「他的做法只是把你的燈稍微修改一下……你一定能向全世界證明自己的成果，然後甩掉『跟屁蟲』。」

然而，不變的事實是馬克沁的白熾燈已經安裝在曼哈頓的公共大樓，而愛迪生仍然在門洛帕克市過著鄉村生活，準備迎接下一個冬天。他聽說玻姆現在為馬克沁的美國電燈公司吹製玻璃時，他根據事實推斷，決定起訴他們侵犯專利。斯萬在一八六〇年左右聲稱點燃了真空中的紙質碳時，他對此無計可施，直到發明家使用的神祕規格對外公布才真相大白。[24]

---

22 此時，斯萬對愛迪生的蔑視態度，在九月二十四日起草但沒寄出的信件中顯而易見：「以前在某個美好的早晨，我尷尬地發現你展現一副在眾多方面領先我的姿態，出現在我行經的路上，但現在——我已經遠遠超越你了。」

23 愛迪生在一八八一年秋季持續資助《科學》，直到私下花了一萬美元後才停止這麼做。《科學》破產了一段時間，後來亞歷山大．格拉漢姆．貝爾使之恢復常態。如今，該週刊依然持續出版。

24 電燈歷史學家亞當．阿勒漢德（Adam Allerhand）指出，在斯萬本人於一八七九年十二月二十七日——「光之村」也在這一天為預先展示的活動用燈裝飾——當眾回憶這件事之前，愛迪生不太可能知道斯萬以前製作電燈的事。從那時起，英國電力機構大力支持斯萬的優先權聲明，但之前沒有注意過這點。斯萬承認自己尚未取得專利權的「發明」（在愛迪生發明電燈之前，這是他嘗試開發有效電燈二十次的其中一次），發光時間沒有超過一分鐘。一八八八年，倫敦上訴法院（London Court of Appeals）最終裁定斯萬的第一盞燈是「失敗品」。

紐約不再有煤氣燈

愛迪生本來可以在十二月召回搜尋竹材的探險家，因為當時其中一人——威廉·摩爾（William H. Moore）已經把理想的燈絲素材寄給他：八幡剛竹（Yawata madake）。這是日本關西（Kansai）森林的巨大木料[25]，其鋼鐵般堅硬的長纖維是由八角細胞組成，這些碳化後的細胞具有一致的密度與硬度，通電時能保持定型後的形狀，平均使用壽命為二千四百五十個小時。

厄普頓試著以書面形式證明，曼哈頓中央處理系統的電力照明特許經銷權有獲利潛力，但計畫拖延以及物理、政治、財務方面的困難都需要在第一批發電機開始運轉之前克服。他憑著保險規畫和愛用的計算尺，預估一開始接通市中心地區的電源需要花費十五萬六百八十美元，外加四萬五千九百八十九美元的專利權與其他費用。如果顧客把一萬盞燈插上電源，每天運作五個小時（依據當時的煤氣平均消耗量），那麼每年的收入就能達到十三萬六千八百七十五美元。此外，隨著愈來愈多紐約人改用既安全又節約的白熾燈，收入肯定能產生複利效應。因此，厄普頓滿懷信心地建議公司將工廠的資本額定為三十萬美元左右，預計應付股利為百分之三十，而每年的投資報酬率為百分之六十。

然而，愛迪生的資助人已學會在批准門洛帕克市提出的任何方案之前一再仔細確認。十二月十七日，路萊帶領的愛迪生電燈公司有九名董事組成紐約新企業「愛迪生電氣照明公司」的多數董事會成員。當務之急是先說服市政廳准許愛迪生開始挖掘街道，再把他的業務轉移到曼哈頓。董事會的結構顯然代表華爾街某些有權勢的金融家利益。愛迪生從中察覺到，一旦業務轉移，他就會喪失大部分的獨立性。他徒勞地表示反對，不願擔任董事。路萊嚴厲地責備他：「我不會呈交你的辭職信，因為卓克索摩根銀行的費布里先生大力反對你離開董事會。他描述你留下的印象是：『愛迪生的名字對我們來說就像擎天玉柱。如果他不參加會議，他的名字無法時時出現在董事名單當中的話，損失會很大。』」

照明企業正式成立，資本額為五百萬美元。愛迪生在聖誕節的五天前展現自己的實力，目的是讓中產階級分子刮目相看。當時包括八位市議員在內的一大群市政貴賓，搭乘專用的火車抵達門洛帕克市。太陽才剛下山，大約有兩百盞不久前擦亮的街燈就開始照亮山坡。鐵路旁有一間小酒館，隨時準備為旅途中的訪客解渴。然而，他們卻進入了沒有提供茶點的實驗室。愛迪生戴著海豹皮帽，在實驗室花了兩個小時說明多重電弧電路系統、支線與主幹線配電系統、銅沉澱物的計量方法、各種竹材的低溫歐姆電阻等複雜細節。比起這些主題，市議員比較想知道他是否會在著名的「凌晨十二點宵夜」一小時前，招待他們吃晚餐。他依然不為所動地帶著這些市議員參觀機械工廠和發電室，而他的新型波特艾倫蒸汽機就坐落在發電室裡的巨大基座上。

八點時，他陪著垂頭喪氣的客人回到樓上的實驗室。在他們離座的這段時間，狹長的實驗室沒有開燈。但他們爬上樓梯時，室內天花板上的三十七盞燈（其中一盞有粼粼水波罩著）突然亮了起來，還有一張U形餐桌映襯著希爾伯・羅斯福的管風琴。戴著白手套的服務生站在一旁準備倒香檳。接著，德爾莫尼科餐廳負責供應這場宴席的飲食。路萊坐在餐桌的主位，左手邊是愛迪生，右手邊是以反對中央處理系統計畫而聞名的議長約翰・莫里斯（John C. Morris）。服務生陸續幫忙斟酒（愛迪生用大量的水稀釋酒），而隨著一道接著一道菜上桌，香檳酒也換成了肯塔基州（Kentucky）的威士忌酒。到了分發雪茄時，莫里斯開始扮演起市政白熾燈的熱切倡導者。他告訴在座的人：「愛迪生有資格接受全世界對他的謝意，因為

25　在日本大阪市與京都市之間的石清水八幡宮（Iwashimizu Hachimangu），矗立著一座高雅的「緬懷湯瑪斯・阿爾瓦・愛迪生」紀念碑。之所以選擇這個地點，是因為很靠近為愛迪生電燈公司供應燈絲纖維長達十五年的剛竹林。

是他帶來這麼完美的燈光，如今也可以用來代替煤氣。」

煤氣負責人史蒂芬・麥克科米克（Stephen McCormick）坦承，電是一種更安全的光源。以前待在紐約的旅館房客，在就寢前吹熄燈火後，很容易在睡夢中死去。負責公園的專員安德魯・葛林（Andrew Green）讚嘆，中央公園（Central Park）終於出現不會燃燒樹葉的燈了。市議員約翰・麥克拉夫（John McClave）則預言一九〇〇年的紐約不會再有煤氣燈的蹤跡：「如果我的發言或選票，有機會用來支持我今晚在這裡看到的美麗電燈，你們可以指望我這麼做。」

路萊起身提議為這位發明家敬酒。其他人伸手拿起酒杯時，愛迪生突然想到自己還戴著便帽，就尷尬地摘下帽子。伴隨著熱烈的歡呼聲，大家都站起來向他敬酒。

沒有回頭路

隔天早上，紐約的報紙宣布照明公司獲准將白熾燈引進市中心的五十一個街區。規劃中的二十六區的第一區範圍從東河開始，西至拿索街（Nassau Street），南至華爾街，北至雲杉街。此平方英里的區域涵蓋了紐約市某些密集的房地產，包括幾家大型金融機構的總部（尤其是卓克索摩根銀行）以及許多連棟房屋、廉價公寓。只要愛迪生找到適合的地方，他就能在該處建造中央處理站，也可以先規劃需要挖掘的街道，但要等到明年上任的下一屆市議員批准。

路萊對這樣的許可感到不安，因為隨時都有可能收回成命。他需要的是新管理者發布正式法令，並了解市政廳的做法，這一切必定所費不貲。但這是他的問題，不是愛迪生的問題。如今，在門洛帕克市策劃的大變革已經沒有回頭路了。經過四年半隱居做公共實驗的生活後，發明家愛迪生與一些「年輕人」（當中有許多人取走存放於實驗室的瓶子，用來在小酒館舉辦香檳派對）不得不面對彼此離別之苦，以及伴隨而來的青春尾聲。

二十七日那天，大雪紛飛，把亨利・福特日後會在另一個世紀的另一州重建的一幢幢小房子弄得潔白如雪。

耐力

到了一八八一年，日偏食的出現預示著天翻地覆的變化。愛迪生愁眉不展，顯然他還在為最近名譽飽受攻擊而傷神。「我取得的成就本來就應該歸功於我，」他向《芝加哥論壇報》（*Chicago Tribune*）的記者抱怨：「就在一年前，有人說電燈的電流不可能細分……。好多人都看不起我，然後現在又有個叫斯萬的傢伙在倫敦展出我的白熾燈。」從他使用所有格代名詞表述，可知他有多麼憤怒，因為皇家學會（Royal Society）會長威廉・斯帕特斯伍德（William Spottiswoode）——

門洛帕克市，一八八〇年至一八八一年的冬季。理查・奧特考特（Richard F. Outcault）繪。

艾薩克・牛頓（Isaac Newton）爵士名義上的後裔——竟然宣布斯萬是最後成功解決電燈問題的人。

愛迪生的回應很激動：「就算有人努力嘗試幹大事，又有什麼用呢？如果他默默地埋頭苦幹，別人就說他是江湖上的騙子。但如果他光明正大地做事，別人就把他想出來的點子通通偷走。」

他沒有想到的是，東半球的人不欣賞過度分享個人資訊的美式作風，反而比較習慣自嘲、依照正規程序的做法。他現在就是在大量透露私事，還天真地以為自己誇耀的每一項發明，或讓競爭對手借去測試的發明，不會很快就被仿製。對於像斯帕特斯伍德這種在伊頓（Eton）公學、哈羅（Harrow）公學及牛津大學受過教育、擁護現有的社會體制者而言，愛迪生是美式利己主義的尷尬例子，既不懂拉丁語，也不懂得耍手段，淪落為人人玩弄的傻瓜。

斯萬一向詭計多端，因此能在英國社會中攀升並脫離斯帕特斯伍德所說的「地位」，也就是遠比愛迪生更低階的勞工階級。他也沒受過什麼正規教育，十幾歲時就在化學家身邊當學徒，並在開始做燈泡實驗之前待在外地的藥局工作。根據他最早的印象，那時正值愛迪生於一八五五年的一歲生日，但他和家人後來把時間往回推到一八四八年。從那時起，他在事業上一帆風順，也在倫敦為自己建立起紳士般的發明家形象，等了二十年後取得白熾燈的專利。

「在戲棚下撐得很久嘛。」愛迪生譏笑道。

無論如何

在主顯節（Epiphany）的盛宴那天，紐約金融界的三大王——約翰・皮爾龐特・摩根（John Pierpont Morgan）、埃吉斯托・費布里（Egisto Fabbri）以及雅各・羅傑斯（Jacob C. Rogers）——在傍晚參訪門洛帕克市，希望能確認自己是明智地投資愛迪生的系統。愛迪生的手一揮，五百盞燈就朝著雪地投射一片片橙色的光，而這幅景象就是確鑿的證據。「我絕對不相信你能買到他的股票。」其中一人說。

此時，愛迪生的心情很好。他讓助手的注意力轉移到大人物摩根身上——他正若有所思地倚靠著實驗室的工作檯，一面用象牙裝飾的雨傘輕拍著自己的鞋子。「漢默，你看看摩根。你應該會以為他的投資額不到十萬美元吧？」愛迪生問。

從那時起，卓克索摩根銀行擔起照明公司的銀行業者角色，促進公司的海外利益，並管理愛迪生的個人投資組合。

不出所料，威廉・格雷斯（William Grace）帶領的新市政熱衷於用稅收換取支持第一區照明計畫。行政單位一開始的索求是街上導線管每英里一千零五十六美元以上，再加上系統開始運作後的百分之三總收入。然而，摩根的遊說勢力很強大，該市最終只好接受直線距離每一英尺五美分的挖溝費。另一個要求是，愛迪生要補償檢查員在安裝期間的現場待命的費用（他不久就發現「待命」是指發薪日當天的短暫露面）。除此之外，只要曼哈頓下城的地面一解凍，他就可以開始下令鋪設導線管。

在他將大部分的業務轉移過去之前，他希望系統分析師查爾斯・克拉克對門洛帕克市的整體系統進行嚴格的測試，以確保系統能夠在紐約合乎經濟原則的大規模複製。新型波特艾倫蒸汽機最後送來了，但還沒有在機械工廠安裝好，沒有必要列入測試的系統，更何況他另有打算。同時，舊型八十馬力的布朗（Brown）裝置與十一台發電機相接，可以用來驅動測試。

系統在一月二十八日晚上九點二十二分啟動後，在愛迪生的工作人員當中，最有數學天分的克拉克欣喜地看到日誌裡不斷出現代數。對他而言，密碼 772t（W+wS+W 1s）表示熱量計得出觀測下的電燈節約總數值，而導體損失了一定的能量。愛迪生願意相信他說的話，更樂意接受他在十二個小時測試結束後得出的結論——從鍋爐中的易燃煤塊，到三萬九千英尺電路系統中的最後一盞燈，系統的各方面都協調得不錯。在克拉克的最後一份報告中，最重要的數字是每馬力七點二五盞燈的比率，大幅超越煤氣的比率。他也相信隨著發電機設計的改進，這個數字還會提高。愛迪生高興地跟他說：「我們會把電燈變得非常便宜，以後只有富人才燒得起蠟燭。」

女士起舞

一月過去了，二月如期而至，有幾位門洛帕克市的年輕人已經結婚，等著看誰先找到城市裡的住處。至於老頭，將不得不把頭上的漁夫帽換成曼哈頓時下流行的圓頂禮帽、大禮帽，起碼會戴上一兩年，甚至永遠（摩根先生想要自己的房子有一組愛迪生的照明設備，范德比爾特也想這麼做）。

二十五歲的瑪莉是三個孩子的母親。大家都欣賞她的甜美氣質，但不包括她喜歡買許多華麗的衣服——她也有同樣多的理由對於即將到來的變化產生矛盾的情緒。她住的大房子是村裡的社交中心，但她在紐約只有一位好朋友。她在紐瓦克市長大，當然不是鄉下姑娘。既然她那麼喜歡花錢，身為丈夫的愛迪生打算住在曼哈頓市中心的第五大道，那裡離「仕女一英里」（Ladies' Mile）街區的時尚女裝店和糖果店不遠，聽起來真不錯。但在這種環境下，她的勞工階級背景可能比在門洛帕克市更「顯眼」。瑪麗恩和湯姆再也不能在鄉村自由自在地遊蕩了，也不能待在父親的實驗室裡惹人厭。瑪莉需要幫他們請來鎮上的家庭教師，當然也需要為兩歲的威廉找保姆。她偶爾會思念以前和姊姊愛麗絲住在一起的日子；愛麗絲迷戀著吹製玻璃工威廉．侯哲爾。此外，每當她思念父母，也無法立刻開車沿著十二英里的高速公路去探望他們。

只要燈廠、鐵路及機械廠持續運轉，愛迪生就不打算中斷所有與當地相關的聯繫。在他找到鎮上的替代據點之前，實驗室裡只有少數重要的工作人員維持下去。這棟房子與綠色的田野毗連，有望充當宜人的避暑勝地；即便在雪花紛飛的仲冬時節，這種前景還顯得太遙遠。

瑪莉充分利用待在家的最後幾天，做了她很喜歡的事——盛裝打扮和招待客人。《紐約先驅報》（*New York Herald*）的記者被派去參觀實驗室的電燈閉幕式，並寫下她即將離開現場的景象：

> 愛迪生夫人的會客室確實很明亮……。你不會去特別思考屋子裡設置了愛迪生的電燈，直到你看到懸吊的球體不間斷地朝著下方的四周散發光芒。那裡有一群快樂的人，渾身充滿著元氣和勝利的魅力。一位義大利紳士一邊伴奏，一邊唱著那不勒斯即興曲。年輕的女士旋轉地跳起華爾滋舞……。我們到了火車站後，火車如雷鳴般地駛來，準備把我們帶到城市時，教授家附近的雪地響起叮叮噹噹的雪橇鈴聲。在曲終人散的門洛帕克市，沒有其他事比在電燈的照耀下乘雪橇更有樂趣了。

看看她運作的樣子

二月五日那天，門洛帕克市的「散居」行動開始了——巴徹勒移居到巴黎。他負責在當年的年底，為該市的盛大國際電力博覽會準備展覽事宜。

愛迪生在同意參加展覽之前猶豫了一下，當時他應該在紐約自立門戶，並展開職涯中最浩大的實際任務。然而，這是第一次舉辦以電力科學與技術為焦點的活動。馬克沁和斯萬一定會出席，並試圖以仿造的燈具迷惑公眾與媒體。屆時也會舉行實物操作、頒發獎牌以及在世界各地宣傳的活動。愛迪生不知道該如何避開這些場合，除非他指定「全能型」巴徹勒代表他出席。

巴徹勒離開後，厄普頓接管目前合併為愛迪生電燈公司的燈廠，伴隨的疑問是誰將成為老闆的得力助手。答案不久就揭曉了。巴徹勒啟航後過了兩天，愛迪生活力充沛又興奮地在實驗室對著克拉克喊道：「克拉克，快點收拾行李，跟我去紐約。我們馬上就要開業了！」

到了中午，他們走進第五大道六十五號的四層樓加寬砂石建築。愛迪生宣布此處是電燈公司的新總部。

「公司已經任命你為工程部經理，」他說，催促克拉克上樓：「這間是你的辦公室，家具在今天下午送來。樓上是你專用的客廳，家具也會一起送來。我要你隨時待在我身邊！」

不久後，這棟砂石建築的代稱叫做「六十五號」，矗立於第十四街以南的大道東側。在午後的陽光照耀下，十六扇高大的窗子展開有條紋的遮篷——在一年當中的此時，陽光灑在門洛帕克市，別具象徵意義。

愛迪生本來可以讓家人搬進頂樓的套房，但他決定把套房當作實驗室，再另外找公寓——在鄰近的地方租房子。[26]當月下旬，瑪莉和孩子留在國內，而他忙著監督員工和設備越過哈德遜郡。

從愛迪生與克拉克之間的互動，可知他目前處於精力過剩的狀態。他對眼前的專案感到興奮不已，就好像一台發電機連接到啟動後的機器，受到了「刺激」。二十八日那天，他和克拉克在門洛帕克市集合，進行一項可說是他們最後一次共同做的實驗時，上述的比喻化為了現實。

在愛迪生的中央處理系統計畫中，最重要的部分仍然不盡理想：發電廠。十一台雙極發電機已能夠達成模型系統和電氣化鐵路的需求，但還需要一間效力更大的工廠為第一區照明。他在去年春天意識到這一點，當時他指派兩位電磁理論專家——厄普頓與克拉克——打造生產力比以前高十六倍的發電機。光是旋轉電樞就有一．五噸重。

就是為了此龐然大物，他才需要用到幾百馬力的波特艾倫蒸汽機。克拉克認為新型發電機的理想轉速應為每分鐘旋轉三百五十周。愛迪生為了確認轉速，曾經要求查爾斯．波特（Charles T. Porter）打造一台速度快到足以驅動火車頭的機器。但延遲交貨的部分原因是，他額外要求用共同的軸把引擎與發電機直接連接在一起；蒸汽與電力的結合八成會引起「年輕人」聯想到粗俗的笑話。

目前為止，所有發電機都是透過齒輪和帶類裝置，間接地與驅動引擎相接。愛迪生發現許多能量因此流失了。他希望直接傳輸、高速及低內阻能使效率達到百分之九十，不受限於電機工程師通常認定發電機達到的百分之六十極限。然而，震動的部分難以估量，因此波特艾倫蒸汽機的鑄鐵基座有兩英尺深，而機械工廠裡的基座也很龐大。

合併的裝置組裝好之後，準備在門洛帕克市進行測試。從費城請來的波特有幸能操作自己的引擎。他太緊張了，不敢近距離操作，於是他在油門繫上一條鏈子，在拉動油門之前盡量向後退。蒸汽壓力慢慢增加，而愛迪生拿著秒錶，不斷要求增強動力。接著，調節器增強，發電機加速，直到克拉克開口說：「所有運轉的零件都看起來模糊不清，就像蒼蠅的翅膀快速震動。」不只是機器的基座在震動，整個頁岩山坡似乎搖搖欲墜。如果有華格納的崇拜者在場，他可能會說聽到了萬物發出的低音，稱之為「大地之音」。不過，在場的人是愛迪生，他拿著秒錶喊道：「繼續……繼續。」

克拉克能感覺到脖子上的汗毛直豎。在愛迪生的示意下，他啟動速度指示器，並發現發電機以每分鐘七百五十周的速度旋轉。由於接近解體點有風險，波特降低了引擎的速度。克拉克對電樞的性能不滿意，

26　愛迪生允許一些單身員工使用「六十五號」樓上的臥室。

但愛迪生現在很有信心，他有了六台更大型的發電機原型，可以安裝在中央處理系統。幾年後，他向《電氣評論》的編輯吹噓自己有一次差點「操爆」龐大的波特艾倫：「你應該要看看她運作的樣子！每次連桿升高時，她都想把整座山一起抬起來！」

寶貴的私人秘書

一八八一年三月一日，愛迪生在第五大道七十二號的奇普曼公寓（Chipman Boarding House）安頓家人。塞繆爾・英薩爾也剛好在這一天走進他的人生。這位剛從英國搭汽船過來的二十一歲年輕人，又矮又瘦，兩頰蓄著鬍子，雙眼瞪得像銅鈴，舉止相當嚴謹，彷彿他讀過山繆爾・斯邁爾斯（Samuel Smiles）寫的勵志巨著《自信：行動決定命運》（*Self-Help*）、《品格的力量》（*Character*）、《節儉》（*Thrift*）及《責任》（*Duty*）。他看起來不像注定躋身世界富人之列。不過，愛德華・強森大力推薦他。他們在倫敦認識，而強森認為愛迪生可以雇用這位擅長簿記的年輕人來管理私人與財務事項。

英薩爾是非常適合的人選，他曾經在愛迪生的歐洲業務代表喬治・古勞德（George Gouraud）上校手下擔任勤雜工。那段期間，他成了愛迪生傳奇故事的忠實追隨者。他夢寐以求的好運，莫過於在沒見過面的情況下，就被「世界神級人物」雇用了。強森陪他走上「六十五號」的臺階，在後方空蕩蕩的辦公室把他介紹給愛迪生。英薩爾一開始的反應很驚訝——這麼有名氣的人竟然穿著三件一套的黑色破舊服裝以及粗陋的棕色大衣。然而，在草草打結的白圍巾上方，那張臉令他很難忘：「我印象最深刻的是他那充滿智慧和吸引力的表情，還有他那雙目光如電的眼睛。」

當天晚上，英薩爾發現新老闆面對錢的問題時，表現得有點像個孩子。愛迪生拿出支票簿，毫不避諱地透露他放在銀行的存款有七萬八千美元。他問，應該賣掉哪一種歐洲電話證券，以便立即為三家私營企業——更大型的燈廠、生產發電機的工廠、在紐約街道下鋪設導線管的公司提供資金？

英薩爾能夠當場回答，因為他早已把閱讀所有經過古勞德辦公室的愛迪生合約列入自己的職務。他對看過的股票或證券內容有過目不忘的本事。他告知正要回到歐洲處理交易的強森，哪些股票以及在何種情況下應該脫手。舉例來說，愛迪生在倫敦的聯合電話公司（United Telephone Company）擁有價值約十萬美元的復歸權益（reversionary interest），也許他還能從古勞德試著與遠東地區的貝爾公司（Bell Company）進行的交易中得到同樣多的權益。早上四點時，英薩爾看完了愛迪生的帳簿，並編製一份國外專利權的計劃表，做為進一步借款的擔保。如果說愛迪生還沒有因為英薩爾這次的表現，而確信自己遇到了寶貴的私人秘書，那麼至少他認可了英薩爾不知疲倦地通宵工作的能力。在接下來的幾年，他們「不把時鐘放在眼裡」的共同習性，證實了兩人之間建立起牢固的密切關係。

要救工廠嗎？

克拉克認為，愛迪生急著展開中央處理系統專案的三個附屬製造項目，且與電燈公司無關，原因在於他固執己見又太過有自信。他責怪自己回報門洛帕克市的系統狀況時，描述得太過正面，以至於老頭以為系統在市中心大規模應用時，也能發揮同樣的效果。同理，他掩飾的所有小問題都有可能演變為非常嚴重的大問題。

其實，愛迪生已感受到自己有代表企業謹慎行事的包袱，這點可以從公司的總經理兼副總裁舍本・伊頓（Sherburne B. Eaton）的身上察覺到。伊頓是內戰老兵，喜歡別人稱呼他「少校」。雖然他的個子小，卻在「六十五號」占用最大間的辦公室。甚至在他們各自搬進去之前，伊頓就明確對其他主管表示他們的首要資產是在一八七八年從愛迪生那裡取得的專利，做為當時資助愛迪生開發電燈的回報。伊頓那整齊的小山羊鬍似乎在傳達：做實驗的時代已結束，公司的最後一筆巨大投資必須投入在第一區的建設。如果真如愛迪生所承諾的那樣成功，世界各地的城市都會爭相複製，而他的專利也會變得極其珍貴，也許他此後再也不需要鋪設其他電纜。

因此，董事會的大多數成員都反對涉足製造業務，他們認為這是不必要的沉溺行為。他們投入十三萬多美元到愛迪生的計畫，卻連一塊鵝卵石在市中心被提起的景象也沒看到。卓克索摩根銀行的預算觀察員不明白為什麼不能直接買管子和發電機，而要花一大筆錢訂製，也搞不懂為什麼愛迪生需要再建新的燈廠。畢竟門洛帕克市的燈廠每天能吹製一千個燈泡，而從爐子產出的剛竹燈絲用泥炭蘚屬植物包裹後，也能夠均勻地碳化。

愛迪生相信中央處理系統的各個製造部分，從長遠來看都是有利可圖的。他對此深信不疑，甚至有人告知他必須向電燈公司支付使用專利的權利費用時，他也沒有打退堂鼓。為了維持整體營運的控管，這一切都是值得的。不管怎麼說，除了他之外，還有誰能製造出其他人不曾做過的東西——配電盤、調節閥、電流指示器、導線管、支線與主幹線的分線箱、連接器、儀表、家用電線，甚至包括他的燈具專用插座？「由於資金短缺，」他告訴伊頓少校：「我會籌集並提供資金。問題在於要保住工廠，還是終止一切？」

英薩爾才剛在美國補眠幾個小時，就被趕到東河附近的戈爾克街（Goerck Street）一〇四號，檢視相關設施當中最先完工的舊型煉鐵大工廠——如今刻記著三英尺高的「愛迪生機械廠」字樣。愛迪生以六萬五千美元的價格租用、翻新及配備，其中九〇%的費用由他自己承擔，其餘的由巴徹勒負擔。[27]

由於英薩爾早就了解愛迪生的財務狀況，當他聽說愛迪生每個月給他的工資只有一百美元，相當於他在倫敦所得薪資的一半時，他沒有提出異議。他的判斷後來得到了回報。幾年之後，愛迪生繼續成立一家又一家子公司，他就被任命為所有子公司的秘書，而且每一家子公司都付給他相稱的薪水。他做滿一年後，子公司甚至主動給他一萬五千美元的股票紅利。「如果你主動找愛迪生談薪水的問題，他就會視財如命。但如果你把主動權交給他，他就會變得像王子般慷慨。」他說。

另一家迅速起步的公司是導電管公司（Electric Tube Company），由克魯西在華盛頓街上的工作坊經營。紐約市於四月十九日發布條例後，就開始在用戶的大樓安裝電線。由路萊談判所取得的特許經銷權範圍非常廣，使愛迪生有權在紐約市的街道、公園及公共場所鋪設管道、電線、導體、絕緣體，以及架設燈柱，用於輸送與使用電力或電流，以達到照明目的。他不僅可以在自己選擇的第一區做這些事，如果他想要的話，也可以在住宅區實行。

就在同一個月，愛迪生早期在曼哈頓結識的兩名老手——愛德華‧強森與製造商西格蒙德‧伯格曼——合作成立了伯格曼企業（Bergmann & Co.），並簽訂生產電燈配件（開關、燈泡支架、控電板以及儀表）的合約。與戈爾克街上的大型工廠相比，該企業的規模實在太小。愛迪生為這間小企業貢獻了將近一半的資金，遠高過強森的十二%。但就像導電管公司的例子，他沒有名義上的功勞，也許是為了避免企業資助者以為他同時忙太多事。

但在五月初，他在紐澤西州東紐瓦克（East Newark）的另一家大型工廠投入五千美元。萬一門洛帕克市的工廠規模太小，他就可以把這家工廠留做電燈生產之用。基本的燈泡引起了這些擴張，使他的自豪感油然而生。在愛迪生電燈公司的贊助下，該工廠——三個龐大廂房連接著橋架，覆蓋了整個城市的街區

---

27 當時兩人都沒有想過，他們只不過是共同創立了奇異公司。

——以五萬二千二百五十美元的價格被收購，也因此構成了他的新工業帝國第四個、也是最後一個分部。[28]

現在只剩下要在曼哈頓下城買一處合適的建築，來安置他的中央處理系統。也許他不是很有錢的人，但他對房地產有很強的覺察力。這使他在珍珠街的皮革廊頗受尊重。在溫暖的春天，第一區的這個地帶特別芳香，因為在倉庫運作的九十部升降機，大多數都是靠馬拉的。一些男孩駕馭著平板馬車，在平坦的屋頂上來回巡邏，同時有成捆的皮革上升和下降。馬是怎麼上屋頂的？這是個問題，但愛迪生可以在買下二五五號、二五七號（這兩棟結合在一起的四層樓建築，位於五千平方英尺的土地上）之後，再好好研究答案。他代表電氣照明公司，支付了六萬五千美元。與距離珍珠街五個街區以外的華爾街銀行相比之下，他掏的金額微不足道。但除了價格之外，此據點的優點是位於該地區的中心位置，相當符合需求。而他買下建築所省下的錢，可以用來隨心所欲地重新裝配大樓。

他馬上察覺到，原本打算安裝六台「發電機與引擎」混合體的重量，可能會把二五七號大樓的二樓壓垮。他也質疑南面與北面的牆是否有辦法支撐起沉重的大樑：克拉克需要做的是建造完整的內部熟鐵橋，規模與高架鐵路差不多大。橋下有一組為發動機提供蒸汽熱的鍋爐，並透過地下室不斷輸送的煤炭來獲得能量。此外，他會在三樓安裝電壓調節器，並在四樓安裝一排持續發光的一千個負荷監測燈（與煤氣燈的公司相比，他擁有的一大優勢是：可以藉著縫紉機之類的工具，使動力在白天發揮作用）。隔壁的二五五號大樓外觀很相似，可用做維修室、寢室以及儲藏室。

到了五月二十七日，愛迪生工作時充滿狂熱的精力，展開了每一項必要的專案，目標是在預期的六、七個月內完成第一區。目前為止，所有周邊活動都很不協調，也不連貫，如同暴風雨的體系緩慢地進行——「六十五號」的行政規畫、門洛帕克市的電燈生產、工廠的發電機組裝、克魯西在華盛頓街的工作坊鑄造幾英里長的導管、伯格曼在伍斯特街上大聲操弄輔助設備。然而，情勢持續發展，分散的活動也會漸漸集中起來，直到一切都匯聚到他即將觸動的開關——運氣好的話，就能在十一月使世界開始以白熾燈照明。

蒼穹

「聖安托萬大道上，有許多殘酷又賊頭賊腦的可惡商人。為何那麼多人要笨拙地把塗上油脂的線路，從天狼星鋪設到五車二[29]呢？」愛迪生在本來寫滿工程數據的實驗室筆記本中潦草地寫道：「有一千萬個惡棍滑行到最遠端的窪地，在一片混亂中撒尿。」

他要麼是在敘述夢境，要麼是在戲弄筆記本的主要保管人查爾斯・休斯，想讓他以為自己失去了理智。但比較有可能的是他在自娛自樂，從他使用的鉛筆在筆芯耗盡之前寫了多少廢話就能看得出來。「地獄的飛翼戰士，告訴我，在遙遠的盡頭是否有長疣的惡魔？牠的血盆大口朝著球狀的蒼穹吐唾沫……」他寫道。

在他的意識流當中，聖安托萬大道、賊頭賊腦的人、長疣的魔鬼——某些意象指向了他欣賞的小說家維克多・雨果（Victor Hugo）筆下的巴黎。唾沫的噴濺也可能與他在當代涉及的事有關：有報導指出，燈廠的勞工在操作幫浦時，口腔分泌過量的唾液。這是汞中毒的確鑿跡象。還有其他眾多指涉，包括提到社會底層的廁所、在電線桿上睡覺的人，讀起來像是有意為之的廢話，但也有可能與他的市中心計畫有關。

28 愛迪生在房地產方面很有天賦。他達成一筆非常划算的交易：地產要價十三萬六千美元，但他以五萬二千二百五十美元的破產接收價買下。幾年後，他以一百零八萬美元出售。

29 御夫座最亮的恆星。

愛迪生寫了四頁，並在結語中斷定：假如湯瑪斯．德．昆西（Thomas De Quincey）的腦子裝滿鴉片，且有直徑三百英里之大，那麼他永遠都無法理解朗費羅（Longfellow）寫的詩《伊凡格琳》（*Evangeline*）中所表達情人間的激情（愛迪生很欣賞這首詩）。然後，他翻到最後一頁，草率地畫了緊密又對稱的波浪線條，留下冗長的文章給後人琢磨。

大型發電機

巧合的是，鴉片正是他家裡的問題。瑪莉以藥用嗎啡的形式吸食大量鴉片，她的朋友很擔心她有一天會服用過量。她經常受到神經痛的困擾；這是十九世紀因病「宅在家」的婦女的常見疾病。每當神經痛發作，她無法指望四處奔波的丈夫留在身邊照顧她。[30]

愛迪生不在公開場合談論瑪莉，只有在極少數的情況下才間接地向密友暗示：他當初應該拋棄瑪莉。見到律師娶的有才華又年輕的加拿大女人凱特．阿默（Kate Armour）後，他突然問：「路萊，為什麼聰明的女人那麼少？」

當然，這個問題把凱特排除在外。他馬上就對她有好感，也給她一張有紀念意義的手寫字條：「妳好嗎，親愛的阿默小姐？相信我，電燈的事業很成功。」路萊吃驚地告訴凱特：「我沒聽過他提到同一位女人二次。」他喜歡瑪莉，但認為她不配當天才的配偶。「愛迪生的感情經驗，」他透露：「實在少得可憐。」

目前，瑪莉似乎過得還不錯。她善用了仕女一英里街區的商店，讓自己穿著更豔麗的服裝，也讓瑪麗恩穿上淺青綠色或黃緞面的宴會禮服，衣服上有手繪的花朵圖案。她很喜歡去戲院和音樂廳，偶爾也會買票參加社交舞會，但她的丈夫總是把失聰當作退場的藉口，因此她只好找朋友陪伴。

愛迪生比以前更忙了[31]，幸好瑪莉在門洛帕克市有一棟房子，等到曼哈頓的天氣變暖和時，就可以用做隱居地。今年夏天，她不在河的對岸，因此愛迪生能夠專心監督機械公司為即將到來的巴黎國際博覽會所做的準備工作。自從他決定參與博覽會，巴徹勒一直忙著將他目前的所有電氣發明展示於香榭麗舍宮（Palais de Champs- Élysées）的兩個大廳，例如投票計數器；雙工、四重訊號及八重訊號電報機；電筆；留聲機；微壓計，以及其他幾十項發明。這些展示品將沐浴在近期創造的偉大白熾光之中，而代表作品是一台發電機——比在門洛帕克市撼動山坡的發電機更大。

事實上，電阻是其性能的關鍵。愛迪生的發電機設計理論是：電樞愈大，阻礙電流流動的歐姆就愈小。因此，他加上由薄鐵片與沉重銅條組成的旋轉中心部分，前後成對地連接到環狀的「乳頭」。將近六英尺長的場磁鐵（field magnet）由八個實心鐵柱組成，各自纏繞著二千多圈絕緣銅線。直接施加旋轉動力，如同發電機的前身。然而，由於快速的波特艾倫蒸汽機在近距離的包圍下無法正常運作，導致發電機冒出火花並累積熱氣。於是，他訂購一百二十五馬力的阿明頓西姆斯（Armington & Sims）裝置——運作得較慢，也更涼快。

當這台龐大裝置的所有零件在現場固定在一起時，三十噸重的機身實在令人敬畏——長達十四英尺，也比厄普頓高。愛迪生不遺餘力地進行改善，甚至為接線片與螺絲釘鍍金，以期降低電阻。能量降回本質，直截了當地呈現美感，所有基本的幾何形狀都聚在無形的電磁波匯流處。然而，在六月底進行測試

30　瑪莉確實飽受神經痛折磨（請見第六部），也許與情緒問題有關。她的病似乎遺傳給長子，導致他終生忍受著突發性頭痛的折磨。

31　一八八一年五月十七日至六月二十五日，愛迪生申請了二十六項美國照明或電力專利，其中只有四項沒有獲准。資料來源：《論文》（Papers），第6.4節。

時，機身變得很燙，也引發火花，導致相鄰的感應棒之間發出電弧爆裂聲。愛迪生開始對於機器是否能在八月十一日的博覽會開幕前準備就緒不抱希望。他下令進行緊急重建、重繞電樞，並安排五十五位至六十位勞工輪兩班工作連續八天。他們拆除中心部分時，愛迪生在筆記本上畫了二十三頁的線路安裝圖，實在美極了。

最後，他選用一種以鋅白（zinc white）漆成的纖細棒材混合體，用塗漆的紙包裹，並用風扇從縫隙吹出的空氣來冷卻。結果電壓下降了，於是他在上方的磁場鐵芯另外增加兩個電磁鐵。這麼做使電路有點錯位，卻恢復了電壓，使發電機能有效地以每分鐘三百五十周的旋轉速度點亮七百盞燈。但他犯的錯誤是為了讓電阻保持最小狀態，就把換向器、電刷與過量的水銀混合在一起。這些物體的表面及時氧化，釋放出一團團的有毒霧氣，使工作人員像燈廠的同事一樣流口水。

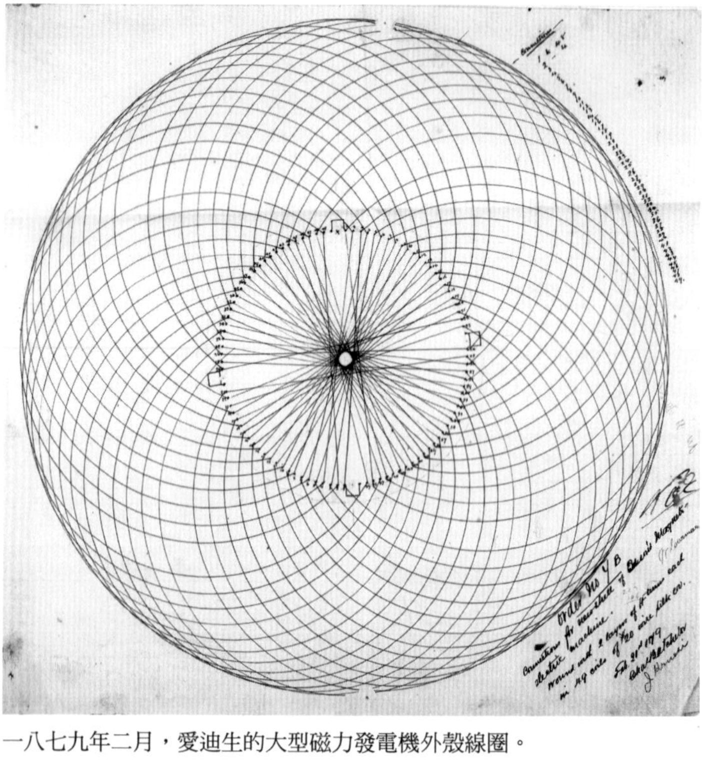

一八七九年二月，愛迪生的大型磁力發電機外殼線圈。

他解決此問題的方法是：像銀器匠一樣用心地經常重新混合和拋光。[32]如此一來，電阻降低到不到百分之一歐姆。但還有其他眾多問題需要解決，代表他參加博覽會的巴徹勒只好借助兩個較小型的發電機，為愛迪生的場地照明。開幕日猶如曇花一現。期待參觀大型發電機的遊客，被告知可能要再等一個月才能看到展示品。

到了八月底，發電機似乎可以運送上船了。愛迪生必須到西部接瑪莉，她之前到休倫港探親時生病了。但愛迪生受到直覺的驅使，決定在出發前再測試一次發電機。機器才剛啟動，曲軸就破碎了，碎片還飛到室內的另一頭。幸好沒有人喪命。他一邊檢查碎鐵，一邊咒罵，然後驚訝地發現阿明頓西姆斯無法使鐵退火。

他在九月初從密西根州回來時，發電機又能用新的鋼軸再度運作，終於準備好裝運——法國的「加拿大號」郵輪預定在九月七日前往利哈佛（Le Havre）。就在貨艙關閉前四個小時，六十名機械公司的員工拆解發電機，並裝進一百三十七個條板箱。愛迪生要求坦慕尼協會（Tammany Hall）讓他的貨車快速通過裝貨碼頭。警察管制了交通；馬在城鎮疾馳時，消防警鈴響起並疏通了道路。碼頭工人待在法國大西洋海運公司（Compagnie générale transatlantique）的碼頭等候。最後一箱在一小時後被運上船。

五枚金牌

後來事實證明，他沒有必要那麼匆忙。受到電力問題困擾的巴黎博覽會，除了一樓入口處有弧光燈與

32　一八八一年九月八日，愛迪生寫了一封內容詳盡的八千七百字信函，將這台發電機交託給待在巴黎的巴徹勒（「如果我發現遺漏了什麼，會再寫信給你。」他寫道）。從這封信可以看得出他支配下屬的密切程度。

白熾燈混合而成的偏藍光，一開始只有單調或晦暗的展示燈光，與其說博覽會完全對外開放，不如說是半開放式。即使愛迪生的電燈光度不強，至少光源穩定。巴徹勒與漢默則盡量從可支配的主線誘導出電流。九月二十三日，從美國運來的大型發電機轟動一時，因為尺寸是目前歐洲其他發電機的四倍大。愛迪生標示這款發電機是「C」型號，以便區別較小型的雙極發電機。他也考慮到龐大體積，不久就想出「巨無霸」的別名。

「巨無霸」為愛迪生的精緻燈展帶來亮點，而法國的科學作家的評論中也開始出現了一股略帶惋惜的欽佩之情。在過去的幾年，這些作家曾與英國同行爭相嘲弄「門洛帕克市隱士」的承諾。他們無法否認，愛迪生已把完整的照明系統元素通通組合在一起，而斯萬和馬克沁只展出電燈和枝形吊燈。《費加洛報》（*Le Figaro*）坦承：「愛迪生並不是神話。」亨利．帕維爾（Henri de Parville）也在《辯論日報》（*Le Journal des débats*）寫道：「時代確實變了。」所有的疑慮因此消失。聖湯瑪斯（Saint Thomas）等要求物證的人，現在都可以親眼看到他的電燈了。

一八八一年，巴黎電氣博覽會上展出愛迪生的「巨無霸」發電機。

也許在抱持懷疑態度的人當中，最具有影響力的人是狄奧多西・蒙塞爾。他在《電燈》（*La Lumière électrique*）雜誌發表長文，收回他之前誤以為愛迪生是裝腔作勢者的聲明——他大可這麼做，因為電燈公司現在每個月付他一千法郎，以表示他在歐洲代表的公司權益。儘管如此，國際審查小組在十月中旬發現，愛迪生的燈泡在三千瓦特發電廠的推動下，效率等級為每馬力一二・七三盞燈。斯萬的等級是一〇・七一，比同行喬治・蓮恩・福克斯（George Lane Fox）的一〇・六一、馬克沁的九・四八高一些。

十月二十二日，在巴黎代表電燈公司權益的路萊發電報給位於紐約的愛迪生：

> 今天公布的官方名單顯示你屬於最高等的發明家。圈子內的其他電燈參展商沒有人到達這個等級，他們只獲得等級較低的獎牌，例如斯萬、蓮恩・福克斯、馬克沁。附屬的評審委員會表決給你五枚金牌，但全體大會將你升到榮譽等級以上，這是大會給你最高的榮譽，可說是完全的成功。

差不多也是這個時候，另一封電報發到「六十五號」：

> 愛迪生，紐約——
> 你獲得了評審委員會授予的最高獎項。恭喜你。
> 約瑟夫・斯萬。[33]

---

33 斯萬也私下向路萊坦承：「愛迪生比我更有資格獲得最高榮譽……他對此專業領域的研究比我更深入。我原本無法理解他預料並呈現的細節，直到我看到他的系統才明白。」

白喉症

愛迪生對於取得五枚獎牌不予置評。他忙著研究發電機「巨無霸二號」——尺寸比巴黎的那台發電機更大。一八八二年一月，愛德華．強森為倫敦水晶宮（Crystal Palace）舉辦的展覽訂購了「巨無霸二號」。凌晨四點，《紐約時報》記者有幸受邀到機械公司觀看他們私下的實物操作；這個時間對愛迪生來說比較方便。

「你是今晚唯一看到這台機器的客人，」愛迪生高興地搓著手說：「一千盞燈的電力都來自同一台發電機。」變阻器轉動時，一排又一排的電燈在測試室的天花板高處發亮。電樞加速到每分鐘三百六十周的轉速，閃爍著電的光輪，顏色非常怪異，連《泰晤士報》雜誌也只能用「難以描繪」一詞來形容。

對於編年史家而言，很難找到合適的詞語來形容愛迪生現階段的紛亂幹勁。他此時三十五歲，心理與生理狀態皆處於巔峰時期。對於那些試著跟上他的步伐、或陪在他身邊夠久的人而言，他們回想起這位門洛帕克市的實驗家時，印象中的他無處不在，卻又無影無形，總是樂意停下手邊的事來閒聊、隨意地用管風琴演奏曲子、交換午餐便當。他甚至有時關閉工作坊，租一艘船，帶著「年輕人」到桑迪胡克附近釣魚。除了獎牌之外，他也從博覽會中感受到了自己渴求的國際尊重。

然而，這對他的紐約市中心工作並沒有多大幫助。克魯西的導電管公司發現，完成第一區配電系統的進度非常緩慢。簽署電燈照明協議的商人和住戶已接通電源，正在等候最後的煤氣罩。然而，紐約市不允許在白天的街道下鋪設主幹線與支線，而銅線與零件的延遲交付使夜間的挖掘工作拖延到秋天才開始執行。一群愛爾蘭籍挖土工趁著下層土還沒結冰之前，使勁全力挖溝渠。愛迪生發覺自己必須捨棄在十一月為第一區照明的夢想；如果他能在明年實現夢想，就算是幸運了。

挖土工要連接十五英里長的鐵管、穿線的長度比半月形導體長兩倍、澆灌熱的絕緣化合物、用螺栓固定住沉重的分線箱、在刺眼的弧光燈下辛勤地工作，還要忍受行人的憤怒情緒——他們想知道為什麼不能透過高架式電線來分配電流。這些人很難理解無形的電力需要防護措施。這項工作既骯髒又有氣體意外洩漏的風險，之前就有一次短路使路過的馬從潮濕的鵝卵石上跳起來。

愛迪生經常在溝渠中幫忙，彷彿他以為自己的肌力能夠加快導電管公司每週不超過一英里的進展。他樂於做苦工，經常不回家睡覺。反之，他在克魯西儲藏於二五五號地窖的備用燈管上打盹，在某種程度上實現了睡在電線桿上的構想。他似乎不在意鐵球沾上柏油，還在他的大衣留下條紋。冬天逐漸接近時，濕氣也沒有讓他覺得困擾。「我派了兩個德國人在那裡做測試，」他說：「他們都死於白喉症。」

他度過的夜晚與在市中心不同，他和新朋友——傑出的匈牙利小提琴家愛德華・拉門伊（Edouard Reményi）——在德爾莫尼科餐廳共享有意義的夜晚。若說到兩人之間的相異文化，他們不太可能有交集，但拉門伊認為愛迪生的技巧性談話宛如一種新音樂。「自從我和雨果、李斯特相處後，」他在某次談話結束後寫道：「第一次感受到自己置身於知識的天堂。」他開玩笑地說自己是機械公司的「宮廷音樂家」，就像他以前在溫莎宮（Windsor Palace）做的事，並款待愛迪生在機械公司與「六十五號」聆聽幾場私人獨奏會。他一邊演奏，一邊流淚。愛迪生問他為什麼哭，他說：「我只要聽到美妙的音樂就會想哭。」[34]

到了十一月，機械公司準備好出售一百三十多台小型發電機的存貨，以及後續的巴黎與倫敦大型機器。相較之下，門洛帕克市的電燈公司生產力與品質都下降了。愛迪生將場所搬到東紐瓦克區的新據點之前，決心卯足全力解決問題。他再度過河，八天之內就把電燈的壽命從四百個小時延長到六百個小時。

34　一八九八年，愛迪生在拉門伊的紐約葬禮中幫忙抬棺。

「我那週只睡了十八個小時，靴子都沒脫。」他說。他不相信厄普頓有辦法進一步改善已改良過的東西；如果有必要，他寧可整個冬季都待在門洛帕克市，直到燈泡比以前節能兩倍。

今年的聖誕節是他與瑪莉結婚的十週年紀念日。瑪莉的慶祝方式是再度開放屋子並舉辦舞會。計畫的流程精心周到，英薩爾要求賓夕法尼亞鐵路公司為了在凌晨返回紐約的賓客做些特殊安排。儘管愛迪生的耳聾狀況使他無法像瑪莉一樣享受這種場合，但專利局在十二月二十七日送他一份禮物：美國專利二五一五四五號的電解式儀表。這種簡單的無線圈裝置能夠自行測量電流。

雖然他的潛在照明用戶可能會不喜歡這款電解式儀表，但除了他的大型發電機之外，此儀表可說是他當年最重要的發明。如果沒有每個月耗電量與省電量的可靠記錄，紐約的愛迪生電氣照明公司就永遠無法盈利。其中也不乏其他同樣精巧的裝置，例如可以拆卸並重新組裝的電氣組合式吊燈，不需要大費周章地重新布線。愛迪生當時處於驚人的繁榮期，平均每四天申請一項新專利。一八八〇年，他順利申請到的專利總數是五十九項，今年為九十項，明年則超過一百項。整整十年期間，他平均每週申請一項專利（一開始是電燈專利，最後是水壓調節留聲機專利），同時身兼製造商、工程師、企業家、宣傳員、策畫員、管理者以及顧家的男人等職責。在如此活躍的過程中，只有兩次暫時受到「永恆的女性」（das Ewig-Weibliche）[35]制約。

華麗的匕首

主動來拜訪愛迪生的知名酋長坐牛（Sitting Bull）看到這台運往倫敦的大型發電機時，他表示尺寸太大了。這也是在英國郵局承接諮詢業務的電機工程師威廉・普里斯的意見，他對巴黎的發電機前身感到震驚。在皇家文藝學會（Royal Society for Arts）的演講中，他告訴同僚：「凡是對這台發電機感興趣的人——應該說人人都感興趣，因為象徵著明確的進展——這些人不久就有機會在霍爾本高街五十七號看到機器運作。」

普里斯指的是水晶宮展覽（Crystal Palace Exhibition）於一八八二年二月二十五日開幕前，愛德華．強森在倫敦安裝的愛迪生中央處理系統。雖然系統不是永久性的（由倫敦郡委員會安排的部分白熾燈測試專案），也只能照亮半英里長的霍爾本高架橋，卻勢必會成為白熾燈街道照明的真正發源地——而非曼哈頓珍珠街二五七號。

系統很快就能完工，因為強森不必到地下為高架橋兩側的建築安裝電線（雖然名稱叫高架橋，其實是一條設在法靈頓大橋路〔Farrington Bridge Road〕上方的寬闊大道）。他需要做的事就是沿著已被都市煤氣公司挖空的管道，把主幹線與支線串在支撐的石造部分之下。[36]同時，克魯西別無選擇，只能先等待曼哈頓市中心的下層土解凍，配電系統才能完工。如果他能在仲夏之前完成，那麼第一區很有可能在秋季之前熠熠發光。

無論在何時處理生意，強森都是個急切、誠實、說話囉嗦的推銷員。他的職涯開始於向西部銷售電報設備，結束於在紐約上州銷售牛奶盒。目前，他為愛迪生的英國電話與照明事業全力以赴。「世上只有一位愛迪生，」《紐約每日新聞》（*Daily News*）評論道：「而強森是愛迪生的預言家。」

在電燈公司派來的顧問工程師漢默與傑爾的協助下，強森在一月十九日沿著高架橋使用愛迪生的四

35　十九世紀時，女性經常被描繪成「引導男人走上道德之路」的角色。基本上，公認的女性美德包括謙虛、貞潔、禮貌等。

36　現今，法靈頓大橋的管道檢修門上仍然標記著「北泰晤士天然氣」（North Thames Gas）。

百盞耀眼電燈，以及在水晶宮的正式晚宴上使用二百五十盞燈，吸引了英國媒體的目光。不用說，大樓裡的電燈展示品一定會朝著許多方向形成反射。但強森在音樂廳懸掛的枝形吊燈，其水晶飾品是燈泡的十倍大，整體的吊燈設計得像華麗的匕首，彷彿準備刺穿現場任何一位煤氣產業高階主管的心臟。在接下來的幾週，隨著附加的發電機提高電壓，兩項裝置都擴展了。高架橋系統最終達到三千盞燈的容量，而水晶宮為一千盞燈——漢默裝配某些燈是為了拼出「愛—迪—生」的字母，使老闆成為第一位用電燈秀出名字的人。

然而，國會通過反商業的《電力照明法案》（Electric Lighting Act），有效地阻礙中央特許經銷權時，愛迪生想照亮整個倫敦的希望破滅了。但這並沒有阻止他在三月成立英國子公司——愛迪生電燈公司，目標是加入一些歐洲新創企業，如同在巴黎成就的餘暉下，像分支機構一樣蓬勃發展。

光是在法國，他就成立了社會工商公司（Société industrielle et commerciale），在巴徹勒的管理下生產電燈；成立愛迪生社會電力公司（Société électrique Edison），在當地建造中央處理系統；成立愛迪生大陸公司，在歐洲各地建造中央處理系統。在這些獲得許可證的工廠當中，最成功的是位於柏林的愛迪生德國協會（Deutsche Edison-Gesellschaft）。愛迪生的電燈照亮了史特拉斯堡（Strasbourg）的火車站、巴黎歌劇團（Paris Opéra）的大門廳，以及米蘭的斯卡拉大劇院（La Scala）。巴徹勒培訓的團隊安裝了遠至芬蘭的獨立系統。

傑爾於波西米亞的布爾諾為市政劇院安裝電線之前，斯萬爭著在倫敦的薩伏依劇院（Savoy Theater）置入自己的系統。無論斯萬仿製的新燈泡算不算是愛迪生的發明——此問題只能在法庭上得到答案——他使用了羊皮製的棉線做燈絲，甚至比剛竹做的燈絲更光滑、更堅硬，即使沒有略勝一籌，也同樣有效。強森認為對這兩位發明家而言，最好的辦法是合併在英國的權益，但愛迪生不同意。斯萬在巴黎博覽會上展現紳士般的風度對他讓步，他卻不為所動：「我的看法是他試圖認領別人的作品，表面上看起來很尊敬人，骨子裡卻是大騙子。」

紅線、白線及黑線

那年冬天，愛迪生忙著奔波期間，瑪莉承受著子宮疾病和憂鬱症的痛苦。「她似乎非常緊張和沮喪，也認為自己永遠不會康復，」家庭醫生寫信給愛迪生：「最近她的身心健康變化很大，我覺得應該做些改變了。」

醫生建議帶她去歐洲待幾個月。不過，珍珠街即將恢復作業，愛迪生頂多只能在三月送她和孩子到佛羅里達州住四週。連續工作了七十二個小時後，他自己也筋疲力盡了。醫生也囑咐他去度假。這是他第一次造訪佛羅里達州。剛好草莓的季節開始了，而克萊縣（Clay County）聖約翰河（St John's River）的度假勝地綠灣溫泉（Green Cove Springs）有含硫磺的水，能產生治療作用。瑪莉並不急著回到北部。英薩爾很喜歡以愛迪生的名義寫信，他很高興「大人物」沒傳來任何消息，直到二十八日才收到他突然要返家的消息。

當時，愛迪生著重於門洛帕克市，不是曼哈頓，他沒有放棄收回電燈公司。他覺得此時該搬遷到在東紐瓦克區買下的大型工廠。在厄普頓的監督下，從四月一日開始遷移，當地的一百多個工作崗位因此消失。只要愛迪生還需要實驗室與電氣鐵路做實驗，以及瑪莉把房子當作鄉間別墅，那麼門洛帕克市就能保有一線生機。然而，厄普頓一家人、巴徹勒一家人以及克魯西一家人都離開了，喬登（Jordan）太太的寄宿公寓需要客人，燈廠也空蕩蕩的，離廢棄的日子不遠了。

愛迪生回到曼哈頓，並在聯合廣場（Union Square）的豪華飯店「艾佛雷特之家」（Everett House）租了一間套房。在他人生中最緊迫的夏季期間，此處是他的基地。去年秋季，巴徹勒與強森在巴黎、倫敦為他贏得了熱烈的歡呼聲後，如果他拖了更久的時間來照亮第一區，那麼他將只會得到紐約市民粗聲惡氣地罵聲。

根據《紐約時報》報導，第一區的電燈公司用戶已經開始發牢騷，他們厭倦了看到牆上掛著毫無生氣的電線。隨著冰雪在春季融化，挖溝作業已經恢復，但仍有七英里尚待完成，平均每天要完成一千英尺。報社派遣一名代表詢問舍本・伊頓是否已確定完工日期，而他的回答清楚地表明愛迪生面臨著履行任務的壓力。

答：「我們無法確定期限。如果供應材料商沒有違約，我們在去年秋天結霜之前就該完工了。」

問：「可以抓一下長遠的日期嗎？比方說四個月？」

答：「不能肯定。」

問：「一年內能夠確定完工日嗎？」

答：「我沒辦法確定期限。承包商可能會在材料方面又出問題。」

問：「你覺得之後會不會又因為嚴寒的天氣導致延誤？」

答：「你跟我一樣都能做出判斷吧……我們已經在盡全力鋪設電線，之後就能點亮電燈了。」

愛迪生的資助人希望開發一種利潤豐厚、成本較低、替代中央處理系統建設的方案——專為摩根這種私人客戶、或郊區工廠及小城鎮設計的獨立系統，使他進一步採取行動。從這種興趣的轉變可以看得出，如果他在明年冬天之前還沒完成第一區的作業，那麼為紐約第二區籌集資金也許需要花很長的時間，或不可能實現。

春季期間，四台二百四十馬力的鍋爐安裝於珍珠街二五七號，二樓有三台大型發電機，而隔壁有一些輔助設備。第一台發電機直接在波特艾倫蒸汽機的軸上裝桿，於七月五日開始運作，三天後連接到二五七號頂樓的監控配電盤。固定在牆上的一大片燈泡亮起來時，連愛迪生都想像不到的願景出現了：一千盞燈泡密集地排列，亮度隨著電流的強弱而變化。[37]

在愛迪生一如往常的幫助下，管道鋪設的進度在七月期間加快了。這並沒有妨礙到他的專利申請，此時比以往出現更多變數，其中包括發電的煤炭轉換方法，在本質上能預示燃料電池的能量；三百三十伏特的高架式「村莊」配電網路能降低珍珠街系統本來已符合經濟效益的銅商（copper quotient）。他同時發明了出色的三線分流電路，即在兩個皆為二百二十伏特的熱導體之間插入中性導體，能讓一百一十伏特的多盞燈獨立運作，但他沒有多餘時間提出限制條款。這款電路的紅線、白線及黑線有望成為美國家庭的標準配備。[38]

那年春夏兩季，他順利申請到的五十三項專利並不包括國外專利，也不包括嗜酒的專利律師澤納斯・威爾伯（Zenas Wilber）遺失或竊取的七十八項申請。「坦白說，」愛迪生在晚年說：「失去這七十八項發

37 配電盤的黑白圖像在八月二十七日刊登於《科學人》雜誌，在現代電腦螢幕上可看到一排排的電燈充滿折射色彩的圖案。請參考網址：https://babel.hathitrust.org/cgi/pt?id=pst.000062999472;view=1up ;seq=137。

38 愛迪生將這項發明的專利申請延遲到一八八二年十一月二十七日，使約翰・霍普金森（John Hopkinson）能夠在這天之前於英國提出類似的申請。一八八三年三月二十日，愛迪生的系統在美國被授予優先權（美國專利二七四二九〇號），但那時霍普金森已擁有英國專利。

明讓我留下永遠無法抹去的陰影。這些發明很重要、實用又寶貴。」

在他詭異地原諒威爾伯後，採取的預防措施是聘請年輕的智慧財產權律師理查・戴爾（Richard Dyer），並交給他一項任務：整理日積月累的專利特許證，目前光是美國專利就累積了四百多份。

對於愛迪生的照明公司、電燈公司、獨立照明公司、電氣照明公司，尤其是對於導電管公司、機械公司而言，八月是進展迅速的月分。這些公司的主管都意識到付出的努力有顯著的成效，情勢似乎已經確定，並不是任何經理能夠決定的，就連愛迪生也被牽著鼻子走。紐瓦克市的燈泡產量增加到每天一千四百盞，預計產能會變成此產量的三十倍。愛迪生的外國企業訂單紛至沓來，工廠須製造的發電機數量太多，以至於建造珍珠街所需的六台大型發電機時，不得不擱置訂單。

愛迪生的電力監控面板，位於珍珠街的中央處理站，一八八二年。

最後，整列配對的發動機和發電機在珍珠街二五七號準備就緒。克魯西鋪設了第一區最後的支線與主幹線，並完成主要系統用戶的住宅線路連接——最引人注目的是柏路（Park Row）上的紐約時報大樓。目前為止，電燈公司有九百四十六位客戶，總共安裝超過一萬四千盞燈。尚未簽約的業主和住戶受到了公告的吸引——承諾不收取安裝費用，除非「決定永久採用我們的燈」。

八月二十六日，《科學人》雜誌首度發表了「愛迪生電燈站」系統的詳盡描述，還附上精美的技術性雕刻圖，比螢幕上的照片更能說明高清晰度顯示器的光輝（描繪了一千盞燈泡）；發電機的驚人質量；如海洋郵輪上的鍋爐艙尺寸——有十六個熔爐以及伴隨的尼伯龍根人（都戴著整齊的黑色圓頂禮帽）；在珍珠街人行道外部與下方、充滿反光燈光的維修廳，有二十幾個街道導體的精密工程，而在上方路過的行人並不知情。文中解釋了所有移動裝置如何運作——從輸煤機到大型開關——類似三刀裁切機，可以用來切割發電機的電路。

「我們相信，」編輯寫道：「在讀者看到這篇文章之前，這個地區已光芒四射。」在接下來的幾天，有人看到煤氣公司的工作人員從珍珠街附近的路燈取下燈炮，並用馬車載走。

結束

九月四日星期一，愛迪生還沒準備好啟動系統，《科學人》雜誌的另一期就出版了。他有點恐懼，很不像平時的誇張作風，在下午三點只啟動了一台發電機，並將電流輸送到該區三分之一的零星顧客。彷彿他希望日光能掩蓋「發光U形板」無法白熾化的失敗。直到黃昏，《紐約時報》的工作人員才注意到他們原本習慣的光線產生了變化。他們轉動辦公室牆上的翼形螺釘後，發現自己沐浴在柔和又穩定的宜人光輝中，而不是煤氣罩的閃爍強光。從福爾頓街（Fulton Street）走到布魯克林渡輪（Brooklyn Ferry）的通勤者，注意到人行道上也有同樣的光圈。抬頭看的人可以看到掛在鐵製鉤子上有瓷器般色調的梨形球體；如果盯得太久，每根燈絲都會在眼睛上留下微小的痕跡。

到了七點鐘，天色已變黑，記者到外頭尋找愛迪生時，驚訝地發現儘管中央處理站很明亮，珍珠街的電燈卻沒有被切斷。他們發現愛迪生在二五七號的二樓，戴著高頂白帽，穿著無領襯衫，看起來跟平時一樣愉快又不修邊幅。「我已經履行自己的承諾了。」他說。記者問他為什麼沒有照亮整體區域時，他表示本來應該能實現，卻因為紐約火災保險商協會（New York Board of Fire Underwriters）堅持該市應當簽字確認每一棟加裝電線的大樓而延誤。他為那些已接通電源的大樓感到欣喜：「半英里外的卓克索摩根銀行辦公室內的電燈，與這裡的電燈一樣明亮耶。」

然而，亮光不再有新鮮感了。那天晚上，平均八百盞燈發出相當於十六支蠟燭的燭光，與城市其他公共場所的弧光燈強度相比，顯得暗淡許多。愛迪生掀起的革命是如此不起眼，同時又引發世界性的改變，因此很少有人經歷過這場革命後，意識到發生了什麼變化：它終結了人類歷史上的晝與夜制衡力，嘲弄持火炬者、點燈者以及煤氣公司用微弱的火焰試著改變這種平衡。

大象之間的搏鬥

只有兩家晨報關注紐約中央處理站的創立，也就是新聞編輯部安裝最多愛迪生電燈的《泰晤士報》與《紐約先驅報》，這點不足為奇。全國各地還有其他幾則簡短的報導，卻都沒有引起轟動。關於英國的評論，最佳評價就是「值得尊敬」，也許是因為愛迪生這次的成就沒有半點自誇的成分。《波士頓環球報》風涼話般的社論最接近事件的真相：「愛迪生騎士舉辦了開幕夜，旨在通宵達旦。」[39]

整整一週，愛迪生都睡在處理站的小床上。他決心在第一區網絡的用戶成倍增加的情況下保持產量，並預測有朝一日會需要六台發電機的全部電量來達成一萬六千盞燈的需求，於是他用實驗方法把兩個龐然大物連接在一起，因為他認為這樣的組合能使電力平穩地聚集。但事實證明他大錯特錯。

我們投入第二個引擎時，第一個引擎就慢了下來。接著，第二個引擎瞬間加速，再加速兩三倍，一直到我們覺得大樓快要倒塌的速度。而另一個引擎也開始加速，引擎之間起伏不定，從每分鐘旋轉五十周變為每分鐘八百周。沒有鋼或鐵能夠承受得住。換向器的電刷燒壞，熾熱的銅液流到地板上，木頭開始燒起來，煙霧瀰漫。大樓顯然要倒塌了，所有人都奔向樓梯。最後，我大喊停工，有兩個人跳進去關上節流閥。

愛迪生也曾遭遇「震盪」現象：旋轉機器的相反力矩，在應用的機械動力與內部電磁力之間尋求平衡。但穩定性是關鍵。珍珠街發電機下方的板子擱在鑄鐵橋上，即使很堅固，卻不受內壁的限制，將每台發電機的振動向下傳遞，如同重力對波特艾倫引擎調速器的操作方向。發電機非常敏感，而且機器之間的電氣連接引起混亂，一會兒充當發電機，一會兒充當馬達，於是機器開始失控地尋找平衡狀態。結果，其中一台發電機的速度變化與另一台發電機產生衝突，猶如大象之間的搏鬥，馴象師卻無法解決，伴隨著深沉的呻吟聲與尖叫聲。幸好愛迪生沒有因此失去基地。

這是他生平第一次需要喝點酒，於是他和愛德華．強森到對面的街道去買酒。「我全喝光嗎？」他看著斟滿酒的玻璃杯問道。「乾下去吧。」強森說。

39　一八七八年，愛迪生因留聲機方面的工作而被任命為法國榮譽軍團勳章（French Legion of Honor）騎士。

電燈公司的下一期宣傳公告沒有提到這次差點發生的大災難，但承認珍珠街出了一些問題：「主要問題出在機械的特性，與發動機的管理不善有關。」愛迪生設計的管狀連接軸解決了此問題。連接軸充滿受限的扭力，使波特艾倫蒸汽機同步進行，但他認為從阿明頓西姆斯訂購配備更多離心加重調速器的新引擎是明智之舉。與此同時，處理站持續運行，在接下來的十年只有兩次短暫停工。

成功留存

對知識分子而言，個人圖書室從一個家轉移到另一個家，往往是不可逆轉的變化標誌。對發明家而言，試管和精密儀器的轉移也是同樣的改變。愛迪生在一八八二年九月底完成這兩種轉移，他在格拉梅西公園（Gramercy Park）二十五號租下灰色的石製連棟房屋，租期為兩年，並在曼哈頓B大道與第十七街的伯格曼工廠頂樓設立新的實驗室。他暫時保留鄉下的房子，但提到有些女人不斷干擾他，因此他今後要在紐約營業。

無庸置疑，瑪莉是他提到的女人之一，還有他的女兒、瑪莉的妹妹尤金妮亞（Eugenia）——最近加入愛迪生的家庭成員。九歲半的瑪麗恩已經在寄宿學校待了一年，她很期待與父母一起住在都市裡最時尚的地區，也嚮往與湯姆在住處附近一起就讀賈農女士（Mlle. de Janon）專為年輕女士與兒童開設的英語暨法語學校。[40]

愛迪生向英薩爾抱怨自己比較喜歡在河對岸的生活，但這位年輕人並不傻。「強森與我都認為他說了等於沒說，」英薩爾寫信給巴徹勒：「他也跟那些女人一樣想來這邊住。」

愛迪生的新家租約包含家具和設備，但顯然沒有很多本書。為了填補不足，他除了從門洛帕克市帶書來，還訂購了狄更斯、喬治・艾略特、雨果、庫柏、霍桑的幾部小說，還有《唐吉訶德》（*Don Quixote*）、《吉爾・布拉斯》（*Gil Blas*）、朗費羅的詩集、麥考萊的散文，以及其他冊子——裝訂扎實，不花俏。在十九棟可供選擇的不動產當中，瑪莉選擇了這棟房子，當愛迪生探索閣樓並找到薩繆爾・摩斯的私人日記時，他感受到宏大的設計感。摩斯發明的電碼曾經是他的第二語言。

最後一位在一八八二年「干擾」他的女人，與他幾乎不相識，而他也漠不關心，但他無法忽略紐澤西州法院在十二月十八日裁定他虧欠這名女子五千零六十五美元。她就是露西・塞弗特（Lucy Seyfert）夫人。當初，塞弗特的索賠依據是他在六年前為自動電報公司（Automatic Telegraph Company）籌集資金時簽發的本票。愛迪生記得那張本票，但也記得她當時並沒有持有本票。他遺傳了老山姆・愛迪生的基因，是個相當衝動的訴訟當事人，並且不願意付錢。結果，該案件轉交給紐澤西州最高法院審理。

除了這件不愉快的事，以及引起更多的爭執之外，整體而言，愛迪生在這一年算是很幸運。在他創辦的所有照明企業獲利、甚至證明有望成功之前，還需要一段時間，尤其是珍珠街專案距離開始收回六十萬美元資本額，還有好幾年的時間。成長率從九月的四百盞用戶電燈，增加到十二月將近五千盞燈，看起來令人印象深刻，但一開始免費為人提供電力，與他們是否願意接上電線有很大的關係。不過，英國的檔案紀錄報刊讚賞中央處理站「恆定而相等」的安培數、愛迪生的燈泡比英國製造的燈泡更亮等評論不容置疑。《泰晤士報》形容他的系統成就「如今無可爭辯」。

當時的另一家虧損企業是愛迪生電燈公司，其在紐瓦克市耗資甚大的工廠還沒有達到每天生產一千五百顆燈泡的損益兩平點。在運輸和銷售之前，每顆燈泡都要經過二百道精密的程序，而每顆燈泡的價格是

40　湯姆確實也就讀同一所學校。

四十美分——隨著產量增加，價格肯定會下降。電燈的壽命與品質穩定地提升。如果工廠達到預期的每天四萬二千顆燈泡的產能，也許會被重新貼上「紐澤西州第一家愛迪生銀行」的標籤。

機械公司（巴徹勒在法國的塞納河畔伊夫里〔Ivry-sur-Seine〕成功地複製）遇到的問題正好相反：生產力很高，以至於倉庫儲藏了七台未售出的大型發電機。「實在是非常沉重的東西。」英薩爾抱怨道，他喜歡用英語說一些蹩腳的雙關語。儘管有十四萬美元的負擔，至少還有盈餘，而且愛迪生已獲得三萬八千美元，可說是他全年第一次領到豐厚的收入。

目前為止，他最賺錢的新創企業是愛迪生獨立照明公司（Edison Company for Isolated Lighting）。有一百三十七家國內工廠或小型企業工廠目前都列於帳簿中，全都使用愛迪生的發電機和電燈。其中最負盛名的工廠位於麥迪遜大道（Madison Avenue）上的摩根市中心豪宅。那裡經常發生短路、大亨的辦公桌起火、馬受到驚嚇、引起鄰居的投訴噪音，但其他方面令人滿意。更好的消息來自遙遠的地方，最遠之處莫過於俄羅斯伊夫斯基萊（Yväskylä）的鋸木廠，位於北緯六十二度。鎮上的議員對燈光非常滿意，並表決將這家工廠升級為中央處理站。十二月時，蘇格蘭格拉斯哥（Glasgow）的造船廠有群眾在大雨中排隊，他們都想參觀一艘愛迪生照明的新汽船，它連內部的機軸隧道也在發光。

愛迪生預料到不久就會出現許多企業問題，他試著向電燈公司的董事會尋求更多用於中央處理站的資金，而董事會成員則「協助」他的獨立公司，以便取得低息資金。他在一份給英國光明公司（English Light Company）的備忘錄草稿中寫道：「目前為止，我一直呵護著我的心血，也相信自己能夠在沒有外援的情況下繼續這樣做，尤其是證明給那些說我的心血永遠不會有成果、就算有成果也無法持久的人看。既然我的心血已成功留存，我想要改變呵護的方式。萬一我在任何方面失敗了，那就該找其他發明家呵護。」

贊助人

一八八三年的頭幾個月，愛迪生除了與家人在佛羅里達州度假（在二月前縮短假期），基本上他很少出現在公眾面前。他沉醉在位於伯格曼大廈六樓的寬敞實驗室裡，也發現電梯抵達那層樓的時間，與他為手錶上發條的時間一樣長。他搭電梯時，把發燙的發條轉柄抵在電梯的轉軸上，讓拇指與食指省下不少力氣，當到達頂樓時就把發條給上好了。[41]

自一八八〇年以來，他在電燈創新方面遠近馳名，有時新聞報導也會驚奇地指出他依然有能力發明其他東西，例如馬拉的貨車能夠挖雪、把雪壓縮九〇％，並以整齊的冰塊形式存放，使街道的其他地方保持暢通。他也玩過真空包裝麥麩的構想，至於原因，只有他本人最清楚。令他遺憾的是，他必須捨棄另一台在兩年前突然申請專利的設備：磁性鐵礦分離機，設計的用途是提煉在長島奎葛村莊、羅德島州闊諾孔托格（Quonochontaug）村莊覆蓋著沙灘的黑沙。伊頓少校跟他一樣對那些沉積物中的豐富含鐵元素很感興趣，在某些地方有二十英尺深。然而，他們共同成立的愛迪生礦石加工公司不曾蓬勃發展，主因是最初沖刷沉積物的海洋不斷填海造地。愛迪生後來抱怨：「簡直就像辦理一群鯡魚的抵押貸款。」

到了冬天，他與路萊的關係變得有點緊張。路萊是他迄今在電燈公司董事會中最要好的朋友。本質上，路萊是個華爾街人，他不理會愛迪生、厄普頓及強森抱怨公司貪婪地每賣一盞燈拿十美分，按成本價賣四十美分。現任總裁伊頓少校私下暗示，他們所代表的自主製造廠——機械公司、電燈公司、導電管公司、獨立照明公司、伯格曼公司——在企業的資助下會更有餘裕。

41　就像平常一樣，山姆每次造訪工廠時都喜歡爬樓梯。到了八十二歲時，他擁有麋鹿般的腿，還有兒子引以為傲的寬闊胸膛。「我猜他的胸膛有五英寸半長。」愛迪生說。

在這種收購威脅下，愛迪生心煩意亂。他與夥伴簽署了不可協商的聯合獨立宣言，提醒伊頓：早在他們試著為工廠提供資金時，電燈公司就對他們很吝嗇了。信函由強森起草給另一位富豪，也許他聯想到另一位強森[42]在一百二十七年前喊道：「大人啊，難道贊助人不是冷漠地看著在水裡掙扎的人，然後等到那個人抵達陸地時，才『幫倒忙』嗎？」

美國的確定性

四月二十五日，愛德華．拉門伊從內布拉斯加州的林肯市寫信給愛迪生：「你那宜人的燈光蔓延開來了。」他剛剛參加一場宴會，沐浴在愛迪生電燈的光輝中，同時也沉浸在他對製造者產生的親近感。「雖然我是上了年紀的小提琴手，我還能自誇是你忠實又重感情的朋友，也是你的宮廷音樂家。」他寫道。

愛迪生知道電燈已廣為人知。他成立了獨立公司愛迪生建設部（Thomas A. Edison Construction Department），將在各省安裝廉價、高架懸掛式集中照明系統，藉此追求「村莊工廠的生意」。雖然他的新企業名稱很奇怪（部門怎麼會是公司呢？）而且看起來很刻意掩飾意圖，但他把總部設在「六十五號」，似乎是在責怪伊頓少校對紐約以外的中央處理站興致缺缺。

此時，強森已回到倫敦，處理當地愛迪生電燈公司的複雜事務。愛迪生寫信告訴他，還不如放任管理階層繼續打混摸魚，然後讓他們滾回家不再回來：「我們現在很盡力經營村莊生意。很快就有收益，而且金額很大……我們可以兌現承諾，把事情做好，因此我認為最好把精力集中在美國的確定性，而不是英國的可能性。」

強森在倫敦備受尊敬，他不希望在當地被視為做事虎頭蛇尾的人。他需要幾個月的時間來完成任務，然後才加入建設部。此外，他想幫助倫敦的出庭律師，針對愛迪生堅持向高等法院起訴斯萬的專利侵權禁令訴訟進行辯護。但考慮到法院大樓使用斯萬的燈泡來照明，希望獲得有利判決的機會很渺茫。

愛迪生在缺席的情況下任命強森為合夥人，另外還有巴徹勒、英薩爾以及伊頓。愛迪生當然不會漏掉伊頓——這位個子不高的少校是個脾氣好卻很謹慎的人，也是個陰鬱的官僚主義者，如同鼹鼠般地嚮往挖掘到有權有勢的位置。不知何故，他不僅成了愛迪生電燈公司的總裁，還成了獨立照明公司的總裁。如果愛迪生要將自己的專利用於建設部專案，那麼雙方的合作是必要的。做為交換條件，母公司能從每一個加入「宜人燈光」推廣的新處理站中獲得收入。

另一位「攀龍附鳳者」是英薩爾。他比伊頓更有野心，也更狡詐。對他來說，合夥關係等同於他對愛迪生無私奉獻兩年的回報，附帶條件是他必須處理新建設部的複雜財務問題，還要管理總部，而強森擔任銷售總監，老頭則負責監督設計與安裝。即便如此，他取得的權力愈大，就愈開心，尤其是愛迪生同意每年至少付給他二千四百美元的區域工廠利潤，外加可觀的二〇％其餘利潤。他也在五月三日接管機械公司的財務事宜，該公司可能是愛迪生所有事業當中最賺錢的。[43]「那家企業的經理被開除了，」他寫信給強森：「但愛迪生以霸道的方式支持我，於是我脫穎而出。」

專心做生意

愛迪生除了在十二歲時就開始經營糖果、水果及報紙等不納稅的成功生意外，他不曾單獨以商人的身

43　成為奇異公司時，確實如此。

分自居。建設部是他自己的商業構想與責任，他自掏一萬一千美元成立此公司。該公司可能會讓他變得更富有，也可能讓他變得更貧窮，程度遠遠超過他的合夥人。他們一旦獲得或失去二十美元，他就會賭上六十美元。結果，他不得不放棄最喜歡做的事——做實驗以及在筆記本上塗鴉——並且「改頭換面」，讓許多認識他的人很驚訝。

瑪莉．愛迪生與鳥，攝於一八八三年。

「門洛帕克市的奇才怎麼了？」《布魯克林鷹報》（*Brooklyn Daily Eagle*）的記者在七月二十九日寫道：「我上次見到的愛迪生有發福的跡象，不再帶著迷迷糊糊的眼神四處游蕩，頭上也沒有戴著破舊的氈帽。他反而戴著一副閃亮的金色眼鏡，看起來很時髦……。也許他的事業太過興旺，發大財後就想不出發明的點子了。」

雖然瑪莉確實發現了她那簡樸的丈夫偏愛吃餡餅，但文中的描述還是有誇張的成分。她自己也很喜歡吃餡餅，還喜歡一磅接著一磅吃昂貴的惠勒（Huyler）巧克力。隨著季節的變化，她的禮服變得愈來愈寬鬆，也愈來愈精緻。她穿著織著花紋的錦緞服裝，為工作室的攝影師擺姿勢。攝影師需要把焦點集中在別在她胸前與大腿上的紅黑相間、無生命、填充過的鳥。[44]

愛迪生在八月接受《晚間郵報》採訪時，表示他確實在休「長假」：「我想單純地做一年的生意人……。我不打算接近實驗室。」這些話聽起來比較像英薩爾，不太像他本人會說的話。他列出一長串建設部已與地方市政府簽訂的合約：「我們在賓州的桑伯里裝上五百盞燈，在賓州的沙莫金裝上一千六百盞燈，在麻州的布羅克頓裝上一千六百盞燈，在麻州的洛厄爾裝上一千二百盞燈，在麻州的勞倫斯裝上四千盞燈。」在他喘不過氣之前，他已在腦海中把電線串連在俄亥俄州、威斯康辛州、明尼蘇達州，一直向西延伸到愛荷華州的達文波特（Davenport）。「我之前說過對這套系統的成功深信不疑。我不想再發明了，想要專心做生意。」他說。

這種採訪的問題在於，沒愛迪生那麼幸運的人會讀到這些內容，例如他在休倫港以務農為生的五十二歲哥哥彼特（Pitt）：

親愛的弟弟：

我從報紙上看到你說要做一年的商人……我一直在農場埋頭苦幹，而且我覺得沒有必要在農場待上一年，至少現在我不想再待下去。你可不可以安排我在別的地方做事？我不在意工作量。請你安排我在紐約或其他地方工作吧。

愛迪生回答：「我認為你最好在自己的領域找工作。」

44　這件由安娜・杜瓦爾（Anna Duval）女士設計的裙子上有七隻紅衣鳳頭鳥，價格為三百九十一美元九十美分，相當於二〇一九年的九千五百美元。

另一位可能讀到《晚間郵報》那篇文章的人是亨利．羅蘭。他是約翰霍普金斯大學的教授，三年前曾經讚揚過愛迪生的燈泡效率。從那時起，愛迪生在世間取得的成就，以及他此時為百萬富翁的推測（事實證明是誤會），顯然都讓羅蘭念念不忘。八月時，他在明尼亞波利斯市的美國科學促進會的會議上發表慷慨激昂的「純科學呼籲」演說。他不願意以科學的名義來美化電報、電燈等「便利工具」，並表示追名逐利和捏造事實是智力進步的障礙。「把科學應用與純科學混為一談，是常見的事，尤其是在美國報紙經常見到。有些不知名的美國人竊取以前的偉人想法，並將同樣的想法應用於本土，藉此獲益，往往得到比偉大創始人更高的讚譽。如果創始人的思維具備必要的世俗元素，也許能想出幾百種類似的應用方法。」他說。

羅蘭繼續他的演講，顯然他不是在為純科學本身抗辯，而是為了讓大學實驗室取得更多資金。一個世紀後，這種控訴還會再次被提出。

引以為豪

此時，強森已從倫敦回來了。如他所料，高等法院駁回了愛迪生與斯萬一案，並判定這是一樁毫無價值的訴訟案。法官奇帝（Chitty）先生認為，原告無法證明自己的燈絲與被告的細如義大利麵條的碳棒之間，有任何根本上的差異。假如愛迪生沒有忘記在申請英國專利時，描述他設計的獨特「泵運作」方法——碳化元素第一次在真空中加熱時，泵能從燈泡中吸出閉附氣——那麼他的案子可能會有勝算。

愛迪生認為只要能夠辨別得出假髮的法官，都應該明白燃燒得乾淨俐落的彈性黑色纖維環，與不到一小時就把燈泡燻得冒煙的易碎棒之間有區別（斯萬最近設計的羊皮製棉燈絲並不是優先考慮的問題）。強森重新提出緊急的建議，即愛迪生與斯萬的聯合電力公司應該合併。

愛迪生不情願地答應了，但他堅決認為聯合企業的名稱只能使用他的名字，使得斯萬也很難同意。他的自信態度使斯萬的代表不滿，因為他否認道：「關於電燈專利，斯萬先生與我的主張有爭議，大家自然會怪我希望他讓步。」反之，如果不是為了讓他的系統在其他方面的權利獲得全世界的認可，他會樂意退出英國市場。

> 無論我待在這個國家，或待在其他地方，都會盡力維護自己的發明。除非逼不得已，為了經營不同工廠，要不然我不會賣掉持有的股份……。基於名譽帶來的成就感，以及從工作中感受到的自豪感和興趣，我對做生意的興趣依然不減。我期望現在大多數對我的發明有興趣的人賣掉他們的公司，並帶著利潤退休後，我能成為所有採用我發明事物的公司的所有人。

在簽訂這份本來是嚴謹的條款聲明信函之前，他忍不住補充一項有諷刺意味的建議：如果斯萬對照明科學的貢獻跟他一樣多，那麼斯萬的朋友也會擁有跟他一樣的說話分量。

強森只能讓他把信函當做證據寄出，此舉必定會引發官司。然後，他、英薩爾及愛迪生把注意力轉移到更緊迫的問題，那就是讓建設部繼續維持下去。

狹小的住處

他們發現愛迪生公開提出在六十天內為任何城鎮或村莊規畫、布線及照明，都有預算限制。在起草合約之前，務必對配電區域進行調查，並逐街遊說，英薩爾才能計算出預期的收益，以及在確定報價前需要克服多少實際障礙。由此可見，所費不貲。一般情況下，城鎮（包括愛迪生曾經吹噓的幾個城鎮）不繼續進行時，這筆開支只能由愛迪生吸收。如果他們繼續進行，愛迪生將承擔製造必要硬體的購置成本，外加提供運輸與現場的人力，更別提還要教導當地的照明公司如何維護系統。由於有關中央處理系統技術的一切都很新穎，能幹的工程師可遇而不可求。因此，愛迪生需要在機械公司設立職業訓練的學校，並說服員工相信在阿肯色州峽谷這樣的地方生活，與在紐約生活一樣有趣。

隨後出現的困難是，安裝的每個中央處理系統經常無法獲得現金帳款。早在九月中旬，五家區域性公用事業公司就欠了愛迪生四萬三千美元。其他公司則沒有償付能力，導致他只能接受股票分紅的承諾。聊勝於無，他經常無奈地接受事實。他花了一萬零四百美元在八十個城鎮進行遊說，其中只有十二個城鎮訂購系統。

若說他的企業有鼓舞人心的一面，那就是一旦社區因電燈而閃閃發光，客戶的數量就會穩定地增加。然而，這指的是未來而非現在的收益。同時，建設部的大部分資產與負債都應計入他的個人帳戶。從前程來看，他似乎富可敵國，但現實是他一天比一天窮。

他可以削減的開支是位於格拉梅西公園的豪華連棟房屋。他已經拖欠租金好幾個月了。「如果可以的話，我想擺脫這個狹小的住處。」他在詹姆斯．普萊爾（James Pryor）的單據上潦草地寫道，並交給英薩爾，但沒有要求他去付款（愛迪生喜歡這位秘書的其中一個原因是，他是個善於推諉的人）。瑪莉久病纏身，使他有理由懇求取消兩年的租約：「非常遺憾的是，我老婆久病未癒，她必須盡快遵照醫生的指示不再打理家務。」

普萊爾拒絕了，他瞧不起「拿女人當擋箭牌」的作風，但還是同意愛迪生把房子轉租出去，藉此協助他減輕負擔。愛迪生一家人搬到克拉蘭敦飯店（Clarendon Hotel）的豪華附屬建築物，那裡的房價貴兩倍，但至少對企業信貸的接受度更高。

他不像英薩爾認知中的那麼缺錢，因為他在十二月償還了兩筆總共四萬二千八百零六美元的貸款給卓克索摩根銀行。同時，在露西・塞弗特的案件方面，他指示律師顧問盡量推遲任何對他不利的判決。他寧願冒著激怒紐澤西州最高法院的風險，也不願損失在華爾街的商譽。

聖誕節來臨時，瑪莉不讓財務考量因素束縛自己的生活風格。她很喜歡送禮物，其中有些禮物後來買不到了，因此瑪麗恩記得特別清楚：「《拉封丹寓言》的第一版有漂亮的蝕刻畫；一枚鑲著鑽石與綠松石的戒指；藍色天鵝絨匣子裡有勒梅爾的珍珠色觀劇鏡。」

愛迪生私下給自己的禮物是，知道現在有一萬二千八百四十三盞燈在珍珠街周邊閃耀著，另外還有六萬四千八百五十六盞燈在全國各地大放光明。

一心一意

大約在這時，愛迪生注意到機械公司的試驗室有一位二十三歲的蘇格蘭籍工程師，他用花體書法簽了很長的名字——威廉・甘迺迪・勞里・迪克森。幾個月前，有一份推薦信提到他受過電氣方面的訓練，還精通法語與德語，於是英薩爾錄取他了。迪克森也是「馬屁精」，愛迪生無法倖免。「如果你了解到我有多麼仰慕你的所有發明及你所做的一切，」他在附於一些電燈設計樣品的便條上寫道：「你就會時不時前來協助我，使我的前途更順遂。」

愛迪生忽視了那些電燈的設計樣品，但給迪克森兩個自己的樣品做測試。樣品看起來就像普通的T模型，但特別之處在於碳環內有獨特的鉑金製銜鐵。電線分開連接，而燈絲白熾化時，電流計的指針就會偏斜。這表明在燈的真空中有一絲電磁力的流動，也進一步證明熱離子發射，即著名的愛迪生效應。這位發現者顯然忘記自己只想當商人，竟然想申請「電氣指示器」的專利。該指示器可以測量與調節連接於多重電弧中的燈電壓。

某天晚上，迪克森在寬敞的試驗室向愛迪生報告不錯的結果。那時的場景在他的清晰記憶中歷歷在目，四十年後依然記憶猶新：裸露的磚牆上掛滿燈泡，牆角有鎳銀分流器（如同落地窗是合金製，而非銀器），兩位助理慢條斯理地做事，中央有排放熱氣的爐子。愛迪生的頭髮蓬亂，斜靠在一張溫莎椅上，一隻腳放在工作檯，懶洋洋地擺弄著一盞測試燈，而迪克森在旁邊跟他說話。

不久之後，愛迪生申請指示器專利，為美國專利三〇七〇三一號。這項裝置運作不良，而他又忙著處理其他專案，沒時間進行改善。然而，若說到將熱離子發射應用於實際用途，這在技術界是第一次嘗試，也就是未來所謂的電子學。[45]

至於迪克森，他終於受人矚目。不久，他就被任命為試驗室的負責人，展開漫長的職涯之路，最終還是默默無聞。

愚蠢之舉

到了一八八四年，愛迪生在這新的一年回到伯格曼大廈頂樓的實驗室，試著用不同明膠開發合成燈絲，並研究電極澱積技術，期待能沉澱出金箔。他沉浸在實驗中，雙手忙個不停，失聰狀況隔絕了外界的噪音，而這一切通常是他厭倦了被看做是一個在社會上左右逢源，能夠精明地掌握金錢，善於在董事會的會議上操縱人心，也對政治、女人及兒童感興趣的人。

對路萊、伊頓及愛迪生電燈公司的其他董事而言，建設部不斷顯現出愛迪生身為發明家的獨到特質──逆向思考、堅持重做、陷入幻想、樂於面對挑戰──會比他們堅持謹慎行事的特質更快導致煤氣業衰亡。愛迪生本來以為他們會欽佩他敢於靠自己創辦新企業的勇氣。然而，儘管建設部已與許多城鎮簽訂合約，其支出仍快速超過收入。此外，工作的品質往往很糟糕，為了收取款項而倉促完工。到處流傳著糟糕的「愛迪生毀滅部」笑話，他現在面臨的問題是必須詢問伊頓，電燈公司是否能支付他個人一萬一千美元的赤字。伊頓的答案可能是否定的，但他的高級實驗室能提供庇護與慰藉。

結果，伊頓回絕了。愛迪生感到委屈又憤怒（畢竟，電燈公司從他的專利獲益不少），這使英薩爾感到欣慰。隨著這位秘書掌握財務與行政的職權，影響力也與日俱增，他看得出一場企業危機即將來臨，可以藉機轉變成自己的優勢。「沒有人比英薩爾更渴求財富。」愛迪生坦白說。他不打算制止英薩爾，因為他很感激英薩爾有效地避開債權人，又總能在他與瑪莉需要時提供現金。

英薩爾的秘密計畫是巧妙地解除愛迪生對建設部的責任。他打算合併建設部與老闆迄今最成功的企業──愛迪生獨立照明公司。同時，他想要擊敗目前被他們兩人視為公司敵人的人，也就是伊頓和路萊。他預計在十月二十九日採取行動，屆時伊頓會主持總公司的年度董事會會議。在此之前，英薩爾有充裕的時間爭取到足夠的股東支持，目的是引導大家選出新總裁，而新總裁感激的對象將是英薩爾，而不是卓克索摩根銀行。

伊頓是溫文儒雅的人，不太習慣英薩爾急躁又無禮的作風。他在二月十八日寫給英薩爾的便箋，字裡行間流露出刻薄的意味，把焦點放在愛迪生建設部的其中一項赤字，但他做錯了。「我相信他付出沉重又

45　請見第四部。

不必要的代價，學到教訓後，就會知道自己的行為有多麼愚蠢了。」即使英薩爾自私自利，也沒有人在批評他崇拜的老闆後能「倖免於難」。

惡鯊

當時，愛迪生在佛羅里達州的克萊縣，讓英薩爾代理他的職務，而他與瑪莉好好享受迄今為止最長的假期。這次，他們沒有帶孩子去，而是與瑪莉的好朋友喬西．雷默（Josie Reimer）及其丈夫一起去旅行。愛迪生有一千五百美元的建設部資金，如實地記在「南部開銷」的帳上。

瑪莉的女兒提到，瑪莉在佛羅里達州與愛迪生獨處時，是她感到最快樂的時光——在木蘭泉度假飯店（Magnolia Springs Resort Hotel）享受周到的高品質服務，懶洋洋地浸泡在溫暖的浴池中，並一起沿著棕櫚樹與酸橙種植地之間的聖約翰河乘船遊覽，而愛迪生一邊在袖珍筆記本上潦草地寫下有關實驗的點子。

「只要你想放假，放多久都無妨，」英薩爾在「比爾琴頓洗衣日」（他偶爾試著展現幽默感）寫信給愛迪生：「在你回到紐約之前，至少給我代理的機會直到四月一日吧。我自以為是，想要練習獨自處理建設部的事。」

愛迪生對暫時免除職責一事不感到遺憾，並採納了英薩爾的建議。他終於接受此事實：他的事務太繁雜，無法獨自承擔。無論新的照明系統是獨資或附屬，幾乎每週都在世界各地開創機會，而競爭的問題愈演愈烈。有鑑於此，他最後同意讓斯萬聯名加入英國權益的合併，也就是愛迪生斯萬聯合電氣股份有限公司（Edison & Swan United Electric Company, Ltd）。他也同意合併電燈公司和機械公司，同時繼續抵制伊頓把這些公司和導電管公司併入卓克索摩根銀行的投資組合。至於英薩爾私底下有什麼恰恰相反的意圖，他還搞不清楚。

他繼續在筆記本上寫字，多半是電氣方面的概念，但他沒有寫下後來立即成為佛羅里達州大型漁網紗的那個概念。三月的最後一週，記者看到他在聖奧古斯丁（St. Augustine）的海港護送瑪莉（記者描述她是「金髮美女」）登上一艘遊艇，隨行的人還有雷默夫婦以及提著一籃看似是香檳的黑皮膚小男孩。遊艇駛向燈塔附近的漁場；多年來，那裡的「惡鯊」吃掉了許多黑鯨和鱸魚，據說還吃了一兩位游泳的人。線繩落在船外，其中一條線從籃子上繞開，純粹是一條用馬來樹膠形成絕緣效果的普通電報線。這條線連接到強大的電池上，而另一端用電極做誘餌。不到十五分鐘，愛迪生和船長就把一條受驚的七百磅重鯊魚拖上船。後來，這一幕永久展示於當地的維達博物館（Vedder Museum），上面標示著：

> 惡鯊
> 由湯瑪斯・阿爾瓦・愛迪生使用電餌捕獲。

狂妄自大

四月初，愛迪生恢復紐約的工作時，另一種「鯊魚」（愛迪生決定這樣看待他們）聚集在一起。在他缺席期間，伊頓少校以脅迫的方式試圖蒐集獲利的製造工廠財務詳情。電燈公司沒有從中得到任何收益，但伊頓不斷收到愛迪生認為他應該支付建設部的「各種」費用的帳單。伊頓不確定自己是否有這項義務，但他急著想知道工廠的資訊，並指出工廠與他的業務有關。

愛迪生的答覆是，在他有機會與維拉德先生討論相關問題之前，寧可不提供情報。維拉德是電燈公司的董事，愛迪生以前總有辦法得到他在道義與金錢方面的支持。但他現在成了頹廢的人，因為他使俄勒岡州橫貫大陸鐵路（Oregon & Transcontinental Railroad）向太平洋擴展得太遠又太急，導致鐵路和他自己都崩潰了。他無法提出建議來挽救愛迪生免於類似的狂妄自大；與他相比，愛迪生的創業困境根本微不足道。

愛迪生在四月二十四日寫信給伊頓，表示自己無法為建設部贏得任何新合約，也無法從已取得的合約中誘導出更多資金：「我發現自己的處境是不得不立即解散組織，因為相關開支太大，無法再撐下去。」因此，他按照建議讓電燈公司收購愛迪生獨立照明公司，以及目前的所有建設專案。這件事愈早完成愈好，因為他在過去的一年召集到電氣業的一些優秀人才，如果因為請不起人才而失去他們，那就太沒有遠見了。

事實上，查爾斯·克拉克與法蘭克·史伯格已離開（後者為強森請來的傑出年輕工程師，但他有點任性），他們就像是普遍認為已陷入困境的商業帝國中的早期難民。然而這種看法並不準確。珍珠街釋出的電力隨著每個月增加，看來不久就能獲利。曼哈頓的第二中央處理站計畫已經展開，而約翰·克魯西已為布魯克林的導電管公司取得額外的空間。然而，由於維拉德的垮台，導致消極主義近來在華爾街盛行。對於愛迪生來說，即使是由別人代筆，要他不得不承認自己無法推動重大的專案一事，令他黯然神傷。

電燈公司的董事會接受他的提議，並再次聲明收購工廠的興趣，而英薩爾像狐狸老兄（Br'er Fox）般地保持低調。到了五月中旬，流動性危機衝擊國內的銀行。商業資金凍結後，恐慌的愛迪生解雇了工程人員（只留下迪克森和一名助理），也因「進行維修」之故而關閉機械公司。幾台未售出的大型發電機擱置在工廠；他試著說服英國公司購入這些發電機，卻未果。

瑪莉也覺得當年的春季愁雲慘淡。她敬愛的父親去世了。長假過後，她感覺身體狀況變得更差。除了忙於葬禮的準備事宜，她發現基於預算考量，必須讓丈夫和孩子從克拉蘭敦飯店搬回格拉梅西公園的房子。愛迪生的轉租承租人手頭拮据，而租約要等到十月一日才到期。

露西・塞弗特的法律團隊選擇在這個時候通知愛迪生，紐澤西州最高法院再度確認他目前虧欠她的債務總計五千三百四十九美元（不包括服務費）。由於他固執地拒絕付款，米德塞克斯郡的行政司法長官有權沒收他在門洛帕克市的財產。

愛迪生堅信，只要他繼續拖延，塞弗特夫人就會接受三百美元，也就是她原本持有的票據價值。他要求律師堅稱電燈公司是他以前的實驗室與附屬建築的所有者。索納爾大道上那間房子內的所有物品，都應該記在瑪莉的名下，因此行政司法長官沒有資格沒收。那間房子屬於他，但卻是在紐約的貸款，也就是說原告必須跨越州界線，並且過好幾年，才能得到勝訴的機會。愛迪生向瑪莉出示一份宣誓書（「鴨鴨，請在下方簽上妳的名字」他表示），內文針對他們在門洛帕克市依然擁有的所有貨物與私人財產提出所有權，包含主臥室的六件大理石製頂級成套家具、一匹灰馬、三頭牛、兩隻豬，以及位於院子逆風處的大量糞肥。[46]

路過

奧利佛・哈波（Olive Harper）是個很關注婦女問題的巡迴記者。六月初，她在《世界》發表一篇關於採訪瑪莉的簡介，也對那間位於格拉梅西公園的壯觀房子印象深刻。淡藍色的緞面家具和奇克林（Chickering）鋼琴是隨租約附上的，但瑪莉已重新布置一樓的會客室，多鋪了一些波斯地毯，還用自己創作的許多圖畫與瓷器裝飾。

46　瑪莉簽這份宣誓書時，並不是處於被動的立場。她在附函中警告行政司法長官：「你若要干涉，後果自負。」

哈波小姐似乎想寫一篇記敘文，她指出：「就私人裝飾而言，愛迪生夫人堪稱紐約最奢侈的女人。」她也估計瑪莉的體重有一百六十磅。然而，瑪莉為父親服喪時，身上只穿黑色服裝。她希望藉著第一次、也是最後一次與媒體交流的機會，糾正困擾她五年多的婚姻報導。

「首先，」她說：「我從來沒有在任何工廠服務過，沒在愛迪生的手下做事，也不曾以其他身分為別人工作過。因此，所有關於他在星期一晚上經過我工作的地方向我求婚，並把婚禮定在星期二早上的報導，沒有一句話是真實的。」

她表示與愛迪生第一次相遇時，她的年紀是十五歲半。當時，她為了躲雨，走進紐瓦克市沃德街（Ward Street）的工廠。雖然他全身幾乎又髒又油，瑪莉覺得他的眼睛很迷人：「我有點迷上老公的眼睛——應該說我愛上了他的眼睛。」愛迪生那時的儀態宛如紳士般的隨從，逐漸贏得她父親的信任。

瑪莉喋喋不休地談起愛迪生和孩子時，突然變得多愁善感，甚至忘了自己需要否認重要的謠言——愛迪生在蜜月之夜去實驗室，忘記回家了。「我和他在一起，一直都感到很幸福。我也希望一輩子都這麼幸福。」她說。

寧靜氛圍與鄉村空氣

那年六月，瑪莉回到門洛帕克市時，那裡已成了「人去樓空」的傷心地。年輕員工及其妻子都不在場，實驗室被清空了，電氣鐵路長滿雜草，連著名的街燈也熄滅了。她很少見到丈夫，因為他目前的工作集中在紐約，而且巴徹勒先生終於從法國回來。白天時，她能與母親、妹妹金妮（Jennie）及孩子聊天。但到了晚上，屋子裡沒其他人，附近的舊燈廠又有流浪漢擅自佔地，她睡覺時只好在枕頭下放一把槍。

在她身體狀況不太穩定的情況下，寧靜氛圍與鄉村空氣至少對她有好處，對八歲的湯姆也有好處。湯姆跟父親一樣有明亮的眼睛和大頭，但他也跟母親一樣容易昏厥、莫名頭痛。幼小的威廉變得更強健。瑪麗恩此時是十二歲，她的變化更為明顯——金色長髮使瑪莉想起小時候的自己。

好人

讓愛迪生感到欣慰的是，巴徹勒又回到他的身邊，一起在停工的機械公司努力改善發電機。強森是唯一長期在他身邊服務又盡心盡力的助手（英薩爾打算讓他加入重組後的電燈公司董事會）。然而，強森就像一隻容易激動又深情的狗，總是直接衝向前方的桿子，還衝過了頭。巴徹勒則像一隻深藏不露的貓；他明智地把愛迪生這些年來給他的獎金、股票及小費，用於在工作檯分享成就帶來的喜悅時刻。他現在是個富有的人；假如他知道老闆目前的銀行存款只有二十多美元，一定會十分驚訝。[47]

愛迪生任命巴徹勒為機械公司的總經理，並接受他的建議，聘請了尼古拉・特斯拉。特斯拉是才華橫溢的塞爾維亞籍年輕工程師，剛從法國坐船來。一年前，巴徹勒在巴黎驚奇地發現特斯拉很了解電學，以及貪食牛排。[48]就這兩點而言，美國顯然是特斯拉應該去的地方。巴徹勒輕易地說服他橫渡大西洋，成為愛迪生的年輕生力軍。

47 《愛迪生論文》（The Papers of Thomas A. Edison）的編輯發現，在一八八四年六月一日，愛迪生留在卓克索摩根銀行的存款只有十八美元六十四美分，而留在大都會銀行（Bank of the Metropolis）的存款只有三美元八十美分。但編輯指出，愛迪生始終把銀行當做票據交換所：「大筆資金流入他的兩個支票帳戶後，也同樣快速地流出。」資料來源：《論文》，第7.575節。

48 根據馬丁（T. C. Martin）在一八九四年二月寫在《世紀雜誌》的文章，愛迪生質疑特斯拉是食人族。

特斯拉立刻解決了發電機的問題，也讓一艘由愛迪生照亮的汽船「奧勒岡號」得以離開紐約港。他熬了一整夜，然後向機械公司回報說可以執行下一項任務。愛迪生低聲對巴徹勒說：「他人真好。」

特斯拉也對愛迪生印象深刻：「愛迪生對我產生的影響甚大。當我發現這位了不起的人沒有接受過任何訓練，沒有優勢條件，一切都是靠自己，然後憑著勤奮和專心創造偉大的成果時，我感到羞愧，因為我浪費生命……在圖書館反覆思考，閱讀各式各樣的內容。」

二十一件拍賣品

瑪莉簽的宣誓書聲稱擁有門洛帕克市那間房子的所有物品，但這並沒有說服丈夫的律師相信米德塞克斯郡的行政司法長官會因此卻步。這位長官也不太可能被瑪莉的附函嚇到（上面寫著「你若要干涉，後果自負。」）。雖然瑪莉目前身子虛弱，胃炎使她的慢性神經痛變得更嚴重，但她有鬥士精神。

愛迪生沒那麼情緒化，卻心存報復。他想阻撓塞弗特夫人訴訟的策略都沒有通過法律的考驗。根據紐澤西州的法律，抵押貸款的論證不容許延期，而瑪莉又無法出示產權轉讓契約，來證明自己是房子私人財產的合法所有人。愛迪生的信用紀錄良好，本來可以借錢履行該州最高法院強加給他的義務。但他不肯這樣做，於是行政司法長官宣布他在門洛帕克市的全部財產將於七月二十二日下午二點進行拍賣，以履行償還債務的裁決。

關於瑪莉那天在哪裡，或她對於陌生人以低價競購她珍愛的東西時，有什麼樣的感受，其他涉及訴訟的人都沒有流傳下來。但令人欣慰的是，勝出的投標者是她熟悉的人——二十一件拍賣品都被紐約的查爾斯．巴徹勒先生競標走了。

拍賣品的總成交價只有二千七百五十美元，這反映出門洛帕克市的衰落和經濟緊縮。巴徹勒只是扮演著愛迪生的掩護者，愛迪生早已打算之後把錢還給他。但判決尚有二千八百五十二美元的欠款；愛迪生認為行政司法長官可能因此起訴他。

瑪莉回到屋子裡，等待進一步的法庭訴訟。同時，愛迪生空出「六十五號」的辦公室，理由是他現在又恢復發明家的身分，可以放心地把企業的重組事務交給英薩爾。他回到紐約後，全心投入實驗室，不久就使實驗室的所有窗戶爆裂，因為他試著將煤直接轉化為電。

他才剛安頓下來，未做解釋就突然在八月七日星期四動身前往門洛帕克市。他搭乘的火車在日落前抵達該市。兩晚後的凌晨時分，瑪莉斷氣了。

門洛帕克市的傷心事

在此之前，除了在一八七一年喪母外，愛迪生沒有經歷過其他重大的喪親之痛。他的母親患有失智症好幾年，因此他能做好心理準備接受母親離世。但瑪莉才二十八歲，通常能從生病和抑鬱的狀態恢復到玩樂的健康狀態——突然間就撒手人寰，讓他有生以來唯一一次忍不住哭了。他把此消息傳達給瑪麗恩時，渾身顫抖，一度啜泣到說不出話來。

迫切的問題是，瑪莉・史迪威・愛迪生的死因為何？半個世紀後，她的姊姊愛麗絲告訴愛迪生的傳記作者：「死因是傷寒。」如果是這樣的話，瑪莉的虛脫速度很快，就在鄉村的醫生搭馬車趕到現場時，愛迪生也從紐約搭火車趕回來。她的死亡證明以及電燈公司發布的簡短報告，舉出了「大腦充血」的狀況，用當代的說法就是從腦膜炎變成中風的情形。或者，可能是指嗎啡刺激顱動脈的交替擴張與收縮。八月七日，有一篇沒有署名的〈門洛帕克市的傷心事〉（Sorrow at Menlo Park）刊登於《世界》（讀起來似乎是奧利佛．哈波寫的），文中輕率地暗示瑪莉的死因是濫用鴉片類藥物。

她罹患難以根治的神經痛，各種療法都沒有用。即使請來優秀的醫生，他們的治療方式都不起作用。最後，為了暫時緩解痛苦，她嘗試服用嗎啡，結果食髓知味，把這種誘人的藥物當作隨身預備的緩解劑。每當前兆症狀發作，她就讓白色粉末發揮其價值。

去年冬天，應愛迪生先生的請求，她到佛羅里達州旅行。但她的痛苦沒有減輕，反而罹患了胃炎，起因是特殊的環境，也有可能是長期接觸嗎啡的緣故。她回到門洛帕克市時，身體狀況變得更糟了，不但疼痛加劇，有時幾乎快要發瘋。嗎啡是唯一有效果的藥物，因此她自然想要增加醫生開給她的劑量。從她家人的朋友無意間說出口的話語中，可以了解到她在難忍疼痛、一時衝動的瞬間服用過量的嗎啡，導致她過早死亡。負責的醫生表示她的死因是腦充血。記者提問時，他肯定地說腦充血就是造成死亡的直接原因；至於間接原因，他保持緘默。[49]

愛迪生也保持沉默。就像亨利．亞當斯（Henry Adams）、西奧多．羅斯福以及當時目瞪口呆的其他鰥夫，他隱忍不發，以表對逝者的尊敬。他除了在月底的採訪中簡短提到「可憐的妻子」，很少再提起瑪莉，因為她的位置很快就被取代，名字也從後來的愛迪生家族史刪除——她的孩子記得她，但只有年紀最大的孩子對她最有印象。在史迪威家族的神話中，瑪莉成了一具全身無力的裸體，被幾位葛瑞絲般的處女抬出浴池，抑或是成了在愛迪生家前院徘徊的鬼魂，當愛迪生跑向前抓住她的白色夏季裙裝時，她突然升空，而愛迪生手中的裙子如一團白雲般地消逝。

戴蒙與皮西厄斯

接二連三的情感打擊，使一八八四年成了愛迪生多災多難的一年：他在生意上做出不明智的舉動、瀕臨破產、賤賣房子、孩子喪母。他變得更親近瑪麗恩，疏遠了兩個不知所措的兒子。瑪麗恩十一歲半時，已經能夠體會別人的悲傷情緒，而她自己也嚐到了傷心的滋味。愛迪生從她的女孩子氣陪伴中得到不少安慰，並稱呼她「最可愛的瑪麗恩・愛迪生小姐」。九月時，瑪莉的母親葛瑪奇・史迪威（Grammach Stilwell）留在門洛帕克市照顧湯姆與威廉，而愛迪生帶瑪麗恩到費城參加國際電氣展覽。在瑪麗恩回紐約上學之前，這對她來說是一種長大後的樂事。東十八街（East Eighteenth Street）有一間為他們準備好的漂亮新公寓。他們不會再住在格拉梅西公園的那棟石造房子了，因為屋內的淡藍色緞面家具和鏡子充滿太多回憶。

這對父女像是溫馨二人組，手牽著手參觀費城的展覽。他們抬頭凝視著由二千多盞燈組成的多立克式（Doric）柱子，這些燈在螺旋狀的彩色燈光照耀下，炫目地一個接著一個字母拼出愛迪生的名字。似乎這還不夠極致，另有通電的半身像象徵著他這位發明家改良第一顆碳燈泡的時刻，額頭圍著一圈白熾光環。

「我一回到實驗室，就要著手研究幾項新玩意，」他告訴記者：「我目前好像只有花大量時間研究光。」

某次相遇讓他從沮喪的深淵中走出來。他遇到以前四處漂泊的電報員——老同事以斯拉・吉里蘭。這

49 瑪莉的出生證明沒有任何醫生的簽名，而死因的登記欄位也空著。原件留存於紐澤西州的資料庫，有遭到毀壞的痕跡。她的葬禮上有四百位送葬者，一位親友說：「她現在死了，真可憐，沒人知道她真正的死因。」

位幽默又愛說話的電氣技師來自紐約上州，六年前曾幫助他推銷留聲機。離別後的這段期間，吉里蘭的婚姻美滿，他目前在波士頓的美國貝爾電話公司（American Bell Telephone Company）研究部門工作。他大腹便便，在北岸擁有一棟海濱別墅。

吉里蘭涉足發明，並擁有多項通訊專利的股份。愛迪生問他接下來要做什麼事時，他提議共同為美國貝爾電話公司製作長途電話傳聲器。愛迪生馬上興致勃勃，畢竟他在七年前已發明了碳粒式電話傳聲器，能夠使貝爾電話的聲音聽得見。[50]回到紐約後，他立刻重拾聲學技術，早在九月二十四日就為一種類似木琴的訊號接收器申請專利，可依據呼叫對象不同而發出不同的聲調。

此時，他可以隨意為外界客戶服務，尤其是在英薩爾（瑪莉逝世使他黯然神傷）於十月如期成功地重組電燈公司之後。[51]伊頓不再擔任總裁，改由配合度較高的尤金．克羅威爾（Eugene Crowell）取而代之；強森為副總裁，而路萊退出了董事會。製造廠的獨立性得以保留，而卓克索摩根銀行阻礙創新的權力無效。「我終於如願以償了。」英薩爾歡欣地說。愛迪生的恨意沒那麼強烈，他表達擺脫企業限制後的寬慰感受：「五年來，我每天工作十八到二十個小時，真不想看到自己的心血因缺乏適當的推動力因素而葬送掉。」強森掌管電燈公司，而門洛帕克市以前的其他職員經營工廠。愛迪生重溫電信學，這是他以前喜歡研究的知識，也是他接下來的愛好——適合哀痛者的理想治療方法。

十二月初，愛迪生與吉里蘭聯合申請一項防止語音傳輸受到電磁干擾的專利，因而鞏固了彼此的業務交情。在冬季的其餘幾天，他們都在紐約和波士頓一起工作，留宿於彼此的公寓，重拾年輕時的親近感——兩人以前都當過四處遊蕩的電報員。他們的感情升溫得很快，因為愛迪生成了鰥夫，在晚上時需要人陪伴。他的新實驗室缺乏舊實驗室的那種戰友情誼，只有幾位機械工和一位男孩陪他吃宵夜——前提是要先說服他們熬夜。吉里蘭與熱愛自由的妻子莉蓮（Lillian）沒有生孩子，他們彌補此缺憾的方式是安排許多娛樂活動，總是很歡迎朋友的十幾歲女兒參與，當中有許多波士頓私立學院的學生。

一八八五年二月二十日，愛迪生、瑪麗恩（高興地從紐約的學校翹課）以及吉里蘭夫婦一起踏上考驗耐力的鐵路之旅。他們先去密西根州的艾德里安（Adrian）城市；吉里蘭的父親就住在那裡，而愛迪生十六歲時也曾在湖岸與密西根州南部鐵路（Lake Shore & Michigan Southern Railroad）當過夜班的作業員。一場暴風雪減慢了他們的行進速度。兩人討論吉里蘭共同擁有的專利來消磨時間，這項專利是藉著電磁感應原理，從行駛的火車發送無線電話波。他們相信使用振動簧片，將摩斯電碼的形式壓縮成快速的脈衝波——愛迪生計算出每秒多達二十五萬個脈衝波——接著跨接到沿著鐵軌運行的線路，以便傳輸到沿線的站點，因此這項改良後的技術可以應用到電報。

他們向南經過芝加哥和辛辛那提時，逐漸產生此想法。他們以前在辛辛那提一起為西聯匯款公司服務，愛迪生也在該市進行多種電報的首次實驗。到了月底，他們到紐奧良市參加工業博覽會，接著向東前往佛羅里達州。他們讓吉里蘭太太和瑪麗恩留在聖奧古斯丁的豪華聖馬可（San Marco）飯店後，到達人煙較少的墨西哥灣沿岸地區。據說在蓬塔拉薩（Punta Rassa）很容易釣到大西洋海鰱，於是他們在錫達礁（Cedar Key）租了一艘單桅帆船，並向南航行到克盧薩哈奇河的河口養牛市鎮。他們入住的舒茲飯店（Schultz Hotel）在各方面都與聖馬可飯店截然不同，非常符合愛迪生的品味。

有一天，愛迪生對上游十二英里處的麥爾茲堡村莊感到好奇，因為他聽說那裡的竹子有七十英尺之高。他的手下依然有竹材探險家，在世界各地尋找薄木條，但他沒想到佛羅里達州是潛在的供料來源。三

50　請見第六部。

51　愛迪生顯然默許裁員，讓路萊很傷心，但他後來推測這一切都要歸咎於英薩爾。

月二十日，他與吉里蘭搭船離開蓬塔拉薩充滿魚肉和洗牛藥浴的臭氣，航向內陸，沉浸在柳橙樹、盛開的扇棕櫚（fan palmetto）芬芳氣息中。

一條由壓碎牡蠣殼鋪成的白色道路，與河的左岸保持平行，而槲樹、羅望子樹、椰棗樹以及當地的肉桂樹把左岸遮了一半。糞肥點綴著這條路，可見是通往該州南部的養牛場路徑。就在路的前端，麥爾茲堡映入了視野：由幾十間房子組成的散亂定居地、小型電報局、藥局、旅館、校舍、教堂以及美國特有的駐外辦事處——房地產事務所。

雖然比利溪（Billy's Creek）附近生長的竹子比不上日本剛竹的硬度，愛迪生還是被這座小鎮迷住了，他要求參觀白色道路一英里外刊登出售廣告的十三英畝河邊房產。此處沒有籬笆，雜草叢生，但河流有一英里半之寬，景色美極了。在他隔天坐船返回蓬塔拉薩之前，簽下了合約，買價為三千美元。

另外，吉里蘭同意支付莊園價格的四分之一。雖然愛迪生擁有大部分的地產，但他們打算在那裡的水邊樹叢中建造兩幢相似的冬季屋。幾天後，他們與女伴一起北上時，除了跨接火車電報的話題，還有其他可以討論的話題。蓬塔拉薩漸漸變成熱門的景點，投資上游區域似乎很值得，但愛迪生坦白說：「這對我們的銀行帳戶而言是猛烈的衝擊。」現在，他們在生意上有合作關係，住處也很靠近，逐漸開始互相稱呼「戴蒙」與「皮西厄斯」——前者是吉里蘭的暱稱，帶有希臘語中「願意為知己喪命」的含義。

「皮西厄斯」一回到實驗室，就以「戴蒙」的名義申請了兩項運用感應電報學的無線火車通訊系統專利。愛迪生對自己的專利占有欲總是很強烈，他謹慎地確認其他發明家的優先權——即使此案的索賠人只是花錢買進入的管道。但在法律方面的建議下，以及他意識到自己即將成為該系統的主要開發者，他便在申請時加上自己的名字。一週接著一週過去，一次又一次簽名，這對畢達哥拉斯主義二人組的關係更密切了。

美若天仙

在吉里蘭的波士頓公寓中，有一位年輕女子的存在讓屋子增添幾分美感。她就是米娜・米勒小姐，為俄亥俄州阿克倫市的富商女兒，現年十九歲。她就讀紐伯里街（Newbury Street）的女子精修學校，學會說流利的法語，並在美術與家政方面接受良好的訓練。然而，她的鋼琴老師無法用音樂或類似的事物來滿足米娜對音樂的熱愛。當米娜坐在吉里蘭太太的鋼琴前，愛迪生當下的反應是既驚訝又好奇。「我對毫不猶豫地演奏和唱歌的人，都會不禁感興趣，尤其是表演得很差的人。」他說。

米娜並不是因為想炫耀才表演，而是有人要求她彈琴。她有順從的天性。她也不確定以後是否還會再見到愛迪生。當然，愛迪生是知名人物，也很和藹可親，但他的年齡是米娜的兩倍，已白髮蒼蒼，交談時還習慣摀著右耳。雖然米娜讀過英國文學，她從沒想過這種富有的單身男人竟然需要找新的妻子，更沒想過他還有三個沒有母親陪伴的孩子。[52]

起初，他只注意到米娜有一雙迷人的大眼睛。在隨後與吉里蘭造訪波士頓，與美國貝爾電話公司做生意的過程中，他注意到米娜還有其他顯著的特點，那就是她的強健體格。如果她的膚色白皙，而不是深褐色，也許會讓他想起十五年前那位為了躲雨而走進他人生中的年輕女學生。[53]但米娜散發出精明幹練的氣場，正是可憐的瑪莉所欠缺的特質。她的四個哥哥都是高等學校畢業生，兩個弟弟注定就讀耶魯大學，姊姊也跟她一樣優雅自信又遊歷甚廣，而兩個妹妹是衛斯理學院的學生。她的父親路易斯・米勒是百萬富

52 愛迪生在前往佛羅里達州的火車旅途中，曾向莉蓮・吉里蘭（Lillian Gilliland）透露自己有尋找新妻子的需求，並請她介紹幾位合適的女孩。

53 請見第六部。

翁，是阿克倫市協會的重要成員，是美以美會的長老，也是肖托夸機構（Chautauqua Institution）的聯合創辦人。米娜從同樣虔誠的母親身上遺傳到陰鬱的性格，這一點對愛迪生來說不如大眼睛那麼有吸引力——難道這又是命運嗎？幸好，她能夠自在地待在工作坊。

原來，米勒先生也是發明家，他擁有一百項農具專利，因此米娜很了解相關技術，而當愛迪生和她談論電動擴音裝置的反射時，她不會感到無趣。伍德賽德別墅（Woodside Villa）是吉里蘭的海濱別墅，位於麻州的溫思羅普（Winthrop）；愛迪生在此處享受著她的陪伴，以及其他洋溢著「真善美」的新發票。他變得如此痴迷，說起話來像個少年，並在六月底寫信給英薩爾：「你要不要來吉里蘭這邊待四天？有很多漂亮女子喔。」

大約在這個時候，吉里蘭的朋友建議他們開始寫日記，盡量多寫些個人生活的詳情，以供大家共享共娛。七月十二日，愛迪生開始在門洛帕克市寫日記，而他的孩子也留在當地，由史迪威夫人照顧。

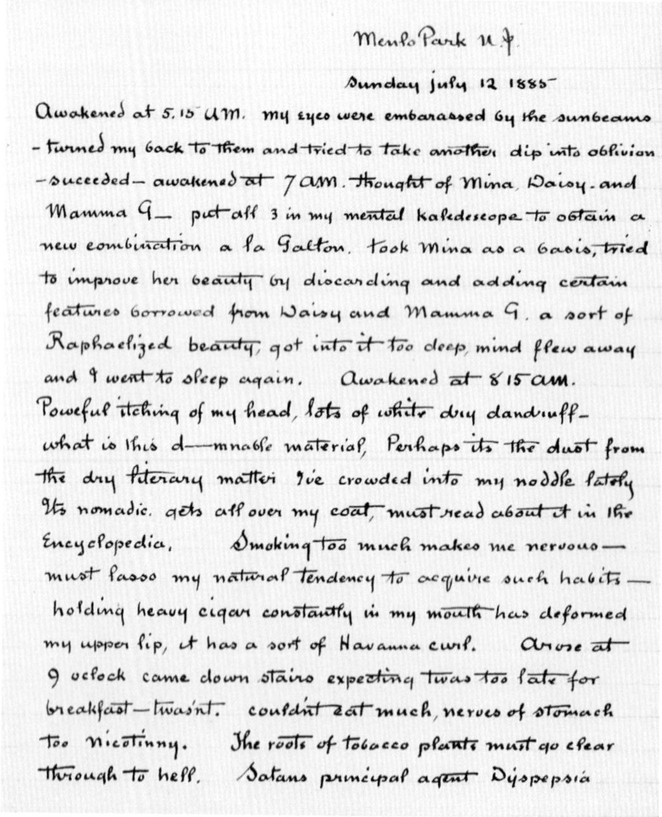

Menlo Park N.J.

Sunday July 12 1885

Awakened at 5.15 AM. my eyes were embarassed by the sunbeams - turned my back to them and tried to take another dip into oblivion - succeeded - awakened at 7 AM. thought of Mina, Daisy and Mamma G - put all 3 in my mental kaledeseope to obtain a new combination a la Galton. took Mina as a basis, tried to improve her beauty by discarding and adding certain features borrowed from Daisy and Mamma G. a sort of Raphaelized beauty, got into it too deep, mind flew away and I went to sleep again. Awakened at 8 15 AM. Powerful itching of my head, lots of white dry dandruff - what is this d--mnable material, Perhaps its the dust from the dry literary matter I've crowded into my noddle lately Its nomadic. gets all over my coat, must read about it in the Encyclopedia. Smoking too much makes me nervous - must lasso my natural tendency to acquire such habits - holding heavy cigar constantly in my mouth has deformed my upper lip, it has a sort of Havanna curl. Arose at 9 oclock came down stairs expecting twas too late for breakfast - twasn't. couldn't eat much, nerves of stomach too nicotinny. The roots of tobacco plants must go clear through to hell. Satans principal agent Dyspepsia

愛迪生寫的一頁日記，一八八五年夏季。[54]

他與瑪麗恩一起回到伍德賽德別墅時，米娜已回到肖托夸鎮與家人團聚。莉蓮・吉里蘭坦率地幫他尋找伴侶，介紹他認識來自印第安納州的路易絲・伊格（Louise Igoe），供他考慮。「伊格小姐，」他寫道：「有著金髮碧眼、小天使般的白皙膚色。」但他的內心無法擺脫米娜的陰鬱魅力。有一次，他在波士頓買書的旅途中，突然思念起米娜，差點被有軌電車輾過。「假如米娜經常出現在我的腦海中，我就得買保險了。」他表示。

接下來是他一生中最慵懶、最常陷入沉思的時光，也是一段陽光普照、空氣清新、充滿戀愛氣息、洋溢著奇特的法國風情的插曲，與他過去習慣的日子截然不同。這段期間似乎融入長時間的狂喜，與其說是現實，不如說更像是夢境。他在日記裡沒有提到「肖托夸少女」，卻始終讓她的身影貫穿全文。他決定暫時幻想她住在紐約州西部的偏遠地方。同時，米娜與雷加米埃（Récamier）夫人愉快地往來，她是呂西安・波拿巴（Lucien Bonaparte）穿著清涼的繆斯女神，也是高不可攀、複雜性欲的化身。雖然愛迪生只會講一點法語，但他經常深受法國文學吸引。他在波士頓買的其中一本書就是有關茱麗葉（Juliette）女神的自傳。「我想見這樣的女人。」他說，並沉醉於其中，呆滯地想像著心生嫉妒的暴君下令將她流放國外。

> 我吃完早餐後，躺在沙發上小睡。我夢見宇宙的深處有荒涼的巨大星球，只有偉大拿破崙的孤獨靈魂在星球上徘徊。我看到的他就像在畫中一樣，他那雙藍色的眼睛流露沉思的神情，卻目光炯炯；暴風雨咆哮，高聳巨浪在突出的海角上拍打，他凝視著頭上的萬里長空，有無邊無際的天體和星星環行——猶如憑著沉重的翅膀掃蕩天際。有帝王之姿的禿鷹用利爪捎來訊息……。

---

54 愛迪生提到的人，包括那年夏天暫住在吉里蘭夫婦家的另一個女孩葛瑞絲・加斯頓（Grace Gaston；亦稱黛絲）；莉蓮・吉里蘭；英國遺傳學家法蘭西斯・高爾頓（Francis Galton；生平一八二二年至一九一一年）。

後來我的夢變了——我在眺望大海，空中突然出現幾百萬個小天使，就像拉斐爾畫中的小天使，大概只有像蒼蠅那麼大。他們看起來很完美，外觀呈半透明，個個掠過海面，伸出嬌小的雙手舀起小水滴，然後飛上天空，聚集在一起，彷彿形成一朵雲。

顯然，愛迪生陷入混亂的情緒之中，他努力在穩定的浩瀚宇宙中保持平衡，而宇宙由永恆不變的自然法則或上帝（若米娜堅稱）掌管：

我走到陽臺，發揮我對大自然的鑑賞力。我看到蟲子；各式各樣的蝴蝶，就像普朗（Prang）的彩色石印板[55]上的蝴蝶；無數鳥兒；五顏六色的花朵，宛如非洲市場上的棉布印花……。人類多麼不了解全能的上帝啊！在我的印象中，祂已制定不可改變的法則來掌管地球及其他數十億個天體，祂甚至老早忘了我們渺如塵埃的存在。為什麼人不能遵循和實踐本身良心的教導，管好自己的事，並且在沒有其他人主動提供建議的情況下處理事務，不干擾自己有意在事務上創造出的有限理智呢？

米娜．米勒打扮成吉普賽人，大約在愛迪生第一次見到她的時候。

瑪麗恩在想像力的表達方面不輸給父親。她為一本關於「被迫結婚」的小說寫大綱。她讀給父親聽後，他說的話也許透露了自己的過去經歷：「滿滿的悲傷。」

在這段狂喜的期間，這是他唯一一次顯露掃興的口吻。他很期待米娜（在當月六日滿二十歲了）接受他進一步的追求。就算她使出欲擒故縱的技倆，他還是會追求她，甚至討好她的家人。換句話說，他要使多達十位米勒家族成員對他產生好感，包含米娜的多位親戚，尤其是贏得她父親的青睞，畢竟她父親就好比肖托夸湖（Chautauqua Lake）的小池子中最大隻的青蛙。

愛迪生出手的良機是一邊避開上教堂的話題，一邊迎合同樣是發明家的路易斯・米勒。他在日記中寫著：「我的良心似乎對星期日毫不在乎。」他閱讀勵志書《成功之道》（*How Success Is Won*）的一系列商業人物簡介，盡力了解路易斯這位偉人。至於其他潛在的不利條件，例如年齡到了中年，他能做的並不多；但為了讓自己的外表顯得優雅，他買了一雙穿起來緊得讓他不舒服的法國製紳士鞋[56]。「這雙鞋子看起來瘦長又美觀，」他在日記裡寫著：「我後天培養的腦袋順利地說服我的先天腦袋，為了展現魅力而承受著肉體上的疼痛，純粹是出自於虛榮、自負及愚蠢。所謂的魅力只不過是私下忍受痛苦的結果。」

他也鑽研一大堆輕鬆易讀的書來加強知識，例如盧梭的《新愛洛伊斯》（*La nouvelle Héloïse*）、迪斯雷利的《文學趣談》（*Curiosities of Literature*）、迦馬・伯以森（Hjalmar Boyesen）的《歌德與席勒》（*Goethe and Schiller*：「在這種文學的文體中，一點詼諧與趣聞的元素就能產生在麵包上撒小蘇打粉的效果。」愛迪生說）、約翰・卡斯珀・拉瓦特（Johann Kaspar Lavater）的《面相隨筆》（*Essays on*

---

55 路易斯・普朗（Louis Prang）的彩色石印圖畫，在十九世紀晚期的美國盛行。

56 愛迪生花了十四美元買這雙鞋，相當於現在的三百五十五美元六十美分。

Physiognomy）、霍桑的《英文筆記》（*Passages from the English Note-Books*）、蘿絲·克里夫蘭（Rose Cleveland）的《喬治·艾略特的詩歌與其他研究》（*George Eliot's Poetry and Other Studies*）、歌德的《威廉·邁斯特》（*Wilhelm Meister*）與《少年維特的煩惱》（*The Sorrows of Young Werther*）、湯瑪斯·貝利·奧爾德里奇（Thomas B. Aldrich）的《頑童的故事》（*Story of a Bad Boy*）：「內文風趣，引人入勝。」愛迪生說）以及朗費羅的《海柏利昂》（*Hyperion*）。他似乎認為讀這些書後，知識還不夠淵博，他沉醉在席尼·史密斯的雋語中，並提醒自己：「我必須讀《簡·愛》。」

八月十日，愛迪生到肖托夸鎮。瑪麗恩陪著父親，但兩人的相處不太融洽。他向吉里蘭夫婦稱讚米娜「十全十美」時，察覺到女兒產生嫉妒心。「她揚言要成為早期的盧克雷齊亞·波吉亞。[57]」他說。

結果，路易斯·米勒帶來了驚喜。不久，他也對愛迪生有好感，認為愛迪生跟自己一樣為人類的福祉賺了不少錢。他追求的光，與其說是電，不如說偏向精神層面，他也是個樸實、溫和、從善如流的人，比嚴肅的妻子更能體會老掉牙笑話的笑點——愛迪生小心地刪減可能嚇到他們的詞語。甚至連瑪莉·瓦林達·米勒（Mary Valinda Miller）也坦白說女兒的新追求者勝算很大。她之前希望米娜和年輕的喬治·文森（George Vincent）結婚，也就是肖托夸機構另一位聯合創辦人的兒子。不過，當世界著名人物畢恭畢敬地拜訪他們的小屋時，她與路易斯都感到受寵若驚。[58]然而，愛迪生請求這對夫婦允許他帶米娜到紐約州北部和新罕布夏州旅行時，他們猶豫了。正經的女孩通常不會隨便出遊，即使邀約對象是體面的鰥夫也一樣。以斯拉與莉蓮自願當監護人，而路易絲·伊格（鍾情於米娜的哥哥羅伯特）也願意陪同。「他們讓這次的旅遊變得很誘人，爸爸終於同意了。」米娜說。

六位旅客在八月十八日出發。他們的火車行程和遊艇行程經尼加拉大瀑布、紐約上州的千島群島（Thousand Islands）、蒙特婁市，然後往南轉向新罕布夏州的白山山脈（White Mountains），並在楓木飯店（Maplewood Hotel）留宿。米娜一本正經地回憶起，自己和四重訊號電報發明者之間的關係變得更親密了。

某天晚上，我們在華盛頓山頂待了一天後，圍坐在丘陵地帶的飯店。愛迪生先生寫下摩斯密碼的符號給我。到了隔天早上，我就記熟了。不久之後，他向我慢慢地輕敲訊息，我能夠理解他傳達的意思。我認為這則神聖的訊息只可意會，不可言傳。

瑪麗恩說自己親眼目睹這一幕：愛迪生在米娜的手上輕敲，而米娜的回應是一劃、一點、二劃、一點、三點。她經常在門洛帕克市的實驗室裡閒晃，也許因此從父親那裡學會解讀摩斯密碼。更有可能的是隨著時間流逝，她所回想的米娜故事已變成了想像中的回憶。不管怎麼說，這是她一生中度過最幸福的一年尾聲，也是愛迪生與米娜白頭偕老的開端。

愛神的要求

九月三十日，愛迪生寫信給路易斯．米勒，正式地詢問他是否可以娶米娜為妻。

57 義大利文藝復興時期的貴族女性，長期贊助藝術家從事藝術活動。
58 米勒的小屋仍然矗立於肖托夸鎮。

敬愛的米勒先生：

如您所知，我在幾個月前認識您的女兒米娜。我漸漸欣賞她溫柔、優雅的舉止，也欣賞她的美麗及氣魄，我們之間的友誼隨即轉變為愛慕。

我發覺這種愛慕已經發展成愛情，也懇求她做我的愛妻。她要我詢問您的意思，我們的訂婚需要經過您的同意。

當我說自己的人生、成就及地位無人不曉，不需要我特別強調時，我相信您不會指責我自負。目前，我聲名遠播，也領悟到聲譽可以用來判斷我個人好壞的基準。

最後，我想補充一點：我請求令嬡把幸福交託給我，是我經過深思熟慮的結果——充分理解自己所承擔的責任，以及承諾要履行的義務。

坦白說，您的答覆必定會影響到我的幸福。我相信，您會同意我的請求。

湯瑪斯．阿爾瓦．愛迪生　敬上

他註明寄件地址是紐約的實驗室。在收到命定的答案之前，他對任何與業務有關的事情都不感興趣。強森試著讓他注意到一件緊急事件——如何應對留聲機的新競品「美國留聲機」（graphophone）——卻不得不延遲進一步的討論。「原因很簡單，他戀愛了。他不想提前做任何可能與愛神邱比特的要求產生衝突的事。」強森說。

米勒的回覆很迅速，也同樣重視禮節，邀請愛迪生在十月初到阿克倫市的橡樹寓所（Oak Place）拜訪家人。乍看之下，米娜的高聳家園彷彿有許多鹿、馬及狗的雕像守護著，而她母親也不完全歡迎愛迪生。若非他有失聰的不幸毛病，米勒太太也許會質疑他做出經常上教堂的承諾。米娜對此也有疑慮，但路易斯一點也不擔心，他非常喜歡愛迪生，並同意這對戀人於一八八六年二月二十四日在家裡結婚。

在這段期間，愛迪生要做一些重大的房地產決策。在去年夏季的某個明亮夜晚，他在海邊陷入思念遠方的米娜幻想中，想像著對月亮進行三角測量。「伍德賽德城鎮及俄亥俄州阿克倫市的陸地基線，與三角形的兩邊交匯。」他說。他的計算使他準確地按照計畫到達阿克倫市。現在，他必須繪製一系列其他的延伸部分，而這些部分將成為他未來生活的幾何結構。首先，他想帶新娘離開橡樹寓所，到麥爾茲堡度蜜月，而且他與吉里蘭在當地建造兩幢房子及一間共用的冬季實驗室。接著，他帶米娜回到她想在紐約地區定居的地方（他讓米娜決定住在都市或鄉村）。隨後，從該基地到新的大型實驗室據點之間的短促路程，似乎能消除門洛帕克市的所有回憶。

米娜選擇了盧埃林公園，此處在紐澤西州的西奧蘭治鎮是個高檔、有柵門、位於山坡上的領地，距離奧蘭治市中心的火車站很遠，可視為鄉村，但也很靠近市政的馬車服務。由於業主亨利．佩德爾（Henry Pedder）因一樁幾百萬美元的貪汙案而垮臺，格蘭蒙特莊園的重要住宅在家具齊全的條件下掛牌出售。這座豪宅比米娜從小住的房子更大，也是一座有許多三角牆、二十三個房間的安妮女王（Queen Anne）式宅邸；磚頭和外部結構都是紅色、幾乎全新，建造得像牢固的銀行；有赤褐色的中央樓梯、撞球室、音樂室，還有可以捕捉早晨陽光的大型弧形溫室；所有浴室都有熱水，所有臥室都有壁爐；另有中央暖氣系統、手工印圖的天花板、油畫、雕像、整套蒂芙尼（Tiffany）銀餐具，以及佩德爾先生逃到聖基茨島時，沒有帶走的一大堆皮雕書。

格蘭蒙特地區的命名由來，是因為欣賞得到朝著東邊的山谷景色，越過奧蘭治區後就是只有二十英里之遠的紐約。該地區的周圍有十一英畝修剪過的草坪和花圃，由美國的頂尖景觀設計師內森．富蘭克林．巴雷特（Nathan Franklin Barrett）設計。至於後方和北面，芬芳的林地延伸至老鷹岩保護區，在冬季可用作滑冰的場地，而在夏季可充當躲避該州蚊子的場所。如果米娜想從接管人那裡取得此天堂，只要未婚夫掏出十二萬五千美元即可達成——遠遠低於該地產預估價值的三分之一。

愛迪生沒有讓她失望。隨著製造廠和其他企業的利潤飆漲，他又開始變得財力雄厚。珍珠街有獲利能力，在一年內就付清創辦成本，並發放了第一次股利。紐約的愛迪生電燈公司準備開始建造規模更大的第二區，向北延伸至中央公園。在國內各地，五十八個中央處理站及五百二十個獨立工廠有超過三十萬盞燈接通電路。機械公司的發展已超出其下東城（Lower East Side）的擁擠街區，不久就會搬出曼哈頓，甚至離開紐約上州。不到幾年，愛迪生可能會像盧埃林公園的其他豪宅住戶一樣，算得上

愛迪生為米娜買下盧埃林公園的格蘭蒙特住宅。

是有錢人。但這是他有生以來第一次感到自己很富有，足以讓支出與志向相配。

他在一月十日簽署格蘭蒙特地產的收購合約。由於他不希望討厭的塞弗特夫人對地產有留置權，於是以六千一百三十四美元的價格解決她的訴訟——是他原先欠她丈夫的二十倍以上。另一種關係的中斷是，他指示紐瓦克市的花商停止在瑪莉的墳墓上放花。他款待九十一歲的父親到歐洲旅行三個月。此外，他寫信告知麥爾茲堡的房地產經紀人，他不久就會到那裡（沒有提到是去度蜜月），並希望吉里蘭與他都能搬進建好的房子。[59]他派出兩艘滿載沉重設備的縱帆船運往實驗室；當其中一艘船在途中遭到閃電摧毀時，他又派出另一艘船載著同樣的貨物。至於他未來在格蘭蒙特安頓下來後要做的工作，他藉由隨意畫幾幅北邊實驗室與相連工廠的正視圖來展示——四合院式建築風格，大門右側有一間圖書館。

以斯拉與莉蓮決定在婚禮之前，到麥爾茲堡為他的到來準備好場地。他們帶走瑪麗恩，讓湯姆和威廉留在學校。[60]二月二十日，門洛帕克市的「年輕人」在紐約的德爾莫尼科餐廳為老頭舉辦告別單身的派對。三天後，巴徹勒、強森、英薩爾以及其他幾個人乘坐私人汽車前往阿克倫市，而愛迪生在二十四日那天下午三點，站在橡樹寓所會客室的Y字型玫瑰花叢下，等著米娜嫁給他。

相親相愛

米娜穿著白色緞面的婚紗，戴著愛迪生買給她的鑽石與珍珠混搭項鏈，看起來格外亮麗。大廳裡有成

59　這些房子是使用緬因州運來的零件建造而成。
60　湯姆在三月一日寫信給父親：「我在做長除法，威廉在做減法。」

堆的鑽石、紅寶石、藍寶石、銀等其他禮物，陳列的方式是圍繞著縞瑪瑙柱子，而柱頂呈現金色（外部還有戴著花環的青銅狗雕像，相當應景），可見得愛迪生已躋身暴發戶之列。他穿著阿爾伯特王子（Prince Albert）風格的黑色大衣，姿態優雅，但他不願意戴上手套。

此舉受到國內新聞界的廣泛關注，其中傳達的訊息是：儘管他的新婚妻子在社會上有抱負，他仍然是個自食其力的人。當天晚上，他趕到佛羅里達州的行為也表明他渴望返回有創意的工程領域，就像需要滿足性欲一樣急切。他與妻子剛經過喬治亞（Georgia）的農園，他就搞懂了有充氣脫毛軸的自動採棉機運作方式。

桃樹在通往佛羅里達州的路上開滿了花。愛迪生夫婦入住傑克森維爾（Jacksonville）市的聖詹姆斯飯店（St. James Hotel）時，米娜發現自己成了公眾熱切關注的對象，她羞得不敢開口，躲進房間，而早已習慣名氣的丈夫則去觀光了。如同許多在蜜月期間遇到掃興事的年輕新娘，她發覺自己嫁給了不太合得來的男人。丈夫的不敬行為讓她很煩惱。她曾在父親家的白色祭壇前，跪在愛迪生身邊，聽到他發誓：「謹遵上帝的神聖旨意，相親相愛，至死不渝。」她希望他能接受美以美會的二百二十三頁《教義與紀律》（Doctrines and Discipline）內容。路易斯．米勒還把這本書放進大衣的口袋，作為在火車上打發時間的輕鬆讀物。「他打算好好研究這本書，」米娜寫信給母親，略帶疑慮：「但他前幾天問我嫁給他，是否為了要他改變信仰。」

愛迪生試著向她解釋，他需要確鑿的證據，或至少是合乎邏輯的論證，才能相信任何事，而他認為宗教在這兩方面都有缺陷。他不打算說服她相信不可知論，也坦白說自己不把信仰當一回事也許是錯的。但他感悟到：「日常生活本身就是有說服力的力量。」至少，兩人都覺得這一點有道理。

新能量

如果米娜知道瑪莉去世後的十八個月，愛迪生的創造力下降了多少，也許她會覺得自己功勞不小，因為愛迪生到麥爾茲堡後，發想出各式各樣的點子。那裡的實驗室只是普通的預製棚，一切尚未就緒，而價值一萬六千美元的設備也還沒有安裝好。但他沒有因此停止在六本筆記本上填滿圖畫與說明，內容多到可以讓研究團隊在本世紀下半葉忙得天昏地暗。有一兩幅草圖顯現出超現實主義，例如一架鋼琴經由琴鍵「彈奏」的橡膠喉頭來產生話語，而不是產生音樂；米娜裸露著肩膀的半身像，懸掛在空中的時鐘。然而，他記錄的大多數項目都有明確的計畫、日期及簽名，顯然他已在腦海中構思好一間實驗室。

第一本筆記本的開頭有三張圖，外人可能以為與蜜月期間有關，直接聯想到陰莖——但對愛迪生來說，這些圖只是白熾燈的無窮盡奇妙主題的變化。那天，他的記錄結束之前，已對碳化溶液進行了十一次心理測試；使「都市氣體」經過細分的銅管，進行淨化並脫水；用箔囊做長途電子訊號的實驗；把天然氣轉化為碳煙。在接下來的六週，他發想出四百多項發明，包括液態稜鏡、速記警報器、百貨公司專用的電動現金運輸架、金屬疲勞探測器、聲納深度探測儀、人造絲噴射器、可從樹上吸取松木油的氣

愛迪生畫的空中時鐘草圖，他把米娜當成素材，繪畫風格接近馬格利特（Magritte，比利時的超現實主義畫家）。

動裝置。在一連串瑣碎的概念中，有兩個是他認為非常重要的概念：重力的電磁理論（受到他對法拉第的解讀影響），以及將光或熱轉化為電。前者驅使他把太陽系當成巨大的離心式發電機；若用普遍的術語來說，就是宇宙中好幾十億個旋轉分子之一。後者來自多年來很吸引他的想法，也就是在人類接收極限以上與以下的頻率中，存在著一種新穎的能量，他稱之為「xyz」。當他以心理測驗的形式將光束或熱量投射到液體，或從理論上說明冷凝器中的電流與磁鐵中的力線（line of force）之間存在對立關係時，他再度感覺到「xyz」。吉里蘭與他在研製能夠發出訊號的火車，是否只是一個違抗絕緣定律，經由空氣傳遞電能的大型冷凝器呢？他以三維空間的形式畫出開槽的旋轉圓柱體，可在磁鐵的尖端之間以直角的角度筆直地投射光的各種方法。他從大腦感應到快速旋轉的磁化輪發出的音調，這種詭異的聲音可透過附加的電話聽得見。「如果這種干擾是在沒有產生電或磁的情況下形成，那麼我們就有了新的能量形式。」他說。

此時，他在筆記本上寫的字顯示出他陷入了激動的興奮狀態，細緻的字跡變得凌亂不堪，彷彿他的推測速度超越手中鉛筆寫字的速度。愛迪生闖進了連理論科學家都不敢涉足的思維領域，雖然他知道自己不夠格，但就像他與米娜為神學爭辯一樣，他不由自主地闖蕩。[61]

米娜也不禁感到迷失在河邊莊園這個剝奪叢林生長、只重新栽種了部分植物的原始環境。在剛完工沒多久的狀態下，成

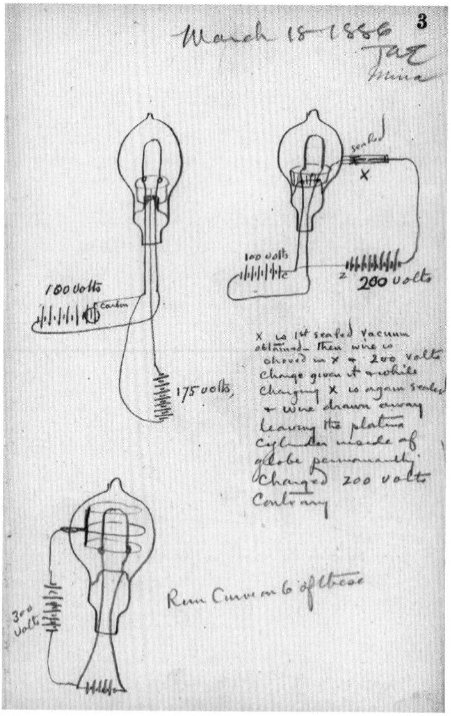

愛迪生於筆記本上畫下的白熾燈圖

對的房子看起來很吸引人，而且莉蓮在她身邊幫忙應對瑪莉恩，這讓她感到很欣慰，但她以質疑的態度看待牛仔和有色人種。她寫信給家人時，提到構成佛羅里達州社會底層的樣貌：「我幾乎看到黑暗陰影的所有面向。」她的波士頓同學不會把這些人視為同一個圈子的人。

愛迪生老是開玩笑，讓米娜更加質疑自己嫁給愛迪生的決定。她缺乏幽默感，一看到愛迪生戲弄人的方式，她就不禁畏縮。愛迪生有時很粗俗，使她不禁想知道：他私底下跟男人說話時，會使用什麼樣的措辭呢？她也很難適應愛迪生對身邊每個人和每件事的掌控需求。就連規畫冬季住所周圍的花園這般私人差事，他也希望親自執行細節。

愛迪生把這項設計呈現給園丁、管理員，附上一千五百字的確切說明，告知他需要二百八十艘船裝載的表土層，來覆蓋深度為四英寸的八英畝河邊土地。他訂購九十種不同果樹，包括無花果樹、芒果樹、桑椹樹、酪梨樹、李子樹、桃子樹、杏桃樹、柿子樹，以及他提到：「無數上等品種的柳橙樹位於房子土地的末端」。另外還有二十英尺平方大的香蕉圃、一千株鳳梨以及一排檸檬樹籬（「如果你無法在其他地方取得普通的義大利檸檬籽……使用從檸檬挖出的籽來種植插枝。」他說）。他也授權購買八噸肥料：「我們提議在佛羅里達州對土壤進行完善的施肥……。我認為你應該從河邊往回走，找找看黑色的堆肥或淡水的淤泥……。土壤顯然需要精細又腐爛的纖維多孔物質，就像把這類物質放進椰子洞，用來盛裝糞肥，並防止糞肥流往中國。」

61　《愛迪生論文》（The Papers of Thomas A. Edison）的編輯認定，愛迪生熟悉詹姆斯・克拉克・馬克士威的經典專著《電與磁論文》（A Treatise on Electricity and Magnetism）的非數學部分，也熟悉有關奧利弗・黑維塞（Oliver Heaviside）的〈電磁感應與傳播〉（Electromagnetic Induction and Its Propagation）的所有論文，近期發表於英國版《電工》。

就像前任的瑪莉，米娜也領悟到自己無法完全占有丈夫的心思，更別奢望兩人的關係達到理想的平衡。也許是愛迪生察覺到她的失落感，他請她在筆記本抄寫並副署許多發明。然而，他唯一允許她參與的實驗是嘗試用電擊的方式使牡蠣殼打開。結果，他們因「徹底失敗」而摒棄此實驗。

比利、喬治、湯姆及威廉

蜜月假期在四月底結束後，愛迪生並不急著恢復日常生活。五月初，他與米娜在阿克倫市度過，然後才搬進宅邸——米娜惴惴不安，而他故作謙虛。「能住在這裡是我的福氣，」他觸碰米娜的手臂，告訴記者：「但對我的嬌妻來說很普通。」

她的擔憂不在於房屋是否富麗堂皇，而是接下來要經營這麼龐大的住宅，有許多僕人及三個繼子女指望她的威信，實在

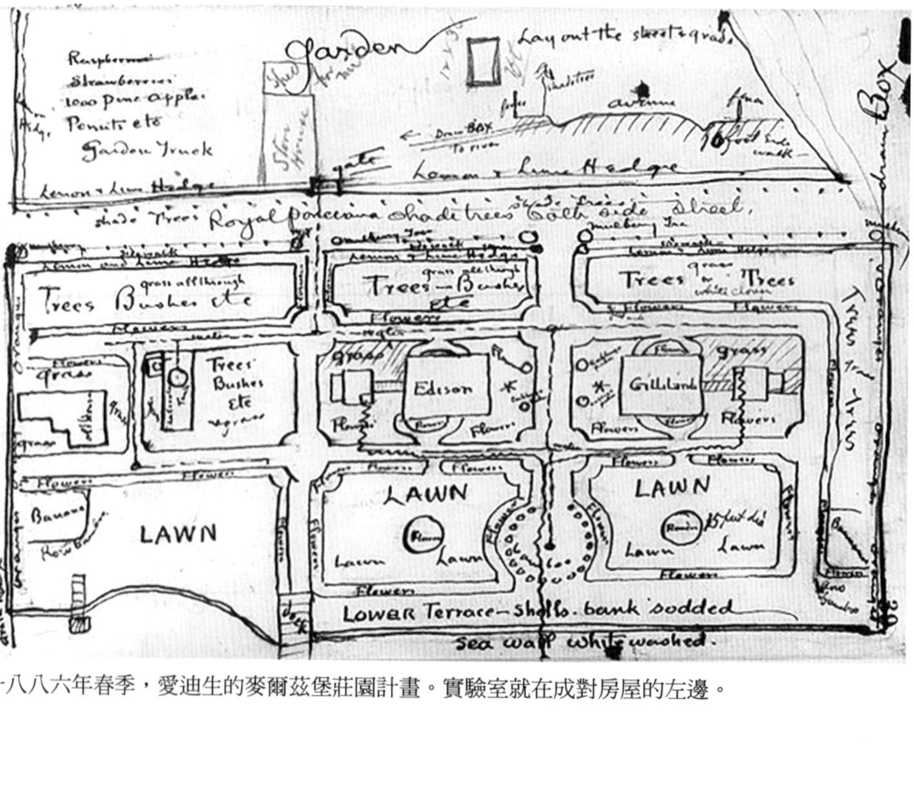

一八八六年春季，愛迪生的麥爾茲堡莊園計畫。實驗室就在成對房屋的左邊。

令她生畏。愛迪生一回到全心投入的工作後，當然顧不了家中的瑣事。結算家庭帳目等家務事，屬於女人的工作。她想讓丈夫變得文雅的機會，如同寡婦道格拉斯（Widow Douglas）要教化哈克・費恩（Huck Finn）[62]一樣渺茫。不過有好一陣子，幾位朋友都驚訝地看到愛迪生的長褲燙得平整，鞋子擦得閃亮，夾克的鈕扣也對應到相稱的孔眼。

愛迪生又開始專注在自己的事了。五月十九日，他果斷地懲罰為了爭取工會認可與提高愛迪生機械公司的工資而舉行的罷工。如果紐約市的「共產黨人」認為他們能夠成立他的其中一間工廠，他很樂意把整間工廠搬到斯克內塔第市，畢竟英薩爾湊巧在該市找到了一間火車頭舊工廠。「薩米，大幹一場吧。只許成功，」他說：「不許失敗。」

英薩爾將「大」這個字銘記於心，並在伊利運河（Erie Canal）旁邊建造奇異公司的未來總部。[63]

他與約翰・克魯西離開後，愛迪生擺脫了企業的不少束縛，可以盡情沉浸在他目前入迷的興趣——無線電報。一年前，他與吉里蘭一起開發的跨接火車通訊裝置，如今稱為偵察系統，在密爾沃基鐵路（Milwaukee & St. Paul Railroad）進行的測試只有部分的成效。他對自己申請另一項裝置「電報系統」（phonoplex）的專利更有信心。這項裝置能使沿著軌道的火車站透過多條線路互相發電報，而不影響終端通訊。他靈光乍現，設計了加重的振動板來增強聲音效果，結果在大幹線鐵路沿線表現得很出色（他以前送報時行經的路線）。測試員阿佛烈・塔特[64]回報：「沒有『煎鍋般的感應』或『摩斯雜亂訊號』蓋過電話鍵的聲音。」從電報文體翻譯後，意味著電報系統聽起來很清晰，沒有雜音干擾，也沒有混淆不清的摩斯電碼。

---

62 角色出自美國著名作家馬克・吐溫的兒童文學作品《頑童歷險記》（Adventures of Huckleberry Finn）。

63 英薩爾在兩年內使機械公司的銷售量增加三倍，並在六年內使員工人數從二百人增加到六千人。

64 他在一八八三年接替英薩爾的職位，擔任愛迪生的秘書兼總務。

最後，聯合鐵路電報公司（Consolidated Railway Telegraph Company）接管了偵查系統，卻不曾蓬勃發展，但巴爾的摩與俄亥俄鐵路（Baltimore & Ohio）公司在七月開始採用愛迪生的電報系統，使之成為美國鐵路的主打商品，延續至下個世紀。

那年夏天，愛迪生將實驗室從紐約移到離家更近的東紐瓦克區電燈公司。他繼續讓米娜參與實驗性工作，帶她過去當助手，並為她取了暱稱「比利」——畢竟她獲准進入了男人的世界。有時，瑪麗恩也會加入他們，而她的暱稱是「喬治」。八月中旬，愛迪生加入「比利」、「喬治」、湯姆、威廉及許多米勒家庭成員，在肖托夸鎮盡量沉浸於威廉・詹姆斯所形容的「純粹美德」。

在米娜的餘生，每年一次的朝聖再加上定期去教堂，都是為了讓自己從丈夫一心掛念著實驗材料的事實中得到精神上的解脫。然而，待在肖托夸鎮對於減輕她的憂鬱傾向沒有多大的幫助；一八八六年，她在集會上聽到的佈道也不能幫助她解決繼女心生嫉妒的問題。隨著青春期的到來，瑪麗恩無法適應只比她大六歲半的女人取代了自己在愛迪生心目中的重要位置。她的弟弟也很難適應此變化。米娜在寫給母親的信中流露焦慮的情緒，而母親用肖托夸語安慰她：「試著去愛他們，他們之後也會愛妳，而愛迪生先生也會非常開心。」

其實愛迪生已經夠開心了。十月時，好友吉里蘭參與他在東紐瓦克區的新一輪實驗。米娜發現丈夫的實驗不再需要她的幫忙。大約在此時，她懷孕了。

震撼力

十一月二日，美國專利局核發拗口的專利給布達佩斯市的卡羅伊・茲佩諾斯基（Károlyi Zipernowski）、奧托・布拉西（Ottó Bláthy）及米克沙・戴里（Miksa Déri）。該專利是感應線圈變壓器，能夠提供分配交流電所需的高電壓，而且是在遠遠超出愛迪生直流電系統限制的距離內，合乎經濟原則地分配交流電。這項裝置成了著名的「ZBD」變壓器，電源為交流電，但愛迪生是公認的直流電擁護者。競爭就這樣展開了，並隨著時間過去和陰謀謬見的散播，演變成愛迪生與對手之間的「電流大戰」——公認的勁敵是尼古拉・特斯拉，但其實是喬治・威斯汀豪斯。

起初，與其說這是一場戰爭，不如說是愛迪生為了研究交流電技術——法蘭克・史伯格預測此技術可與直流電源系統匹敵——能不能與自己的技術相結合而付出努力。儘管直流電適合紐約第一區這般小型都市區，但他早就意識到直流電不適合遠距離傳輸，因為延伸的範圍愈遠，銅導體就要愈厚，成本愈高。他的「三線」配電系統能夠巧妙地解決此問題，可惜比較適合用於封閉式電路。直流電以中等電壓平穩地朝特定方向流動，從發電機流到電燈。交流電則沿著電線的表面來回曲折地閃過，輪流增強到最大壓力和下降到零壓力，由變壓器強制達到三千伏特的電壓，然後利用磁性感應降低電壓，一個接著一個變壓器，降低到不會熔化燈絲的程度。過程中幾乎用不到銅，也能到達任何供應器需要輸送的範圍。然而，在「ZBD」達到盡善盡美的標準之前，高電壓的交流電不太穩定。[65]但匈牙利的變壓器有效地解決了此問題，史伯格提醒愛迪生電燈公司的總裁愛德華・強森：「你不能太早採取行動阻止別人搶先一步進場。」

因此，強森買下「ZBD」的美國權利。此舉對他沒什麼幫助。威斯汀豪斯已成立自己的同名電氣公司「西屋電氣」，在麻州的大巴靈頓（Great Barrington）資助交流電系統，並收購更精密的變壓器——近

65 早在一八八二年，愛迪生就嘗試過交流電，最後摒棄不用。他說交流電只適用於動物的安樂死，沒有其他好處。然而，交流電成功地安裝在他的歐洲獨立系統時，他避而不談，例如一八八六年五月的米蘭斯卡拉大劇院。

期由威廉・史丹利設計。同時，愛迪生出於好奇而非好勝的心態，申請了十幾項與交流電有關的專利。他小心翼翼地試驗，並說服自己該系統的隱形、閃爍、受限的電光可能會殺死粗心大意的公用事業工人，更不用說那些胡亂修補插座、或使供電線路周圍的絕緣材料磨損的住戶了。他在寫給強森的高技術性、冗長備忘錄中，總結了自己的發現結果與感受：「由於來回波不能立即開始，也不能立即停止……若要產生相當於一百伏特的電壓，則實際需要一百三十伏特左右。因此對於人體而言，若要產生震撼的效果，我們可以選擇無限安培數的逆向間歇電流，而二百六十伏特的電壓差當然會使人感覺不舒服。」

不提嬰兒床了

在年初的某個寒冷日子，愛迪生沒穿上外套，就在東紐瓦克的工廠外面講笑話，不幸感染胸膜炎，有好幾個星期都臥病在床。[66]到了一月底，他才能夠從床上坐起來，處理一八八七年的當務之急：在西奧蘭治鎮的山谷路與湖畔大道轉角處買下十四英畝的地產，距離他的盧埃林公園住宅大約一英里。

他能夠活動自如後，就想回到燈廠重操舊業，並為自己的燈泡研發噴射纖維型燈絲。他相信如果能藉著此進展使系統的觸及範圍增加一倍，就能擊退交流電的挑戰。但醫生堅持要他在佛羅里達州好好休養，早在二月初就送他到該州，而他只好在火車上慶祝四十歲生日。媒體謠傳他罹患結核病，再也不回北部了。謠言傳遍全國後，強森認為起因是西屋電氣公司。愛迪生在麥爾茲堡的康復速度很緩慢，而且他又併發耳朵膿腫，不得不在三月二十四日讓醫生切開放膿。幾天後，《世界》的記者發現他在木製實驗室工作，身體健康，但聽力變差。「他以前確實是個病夫，」以斯拉・吉里蘭坦白說：「他的心臟突然有毛病，醫生發現有必要實施幾次嗎啡的皮下注射。」

米娜也有自己的問題。她在結婚一年後懷孕了，並煩惱自己沒有得到愛迪生充分的關愛。四月中旬，她先帶著瑪麗恩北上，好讓父親有機會單獨探望愛迪生，以循道宗教徒的身分仔細觀察他。路易斯・米勒到訪後，反而變成留下來聽故事——浪費時間聽東道主用不當的措辭講故事，以及聽他談論自己對妻子的失望感想。

「我愈仔細端詳，」路易斯寫信給米娜：「愈對他的偉大和善良特質印象深刻。我完全相信他對妳很忠實，他也是個表裡如一的人。在社會上，他比我認識的其他人更優秀。」

無論這封信的內容有多麼振奮人心，她在那年春天的某天不得不面對比想像中的婚姻壓力更真實的創傷。嬰兒床、特製服裝等字眼，都不再出現在她的通信內容了。

鋸齒狀

五月時，愛迪生讓米娜留在東紐瓦克實驗室陪他工作一段時間，但不久就變成只有巴徹勒與吉里蘭能夠幫得上忙的技術性專案。這項專案涉及聽寫機的研發，是為了對抗查爾斯・薩姆納・泰恩特（Charles Sumner Tainter）與奇切斯特・貝爾（Chichester Bell）在去年申請的圓筒式錄音機專利，當時他害了相思病，對此沒有多加留意。但現在，他必須特別關注。彷彿把裝置稱為「美國留聲機」還不足以讓人想起他最喜歡的發明一般，它連外觀也很像留聲機，有語音漏斗（voice funnel）、螺旋狀的溝槽及手搖曲柄。一

66　或許愛迪生也感染了肺炎。

般顧客很容易誤以為他授權了。[67]

這兩種儀器的關鍵差異在於，「美國留聲機」的觸針在蠟套筒上刻畫，而不是壓印錫箔膜。這點是顯著的銷售優勢，再加上泰恩特與貝爾已經準備在市場上銷售裝置，而愛迪生只有「經過改良的留聲機」粗陋草圖可以拿出來較勁。

一八七八年，愛迪生因犯了錯誤而受累，當時他在英國（而不是美國）申請許多有發展潛力的留聲機專利。然而泰恩特與貝爾此時聲稱，這些創新（在六十七張描述性的圖畫中詳細列出）的所有特性都是他們獨立發想出來的。專利局不授予愛迪生國內的優先權，理由是海外的專利保護才是他應得的。無論愛迪生為美國市場設計了什麼新儀器，諷刺的是他不能侵犯「美國留聲機」的專利，而他早在九年前就預測到此技術了。

他在五月七日依樣畫的草圖，顯示一台附有電動馬達傳動裝置與橡膠聲學管的留聲機，用於錄音和重播。圓筒處莫名空著，因為當他與巴徹勒建造「M型機」時，顯然他們認同蠟塗層紙板的錄音表面，比錫箔放在鐵板上的錄音表面更佔優勢。切割時，觸針把蠟刻得乾淨俐落，阻力非常小。壓印時，需要重量才能把箔片壓成不太清晰的鋸齒狀。反之，蠟的問題是比箔更軟，因此音質會隨著每次重播而變差。

因此，愛迪生的挑戰是設計出硬度夠又耐磨的蠟，能夠承受不銳利的高頻率消耗，甚至能接受唸起來有齒擦音的字詞，例如「sphynx」（斯芬克斯貓）。說話的清晰度對這台機器而言至關重要，因為當時正值美國商業的繁榮時期，他與泰恩特都鎖定聽寫機市場。圓筒旋轉時，蠟不該在觸針後方捲曲，導致妨礙觸針；理想情況下，蝕刻出的物質會飄到空中，宛如聲納景觀的塵埃。當然，這意味著觸針本身既要耐用，又要鋒利，但不能鋒利到磨損一再經過的成形斜面。

在接下來的十三個月，愛迪生需要專心在化學、物理、電氣工程等必要條件之間尋找理想的平衡點。

同時，他承擔著同樣具有挑戰性的任務：規畫、建造、裝備、搬進西奧蘭治鎮山谷路的大型實驗室，並配置工作人員。實驗室於七月五日開始動工。

兩項專案都帶給他極大的樂趣。前者是考驗耐力的實驗性專案，造就出卓越的發明。他的其中一個開創性想法是重播唱針——不會觸碰到唱片表面，但本身帶電——本質上是有磁性的唱頭。不知何故，他放棄了此構想，讓電子錄音技術的出現延遲了三十三年。

在此期間，還有三件需要他留意的事等著處理：有關早已倒閉的愛迪生說話式留聲機公司（Edison Speaking Phonograph Company）前景的爭吵；米娜在一八八七年秋季的第二次懷孕；後來，攝影師埃德沃德·邁布里奇來訪，深遠地影響他的未來。

愛迪生才剛開始研製「M型機」，舊留聲機公司的共同創辦人強森與烏里亞·佩因特（Uriah Painter）就試著說服他接受泰恩特與貝爾的提議，要他把所有專利與他們的專利結合起來，成立一家幾乎壟斷聽寫機市場的新公司。對愛迪生來說，這類合併荒唐地將留聲機、「美國留聲機」、佩因特、泰恩特混為一談，實在令人難以置信。這會連累到他在錄音領域的優先權。他也看得出，貝爾集團真正想要的是他的所有英國專利。「我決不與格拉漢姆·貝爾的美國留聲機有任何瓜葛，」他寫信給倫敦代理人喬治·古勞德上校：「我有更好的設備，也已經在建造專門製造設備的工廠了。」

格拉漢姆·貝爾與弟弟奇切斯特·貝爾、以及泰恩特有牽連，因為他們三人都是華盛頓特區新成立的美國留聲機公司（American Graphophone Company）成員。愛迪生的態度愈來愈頑固，好幾次拒絕與他們

67　一八八一年十月二十日，泰恩特與貝爾在專利局提出限制條款的「美國留聲機」裝在註明日期的密封盒子，其實是愛迪生的留聲機，其金屬圓筒塗了一層蠟。這場騙局直到一九三七年才被揭發。

做生意。他不打算讓說話式留聲機公司重新開業，而是決定成立新公司，即愛迪生留聲機公司。一八八七年十月十日，他成立這家公司並將資本額定為一百二十萬美元，不理會強森與佩因特痛心地抗議他在糟蹋他們身為舊公司股東的權利。他們不肯接受持有愛迪生留聲機公司的三〇%股份提議，認為此舉不光彩、不充分，原因是如果愛迪生接受貝爾集團的提議，他們就能獲得一半的利潤。一個月後再回顧，那次合併似乎是明智之舉。此時，德國移民愛米爾．貝利納申請了可以播放唱片的錄音機專利，而不是申請圓筒式錄音機。

從幾個方面來看，貝利納的發明是革命性裝置，但他還需要好幾年的時間實際商業化。愛迪生比他和貝爾集團更佔優勢，能夠誇耀「當前配備最好、規模最大的實驗室」即將完工。到時候有三層樓高，占地面積總共為三萬七千五百英尺，職員包括許多科學家、專業工程師及工匠。總之，在快速又廉價的發明進展方面，這個多部門場地脫穎而出。他打算在感恩節前入住，並在年底前全面營運。無數的附屬建築物會在四周圍繞著，而且各有協調的研發用途，例如大型留聲機公司將運輸（經由伊利鐵路，以走後門的方式繞道而行）許多改良後的留聲機，將使格拉漢姆．貝爾會希望自己當初堅守電話設計。在創新與製造的整合中，西奧蘭治工廠將成為門洛帕克市的典範。「事實上，」愛迪生寫得像工廠已經在運作：「目前沒有類似的機構……可以製造任何東西，包括女士手錶、火車頭。」

他與企業律師打交道、研究M型留聲機的機械原理時，以斯拉在這段期間發現請病假很方便。身為愛迪生的老朋友，以及第一台留聲機的熱情推銷者，他避開了必須在痛苦的對決中選邊站的處境，尤其是不用表態支持強森。強森生平第一次發大財，同時晉升為愛迪生電燈公司和愛迪生獨立照明公司的總裁。他也享有個人發明的專利使用費——閃爍的聖誕樹彩色燈。他住在康乃狄克州的華麗豪宅，並把舊留聲機公司的復興視為致富的關鍵。但現在，愛迪生沒有基於同情心選他當新公司的「總代理」，而是任命吉里蘭，其合約的條款非常慷慨，保證在生產的第一年能獲得大約十六萬美元的收入。

戴蒙受到皮西厄斯的提拔，強森對此百思不解。他是個很敏感的人。佩因特試著威逼他加入股東反叛，共同懲罰愛迪生賣掉他們以前的權利時，他畏縮不前。「我們能不能一起搞定這件事？」他寫信給愛迪生：「這不是錢的問題，而是自尊心受到傷害的問題。收到你的答覆後，我就會永遠離開目前讓我不愉快的職位……如果我長期珍視的雄心壯志從此埋藏在留聲機，我無怨無悔。」

愛迪生的答覆很冷淡：「目前的情勢並不是你的錯。等佩因特先生發完脾氣、結束胡鬧後，我來應付他。」

愛迪生指望吉里蘭出售的「改良版」留聲機缺乏吸引力，令吉里蘭沒信心。這台儀器依然是單純的聽寫機，可供一人對著說話，而另一人在不遠處聆聽。其優勢在於音質很出色。雖然尺寸不大，設計卻錯綜複雜，有兩個振動板、裸露的電線圈，還有許多雙頭螺栓、滑座、旋鈕及螺絲釘，可能會導致速記業的大批工作人員失業。

愛迪生最近在法庭上勝訴，使燈泡的設計在世界各地幾乎得到全面的專利保護，吉里蘭擔心他開始認為自己的發明會妨礙到其他發明家的工作，包括泰恩特、貝利納等有才華的人。用踏板操作的「美國留聲機」就像一台縫紉機，使吉里蘭覺得比朋友的M型樣品更簡便。那年的初秋時節，愛迪生向《紐約郵報》記者誇耀，儘管他的留聲機公司還在建造當中，一八八八年一月底將有五百台新機器上市。他也展現自己的數學造詣：計算出四個可拆卸的圓筒，個別容量為六百字，足以記錄《尼古拉斯・尼克貝》（*Nicholas Nickleby*）的所有文字。[68]

68　愛迪生過度高估了。狄更斯的這本小說總共有二十六萬三千五百二十個字。

五號長屋

幸好他興奮過頭，把這些承諾拋諸腦後，因為他即將在新的一年開設山谷路的新工廠。莊嚴的警衛室只讓持有通行證的人進入園區。遠處的紅磚建築由約瑟．塔夫特（Joseph Taft）設計，比愛迪生最初設想的三萬七千五百平方英尺更大，有四棟試驗專用的長屋支援主要實驗室，分別致力於物理學、化學、化學品保管及冶金學。第一棟長屋完全不含鐵，因此在其中的電流計和其他精密儀器只受地球的磁場影響。第二棟長屋是愛迪生最喜歡的寓所，有傾斜的混凝土地板可以排出有毒物質。在他的私人儲藏品當中，有一些鉑陰極是他小時候當電報員時，砸碎革若夫（Grove）舊電池後的剩餘部分。

對面的五號長屋有三扇大型拱形窗戶，面向來來往往的車流——在這裡的鄉村景觀主要是輕便馬車。玻璃窗的後方是愛迪生的雙層樓圖書館，有畫廊，牆板鑲著黃松，而牆面的顏色要經

愛迪生的新實驗室位於西奧蘭治鎮。後方是留聲機公司。

過幾年才會變得更暗。除了阿佛烈・塔特以外，他最先想要安置在身邊的助手是能夠翻譯他訂閱的德文、法文及義大利文技術期刊的語言學家，另外還有科學家用英文寫的術語。他的高級浴室毗連，有閃亮的瓷器和義大利大理石（在實驗室大樓的其他地方，鍍鋅的鐵是鮮豔外觀的首選）。更遠處有房子般大小的倉庫，奉命為世界上所有不易損壞的物質收購、編目及編索引，包括硬木、石墨、蠟、藥物、寶石、玻璃片、絲綢、海泡石、種子、骨頭、芳香油，以及愛迪生發現比駱駝皮更細緻的歐洲馬鹿毛，可以用來清潔圓筒的坑紋。龐大建築物的其餘部分用於輕型與重型機械廠，而三樓的擁擠研究室附有可以移動的牆壁，室內的功能也隨著他的興趣而改變。高大的煙囪式發電所附在後方，輸出的直流電可以滿足所有實驗室大樓以及留聲機公司的需求。當時的留聲機公司只不過是沿著奧爾登街（Alden Street）的一片冰凍場地，等待春季的解凍。愛迪生打算為一英里以外的盧埃林公園住宅架設分支線路。

到了一月底，他已從紐約招募或調離七十五名實驗室助理，員工人數穩定地增加。他似乎也期待每個人都能多工作幾個小時。有一位職員說明了老頭對基本日程表的想法：「每週六，實驗室在五點關門，不是六點……每逢節日要來上班慶祝。」當他抱怨失去了屬於自己的生活，愛迪生如此回應他的困惑：「年輕人，時間來了，同樣也會過去。」

一張接著一張畫面

二月二十七日，攝影師埃德沃德・邁布里奇在奧蘭治郡展示動物旋轉鏡（zoopraxiscope）的圖像後，拜訪愛迪生。多年來，他一直促進賽馬及裸體的男女在一長排攝影機前做跑步、跳躍、漫步的動作——每一台攝影機同步捕捉表面上靜止，實際上是移動的瞬間——他認為自己的提議能吸引長期致力於錄音和投射燈光的人。愛迪生會考慮發明能顯示動態有聲電影的機器嗎？

諷刺的是，邁布里奇構思的系統顛覆了自己的攝影概念。他的多種攝影機（一長排多達二十四台）在不連續的鏡頭只曝光一張畫面，而愛迪生構想的單一攝影機必須連續曝光數百張、甚至數千張畫面，並像留聲機回播相連聲波的方式來重現畫面。連續性的印象像錯覺——一張接著一張，每張畫面都有細微的差異，快速地連續出現，以至於肉眼很難注意到畫面之間的空白。

愛迪生對此很感興趣，他表示會在有空時研究這個想法。根據他的要求，邁布里奇將《活動中的動物》（*Animals in Motion*）的精選照片送到西奧蘭治鎮的實驗室附設圖書室供展示，讓令人難忘的連續鏡頭留在愛迪生的潛意識。

還算不錯

到了三月，就在吉里蘭否認另一個關於愛迪生留聲機公司與美國留聲機公司合併的謠言時，匹茲堡的百萬富翁傑西・李賓科特收購了後者。這位富翁的財富來自玻璃製品，他對聽寫機生意一竅不通，只知道在美國經濟蓬勃發展時，聽寫機似乎是不錯的投資。他也覬覦「改良版」留聲機的銷售權，但這款留聲機在發布之後從沒出現過。他像資本家，對財務方面的隱患有狼一般的警覺性，因此他察覺到愛迪生在西奧蘭治鎮承擔過多債務，有可能會接受使他在名義上超越泰恩特及貝爾兄弟的交易。

李賓科特猜對了。愛迪生確實很缺錢，因為他為新實驗室投入十四萬美元，並在私人房地產的開支之外為留聲機公司編列二十五萬美元的預算。他曾經暗中試著讓亨利・維拉德資助西奧蘭治工廠，卻以失敗告終。但他沒有停下來思考，自己可能在鼓勵另一個貪婪的人伺機掠奪。

英薩爾仍然負責管理愛迪生的金融事務，他在五月底寫信告知塔特，他聽說留聲機公司要欠帳。他擔心這會影響到斯克內塔第市的機械公司聲譽。「如果你們奧蘭治人要濫用信譽，會連帶害慘我們。」他說。

這樣的感嘆與愛迪生在實驗室上演的糟糕示範不謀而合，他期待用最新改良的M型留聲機樣品，讓另一群資助人留下深刻的印象。弗雷德・奧特不知情，把觸針放進機器內比錄音接點更寬的播放裝置。重播的結果是長時間發出嘶嘶聲，讓愛迪生困惑不解，而那些資助人帶著所有支票簿撤回紐約。

愛迪生以前也遭遇過類似的丟臉事件，那時他在門洛帕克市試驗第一批燈泡。此時跟當時一樣，也跟他人生中遇到的其他危機時刻差不多。他安排了由優秀人才組成的團隊，投入持久的機械改良行動，而隊員包括數學家亞瑟・肯尼迪、化學家沃爾特・艾爾斯沃斯、在德國受過培訓的聲學家法蘭茲・舒爾茨貝吉（Franz Schulze-Berge）與西奧・旺格曼（Theo Wangemann）。此時的留聲機構造比一月更加複雜，既能適應音樂，也能適應語音，但還沒有準備好要生產或銷售。倫敦的古勞德上校需要一台能招攬英國投資人的機器，再加上有必要使留聲機公司的股票吸引李賓科特的注意，因此愛迪生急得像熱鍋上的螞蟻。目前這位企業家已直接提出五十萬美元的買價，而吉里蘭認為這是不容錯過的大好機會。

由於愛迪生專注在實驗室的工作，他忽略了或沒有特別留意「總代理」合約中的條款註明吉里蘭將獲得五萬美元現金，以及二十萬美元以上的新公司股票。更重要的是一旦完成交易，這些股票可以兌換成現金。

六月十六日，愛迪生宣布新型錄音機的「改良」工作告一段落了。他讓下一艘汽船將手工製作的模型，連同他稱為「有聲信件」的史上第一個錄音片運往倫敦。他親自在可拆卸的捲軸錄音，透露他剛剛又多了一個孩子的消息。

嗯哼。我在紐澤西州的奧蘭治實驗室。

現在是一八八八年六月十六日，凌晨三點。

我的朋友古勞德——嗯哼。這是我製作的第一個有聲信件……漢密爾頓先生寄給你的新留聲機，是剛從我這邊送出去的第一台新模型。你應該會發覺到，這台機器是在非常匆忙的情況下拼湊起來，還不算是成品。我已經把一些實驗用的空白錄音片寄給你，讓你用來回覆我……

我的老婆和孩子都過得很好。寶寶的發音很大聲，但不太清晰。還有改進的空間，但對於第一次的實驗來說，還算不錯。[69]

敬請　台安

愛迪生

七月十四日，北美留聲機公司的李賓科特成立的組織結束了愛迪生、泰恩特及貝爾的權益衝突，並匯集他們的所有專利，使相關當事人都發家致富，尤其是吉里蘭，他急著兌現其餘二十五萬美元的紅利，並迅速前往歐洲。他聲稱要在歐洲展示留聲機，但愛迪生發現代理銷售條款，並聽說私人律師約翰．湯姆林森（John Tomlinson）已協商時，他感受到的是戴蒙捅了皮西厄斯一刀。「我今天取消了你的合約，」他發電報給在倫敦的吉里蘭：「我也通知了李賓科特先生這件事，讓他支付其他自行承擔風險的款項。既然你不惜使出下三濫的手段，我就要你歸還領到的所有錢。」

吉里蘭發電報回覆：「我按照指示賣給李賓科特，也經過你的同意……你不了解真相就這樣做，對我很不公平。」愛迪生在打官司的盛怒之下，以違約為由起訴他，得到了法院的同意。儘管他們的友誼曾經為他們帶來許多好處——財務、專業，以及愛迪生的愛情——如今不歡而散。只要吉里蘭夫婦繼續在麥爾茲堡過冬，愛迪生夫婦就不去麥爾茲堡，使他們在接下來的十四年喪失享受沐浴在陽光下的假期，並確保他們的發電機電力、風車泵的水都不會越過兩棟房子之間的空間。[70]

移動中的物體

愛迪生擺脫了另一個企業責任後，在十月八日畫出一台乍看之下像留聲機的裝置。然而，圖畫中標記的「M」不是指觸針，也不是指傳聲管。「N」也不是指蠟筒。裝置上的點狀物也不是刻痕或切口：點與點之間的間隔很寬。實際上，他想到的是縮影照片——將邁布里奇的圖像縮小到三十二分之一英寸的寬度，以每秒二十五張底片的速度飛快經過小型望遠鏡。他計算出可以將四萬二千張類似的圖像，嵌進以留聲機速度旋轉的熟石膏圓筒，能夠呈現二十八分鐘長的電影演出。如果在回播模式下，將傳動軸「P」與聲學筒的軸相接，影像與聲音就會融合在一起。

「我現在試驗的儀器與眼睛之間的關係，就好像留聲機與耳朵之間的關係，」他寫下工整的字體，用作保留重要文件：「能把移動中的物體錄製和複製下來，而且這種做法既便宜、實用又方便。

69 瑪德琳・愛迪生在一八八八年五月三十一日出生。庫西・漢密爾頓（H. de Coursey Hamilton）是愛迪生聘請的其中一位環球跑腿工。

70 以斯拉・吉里蘭在一九〇三年五月十三日死於心臟病，終生無子女。他的遺孀在晚年時寫信告知愛迪生：「愛迪生，他其實很喜歡你，也對你們之間產生的誤會感到遺憾。」

> 我將此設備稱為電影放映機的『移動視圖』。在實際移動的第一次攝製時，也就是在連續不斷的歌劇當中，該儀器可稱為電影攝影機，但隨後的複製對公眾最有效用，比較適合稱作電影放映機。」

他繼續描述裝置的錄音工具如何變成攝影機般的大小，裝得下有感光性的圓筒，甚至裝得下一捲膠片，兩者皆以斷斷續續的動作進行，速度快到看起來連續不斷。他的發明本質是騙術：每一次短暫的停留動作都足以拍攝一部分動作，而每一次快速向前跳躍的動作都足以讓另一個鏡頭曝光，簡直不可思議。因此，需要一種像前進中的圓筒般的動態遮光器，或移動式遮光器，每秒至少能拍八張照片（二十五張照片更理想），以便稍後讓這些照片經過放大的鏡頭，實現所謂的視覺暫留。

愛迪生因而成為歷史上第一位闡明電影同步搭配文字與音樂的觀點的人。他不曾實際達成這種結合，而且他在限制條款中暗示螺旋形的圓筒比展開的膠片更合適，這是錯誤的。即使他在文件上註明地點與日期是「紐澤西州奧蘭治，一八八八年十月八日」，將「奧蘭治」的首字母「O」畫成漂亮的圓圈，他也不知道在英國里茲市工作的不知名法國攝影機發明家——路易斯．普林斯——還有六天的時間準備實現視覺效果，就像留聲機對耳朵的作用。[71]

「快點，我等著看美妙的結果。」愛迪生後來在那天寫道，並把電影放映機的限制條款發送給專利律師，請他交給專利局。隨後在適當的時候，他發送另外兩項限制條款，以影響力與特點證明了當初估據他心思的力量。但在接下來的九個月，他為了迎接一八八九年的劃時代巴黎世界博覽會，忙著推廣電力與留聲機，於是把打造圓筒相機的技術性工作交給威廉．迪克森。這位年輕人不但是天賦異稟的工程師，也是專業的攝影師。他會說流利的法語與德語，也能看得懂實驗室附設圖書室的國外期刊，並掌握海外動態攝影的實驗趨勢。[72]

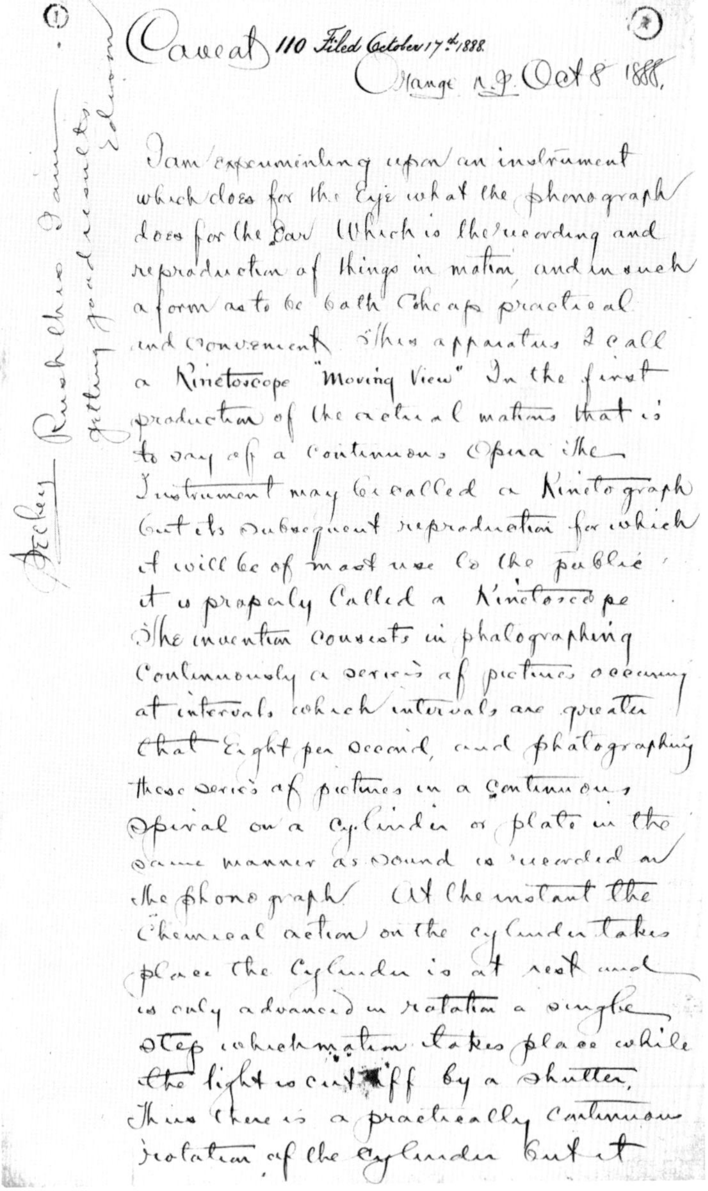
Caveat 110 Filed October 17th 1888.

Orange N.J. Oct 8 1888.

I am experimenting upon an instrument which does for the Eye what the phonograph does for the Ear, which is the recording and reproduction of things in motion, and in such a form as to be both Cheap practical and convenient. This apparatus I call a Kinetoscope "Moving View". In the first production of the actual motions that is to say of a continuous Opera the Instrument may be called a Kinetograph but its subsequent reproduction for which it will be of most use to the public it is properly called a Kinetoscope. The invention consists in photographing continuously a series of pictures occurring at intervals which intervals are greater than Eight per second, and photographing these series of pictures in a continuous Spiral on a Cylinder or plate in the same manner as sound is recorded on the phonograph. At the instant the Chemical action on the cylinder takes place the Cylinder is at rest and is only advanced in rotation a single step which motion takes place while the light is cut off by a shutter. Thus there is a practically continuous rotation of the Cylinder but it

Dickson
Rush this — I am getting good results. Edison

一八八一年十月八日，有關愛迪生第一台電影放映機的條款。

71　普林斯的《朗德海花園》（Roundhay Gardens）拍攝於一八八八年十月十四日，如今成了公認的第一部電影。《第一部電影》（The First Film）是大衛・尼古拉斯・威爾金森（David Nicholas Wilkinson）於二〇一三年拍攝的紀錄片，可在此網址觀看：https://vimeo.com/ondemand/thefirstfilm/181293064。

72　在同時期的某些方面，奧托瑪・安舒茨（Ottomar Anschütz）的電動準距儀（Electrotachyscope）和艾蒂安—朱爾・馬雷的計時攝影機，比愛迪生的發明更精密。前者採用投影，而後者運用間歇性的動作。

普林斯在單眼相機方面的最高成就沒有公諸於世，其實在將近半個世紀的時間，他的成就都沒有得到認可。如果迪克森在一八八八年不知道這一點，他也一定會了解法國和德國其他先驅的情況，並且親眼目睹愛迪生自詡在電影史上的卓越地位（「cinema」〔電影〕這個單字尚未出現）合理地遭到這些先驅的支持者抨擊。迪克森上了年紀後，會一遍又一遍地把記憶中的行事曆往前推算一年，目的是證明電影放映機確實是所有電影攝影機之母，以及他與愛迪生從一八八七年秋季開始研究電影放映機。他浪費太多墨水，不肯承認時代潮流的存在——他備受尊崇的老闆在一九一二年謙虛地表示：「我所謂的發明其實早就出現在大環境中了，我只是借用而已。」

相對危險

十一月時，愛迪生捲入了職涯中最難堪的爭議，當時有一家稱作「法醫學協會」（Medico-Legal Society）的機構向紐約州的立法機關建議，處決死刑犯的最快又最無痛方法是，讓他們承受三千伏特的直流電或交流電。

年初時，認同此論點的州長大衛・貝內特・希爾（David B. Hill）簽署了一項法案，要廢除將絞刑當作該州的標準死刑方式，改以支持用電力處死——也就是後來廣為人知的「電刑」，這讓用詞純粹主義者感到苦惱。很少人比查爾斯・巴徹勒更了解這個決定的含意。他在愛迪生的實驗室裡為直流電系統安裝電燈時，差點丟掉性命。假如是交流電，而不是直接流過他體內的電流，他肯定會在四十二歲與世長辭，讓大家永難忘懷。[73]交流電如拉鋸般的猛烈移動，以每秒幾百次的逆向速度流動，可能會毀壞他體內的所有細胞。愛迪生相信這種致命程度，是依據在工作場所進行的動物測試，執行者有巴徹勒、亞瑟・肯尼迪以及哈羅德・布朗（Harold P. Brown）——獨立自主又熱情的直流電擁護者。

愛迪生與威斯汀豪斯的集團針對哪種系統更適合大多數照明用途，展開了一場論述詳盡的辯論，而布朗正是曲解這場辯論的罪魁禍首。除了安全考量以外的其他各方面，所謂的「電流大戰」此時已被交流電的勢頭壓制。在過去的一個月，威斯汀豪斯接到中央處理系統電燈的訂單，比愛迪生公司前一年接到的訂單更多。當地的電力公司只是發現他的細線、高壓系統在安裝與操作方面的成本更低，也可以擴展到富裕客戶居住的郊區。

布朗的唯一辦法就是將交流電污名化為「劊子手電流」，應用在死囚牢房比在家庭更適宜。雖然他的專業資格不足，他渴望在西奧蘭治鎮（肯尼迪在這裡詳細記錄動物的抽搐過程）和哥倫比亞大學等公開場合，用電擊的方式殺死狗、小牛及馬，藉此證明自己的觀點，簡直喪心病狂。他鼓吹這項實驗，是基於以前在布拉什弧光燈公司（Brush Arc Light Company）擔任電氣技師的五年期間，所觀察到的工業死亡事故。

愛迪生目睹過幾次電刑，但他沒有表現出心神不寧的跡象。「我殺生，但不是取走人類的性命。我相信，也領悟到只要目的正當，就可以不擇手段。」他說。以前，他反對死刑，但他現在發現自己的道德觀動搖了，畢竟死刑已經變成電工關注的問題。如果罪犯必須為罪行受死，那麼他比較希望罪犯被威斯汀豪斯的發電機弄死。「必須使用高壓電，」他回答提問的記者：「要用交流電，不是用直流電。」

然而，他還是堅信三百伏特左右的直流電，比西屋電氣公司在匹茲堡等城市傳輸的電光——使用很容易與電報公司、電話公司的電線纏結成一團的高架式電線——更安全。如果是他發號施令，愛迪生電燈公

73 一九七〇年代的實驗證實了愛迪生在一九八〇年代相信、卻無法證明的事實：交流電的致命性是直流電的二・五倍至三倍。然而，沒有證據能證明兩者可以無痛致死。

司就可以運用本身的交流電專利，在高壓與低壓這兩種電壓層次展開競爭。但即使公司會付出很大的代價，他也不肯答應。[74]

十二月時，法醫學協會正式提議在新新監獄安裝交流電系統，以便啟用紐約州行刑者埃德溫．戴維斯（Edwin F. Davis）正在當地建造的電椅。《紐約時報》刊登一篇表示贊許的文章，標題是〈比絞刑更可靠〉（SURER THAN ROPE）。威斯汀豪斯原本在這場爭議當中保持著莊重的沉默，但他現在開始公然指責布朗是愛迪生電燈公司雇用的傀儡，也是憤世嫉俗的危言聳聽者。布朗的反應是向威斯汀豪斯挑戰一場電氣拳擊賽，他們在比賽中各自承受偏好的電流力道，每回合增加五十伏特的力度，直到其中一人敗下陣來。他很確定自己不會輸。

令大家失望的是，威斯汀豪斯沒有接受挑戰。布朗在新的一年四處遊說，呼籲國內禁止分配三百伏特以上的交流電。他出版了《交流電與直流電對性命的相對危險》（*The Comparative Danger to Life of the Alternating and Continuous Currents*）手冊，感謝愛迪生給他進行實驗的空間和權限。新新監獄當局給他的獎勵是訂購三台西屋電氣公司的發電機。這些發電機由湯姆森休斯頓電氣公司的查爾斯．科芬私下提供。威廉．凱姆勒（William Kemmler）是死囚區的殺人犯，他有幸成為第一位測試監獄電椅效果的犯人。[75]

譏諷

愛迪生只偶爾注意這場曠日持久、愈演愈烈的「戰爭」。愛德華．強森才是主要擔心此事的人，他既是電燈公司的總裁，也是布朗的主要資助人。如今，他對視覺與聽覺的應用科學更感興趣，也另外寫了兩篇關於電影的限制條款，用意是激勵威廉．迪克森。他曾經託付迪克森建造圓筒旋轉的顯微相機。

同時，西奧蘭治鎮開始生產改良後的留聲機。由於記錄的聲音很清晰，愛迪生改變了原先把留聲機當成商業工具出售的想法。他在實驗室開設一間隔音工作室，並開始在塗有硬蠟配方的捲軸留下一系列音樂表演和口頭表演的紋道。他就像巴貝奇（Babbage）破解維吉尼亞密碼（Vigenère cipher）一樣保守配方的秘密。配方的成分包含八〇%勃艮第葡萄酒、二十五%乳香、九%松香（從雲杉提取松香）、八%蜂蠟、四%橄欖油，以及四%水；全部以一百一十度加熱，直到蒸汽散發，變成固體後放

愛迪生與顯微相機（威廉・迪克森攝於一八八八年）。

74 二十一世紀初期，隨著先進的新變電所出現，高壓直流電被重新視為水下電纜系統等的優勢力量。

75 凱姆勒於一八九〇年八月六日遭到處決，過程是一場慘不忍睹的災難，因為需要實施兩次長時間的電刑，才徹底電死囚犯。愛迪生也認為整件事情的描述駭人聽聞，並表示假如行刑者將凱姆勒的手浸入通電的水罐中，就能讓他死得更快。

在模具中冷卻。唱片的製作很簡單：使蠟重新融化後，浸入空白的熟石膏捲筒，旋轉成均勻的塗層。

在這十年結束前，愛迪生為這種深紅色的媒介注入一些偉大古典音樂名家的聲音，包括約翰尼斯・布拉姆斯（Johannes Brahms）、漢斯・馮・畢羅、約瑟夫・奧夫曼（Josef Hofmann）、喬漢娜・迪茨（Johanna Dietz），另外還有名人馬克・吐溫、威廉・格萊斯頓（William E. Gladstone）、阿佛烈・丁尼生（Alfred Tennyson）勳爵、佛蘿倫絲・南丁格爾（Florence Nightingale）、亞瑟・蘇利文（Arthur Sullivan）爵士、拿破崙親王（Prince Napoleon）、奧托・馮・俾斯麥（Otto von Bismarck）以及年邁的赫爾穆特・馮・毛奇（Helmuth von Moltke）伯爵——他的聲音在十八世紀首度被聽到。毛奇吟誦了歌德的一些詩句，彷彿穿越時空喊話：你的儀器在譏諷我／有圓筒、槓桿輪子及嵌齒。

這些錄音片多半由西奧・旺格曼剪輯，他是愛迪生任命為新留聲機實驗部的經理，也是愛迪生派往國外的音樂特使。但愛迪生也派遣另一位聲音技術員朱利葉斯・布洛克（Julius Block）前往俄羅斯，在那裡可以聽到彼得・伊里奇・柴可夫斯基（Peter Ilyich Tchaikovsky）的高音調曲子，興奮地笑著說這是「十九世紀最不凡、美麗、有趣的發明」。布洛克無法錄到沙皇亞歷山大三世和列夫・托爾斯泰（Leo Tolstoy）的聲音，但他們也和柴可夫斯基一起向偉大的卓越發明家愛迪生致以美好的祝福。[76]

愛迪生的獨立照明系統在歐洲漸漸普及，而來自歐洲的種種讚譽也為一八八九年巴黎世界博覽會即將到來的接待會奠下基調。他決定在八月參加，有一部分的原因是現場的廣告宣傳員威廉・漢默正在為他整理迄今的完整職涯回顧展，另一部分的原因是米娜經過了兩年適應婚姻與繼母角色後，應該得到獎勵（瑪麗恩已經成了令人憎惡的麻煩，因此他們讓她退學，先把她送到法國，全程由阿姨陪同）。[77]

此外，如鋼琴家漢斯・馮・畢羅在四月注意到的，愛迪生變得精疲力竭。他去年為三十八項留聲機的改良版申請了專利；將電燈的亮度提升一倍；發明電影放映機；展開唱片製作人的新職業；與以斯拉・吉里蘭打一場希望渺茫的違反信託官司；在某次化學爆炸中，差點把自己弄瞎，他的臉也因此包著繃帶長達一個月。在這段枯燥乏味的日子，他只能一邊惋惜，一邊欣慰地放手讓亨利．維拉德將他的所有照明公司和工廠（不包括紐澤西州的留聲機公司）重組為愛迪生奇異公司，資本額為一千二百萬美元。[78]

此外，維拉德也列入法蘭克．史伯格卓有成效的電氣鐵路暨汽車公司，該公司為斯克內塔第市的機械公司提供三分之二的業務。一八八七年，史伯格在維吉尼亞州的列治文（Richmond）市創造世界上首度提供的有軌電車服務，取代了人家對愛迪生在六年前建造小軌道與列車的回憶。強森以及其他在門洛帕克市經營愛迪生工廠的老員工，都對維拉德談判時放棄自主權感到不滿。愛迪生假裝對此表示同情，但他看得出來合併能帶來利潤。他在四月二十四日簽署合併的文件時，發覺公司帶給他的可觀利潤——現金加上股票約為一百二十五萬美元——遠遠比不上他終於擺脫了公司所有權的「沉重枷鎖」。

二十年來，他不斷尋找資金來維持多家企業的經營。在這段期間，由於缺乏時間和資金，他只好擱置許多發明的研發。蜜月期間他找來數百人陪伴，只是近期壓抑研發慾望的例子。然而，如果他從那時起，就設法發明熱磁馬達、玻璃製造機以及電影放映機，那麼他現在應該能自由地發展新企業。畢竟，他已對採礦產生濃厚的興趣。博覽會結束後，他的注意力也許會徹底轉向採礦。

76　一九〇八年，愛迪生送托爾斯泰一台留聲機後，托爾斯泰確實錄製了一些圓筒，可以在 YouTube 聽到，例如網址：https://www.youtube.com/watch?v=6310hAtdl6k。這台留聲機在俄羅斯的亞斯納亞—波利亞納（Yasnaya Polyana）展出。

77　瑪麗恩抵達法國後，就被安置在家庭教師的家中，並在歐洲完成學業。

78　維拉德之前成功地合併愛迪生的所有歐洲照明公司。

玫瑰的一部分

一八八九年夏季，愛迪生造訪巴黎五週的過程，可說是一連串令人眼花撩亂的社交與職業成就。法國外交部長正式授予他法國榮譽軍團勳章的最高等級別時[79]，他幾乎達到了職涯的巔峰。他通常戴著寬鬆的黑領結，但他這次必須在衣領下繫著第四等級別的紅絲帶，還要掛著上釉的大十字勳章。除了一般表彰政治家的兩項高等榮譽之外，這是法國授予公民的最高等榮譽，認可他的「卓越價值」是文明的救星。

無論他走在這座城市的哪個地方（他抵達之前已在腦海中擬好地圖），群眾都聚在一起盯著他看，其他發明家則用夾在腋下的工具攔住他說話，而愛拍馬屁的人尊稱他為「主人」、「愛迪生陛下」、「巴黎君主」以及較不正式的「留聲機之父」。每天有兩百封信湧進他待在芳登廣場（Place Vendôme）的旅館套房。保守的連載小說作家卡利班（Caliban）用偏激的法國式隱喻，預測普羅米修斯很快就會找愛迪生報仇，因為嫉妒他成功地「制服閃電」和「使聲音具體化」。夏爾．古諾（Charles Gounod）用鋼琴為他演奏小夜曲，而近期在歌劇中飾演純真少女的艾瑪．伊姆斯（Emma Eames）為他唱李斯特的《他們說》（*Comment, disaient-ils*）配樂，這是他很喜歡的維克多．雨果詩歌。路易．巴斯德（Louis Pasteur）帶他參觀私人研究中心。小仲馬（Alexandre Dumas fils）為了跟他握手，請求他到普伊斯（Puys）。

他兩次在愛麗舍宮受到總統薩迪．卡諾（Sadi Carnot）的接見，也兩次在古斯塔夫．艾菲爾（Gustave Eiffel）的陡峭新塔中享用有香檳酒的午餐。[80]疾馳的電梯、松露烤雞、蝦子配小龍蝦、他耳邊傳來模糊不清的法語交談聲，這些對他來說跟水牛比爾（Buffalo Bill Cody）招待的一頓「美式早餐」差不多——在戶外的餐桌上擺著蛤蜊濃湯、玉米麵包、豬肉燉豆子、串燒、玉米粥以及兩種餡餅。早在這場大型慶祝活動之前，巴黎市政當局就在巴黎市政廳為他舉辦十七道菜的宴會了，第一道菜是加入雪利酒的湯品，搭配七十五年份的伊更堡（Château d'Yquem）甜酒，但愛迪生當天胃部收縮不適，消化不良，臉色很蒼白。

在所有的公共場合，他一向不願意沿路對著無數人敬酒。然而，他還是像平常一樣出現在記者面前，面無表情地告訴他們，他正在設計一款可以讓雙方視訊的電話。至於他回家後要和迪克森一起研究的電影機器，他隻字未提。然而，他在紀念銀版攝影法五十週年的晚宴上遇到馬雷，才知道馬雷已經發現其中的奧秘，能私下向他展示電子攝影西洋鏡（*zoetrope électrophotographique*）。這是一種滾動式膠片裝置，每秒可拍攝二十張鳥類飛行的圖像。如馬雷後來透露的，差別在於他追求移動中的靜止時刻錯覺，目的是闡明鳥類或動物的動態結構，而愛迪生追求的是動作的錯覺，做法是讓靜物照片快速流動，使肉眼無法察覺分界線。[81]

他的展覽品是迄今為止博覽會上最大的，每天吸引三萬名參觀者，涵蓋一英畝的機器展示館，最矚目的特色是一盞由兩萬顆燈泡組成的燈，呈現四十英尺高的燈泡形狀。每隔一段時間，燈泡不發光，只有巨大的隱蔽式碳棒照耀著。接著，一束光從基座升起，把乳白色的光變成白熾光，使整體的裝飾燈像即將升起的明亮氣球一樣閃閃發光，而擠在長廊的人群無不歎為觀止。燈具的光芒照耀在愛迪生的四百九十三項發明上，最早可以追溯到一八六九年的投票計數器。留聲機發出歡快的美國歌曲時，精心布置且拋光後的發明物們跟隨節奏閃爍著。音樂只經由擴音機的膜片傳出微弱的聲音（擴音的問題尚未解決），但巴黎人透過附設的白色橡膠管聆聽時，他們驚訝地發現蠟可以持續發出聲音。然而並不是每個人都欣賞他們聽到

79　九月時，頒發儀式在愛麗舍宮（Élysée Palace）舉行。

80　直到今天，人們還是可以在該塔頂端的艾菲爾辦公室中看到愛迪生的蠟像。

81　一八八九年秋季，馬雷將精美的專著《鳥的飛行》（Le vol des oiseaux）樣本寄送給愛迪生。書中列出了他所有的攝影機規格。馬雷冷淡地指出：「愛迪生後來發明的電影攝影機與電影放映機，都很像我的設備。」

的聲音。骨傳導入耳式耳機能消除周遭環境音的話語和音樂。這象徵嚴酷的新時代聲音，充斥著留聲機、人造陽光以及崇尚現代科技的風氣。

愛迪生在這座城市四處遊蕩時，他並不知道有一位景仰他已久的法國作家在修女的照顧下，奄奄一息地躺著。維利耶・德・利爾—阿達姆（Auguste Villiers de l'Isle-Adam）著有《未來夏娃》（*L'Ève future*），這本寫於一八七七年的科幻小說編造愛迪生創造了女機器人，一開頭就把門洛帕克市的巫師描繪成浮士德般的隱士，他嘗試錄下全能上帝的聲音，卻失敗了。然而，虛構的愛迪生運用機械魔法，創造出新的夏娃。她可以成為新合成生物種族的祖先，不受道德規範的束縛，只須專心投入科學的進步。起初，愛迪生利用聲音塑造的夏娃，宛如別人聽得到卻看不見的歌手，但後來他把夏娃變成可以移動的圖像，既是歌手又是舞者，散發的誘人活力源自於聽覺與視覺同步的效果——這正是愛迪生想藉著自己的電影放映機、電影攝影機實現的結果。「我現在試驗的儀器對眼睛的作用，如同留聲機對耳朵的作用。」他說。[82]

八月二十日，《費加洛報》的頭版報導維利耶的死訊。幾天後，卡利班在該報寫道：

> 顯然，愛迪生沒讀過《未來夏娃》，他當然也沒聽過作者的名字。也許他讀完這篇文章後，會了解到他待在巴黎期間，已從痛苦預言家待的收容所行經了一百步。
>
> 我不像可憐的維利耶那樣，認同戴著十字架抵擋懂科學的野蠻人入侵……。但是，受到一位長得像拿破崙、失聰程度像貝多芬的美國人威脅後，我發現他使我陷入難以言喻的憂鬱之中，因為我很清楚他把未來裝進了錶袋。

愛迪生返回美國前，在德國、比利時及倫敦花了兩週進行科學研究，並受到赫爾曼・馮・亥姆霍茲、維爾納・馮・西門子、海因里希・赫茲以及塞巴斯蒂安・費蘭提（Sebastian de Ferranti）等人的推崇。他重訪巴黎，是為了領取最後的幾個獎項，帶走重要的紀念品——奧雷利歐・博迪加創造的白色「電力天才」大理石雕像——並向瑪麗恩告別。她留在香榭麗舍大道的寄宿學校，要在歐洲完成學業。

愛迪生在九月二十八日從利哈佛啟航前，已在許多宴會上挑挑揀揀地吃，也假裝聽到不少祝頌詞，他根本不在乎自己是否再也不穿晚禮服。在大西洋彼岸，電影放映機的樣品還在等著他檢驗，而阿帕拉契山脈的廣闊鐵礦場也等著他成立的新公司「紐澤西州與賓州精礦廠」實施勘察。無論如何，說到他最大的功績：珍珠街閃爍著一萬六千三百七十七盞燈，只是世界各地好幾千個相似區域中的一處。

愛迪生受夠了燈光，也受夠了名聲。下一個十年在召喚他，他打算恢復以前注重實際經驗的發明家身分，憑著自己的直覺找到出路，並務實地摸索全新的領域——也許是亞分子科學，主張所有物質在最基本的層面上具有共通性或互換性。如果他能掌控身體的每一個微小單位，可隨意分解和調整，那會是多麼棒的事啊！

「我想指示體內的四三二〇號原子：『暫時變成玫瑰的一部分吧。』所有原子都可以釋放出來，變成不同礦物、植物及其他物質的部分。然後，只要輕輕按一下按鈕，這些原子就會再度聚集，帶回各自成為不同物質部分的經驗，而我就能從這些知識中受益。」他說。

82 九月九日，愛迪生去看里奧・德利伯（Léo Delibes）的芭蕾舞劇《葛蓓莉亞》（Coppélia），內容有關老醫生創造出與真人一樣大的娃娃，既會唱歌又會跳舞，體現了「生活模仿藝術」。

| 第六部 |

聲音

一八七〇年至一八七九年

一八七八年四月，愛迪生與留聲機，攝於華盛頓。

愛迪生二十三歲時，取得了身為發明家的第一份重要合約。紐約市的金股電報公司（Gold & Stock Telegraph Company）付他七千美元，讓他在紐瓦克市租工廠，並開發一種快速、單線印刷的小型電報機。他另外取得四百美元，用於購買工具與設備，並雇用一名為期六個月的機械師。當（合約中用「當」而非「假如」，表示對他的敬意）他的儀器顯然可以申請專利時（合約表示敬意），他將擔任公司的支薪諮詢電工。為了進一步表彰他去年夏天在曼哈頓展現的獨創力，金股電報公司承諾如果他能發明傳輸各種圖形、不限於點與劃的傳真電報機，就會給他三千美元的獎金。光就他不久前的拮据生活而言，財富此時擺明在他面前。

對於鍍金時代[1]初期的年輕電報員來說，他的面容別具一格。在那時，留鬍子就像戴圓頂禮帽一樣很常見，然而他思考時，沒有半點鬍鬚的臉頰顯得光溜溜又蒼白，但他說話時卻充滿活力、全神貫注。他看起來就是坦率又魅力十足的人，唯獨與常人不同的是他對進食不感興趣，而且有穿著西裝睡覺的習慣。他經常主導談話的內容，想藉此彌補自己聽不到大部分一般對話的缺失。每當他專注在技術性的問題時，全身僵直得像遁世者，但當他脫離這種狀態後，他就像愛交際的演員，渴望自己說的冷笑話得到讚賞。他認為自己私底下是個很風趣的人，可見得他多多少少已與社會脫節。他頻繁地釋出慷慨與好意的舉動，與他顯然無法關心、甚至沒有注意到其他人的情緒形成很大的對比。受到這種冷漠對待的受害者，都認為起因是他太急著打敗所有對手，但其實他經常因此阻礙自己的進步。

他不斷試著擴展自己的商業與社交關係網絡，但他很難從毫無用處或不感興趣的人脈中掙脫出來。即使是現在，他在鐵路大道十五號的紐瓦克電報廠（Newark Telegraph Works）掛牌執業，他仍然是波普

1　大約從一八七〇年至一九〇〇年，為美國中南北戰爭和進步時代之間的時期，也是美國財富突飛猛進的時期。

愛迪生電器工程公司的合夥人、紐約的電機工程師，也是金融與商業電報公司（Financial & Commercial Telegraph Company）的共同創辦人——直接與金股電報公司競爭。他為前者申請的電報專利還在等待審核結果，並準備為後者再申請兩項專利：一項是以他自己的名義，而另一項由富蘭克林．波普（Franklin Pope）連署。在日益緊張的情勢下，他留宿在波普母親的房子。波普與他進一步找《電報員》（*The Telegrapher*）的編輯詹姆斯．阿什利（James Ashley）結盟。該紐約期刊經常宣傳阿什利很感興趣的新設備。話說回來，還有一些波士頓的老同事對愛迪生提出不同要求，其中一位還擁有他的第一項專利發明權利——一八六八年的電子投票計數器。

如果他不是一位充滿自信、以自我為中心、善於調整所有籌碼的設圈套者，也許他會對多一個夥伴感到畏懼。但在二月底，他聘請威廉．安格（William Unger）擔任機械師，並給他紐瓦克工廠的一大部分股份。一時的念頭很快就讓他後悔——這不像他與約翰．奧特快速建立的友誼。奧特是二十歲的技師，他能夠按照訂單製造任何裝置，令愛迪生拍案叫絕。「我告訴你，我需要什麼：你來替我管理這個地方。」奧特為愛迪生效勞了半個多世紀，直到他們相繼去世，而兩人離世的時間點只差幾個小時。[2]

借錢

紐瓦克電報廠不久就改名為愛迪生安格廠（Edison & Unger），成了該市第一個專攻通訊的實驗室。愛迪生打算立即製造自己的發明，但他不是那種會把時間浪費在體力勞動的人，奧特也曾經指出這一點。他喜歡用雙手發揮創意——從一個試管往另一個試管滴入適量的滴劑，迅速地畫出電報的電路圖（儘管速度很快，但自始至終都畫得很清楚），或用優雅的花體書法寫重要的信件。在接下來的幾年，他埋頭研究複雜的情報交流理論，也對錄音技術愈來愈著迷——印刷、打孔、雕刻、擴音裝置、油印以及其他出人意料的快速捕捉言語的方法。

他花了三個月改善第一份合約上指定的裝置。股票行情列印機比電報業的標準卡拉漢（Calahan）報價機更小，速度差不多。金股電報公司的總裁馬歇爾・萊菲對此印象深刻。他漸漸仰慕愛迪生，即便他想要的「自動繪圖或傳真電報設備」要十一年後才出現。

為了取得愛迪生與波普共同申請報價機的專利權利，金股電報公司支付一萬五千美元，因此愛迪生在春季感覺到自己變得富裕，心情愉快。這台報價機稱為「黃金列印機」，並不是愛迪生設計用來報告紐約證券交易所黃金價格波動的第一台或最後一台儀器。金股電報公司賦予該儀器的高價值，來自他對電力的創新使用，即操作同步進行所有支援電路的列印機「協調站」。詹姆斯・阿什利對這項專利沒有任何貢獻，但身為波普愛迪生電器工程公司的合夥人，他樂意接受收購價格的三分之一。[3]

愛迪生不太願意讓他們從自己掌握主要所有權的機器中獲益。於是，他尋找脫離他們的方法，開始用自己五千美元的部分股份償還虧欠波普母親的房租。接著，他搬到市場街（Market Street）上的單人住所。他高興地寫信告知在密西根州休倫港的父母，他們今後可以好好安養。愛迪生酷愛鑽研的精神，可說是歸功於南希・愛迪生（Nancy Edison）。她因失智症而長期臥床。

2 約翰・奧特在一八九五年罹患嚴重的中風。愛迪生依然繼續雇用並資助他。

3 接下來的三年，愛迪生在國內外製造並銷售三千六百台黃金列印機。

> 別做操勞的事。媽媽想要什麼，就給她吧＝我可以借你們錢——寫信告訴我六月需要多少錢，我可以在六月一日寄過去＝表達我對父母的愛——記得寫信告訴我有關鎮上的消息喔——彼特目前在做什麼……。[4]
>
> 湯瑪斯・阿爾瓦

彼特是他的哥哥，全名是威廉・彼特・愛迪生（William Pitt Edison），為休倫港有軌鐵路的管理員，並長期推動當地的投機計畫，卻屢試屢敗。在愛迪生的往後餘生，必須應付親戚紛紛寄來開頭寫著「親愛的阿爾瓦」信件，而這些親戚的數量，以及他們的財務困境，恰好與他的事業興旺程度成正比。

他繼續在夏季期間研發不同列印設備，速度快到讓一些沉著穩重的旁觀者嘖嘖稱奇。曼哈頓的布魯內爾雕模公司（F. Brunner, Engraver & Die Sinker）助理回想起，愛迪生猛力地把裝訂好的一卷卷活字輪坯件扔到櫃檯，問道：「我什麼時候能拿到成品？到底要等到什麼時候？」他說得像是電報的未來取決於即時的浮雕。他有時太著急，助理都還沒來得及回答，他就離開了。

到了秋季，愛迪生與波普發明一台有玻璃圓頂、專用線路的雅緻列印機，在紐約的美國學會展（American Institute Fair）的同類產品贏得頭獎。這台列印機相對耗時、結構簡單，但設計方式也是針對大多數頭腦簡單又遲鈍的操作人員。金股電報公司發現其潛力，不僅買下機器，還買下合夥人為了推銷機器而成立的公司。

此時，愛迪生的專利代理律師萊繆爾・瑟雷爾（Lemuel Serrell）擔心客戶沒有做好充分的預防措施，無法保護他不斷天真地談論的所有技術性想法。愛迪生立刻在筆記本上填滿草圖、註釋及發想日期。事實上，他的記錄多半是在瑟雷爾的辦公室裡當場寫下，完全沒有參考儀器本身，這證明了他的記憶非常精準。

在一連串的想法中，出現了兩個重要專案：一個是精密的自動傳輸系統，另一個是逐步發展的「通用」列印機系列，有望成為他迄今最重要的成就。

自從第一位摩斯電碼操作員成為重複性動作傷害的患者後，自動電報系統成了發明家持續努力改善的技術——編碼的電脈衝以機械形式沿著線路傳遞，而不是透過耗時的人力敲鍵。該系統是在紙帶上穿孔，而孔洞對應摩斯電碼的點與劃。紙帶旋轉經過發送器時，每個孔洞都能形成電觸點。理論上，脈衝釋放的速度只受限於紙帶的速度。但在實務層面，電力感應——周圍磁場的電荷在導線中產生的電流——引起了「曳尾」的問題，也就是每個孔洞像迷你彗星般，讓部分的電荷在後方漂移，使下一個接近的圓孔模糊不清。在一分鐘超過十個單字的速度下，這種模糊跡象消除了快速經過的點、劃之間的區別。距離使此問題變得更加複雜，因此往往只有一條不間斷的條紋印在線路的末端。

年初時，愛迪生設計出分流式自動發射機，多多少少減輕了曳尾問題。十月時，他帶著決心回到工作崗位，當時有一位名叫喬治・哈靈頓（George Harrington）的獨立資助人幫助他在鐵路大道開設第二家工廠——美國電報廠（American Telegraph Works），並在一個月後接著併入自動電報公司，資本額高達一千三百萬美元。哈靈頓曾在亞伯拉罕・林肯（Abraham Lincoln）底下擔任財政部助理秘書，愛迪生想把他當作取得資金的金庫。另一個有潛力的資金來源是哈靈頓的朋友丹尼爾・克雷格（Daniel H. Craig），他是美聯社的創辦人，也是國內自動電報系統的熱心倡導者。他久聞愛迪生的技能，寫道：「如果你告訴我機器

---

4 愛迪生寫字的特點是使用符號「=」來表示語氣比破折號長，但比句號短。他的大寫首字母（草體字居多）隨意分布，似乎純粹是他寫字時的樂趣。

能生出嬰兒，我一定深信不疑。」

儘管這些承諾對沒沒無聞的年輕發明家而言，有勉勵的作用，但卻被一份幾乎不可信的合約草案所掩蓋了。該草案由馬歇爾．萊菲親手所寫，要出價「四萬美元」購買他那台能傳送文本和數字資訊的通用列印機。金額如此之大，因此萊菲三思後將「四萬」劃掉，改成「三萬」，並特別加註「用股票支付」時，愛迪生毫不介意。

然而，他再度寫自誇信給父母時，顯得有點幼稚：

> 我現在可以給你們一些現金了，所以請寫信告訴我需要多少錢吧＝我今年冬天可能會回家＝不能肯定確切的時間，因為我有一大堆生意要忙。我有一家工廠請了十八個員工，目前我在裝修另一家工廠，預計會雇用一百五十多人＝我現在就是——你們民主黨人所謂「有錢到不像話的東方製造商」。

愛迪生近期招募的工程師包括查爾斯．巴徹勒、約翰．克魯西以及西格蒙德．伯格曼。他們都是最近的移民，注定要加入他身邊任期最久的助手行列。巴徹勒在蘭開夏（Lancashire）棉紡織廠受訓過，他是個行動緩慢、冷靜、嚴謹、雙手靈巧的人。他可以像繪圖員般地畫畫，並製作自己專用的精密工具。克魯西也有許多相同的特質，再加上在瑞士傳為佳話的魅力。伯格曼剛從德國來，會說的英文單字不多，但無論他接到什麼機械差事，他都能盡全力做到最好。「他講話結巴不要緊，」愛迪生說：「工作成果才是重點。」

比薩的吊燈

一八七一年一月，愛迪生手邊的工作實在太多了，客戶爭相吸引他的注意力。哈靈頓想知道這位發明家的新工廠何時才會出現有銷路的裝置，以便彌補他目前為設備和用品付出的幾千美元。萊菲發現他同時在為金股電報公司與自動電報公司設計穿孔器，感到很不高興，同時也想知道哪一家公司在他身上的投資得到最佳報酬。「我看得出來你腳踏多條船。」他寫道。與其說他的感嘆聽起來很刻薄，不如說有說服力，因為萊菲還沒有簽署通用列印機的協議，能夠繼續等候愛迪生拿出證據證明履行合約的合理性。[5]

愛迪生勸告他們要有耐心，並提醒他們技術方面的重大進展並不是一蹴可幾。「伽利略從比薩的搖擺吊燈發現精確的單擺等時性原理，」他寫信告訴丹尼爾・克雷格：「如果有人說『那盞燈又不是時鐘』這種話，那就太不明智了。」他也告知哈靈頓，自己每天為他工作十九個小時：「我現在製作的機器會做得面面俱到。如果機器在一分鐘內無法穿孔超過八十個以上的字，這邊應該很快就需要舉行葬禮了。」

哈靈頓放心了，繼續按需求簽發支票，而克雷格也一樣，他很欣賞愛迪生快活的沉著態度：「你的筆記就像你那充滿自信的臉龐，老是能以清新的活力啟發我們。」

愛迪生的專利申請也展現了獨創性與具體性，例如當月為紐約棉花交易所（New York Cotton Exchange）設計的列印機，特點是在單一軸上安裝兩個活字輪，一個是字元專用，另一個是數字專用，另外還有分極的繼電器，彰顯了愛迪生眾多電報設計的特色。這台「棉花儀器」讓萊菲留下非常深刻的印象，他一次訂購了一百五十台原型機。當愛迪生另外推出十幾台處於試驗階段的通用專線列印機時，萊

5　一八七〇年十月至一八七一年五月，愛迪生光在實驗方面就花了哈靈頓大約一萬一千美元，大概是萊菲的兩倍。在為沃德街的工廠配備方面，哈靈頓又花了一萬六千美元。

菲鼓起勇氣將他列入金股電報公司與美國最有影響力的企業集團——西聯匯款電報公司（Western Union Telegraph Company）——合併談判的有利條件。

西聯匯款由四十五歲的威廉．歐頓（William Orton）控管，他是擁有相稱地位、備受尊崇的高階主管，也是活躍的共和黨人、聖公會教徒，為人有魄力、廉潔、易怒、嚴厲、意志薄弱。與許多早期鍍金時代的大亨不同，歐頓不只是金融家，還接受過印刷培訓。他寫過有關磁性電報的畢業論文，也曾在教書、宗教出版及政治活動的領域中嶄露頭角，後來在總統安德魯．詹森（Andrew Johnson）手下擔任國內稅務專員。他的才智就像他的散文風格，清晰又冷酷，而他的尊貴氣質讓員工只敢為他取單一首字母「O」的綽號。

愛迪生在二月十三日與他相識時，他可能不知道就在幾年前，眼前這位無精打采的親切男子曾經是他手下其中一位四處漂泊的作業員，遠在曼非斯（Memphis）與波士頓的西聯匯款辦事處工作。但歐頓已經確信愛迪生是全國最優秀的電機工程師之一，也看得出取得他過去與未來的電報專利價值。金股電報公司對這些專利擁有優先權，而萊菲提出的收購條件是：這些專利將留在他的公司，而他的公司將做為收購後的子公司。

有關合併的談判繼續進行。哈靈頓不安地關注動向，不想失去自動電報公司的內部發明者服務。他在四月四日採取預防措施，為自己保留三分之二的愛迪生發明或改良版的專利權。「可應用到自動電報。」他說。

愛迪生簽了包含委託書的轉讓協議書。一週後，因為母親去世，他回到休倫港。南希享壽六十三歲。愛迪生是她的老么，即使他沒有從她的宗教學到教義，也是從她的書本知識中獲益最多的孩子。在愛迪生滿懷感激的回憶中，她以前是唯一不覺得他古怪的人。「媽媽把我造就成材。她了解我，也讓我做自己喜歡的事。」他說。

樂意合作

愛迪生喪母後，須扛起更多法律責任，消除他身上僅存的不成熟氣息。五月一日，他與威廉・安格租下位於紐瓦克市沃德街與梨巷（Pear Alley）轉角處的大廈三樓、四樓，享有四匹蒸汽馬力的特權，並將興旺發達的電報設備廠轉移到那裡。五月十日，哈靈頓增加了愛迪生對自動電報公司的責任，因為他又帶來五位投資人來分擔鐵路大道一〇三號的其他業務資金負擔。哈靈頓能聘請得到上將威廉・傑克遜・帕爾默（William Jackson Palmer）、伊拉斯特斯・科寧（Erastus Corning）、威廉・梅倫（William P. Mellen）、約書亞・賴夫（Josiah C. Reiff）等傑出的合夥人和受託人，這說明了他聲譽卓著。他們似乎都急著為他已花費一萬六千美元的業務捐獻更多錢。

兩週後，萊菲與歐頓達成的協議是將金股電報公司出售給西聯匯款，由萊菲繼續擔任前公司的總裁。兩位高階主管都為自己爭取到愛迪生先生未來樂意合作而感到慶幸。

五月二十六日，愛迪生與萊菲簽訂為期五年的合約，能確保如果他繼續為金股電報公司提供有銷路的發明，每年就可以領到三千美元的薪水。合約特別提到他剛剛完成的通用專線列印機。他將取得「諮詢電工暨機械工」的頭銜，也將獲得價值三萬五千美元的公司股票。假設薪酬上漲而不是減少，他的總薪酬可能遠遠超過五萬美元的面值。[6]

6　相當於二〇一八年的一百零六萬美元。

愛迪生顯然深受有權勢、嚴肅、有威望的紳士吸引。但他的新地位也招來不少伴隨著職業成就的嫉妒言語。作為金股電報公司與西聯匯款交易的一部分，他與富蘭克林・波普、詹姆斯・阿什利成立的美國印刷電報公司（American Printing Telegraph Company）便不復存在。雖然兩位合夥人都得到慷慨的補償，但他們的資遣費完全比不上愛迪生的意外之財，也認為他的財富來源有一部分是他們對相關專利投入的工作，尤其是阿什利永遠都不會原諒他。

迷人的眼睛

那年春季，在某個下雨的晚上，三名紐瓦克市的女學生在沃德街上的愛迪生工廠走廊躲雨。認識的員工請她們進入室內後，剛好撞見愛迪生在研究股票行情報價機。十五歲半的瑪莉・史迪威對他著迷有兩個原因。「第一，我覺得他的眼睛很迷人。第二，他看起來好髒，全身都是機油之類。」她說。眼睛勝出了。她鼓起勇氣問他工作的事。他們在外頭交談時，雨下得更大了。她和朋友都認為必須盡快趕回家。帶她們進來的員工提議幫忙撐傘，護送兩個女孩回家。畢竟雨傘不夠大，容納不下所有人。也許是巧合，或有意為之，瑪莉發現自己和愛迪生單獨在一起。他在工作服套上一件大衣後，親自護送她回家。

> 我們抵達屋子時，他看起來很想進去，我只好邀請他進屋。我媽媽下樓時，問他是誰。我說是他帶我回家的，然後媽媽找他談話。我很擔心媽媽會請他留下來。果然她還真的這麼做了。於是，他起身脫下大衣，一直待到九點。他離開前，請媽媽和我同意讓他再度造訪。我們答應後，他幾乎每天晚上都來訪，終於持續了五個月……

漫步

在漫長的追求過程中，愛迪生發現不同合約應付給他的錢雖然不少，卻不足以支付維持三家工廠和將近七十位員工的費用。他還得負擔昂貴的實驗費用，再加上專利費、伙食費及雪茄等必要項目。他有嚴重的現金流問題，而且只有在債權人的訴求轉變成威脅時，他才肯償還債務。同時，他的完美主義作風阻礙了工廠訂單和允諾的樣品送貨服務。「你們什麼時候才會展示新的穿孔機和列印機呢？」丹尼爾・克雷格在六月初寫道。

愛迪生也與萊菲、歐頓合作的事實，讓哈靈頓經常感到緊張不安。他也抱怨自動電報沒什麼顯著的進展，使愛迪生難得大發雷霆。「我再也受不了你杞人憂天的態度了……你怎麼能指望別人夜以繼日地發明和工作，然後還很擔心領錢付帳的方式——如果我繼續這樣做六個月，身心靈都會徹底崩潰。」哈靈頓回了一張支票，正好解決他目前的工資問題。兩天後，愛迪生發覺手頭寬裕，就投資三百美元開一家休倫港的酒館。多年後，他開玩笑說：「我生性樂觀，不可能變成守財奴。」

然而，關於沒日沒夜地工作這點，他說的是實話。六月時，他將至今最重要的發明——兩台通用股票行情列印機的原型——送到金股電報公司。七月二十六日，他申請改進自動電報專利的其中一項，使克雷格欣喜若狂。他在紐瓦克市的工廠和辦公室之間，以及在紐約的不同客戶公司總部之間來回穿梭。四處奔波激發了他的創造力：「我的腦海裡有數不清的機器。」他不想失去任何一個靈感，於是養成了隨身攜帶袖珍筆記本的終生習慣，以便記錄當下的靈感。

那時，他最大的興趣（除了瑪莉・史迪威之外）是自動電報的電化學。喬治・雷托（George Little）在一八六九年發明的印刷方法，可以讓訊號從金屬觸針流通到沾染碘化鉀或其他水溶液的紙上。如果記錄的接點是鉑，標記之後會消失；如果記錄的接點是鐵，標記就會永久存在。但雷托的記錄器專利有嚴重的「曳尾」問題，激發愛迪生想出更有效的解決辦法。為此，哈靈頓讓他在曼哈頓市中心的自動電報公司大廈的頂樓開設一間小型研究實驗室。

有人告知該公司的負責人愛德華・強森：「愛迪生是天才……也是典型的工作狂。」接著，他就被委派與愛迪生共事，展開他一生中最重要的友誼。「有天晚上，我走進來後，看到愛迪生坐在那裡。他拿了一堆化學書，疊起來有五英尺高。他是從紐約、倫敦和巴黎訂購那些書……。他坐在書桌前吃飯，還直接躺在椅子上睡覺。」他說。六週內，愛迪生把所有書讀完，並將內容寫成一卷摘要。愛迪生吸收淵博的知識後，研製出一種用於自動接收效果的含鐵溶液，每加侖只要五、六美分，比雷托的每加侖十七美元更便宜。

強森心生敬佩。他很活潑，蓄著八字鬍，非常健談，能夠在每處細節證明或佯稱產品的優勢，注定成為愛迪生產品的出色推銷員。然而，在他與愛迪生來往的初期，他的主要價值是協助老頭（愛迪生的古怪稱號）處理遠距離自動電報的難題，畢竟他是這方面的專家。

他們發現彼此都善於應付貧困的窘境。強森回想起，他們經常沒吃晚餐就持續工作到天亮：

白天時，疲倦感加上飢餓感，使我們的思想陷入癱瘓……我們發現沒有足夠的錢買麵包，更不用說床了。在這種情況下，我們對付疲憊與飢餓感受的方式是快步走到中央公園，然後再走回來。那時，辦公室的勤雜工至少會在派特咖啡店安排我們吃一頓粗劣卻宜人的早餐。該店是柏路上的著名便餐店，其他老顧客都是附近各家報社的印刷業傢伙。

他們在某天的黎明時分漫步，連派特咖啡店都吃不起時，愛迪生指著窗戶上的飾品說：「強森，我們最好別再搞發明，乾脆來當一對出租的神仙。然後我們會有更輝煌的成就。至少我們不必挨餓。」

與女人相處

大約在感恩節時，愛迪生對瑪莉・史迪威的追求變得很認真。那天，他陪她散步走回家，瑪莉已十六歲，而他是二十四歲。他們互稱「湯瑪斯」和「小美」。在瑪莉唯一接受採訪中，她回想起他們之間出現過無以名狀的問題。

「小美，妳有想過結婚嗎？」

「沒有——還沒有這個打算。」

「喔，我有想過，而且我想結婚。我想娶妳。」

「不行。」

「什麼？為什麼不行？妳還不夠喜歡我嗎？好好想一想再回答，不要錯過機會。」

瑪莉結結巴巴地說自己還很年輕。

他沒把瑪莉提出的異議放在心上：「妳嘴上說『不』，不代表妳心裡說『不』。我明天晚上就去找妳爸爸，如果他同意，我們星期二就結婚吧。」

愛迪生不夠浪漫，但他坦率直言彌補了這個缺點。「我愛您的女兒，我也會當個好老公，」他握著瑪莉的手，對史迪威先生說：「我很誠實、善良，也懂得該怎麼和女人相處。」

他等待史迪威先生的答覆，足足等了一週，終於等到肯定的答案。

「然後就這樣，」瑪莉在世的最後一年，她告訴奧利佛・哈波：「我們結婚了。」

寶貝

兩人的婚禮在一八七一年的聖誕節舉行。那時，愛迪生已經在紐瓦克市萊特街（Wright Street）五十三號購屋，並將六百台獲利豐厚的通用股票行情列印機運送到金股電報公司。多虧各種工廠訂單以及他在公司擔任諮詢電工的定期薪資，他又恢復了盈餘，花得起二千美元為新娘添購家具、雇用家傭、買她重視的新衣櫥。

瑪莉穿著漂亮的衣服，脖子上戴著迷人的絲帶，白色的褶邊從寬鬆的袖子與衣領垂下，整體看起來像極了一幅美麗的畫。她的身材苗條，神情凝重，有一雙動人的眼睛。她不習慣享有財富（史迪威先生是鋸木匠）[7]，但她很樂意花錢，剛好她的丈夫現在很有錢。

瑪莉・史迪威・愛迪生，約攝於一八七一年。

他們在美以美會牧師的主持下舉行婚禮，並在家中度過第一個夜晚——愛迪生通常會問，他是否可以留在工廠一兩個小時解決託運問題。然後，他們到尼加拉大瀑布和波士頓度過短暫的蜜月，在元旦那天回家。此後，他們的共同生活秘而不宣，但愛迪生在筆記本寫過兩句詼諧的怨言：「我的寶貝老婆不懂發明」以及「瑪莉．愛迪生夫人是我深愛的妻子，竟然發明不出有價值的東西！」

他當然不能真的對妻子說這些話。在他結婚的第一年，尤其是在瑪莉懷第一胎的前幾個月，他順利執行三十九項專利：印刷電報機、活字輪、穿孔機、化學試紙、斷流器、自動語音機、電磁調節器、發射機、齊奏音栓、伽凡尼電池、電路、訊號塔等。[8]他在幾百本筆記本中詳述這些專利的概念，其中有一些是他在結婚前夕想到的活字印刷相關點子：在金屬尖端與一卷紙之間，插入一條絲綢或其他有彈性的布料。將絲綢浸泡在墨水中，讓流通金屬尖端的電脈衝在紙張留下形成字母的圓點。在一月十八日的紀錄中（「這是奇事。」他寫道），他畫出絲帶經過紙卷時，一串圓點壓印在絲帶上。在同

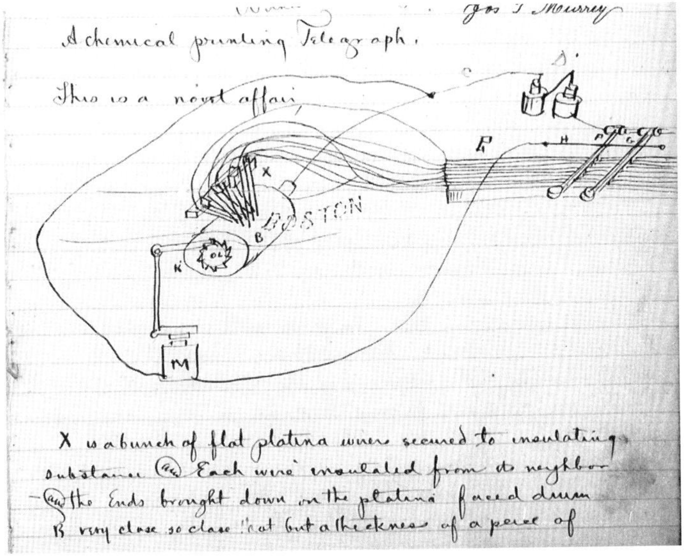

一八七二年一月，愛迪生構思化學列印機拼出「BOSTON」（波士頓）這個單字。

7 愛迪生在婚禮前的最後一篇筆記中提到可防止帶鋸脫線而設計的雙齒結構，也許靈感就是來自尼古拉斯．史迪威（Nicholas Stilwell）的職業。

8 我們可以注意到，愛迪生經歷不同婚姻初期之間的顯著相似之處：他都是在春季愛上女學生，在夏季期間殷勤地追求，在秋季正式求婚，並按照美以美會的儀式結婚，隨後的幾個月設計出各式各樣的發明。兩個妻子都是生下一位女兒後，才生下兩個兒子。

一篇筆記，他精心構思電化學記錄器：紙卷變成「鉑面滾筒」，而圓點變成「鉑筆」。插入的絲帶使紙張變得敏感，當鉑筆以輕敲的方式回應刺激的電荷，紙上拼出了「BOSTON」（波士頓）這個單字。

愛迪生當然不知道，在不久的將來，他的圖畫影子彷彿投射在無形的牆上：晃動著觸針、箔片、圓筒、點刻震動等具有歷史意義的發明。

銅和時間

愛迪生需要見證人副署，並為那些看起來可取得專利的點子寫上日期時，他經常找美國電報廠的資深機械師約瑟·莫瑞（Joseph Murray）幫忙。二月時，愛迪生安格廠開始應付不來電報公司的大量訂單（有些來自遙遠的英國），於是他決定讓莫瑞在副廠當他的合作夥伴，主要為金股電報公司生產設備。二月五日，新工廠在鐵路大道上開張。此外，他在技工街（Mechanic Street）租下附屬大樓。他的紐瓦克市工廠總數此時達到五家，而他很快就發現在行政與財務方面都難以維持。同理，他發現自己無法按需付帳，展現出他白手起家經商的一貫風格。[9]

七月時，他以價值一萬七千一百美元的抵押貸款和票據買斷威廉·安格的股份，並將自己的所有生產活動集中在沃德街，因此他的處境變得更艱困。新公司的名稱是愛迪生莫瑞廠（Edison & Murray），員工人數快速增加到七十四人。

交易結束後，鄧氏信用評等機構的代表指出：「愛迪生在發明方面很有天賦，但目前他的發明相當繁雜。雖然在用心的管理下，他的最終成就大致上令人放心，但還是有疑慮。信貸的發放應當非常謹慎。」

到了下半年，愛迪生的創造力有點下降，同時他竭力擺脫債權人，並試著將同樣多的時間分配給有競爭性的客戶——金股電報公司和自動電報公司。這意味著要輪流或同時為萊菲和歐頓開發情報共享裝置，以及為哈靈頓開發自動發射機。

在一項旨在討好哈靈頓的實驗中，他把自己的通用專線列印機改造為電動打字機，因此達到每分鐘一千八百字的驚人列印速度。該裝置缺乏發送機制，對自動電報公司沒什麼直接的用處，但仍然是重大的進步。他多年來運用點、劃，後來只運用點來印出字母的形狀，而現在他創造出整齊的羅馬大寫字體及標點符號。「致哈靈頓先生，」以此示範，儀器發出聲響：「這是我完成後的印刷機樣品——你覺得有比上一個樣品好嗎？雖然這台機器沒有打倒別人的能耐，但總算是朝著正確的方向邁出一步了。」

在秋季和初冬期間，愛迪生在雙工電報方面實現了高度的精密化技術（得到約書亞・賴夫的四千美元開發協議支持）。[10]這套程序由約瑟夫・斯特

愛迪生莫瑞廠的勞工。位於紐瓦克市，沃德街。攝於一八七三年。

9　恐嚇信並沒有阻止愛迪生借出三千一百美元，幫助貧窮的哥哥彼特在休倫港打造有軌鐵路。

10　賴夫不知道愛迪生有長期「拆東牆補西牆」的習慣。他以為自己在資助自動電報的開發工作。

恩斯（Joseph Stearns）開創，然後經過愛迪生深思熟慮，創造出透過單一線路同時發送訊息的方法。當一組訊號一點一劃地從A抵達B時，另一組訊號則逆向行進。他的想法是讓不同組的訊號錯開，行進的脈衝就不會與接近的脈衝相撞，就像紐約人行道上的行人朝著市中心或住宅區前進時，都會避免互相碰撞。

起初，愛迪生迅速畫出的雙工設計不失風雅和精確性，其中大部分違背了正常的電報程序，因為線路的一端設置中性繼電器，而另一端設置極化繼電器。他誇口說，如果有足夠的資金，他就可以發明許多類似的機器。「那好吧，」歐頓告訴他：「你做多少，我就買多少——十幾台以上也行。」西聯匯款的規模龐大，但這表示公司處理全國的大量訊息傳輸，而且公司一直在尋找能夠加快傳輸速度的設備。不僅如此，公司願意買下任何會妨礙勁敵創新的專利。愛迪生的反應是又做了二十一項設計，有些是他在歐頓的接待室等候時用鉛筆草擬，從雙工設計探索他所謂的雙重訊息收發——以同樣的方式成對地發送訊號。他暗示，如果他能使用西聯匯款的線路來測試兩種傳輸方式，也許他有朝一日能成功地協調雙工與雙重訊號，創造出四重訊號電報，進而節省大量的銅和時間。

這個構想太大膽了，歐頓無法領會其中的意義。他讓愛迪生在紐約和波士頓之間的環線上進行夜間測

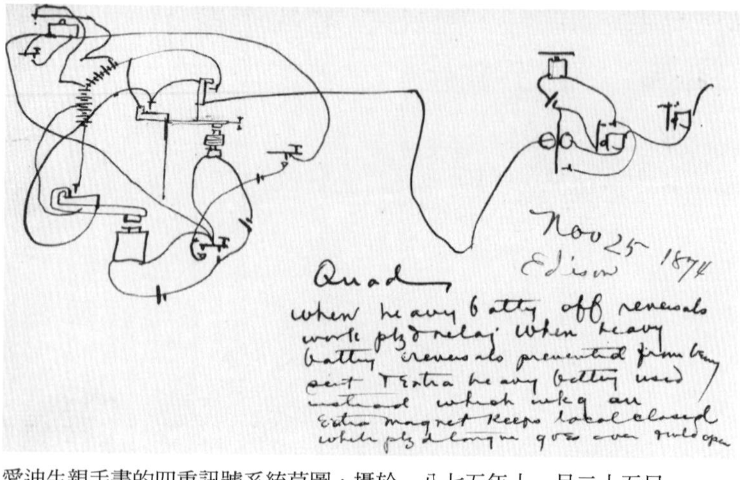

愛迪生親手畫的四重訊號系統草圖，攝於一八七五年十一月二十五日。

試，目的是在測試期間占用西聯匯款大樓的實驗空間，並利用該公司的工廠來製造必要的設備。作為回報，他保留了愛迪生可能提出的任何雙工或雙重專利的優先決定權。[11]

孤寂的夜晚

一八七三年二月十八日，瑪莉生下女兒瑪麗恩後，愛迪生開始自己操作一系列雙工傳輸。那年冬天，她很少見到丈夫，因為他白天在愛迪生莫瑞廠工作，晚上多半在歐頓的總部地下室過夜。西聯匯款的員工回憶道：「愛迪生有一週不睡覺，也沒有按照規律的時間吃飯。」他用口袋裡解開的銅線結網做成的模擬網絡放在地板上，可能會絆倒不小心踩到的路人：

> 他肚子餓時，就去附近有賣咖啡和蛋糕的店，攝取他所謂的波希米亞飲食，然後嘴裡叼著沒有點燃的雪茄回來，重新開始做實驗。過一會兒，他一屁股坐在椅子上打盹，有時候休息一小時，有時候休息的時間更短或更長。他以前常說，這種小睡方式會讓他夢見許多他在醒著的時候困惑不解的事。

愛迪生的測試在解決問題的同時，也帶來了許多問題，因此他連續一百多個晚上都沒回家，忙著做實驗。在他草擬可能申請得到專利的系統中，至少有一個系統標記為「四工」，以附加物詼諧地展示驚人的複雜電路。「有何不可？」他說。

11　愛迪生的具體要求是開發雙工或雙重設計，能擴展訊號範圍，但不與西聯匯款擁有的斯特恩斯專利互相衝突。

克雷格與哈靈頓派他到英國執行棘手的任務時，他只得延後春季通訊方面的其他工作。他的職責是向英國郵政電報部門（British Post Office Telegraph Department）有疑慮的工程師證明，他的自動通訊收發機速度比查爾斯．惠斯登（Charles Wheatstone）所謂的「快速印刷」電報更快。

愛迪生在小背包裝進三個箱子，箱內有儀器、化學試紙、預先穿孔的訊息帶，並在助理傑克．萊特（Jack Wright）的陪同下，於四月二十三日航向利物浦市。爪哇號陛下之艦（HMS）的渡口有暴風雨。他不曾在比休倫湖更大的水域航行，現在才發現自己的胃像鐵打的一樣。直到蘭開夏郡的田野出現，同行的乘客才紛紛走到甲板上呼吸新鮮的空氣。

他讓萊特和一些設備留在默西賽德郡（Merseyside），並在五月初抵達倫敦。其他多數第一次造訪世界上最大城市的美國年輕人都想去觀光，但愛迪生把精力集中在工作。[12]在他抵達的隔天早上，便在電報街（Telegraph Street）的郵局總部安裝自動接收設備。那裡的審查員想檢視萊特在利物浦市發給他的訊息實例的品質。其中一位審查員大聲說：「你沒什麼機會。他們會給你布里奇沃特運河的舊電報，我們根本不會操作這破舊的玩意兒。」另一位審查員還告知他，萊特必須從充滿弱電解沉積電解液的「沙電池」引出訊號電荷。

他發現情勢對他不利，於是找自動電報公司的倫敦代表喬治．古勞德上校幫忙。古勞德是身材高大、有威嚴、移居國外的美國人，他在美國內戰期間獲得榮譽勳章，並善用這點建立起自己的事業。他留著有光澤的八字鬍，皮鞋擦得光亮如新，相貌堂堂，唯獨眼睛不吸引人。認識他的外交官如此評述他的眼睛：「看起來不太協調。」然而，兩位審查員都很欣賞古勞德，也認為愛迪生是值得栽培的成功人士。[13]

他們問古勞德，公司是否支持購買送到利物浦市的強勁電池時，他給予肯定的答覆。最後，唯一可以派得上用場的是，約翰．丁達爾在皇家科學研究所演示時使用的龐大裝置——由一百個電池組成，花了一百畿尼[14]——萊特只好到倫敦買。然而，裝置接地並連接電路後，為訊息帶來了強大的推動力；用愛迪生的話來說，就是在電報街上測試的輸出成品就像銅印版一樣完美。

他得等上三週，才能等到郵局的審理結果。同時，事實證明他的胃對英式烹調方式的承受度，比對海上亂流的承受度更差。他強迫自己吃下一頓又一頓烤牛肉和炸比目魚的晚餐後，發牢騷說自己的想像力陷入了僵固狀態。但他也很高興地在霍爾本高街找到法式糕點店，店內有賣能夠讓他平靜下來的含醣食物。

五月二十三日，愛迪生終於能夠證實自己的自動電報系統比郵局的惠斯登系統更快速。在接下來的五天，萊特以平均每分鐘五百字的速度發送摩斯訊息給他。主審認為他的系統很出色，但也指出增加的複印量需要額外雇用記錄員。這般複印量其實會帶來更多電報相關的收入，但這個事實似乎抵擋不了英國人敷衍了事的常見習性。[15]

愛迪生回到美國前，得以使用存放在格林威治水下的幾捲越洋電纜，進行自學實驗。他困惑地發現，自己從利物浦市的陸上線路接收到的訊號，透過兩千英里長的盤繞電纜發送時，竟出現了失真現象。另一端列印出來的圓點竟然變成二十七英尺的長劃。經過無數次的調整後，他設法發送完整的言詞，但每分鐘只有兩、三個單字緩慢地出現。最後，他發現線圈是罪魁禍首，或更確切地說，是電力感應使訊號從一個線圈流經另一個線圈。

---

12 他似乎沒有察覺到自己的住所——柯芬園（Covent Garden）著名的「胡馬斯」（Hummums）——是狄更斯、薩克萊（Thackeray）及路易斯・卡羅（Lewis Carroll）經常喜歡去的地方，也因許多單身紳士以假名登記入住旅館或進入澡堂而傳出淫穢的名聲。

13 一八七八年六月一日，古勞德成為愛迪生的倫敦代理人。

14 英國的舊時金幣。

15 郵局基於不同原因，決定不採用愛迪生的系統，但有兩位英國投資人認為這套系統有潛力，於是買下外國使用權。後來，他們試著將系統引進英國，可惜沒有成功。

他待在格林威治的夜晚，與他以往度過的夜晚一樣單調。唯一向他敞開大門的酒館，是有許多蟑螂出沒、專為碼頭工人準備的雅室。這家酒館供給不少淋上糖漿的蛋糕，以及喝起來像燒焦麵包口味的咖啡。有一次，古勞德真不該和他一起下樓到酒館吃早餐，因為古勞德後來覺得身體不適，卻被逼得喝下杜松子酒來提神。六月中旬，愛迪生搭船回家，並不渴望重訪歐洲。

特別花心思

他一回到紐瓦克市就收到壞消息：行政司法長官一直為債務問題打攪瑪莉。約瑟・莫瑞回報說，他已借出二百美元協助瑪莉，但她沒有支付任何帳款。莫瑞是個心慈手軟的人，很快就補上一句：「我不怪她，也不覺得她有錯。」畢竟瑪莉有孩子需要照顧，家庭的開銷也是丈夫的責任。更嚴重的問題是，愛迪生莫瑞廠被買斷威廉・安格股份的信貸成本耗盡了。而最嚴重的問題是，國家經濟就像愛迪生的境遇，正承受著成長過快、兼顧太多事的後果。美國內戰後，鐵路與電報的擴張逐漸停息，原因是景點變少，再加上投機資本撤出。「生意非常不景氣，錢更難賺了，」莫瑞寫信告知合夥人：「你離開後，我的日子很不好過。我在一個月內瘦了十一磅。但就算我真的要死了，也會堅守工作崗位。」

在接下來的一年半，愛迪生瀕臨破產，而他的大腦卻不斷湧現各種發明，而這些發明的報酬也來得快、去得快。一八七三年九月中旬，大規模的恐慌來襲，使許多銀行倒閉，並引發持續將近十年的蕭條期。歐頓為了保護西聯匯款的資源，不肯資助的雙重通訊——此時已發展為有潛力的標準模型。他認為愛迪生是有獨創性的人，但性情古怪，老是伸手要實驗室經費。金股電報公司削減了訂單，迫使愛迪生莫瑞廠極力爭取生產合約。為了生存，自動電報公司四處尋找買家，碰巧有一群英國投資人花了五萬美元買下其專利的外國權利。愛迪生只好乞求那三分之一的資金，並體會到他把同樣的無禮舉動強加給債權人時，他們感受到什麼樣的滋味。要付給安格的一萬美元票據到期了，再加上他的沃德街工廠受到留置權威脅，他只能再度懇求，但這一次的對象是歐頓。歐頓只給他三千美元，因為未來的工作是未知數。富有同情心的自動電報公司投資人威廉・塞弗特（William Seyfert）又提供六千六百美元，終止了安格的留置權，卻產生另一張未來會讓愛迪生勞神費心的票據。

後來，愛迪生的救星成了他的共事夥伴。查爾斯・巴徹勒曾經在沃德街的廠房是個優秀的精密機械師與修理工，如今與愛迪生一起在樓上進行一系列科學相關的實驗——這些實驗是愛迪生後來才從格林威治的潮濕電纜中的感應現象所促使的。愛迪生並不是唯一不太了解此現象的人，畢竟美國的電工很少有機會接觸遠距離的海底訊號；他們主要著眼於陸上的中繼傳輸。

愛迪生假裝蔑視英國的創新者，說道：「他們不是我的對手。」但他其實在倫敦的業餘時間見過、採訪過許多英國創新者，已發現他們在電氣科學方面比他更高明。在一八七四年的冬春兩季，他不知不覺地將財務問題埋藏在心底，大部分的時間都專注於自學電磁科學、電化學科學的奧秘。[16]

他不慌不忙地從入門書開始讀，先是讀約翰・佩珀（John Pepper）的《科學百科全書精簡版》（*Cylcopaedia of Science Simplified*），接著鑽研並評註羅伯特・薩文（Robert Savine）與拉蒂默・克拉克（Latimer Clark）的電報手冊，然後研讀威廉・克魯克斯（William Crookes）的《化學分析的精選方法》（*Select Methods of Chemical Analysis*）以及查爾斯・布洛克薩姆（Charles Bloxam）的《實驗室教學》

16 「當時，我非常缺資金。比起榮譽，我更需要錢。」愛迪生在晚年回憶說：「我每天付行政司法長官五美元，只為了壓制對我不利的案件判決，而且我根本沒時間理會該案件。」

（Laboratory Teaching）等艱深的巨著。這些作家都是英國人，他們的淵博知識帶給愛迪生莫大的啟發。他開始自己寫書——根據他與巴徹勒持續進行的實驗來撰寫電報專著。雖然他沒寫完這本書，有些章節內容卻出現在各種產業期刊，這很可能是模仿偉大的蘇格蘭物理學家詹姆斯．克拉克．馬克士威的首次連載出版方式。[17]

在為期六個月的個人動蕩、思想動蕩的漩渦中，他們就像兩隻遭到暴風雨拋擲的大鳥，激發愛迪生為通訊科學帶來十分重要的貢獻。首先是四重訊號電報：他規畫多年，後來經過他對感應現象有新的認識，才將構想化為現實。一八七四年七月八日，他讓歐頓觀察電報在紐約與費城之間的運作情況，也第一次意識到自己擁有價值幾百萬美元的發明。「我的心臟都快跳出來了。」他說。實物操作的結果很成功。兩天後，《紐約時報》向全世界宣布此消息。儘管愛迪生在文中只是輕描淡寫的帶過，但這是他第一次感受到刺激的成名滋味。

按照他的計畫，他持續精心設計並改良多年，四重訊號電報成了相當勻稱的輸電網：有兩個相對的終端站，各自發送與接收兩個傳輸訊號。系統使終端站能夠同時發送、接收——四個訊號沿著相同的線路，卻相互繞過——這種舉措很像用單弦小提琴演奏貝多芬的《大賦格》（*Grosse Fuge*）。愛迪生在主線的兩端進一步增加「捉摸不定的線路」對位法，複製其電阻的變化，並且在理論上創造另外四個傳輸訊號。他有點沾沾自喜地坦承：「整體的構想需要特別花心思，例如想像精神層面有八種不同的東西同時移動。」[18]

他申請專利時，一本正經地解釋每對終端站傳輸的訊號都不相配。發送器A從來源電池取得恆定的電力，而電池的極性在電流的每點或每劃的脈衝之間顛倒過來，電路並沒有中斷。接收器A有極性——愛迪生設計電報的主要特點——但沒有安裝彈簧，只對感應到的逆轉做出反應。發送器B是由附有收縮彈簧的中性繼電器控制，不受極性影響，而是仰賴不同感應電流的強度來與接收器B保持聯繫。

歐頓不確定作為電氣概念的四重訊號優點，是否能變成系統的實際附加價值。他需要在西聯匯款的線路上徹底進行測試，才能心服口服。但他確實讓公司的股東明白，四重訊號是一項「比雙工設計更美妙的發明」，這句話出自一位以謹慎著稱的高階主管之口，相當於贊美之詞。

新力量

八月時，愛迪生申請一系列多工通訊、自動電報系統的專利，包括他當年設計的第二項偉大發明，他謙虛地稱作「電報設備改良版」。這項發明源自於他早期的發現：如果將帶正電荷的鉛塊推向擱在帶負電荷極板上的潮濕白堊，流經的電流會使白堊表面變得光滑，並使鉛塊容易滑行，可以朝著任何方向推動，沒有顯著的摩擦力或慣性，猶如在冰上滑動。雖然這種現象起初像是電訊號轉化為物體移動的流體靜力學轉變，但他現在把鉛當成假想的筆尖，並把白堊視為可以書寫的白板。「所以，我把這項發明稱為電力的擴音裝置。」他說。

書寫——或稱為電報系統中的印刷——就是在空白處加上標記。根據愛迪生推測，浸泡在電敏式化學溶液中，並覆蓋滾筒上的白紙可以代替白堊。當一陣電流震動筆時，筆尖就會滑動，而下方的白紙也會相應變黑，彷彿沾上了墨水（亞鐵氰化鉀變成普魯士藍）。反之，只要筆失去電荷，紙張就沒那麼滑了，在下一個電荷與標記之前會有百萬分之一秒的阻力，猶如溜冰者的止滑動作。這代表符合經濟效益的印刷，字元之間沒有太多的空白。

17　愛迪生寫的書已經過各種檔案資料重新整理，內容列入《愛迪生論文》的數位版，編碼為NS7402。
18　愛迪生在晚年提到，他的白熾燈系統比四重訊號簡單多了。

愛迪生有充分的理由慶幸自己發現了「新力量」。這股力量很新穎，他一時想不出如何善加利用。再加上他習慣電報記錄器的滴答聲，他根本沒有留意擴音裝置的聲響。聽覺與視覺能捕捉到任何一點、一劃；紙張的每一次移動也記錄了向下震動的感覺。九月五日，《科學人》編輯有洞察力地指出：「愛迪生先生目前的發現，有顯著的特點：在沒有磁鐵或電樞干預的情況下，用筆或觸針就能產生移動和聲音。」

表裡不一

愛迪生擔任新電報期刊《操作員》（The Operator）的科學編輯職位，希望藉此提升他從發明四重訊號系統與擴音裝置所贏得的專業尊嚴。他撰寫了一系列文章，包括十月一日那期的一篇有關雙工通訊的文章，內文側重技術性層面，導致許多年輕電工放棄接觸多工電報系統。文章以預告作結：「未完待續。」他也為其他期刊撰稿，有時提出深奧的問題讓讀者思考。他還付錢請布魯克林的自然哲學教授羅伯特・史皮斯（Robert Spice）幫他上一個月的化學速成課程。

雖然愛迪生因此受到的關注並不廣（有些文章是匿名發表），他漸漸吸引到名人通常會遇到的對象：馬屁精和酸民。十一月三日，賓夕法尼亞大學的喬治・巴克寫信祝賀他發明出色的小型擴音儀器，並詢問他是否願意帶來向美國最高級的科學機構「國家科學院」展示。詹姆斯・阿什利還在對他三年前與金股電報公司的交易耿耿於懷，突然在《電報員》嘲諷他是表裡不一、有多重人格的教授。

愛迪生不理會阿什利，但也無法滿足巴克的願望，也許是因為他付不起去費城的車馬費吧。冬季來臨時，他非常缺錢，不得不虧本拋售自己的房子，並讓妻子和女兒搬進紐瓦克市中心一家藥局樓上的公寓。這筆買賣沒有給他帶來任何利潤，只是減輕了伴隨的信貸問題。這段期間，他私下的苦悶在他定期塗鴉的夢境意象中有跡可循。「地獄裡有黃色的寧靜一角……。影子的糾纏，就像一塊方形的腐肉有兩隻綠眼睛，纏著幾縷薄紗，在半夜飄揚於荒涼的舊鄉村墓地。」他說。

十二月初，他再也無法忍受貧窮了。此時，從紐約、波士頓、水牛城到芝加哥的西聯匯款線路，四重訊號系統的測試結果都極佳。歐頓把這套系統視為該公司的重要資產，在不久的將來至少價值一千萬美元，高得難以估量。但他還沒有針對專利權提出報價。率直是愛迪生一大魅力，卻也是他身為商人的一大缺點；他在十二月六日寫信告知歐頓：「我需要一萬、九千、八千、七千、六千、五千、四千、三千或二千美元——你願意預付多少都行。」

歐頓取中間值，給他五千美元作為尚待商議的部分買價。愛迪生同時要求哈靈頓將三千三百五十一美元的到期票據展期，否則有可能害他破產。隨著嚴寒的天氣和聖誕節逼近，他的不同工廠有超過一百名勞工要靠他吃飯，更別提瑪莉和瑪麗恩了。他向歐頓索取更多錢，聲稱四重訊號系統應該讓他賺得二萬五千美元，外加各個電路的每年專利使用費。歐頓告訴其中一位長官：「愛迪生對四重訊號系統很狂熱。」愛迪生本人確實對這套系統很感興趣，但他泰然自若，不急著達成協議，畢竟他還沒申請到涵蓋該系統的專利。直到研發的緊急關頭，他才申請專利，以免有人預先模仿。在等候專利局的正式申請結果時，歐頓樂意給愛迪生莫瑞廠一份日期註明為十二月十七日的生產訂單，要訂購二十組四重訊號系統的儀器。交貨時可收取一萬五千美元，但在此期間，愛迪生還得承擔製造成本。他再次提出請求時，歐頓變得像吝嗇鬼史古基[19]一樣冷淡地對待他（至少愛迪生的感受是如此），去芝加哥之前表示等假期結束後再回來繼續討論。

19　查爾斯・狄更斯（Charles Dickens）的小說《小氣財神》（A Christmas Carol）中的主角，原先是冷酷無情的守財奴，但在聖誕夜遇到過去、現在及未來三個聖誕幽靈後，痛改前非，變得不再吝嗇。

就在這個重要關頭，彷彿有另一位狄更斯作品中的陰謀家在黑暗中若隱若現——金融家傑伊・古爾德（Jay Gould）在深夜造訪愛迪生的沃德街工廠。他身上的破舊長大衣低垂到地面，頭上戴著一頂黑色硬禮帽。雖然許多人都說古爾德是個老奸巨猾的人，但他待人溫和，富有魅力。他擁有幾條鐵路以及大西洋與太平洋電報公司（Atlantic & Pacific Telegraph Company；以下簡稱 A & P）。歐頓並不知道他準備從哈靈頓、賴夫那裡收購自動電報公司，進而取得愛迪生的列印機掌控權。古爾德現在也發覺有機會奪得四重訊號系統，並吸引到發明者的注意。

他在曼哈頓聆聽有關系統如何運作的說明時，愛迪生對他心不在焉的神情印象深刻。他離開前，沒有提出任何建議。但經過幾天後，在歐頓從芝加哥回來之前，有人護送愛迪生到曼哈頓第五大道的一棟房子，從僱工專用的入口進去。他被帶到地下室的辦公室，古爾德在那裡——

……立即開口問我要多少錢。我請他出個價。他就說會給我三萬美元。我表示，我願意賣掉我所有可能擁有的權益來換取這筆錢，這比我想像中可以取得的還要多。隔天早上，他和我一起到謝爾曼與斯特林的辦公室，收取一張三萬美元的支票。他說原本要給我一艘「普利茅斯岩號」汽船，但他以三萬美元的價格把船賣掉，剛剛收到了支票。

那天是一八七五年一月四日，百萬富翁突然提出的支票，使得愛迪生即將搖身一變成為富翁。即使他還沒有富裕起來，至少也從當前的絕望和受傷的自尊心中解脫出來了。在他的生活中，還會出現其他財務危機，有些相當嚴重，但都是在他出了名，能依靠名氣帶來的信譽後才遇到的危機。

歐頓從他聲稱到芝加哥出差的旅程返回，卻發現愛迪生早就離開城鎮，藉口是到休倫港享受家庭旅行。他們各自的旅遊擺明就是一人不想被催促，而另一人不想被玩弄。無論如何，歐頓輸了。《紐約論壇報》（*The New York Tribune*；由古爾德掌管的報紙）在一月十五日宣布，擴張後的A&P不久就會把愛迪生的自動系統投入紐約與華盛頓之間的業務活動，他也會成為該公司所有電報線路的電工主管，結果西聯匯款的股價下降了四個百分點。

這項宣布對歐頓是一記沉重的打擊。他試著以二萬五千美元「接受」愛迪生提出的四重訊號系統銷售權，但沒有成功，於是訴諸於詹狄士式法律訴訟[20]來取得權利。如果他能活到一九一三年，就能看到四重訊號系統案件的最終結果，並了解到被他賭掉的偉大發明重要性。[21]

戳紙

愛迪生花不少錢買科學書籍和設備，並且幫父親、哥哥及公婆還貸款和安排定居地點，藉此來慶祝喜事。瑪莉也有要慶祝的事，她在二月十一日為丈夫的二十八歲生日舉辦化妝舞會，並換了新衣櫥來犒賞自己。她將無法長時間穿著最新款的貼身時裝了。初春時節，他們夫婦倆在南奧蘭治大道的新房子安頓下來

---

20 出自於查爾斯・狄更斯的小說《荒涼山莊》（Bleak House）中的虛構法院案件，形容看似沒完沒了的法律訴訟。

21 歐頓在一八七五年一月二十八日提交的起訴狀中提到，愛迪生在去年夏天讓西聯匯款的電工主管喬治・普雷斯科特（George B. Prescott）取得四重訊號系統的共同所有權，以換取該公司線路的重要使用權。普雷斯科特對該系統的設計幾乎沒什麼貢獻，卻堅持要享有一半的權利。相互抵觸的要求和反訴，使哈靈頓、古爾德及愛迪生本人的利益充滿爭議。一段時間過後，四重訊號系統案件陷入三州與三聯邦訴訟的法律糾紛，以及其他在行政方面涉及專利局歷任局長以及內政部長的訴訟。該案例的總結列入《愛迪生論文》第二卷的附錄三。

時，瑪莉又懷孕了。

五月時，愛迪生為了擺脫生產相關的責任，就解除了與約瑟．莫瑞的合作關係。同時，他利用古爾德捲入收購四重訊號系統與自動系統專利的糾紛機會，離開在A&P的電工職位，悄悄地溜到他長期嚮往的生活中——在自己的實驗室裡做個獨立的發明家。

目前，他的實驗室由沃德街工廠的幾個房間組成，又多雇用五個人來協助他與巴徹勒做實驗。這些人是機械師約翰．克魯西、查爾斯．沃斯（Charles Wurth），兩人都來自莫瑞的廠房；昔日在波士頓認識的老朋友詹姆斯．亞當斯（James Adams）；十五歲的血氣方剛侄子查理（Charley）；孜孜不倦的山姆．愛迪生，他願意做所有必要的工作，包括木工、打掃，條件是每週有二十美元的薪酬。在愛德華．強森（仍在A&P工作）與另一位以前的電報搭擋以斯拉．吉里蘭的偶爾支援之下，愛迪生現在有了研發團隊的雛形。

愛迪生的附電池電筆與複印機，攝於一八七五年。

他們從六月一日開始進行十九項實驗專案，包括可以印出一百張稿件的複印機。第一台複印機是用紫色苯胺染料、蘋果髮油浸透薄紙的麻煩裝置，能散發出香味，但運作得很慢，需要經常吸墨水。接著，巴徹勒在月底提到：「我們想到可以用筆戳紙，然後用墨水摹拓，就能做出紙模板了。」

「筆」指的是鉑尖頭。紙張平放得像提不起勁的苦行僧時，必須手持鉑尖頭戳向紙張，猶如苦行僧躺在一堆小釘子上。「結果不盡理想，」巴徹勒用英語輕描淡寫地坦承：「我們應該下定決心製造一台透過發條裝置或引擎來驅動的機器，能在我們寫字時戳紙。」

於是，愛迪生的電筆問世了。這是一種用電池連接的觸控筆，尖端來回顫動的速度比蛇吐舌頭還快。為了使頂端的小型電磁馬達保持平衡，握筆時要盡量維持垂直姿勢。電筆能在蠟紙上戳出幾乎連續的線條，讓書寫者可以隨意寫出、畫出任何潦草的字體。[22]由此產生的穿孔裝入框架，壓在空白信紙上後，用墨輥印出所需的清晰副本。

起初，因為電筆是笨重的工具，筆尖的靈活度很低，但愛迪生逐漸做出小型的驅動零件，使手中的電筆變得更輕，顫動的幅度也變小。即便如此，使用電筆需要運用到技巧：以「O」字母為例，如果寫得太慢，字就會從紙上掉下來。他把製造權交給以斯拉・吉里蘭。電筆成了紐瓦克市實驗室的展示產品，也在企業和政府機關變得普遍，甚至包括遙遠的俄羅斯。接下來的十年，電筆賣了大約六萬支，被人們銘記為「自動化模板複製的鼻祖」。[23]愛迪生感激地將一部分利潤分給了巴徹勒和亞當斯。

---

22 愛迪生的電筆是第一個運用電動馬達的製成品，也是第一台大規模拷貝的複印機、迪克（A. B. Dick）的油印機前身（油印機經常被誤認為是愛迪生發明的）。請參考布魯斯・華生（Bruce Watson）在《史密森尼》（Smithsonian）雜誌中寫的〈奇才的文書〉（A Wizard's Scribe），於一九九八年八月刊登。

23 一八七七年，路易斯・卡羅是其中一位對電筆感到滿意的顧客。

幫助愛迪生研發電筆，使巴徹勒有機會學習到電力知識，畢竟他目前對電力的認知還不足。他也體會到了在夜間幹活的吸引力。「我們整個晚上都在做實驗，然後睡到隔天中午，」他寫信告訴位於英國的弟弟：「地毯上有五十四樣東西……。愛迪生是孜孜不倦的工作狂。不管失敗的結果有多麼糟糕，他都不會半途而廢。在現代，他是國內首屈一指的發明家和電工。」巴徹勒表達對老頭的敬意（老頭比他小一歲），不像幾個老朋友那樣稱呼他「阿爾」或「湯姆」，而是一貫稱呼他「愛迪生」或「愛迪生先生」，而老頭則稱呼他「巴奇」。

未知的力量

此時，愛迪生已對電報系統的多工傳輸和自動化方面失去了興趣。他開始迷上以利沙・格雷（Elisha Gray）與亞歷山大・格拉漢姆・貝爾各自開發的聲學電報，或稱諧波電報。這種電報涉及幾個不同音調的簧舌（很像音叉），沿著單一線路傳輸摩斯聲音訊號。如果在接收端安裝一組相同的簧舌，每一對簧舌會以共同的頻率震動，而其他簧舌則保持安靜。但在理想的情況下，所有成對的簧舌聲音都應該同時交融在一起，產生遠比四重訊號系統能夠處理的還要多的訊息量。

對愛迪生來說，聲音科學是一門新科學。但他想到自己在一八七三年發明的繼電器，其震動的電極能改變水或甘油的電阻，可以用來改造成產生有聲訊號。在巴徹勒與亞當斯的協助下，他於十一月開始為西聯匯款進行一系列聲學電報的實驗。不到一週，他就改良了格雷的傳聲器，運用電磁鐵、共振器及彈簧擺錘的微妙平衡，各自連接到所屬的電池上，對本身的頻率做出反應，並在不破壞整體電流流向的情況下於電路中進出。「我不希望局限於特定的震動擺錘，」他在限制條款中寫道：「就算是固定在兩端的音叉或弦，或使用的管樂器也一樣。」他也表示自己的構想很獨特：將接收器置於分支電路中，並利用電容器使接收器分流，因此能讓電流波在長距離產生起伏時依然保持清晰（舊式電報有「曳尾」的問題）。

此時，有一組包含三樣實驗的專案被斯圖布（Stubb）鋼鐵振動器磁化後產生的古怪副作用所吸引而誕生。火花從磁鐵的中心部分迸出，比感應導致的火花更大、更強烈。更奇怪的是，連接到振動器的電線與實驗室裡的煤氣管道相接時，大樓內的其他裝置都一致冒出火花，而共有的能量卻不遵循電流定律或靜電定律，既不晃動電流計，也沒有極性，甚至沒有放電的跡象。然而，當一把刀在二十英尺外劃過爐子，卻也從灼熱的金屬上劃出一串火花。「實在太棒了，」巴徹勒在筆記本上草草記下：「能夠證明火花的起因是一種未知的純粹力量。」

對愛迪生來說，這簡直是他決心要促成的現象。五個月前，在他的實驗專案清單上，就有一項是他立誓要為電報通訊找到「新力量」。這種難以預料的力量似乎比聲音傳輸更奇妙。隨後，他與巴徹勒、亞當斯把這股力量應用到由二十八種金屬製成的不同振動器，過程中充滿樂趣。只有硼和硒沒有反應。碳和鉈會產生光化性的火花；碲會散發出一股強烈又令人作嘔的大蒜味；鎘的效果比鉍更佳；銀能產生最耀眼的綠色閃光。

愛迪生想知道能不能在沒有絕緣的地下線路和水下線路，利用這些火花發送訊息。他一開始沒有想到可能根本不需要電線。後來，他發現如果把兩支鉛筆傾斜，讓筆尖維持在快要觸碰的角度，只要一支鉛筆接地，而另一支鉛筆鉤在大約一英尺的未接地電線，兩支鉛筆之間產生的火花就能維持下去。為了更仔細檢視這種現象，他把兩支筆放進「暗箱」，再戴上一副黃銅色的目鏡觀察。

接下來，他用火花線圈做出顫動的鐘形發電機，放進真空的玻璃管內，然後把暗箱帶到另一棟大樓，該大樓有突出的未接地電線。令人難以置信的是，火花依然存在，只不過相對微弱。他只能假設「新力量」是透過「以太」接觸到鉛筆。他運用人們在十九世紀最喜歡說的詞，來形容那些把物質從其他物質分離出來的東西。他還得等待三十年以上，暗箱的突出電線才稱為「無線電天線」。[24]

發明工廠

湯姆在一八七六年一月十日出生，從小看著父親認真地沉浸在聲學的研究中，也看著祖父在紐澤西州門洛帕克市的山坡上建造一棟兩層樓的小屋。

山姆是經驗豐富的建築工，到了七十歲時還很強壯，能夠與年齡只有他三分之一的人共同舉起屋頂的橫樑。愛迪生全權委託他到鄉下找一個適合他與其他年輕員工生活和工作的據點，遠離紐約市的喧囂干擾，但又不至於遠到妨礙出差和運送物資。山姆喜歡做交易的程度就像他喜歡喝威士忌酒一般（每天喝四大口，似乎毫無醉意），他選擇門洛帕克市作為據點，為兒子省下不少錢。這個地方是衰退中、尚未完工的新建住宅區，計畫沿著費城公路和賓夕法尼亞鐵路的交界處修建；有四十多棟房屋和許多空地，可以俯瞰玉米田和果園的景色，不遠處還有像一面鏡子的小湖。在晴朗的天氣，也可以清楚地看到二十四英里以外的曼哈頓。

愛迪生花了五千二百美元買兩大片土地。離鐵路較近的小片土地有一間樣品屋，空間大得足以容納他的家人、來訪的親戚以及三位黑人傭工。到了春天，沿著克里斯蒂街（Christie Street；瑪莉很不喜歡這條陡峭又泥濘的木板道）往上走的那片較大土地就成了他夢想中的實驗室園區——與世隔絕的研發中心，職員由一群有天分的年輕實驗人員組成，並由類似的機械師團隊提供服務，他們負責製造與銷售他的發明物。不久，此處就變成知名的愛迪生「發明工廠」。這是一種全新的技術概念，對科學而言也算是新概念：公共、民主、壯志凌雲。在歐頓的鼓勵下，他率先把研發中心用於電話通訊這門新科學。

當月，如果有任何人想先使用「電話」這個詞（目前為止，意思只限高音調聲音的傳輸，沒有言語的含義），那麼此人將不是以利沙・格雷，也不是亞歷山大・格拉漢姆・貝爾，而是德國電報員菲利普・雷斯（Philipp Reis），他在一八六一年發明了隔膜電話。早在一八六九年，愛迪生就很熟悉這種斷續電路系統。在剛剛過去的夏季，他在草擬的電話工具共振盒上面寫下「說話」這個詞，此工具的設計是圍繞著音叉，而音叉的電阻會隨著水銀產生變化。

這個構想行不通，但在一月十四日時，他執行了聲學電報的限制條款，其中包含他後來期待命名的「史上第一部電話」——共振接收器，其薄膜會隨著導線接連不斷的震盪而顫動，而導線是經由微小的電磁化線圈進行傳輸。然而，愛迪生認為這台儀器只是用來測量振動聲的設備。在貝爾的可變電阻電話設計於三月七日取得專利後，他才意識到該儀器對語音接收的適應性。[25]

三位發明家，以及其他來自全國各地的發明家，都準備在五月於費城開幕的一百週年紀念展覽上展出。愛迪生爭取到四百平方英尺的空間，儘管沒有他期望的那麼寬敞，但已足夠容納他的四重訊號系統、

24　一八七五年十一月二十八日，愛迪生向報紙記者宣布自己發現了「以太力量」。大標題引起了普羅大眾的興趣。但他無法以適當的學術形式發表自己的發現結果，而且科學界嘲笑他的結論。他未來的產業對手伊萊休・湯姆森、埃德溫・休士頓都進行了一系列相關實驗，滿意地證明這種力量只不過是電力感應。然而，愛迪生已發現高頻率電磁波，在理論上得到了詹姆斯・克拉克・馬克士威的證實，後來也在實務上得到赫茲（Hertz）、洛奇及馬可尼的證實。

25　一八八〇年，格雷與貝爾的競爭對手聲稱自己發明了電話，在法庭上展開激烈的爭辯時，愛迪生表示在一八七五年七月已繪製出三台附有液體發射機的聲學電報裝置草圖。發射機容許波動或可變電阻電流的現象，此乃電話系統的基本原理。這些令人驚歎的草圖確實存在，但沒有註明日期。目前沒有證據表明愛迪生在當年十一月左右根據草圖建造出模型。但他坦承，模型不起作用，並始終把自己的發明歸功於貝爾。

自動電報系統、擴音裝置、電筆，以及一整套列印機，包括以化學方法操作的列印機、以羅馬字型拼寫訊息的列印機，而這些展示品都留給人深刻的印象。他決定不展示「以太力量」，以免激起科學界的不滿。

由於許多項目仍有待改善，他焦急地等待山姆建好新的實驗室。關於即將搬家的事，瑪莉沒他那麼興奮。她那時才二十歲，就要在紐瓦克市度過一生。她得知丈夫的反常工作行程後，實在不希望在離最近的警察局有十二英里之遠的黑漆漆小村莊裡，獨自在床上度過漫漫長夜。羅珊娜．巴徹勒（Rosanna Batchelor）也有兩個孩子，她同樣感受到這種恐懼。三月十六日，瑪莉的一些親戚在家裡為她舉辦驚喜派對，也許是為了讓她的心情好起來吧。

九天後，愛迪生開設新的實驗室。他身邊每個人的生活都產生翻天覆地的變化。

寂靜的夜晚

在接下來的一年左右，他的知交依然為數不多，大約只有十幾位沃德街工廠的老員工。伯格曼退出後，就在紐約開設一家獨立廠，很快就生意興隆。巴徹勒、亞當斯、克魯西、沃斯、約翰．奧特及吉里蘭都搬到了門洛帕克市——條件是愛迪生要在鐵路旁的棚屋內建造電筆廠。山姆和查理也來了，但老先生有責任定期返回休倫港，因為女管家懷了他的孩子。

有一天，山姆從高速駛過車站、從紐約開往費城的快車上跳下來。回來時，他的衣服已扯破，身上也有多處瘀傷。他說只是為了模仿兒子以前在晚上從底特律坐火車回家時，拿著一捆報紙跳車的做法。「湯姆，我跟你講，我再也不會為了十塊錢做那種事了。」他對愛迪生說。

愛迪生很感激山姆找到了他認為是紐澤西州最美的據點，即便門洛帕克市的美麗在初春的陽光下比較迷人。實驗室的色彩特別鮮明，其明亮的白色油漆與村子其他地方的暗黃色與棕色房屋形成突顯的對比。實驗室與狹長的兩層樓校舍之間的唯一區別（從外觀看不出來）是兩個深埋在地下的磚柱，能加強穩定性。愛迪生測試聲學設備時，不顫動的樓層是非常重要的條件。

他一再提起自己來到門洛帕克市是為了尋求安寧與平靜，但他好像沒有發覺自己身為近乎失聰的人，說出這樣的話很奇怪。他漸漸對聲音學入迷也很詭異，除非理由只是因為鄉村夜晚的寂靜氛圍，使他能夠評估自己被都市噪音干擾的頻率，如此簡單。他從來都不覺得電報發聲器的沉重敲擊聲和滴答聲很擾人，他也可以用耳朵「解讀」摩斯電碼，就像用眼睛瀏覽一頁又一頁的散文那般容易。然而，他在四月聽說貝爾語音電話系統的複雜泛音和不斷變化的音量，其實對他來說是一大挑戰。為了迎頭趕上，並且能比得上貝爾和格雷（這兩人也互相競爭），他不能再把電報系統當成解碼為筆跡或印刷字體的訊號快速傳輸工具，也要適應訊息只以聲音的形式發送和接收，通常甚至不需要記錄下來的概念。

愛迪生覺得難以接受的轉折是，他是個很投入的記錄者，經常不由自主地把自己認為具有實用價值的一字一句、每個想法及行動記錄下來。如同另一個寫字潦草的失聰者貝多芬，同樣在沒有鉛筆的情況下會不知所措，老是將筆記本和凌亂的備忘錄塞進口袋裡。儘管他很懷念日常談話，例如在瑪莉的聚會上閒聊，或與年輕員工有說有笑，但他覺得這些交談與溝通應該區分開來，因為他覺得這是他身為發明家的強項。當他更深入研究聲學的深奧知識時，擴音裝置的記錄接點、自動列印機的墨輪以及和電筆的點刻，都始終留在他的腦海裡。

隨後，他在門洛帕克市取得的前五項專利都被描述成電報類，但其中三項設計其實與電話有關，運用多種簧片、電磁鐵、燈管共振器及音箱，能發出連續低沉的聲音，全都成對地調到不同的頻率。五月九日，也就是費城一百週年紀念活動開幕的前一天，他執行了當中的最後一項設計。

他的展示品沒有得到應有的關注程度。他很晚才安裝設備，也輕率地接受歐頓的提議，用自己的展示空間換取西聯匯款的股份。歐頓不希望愛迪生在公司資助他大部分的工作時，顯得太過有主見。然而，電筆和自動電報系統都是分開展出，也都獲得了獎項，就連四重訊號系統也不例外。威廉．湯姆森爵士是英國籍數學物理學家、評選委員會主席，他稱讚電筆是巧奪天工的發明。

但真正沒什麼人關注的展出，是亞歷山大．格拉漢姆．貝爾在六月二十五日私下展示自己發明的電話，觀眾包括湯姆森、以利沙．格雷、約書亞．賴夫及愛德華．強森。貝爾的父親為聾啞人設計教學方法，而他自己也是失聰者的教師，因此他對語音學的認識比愛迪生更全面。愛迪生當時並不在場。貝爾謙虛地將膜式傳聲器、連接的鐵盒式接收器形容成「處於萌芽階段的發明」。幸虧他表現得很謙遜，因為當他請威廉．湯姆森爵士移駕到另一個房間時，強森看到這位評審一臉困惑地聽著鐵盒蓋的拍打聲[26]。格雷側耳聆聽，剛開始只聽到非常微弱的詭異鈴聲。最後，他聽到了一句話：「沒錯，這就是問題所在。」接著他告訴在場的其他人，貝爾引用了莎士比亞的話。

嗡嗡作響

如果愛迪生參加百年紀念展，他並不會引人注目。畢竟，他在賓州還是那麼沒名氣，當地報紙甚至如此描述他：「一位名叫愛迪生的英國人，發現了一種新穎的自然力量。」如果他要讓自己與成果在大眾的心目中留下深刻印象，就必須塑造更鮮明的形象。他在紐瓦克和紐約工作時，至少吸引過媒體的注意，但他現在搬到那麼遠的地方，頂多只能期望受到業界的尊重。「我會在六週內把一些東西寄給專利局，」他匆匆地寫一張便條給熟識的作業員：「讓那些電報員刮目相看。」

他指的是聲音傳輸電報的超級系統。七月八日那天，他在提出的長篇條款中詳述這套系統需要多個站點在特定的頻率範圍內同步進行，而此範圍僅限於確實能適用簧片和精緻接收儀器的振動幅度。愛迪生的新穎想法是針對不同時間長度的聲音訊號，來交換線路的間隔時間，既迅速又平穩，因此主線電流的流動不會中斷，而訊息本身的聲音也不會在各自的分支線路末端變得破碎。這是一種電力分時的概念，若用較新的行話來說，就是「分時多工」。[27]他補充了十三份詳盡的技術備忘錄，並將內容收錄於一套筆記簿中，全都是他在門洛帕克市進行的實驗記錄，不僅是針對他所有電報發明的回顧性調查，也是他目前在聲音領域進行的專業研究基礎。

他一邊研究不同電報技術，一邊執行一系列有關電話傳輸的實驗，確信他可以改進貝爾的短程訊號缺點。他對著承受潮濕毛氈墊圈壓住的磁化黃銅振動板講話，結果成功地讓羊皮製的接收器傳出：「你好。」但這句話唸起來

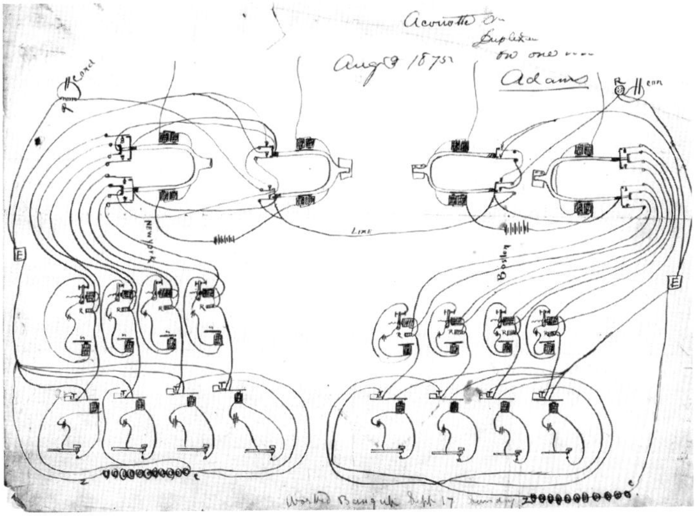

愛迪生的聲音傳輸電報系統。

26 更不用說另一位聽眾了——巴西的君主。

27 分時多工是用於手機網絡的重要操作系統，而網絡也面臨著愛迪生在一八七六年針對聲音傳輸電報系統提出的同步挑戰。

沒有齒擦音，很難與「華生先生，過來吧，我想見你」這句較複雜的句子相媲美——四個月前，貝爾宣稱已條理清晰地發出此音訊。愛迪生繼續在振動板的不同曲線角度上固定住小釘子，以便評估最適合插入的特定音高，並探索電動擴音裝置的聲音電位——他從中找到了觸發音叉和電磁鐵的方法。假如與電話通訊相比，這項發現依然與電報系統較有關聯的話，至少使他了解到亥姆霍茲如何使用音叉和磁鐵來研究說話方式的技術性部分。

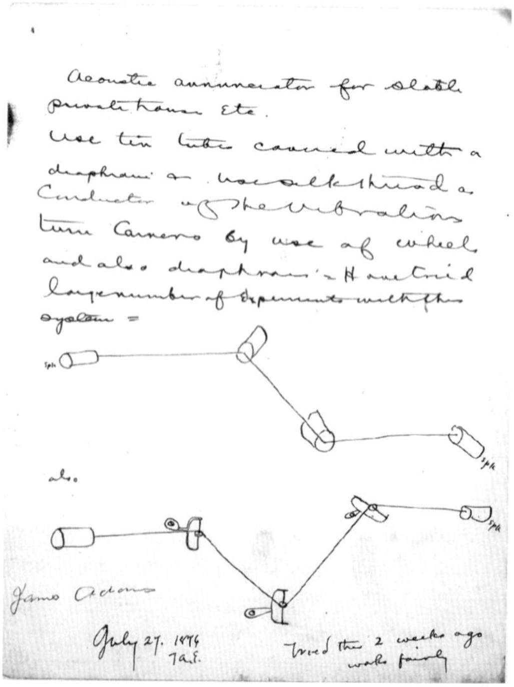
關於電話傳輸的實驗筆記。

有時，有上千種發聲的工具在他耳邊嗡嗡作響，例如簧片、音叉、鈴鐺、繃緊的琴弦、錫管，而有時是各種噪音。

他不一定分得出來自己在探究哪一門學科（聲學電報通訊或電話傳輸），也不一定搞得清楚自己是否模糊地想像著另一門還沒有發明出來的學科。圓筒和圓盤一次又一次出現在他的繪畫當中。圓筒可以是附有共鳴基座的空心滾筒，或有手動曲柄的諧波接收器，或拷貝穿孔印刷線條的滾軸，或旋轉的電磁鐵[28]，或伸縮管——讓他能夠精準地測量發送「th、sh、ch、s及其他發出的嘶嘶聲」所需的空氣柱，而這些聲音都對電力傳遞產生阻力。至於他畫的圓盤，可以是在「記錄器暨中繼器」的觸針下旋轉的堅挺蠟紙，以一點一劃的形式從周邊向內盤旋地接取訊息，抑或是在電話接收器中轉動的有電化學塗層薄板，或者是接觸到另一個圓盤的明亮錫箔面的塗碳堅硬橡膠鈕——他認為這樣的搭配有望成功，但不知何故，他遲遲沒有採取行動。

在這些推斷當中，技術層面富有創造力的吸睛儀器是愛迪生在一八七七年二月三日設計的自動轉發壓紋機。這台機器並不是語言裝置，純粹是加速大量電報文本的分布或轉發，例如透過長途線路轉發總統的演說內容，[29]但也不算是操作聲音的裝置。幾何圖形的設計井然有序，有成對的轉盤、記錄器或揚聲器的臂桿追蹤螺旋形的坑紋，對一世紀後的音訊工程師而言，壓紋機看起來依然「很新潮」。

壓紋機將浸油紙的坯件放在環形的夾鉗下（愛迪生發現豬油的潤滑效果最好），在每個轉盤的開槽壓印盤上壓平。傳入的電磁脈衝導致輕微彈起的壓印點在第一個轉盤的紙張壓出凹痕，而轉盤由電動馬達轉動。記錄臂桿緩慢地行進並配合壓印盤的盤旋程度，能確保壓印點保持在正軌上。直到第一個轉盤完成壓印時，隱蔽式雙槓桿就會啟動第二個轉盤。重複（以現在的話來說就是複製）是使回彈點再度快速行進到壓痕上方的簡單過程，將記錄的訊號盡量發送到許多可以連接到壓紋機電路系統中的發聲器的附屬站點。

分子音樂

就在同年的二月，愛迪生滿三十歲、第一次長出白髮時，他與巴徹勒展開一系列的新實驗，分別命名為「電話式電報」、「說話式電報」及「交談式電話」。這些名稱很容易讓人搞混，但此現象在通訊業很

---

28 愛迪生突然轉換思緒，在筆記本匆匆記下人造玫瑰扣眼從小瓶的玫瑰油汲取香味的概念。

29 愛迪生的本意是要改良自動電報本身已經很出色的性能。一八七六年十二月五日，他只花了一個多小時，就把格蘭特（Grant）總統全年的一萬二千六百字音訊，從華盛頓傳送到紐約。

常見。只要美國人漸漸適應了透過電力傳遞訊息不一定要用打字機打出來的驚人概念，混淆的現象就會持續很久。甚至連貝爾都沒有想到，有一天人們可能會使用他的發明，就只是為了聊天。愛迪生認為電話可以加速文字轉化為電流脈衝的過程，然後在另一端將脈衝變回文字——只有負責接收的操作員才能聽到這些文字，然後他會將需要傳遞的訊息用打字機打出來（就像愛迪生在年輕時做了幾千次）進行傳遞。因此，儘管這項設備發出許多聲響，但在功能上確實是電報。

聲音的清晰度是關鍵。他不斷努力改善糟糕的貝爾磁力傳聲器，可惜沒有成功。他認為可以透過閉路式電路中的可變電阻原理，來實現完整的發聲功能，因為他相信這麼做是言語電氣化的關鍵。他與巴徹勒經常通宵工作，運用薄膜製造出傳聲器，使滾筒或軋輥沿著電路中的石墨軌道移動，但他們試著透過傳聲器清晰地說話時，只發出含糊不清的聲音。直到改成採用愛迪生以前的想法，將有線的按鈕頂住振動板，並以黑鉛碎塊代替橡膠來模壓，他們才大幅提升了聲音的清晰度。「有了這台儀器後，」巴徹勒在二月十二日錄音：「我們已經能夠聽得出紐約和門洛帕克市的不同口音。」

純碳在壓力之下的可激發性是重大發現，或更確切地說，是重新發現。四年前，愛迪生製造管狀變阻

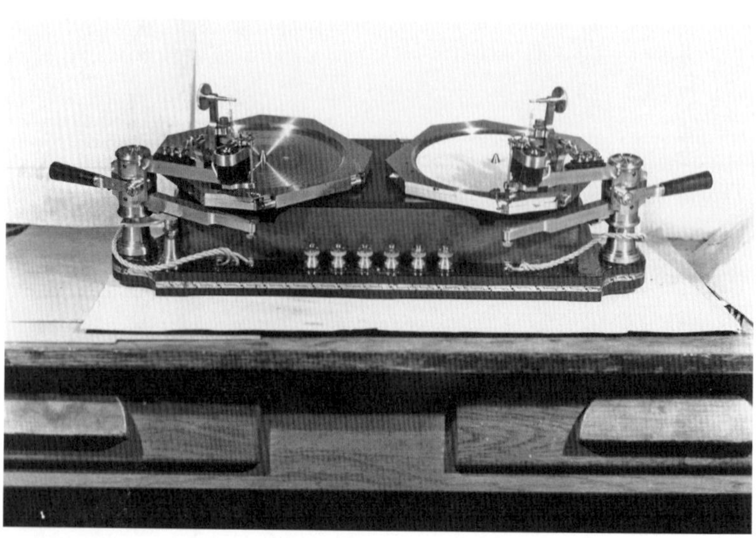

愛迪生的壓印型記錄器暨中繼器，攝於一八七七年二月。

器時，就發現充滿粉狀石墨的電阻如同不穩定的氣壓計，不斷上下波動，發出不同的噪音和刺耳聲。奇怪的是，當碳鈕被框在鐵環內，並以他的手溫保暖時，卻發出嘎吱作響的諧音——他稱之為「分子音樂」。

如果碳對於當時的研究來說是過於敏感，那麼對現在的研究來說肯定是不會了，因為他在尋找一種繼電器來容納人類聲音的無限階段性變化，甚至包括非言語表達的呼吸、嘆息、咳嗽及言談之間的停頓。問題在於，他的按鈕構造應該壓縮到什麼程度，或鬆弛到什麼程度，才能擁有最寬闊的電阻範圍？[30] 碳有無數種形式，包括柔軟的碳煙、堅如磐石的無煙煤。在巴徹勒與亞當斯的聽覺協助下，他必須針對大多數的碳進行合成和測試，以便評估彈性與滲透性。「我的失聰狀況那麼嚴重，已經到了無法聽見悅耳的發音、有賴別人幫忙判斷的地步。」他說。

話語

五月時，愛迪生還在草擬能夠捕捉齒擦音的裝置，而麻州的眾議院議員班傑明・巴特勒（Benjamin Butler）想考驗他的能力，要他發明出可以將聲音轉換成文字的電話式記錄器。愛迪生思考一兩天後，想到了正好相反的點子。他畫出看起來像木琴飄浮在太空中的東西，並潦草地寫道：

鍵盤交談式電報機：

---

30 例如，無煙煤的電阻從三百至一千七百歐姆不等，但愛迪生抱怨此範圍只適用於單字「coach」（教練）中的「o」，不適合言語中口齒不清、有嘶嘶聲的部分。

> 我建議在長軸上安裝斷路輪（用於電氣），準備好鍵盤後，同時按下字母，例如T、H、I、S，接點彈簧就會一個接著一個在線路上方適時振動，使電動擴音裝置[31]和振動板清楚地說出「this」這個單字……。有嘶嘶聲的子音也不成問題。斷路輪和接點彈簧能以任何形式排列，需求多少就用多少。詞性的泛音不難捕捉。不妨好好考慮，愛迪生先生，放手一博吧。

原來，他在木琴的木條上標明字母，末端皆有鋸齒狀的小型金屬輪，用來產生或中斷高頻率訊號。由此可見，愛迪生認為他可以利用這種連奏組合來操作按鍵——對應字母表的各個單位——如此一來，「T」與「H」融合，再與母音「I」融合，按下最後一個鍵時，就會變成尖銳的嘶嘶聲。這並不是巴特勒提議的文字記錄器，實際上也行不通。愛迪生很快就發現字母與發音沒什麼關聯。但他又想出了重大的點子：將文字以數位方式轉換成聲音的概念。[32]

儘管不切實際，他認為鍵盤交談式電報機既可以用來印刷，也可以交流，象徵著他對聲學有進一步的認識。至少在理論上，這台電報機的特點是「音輪」可以滾動出聲波的形狀，意味著語音由泛音和氣壓組成，以及儀器具有記錄與複製的雙重功能。

六月期間，愛迪生一直為齒擦音發愁。他覺得自己無法使碳變阻器充分發揮優勢，直到他能夠讓振動板清楚地表達像「scythe」（長柄大鐮刀）這樣的單字。在目前的實驗中，採用的形式是大約一角硬幣寬的粒狀石墨圓盤，有時包裹著絲綢。按鈕置於電磁鐵的凹陷磁極上，然後壓在與電池連接的電樞下方時，就會與發聲器共同處於局部的電路中。主線電流的湧入減輕了電樞的磁力「重量」，使碳的電阻降低到只有幾歐姆，撤回電流則有相反的效果，會使電阻增加到幾百歐姆，並再度刺激發聲器。在一篇標題為〈愛迪生的壓力繼電器〉（Edison's Pressure Relay）的文章中，《電報期刊》（*Journal of the Telegraph*）評論道：

「或許這是至今能將不同強度的訊號，從一個電路轉換到另一個電路的唯一裝置，卻是以平凡無奇的方式運用電池。」

雖然高頻率的音域問題持續存在，但愛迪生在月中打造出組合式電話收發兩用機，測試結果比貝爾更簡單明瞭，效果也更好。平時反應冷漠的巴徹勒，對此感到非常滿意。他對弟弟誇口說：「我們剛剛改良完『說話式電報』了。」事實並非如此，而日以繼夜的聲波實驗進展愈來愈快。《操作員》期刊提到：「湯瑪斯・阿爾瓦・愛迪生忙得灰頭土臉，老化的速度也變快了。」

果真如此的話，愛迪生並不會缺乏活力。他從金股電報公司和西聯匯款公司取得可觀的合約資金，並第一次享受著失眠的襲擊，而這就是他身為發明家的生活特色。直到七月十六日，他才覺得自己有值得申請專利的電話。他簽署申請書時，明確說明了可以「複製」音調變化的多種定音鼓，以及在對齒擦音很敏感的振動板與接觸點之間有一層鉑片。但來到實驗室的訪客（其實是亞歷山大・格拉漢姆・貝爾派來的密探），發現這台儀器不只是聲音清晰，「schism」這個字聽起來更像「kim」。「如果愛迪生能成功改善發音——也就是他目前努力的方向，那麼無論他在多遠的距離，都可以大聲說話。」訪客說。

「我們為了說話式電報，忙得焦頭爛額，」巴徹勒向以斯拉・吉里蘭發牢騷：「最近連續五、六週，我們經常一口氣工作兩天，直到累得受不了才停下手邊的工作。」

愛迪生蓬頭垢面，很可能是因為他在夏天期間接觸到碳塵、鉑黑、鉛的超氧化物、石墨以及其他烏黑的導體。某次他暫停工作時，瑪莉走進屋子裡的備用臥室，赫然發現一具猶如煙囪清掃工的屍體，躺在她

31 電動擴音式接收器。

32 現代「文字轉換成語音」的電腦應用，體現了愛迪生在一八七七年想出的點子。

的精美白床單和枕套上。

嗓音

「我剛剛嘗試用有壓印點的振動板做實驗，並頂著石蠟紙快速移動，」愛迪生在七月十八日寫道：「說話式電報的振動方面沒有壓印問題。我一定能夠在今後的任何時候儲存並完美地重現人聲。」

那年夏天，究竟愛迪生過去所有關於聲音發送與接收的工作，是在什麼時候才變成他最偉大的發明呢？新發現往往會引起轟動，傳奇也會跟著快速湧現，而他自己對當下的記憶卻模糊不清。也許是他聽著雅緻的自動轉發壓紋機發出嗡嗡聲時——那不是聲學儀器，但圓盤快速旋轉時，卻發出奇怪的旋律——他覺得自己聽見了聲音。「可以聽得出來，交談聲是難以理解的語言。」他說。也許是他在石蠟紙上重描粗略的草圖時，一面背誦字母表，所發出的微弱聲音。也許是他對著話筒大喊「喂！喂！」，同時再度拉動石蠟紙，彷彿聽到遠方山谷也傳來：「喂！喂！」的聲音。也有可能是他製作的玩具發出聲音——小矮人鋸木頭時，會大聲唱著兒歌。或者，他只是看到一根指針附加在通電的振動板，並跟著振動開口說「A——A——A」，而不是真的聽到聲音。甚至，可能是他心不在焉地撫摸振動的指針時，他感覺到拇指刺痛——猶如聲波刻在自己的肉體上。[33]

「克魯西——來做這個吧。」愛迪生回想起自己對機械大師說過這句話，並遞給他一張圖畫，上面畫著用箔包裹的已固定圓筒，另一側有可以轉動圓筒的把手，而鮮豔話筒突出的觸針剛好觸碰到包裹後的圓筒表面。

我告訴他，我要把說話內容錄下來，然後讓機器回應我。他覺得很荒謬。但我辦到了。包裹好箔後，我大喊「瑪莉有隻小羊」等句子。我調整了一下揚聲器，而這台機器把聲音重述得很完美。我這輩子從來沒這麼驚訝過。在場的每個人都很吃驚。我老是擔心第一次操作的東西……。但其實，我根本不需要多慮。

「揚聲器」只不過是話筒的配件，讓聲音回到原本的軌道，把剛才唱過的童謠的相同聲波拋回空中。令愛迪生感到驚歎不已的是，時間不必停留在某個時刻；如果箔和觸針保留下來，也許能延續一世紀。例如在一九七七年，假如有後人轉動同樣的把手，就能聽到早已去世者說過的話。難怪克魯西聽到自己做的機器，發出愛迪生大喊的聲音時，帶著難以置信的心情感嘆道：「我的天啊！」

在接下來的幾個月，從美國總統到市井小民，凡是聽說這台神奇機器的人無不感到疑惑。自人類存在之日起，宗教就在沒有真憑實據的情況下，主張人的靈魂會在肉體腐爛後繼續駐留。人的聲音幾乎與靈魂一樣都是虛無縹緲，但聲音是肉體的產物，因此一定也會隨著肉體消逝。實際上，聲音本來就會消失——人唸出每個字、每個音素後，聲音就像呼吸般消散了。同理，即使是缺乏生命力的聲音也只響過一次，例如樹木倒在樹林裡、雷聲隆隆作響、冰裂開，除非這些聲音能像回聲般重現，要不然很快就會無影無蹤。

33　愛迪生對著電話說第一句話時，他說「Hello」，而不是說舊時的「Halloo」。貝爾比較喜歡說「Ahoy」。一九八七年，音訊歷史學家艾倫・柯尼斯伯格（Allen Koenigsberg）徵得《牛津英語詞典》的編輯同意後，證實了「hello」這個單字是愛迪生創造的。一八七七年八月十五日，愛迪生第一次在筆記中誇耀自己的最新電話聽筒不需要發出鈴聲，因為在十到二十英尺之外都能聽到電話傳出：「喂！」。到了一八八〇年九月七日，參加全國電話公司大會的代表都在衣領上戴著「HELLO」的鈕扣。請參考艾倫・柯尼斯伯格在《古留聲機月刊8》（Antique Phonograph Monthly）第六期（一九八七年出版）中發表的文章〈史上第一句「喂！」：湯瑪斯・愛迪生、留聲機及電話〉。

話說回來，他讓回聲變得清晰，響亮得讓人忍不住再聽一遍。氣息融入了金屬製品，經過轉化後又融入空氣中。這是一種比耶穌基督復活更難讓人相信的恢復形式（信仰是不必要的），也許這就是為什麼早期最有口才的留聲機見證人，是英國籍神職人員霍雷肖．尼爾森．鮑爾斯（Horatio N. Powers）牧師。他不僅為愛迪生的圓筒寫詩，還對著圓筒唸詩；這是第一首為了保存聲音而創作的詩，詩名是〈留聲機的致意〉（The Phonograph's Salutation）。

我捕捉到悸動的氣息。我也貯藏
音樂和言語。所有話語都成了我的囊中之物。
我開口說話，而神聖的言詞
證實了起源與標誌……。
我的靈魂已進行防腐處理，而耳朵
如真理般毫無瑕疵。我就是真理的代言人。
我象徵著復活；人人都可以聽見
活人與死人的對話，這就是我的答案。

回話

當詩歌、神話與愛迪生發明的留聲機有更多實際記錄的關聯時（他稱留聲機為「phonograph」，是根據希臘語中表示「聲音」和「銘文」的質詞），並沒有被完全否定。在他於七月十六日申請新的電話專利後，以及他在四十八小時後自信地預測自己不久就能隨意儲存和重現人聲之前，發生了不尋常的事。

十七日那天的黎明，他專注在一堆聲學圖畫和充斥著子音的措辭中——六十四分音符、氯化亞、物理學家尋找的莊嚴神話。他也在筆記本上寫：「榮耀＝今天早上五點完成電話的改良＝發音理想的消息占報紙篇幅的四分之一。字字句句透過傳聲器來傳遞聲音。」顯然，他有所頓悟。他的筆記沒有提到回播聽過的聲音。但在同一天，他描繪了電話與自動轉發壓紋機，並寫下零散的關鍵字：「複製」、「壓印」及「針」。他畫的壓紋機是一台具有兩支唱臂的螺旋狀壓印盤，而電話附有奇怪的裝置，也許是輪子，也許不是：如果是輪子，那為何有兩個接點觸及周邊——一個來自接收器，而另一個很明顯是來自用於複製的振動板？假如把筆畫的輪廓看作圓筒的側視圖，那麼筆記的主旨就更加清晰了。筆記內容是有關愛迪生思考傳送音訊、接收音訊、留存音訊及回播音訊的過程（上方有他的簽名，而巴徹勒與亞當斯在下方簽字做為見證人），一切都以連貫的順序進行。

後來，巴徹勒提供了關於他頓悟時刻的補充證詞。巴徹勒是個實事求是的人，不太喜歡愛迪生式的奇思怪想。

> 我記得第一項實驗的做法是：愛迪生先生把電話振動板固定在手裡的橡膠話筒。他對著話筒發聲，並用手指感受振動板中央的振動。玩了一會兒後，他轉過頭來對我說：「巴奇，如果我們在話筒裝上接點，就可以錄下一些素材，然後在接點下方拉動紙張，就能聽到回話了。」我說：「嗯，我們可以在短短的幾分鐘內試試看。」然後，我在振動板的中間裝上接點……。我們拿了一些舊的自動電報紙，在紙上塗蠟。接著，我把紙拉過刻有凹凸的坑紋，而愛迪生先生對著接點說話。第二次拉動紙時，我們都認出錄下的對話。那天晚上，我們做了很多次修改。愛迪生先生很快就設計出更適合交談的機器。

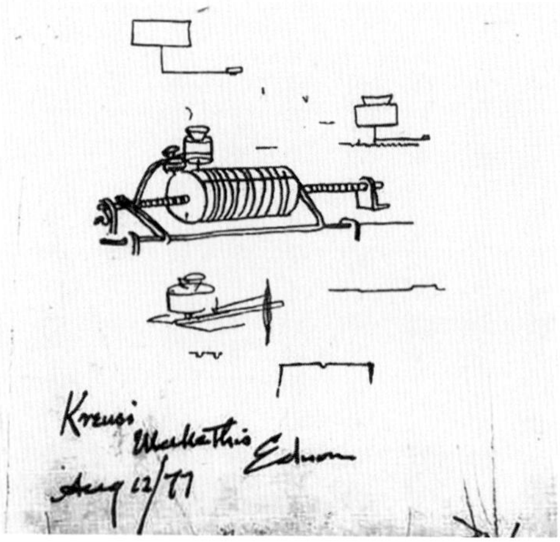

愛迪生的第一部留聲機草圖，大約在一八七七年十一月。

至於這項設計為何這麼快出現？沒人說得準。九十一年來，有另一份署名的文件證實了愛迪生在一八七七年八月十二日看出整體留聲機的三維角度。他指示克魯西製作原型。

直到一九六八年，儘管人們發現原型的草圖可能是原創，但題辭是後來加上去的——愛迪生的筆跡很潦草，也許是他為了取悅宣傳員而寫。當時他上了年紀，不記得也不在乎模型究竟在何時建成。但他在七月三十日提出了一份臨時的英國專利說明，盡量謹慎地證實他已經能記錄人類語音的大氣聲波。他本來可以接著立即做出模型來證明，但他從手持的振動板和石蠟紙條錄下的發音，還不能說明任何實務上的機械原理。在模型出現前，必須先有設計。他需要花上整個夏季及緊接的秋季，將想到的聲波與坑紋、圓盤與按鈕、滾筒與圓筒、接點與筆、腳本與聲音等配對，併入發聲清晰、記憶能力更佳的儀器。

錯覺

十二月初，愛迪生收到了克魯西製作的留聲機原型，簡單的外觀看起來像堅固的鐵路耦合器。原型由小型的黃銅圓筒組成，而圓筒的紋道呈螺旋形，有輪軸和轉動把手以相同的間距進行錄製，因此針（用於記錄或複製的針）從左至右的前進速度與圓筒相同。每個剛錄好的錄音帶都會夾上一層堅韌又可壓印的錫箔紙套，而振動板的配件拴牢後，每次只有一個振動板會振動。

愛迪生對針的設計進行很多次試驗後，發現圓形的接點比鑿形的接點更能輕柔地把箔片壓進凹槽，因此能較準確地回應上方振動板的振動。他原本設計的觸針太過敏銳。有一次，他對著話筒唸「瑪莉有隻小羊」時，巴徹勒卻聽成「艾瑞把牠們全都吃光了」。「聲音不太清晰，但輪廓已經成形了……我們可以高興地大聲歡呼，一起說聲『謝天謝地』，然後和周圍的人互相握手。」他說。

現在，圓筒平穩地轉動著，播放裝置在凹槽順利地運作。「瑪莉有隻小羊」或有關小羊的特點描述清楚地播放出來，就連「羊毛潔白如雪」這句話中的齒擦音都很清晰。到了十一月底，愛迪生準備好向全世界展示自己的留聲機。

愛德華・強森自願擔任門洛帕克市產品的巡迴推銷員。由於他大力宣傳，紐澤西州的年輕工程師發明錄音式電話的消息傳開了。然而，大多數專業人士都懷疑這是假消息，因此沒有引起轟動。愛迪生決定讓機器「不言自明」。

十二月八日，《科學人》首度刊登了最引人矚目的獨家新聞。

交談式留聲機

愛迪生先生最近到我們的辦公室，把一台小機器放在桌子上，轉動曲柄。機器播放的聲音包含問候我們、詢問我們對留聲機的看法、告知本身的良好狀況，以及親切地向我們道晚安。這些話不只是我們聽得很清楚，周圍聚集的十幾個人也聽得一清二楚。除了以下說明和圖解的簡單設計外，沒有其他機械裝置能夠產生這些聲音。

接著是一張技術性的圖畫，只需要四個有代表性的字母分別表示A（弧形的橡膠話筒）、B（軸上的圓筒)、C(手搖曲柄)以及D(重現聲音的揚聲器)。箔膜上的壓痕清晰可見。「無庸置疑,」該雜誌接著陳述:「經過練習再加上放大器的幫助下,按照發音來解讀愛迪生先生的點劃記錄是有可能辦到的,[34]但他讓機器自動按照字面讀出來,為我們省去了麻煩。這兩者的區別就好比,我們不是自己去翻閱一本書,而是把書放進一台機器。機器啟動時,我們就可以聽到作者反覆唸著自己的文章。」

《科學人》用一千五百多個字來描述留聲機看似錯綜複雜的操作,包括:「無論一個人對現代機械及其奇妙的性能有多麼熟悉,或無論這台古怪裝置背後的原理有多麼簡單明瞭,一旦他聽到機械發出的言語,就會不由自主地認為是感官上的錯覺。」此外,這項技術的用途也令人困惑。即使偉大的歌手早已失去美妙的聲音並辭世,機器依然能播放出他們以前在全盛時期的歌聲。法庭上的證人可以將自己的證詞錄下來,但最後也可能結結巴巴地矢口否認。有錢人家的孩子有機會聽到證明父親下定決定將私人財產轉交給小三的錄音。該雜誌提到:「說來奇怪,如果有一天,愛迪生家族的人在眾目睽睽之下,將別人的立體照片投射到螢幕上,並利用交談式留聲機來偽造照片人物的聲音……這種真實存在的幻覺很難再更進一步了。」

錫箔紙能說話

愛迪生並沒有像傳統慣例那樣,自然地在《科學人》文章刊登之後聲名大噪。起初,由於他的發明有著神秘的色彩,專業人士和大眾的讚譽都遭到壓制。當他在平安夜申請專利時,專利的獨創性使專利局的審查員大為震驚。他們毫不猶豫地頒發專利證書,也沒有任何先例能評判他的儀器。後來,《辛辛那提調查日報》(*Daily Cincinnati Enquirer*)在當年的最後一天刊登了一篇文章,稱他為「愛迪生教授」——不久就成了常用的尊稱。史密森尼學會的秘書約瑟·亨利(Joseph Henry)稱他為「全國最有獨創性的發明家」，然後他停頓了一下，補上一句「在其他國家也一樣」。至於威廉·湯姆森爵士，他認為愛迪生是「當代首屈一指的電氣技師」。帝瓦達爾·普斯卡斯（Tivador Puskás）是愛迪生匆忙指定的歐洲留聲機銷售代理人，法國科學院允許他向學院的成員展示交談式留聲機。據說，他們的迎接方式是全場一片掌聲雷動，儘管當中有許多人知道在愛迪生還在研究擴音裝置的電話聽筒時，巴黎的業餘工程師查爾斯·克羅斯（Charles Cros）早就提出類似的規格了。[35]

從倫敦到米蘭，再到舊金山，留聲機一直是學術講座的實物操作主題，也被譽為本世紀最偉大的聲學奇蹟。其發明者被比作富蘭克林和法拉第，並列入女學生散文、宗教社論及卡通漫畫的主題。三月時，他那雙敏銳的偏灰色眼睛流露著「天才的熱情」，而且眼睛一直都帶點憂鬱的神情。到了四月十日，《寫實日報》（*The Daily Graphic*）將愛迪生譽為「門洛帕克市的奇才」；即使門洛帕克市不復存在後，此稱號依然存在。

他的實驗室失去了僻靜的效用。「每天都有十幾個文學和科學領域的前輩來這裡。」愛迪生向班傑明·巴特勒抱怨道。幾群記者和觀光客也出現在木板道，在他看來就像是一座樹林。事實上，他熱愛宣傳活動，並在這方面投入不少精力。他甚至以優雅的字體寫了一封信，感謝《寫實日報》報導留聲機。信尾的簽名很顯眼，在適當的時機能做為他的商標。

四月十八日，愛迪生以名人之姿受邀到華盛頓，在史密森尼學會的春季大會上向國家科學院展示留聲

---

34 此處指的是摩斯電碼，而不是坑紋的連續鋸齒狀。可見，即使是科學記者，也很難在一八七七年適應新奇的留聲機。

35 一八七七年四月十八日，克羅斯窮到申請不起專利，於是他向法國科學院提交一封信，描述他的舊聽筒構想，特色是能結合斯科特·馬丁維爾（Scott de Martinville）為語音記錄儀設計的語音描繪方法，以及用於複製的照相製版技術，以達到重現聲音的目標，程序相當艱難。克羅斯不曾打造出切實可行的模型。儘管有相反的陰謀論，他與愛迪生在一八七七年十二月之前似乎互不相識。

機。在下午的會議介紹愛迪生之前，賓夕法尼亞大學的物理學家喬治·巴克安排了比較貝爾、費爾普斯（Phelps）、格雷及愛迪生的電話活動。前三個系統都與磁性有關，在通往費城的線路上會受到微弱訊號干擾，而最後一個系統是由碳鈕傳聲器推動，聲音尖銳又清晰。

愛迪生不肯上臺，於是在會長的鄰近辦公室內，坐在一張桌子後方接見其他人。有太多學者想見他，因此房門的鉸鏈不得不拆下來。與此同時，他只是坐在原處，面前放著留聲機，緊張地用手指不停搓揉著一條橡皮筋。他以前沒遇過這種被人群團團圍住的場面，再加上失聰問題讓他感到拘束，以至於他看起來像個害羞又笨拙的公眾人物。他將大部分的操作演示交給查爾斯·巴徹勒執行。

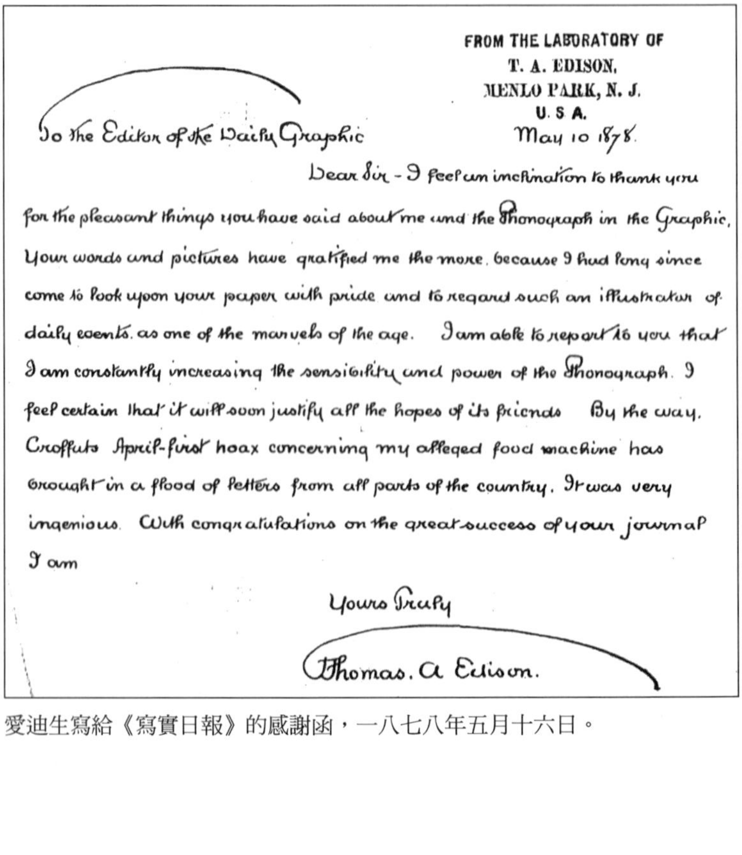

FROM THE LABORATORY OF
T. A. EDISON,
MENLO PARK, N. J.
U. S. A.

To the Editor of the Daily Graphic May 10 1878.

Dear Sir - I feel an inclination to thank you for the pleasant things you have said about me and the Phonograph in the Graphic. Your words and pictures have gratified me the more, because I had long since come to look upon your paper with pride and to regard such an illustrator of daily events. as one of the marvels of the age. I am able to report to you that I am constantly increasing the sensibility and power of the Phonograph. I feel certain that it will soon justify all the hopes of its friends. By the way, Croffuts April-first hoax concerning my alleged food machine has brought in a flood of letters from all parts of the country. It was very ingenious. With congratulations on the great success of your journal I am

Yours Truly

Thomas. A Edison.

愛迪生寫給《寫實日報》的感謝函，一八七八年五月十六日。

這台演示的機器比愛迪生之前向《科學人》展示的機器更長，飛輪也增加旋轉的穩定性，運作得很良好，只不過聲音不夠響亮，漏掉了一些齒擦音，卻如實地回應拋開尊嚴的科學家所發出的喊叫聲、歌聲、口哨聲及笑聲。錫箔紙能說話，使他們一致感到驚奇。此時，天文物理學家亨利・杜雷伯試著以關於太陽光譜學的演講繼續進行正式程序，卻很難讓自己的聲音聽起來像那些科學家一樣興奮不已。

漸漸地，愛迪生的心情放鬆了下來。《華盛頓明星晚報》（*Washington Evening Star*）派來的採訪者注意到，他在描述實驗室的最新產品時，整個人變得興致勃勃。他說自己最近發明了可以測量天體熱度的裝置。至於聲學儀器方面，他在研製一種效力比圓筒式留聲機高三、四倍的圓盤式留聲機，以及研製改良版的助聽器，內部的氣囊能幫助他清楚地聽到遠處的聲音。

有人問他有關耳聾的障礙時，他說自己並沒有因此受到妨礙。如果他需要清楚地聽到聲學裝置輸出的聲音，只須把一根枝條放在牙縫，並讓枝條抵著揚聲器的振動板。「我用這種方式可以聽得比外耳更清楚。」他解釋道。

當晚的其餘時間，一直到凌晨兩點，以及接下來同樣漫長的一天，他與巴徹勒消耗了好幾碼的箔片，準備為華盛頓的精英助興。這些精英包括美國國會大廈的幾百名立法委員，以及要來觀賞私人實物演示的美國陸軍總指揮官威廉・特庫姆賽・薛曼（William Tecumseh Sherman）。進行到最精彩的階段時，有人邀請愛迪生為總統拉瑟福德・海斯（Rutherford B. Hayes）做同樣的事，而總統在半夜後才讓愛迪生離開官邸。

他在史密森尼學會找到慰藉，因為許多人驚歎不已，還屢次要求重播「瑪莉有隻小羊」。他也在那裡驚訝地發現，斯科特・馬丁維爾於一八六〇年運用豎立的薄膜，在煤煙燻黑的玻璃上橫向追蹤言語模式。[36]斯科特展出其中一台語音記錄儀，證實是屬於視覺設備，能用來顯示不同聲音的獨特聲波。嚴格來

36　勞倫斯伯克利國家實驗室（Lawrence Berkeley National Laboratory）的現代電腦程式設計師，已成功地將斯科特的一些視覺圖像轉化為實際的音訊。

說，這只是一台記錄器，無法複製聲音。愛迪生表示，如果斯科特夠聰明，選擇在錫箔紙上而非玻璃上刻字的話，也許就能成為留聲機之父了。

在回家過復活節之前，愛迪生到賓夕法尼亞大道（Pennsylvania Avenue），在馬修．布雷迪（Mathew Brady）的攝影工作室稍作停留。他坐在一張林肯總統可能也坐過的椅子上，一隻手放在自己的閃亮發明物上，看起來非常疲倦，似乎無力用手轉動曲柄。

竊竊私語

有一些人感到驚奇的是，愛迪生發明、申請專利、宣傳留聲機並授權給愛迪生談話留聲機公司後，似乎想要擺脫留聲機。該公司於四月二十四日成立，將愛德華．強森列為總代理，並做出不發售留聲機，而是向付費客戶展示留聲機的冒險決定。強森帶著留聲機四處奔走，向參與講座的聽眾播放錄製的朗誦、對話、歌曲（有歌詞）、短號獨奏、模仿動物聲、笑聲、咳嗽聲等，而愛迪生正為有聲玩具與時鐘的行銷做起了私下交易，要求每賣出一件商品就收取二〇％的專利使用費，並且不提供機械方面的協助。

愛迪生在繼續進行自認為更符合發明家初衷的專案之前，他申請了前項英國留聲機專利，因此在接下來的二十五年，他和其他聲學工程師試著進行具有先見之明的調查，即所有的改良和替代性設計，例如唱片與圓筒；蠟坑紋代替錫箔坑紋；電磁錄音與複製；藉著電鍍和印刷機，進行大規模複製；壓縮空氣的擴音方式。他忽略了在美國針對這些構想申請保護，除了匆忙之外，沒有其他的合理原因，也因此他在後來的幾年捲入痛苦的訴訟。

他盡快繼續進行電話的作業，因為他發現碳鈕能實現強大的商業潛力。貝爾電話公司顯然也發現了這一點，試著從他那裡購入設備，卻沒有達到目的。然而，愛迪生改找西聯匯款公司。一台固態物理學的傳聲器要價十萬美元，能將感應線圈和純碳煙製成的圓盤結合在一起，直接緊貼著振動板，甚至不需要用到針。

他將這台有重大突破的裝置交給威廉．歐頓，相信能得到公正的評價。歐頓向來是個態度強硬的討價還價者（甚至曾經「寧死不屈」），但他不曾因為愛迪生加入A&P而埋怨，也毫不猶豫地交給愛迪生更多任務，因為他由衷地敬重愛迪生的創造力。愛迪生私下表示自己很欣賞歐頓，即便他們以前為錢的問題爭吵過。他很高興歐頓不排斥他提出的請求，只有要求先測試傳聲器。結果，機器在西聯匯款的線路上運作良好，能接收到三英尺以外的竊竊私語，並在不受干擾的情況下將音訊發送到七十英里外。相比之下，貝爾的傳聲器無法將紐約的呼喊聲傳送到紐瓦克。

在這勝利的時刻，愛迪生萬萬沒有想到的是，才五十二歲的歐頓竟然會比自己早往生。西聯匯款根據他指明的銷售條件達成協議後——每年六千美元，為期十七年，按月分期付款——就宣布總裁因中風病倒了。

「他對我說的臨終遺言都是有關你的事。」格羅維諾．路萊寫信告訴愛迪生。

公司的董事可以重新談判那筆懸而未決的交易，但他們最後決定履行協議。這一點都不奇怪，因為愛迪生還是像以往一樣太低估自己。在接下來的一世紀，他的碳粒式傳聲器依然是美國電話的焦點。

當時，他認為自己表現得像個精明的商人。「如果我一次取得所有錢的話，很快就會把這筆錢花在實驗上，」他上了年紀後，頭腦沒那麼清楚時，回憶道：「所以我指明要分期付款，就不會一口氣把錢花光了。」

公然盜竊

儘管愛迪生試圖阻止一項收入流，但其他收入還是主動流入了他的個人帳戶，其中包括說話式留聲機公司的一萬美元的研發補助金。該公司也保證給他二〇%的展覽收入、碳鈕訂單（他保留了製造權利），以及銷售電話機的專利使用費——光在芝加哥就賣出了五百台。為了分享財富，他把一〇%的留聲機專利使用費分給了巴徹勒；邀請父親到歐洲旅行；為瑪莉買下一群優雅的馬，供她在春季郊遊之用。

他還聘請了私人秘書史塔克頓．格里芬，負責處理隨著新名聲而來的一袋袋郵件和採訪請求，好讓他從繁瑣的文書作業中解脫出來，更有時間增加實驗室筆記的內容。他改善了在華盛頓採訪中提到的天文學儀器，起初稱之為「碳電測溫度計」，後來改稱為「微壓計」。他發現一根硬橡膠棒對高溫非常敏感，只要瞄準位置，甚至能記錄天體的溫度。橡膠棒的膨脹能改變鄰接的碳鈕電阻，然後可以利用電流計的電力來校準碳鈕。他也採用可變阻力的原理來應付多餘的電話產品——運用壓縮空氣向群眾或流浪兒童喊話的空中無線電話機；與前者具有同樣用途的擴音器；據說能接收到兩英里以外對話的電話影像機；為聾人設計的小型助聽器；能將聲波轉換成旋轉機械運動的聲動機，讓欲罷不能的饒舌者多了一種煩人的方式。[37]

五月中旬，英國實驗物理學家大衛．愛德華．休斯（David Edward Hughes）公開宣稱，他老早就發現封裝半導體的可變電阻，此舉讓愛迪生心煩意亂。據說，皇家學會已收到休斯的電話，其特色是擁有類似愛迪生設計的固態碳粒式傳聲器。「可見得休斯先生沒有讀報紙，」愛迪生寫信給英國郵局新上任的電工威廉．普里斯：「那就是我設計的碳粒式電話啊……我可以賭一百英鎊。」

普里斯的回覆不僅否認這一點，還支持休斯聲稱已發明附有碳鈕的擴音器，使得愛迪生火冒三丈。從愛迪生在一八七三年造訪倫敦以來，他就把普里斯視為朋友，並在當地的科學機構讓普里斯擔任自己的代言人。不到一年前，他歡迎這位英國人來到門洛帕克市，並向他展示所有附帶壓力繼電器的聲音裝置。如今，普里斯卻用嘲笑的語調寫道：「休斯教授最近的發現，讓你的電話黯然失色了耶。」他的回覆多少有點道理，因為愛迪生最近把一些電話樣品送到英國，希望能打進當地市場，但事實證明，他的電話太容易受到干擾，以至於無法實際使用。他忘了英國的大部分線路都是鋪設在地下，不像美國的高架電線能產生清晰的傳輸效果。「你原本是從偉大發現的起點出發，」普里斯對他說教：「……結果留聲機讓你分心了。」

愛迪生相信自己能解決干擾問題，但休斯的「剽竊」行為以及普里斯背信棄義，讓他氣憤難平，於是他決定揭發真相。他不理會威廉・湯姆森爵士的論點——即雖然愛迪生是擴音器的真正發明者，但休斯早就獨立開發出擴音器。「這並不是合力發明，」愛迪生寫信告知英國籍熟人：「因為一件發明物聞名於世兩年之後，其他人重新發明就是公然盜竊。」

一場曠日持久的索賠與反訴之戰，隨即在大西洋兩岸展開，報紙和技術期刊成為了主戰場。[38]愛迪生與普里斯的關係因此變得更加緊張，而他為了展覽改良留聲機的進度也落後了。再加上身子虛弱，他在六月底之前偶爾需要臥床休息。巴克教授與杜雷伯教授邀請他，於七月二十九日到懷俄明州羅林斯（Rawlins）參加觀察日全食的科學考察時，他接受了邀請，因為他認為這是在海拔約七千英尺測試微壓計

37 在一八七八年的春季，愛迪生需要為儀器取名，於是他向書商買了雅各・博伊斯（Jacob Boyce）寫的《語源詞典》（Etymological Glossary），這是一本源自於希臘語的詞典。資料來源：《論文》，第4.247節。查爾斯・巴徹勒開玩笑地在寫給他的信上簽署：「以留聲機碳粒式電話的名義，巴奇！！！」

38 英國期刊《工程學》（Engineering）刻意隱瞞了支持愛迪生案例的資料，使他在英國的聲譽受損。到了下半年，湯姆森批評他不承認自己反應過度：「他確實是一位有獨創性的發明家，我本來以為他能憑著這點克服困境……誰知他的反應是惱羞成怒。」

的機會。

瑪莉懷第三胎五個月了，她不甘寂寞。愛迪生離家還不到一週，格里芬就發電報聯繫他：「夫人想知道你打算在那裡待多久？」

夜幕

從瑪莉滿腹牢騷的打聽，可以了解到愛迪生沒有跟她說日全食的活動結束後，他打算繼續往西走，直到抵達太平洋。「我已經好久沒有這樣放假了，我想要好好享受一下。」他向記者透露，想去優勝美地（Yosemite）和舊金山。但首先，他決定趁著月球遮擋光球層時，測量太陽的日冕熱度。

他與夥伴在七月十八日到達羅林斯小鎮，那裡很難找到地方來容納從外地來的學者——他們拖著將近一噸重的天文學設備、攝影設備。鎮上只有一條長長的街道，街道上有許多酒吧和妓院，有時晚上會回響著平息當地爭端的槍聲。有一間飯店剛好有房間讓愛迪生入宿，但他必須與《紐約先驅報》的記者埃德溫．福克斯（Edwin Fox）合住。那天晚上，有一位喝醉的邊境地帶居民闖進他們的房間，說要見見他在報紙上讀到的著名發明家，因此干擾了他們的睡眠。他自稱是德州傑克（Texas Jack），當場用手槍朝著窗外的風向計射擊，藉此展現槍擊技能。後來，愛迪生睡不著，他到樓下打聽傑克這個人後，確信傑克是個好人，絕不是在小鎮上經常出沒的不法之徒。

他四處尋找合適的地點來架設微壓計，卻發現科學家已在所有的隱蔽位置架設望遠鏡以及杜雷伯的大型濕版攝影機。羅林斯位於大陸分水嶺的尖端，暴露在日全食可能引起的大氣亂流。愛迪生別無選擇，只好在雞舍安頓下來，暫時請目前的住戶移駕，同時祈求風平浪靜的好天氣。

天文代表團的活動吸引了許多當地人圍觀。愛迪生與同行的觀察家告知當地人，在短暫的日全食期間，他們不能受到干擾，儀器也必須保持聚焦的狀態。羅林斯的執法機關對此深表同情，允許他們當場射殺沒有資格的侵入者。

七月二十八日星期天，當宇宙的關鍵時刻來臨時，所有關於望遠鏡、分光鏡及其他程序都必須相互協調，進行從黎明到半夜的彩排。那個週末，愛迪生犧牲了睡眠時間，只為了確保只有太陽的光線照到他發明的紅外線感測器。微壓計是類似攝影機、有狹縫罩的盒子，周圍的碳煙鈕壓在兩個連接電池的鉑盤之間，並在寬大的硬橡膠盤後方支撐。而鄰接的鏡測電流計沿著有刻度的縮尺產生光點，記錄的熱度微乎其微，只有華氏百萬分之一度。任何散亂的熱源——甚至包括他的小指在五英尺外的遮陽板上移動——都會使光點偏移。因此，微壓計必須與屋頂的望遠鏡對齊，精確地對準目標震動器。他練習時，把注意力集中在兩顆明亮的恆星：大角星（Arcturus）與織女星（Vega）。羅林斯預計太陽於星期一下午三點十五分繞過月影，他只有不到兩分半的時間記錄閃焰出現時的日冕現象。

令人鼓舞的是，新的一天才剛開始就很晴朗。「萬里無雲，」《拉勒米哨兵日報》（*Laramie Daily Sentinel*）報導：「只有在山區才能看得到如此蔚藍的晴空。」後來，一大團積雲飄向太陽，逐漸變得密集，在景觀和天文學家身上籠罩著一片陰影。積雲終於在中午消散，大家都很高興。但後來颳起了風，似乎從西北方迅速逼近的一片黑暗鼓動著。風力增強到變成狂風，衝擊著愛迪生待的雞舍。空中飄著無數羽毛和薊種子的冠毛。月亮在太陽上方呈現凹口，光線漸漸暗淡下來，愛迪生試著讓望遠鏡保持平衡，卻白費力氣。三點五分時，只有八分之一的陽光繼續照耀著。羅林斯的居民透過菸灰色的玻璃窗，看著新月逐漸消逝。夜幕降臨了。牧場一帶的牛群停止放牧。日全食發生在三點十五分，但愛迪生的設備依然不穩。就在日全食只剩下一分鐘時，風停了，他鎖定日冕的位置，得到逐漸向右掃過的光線。

但他發現，微壓計對接收到的光線相對敏感十倍，刻度形同虛設。在天亮之前，他沒有足夠的時間為了進一步測量而做調整。不知情的公雞開始啼叫了。

流光

經過多年，愛迪生將微壓計束之高閣、拋諸腦後。西部流傳著他發明電燈的由來是他在羅林斯眺望星星或觀測太陽。另一個傳聞是，他不小心把竹竿扔進火堆時，看到竹竿在火焰中發光。

這些奇談當然充滿想像的色彩，因為在此之前，各種形式的白熾燈已被發明出來（或至少有人試過），例如雅克．特納（Jacques Thénard）在一八〇一年設計出短暫發光的鉑絲；斯坦尼斯拉斯．康恩（Stanislas Konn）在一八七三年設計出自毀性碳棒燈。愛迪生在門洛帕克市做過一些臨時燈泡的實驗，用電池讓電燈發光，並像以前的許多電工一樣做出結論：白熾燈長時間發光後，最後勢必黯然無光。

如果他在羅林斯逗留期間沒有任何頓悟，那麼他在八月的第一週造訪舊金山和優勝美地後，一定會思考如何將電力應用於工作和照明。他再度穿越河流縱橫的內華達山脈和落磯山脈，想知道為何沒有利用水力發電鑽探礦藏和探測礦石。愛荷華州的平坦玉米田正值採收季節，超載的貨車慢慢駛向遠處的升降機，行駛的聲音似乎在呼喚著電動火車，或稱為自動火車——沿著與地形相配的路線高速行駛。

目前為止，他在職涯中只從電報系統和電話通訊的角度來考慮電力，而微壓計只不過是可變電阻實驗中的產物。然而，他也因此對天文學產生了興趣（回家後，他打算利用微壓計檢視天空，尋找還沒發現的星星）。與亨利．杜雷伯合作，也讓他對光譜學這門新科學產生好奇心。或許更有啟發性的事實是，他剛在近距離體驗了多數人沒機會目睹的宇宙大事。他在懷俄明州透過雞舍的開放式屋頂，連接大角星的星光與太陽的流光時，如果他沒有體會到一些康德式（Kantian）的情感，那他就稱不上是有靈性的人。

在他經由芝加哥返回東部之前，有人邀請他於八月二十三日，為聖路易斯市的美國科學促進會做一份標題是「運用微壓計測量恆星與日冕熱度」的報告。他害怕在公眾場合演講，一收到秘書給他的邀請函便感到焦慮，然後找藉口說不方便為此事中斷行程。「夫人的健康狀況不佳，」史塔克頓・格里芬寫道：「她對你，以及對一切的事都緊張不安，憂心忡忡。我覺得她應該是神經衰弱——她昨天非常擔心孩子會跑到鐵軌上，結果把自己嚇到暈倒了。」格里芬召來家庭醫生萊斯利・沃德（Leslie Ward）後，瑪莉的狀況又好轉了，但她需要盡快「做點改變」。

最後幾句話略帶責備的語氣，因為報紙提到愛迪生待在山中後，皮膚曬得黝黑，身體也很健康。不過，愛迪生覺得有必要接受美國科學促進會的邀請，純粹是因為巴克與杜雷伯想要讓他正式加入會員。他才剛接受邀請，格里芬就發電報叫他立即回來，因為瑪莉的病又復發了。他發表完演說後，立即離開聖路易斯市，並在二十六日那天抵達門洛帕克市，然後才發現瑪莉需要的治療方法就是看到他回家。

那天下午，有人看到愛迪生坐在輕便馬車上，孩子依偎在他身後。瑪莉負責駕駛，正駛向小村莊上方的山頂。

一八七八年七月二十九日，從懷俄明州克雷斯頓（Creston）看到的日全食；由特魯夫洛（E. L Trouvelot）繪製的天文圖。

細分

回家後的一天內，愛迪生就畫出自稱是「電燈」的圖，但看起來比較像由電池驅動的翼形螺釘。如果更仔細看，機架上的加壓點是鉑，兩點之間的少量元素是硼或矽。只要分離加壓點的元素保持在原位，通過的電流就會產生光弧。

這並不是他第一次描繪產生火花或發光的設備。在早期的可變電阻實驗中，他就已經注意到夾在兩塊活性碳之間的金屬矽能發出穩定光輝，一旦白熾燈配件氧化、熔化等燒壞的問題能夠得到解決，金屬矽就有可能讓一般電燈順利照明。他用碳化紙製成的燈芯做實驗，使電燈在半真空玻璃室中通電，結果只有短暫的亮光，然後就冒煙了。到了春季，他聽說資深發明家摩西．法默（Moses Farmer）曾在康乃狄克州安索尼亞市（Ansonia），幫忙電線製造商威廉．華勒斯（William Wallace）打造一台八馬力的發電機，於是他提到把電燈細分成多種燈的想法。但由於電話工作的緣故，他無法前往北部查看發電機，即便華勒斯認識的一名工程師表示：「能夠細分是全世界的福氣。」

留在西部時，他與喬治．巴克討論過發電機的事。巴克認識華勒斯，並提議愛迪生盡快找一天一起造訪安索尼亞市。此提議使愛迪生重新燃起對照明技術的熱情。「他回家時，滿腦子都是大量製造燈光的專案，想將燈光以小單位的形式分配，如同以氣體分布的方式。」巴徹勒寫道，並回憶起老闆在日食後的亢奮狀態。兩人熬夜了幾天，一起想出可以向房屋輸送電流的站點。這些地方同樣可以用於照明，或用於幫浦、縫紉機、印刷機等低耗電設備以及各種生產——全都可以隨意開啟或關閉，不會影響到其他方面。

九月七日下午，巴克與巴徹勒陪愛迪生到安索尼亞市。火車上的乘客看到愛迪生戴著磨損的草帽，穿著亞麻長大衣，跟身材肥碩的教授擠在單人客車廂的角落，他們覺得很好笑。

隔天，他站著面向華勒斯的小型發電機。機器轉動時，發出低沉的聲響，也讓他身上的長大衣從腿邊膨了起來。他嘴裡嚼著菸草，思索著這台機器運作的方式，沒聽見附近三個人有說有笑。巴徹勒解釋給他聽後，他笑了，但很快又回到專心思考的狀態。發電機經由一條粗銅線，使八盞碳弧光燈發出耀眼的光輝。顯然，愛迪生對遠距離分布燈光的前景沾沾自喜。在場的記者說：「他像個單純的孩子趴在桌上，嘗試各種計算方式。他算出了儀器與電燈的功率；在傳輸過程中可能損失的電力；儀器在一天、一週、一個月、一年內能節省的煤量，以及節省生產成本的效果。」

最後他告訴華勒斯，每馬力只點亮一盞燈的機器並不符合全世界的需求。「我一定能比你先找到適合的機器。」他說。

發大財

愛迪生並不是針對發電機本身提出批判，因為他打算當場買下。這台機器產生的電力比他用過的所有電池更大，足以照亮整座鑄造廠。然而，不斷侵蝕的碳、赤熱以及連接碳塊的四分之一英寸厚的銅導體，都讓他樂觀地相信自己可以「擊敗」華勒斯以及其他實驗家，實現白熾與細分的雙重構想。「答案就在我眼前，」他後來說：「雖然事情還沒發展到我期望的境地，但我還有機會……。強光還沒細分，因此可以引進私人住宅。」

同一天晚上，他在門洛帕克市隨意畫了一些電弧光燈和煤油燈，很明顯是期待燃起心中的熱情。他在筆記本上畫的一張圖，顯示出開關上的金屬棒周圍有一對螺旋線。他在下方寫：「中央處理站的調節器也許能透過大型螺旋線的熱度，來調節所有的主要電流。」然後他想到，白熾燈可以設計成自行調節，讓金屬絲不會熔化。接下來的幾天，他與巴徹勒描繪了此想法的四十五種版本，並提出限制條款保護這些點子。九月十三日，愛迪生發電報給華勒斯：「盡快給我發電機。我要發大財了。」

和以往一樣，他投入新的實驗過程時，看到的是光榮的願景，而不是焦慮的開端。他忘了自己現在是名人，不該在不確定發明物是否可行的情況下大吹大擂。「我有新發現了！」他告訴新聞記者（該記者發現他很喜歡接受採訪）：「一台發電機產生十盞燈的電力時，大家會認為這是科學技術的偉大勝利。」他以不可思議的精準度，描述自己在不久的將來要實現的目標：

以我最近發現的做法來說，我可以用一台機器點亮一千盞、甚至一萬盞燈。這個數字也可以說是無限的。幾週後，或者只要我能好好保護這套做法，等到電燈的光輝和廉價消息公諸於世時，世人就會摒棄由碳化氫氣產生的照明。有了十五到二十台華勒斯先生改良的發電機，我就可以利用一台五百馬力的引擎照亮紐約市的曼哈頓下城。我提議在拿索街建造照明中心，街上的電線可以向住宅區延伸，遠至庫柏學會（Cooper Institute），一直到砲臺公園（Battery Park），然後越過兩條河。這些電線務必絕緣，並按照與煤氣管道相同的方式埋設在地下。我也建議利用目前使用中的煤氣燈和枝形吊燈。我可以在每間房子放置測光儀，而這些電線會穿過房屋，接通放在每個煤氣燈上的小型金屬裝置。然後，管家可以關掉煤氣，將測光儀送回負責的公司。要點燃噴燈時，只需要碰一下周圍的彈簧。不需要用到火柴。

此外，能帶來光的電線也能帶來電與熱。有了這種電力，你就可以啟動電梯、縫紉機或其他需要馬達的機械裝置。透過加熱，你就可以烹煮食物。利用這種熱時，只需要確保烤爐或火爐有良好的接收效果。用很少的成本即可辦得到。

實際上，愛迪生描述的每一種電氣設備都還沒發明出來，而且他很快就著手建造屬於自己的發電機。當時「伏特」、「安培」及「歐姆」這些詞都還沒出現。十月五日時，他申請了第一項照明專利，以他宣稱設計的神奇細分做法為先決條件。他故作謙虛地表示電燈已改良，並以一個從他監管的條款中隨意挑選出的設計做為例子。然而，這是他發明的第一盞白熾燈，隨著時間推移，其獨創性更加顯著。鉑螺線或任何熔點高的金屬絲，掛在玻璃圓筒中，鬆散地圍繞在垂直的鋅棒。金屬絲白熾化並壓低控制桿時，鋅棒會變長，此時螺線發出耀眼的光芒，即將熔化。控制桿切斷了螺線的電流，讓螺線在冷卻下來時依然發光。同時，鋅棒縮短了，有另一股電流湧進圓筒。這種斷續電路的循環迅速重新出現，因此肉眼幾乎覺察不到光線的波動。但在實務操作方面，鋅棒不斷彎曲，而金屬間的持續振動導致電燈因疲勞反應而毀滅。愛迪生也試驗過其他溫度調節裝置，卻都失敗了。

他不得不承認，還需要一段時間才能將十盞燈串起來，更別提紐約市曼哈頓下城的一萬盞燈了。但他的聲譽太高，光是他有信心做到這一點，就引起了華爾街興致盎然。大西洋兩岸的天然氣股票都在下跌時，格羅維諾・路萊把愛迪生引到與卓克索摩根銀行有關的一群金融家的談判中。該銀行慷慨地提議為愛迪生解除所有的財務問題，條件是取得他現在與未來的照明專利所有權。摩根想在英國和歐洲推廣這些權利，他看得出愛迪生一旦成功地細分燈光（肯定能做得到），就會帶來可觀的收益。「此創舉的成果不可限量。」摩根發電報給倫敦合夥人。

愛迪生猶豫了一下。他已經答應讓喬治・古勞德和帝瓦達爾・普斯卡斯處理國外專利的銷售，但他們的影響力比不上摩根。他擺脫內疚感的做法是把授權書交給路萊，並表示：「我只需要得到迅速推動電燈進展的資金。」結果，代表西聯匯款和卓克索摩根銀行權益的績優股公司董事會，在十月十六日倉促地成立愛迪生電燈公司。他們授予愛迪生二十五萬美元的股票、十三萬美元的實驗預算、保證每年專利使用費的最低額度，以及高達三十九萬五千美元的其他津貼。[39]

「有了英國專利後，」路萊告訴他：「應該就能取得足夠的資金，讓你以後衣食無虞。」

兩年以上

突然間，人們將愛迪生半神化成現代的普羅米修斯，但他還沒為人類帶來光明。這使他領悟到過度自誇的後果，而他私底下的擔憂也超出路萊的想像。如果他不能兌現之前輕率許下的承諾，很可能會遭到羞辱，前途盡毀。電燈公司的受託人再三要求展示他們投資的系統時，這般前景依稀可見。他不敢冒險向他們展示目前建好的幾個不可靠的模型。一個接著一個鉑燈頭在他手裡熄滅或破裂。他也無法證明自己說過「近期發現」的細分秘密。接著，他開始表現出壓力大的跡象，並關上實驗室的門，不再歡迎訪客。

但有一位記者依然設法進入實驗室。他用雪茄行賄，達到上樓的目的，然後發現「教授」比平時安靜多了。外面下著雨，不安的煙霧在愛迪生的頭上盤旋，他承認可能需要兩年以上的時間全面改進電燈。他把工作檯上的模型和剛送來的華勒斯發電機連接起來。在他小心翼翼地關掉電流之前，機器的鉑條發出強烈的冷白光。「老伯，出去吧，我想專心工作。」他說。

這次的採訪內容在十月二十日刊登，而愛迪生感受到要展示和說明自己新發明的壓力。他沒睡覺，半饑半飽，眼睛充血，還留了一週沒刮的鬍子，只為了努力打造一盞燈——目標是照明時間與蠟燭一樣長，或只有蠟燭的一半長。經過三天屢試屢敗後，嚴重的面部神經痛使他倒下了。當月下旬，他臥床不起。[40]瑪莉也承受著差不多的痛楚，在二十六日生下了十二磅重的兒子威廉・萊斯利（William Leslie）。

愛迪生聽說電燈公司認為勁敵威廉・索耶可能已預料到他最近的專利時，他還沒完全康復。「我對愛迪生先生收到消息後的反應感到驚訝，」格里芬寫信告知路萊：「他非常激動，還說那是很久以前的事了。可見得他缺乏自信，跟他以前研究電話時差不多，其實他的成功發明經歷都是如此……。他說可以預料到，在這方面持續努力的所有人……一旦確定他的系統趨近完美，就會立即索求所有權。」

事實上，在紐約生活的索耶是個窮困潦倒、情緒不穩定的酒鬼，他的想法與愛迪生正好相反。他從過去的經驗得知，自動調節的鉑燈根本行不通，因為成本與效率無法達到平衡。現在，他找到合夥人艾爾邦・曼恩（Albon P. Man），並聲稱已發明一種不用消耗碳就能使碳發光的方法。愛迪生試著對這則令人不安的消息輕描淡寫，向格里芬透露自己目前開創的生產線完全是原創，打破了常規。

沉悶的地方

十二月時，電燈公司的董事和銀行業者終於獲准造訪門洛帕克市。在他們的印象中，愛迪生是個孤僻又富有靈感的天才，而路萊委婉地表示他的性情溫和。媒體大肆宣傳的白色實驗室坐落在俯瞰紐約的綠色山坡上，此時成了泥濘的建築工地中心。磚匠和木匠正為即將到來的冬季做準備，他們在前院建造新的辦公暨圖書大樓，並在後院建造龐大的機械工廠。

格里芬的職員和文件櫃、克魯西的工匠和重型設備從一樓搬到新的專用空間時，實驗室很明顯處於混亂的擴展狀態。新進的實驗人員和研究人員已填補空缺，其中有許多人具備大學或理工學院的學位。愛迪

39 在現代相當於一千零三十萬美元。

40 三叉神經痛是醫學上已知的劇痛疾病之一。這種痙攣性的症狀通常由壓力引起。

生從摩根那裡取得了不少錢後，他的招聘速度很快，員工人數在接下來的一年增加了兩倍多。「待在這麼沉悶的地方，」來自普林斯頓市的年輕人法蘭西斯・厄普頓寫信告訴父親：「我滿腦子當然都是工作。」

主管都很擔心愛迪生揮霍無度，也沮喪地發現照明部的進展很慢。愛迪生似乎把所有的心思集中在設計發電機——看起來就像龐大的音叉。他解釋說這是一台磁力發電機，如果能成功做出來，產生的電力就相當於華勒斯設計的二十、三十台發電機。在他做出成功的電燈之前，必須有源源不斷的電力。既然電力是來自機械——愛迪生比世界上的其他電工更明白這點——他便投入巨資買下兩台新的大型發動機和鍋爐，並固定於機械工廠末端的深層地基。

路萊在愛迪生和資助人的不同居所間穿梭，懇求前者不要抵制企業的審查，同時說服電燈公司的董事會相信投入的資金是明智的投資。年底時，雙方都非常確定沒有其他發明家擁有細分燈光的重要資本與創造力。索耶與曼恩的易脆碳棒和破裂玻璃管；海勒姆・馬克沁的石墨棒在碳氫化合物蒸汽的球體中閃爍不定；來自英國的聖喬治・萊恩・福克斯—皮特（St. George Lane Fox-Pitt）試著讓鉉環在氮氣中保持發光，這些經濟拮据的人都沒有從門洛帕克市的獨特研究、開發及製造的設施中受益。路萊向愛迪生保證，資助人很信任他，只認定他是合作夥伴：

他們跟我都一樣對你有信心，也期望取得你的信任。當你遇到困難時，請直接表達自己的想法。在你待的領域，當然有遇到困難和克服困難的經驗，而這是我們所欠缺的。有時，你可能會覺得讓我們了解你遇到天大的困難並沒有好處，但我們沒有經歷過你的成功經驗，這麼做能避免我們在不對的時間點喪失勇氣。

美國的大忙人

「他是堅持不懈的天才，」鄧氏信用評估員在近期關於愛迪生的報告中寫道：「老是不停地努力發明不同東西，卻無法徹底完成手邊的工作。」

這樣的評價適用於前幾年，但不適用於一八七九年，因為愛迪生對通用電燈的追求已到了如痴如醉的地步——英國的威廉．普里斯公開稱他的燈是「絕對的鬼火」。「我敢肯定，我是美國最忙的人，」他告訴更有同理心的英國朋友，耳科醫生克拉倫斯．布萊克（Clarence Blake）：「我現在很少把心思放在留聲機了。」

然而，他對聲音依然著迷，尤其是布萊克在倫敦發表了有關電話的演講，並在演講結束前表達對亞歷山大．格拉漢姆．貝爾的敬意，卻沒有提到愛迪生的碳鈕傳聲器之後。喬治．古勞德渴望趁著貝爾還沒在英國取得全面壟斷的地位，先在英國開設一家電話公司，於是他不斷懇求愛迪生完成幾個月前發明的聽筒並寄給他，期望藉此規避貝爾的英國專利。這台聲音大得驚人的裝置，依據擴音裝置的原理，複製點在對電敏感的表面上移動——頂針般大小的硬白堊圓筒，沾水打滑並用手旋轉。如果旋轉的速度夠快，從紐約以正常音調講電話的聲音，便可在門洛帕克市擴大到實驗室以外的地方。

愛迪生已將聽筒交給侄子查理開發。此時，古勞德的請求激起了他的競爭心態，他指示西格蒙德．伯格曼製作兩台壁掛式電話，並將新的儀器裝進電話。電話右方有突出的把手，中央的控制桿將潮濕的滾軸壓住白堊，而外觀像嘴唇的洞口發出隱蔽式振動板的振動聲。直立的傳聲管從用於打出電話的盒子下方彎起。在不受美學影響的生活中，這是愛迪生做過外觀最難看的儀器，但音量和立體感使留聲機相形見絀。英國權威人士約翰．丁達爾推遲了本來應該在皇家科學研究所發表的關於愛迪生聲學裝置的演講，將演講內容列入自己的教學課程。兩台電話已於二月底準備好，並在查理的看管下送往倫敦。

丁達爾對此感到滿意。他在演講時展示了白堊聽筒，請查理從皮卡地里圓環（Piccadilly Circus）打電話，以便清楚地將這位年輕人的聲音播送給聽眾席上的科學家聽。「我誠心祝賀你取得了美好的成就和實現所有承諾，」古勞德寫信給愛迪生：「此後，大家就比較不會質疑你的電燈。」

無知的黑暗

如果古勞德提到的「大家」是指那些在英國生活、閱讀倫敦《泰晤士報》的眼光敏銳者，那他就太樂觀了。三月二十二日，他們挑選的報紙指出：「愛迪生先生的實驗失敗了。」在他提出十六項關於改善燈光技術的專利所有權中，有十四項遭到美國專利局駁回。「目前，他最顯著的成就是用十六馬力的蒸汽機，讓四百條盤繞的鐵絲保持在部分白熾的狀態。」他承諾過要在中央處理站點亮二萬盞燈，結果也不過如此。像他這樣衝動的人曾經嘗試用鉑燈頭製作自動調節的燈，到頭來卻是一場空，使門洛帕克市陷入失望的情緒。鉑必須加熱到華氏二千七百度，才能散發明顯的光輝。然後，鉑會迅速熔化，而他標榜的關閉桿無法及時阻擋流瀉。這就是愛迪生至今沒有為自己的作品辦過公開展覽的原因。

少數有幸進入門洛帕克市實驗室的人，可以看到一盞裝在玻璃球內的燈，散發出美得像晨星的光。但他不肯讓任何人靠近觀看，也不讓展覽進行太久。其實他從來都無法指望燈的持久度。他的設備不像以前那麼完善，而且消息靈通的紐約電工甚至都不相信愛迪生先生在做正確的實驗。

愛迪生的反應既有防禦性又幽默，他告訴《寫實日報》：「我以前沒看過包含這麼多謊言的聲明。」然而，《泰晤士報》幫他一把，用不真實的報導減少不斷侵占他在門洛帕克市的時間的訪客：「我祈禱這裡發生地震之類的災難，讓某些人遠離。」他並不操心海外的一片謾罵聲，反而說：「我很喜歡這樣。就算他們繼續罵我，我也不會受到影響，起碼我能好好準備展示自己的作品。」

他也強調自己的員工很幸福，但並非完全屬實。法蘭西斯・厄普頓就是一個灰心喪志的例子，他說：「燈光還是沒有像我期待的那樣明亮。」在愛迪生身邊工作了一整個冬季的漫漫長夜後，他預料到即使真的能夠實現燈光的細分，也無法在短期內看到成效。《泰晤士報》提到鉑燈不耐用的說法千真萬確。實驗室裡似乎只有老闆不接受此說法（除了神秘莫測的巴徹勒）。

厄普頓是優秀的年輕人，在數學和統計方面有天賦。這些特質使他很難理解愛迪生的思維方式。他認為同一件棘手的事經過四個月一再失敗的實驗，代表這件事沒有益處。但對愛迪生來說，失敗本身就是一件好事，能展現出達到成功的誘人一面。只要研究的時間夠長，就像錫版照相法的圖像傾斜角度，終究能呈現出正像。

愛迪生透過顯微鏡凝視鉑、銥及鎳燈頭的白熾狀態，幾乎快要弄瞎自己的眼睛，彷彿他還在關注太陽的日冕。他觀察到這些燈頭在熔化之前莫名地爆裂。七小時後，他的眼睛漸漸抽痛得苦不堪言，但他能夠證實俄羅斯物理學家亞歷山大・洛迪金（Alexander Lodygin）的發現：氧氣等某些氣體在白熱化時，會從可熔金屬中滲出，使得燈泡在密封後不可能維持內部的真空狀態。

他從做實驗的一開始就知道，即使在白熾化的情況下，只要有充足的氧氣就能分解金屬絲。但實驗室裡只有一個手搖泵，他從試驗中的燈吸出的空氣量少得可憐。氣體閉附在關鍵時刻縮短了鉑螺線產生的柔和光芒。大約在此時，他注意到金屬絲愈細，就繞得愈緊，亮度就愈大。換句話說，燈絲的電阻愈高，電燈的效率就愈高。他將此現象簡化後，提出了電燈定律：「物體散失的熱量，與物體的散熱面成正比。」

這正是重要的見解——如同錫版照相法的傾斜概念——引出另一個獨到的觀點。如果他的燈做為電阻器，能增加熱和光的能量耗散，那麼就會相應地減小供應電流所需的導體尺寸。愛迪生就這樣推翻了照明工程師的共識：他們認為由細分的燈所組成的擴展網絡，能盡量減少電流循環的阻力，但愛迪生表示這是謬論，因為需要耗費大量的銅。他把無阻力的電力流比喻成自來水流經超大管道的流動，在排乾偏僻水庫的同時失去壓力。要是極少量的電流能夠流淌到電路中的各個燃燒器，中央處理站的觸及範圍就可以無限擴大。

愛迪生進一步強調，電導體應該在多重電弧中形成迴路，而不是像電報繼電器那樣串聯。如此一來，即使關掉某些燈，其餘的燈依然能繼續發光。[41]愛迪生第一次提出這些論點時，厄普頓無法適應，因為他仍牢牢地記住在海德堡大學吸收到的知識。這些論點與正統的觀點相互抵觸，因此他認為必定有誤。正如他在一九一八年痛心疾首地坦承：「我待在門洛帕克市的這幾年，深刻的印象是每當需要解決新的問題，未來的面紗帶著神秘的色彩，而天才照亮無知的黑暗時，結果往往是多麼簡單。」

力線

四月時，數學家厄普頓、技師巴徹勒以及設計師愛迪生，在發電機設計方面達到重大的突破，使市場上的其他發電機設計相形失色。愛迪生試過威廉·華勒斯的兩台發電機後，發現有不足之處，他相信——再次與一般看法相反——齊納布·格拉姆（Zénobe Gramme）和維爾納·馮·西門子的發電機只會消耗本身的能量，沒甚麼作用。冬季期間，他用動力計測試了歐洲的機器，始終牢記要用煤和蒸汽來提供動力，機器才能以電的形式供應本身的電力。巴徹勒畫了許多優美的圖表來呈現電樞線圈的理想曲度。至於厄普頓，可說是門洛帕克市裡唯一了解詹姆斯・克拉克・馬克士威的理論的人，他把這些圖表轉譯成電磁代數，並把每台發電機的能量輸出換算成英尺磅（foot-pound）。基本上，這個團隊不確定新的發電機應該採用格拉姆喜歡的環形纏繞模式，讓電線以串聯的形式盤繞於旋轉的輪子，還是採用西門子的滾筒形模式，讓連續包裹的電線環繞於大型圓筒。愛迪生最後決定採用後者的結構。

根據直覺而非理論或實驗性證據，他做出了更有意義的決定——指定兩個龐大的磁場電磁鐵以及電阻極低的電樞。後者的設計宗旨是在發電機內盡量節省能量，並盡力提升效率，此概念也與主張輸出最大化的一般做法相反。一旦整合到複製的發電機組中，並連接到完整的照明系統（例如愛迪生打算馬上在門洛帕克市裝配和展出），所產生的電場強度就會調整成只供應電力網所需的電力——無論外界對電力的需求如何，每台機器都分擔同等的負載量。

雙極發電機的原型外觀是奇怪的細長狀，如同約翰・班揚（John Bunyan，基督教作家）的下半部站立於電樞，引起那些習慣低矮發電機的工程師發笑。約翰・丁達爾曾經對愛迪生的擴音式電話大加讚賞，現在卻嘲笑這台發電機是標新立異、弄巧成拙的產物。他在《煤氣燈照明期刊》（*Journal of Gas Lighting*）以嘲諷的筆調寫道：「很難用言語形容這種低效率的荒唐設計，但可以肯定的是，提出這項設計的人缺乏電力或能源科學方面的科學知識。」

在愛迪生的「美式無知」下，他只知道當他在最初階段啟動發電機時「發電機產生太大的電力，導致電樞上的線圈變得支離破碎，只好停下來」。但不管是當時或事後，他都不後悔做出最少線圈繞組的四英

41　多重電弧的電路系統現在通稱為並聯線路（parallel wiring）。

尺細長鐵桿。他認為鐵桿的直徑只是依據磁鐵的電阻，或供應的力線數量，而不是力線傳導的長度或空間。他更注重力線的長度，這決定了力線在空間中延伸的距離。正是特定長度以及電樞周圍的磁場強度，破壞了旋轉的線軸。「似乎沒有其他人提過這些，但這卻是與發電機有關的重要事實。這就說明了我使用長型磁鐵的原因。」他說。

經過無數次的小幅改動，機器的性能才得以改善，而古怪的設計終於有了意義。七月時，厄普頓可以正當地誇口說：「我們現在擁有世上最棒的發電機。」[42]

那一刻

那年夏天，也就是這十年來的最後一個夏季，美國人普遍鬆了一口氣，因為一八七三年曠日持久的大蕭條終於結束了。愛迪生從英國白堊電話的資助人那裡收到二萬四千五百美元的專利使用預付款，並給瑪莉一千美元的零用錢。他為自己的磚砌圖書館花不少錢購入五百本書刊，也雇用一些新助理，以期在秋季針對電燈發展進行最終的全面衝刺。年輕員工待在克里斯蒂街上的寄宿公寓，而公寓的管理者是瑪莉的繼姊莎莉．喬丹（Sally Jordan；亦稱莎莉阿姨）。

在這些新人當中，最重要的人是路德維希．玻姆。他是吹製玻璃工，曾在海因里希．蓋斯勒（Heinrich Geissler）的著名波昂（Bonn）工作坊接受培訓。他會彈奏齊特琴，頭上戴著德國名校的紅色學生帽，很喜歡宣揚自己的社會地位，但他缺乏幽默感。結果，他慘遭欺侮。愛迪生很同情他，於是讓他待在實驗室旁邊的小型玻璃工廠的閣樓。當他為電燈團隊吹製完幾百個玻璃球和管子時，就會回到自己的房間，以真假嗓音交替唱著高山歌，直到有人朝著傾斜的屋頂扔擲礫石，他才安靜下來。只有六歲的瑪麗恩很喜歡他；他為瑪麗恩製作了許多彩色的動物玻璃飾品。

他擅長使用長管，能不費吹灰之力就吹製出紅鶴般的精緻燒瓶和試管，其中有些是為水銀泵設計，內部的口徑只有八分之一英寸。這些器具減輕了法蘭西斯・傑爾的勞力負擔；這位身材結實的十八歲少年想成為電工，但他大部分的時間都耗費在為燈泡原坯排氣，也在這個過程中精疲力竭。直到實驗室獲得了第一批蓋斯勒和施普倫格爾的自動抽空裝置，傑爾必須用雙臂和肩膀頂住堅硬的活塞泵，並上下來回擺動，持續到測量儀顯示達到了理想的真空範圍為止。一旦採用基本燃燒器，並進行密封、安裝電線，燈泡就很難保持真空狀態。首先，螺旋狀的鉑在白熾條件下釋放，除非立刻排出閉附氣，否則真空就會減少。一旦用氫氧混合的火焰燒斷燈泡，如果還有氣體殘留，這些氣體就會重新進入金屬線，削弱其結構。

愛迪生對鉑的沉迷持續了整個夏季。他以為這種貴金屬在世界上的某處有豐富的礦脈，也可以開採出來降低成本。他用電筆複製一千五百封抱怨信。這些信是寫給遠在俄羅斯聖彼得堡市的地方當局。內文一開頭寫著：「敬啟者：請告訴我，你們那邊有鉑這種金屬嗎？」他也派遣探勘員到加拿大和美國西部，想碰碰運氣。雖然這次的搜尋行動沒有為他帶來好處，但他漸漸培養了採礦和礦物學的興趣，這對他的未來人生有深遠的影響。[43]

到了八月底，愛迪生與瑪莉一起到薩拉托加泉市參加美國科學促進會的年度會議。愛迪生相信自己終於找到了製作有效電燈的材料。他打造了幾台雙極發電機，有些即將完工，還將燈泡排氣到〇・〇〇〇

42　一八七九年晚期，英國的法蘭西斯・霍普金森（Francis Hopkinson）證明，雙極發電機的效率可以透過簡單的尺寸變化來進一步提升。如此一來，他使愛迪生的突破性發明合法化了。

43　一八七九年，愛迪生為自己的圖書館訂購了五百冊書籍，其中有七冊是關於礦物學與採礦的研究。

一標準大氣壓，以及測試不同金屬燈絲在發光長達四個小時後自燃的狀況。他待在度假勝地兩天後，得意洋洋地寫了一篇論文〈在真空中利用電流為金屬加熱的現象〉，並請厄普頓朗讀給他聽。[44]他聲稱已生產出不阻塞的鉑，是製造居家電燈的最佳元素：「至今不為人知的金屬，在幾乎所有物質都會熔化或分解的溫度下卻絕對穩定，如玻璃般的均勻，如鋼絲般的堅硬，呈螺旋狀……在耀眼的白熾下，能保持像在寒冷時般的彈性。」

但愛迪生在九月回頭做燈光的實驗時，他不得不承認除了成本問題之外，鉑還有其他缺點。其中一項缺點是必須繞緊鉑才能產生他期望的光芒和電阻。巴徹勒的一些螺線非常細，拉直後可以達到三十英寸長。此外，需要特製的隔熱塗層，才能防止螺線捲曲時發生短路。這麼棘手的問題，再加上在傑爾達到理想的真空範圍內依然有難以控制的氧化傾向，迫使愛迪生失望地回到把碳奉為永恆之光的電位源。

如同他在兩年前發明留聲機，當他發現第一條可以實際使用的燈絲時（或燈絲找到了他），那一刻立即成了神話，他甚至來不及確定奇蹟如何發生，以及在何時發生，但一定是在十月的第一週之後，當時玻姆一併吹製蓋斯勒和施普倫格爾的水銀泵混合物，讓燈泡處於大約一百萬標準大氣壓的真空狀態。也一定是在十月的第二週之後，當時巴徹勒開始將菸灰色油燈的漏斗狀口刮下來的碳煙軟螺線進行碳化。但不太可能發生在十月的第三週，因為那時愛迪生必須處理涉及英國白堊電話的危機，以及他的侄子查理在巴黎離奇死亡的事件。[45]

根據所有相關人士提供的情報，重大的時刻最有可能發生在第四週的開端，也就是在十月二十一日星期二晚上與隔天星期三凌晨之間，一段碳化線，或一搓碳化紙，或一條碳化的釣魚線，或其他碳化纖維開始在真空中發出不會熄滅的光。愛迪生看著燈絲閃閃發光，喜悅之情溢於言表，因此他後來說燈絲燒了四十多個小時，無可厚非。

根據巴徹勒在當代留下的筆記，燈光持續的時間不超過十三・五個小時，但這足以表明，儘管有種種疑慮，只要老人下定決心，就注定能讓電燈發光。

有人性的貓頭鷹

在除夕夜的前夕，所有令人興奮的事告一段落了，而愛迪生的「新發現」時刻（他在實驗室日誌寫下這個詞）已登上全世界的頭條新聞，五十九盞可靠的電燈也懸掛在門洛帕克市各處，為他長期以來承諾的盛大公開展覽做好準備。年輕員工都聚在實驗室，共同參與期待已久的慶祝活動。《紐約先驅報》的記者埃德溫・福克斯在現場記錄了這個過程。

巴徹勒在門洛帕克市的實驗室。這是第一張有白熾燈的照片，攝於一八七九年十二月二十二日。

44 愛迪生克服了怯場心理後，宣讀另一篇論文。內文描述他發明的白堊圓筒式電話聽筒。當時，亞歷山大・格拉漢姆・貝爾坐在觀眾席。據悉，這是他最後一次在公開場合發表演講，除了五十年後，他在「白熾燈五十週年紀念」的場合步履蹣跚地露面。

45 十月時，查理的死因似乎與英國朋友的同性戀糾葛有關。他的叔叔只好支付遺體的離境費以及隨後在休倫港的喪葬費。

起初，他描述愛迪生在當晚不見蹤影。巴徹勒說服玻姆去玻璃工廠取齊特琴：「演奏有顫音的曲子給我們聽吧。我會渾身酥麻。」接著，玻姆開始彈奏出優美的旋律。

演奏時，有一名男子悄悄地走進來。他戴著皺巴巴的氈帽，咽喉處圍著絲製的頸巾，大衣隨意披在身上，背心的扣子只扣了一半。他用手貼近耳朵，坐在離吹製玻璃工很近的位置。玻姆沉浸在自己的音樂聲中，彷彿回到了他的家鄉圖林根（Thuringia）。

「真不錯。」他說，目光環顧四周。他就是愛迪生。

吹製玻璃工繼續演奏。整個場面很奇特。克萊夫[46]站在他點燃的熾熱煤氣爐旁邊，雙臂交叉於胸前，一邊聽著音樂，一邊用鉗子挪動燈絲爐的熱鐵，但他的動作很輕柔。愛迪生彎著腰坐著。其他人也拿起工具緩慢地移動熱鐵。從後方的昏暗工廠，可以看到年輕的傑爾在真空泵旁邊舉起明亮但沉重的水銀瓶子。輕柔的音樂在室內微妙地顫動著。我感受到精神與物質相結合，留下奇妙的印象。

「你會彈奏〈唯命是從〉嗎？」愛迪生突然問。

「不會。」玻姆說。

「來！會的人用吹口哨的方式，吹這首曲子吧。」愛迪生說。

有五、六個人照著做了，但玻姆搖了搖頭。然後，愛迪生對這首歌不感興趣了。他從口袋裡掏出便條紙和鉛筆，畫了一個玻璃器具後，遞給玻姆。

「你能吹製出來嗎？」他問。

「我可以。」年輕人說完，就匆匆回到工廠。此時是晚上十點半。愛迪生顯然準備要在工作檯召開夜間會議了。

接下來的幾個小時，愛迪生抨擊理論科學家時，言辭犀利又有氣勢，讓福克斯留下深刻的印象。「有一大堆都是我可以說出名稱的，如果不強加一半所謂的科學真理，就會充滿不確定性……克萊夫，把《溶解度辭典》拿給我。」愛迪生說。

他輕蔑地指出一個詞條，上面註明鉑無法熔解，除非在氫氧混合的火焰高溫下才可熔解。「過來吧。我要用煤氣燈的火焰熔解鉑……。注意看，有看到放大的金屬線上有許多小水珠嗎？這就是代表鉑熔化了。」他說。

接著，他把話題轉移到電氣照明。「電流弧光燈中出現的特殊月光色彩，是由碳、鎂等雜質形成的。你怎麼了，法蘭西斯[47]？」

傑爾：我餓了。

愛迪生：「宵夜」在哪？

傑爾（沮喪地說）：沒人訂餐。我們以為你不會一整晚都待在這裡工作。現在我們沒東西吃了。

愛迪生：去買點吃的吧。（然後對著福克斯說）你看，使用的碳是粉末製成，由不同物質結合在一起……。喬治，幫我拿碳棒和燈絲。

46 科尼利斯・克萊夫（Cornelius Van Cleve）是碳化工，娶了瑪莉同父異母的妹妹為妻。

47 即法蘭西斯・傑爾。

他繼續示範、說明及提出一些新發現，還一口氣說出幾個化學和冶金學相關的名稱。福克斯形容他是「有人性的貓頭鷹在夜間散發獨特的光輝」。午夜來得快，去得也快。喋喋不休的愛迪生又把話題轉回自己的固有觀念：實務派的科學家比學究派的科學家更優秀。「許多教授會搬出書中的理論反駁你、證明你說的不是事實，但你很清楚事實是什麼，不妨讓他們跌破眼鏡吧。」他說。

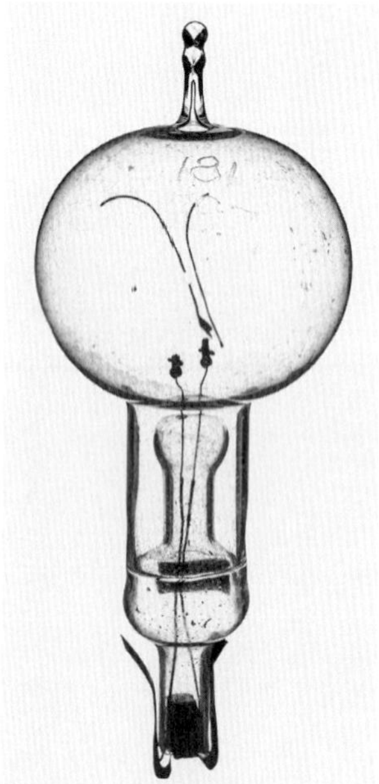

愛迪生的「除夕夜」燈，一八七九年。

「宵夜」終於來了。傑爾在火車站只買到一包用棕色紙袋裝的煙燻鮭魚，以及一袋餅乾。克萊夫找到淡啤酒來搭配，但愛迪生決定讓大家喝大錫杯裡的水。

等到愛迪生講完話的時候，已經凌晨四點了。除了記者，其他人都進入了夢鄉（傑爾把《溶解度辭典》當成枕頭）。這時，愛迪生才脫下外套，四處尋找打盹用的長凳。福克斯走在夜色中，既有靈感又充滿怒氣。「我不應該吞下煙燻鮭魚、餅乾和冷水，根本就不該吃下肚。我的胃痛得要死。」他說。

那天晚上多雲，而天氣預報說早上會下雪。門洛帕克市的其他二百名居民都睡著了。再過十二個小時，即將前來參加燈光節的旅客就會打破他們原本享有的寧靜，以及讓與世隔絕的小村莊熱鬧起來。

第七部

電報

一八六〇年至一八六九年

愛迪生年輕時當過電報員，約攝於一八六三年。

愛迪生十三歲時，第一次駕駛貨運列車。後來，他吹噓說當時獨自一人沿著鐵軌行駛四十七點五英里。但那時，火車司機肯定在旁邊留意著他的安全。不管是否獨自一人，這對即將進入青春期的男孩而言，是欣喜若狂的時刻，引擎的轟鳴聲大得足以讓他忘記自己再也聽不見鳥鳴的事實。

芝加哥、底特律及大幹線樞紐鐵路公司（**Chicago, Detroit & Grand Trunk Junction Railroad**）天天在他的家鄉休倫港和密西根州底特律之間都有往返的線路。每天早上八點，年紀輕輕的「阿爾」[1]登上往南行駛的慢車附設行李車廂。在開往大城市的三小時旅途中，他在列車上販售豐富的糖果、山核桃及爆米花球。休倫湖在他身後愈離愈遠，聖克萊爾河（**St. Clair River**）在他的左邊悄悄地經過，而加拿大——他家族的祖國——在遠處延伸開來。有一段時間，河流和邊境都不在視線範圍內，因為火車漸漸向內陸行駛，經過史密斯溪、里奇韋（**Ridgeway**）、紐哈芬（**New Haven**）、新巴爾的摩（**New Baltimore**）、芒特克萊門斯（**Mount Clemens**）及由提卡（Utica）。這些小城鎮在半年前顯得遙不可及，如今卻成了他熟悉且不斷擴大的鄰近環境。河流再度出現時，已納入了聖克萊爾湖，而前方開闊的底特律市，讓他有將近四個小時在都市自由活動的機會。

阿爾的年齡還不符合青年協會閱覽室（Young Men's Society Reading Room）的會員資格，但城市裡的商店都開放瀏覽，可買到化學與電氣用品，因此他能在晚上做實驗。如果運氣夠好的話，他還能在大幹線鐵路的機械工廠附近以及密西根大街（Michigan Avenue）上的器械廠，從垃圾堆裡找到一些有用的銅片和鐵片，有時還能找到舊電池。每天下午，他在返回密西根中央車站（Michigan Central Depot）的路上，都

1 在這個人生階段，愛迪生的父母叫他「阿爾瓦」，朋友叫他「阿爾」。他在世時最早寫的一封信，日期是一八六二年八月十日，署名是「阿爾瓦」。

會拾起一百份《底特律自由報》（*Detroit Free Press*），然後在回家的路上搭配著糖果出售。當火車減速駛近休倫港時，如果還有報紙沒賣出去，他就會帶著這些報紙跳到沙洲上，然後走完最後的四分之一英里進入城鎮，沿途兜售剩下的報紙。

假如那時報紙已賣完，他就會繼續待在火車上，直到抵達格拉希厄特堡。此處是守衛著聖克萊爾河與休倫湖交匯處的古老軍事基地。[2]山姆．愛迪生建造的大白屋以及瞭望塔矗立於圍起的柵欄內。因此，阿爾不需要走太久，經過醫院和墓地後（他不喜歡在漆黑的冬夜路過此處），就到了舒適的家，家裡有晚餐，還有臭氣熏天的地下實驗室。

共同搭乘

隨著阿爾的生意擴展到囊括水果、食品雜貨等銷售，他漸漸享有空閒時間、免費的廣告傳單、《自由報》，甚至享有免費的鐵路貨運特權。此時，他可以自己作主了，不需要再受制於南希．愛迪生的嚴格教育。他每週可賺取四十到五十美元的可觀收入，每天都主動給南希一美元作為自己的住宿費，並將其餘的錢投資到化學與電氣設備。同時，他自願繼續接觸通識教育。在父親的要求下，他閱讀了湯瑪斯．潘恩的許多著作。他的父親終其一生都是自由主義者，支持南方各州脫離聯邦的權利。

五月十八日，《自由報》悲觀地報導「黑色共和黨人」亞伯拉罕．林肯在芝加哥被提名為美國總統時，引發的問題堪憂。阿爾在那年夏天出售的報紙，以預示大難臨頭的「電磁式電報」公告，預測這次的競選活動：一旦林肯當選，南方將出現叛亂，並爆發難以鎮壓的衝突。十一月六日午夜時分，確定林肯勝選的第一批新聞報導經由電報傳到休倫港。阿爾伸出舌頭感受摩斯密碼的顫動，把「解讀」的結果告知同

愛迪生在小時候當過報童，約攝於一八六〇年。

伴。從那一刻起，兩州之間的戰爭無法避免。格拉希厄特堡活躍了起來，新兵開始在練兵場上操練。

桑特堡（Fort Sumter）淪陷時，阿爾才十四歲。在一八六一年的大部分時期，密西根州沒有同齡人比他更了解南部和東部發生的災難。該州派出一個接著一個兵團到遙遠的戰場，但其他地方依舊維持和平。阿爾看到的挪威移民比穿軍服的人更多，每天都有許多移民搭火車到愛荷華州和明尼蘇達州。同時，他的食品雜貨和報紙生意興隆起來了，於是他開始雇用其他男孩。其中一個男孩負責在移民「專車」上販賣麵包、於草及糖果棒。另一個男孩負責將市場的一籃籃蔬菜裝上開往休倫港的早班車。有一名德國少年在休倫港負責領取這些蔬菜，並把蔬菜賣到市中心，可賺取傭金。阿爾則繼續執行有利可圖的通勤行程，沿途從農民那裡買奶油和大量的當季黑莓，然後在線路的兩端負責供應。

一八六二年初，阿爾從廢品商那裡買了三百磅舊金屬塊，以及一台用來裝這些金屬塊的小型二手印刷機。他想到，行李車廂的前端是一間無人使用的不通風小車廂，他可以改造成一間移動式印刷廠，自學排版的方式，並自製火車上的報紙。《先驅週報》（*The Weekly Herald*；註明是由阿爾瓦・愛迪生出版）的第一期以双面、多份的大報形式，在二月三日出版。版面設計很優雅，背面甚至裝飾著噴著煙的火車頭木刻

2 現在變成休倫港的湯瑪斯・愛迪生火車站博物館（Thomas Edison Depot Museum）。

印刷。唯獨拼字仍有待改進。在拼寫錯誤的「當地情報」大標題下方，該報的主要記者提醒大幹線鐵路公司，他們有一項獎勵服務優良人員的政策。

現在，我們與其中一位火車司機——諾斯洛普先生——共同搭乘本列車。我們不相信你們可以找到比他更謹慎、或更留意引擎細節的火車司機。他是我們見過最穩重的火車司機（我們搭乘本列車兩年多了，因此自認為有資格評判），總是和藹可親、樂於助人，並堅守工作崗位。[3]

在其他方面，阿爾報告說：「卡西烏斯．克萊將軍返鄉後就會參軍」。他透露俄羅斯帝國即將慶祝千年國慶，列舉了加工豬肉和火雞肉的最新每磅價格，還為了哲學思考而停頓（「理性、正義及公平，在地球上從來沒有足夠的分量能管理人類的會議。」他說），甚至在第四欄底下找到一則笑話：「男子在火藥廠被炸開前，說道：『先讓我鎮定下來。』」

《先驅週報》建議熱心的讀者參與每個月付八美分的訂閱方案，並保證在下一期刊登他們的名字作為答謝。有了誘因，再加上大眾很好奇世界上有行駛中的火車在印刷並出售報紙，於是報紙的發行量迅速上升到每週四百份以上。

漸漸地，阿爾愈來愈常佔用行李車廂。他設置了一間流動實驗室，好讓他參考費森尤斯（Fresenius）寫的《定性分析》（*Qualitative Analysis*），並嘗試混合化學物質，但有窗戶炸飛的中等風險。由於他每週六要完成《先驅週報》的排版，影響到他做實驗和販售糖果的時間，因此他不久就將糖果的銷售工作外包給休倫港的小學生。四十五年後，巴尼．梅森維爾（Barney Maisonville）回想起他們的合作關係：

阿爾很安靜，經常心事重重……。大多數的少年都很看重錢，但他好像不太在乎。我替他銷售時，一天的銷售收入是八到十美元，有一半是利潤。但我把錢交給他時，他都直接放進口袋。某天，我請他先數一下錢，他卻說：「不用啦，我相信金額沒錯。」

他經常解決難題，口袋裡通常也有一本關於科學的書。跟他交談時，他能機智地回應，但你一定能看得出他說話時在想別的事。甚至是下棋時，他也漫不經心地移動棋子，彷彿他只是為了陪伴別人，而不是真的很喜歡下棋。他說話從容不迫，行動和舉止都很遲緩。

即便如此，他有時精於賺錢之道。

每份二十五美分

這項特質在四月九日星期三尤為明顯。那天，阿爾搭乘平常上午十點左右的火車抵達底特律，並發現群眾焦急地圍在都市報社總部外面的大佈告欄前，等候重大新聞。根據編輯掌握的電報而記下的頭條新聞，週日在田納西河的夏羅（Shiloh）發生了一場劃時代的戰爭，而第一批報導才剛剛收到。在十二個小時的衝突中，從格蘭特將軍率領的聯邦軍在黎明時分突然遭到襲擊開始，這是美國目前損傷最慘重的戰役。南部聯盟的總指揮官阿爾伯特・約翰斯頓（Albert S. Johnston）也在戰場上喪命，現由博雷加德（P.G.T. Beauregard）上將接替職位。格蘭特擊退了敵人的突襲，但只是僥倖。後來，他沒有把握機會在夜雨來臨之際追擊敵人。星期一的戰鬥也是同樣慘烈。根據較晚發布的電報，在博雷加德被打敗之前，大概

3　許多人猜想，諾斯洛普先生就是允許愛迪生駕駛貨運列車六十點五英里的「好心」火車司機。

有六萬人傷亡。

阿爾已夠格擔任新聞記者，他發現在回家的路上，每一站都急需《底特律自由報》的下午版。他的思維和行動比巴尼想像中快得多，他先抄下公開的重要新聞，然後匆忙地交給密西根中央車站的大幹線電報員。為了換取三個月免費贈送的期刊——算是無傷大雅的賄賂，電報員通知鐵路的北部站長在當地發布這些重要新聞，以及宣布下午四點開往北部的火車即將運送大批報紙。

THE GREAT BATTLE ON THE TENNESSEE.

The Fight Lasted Two Full Days.

ALBERT SIDNEY JOHNSTON KILLED.

BEAUREGARD'S ARM SHOT OFF

Gen. Prentiss, of Illinois, Taken Prisoner.

GEN. W. H. WALLACE KILLED.

GEN. W. T. SHERMAN WOUNDED.

《底特律自由報》於一八六二年四月十日報導夏羅之役（Battle of Shiloh）。

阿爾要抵達的下一站是《自由報》辦公室，下午版已在那裡印刷了。他以賒欠方式要了一千份。報社編輯亨利．沃克（Henry N. Walker）對他的狂言感到動心，批准了訂單。在另一個男孩的幫助下，阿爾將報紙送上火車，並在火車抵達由提卡之前將報紙折疊好。他通常在由提卡只賣出兩份報紙。

> 我看到前面的月臺有一群人，還以為他們要去旅行。我一下車，就有人跑過來找我。然後，我領悟到電報是一項偉大的發明。我賣掉了三十五份報紙。下一站是芒特克萊門斯市，大約有一千人。我通常在這一站賣出六到八份報紙。我決定，如果我在那裡找到一定的人數，我就要導正自己殘缺的判斷力，不再設法印愈多報紙，而是把價格從五美分提高到十美分。人群就聚集在我眼前，我提高了價格。在不同城鎮，都有相當的人數。我在休倫港距離車站大約四分之一英里的地方，從火車上跳下

來；因為火車行經此處時，通常會放慢速度。這時，我已經能熟練地在沙洲上站穩。德國少年和馬前來迎接我。馬車駛近市郊時，我遇到一大群人。然後我大喊：「大家好，報紙快賣完囉，一份二十五美分。」我賣光了所有報紙，賺到一大筆錢。隔天，我開始學習電報通訊。

圓圈圈

阿爾鑽研新專業的動力來自大幹線的車長。他利用火車做私事，讓車長很氣惱。成堆的新聞用紙、一箱箱食品雜貨、到處飛的果蠅等已經夠糟糕了，化學實驗甚至有造成火車起火的風險。果然，那年夏末，他的一根磷棒掉到地板後，差點毀了行李車廂。結果他被逐出火車，連同器具、印刷機一起落在芒特克萊門斯市的月臺——他失去了報童的職務。

幸運的是，當地的站長詹姆斯・麥肯齊是技術嫻熟的電報員，他很樂意引導阿爾入行。他很感激阿爾在八月的某天早晨，從火車車廂轉軌的事件中把他年幼的兒子從鐵軌拉上來。[4]他花了大約四個月的時間，教導原本是報童的阿爾收發摩斯電碼（用電報的用語來說，就是「編寫」和「解讀」）。記熟助記符號的韻文對他有所助益：

4　根據愛迪生的授權傳記中記載，當時阿爾在月臺上遊蕩，而一輛未剎車的運貨棚車從側線出現，駛向麥肯齊的兒子。那時，他兒子在主軌道上玩耍。「愛迪生拋下報紙和防水帽，立即衝向孩子。他抱起孩子後，馬上把孩子抬到安全的地方。車輪撞到他的腳後跟。兩人的臉和手都被掉落的碎石割傷了。」他說。

• 一點代表E，是企業「enterprise」的「E」，

•• 兩點代表「I」，是潔身自愛的「I」，

• • 兩點之間空一格，你瞧！有一個圓圈圈「O」，

— — 把兩劃隔開，你就會得到「M」。

一八六二年秋季和初冬，阿爾幾乎每天鑽研摩斯電碼十八個小時。他上午和下午都和麥肯齊待在一起，然後搭乘晚班火車回到格拉希厄特堡，在夜間獨自練習。他敲擊的技巧逐漸進步——能夠在沒有條理卻流暢的節奏下敲打銅器——但他還需要好幾年才能達到手腕靈活的程度，並且可以將聽到的一連串點劃聲當成日常對話一樣自然。

他依然經常搭火車到城市，並利用當地的槍炮廠設備來製作自己的一套儀器。電報通訊的技術並不難，但戰爭通訊和新聞報導對速度與訊息量的需求不久就會增加難度。一開始，阿爾需要的是附有彈簧鍵的黃銅發報機，以及在一段火爐管線的另一端需要電磁繼電器，用來在紙帶上印出點和劃，或在發聲器發出點和劃的聲響。革若夫電池能提供發送和接收的能量，各個由一組有酸味的開口式電池組成。他把附屬站加入實驗網絡時，就發現效力較低的鋅銅電池足以啟動當地電路。

除了技術之外，阿爾也有一般青少年的求知欲。他向底特律的青年協會表示自己快成年了，因此有資格經常待在藏書豐富的閱覽室。[5]早在他的十六歲生日之前，他就加入會員，並且一口氣讀完《悲慘世界》（*Les Misérables*）以及維克多．雨果的其他幾部小說，後來還讀了羅伯特．伯頓（Robert Burton）的《剖析憂鬱》（*Anatomy of Melancholy*）、許多卷《潘妮百科全書》（*Penny Cyclopædia*）。如果他後來所說的屬實，確實讀過艾薩克．牛頓寫的《數學原理》（*Principia Mathematica*），他一定看不懂。

從一八六二年的冬季到一八六三年期間，他在米西亞・沃克（Miciah Walker）的休倫港珠寶店兼書店做了一段時間的臨時實習作業員。那裡有小間的電報室，可用來接收通宵的新聞報導，為當地報紙服務。他每天在電報室抄寫到凌晨三點，也在此過程中發現自己是喜歡獨處的夜貓子。如果他在白天感到睏倦，可以找一張椅子坐著打瞌睡，而模糊不清的聽覺剛好能滿足他需要的寧靜。

到了春季，他對摩斯電碼的熟悉程度足以申請斯特拉福德聯軌站（Stratford Junction）的夜班作業員工作了，位置就在越過加拿大邊境的大幹線鐵路。該職位的工作內容包括藉著與沿線其他車站交換電報訊息，來監控火車的動向。沃克先生想讓他留在休倫港當學徒，月薪二十美元，但他對珠寶生意不感興趣，而他的父親本來應該會同意師徒契約，卻對契約中的條款不以為然。

總之，阿爾有充分的理由離開這個城鎮。格拉希厄特堡不再是適合待下去的地方了。山姆的自由派觀點以及對權威的偏激反抗經歷，讓支持聯邦本土主義的要塞守護者亨利・哈特薩夫（Henry Hartsuff）感到不滿。「他來自加拿大，據說是個很不老實的人，」哈特薩夫寫信告知戰爭部：「他大力支持分離主義，因此他的存在令人厭惡。」

山姆喜歡與人發生衝突，他願意奮起抵抗驅逐令。相比之下，阿爾只想要一份離家不遠的給薪工作，還有充裕的業餘時間持續自學化學和電學。斯特拉福德聯軌站符合這些條件。巧合的是，他的父母在安大略省的同一個地區度過早期的婚姻生活。他的九十六歲祖父山繆爾・奧格登・愛迪生（Samuel Ogden Edison；老愛迪生），依然與父母兩邊的親戚住在埃爾金縣（Elgin County）。因此，當阿爾的工作申請獲准時，南希沒有必要認為最小的兒子脫離了家庭的懷抱。

5　後來成了底特律公共圖書館（Detroit Public Library）。

擺脫恐懼的男孩

儘管阿爾說服自己，夜班作業員每週可賺二十五美元，能讓他有將近一整天做實驗的時間，但他畢竟還是十幾歲的少年，比成年人需要更多的睡眠。從黃昏到黎明，斯特拉福德火車站一片寂靜。要不是有標準的安全程序規定他每小時沿著線路迅速發電報，他就可以好好歇息一會兒。這件麻煩事促成了他的第一項發明：自動發報機。這台機器由辦公室時鐘驅動的鋸齒輪組成，並與發送器相連，因此在整點時，木錘會以精確的節奏在鍵上起落。發報機一直運作良好，直到某天調度員前來調查，為何斯特拉福德的訊號在規律的正常情況下，有時無法「取得聯繫」。

某天晚上，阿爾差點引起兩列貨運火車迎頭相撞，因此又遭到責怪。有人打電話問他，是否可以攔下其中一列火車，以便讓另一列火車通過，他肯定地回應對方。但他從電報室走下樓，到調車場尋找信號員時，傳來一陣急促的咆哮聲告知他錯誤的列車已經通過了。他立即衝回樓上，趕緊發電報表示自己招架不住了。下一站傳來的回應是：「混帳。」

幸好軌道是直的，兩列面對面的火車及時剎車停了下來。隔天早上，大幹線鐵路的總監指示斯特拉福德的代理人把阿爾帶到位於多倫多市的辦公室，想了解為何十六歲的少年經准許在天黑後擔任如此重要的職務。

> 他握著我的手並告訴我，我可能會被送進京斯頓監獄之類。這時，有三個穿著時髦的英國人走進辦公室。他們熱烈地握手，高興地聊天。我發覺這是當隱形人的好時機，於是我悄悄地走到門口，走下樓到貨運站，走進車務員專用車廂，抵達下一個貨運站……靜靜地一個人，直到我抵達美國後，

才擺脫了恐懼。

阿爾擁有不少鉑。在加拿大的短暫駐留期間，他聽說戈德里奇（Goderich）的大幹線火車站有一堆革若夫舊電池，於是他巧妙地詢問代理人是否可以取走電池的「錫」陰極。有些貴金屬片相當於幾盎司的再加工廢品，將在四十年後用於他的實驗室實驗。

以前沒聽說過你

他現在成了漂泊不定的電報員，這點與其他幾百名技術嫻熟或普通的青年一樣，他們都在南北戰爭的後期搭乘國家的火車。電報從前方傳來消息，這些青年很搶手，因此列車長經常讓他們自由前往喜歡的城鎮。

雖然摩斯電碼結束了歷史上通訊對運輸的依賴性，但這兩個領域仍然有關聯，因為電報公司需要電報的通行權，而鐵路需要電報站來控管火車的動向——理想的條件是配置保持清醒的可靠人員。

不少自稱是「火花捕手」或「閃電投手」的年輕人試圖逃避徵兵。一八六三年夏末，阿爾離可怕的兵役命運還有一年半的時間。在此期間，漂泊的生活很適合他，在現代技術最尖端的產業工作也很吸引他。《電報員》雜誌的每一期頭版都出現這句格言：「理智征服時間，即是崇高的壯舉。」全國各地的工作機會多不勝數，所有合格的求職者都有機會在下火車後，得到高薪的工作。[6]阿爾的前輩通常會急著尋找有美

6　大概有一千五百名專業的電報員參軍，因此非軍事領域急需人手。

女或美味玉米威士忌的城鎮。

小鎮上的小型分公司幾乎都有一些作業員聚在一起工作，並在有限的歡樂時間內，互相開玩笑和分享黃色笑話（許多段子以淫穢的摩斯電碼呈現），彷彿上演戲精般的誇張情誼。他們在內華達州卡森城（Carson City）或俄亥俄州克里夫蘭（Cleveland）相處了六個月，被派往不同地方後，任何一對臨時搭檔都不太可能再相見了。但多年來，他們透過交流不署名的訊號，也許還認得出彼此的「筆跡」，雖然在外界看來像是在胡言亂語。

波士頓：你的下一個號碼是一。
聖路易斯：謝謝。一號，紐約第九站到——。
波士頓：請報上名號。
聖路易斯：我是「&」。
波士頓：我以前沒聽說過你。他們從哪裡把你找來的？這是很熱門的訊號。哈！哈！

如果他們當中有人有機會成為著名的發明家，那麼此人必須承受許多沒沒無聞、敲著電報鍵的孤獨老人一再提醒他過去的溫馨歲月。同理，變幻莫測的未來生活有可能促成出乎意料的團聚，也許他們會愉快地相聚，也許彼此的關係已變質。

阿爾的下一個住處在密西根州的艾德里安市。他在當地結識了名叫以斯拉．吉里蘭的男孩，並再度做著夜班作業員的職務。這次他在湖岸南方鐵路公司（Lake Shore & Southern Railroad）工作，月薪七十五美元。他在那裡待了夠長的時間，有能力建設自己的小型工作坊。但某天晚上，他犯了一個錯誤，打斷主管占用的電報緊急訊息，因此他只好改到印第安納州的韋恩堡（Fort Wayne）做正職工作。那裡的時間安排不適合他，於是他在一八六四年秋天又換工作，到印第安納波利斯（Indianapolis）聯合車站的西聯匯款公司擔任二等作業員。

每分鐘的字數

阿爾十八歲了，漸漸有發明家的架勢。他在斯特拉福德設計的發條式發報機只能算是個玩具，但他現在設計的儀器有重要的用途，彰顯出他最重要的兩項完善成就：自動轉發壓紋機、留聲機。

這台「記錄器暨中繼器」滿足了他的審美欲望——用清晰又優美的文字把源源不斷的媒體報導抄錄下來（通常是極其冗長的新聞報導），同時以飛快的速度處理大多數經由電報傳送的報導。儘管他寫的字很優美，也決不像行動遲緩的抄寫員。但即使是非常敏捷的抄寫員，也很難跟得上大多數電報傳輸的特點：每分鐘四十個字（紐約和華盛頓的發報高手迫使外地作業員偶爾懇求放慢步調，享受著殘酷的快感）。這種潛規則導致抄寫員常常改述句子，甚至省略整個段落，尤其是在深夜時，他們的手腕會開始產生痠痛感。編輯抱怨媒體報導不完整，但也只能湊合著應付過去。

阿爾排列好兩個擺錘驅動的摩斯電碼登錄機，並讓其中一台接收快速完成的抄本，在紙帶的滾筒上壓印所有點和劃。紙帶接著放進一個盒內，並被另一台登錄機拉起，然後以轉錄員覺得適宜的速度（通常是每分鐘二十五個字）透過發聲器回播。阿爾發明這台用於練習的儀器，主要是為了提升自己的抄寫技能，但他獲得正式的使用權時，他的高品質抄本讓電報站的頂尖新聞記者自嘆不如，接著有人鼓勵他到別處找工作。

戰爭即將結束，他來到辛辛那提市第四街的西聯匯款分公司，意欲成為一流的新聞記者。[7]一間能夠提升訊息處理速度與數量的辦公室，是不太可能解雇熟練的作業員的，最起碼阿爾已經適應辦事的速度了。他暫且把實驗擱置一旁，刻苦地練習，結果他出現了典型抄寫員的無意識恍惚狀態：一邊聽電碼，一邊寫字，卻不理解兩邊的涵義。

這點在一八六五年四月十四日晚上尤為明顯，當時他和同夥的作業員都發現一大群人聚集在半個街區之外，就在《辛辛那提調查報》（*The Cincinnati Enquirer*）的總部外面。他們派一個小男孩去打聽消息。「林肯中槍了。」男孩回來喊道。

報社必定是從西聯匯款的電報得知消息，也就是說有人在辦公室收到自行轉錄的內容後，直接將本世紀最轟動的消息沿街傳送，忽略了其中的內容。「檢查一下文件夾。」辦公室經理說。經過短暫的搜索後，那份字跡潦草的報告被找出來並擱置了。四十四年後，阿爾回憶起這件事時，決定不透露筆者的身分。

他目前的月薪是八十美元，只比之前在艾德里安市工作時多賺了五美元，還不足以負擔高物價大城市的許多娛樂活動。為了省錢，他與兩位演員兼辦公室朋友合住——跟隨他來到辛辛那提市的以斯拉．吉里蘭，以及對阿爾不懂世故的舉止不太認同的老成紈綺子弟米爾頓．亞當斯（Milton Adams）。「那兩個年輕人不太喜歡他，他很孤單。」其他人說。

也許，林肯去世的戲劇性場面以及室友的職業都對阿爾產生莫大的影響。他漸漸對戲劇和作秀產生興趣，偶爾也表現出想要登臺演戲的興致。只要付得起，他就會到辛辛那提市的國家劇院看表演。他也背誦莎士比亞寫過的許多句子，並大聲引用，尤其是《理查三世》（*Richard III*）的開場白（他表演時，刻意彎腰駝背，走路一瘸一拐）。在他的餘生，當他想要炫耀自己的書法時，他就會寫下：「吾等不滿之冬。」

他有理由為自己今年開發的電報抄寫稿感到自豪，因為他每一句都在沒有畫線的紙上寫得整整齊齊，沒有浪費時間的華麗裝飾，只有在他不斷試著提升速度的過程中偶爾出現的變形字體。[8]當他不參加工會會議，獨自抄寫媒體報導到凌晨時分時（用瑪瑙筆在五層浸油薄紙與插入的複寫紙上寫字），吸引了日班經理史蒂文斯（J. F. Stevens）前來拜訪。「年輕人，我想安排你做路易斯維爾電報的夜班工作。薪資是一百二十五美元。」經理說。

這次的會面比加薪更有價值。阿爾正式成為了最高等的作業員，無論他接下來在「互聯的電光網絡」中的何處遊蕩，都有權受到敬重。

比不上美國

阿爾在納許維爾（Nashville）待了三個月，在曼菲斯待了三個月，接著在路易斯維爾（Louisville）待了四個月……。太平盛世時期以及內戰的結束，為剛滿十九歲的北方青年帶來了美國南方重新開放的喜悅之情。阿爾迫不及待的想漫遊，好奇地想探索飽經風霜的土地。「我成長了不少，」他在一張西南電報公

7 愛迪生如何在一八六五年避開兵役，不得而知。也許他付了三百美元的減刑費，或只是為了趕在傳喚之前從印第安納波利斯市搬到辛辛那提市。

8 愛迪生喜歡玩寫字遊戲，可說是專業的偽造文書犯。他能輕鬆地模仿華盛頓、傑弗遜及拿破崙的筆跡，還能為了自娛自樂而拿出大額欠款的票據，問容易上當的人：「這是你的簽名，對吧？」出版商愛德華・博克（Edward Bok）回憶起，愛迪生曾在十美分硬幣的周圍畫圈圈，然後仔細地在圓圈內寫上主禱文，包括所有逗號和句號。資料來源：馬歇爾，《愛迪生回憶錄》（Recollections of Edison），第九十四頁；克雷格（N. N. Craig），〈狂喜〉（Thrills），自傳體手稿，約一九三〇年，《傳記集》第四十一頁，典藏於愛迪生國家歷史公園；《普羅維登斯日報》（Providence Journal），羅德島州，一九二七年八月十三日。

司（South-Western Telegraph Company）蓋章的電報單上告知父母：「我現在不太像個男孩了。」

他再次寫類似的表單時，沒有註明日期，也沒有提到自己身在何處。他似乎有四處旅行的打算，並且在鑽研外語。「我會說西班牙語了。等到我回家時，就能像西班牙人一樣精通說、讀、寫西班牙文。我也讀得懂法文，只是還不會說法語。」他寫道。一八六六年八月初，他在紐奧良與兩位「火花捕手」規劃要搭汽船到巴西，他大概不知道巴西的官方語言是葡萄牙語。他們聽說巴西帝國在國家電報系統的擴展方面花了不少米爾雷斯[9]，並以為憑著技術就能參與其中賺取報酬。但城市內爆發了種族騷亂，他們原本計劃搭往里約熱內盧（Rio de Janeiro）的汽船被徵用，改供聯邦軍隊使用。曾居住在南美洲的老水手伸出消瘦的手，與阿爾握了握手，建議這位追求遠大前程的年輕人：「沒有其他國家比得上美國。」

阿爾感到後悔，並告訴朋友想返鄉。他踏上了回休倫港的長途行程。[10]腐朽的鐵路向北穿越阿拉巴馬州的抑鬱景觀——「木樑上堆著廢鐵。」——火車只能以步行的速度緩慢前進。阿爾可以從車窗探出身子，再從經過的樹木摘下桃子。

就像其他的返鄉「浪子」，他發現家鄉不再像從前那麼快樂。在格拉希厄特堡的戰爭後期，亨利．哈特薩夫對山姆的敵意已強烈到偏執的程度（「他是卑鄙惡毒的北方人，為叛亂的勝利歡呼，還誹謗我們的政府和公僕。」哈特薩夫說）。哈特薩夫是要塞的看守人，有酗酒和貪財納賄的惡名，但他背後有擔任上將的兒子罩著他。他利用這股影響力，說服底特律的軍需官憑著軍事保留地的支配權，徵用樹叢中的大白屋。結果，他終於順利地把山姆逐出十二年前出自誠意買下的地產。此地產的估價為二千三百美元，但他只給山姆五百美元。

年邁的愛迪生夫婦後來住在要塞以外的黑暗小屋。山姆還是像從前一樣頑固地反抗政府[11]，憤怒地對軍方提出訴訟，但大家都知道這場訴訟終將失敗。南希病了，神智不清。阿爾陪父母承受痛苦不到一個月，就回到了位於路易斯維爾的西南電報公司辦公室。

實驗研究

他待在肯塔基州的第二次任期，一直持續到次年七月。那時，他二十一歲了，能夠以充滿個人風格的字體，平均每天抄寫八到十五個專欄的美聯社報導。他說：「我發現，如果直立式字體的每個字母都不相連，也沒有刻意的修飾，就是能夠最快寫完的字體，而且字母愈小，寫的速度愈快。」他可以毫不費力地寫一千五百到兩千字，清晰的小字很像一顆顆鑽石。

此外，在他能力發揮到極限的情況下，這種精湛技藝臻於完美。他在市中心的荒廢大廈二樓工作，沒打掃過辦公室，暖氣在冬天也不太穩定。天花板上的灰泥剝落了一半，裝飾著幾塊乾掉的口嚼菸。連接電報機和配電盤的銅線遭到藍色結晶體腐蝕，而配電盤的黃銅引線因電擊產生的煙而變黑。「這邊的情況跟路易斯維爾很像。」他說。在暴風雨的天氣中，牆壁不時爆開裂縫，這對心臟有問題的作業員的健康不利。阿爾的主要訊號是從辛辛那提市的中繼器「盲區」傳來，也就是說他無法中斷傳輸並要求重複遺漏的單字或句子。電報越過卡溫頓（Covington）的俄亥俄河（Ohio River）時，也有漏電的傾向，因此他在接收時，電流會產生明顯的變化。他藉著由繼電器和發聲器組成的四重線來發訊號，消除了一些波動。「發

9 巴西的舊貨幣。

10 後來，愛迪生聽說這兩個朋友都在維拉克魯茲（Vera Cruz）死於黃熱病。

11 山姆六十四歲時，能夠在格拉希厄特堡跳得比二百五十人更遠。

出的聲響很難聽，但我讀起來還算輕鬆。」他說。除了糟糕的漏電之外，當北至克里夫蘭市的電報運作不良時，就需要豐富的想像力來了解發送的訊息是什麼……內容以每分鐘三十五到四十個字的速度湧入時，很難全部抄寫下來，也很難猜測哪些內容不會傳來。

身為抄寫員，他最大的功績是在十二月夜間，抄下總統安德魯．詹森給國會的七千一百二十六字第二年度報告，以及詹森後來在一八六七年初否決哥倫比亞特區特許權法案的六千一百一十一字。他憑著記憶，把這兩則訊息合併成冗長的內容。他寫字時，刪減了一些部分，然後趕到《信使日報》（*Courier-Journal*）的辦公室完成排版。「我這次坐在椅子上連續十五個小時，沒有停下來進食。」他說。實際上，這些文章隔了一個月後才發布，但每一篇都是他嘔心瀝血的成果，也證實了他躋身為國內最有效率的抄寫員之一。

到了仲夏，阿爾回到辛辛那提市的西聯匯款公司辦公室。在這三個月的工作期間，他把自己掌握電報技術的能力，當作開啟廣闊科學領域的鑰匙，例如電磁學、冶金學及導電率。他開始把實驗想法記錄在筆記本上（有些是他自己的點子，有些是為了指導而抄下）：自動調整的極化繼電器、遠距離電機中繼器、雙工發射機、軍用的秘密訊號方法、寶僑（Procter & Gamble）的專線電報系統。他以流暢的二維風格來畫圖，每一項設計都在他的筆下展現顯而易見的樂趣，不簡化電力，也不節省墨水。他編製了一些用於研究的學術性書籍，其中有法拉第的《電的實驗研究》第一卷。大約是這位偉人去世的消息在倫敦宣布時，他從公共圖書館借來這本書。他將第一卷與另外三卷奉為這一生的必讀寶典，而法拉第也是他最崇敬的科學家。此外，為了滿足他對時事和文化事務的漸濃興趣，他一口氣讀完二十卷《北美洲評論》（*North American Review*），那是他在路易斯維爾花二美元買下的，此後便愛不釋手。

根據一位抱持質疑態度的觀察者所言，阿爾愈沉迷書籍、愈是匆忙地組成外觀奇特的模型、愈常忘記吃飯、愈常拒酒，以及一季又一季穿著同樣的服裝，他在一些不太理智的同事眼裡，就顯得愈古怪。這些同事叫他「魯尼・愛迪生」（Luny Edison）或「維克多・雨果」，因為他喜歡讀法國小說。他們不明白為何阿爾已賺了兩年的豐厚薪水，卻好像一直手頭拮据。「他老是錢不夠，」其中一人抱怨：「他常常在發薪的隔天跟我借一美元。」

以斯拉・吉里蘭、史蒂文斯以及在辛辛那提市更了解他的其他人，都知道阿爾把所有錢花在技術設備與用品。顯然這是一位成年男子的強烈欲望，也是本能行為，情不自禁的做生來該做的事。他不再是個男孩，已從技術人員轉變成思想家。

從西部來的傻瓜

一八六八年一月，《電報員》的編輯詹姆斯・阿什利收到一位有志氣的發明家從密西根州休倫港寄來的文章。內文中闡明精巧對稱的雙重發報機，並註明以下保證：「藉由這種巧妙的安排，兩種通訊方式可以在同一條線路同時向相反的方向傳輸。」

阿什利認為這份偏技術性的長篇手稿很有趣，適合發表在日報的頭版。但他在春天要抽出時間執行時，作者卻已經從休倫港搬走了，而這位作者就是在麻州波士頓西聯匯款電報局工作的湯瑪斯・阿爾瓦・愛迪生。

愛迪生來到這家美國最大型企業的重要分公司，象徵著他的發明生涯正式展開，但他還需要六個月才能申請第一項專利，然後需要四個月才能有足夠的信心，最終轉戰到紐約。

他到達波士頓的辦公室時，看起來確實不像個有錢人。經歷了暴風雪導致減速的火車旅程後，他沒吃飽，衣著比平常更寒酸。但米爾頓．亞當斯推薦他為「大才」。他初次在辛辛那提市工作時，亞當斯就成了他的朋友，目前在波士頓的富蘭克林電報公司（Franklin Telegraph Company）工作。當天晚上，他的職責是在五點半開始抄寫，而其他夜間工作夥伴分秒必爭的為「來自粗野西部的傻瓜」設計陷阱。他們給愛迪生一支劣質的筆，讓他負責紐約的一號電報，並告訴他《波士頓先驅報》（Boston Herald）的一千五百字報導即將傳來。這些同事早就安排好曼哈頓的超快發報手發送報導，一開始是中等速度，後來加速到他最上手的急速節奏。

愛迪生輕鬆地跟上電報的節奏，他寫的字很小，也察覺到背後有一群吃驚的觀眾盯著他。他具有的抄寫員本能帶給他自信，每分鐘可以寫四、五個字，比紐約人發送的速度更快。通訊員開始覺得累了，節奏變得凌亂，斷斷續續地傳送訊號，但就像愛迪生事後說的：「我早就習慣抄寫這種電報通訊，一點也不覺得難堪。」當他感覺到另一頭的「霸凌者」累壞時，便接通電報線，敲出自己想發的訊息：「你可以改用腳敲打訊息，再撐一會兒吧。」[12]

從那時起，一號電報就是他的專屬管道。他坦承自己不擅長發報，但他的「筆法」現在享譽全國。阿什利在《電報員》的大標題使用「筆法」這個令人印象深刻的詞，並在下方宣稱：「湯瑪斯．愛迪生是我們認識的傑出抄寫員。」他表示看過這位年輕人的媒體報導單：「五乘八英寸，有六百四十七個字……寫得一清二楚。」

亞當斯幫愛迪生找到適合的工作後，就陷入了困境。富蘭克林電報公司承受不了西聯匯款的競爭後，解雇了他。愛迪生很同情他，於是讓他待在自己公寓的「門廳小臥室」，就在灰雀街（Bullfinch Street）上。他們都沒什麼錢，因為亞當斯的財務情況非常窘迫，而愛迪生像往常一樣把錢投資到實驗設備。兩人都很窮困，漸漸變得形影不離，一起在「吃不飽」的寄宿公寓用餐，食物的份量很少，但至少負擔得起。

他們沒有多餘的錢可以花在社交生活。某天晚上，一所女子私立學校的女校長順道拜訪西聯匯款的辦公室，詢問愛迪生是否願意為她的學生示範電報的操作。此邀請讓他第一次體驗到非電池引起的電磁衝擊。

幾天前，在亞當斯的幫助下，我帶了設備到學校架設。該校位於公共圖書館附近的雙層私人住宅。我在放學後安裝好設備。當時，我忙著設立私人電報線路，以及裝備我發明的儀器，把赴約的事忘得一乾二淨。等到亞當斯發現我在喬丹馬許百貨公司（Jordan, Marsh & Company）的商店頂樓架設電線時，我才想起這件事。他說我們必須在十五分鐘內抵達現場，請我動作快一點。我穿著工作服，也沒有想到自己的臉需要清洗一下。我認為那些學生只是單純的孩子，不會注意到這一點。一到達現場，女主人前來迎接我們。我告訴她，我忘了之前和她約好會面，來不及換衣服。她說這不礙事。亞當斯的服裝也沒有好到哪裡去，因為他已經缺錢很久了。會客室的正門打開後，這是我生平第一次感到不知所措。我一時說不出話來。現場有四十多位年齡落在十七歲到二十二歲的年輕小姐，她們都擁有顯赫的家世背景。我努力開口表示，我負責示範設備的操作，而亞當斯先生在旁邊說明。亞當斯非常害羞，甚至被軟墊凳絆倒了。那些女生紛紛竊笑，讓他感到更尷尬，結果他一句話也說不出來。情況演變成如此後，不知道為何，我開始發言了，而且講解得比以前更好。

12　一八九八年，經驗豐富的作業員弗雷德．卡特林（Fred Catlin）寫信給愛迪生：「雖然你當時不是發報的佼佼者，但我很確定你是無人能敵的收報方。三十年前，大家認為我執行的速度快如閃電。我還記得發出新聞稿和訊息給你的那些愉快時光……。我覺得很有趣，因為我可以一氣呵成，沒有中斷。」

後來，他和辦公室的同事在城鎮閒逛時，只要一見到那些女學生，她們就會對他點頭微笑。這對他來說是值得自鳴得意的事。

如何使用折疊刀

愛迪生的另一個頓悟，發生在他逛波士頓康希爾（Cornhill）街道上的二手書店時，他買下法拉第一共三卷的《電的實驗研究》。比起他在辛辛那提市借一卷來看，擁有並研究整部作品對他的影響力更大。他在不同的臨時實驗室試著靠自己執行「實驗大師」的所有程序，為簡潔用語和數學妙用感到欣喜。亞當斯回想起，愛迪生在早上四點從西聯匯款返家後，不是先就寢，而是研究法拉第的實驗。

「我已經二十一歲了，」愛迪生吃早餐時，脫口而出：「也許我能活到五十歲，但我做的實驗會跟他一樣多嗎？我要做的事很多，人生很短，所以我得趕緊行動。」

這時，阿什利已經在《電報員》發表愛迪生寫的雙重發報機文章，並稱讚這台機器即使不是特別新穎，也是個有趣又巧妙的裝置。這位編輯指出，雙重傳輸在德國已運用多年，但愛迪生有效地簡化了程序。愛迪生因此邁向改良的目標，最終讓雙工技術大放異彩。六月時，波士頓的警報器專家約瑟．斯特恩斯（Joseph B. Stearns）被授予類似系統的專利保護時，愛迪生原本打算提前申請專利的期望落空了。但他不氣餒，列出了十四項自己的發報機優勢，並安排當地的機械工冒險地打造三套機組，各以四百美元、四百五十美元及五百美元的高價打廣告。他沒有接到訂單。

阿什利在編輯方面的善意也鼓勵了他為《電報員》投稿更多文章。五月九日，愛迪生撰寫的〈組合式中繼器〉描述另一項衍生性發明——原型是喬治．菲爾普斯（George Phelps）在一八五九年設計的開創性組合印刷電報。愛迪生認為菲爾普斯的機器鍵盤很像鋼琴，能迅速地把羅馬字型敲到紙上，而一般用於摩斯線路的中繼器無法準確地複製字體。他的中繼器（他以他其中一個鏡像二元設計來說明）是根據新的原理建造，並採用特殊結構的磁鐵，因此能跟上任何速度的振動，而在微弱的電流操作下，其活動在摩斯中繼器上是無法察覺的。

隨著夏季和初秋相繼到來，他繼續努力不懈地做實驗和發表文章。八月十五日，《電報員》刊登了一千八百字關於波士頓主要電氣與電報設備製造商的調查報告，這篇文章尤能彰顯他的雄心壯志，也表明在他留宿的四個半月期間，他已對這座城市的技術資源瞭若指掌，其中包括查爾斯・威廉斯（Charles Williams；小威廉斯）的著名工作坊，摩西・法默也在那裡擁有一間放滿設備的小實驗室。愛迪生提到此事，卻沒有提到自己也曾在同一棟大樓占用空間。但不知何故，也許是法默本身嚴謹、虔誠的低調態度，愛迪生並沒有打算去討好這位美國版的法拉第。

愛迪生在西聯匯款做夜間工作，白天則在威廉斯的三樓閣樓屋簷下做自己的事。他發明並製造了六種裝置，包括股票行情報價機、火警的警報器、傳真的電報列印機（「我打算用來傳送漢字。」他說）。十月十三日，他第一次順利地申請電化學投票計數器的專利，親自從硬木塊削出提交的模型。「若要成為優秀的發明家，就必須先了解怎麼使用折疊刀。」他說。

他不久就發現這是極為巧妙的裝置，但無法商業化，其設計的用途是加快立法機關的繁重計票程序，能從每張桌子上的電動開關接收贊成票或反對票的訊號，並將訊號印在一卷化學用紙，每次都用立法者的名字來識別訊號，同時能在指示盤上分別顯示選票。愛迪生聽說迅速投票是政客在通過法案時，最不希望發生的事，因此他想看到「記錄器」在國會議院發揮效用的夢想破滅了。畢竟政客需要花時間直接相互遊說。愛迪生決定從今以後，他只發明人們需要使用的東西。

他了解到，對年輕的發明家而言，取得專利權須經過昂貴的程序，每項申請和核准都要支付高昂費用——付給代理人、律師、繪圖員及專利局，當然也涵蓋針對侵權指控的專利特許證辯護，或起訴剽竊者的可觀費用。從此，在愛迪生的職業生涯中，無論是總計四位數或六位數的收入，絕大部分都像水滲入沙中般的併入專利訴訟。

職業性發明的另一個難堪特點，就是需要與資助人、有影響力的商人培養關係。愛迪生剛好善於建立這方面的人脈。資助人習慣他的粗野表象後，會被他的幽默感吸引，受到他堅定的自信所影響。但這並沒有減輕他必須一再發問的尷尬感，然後容忍投資人望眼欲穿的想參與創新過程，甚或冒險嘗試他們的點子。

他一開始就走低調路線，向同夥的作業員德威特・羅伯茨（DeWitt C. Roberts）借錢。羅伯茨同意提供或籌集足夠的資金，申請專利並製造一台以上的「股票經紀人印刷器」，以取得潛在銷售中的三分之一權益。羅伯茨隨後將部分權益賣給其他投資者，這提醒了愛迪生：他無法一直挑選資助夥伴。但羅伯茨也資助過投票計數器。此外，許多波士頓經紀人、商人及電報公司的董事，尤其是著名的貝克・韋爾奇（E. Baker Welch），皆紛紛支持這位年輕的發明家，因為他的名聲傳遍了整座城市。

實驗室中自有黃金屋

一八六九年一月三十日，《電報員》的「人物」區刊登了一則公告：「愛迪生先生辭去了麻州波士頓西聯匯款辦事處的職務，他將盡心投入自己的發明。」

十八天後，愛迪生申請了第二項專利：黑色與金色相間的優雅棘輪式「股票經紀人印刷器」，結構幾乎和時鐘一樣複雜。它的目標鎖定在蓬勃發展的新市場，由字母與數字混合編制的報價機向認購經紀人報告紐約黃金、股票交易所的價格波動。早在一年前，愛德華・卡拉漢（Edward Calahan）就開創了這項技術，他的金股電報公司目前力圖將業務擴展到波士頓，而競爭對手薩繆爾・勞斯（Samuel Laws）所擁有的名稱相似的金股報導電報公司（Gold & Stock Reporting Telegraph Company）也試著積極擴展。

愛迪生輕率地決定在威爾遜巷（Wilson Lane）九號開設屬於自己的股票報價服務機構，而勞斯也打算在同一棟大樓創業。他占用樓上的兩間房，一間用於價格監督和布告，另一間則是他稱為「實驗室中自有黃金屋」的實驗工作坊。由於他對交易業務知之甚少，有賴於他的資助人暨經紀人薩繆爾・羅斯（Samuel W. Ropes；小羅斯）指導市場專業知識。他的第一個客戶是基爾皮博迪（Kidder, Peabody）公司的銀行和經紀商，不是績優股就是上流社會圈子。隨著時間推移，愛迪生適時增加了二十五個承購者。

如果他期待勞斯買下他的印刷器，想必會大所失望。這台裝置優於卡拉漢的原型，擁有單一活字輪（而非兩個），使用一條驅動線（而非三條）。幾個月來，愛迪生和剛認識的作業員夥伴法蘭克・哈納福德（Frank Hanaford）[13]在波士頓到劍橋地區安裝便宜的專線自動電報機，勉強維持著貧窮的生活。他們必須掏出不少錢購買用品，例如用於桿線的四十七個玻璃絕緣體或瓷絕緣體、一又四分之三磅的硫酸銅電解粉，以及各種焦油、油及硫磺，使電線能抵擋城市的侵蝕性煤煙。

到了春天，對愛迪生的雄心壯志而言，波士頓顯然太狹小、太保守了。韋爾奇不願意為他的磁力記錄型印刷器提供資金；這台裝置能讓客戶不再需要保養麻煩又容易引起事故的電池。[14]西聯匯款公司也不允

13　此時，米爾頓・亞當斯已放棄漫遊的計畫，到西部去了。

14　愛迪生在實驗室不小心被電池的硝酸濺到，結果身體留下不必要的棕褐色塊，看似在冬季曬黑。「我的臉和後背有發黃的條紋，皮膚彷彿徹底氧化了。」他說。

許他在任何使用中的長途線路上測試改良後的雙重發報機。他對這台儀器寄予厚望，於是準備使用屬於紐約州羅徹斯特市A＆P小公司的線路進行測試。

鴻運當頭

四月十日，愛迪生到達了羅徹斯特市，口袋裡只有韋爾奇預先給他的四十美元。他等上整整四天，幾乎花光所有錢，A＆P才允許他在深夜使用雷諾商場（Reynolds Arcade）外面辦公室的紐約線路。結果，四百英里長的電線絕緣性很差，而他的設備操作起來又很複雜，導致他在曼哈頓雇用的抄寫員很迷惑，測試失敗了。儘管如此，他還是在《電報員》宣布電報傳輸「大功告成」，並暫時回到波士頓，與當地的幾個債權人結清帳款，然後把剩下的錢花在一張前往紐約的單程汽船票。

他向韋爾奇提出的理由是，他需要對雙重發報機進行局部改造，才能解決遠距離感應的問題——電磁干擾導致訊號傳輸變慢、模糊不清。這項工作需要一些時間，而A＆P也必須在他恢復測試之前固定線路。但他對紐約著迷的真正原因是，如同無數有抱負的前輩，他也嗅到了這座城市的氣息，也感受到誘人的成功氛圍。「不需要特別招攬，大家會主動來到這裡。」他說。

但在他抵達紐約後的七十二個小時，事實並非如此。他不得不整夜在街上遊蕩，身上的錢只夠他在華盛頓街的史密斯麥克尼爾餐廳買一杯咖啡和一盤蘋果餃。在他的後半生，他常提起當時美味的蘋果餃。他熬著過日子，直到他待在城鎮的第三天，他到百老匯街順道造訪薩繆爾・勞斯的金股報導電報公司時，剛好發現辦公室陷入恐慌，因為通用發報機故障了。他研究機器的運作原理後，告訴勞斯博士接點彈簧斷了，掉落到兩個齒輪之間。

「把它修好！把它修好！」勞斯大叫，畢竟每分鐘都是虧損：「快點！」

愛迪生拆除彈簧，並將接地輪歸零，而員工分散於金融區重設分支指示器。兩個小時後，系統重新運作了。勞斯博士滿懷感激，當場聘請他擔任作業員兼技工，月薪為一百美元。雖然這份工作的薪水比他以前當高薪的流浪作業員更少，但他不用再躺在刨屑上睡覺了，也不再只靠著攝取高澱粉的食物和糖分維持生命。他繼續盡全力工作，有時一天工作長達二十個小時：「我永遠都不會放棄，也許在我死之前會鴻運當頭。」八月初，勞斯任命他為公司營運廠的負責人，並調升他的薪水三倍。

他重新裝配和改進勞斯設計、但不能申請專利的股票行情列印機，藉此證明自己的晉升很合理，因為這台儀器複製了愛德華・卡拉漢設計的幾項特點。實際上，愛迪生製作出屬於自己的新型股票行情列印機，操作起來更簡單小巧，也更順暢。但在過程中，他失去了剛剛取得的有利地位。勞斯在八月二十七日將公司賣給競爭對手，創建幾乎壟斷的金股電報公司。擴大後的公司招聘了新的負責人，因此愛迪生在月底又回到大街上遊蕩。

然而，他此時在紐約已經是四項實用發明的知名專利權所有者——投票計數器、私人自動電報機、雙重發報機以及股票行情列印機——也寫過幾篇資訊豐富的技術性文章。富蘭克林・波普的新書《現代電報實務》（*Modern Practice of the Electric Telegraph*）中，有一部分說明並讚揚愛迪生的按鈕中繼器（他在辛辛那提市發明的長途繼電器）：「非常簡單又巧妙的連接方式……在實務上運作良好。」

在愛迪生到職之前，波普是勞斯的公司負責人。既然他們現在都失業，又有許多可以共享的技能，於是他們決定宣布在這座城市合併成立「電機工程暨電報工程局」。在公司正式成立之前，愛迪生在市中心的經歷讓他永遠不把資助者視為正直與責任的棟樑。

九月二十四日星期五，他在新街（New Street）的「黃金屋」露臺處理發報機時，在充滿菸味、快令人窒息的會客室內，投資黃金股的投機者在會噴水的金箔製海豚凝視下交易金條。這天不久就被稱為「黑色星期五」，傑伊・古爾德在過程中對黃金市場發起秘密攻擊，試圖壟斷大部分的市場。前一天晚上，黃金屋的價格指標原本大幅跌到一百四十四又四分之一，在區區六分鐘內就飆升到一百五十五。場面頓時騷動了起來。愛迪生很好奇，爬到西聯匯款的電報站上方，看著西裝筆挺的男子表現得像一群嚎叫的郊狼。金融家阿爾伯特・斯皮耶斯（Albert Speyers）在前一天買入價值六百萬美元的黃金，並將價格抬高到一百六十美元，彷彿得了失心瘋。就在中午之前，他的情緒非常激動，指標達到了一百六十二又二分之一。接著有消息傳來，總統尤利西斯・格蘭特（Ulysses S. Grant）授權財政部出售四百萬美元的政府黃金。這使得古爾德的襲擊徹底潰敗，同時引起證券交易所的恐慌。收盤後，虧損甚大，以至於華爾街發生殺人或自殺事件的可能性非常高，甚至需要派出民兵部隊維持秩序。

整個下午，唯一保持冷靜的旁觀者就是

「黑色星期五」，一八六九年。繼任總統詹姆士・加菲爾德註解的黃金價格公告。

愛迪生、海豚及西聯匯款的作業員。「愛迪生，握個手吧。我們很安全。反正我們沒什麼錢。」作業員說。

波普夫人的房子

十月初，波普愛迪生電器工程公司正式成立，並在市中心的百老匯街七八號到八〇號設立了辦事處。詹姆斯·阿什利簽約受僱為第三方，在報紙上吹捧愛迪生這位年輕人不僅擁有電氣科學碩士學位，也是一流的機械天才。三人（波普、愛迪生及阿什利）決定一開始的專業鎖定在愛迪生的最新發明：無需使用本機電池，就能接收和印出摩斯訊號的單線「金融暨商業儀器」。他們在《電報員》發表廣告聲明：「我們擁有無與倫比的設施，用來準備專利的權利申請、繪圖及說明書。」所有的訂製儀器都在紐澤西州的河流對岸訂做，波普與母親就住在那裡，而愛迪生此後也在他們家寄宿。

波普夫人的房子位於伊麗莎白市，離澤西市有兩個賓夕法尼亞鐵路站之遠，而愛迪生在澤西市找到了容納實驗室的空間。隨著十二月漸漸逼近，白天的時間變短，他養成了獨特的通勤習慣：每天早上六點起床後，趕著搭向東行駛的火車，通常一天工作十八個小時，然後在寒冷的黑夜中等候凌晨一點的慢車，送他回到伊麗莎白市。

他只穿著幾件內衣抵禦嚴寒。有朝一日，他會解決黑暗無光的問題。

第八部

自然哲學

一八四七年至一八五九年

小時候的阿爾瓦・愛迪生，約攝於一八五〇年。

愛迪生三歲時，記憶開始保留有關世界上的零碎印象，包括模糊的嬰兒時期回憶。在這些記憶片段中，最清晰的是一位有寬臉的黑髮女人摟著他並指導他，以及在稍遠處一位充滿活力、下巴留著灰白鬍鬚的高大男人。

雖然這兩個人是他的主要回憶，卻不是他最初的回憶，最早可追溯到一八四九年的夏季，當時他在地板上爬行，朝著向大姊獻殷勤的年輕人扔下的一枚墨西哥銀圓爬過去。他看著許多大篷車裝載貨物，準備前往西部參與淘金熱，連他的叔叔斯諾・愛迪生（Snow Edison）也在其中一輛車上。南希又抱起他了，但這次捧著他去見見瑪麗恩——一位穿白衣的二十歲幻影，最後嫁給了那位年輕男子。

那年十二月，不遠處出現他的十八歲哥哥彼特、十六歲姊姊塔妮（Tannie）。在更遠的地方，他的母親在浸禮會的教堂一再提起，有三個孩子在他出生前就過世了。

因此，阿爾瓦的年紀在七個孩子當中最小，也是唯一住在父親家的孩子。他的頭很大，神情茫然。他周圍的安全感不僅來自物質層面（山姆事業有成，他已為俯瞰運河港地、有七個房間的屋子鋪好每一塊磚，也釘上每一塊木瓦），也來自情感層面：他得到母親的密切關注，愛與教養占同等分量。當時，他的父母都已經步入中年。山姆（家譜上的全名是山繆爾・奧格登・愛迪生；小愛迪生）參加瑪麗恩的婚禮時，已四十五歲，而南希是四十一歲。由於她不太可能再懷孕了，她那文雅脫俗的修養只傳授給阿爾瓦。

在手足當中，他的另一個特點是，只有他不是在加拿大出生。愛迪生家族有一點美國血統，但因為是親英派，他們在美國大革命後逃往北方。山姆在安大略省的維也納鎮成長，他居住的農村吸引了南希那邊的艾略特（Elliott）家族從紐約上州移居。山姆與南希在一八二八年結婚，本來可以繼續在維也納鎮生活和工作——山姆是旅館老闆，南希是教師——但山姆生性倔強，一向反對主流觀點，甚至反對父母的看法。他們在一七七六年排斥獨立宣言，並在一八一二年的第二次獨立戰爭中支持英國。山姆也在一八三七年反對保守的教權主義開始壓制安大略省的自由思想。那年，他參與的反政府叛亂失敗後，有省軍窮追不捨，而他充分發揮自己的長腿優勢，跨越了邊境，逃到底特律。他在加拿大被指控犯有叛國罪，因此他認為在俄亥俄州米蘭展開木匠的新生活才是明智決定。到了一八三九年，他與家人一起在米蘭定居。一八四七年二月十一日，清晨大雪紛飛，他在多種伐木業和拍賣企業中混得不錯，讓湯瑪斯·阿爾瓦·愛迪生出生後待在中產階級分子享有的穩固生活環境。

不太愛玩

從街道上看過去，山姆的紅磚房屋有鑲著白邊的門面，迎著初升的太陽。內部和西面都可以俯瞰米蘭的運河港地全景。他把房屋建在眺望休倫河谷的懸崖最高處。站在客廳窗前的男孩看到眼前的景象後，一定會很興奮，因為遠方有幾十艘載著小麥的湖上帆船，正駛離港口，經過運河並沿著河流向北行駛。

一八四〇年代晚期，米蘭是個只有一千五百名居民的小鎮，也是世界上的主要大型穀物市場。經常可以看到一連串約五百多輛的馬車載著小麥，從山坡上緩慢地向城鎮行進。在斜坡的其他地方，由斜槽、起

愛迪生的出生地在俄亥俄州的米蘭。

重機及手推車組成的複雜體系，讓阿爾瓦上了物理學的基本視覺課程。港口附近有船塢，群眾聚在愛迪生家園周圍，看著一艘接著一艘雙桅縱帆船下水。

阿爾瓦漸漸長大，能夠模仿父親使用鋸子後（山姆是木瓦製造商，在加拿大將三英尺的「木栓」按照尺寸製作、劈開及切片），他用製造廠的碎片把木板道釘在一起，接著在碼頭的造船廠閒逛，背誦著伐木工和運河工唱的歌謠。他曾經短暫地在紅色的小校舍上學，但他的凸額和特殊習慣讓他顯得與常人不一樣，比方說他埋頭畫著店面的招牌，讓老師迷惑不解，也讓許多同學感到反感。「我經常在鎮上遇到他，」多年後，一位同學寫道：「他跟一般男孩一樣，鼻子和臉頰都弄得很髒，但他似乎一直在思考其他事，不太愛玩……有些男生叫他『呆迪生』，覺得這樣叫他很好玩。但他的表姊麗茲．沃茲沃斯告訴我，她有時候能理解他說的話，決不是傻子。」

「呆迪生」出名後，另一位上了年紀的米蘭人依稀記得：「有一個小孩老是做著跟其他同伴不一樣的怪事，他很喜歡獨處。」這位老人就是山姆，他堅

米蘭，位於桑達斯基城市路（Sandusky City Road）附近。布萊內德（J. Brainerd）繪，一八四七年。

稱：「湯瑪斯．阿爾瓦從來沒有真正度過童年時光。他對蒸汽機和機械力的興趣，大過學校的基礎課程。」

他是聰明絕頂的男孩嗎？當然不是。我相信有些人認為他有點癡呆。老師建議我們讓他流落街頭，因為他不善於學習。他攝取的營養都變成補腦，而且他很瘦弱。他經常發問。我回答說不知道後，他就說：「你怎麼會不知道？」[1]

「癡呆」這個詞之所以經常出現在描述年輕時期的阿爾瓦，其中一個原因也許是他處於危機或災難中時，能夠異常地保持冷靜。他似乎無法理解自己出於好奇心，燒毀父親的穀倉後，為何會激怒山姆對他當眾體罰。更嚴重的是，他與朋友喬治．洛克伍德（George Lockwood）在流入米蘭南部運河與河流的小溪中游泳時，他失去了朋友。「我們在水裡玩了一會兒後，他就在小溪裡消失了，」愛迪生回憶道，在五十多年後依然能冷淡地談論這場悲劇：「我在旁邊等他上岸，但天快黑了，我不想再等下去，就回家了。那天晚上，有人叫醒我並問我那個男生的下落。幾乎鎮上所有人都帶著提燈出去找他，大家都說我是最後一個跟他在一起的人。我告訴他們，我等他很久但等不到他。他們走到溪邊，把他的屍體拖上岸。」

阿爾瓦在米蘭接受的學校教育，只持續到二年級剛開學就結束了。「以前，我在學校是邊緣人。我不知道原因是什麼，但我的成績在班上墊底……。爸爸覺得我很笨，而且我後來也認定自己的智商很低。」他說。

木瓦、狹木板、圓材

一八五四年春季，山姆在底特律帶著南希、彼特、塔妮及阿爾瓦登上「紅寶石號」小型外輪船。他們要前往休倫港，沿著聖克萊爾河往北四十英里。瑪麗恩和丈夫霍默・佩吉（Homer Page）留在米蘭，盡力過好每一天。隨著鐵路的出現，小鎮急劇衰落，最終消逝。不到幾年，運河就會淤塞並消失，而港口和造船廠也會沒落。山姆的遷移決定很明智，他從日漸衰敗的內陸港搬到兩倍大的湖港，那裡有許多鋸木廠，每年運送九千三百萬板英尺的松木板條、木瓦、狹木板、圓材，還有芳香的雪松桿和大捆的鞣革樹皮。他從米蘭的穀物貿易、木材生意中獲利甚豐，也準備在休倫港大展身手。

他在已廢除的格拉希厄特堡軍事基地，花了二千八百美元買一幢雙層樓的白色架構房屋。內部有三千六百多平方英尺，這還不包括寬敞的地窖——阿爾瓦的第一間實驗室。天花板很高，窗戶很大並向周圍的十英畝樹叢敞開（也是山姆的地產），未開墾的林地向西邊延伸，而聖克萊爾河向東邊流入休倫湖。

格拉希厄特堡最顯眼的建築特色，是象徵著河流與湖泊交界處的七十四英尺高白磚燈塔。燈塔上有菸灰色的鯨油燈，透過玻璃投射奇特的淡綠色光芒，而玻璃上的煙灰每天都需要擦乾淨。山姆是企業家，而燈塔的高度以及不開放給遊客參觀的特點，啟發他在自己的土地上建起一座高出二十六英尺的瞭望塔，並對外開放。在他建好瞭望塔的頭兩三年，他從這個景點賺到外快。即使這座塔不太穩固，卻能讓人欣賞到湖泊、河流及兩國鼎立的壯麗全景。就特殊的意義而言，這兩國都算是他的祖國。

在這段短暫的期間，山姆的生意小有成就，他不僅經營木材與穀物的生意、販賣每張七十五美分的瞭望塔門票，還銷售果園的蘋果、梨子，以及自家小農場的蔬菜。接著，他涉足不動產業，買賣當地的房

1 「癡呆」這個詞很常出現於愛迪生的傳說。他自己也提到以前聽過老師和督察員談話時，說過這個詞，還表示沒有必要讓他留在學校：「我聽到後很傷心……突然大哭，回家向媽媽傾訴。」根據他的陳述，南希後來攔住老師說：「我的孩子比你更有智慧。」

產。到了一八五六年秋季，他的身價大概高達六千美元。[2]但他的自由派道德標準和物權法的原則並不相符，因為物權法規定銷售前須證明所有權，然後也須繳稅。

一八五七年八月二十四日，這些麻煩開始影響到山姆的現金流時，俄亥俄州人壽保險公司（Ohio Life Insurance Company）的倒閉重創鐵路股，引起全國第一次的電報恐慌。密西根州在隨後的經濟衰退中，受到的打擊特別嚴重。底特律經濟崩潰；銀行和企業紛紛倒閉；出現分配救濟品的隊伍；年幼的乞丐在街上遊蕩。休倫港也遭受同樣的打擊。十二月時，山姆被控告犯有不動產詐欺罪。據說，他為了避免破產或更糟的後果，將財產登記在南希的名下。一八五七年到一八五八年的冬季，發布的信用報告指出他不配當商人。若非彼特經營著制服公司，以及阿爾瓦熱情地擔任農場童工，也許山姆會逼不得已賣掉樹叢裡的白屋。

唯一的良師

阿爾瓦待在休倫港的童年，鮮少有文獻記載，因此很難說得準他上學多久。他六十多歲時，聲稱只受過三個月的正規教育。這分明是誇大其詞，因為他曾就讀喬治．恩格（George Engle）牧師開辦的私立小學。隔了幾年後，他到鎮上的聯合學校就學。無論他待在各個學校的時間有多短，他離開第一所學校的原因，似乎與他從米蘭的紅色小校舍被送回家相同：不尋常的「癡呆」特徵。他在十二歲時就退出第二所學校，展開他的鐵路報童職涯。鑒於他在課堂上的學習障礙，顯然南希在此之前是唯一了解他並教導他的良師。

「媽媽把我造就成材，」他曾經難得地表露自己的情感，坦白說：「她很真誠，對我也很有信心。她成了我活下去的意義，我不忍心讓她失望。」南希是矮個子，體格強壯，有灰眼睛、黑眉毛，面容嚴肅。她是兩位浸禮會牧師的妹妹，也是貴格會（Quaker）教徒的孫女。阿爾瓦還記得，她是紀律嚴明的人，面無表情的樣子很像塞思・湯瑪斯（Seth Thomas）製作的時鐘，能夠自如地控制開關。但她並非面貌凶惡：眉宇之間有一股嘲諷的氣息，嘴角時時帶著笑意，而這兩點也出現在她的兒子臉上。沒有證據表明她對兒子灌輸虔誠觀念失敗後，因此焦慮不安。在其他方面，她對兒子的智力發展確實有深遠的影響。

有親友形容南希「勤奮、能幹、有文學素養、有抱負」；其中，第三個形容詞最顯著。也有親友回想起一八五五年六月，塔妮結婚並離家後，阿爾瓦與南希經常相處在一起：「我清楚記得有果樹林環繞的舊農莊，以前也經常看到愛迪生夫人和兒子交談。有時，我注意到她在指導他課程。我也常常納悶為何他不去上學。」還有其他親友在晚年寫信給他：「我記得很清楚的一件事是，有一次我到你家前面，看到你媽媽站在門口叫你進去上課。」

他們一起讀的第一本重要書籍應該是關於宗教改革史。至於阿爾瓦比較感興趣的其他共讀書籍，例如羅伯特・西爾斯（Robert Sears）的《常識家庭教師：歷史、傳記、文學、地理、自然史及其他科學等文摘》（*The Family Instructor, or, Digest of General Knowledge Embracing the Various Divisions of History, Biography, Literature, Geography, Natural History, and the Other Sciences*）。這本書有三寸半厚，圖文並茂，使他和南希準備好在接下來的四年進一步挑戰內容更艱深的書，包括伯頓的《剖析憂鬱》、休謨的六卷《英格蘭史》（*History of England*）、吉本斯的《羅馬帝國衰亡史》（*Decline and Fall of the Roman Empire*）。他們讀到理查・格林・帕克的《自然哲學》後，阿爾瓦的青年時期受到此書莫大的影響，他已確定了「心

2　大約相當於現代的十八萬三千美元。

之所向」的領域——無神世界的自然界運作原理——南希基本上無須再指導他了。

南希・艾略特・愛迪生，約一八五四年。

科學領域

愛迪生在晚年時告訴亨利・福特（Henry Ford），帕克的百科全書式巨著是他在九歲時讀到的第一本科學相關書籍。如果他真的那麼早閱讀這本書，那麼他十一歲就讀聯合學校時，就不會覺得讀這類的書很困難。該書的正式書名是《自然與實驗哲學概要》，而一八五四年版本的最大特色是有附加的副標題：《涵蓋蒸汽機、火車頭引擎及電磁電報的說明》（*Containing Also a Description of the Steam and Locomotive Engines, and of the ElectroMagnetic Telegraph*）。[3]

「整個科學領域，」阿爾瓦在緒論中讀到：「是由不同時代的不同個人發現推論出的原理所組成，然後變成一般的知識積蓄。因此，整體知識猶如公共財產，並非只屬於特定人士。」在他想靠自己闖進這個不易加入的小圈子之前，有人提醒他，以前有無數人的工作是以人類累積的智慧為基礎，甚至包括偉人哥白尼、牛頓、富蘭克林、法拉第。世上只有造物主擁有創造力。所有的發明只不過是原始物質的重新發現、重新排列。

南希可能不會反對這樣的看法。但帕克明確表示，他寫的書不涉及哲學的心靈、道德及智力分科，也就是神學、道德學及形上學。他只關心自然哲學這門探究物質世界的科學，也只重視其中無組織物質的一般特性。

在阿爾瓦的一生中，「物理學」這個詞取代了「自然哲學」的科學術語。但帕克在一八五六年堅稱前者比後者的範圍更廣。物理學包含自然史和自然哲學，也就是囊括有組織物質、無組織物質。他不在書中提及化學，理由是化學能將人類的作用力引進物體的條件與關係當中。因此，他限制自己專注在宇宙的非生物學觀點，接著列舉和描述阿爾瓦將來會探索的領域（但不包括X射線和植物學），這似乎以神秘的方式揭開了這位男孩的未來。

在《物質及其特性》（*Of Matter and Its Properties*）一開始的章節中，帕克列出六十一種已知元素，並以花崗岩等岩石的基本成分為例。在自然界中，有四十九種基本要素是金屬，即使對這些要素的適當考慮應該留給化學家去做，但他在金和鉑的展延性、柔軟性方面著墨較多，使冶金學顯得像是最有價值的科學。一盎司黃金可以延展到五十多英里的長度，但他表示：「鉑可以拉成更細的金屬線。」

阿爾瓦研究機械學時，了解到有六種基本工具：槓桿、滑輪、楔子、螺絲、斜面以及輪子。如果輪子由沉重的輪輞、長又輕的輪輻建造，就必須施力才能旋轉，但一旦產生移動就會變成「飛輪」，而慣性能

3　精心創作的卷頭圖畫展現實務上的電報通訊：穿著長禮服的男士向另一位男士發送訊息——沿著跨越小山、山谷及海岸線的線路——後者查看印出的資料，對內容感到不滿意。

使輪子驅動的機器轉速穩定下來。輪子或圓盤離運動中心最遠的部分，移動的速率愈高；所有部分的速率會隨著離運動作用的距離縮短而降低。

帕克將摩擦力（他的說法能驚動任何教室）定義為「物體相互摩擦時遇到的阻力」。真空是指「未被占用的空間，也就是絕對不包含任何東西的空間。」他展示手壓泵使勁地從玻璃或球狀容器排出空氣的圖畫，並說明空氣對燃燒非常重要：「把點燃的燭芯、雪茄或其他會產生煙霧的物質，放在容器內，並排出空氣後，燈光會熄滅，而煙霧會消散。」阿爾瓦研究氣動力學時，了解到空氣的彈性很大，要完全排氣難如登天。然而，充滿重金屬汞的封閉式高管浸入裝著更多汞的盆子時，重力會使圓柱局部下拉。「留下托里切利真空……是目前發現最理想的真空。」他說。

標題「蒸汽機」引出長達十四頁的討論，有圖示和美麗的木刻畫，畫中有一艘明輪船在起起伏伏的波浪中頂著風前進。另一張插圖則展示堆滿鳳梨的火車頭，讓人聯想到阿爾瓦不久後就會獨自駕駛火車頭，在四十七點五英里的軌道上行駛。

阿爾瓦從〈電力〉（What is Electricity?）讀到他需要記住的重要定義（但不明確）：「電力是無法估量的動力[4]，

帕克書中的木刻畫

遍及物質世界，也只有在產生效果時才能讓人看見。」電力這個詞來自希臘語「elektron」，意思是「琥珀」：摩擦時，能產生「刺激」的作用，吸引紙片、線、軟木、稻草、羽毛或金箔碎片。有許多「不起電」物質對這種力量不太敏感，而有反應與無反應物質之間的「吸引」和「排斥」是自然界中有力的基本衝突。

有些理論家認為電力是一種流體，而有些理論家否認電力有具體性，只認定電力是像磁力一般的物質屬性。帕克認為電力是兩種性質相反的流體，不斷在「正電」和「負電」之間尋求平衡；他也表示現代的科學觀點共識已按照此原則發展。他寫到法拉第教授（這位偉大實驗家的名字第一次深深印在阿爾瓦的腦海中）曾提出電學的命名法，其中包括在任何通過導體或電線的電力流中：代表陽性元素的正極，以及代表陰性元素的負極。

帕克提到的流動性，使阿爾瓦很早就想到水力方面的電。在他的餘生，他會發現電可以像水一樣來回抽動，卻無聲無息，也沒有重量，只有在產生震撼力、甚至是殺傷力時才能明顯感受到。也許有一天，電力能用來讓垂死的人重現生機。最近在格拉斯哥市，有一名已接受絞刑的殺人犯被施以「電療」的電力試驗，以下是有趣的相關記述：

> 使用的伽凡尼電池由二百七十對四英寸的極板組成。電池應用到屍體的不同部位時，每一處肌肉都劇烈地顫動；腿部猛勁地擺動，呼吸恢復，面容猙獰，手指似乎在指著觀眾。許多人因恐懼或不適而離開現場。一位男士當場昏倒。有些人以為那位囚犯真的死而復生。

4　帕克在別處說明「無法估量」指的是「無重量」，其與對立的「有重量」構成了自然哲學的兩大類別。

阿爾瓦研究了所有基本的電池類型，包括伏打電池、革若夫鋅鉑電池——它們顯然是強力的電池，但效率不高，需要不斷補充硫酸和硝酸：這是很容易引起咳嗽的危險差事。

接下來是關於磁力和電磁學的詳細討論。帕克提到有趣的一點：如果細黑砂或磁鐵礦灑在一張紙上，而紙的下方有馬蹄形磁鐵，那麼粒子會按照曲線的方向有規律地排列。在註釋中，他根據近期有關太陽黑子活動的研究，探討法拉第引人深思的推測：星際磁力和地磁之間可能存在與電有關的關係。

阿爾瓦讀到，聲學是「探究聲音本質與規律的科學，包括協和音或和聲的理論」。聲波需要靠空氣傳播，空氣愈潮濕愈有效果：下雨前的鐘聲更響亮。反過來說，假如已排出氣體的容器內響起了鐘聲，沒有人能聽到鐘聲。幾何學和聲學密切相關：「某些貝殼，尤其是螺旋狀或波浪形貝殼，其內部光滑與光亮的表面很適合收集和反射附近產生的各種聲音。」

帕克將聲音和光進行比較：在一些表面反射後，聲音可以在特定的點被收集，產生更大的強度和聚焦。至於「光學」這門探討光、顏色及視覺的科學，他認為沒有人真的知道光是什麼，連艾薩克．牛頓爵士也不曉得。牛頓指出，光是由微小的粒子組成，而這些粒子從源頭湧向觀察者，也就是「微粒子」理論。但從模擬聲可知，如果有效，光也可以靠波的形式傳播。因此，當今哲學家的觀點傾向於波動理論。無論哪種概念符合事實，光的移動速度非常快，能輕易地描繪出肉眼察覺到的任何動作。這就引出了另一個疑問：動作在何時難以察覺？帕克的答案是：「以休倫湖上的遠端貨船為例，船身的移動速率是每小時不超過二十度。」

奇怪的是，他並沒有提到視覺暫留的現象，但很少有像阿爾瓦這個年紀的男孩不知道快速翻轉的卡片上出現的一系列靜態圖像，或西洋鏡中的圓桶，似乎會自動移動。然而，第二百四十五頁、二百四十六頁有關魔法般的西洋鏡敘述，附上插圖說明了放大的原理，以及將玻璃片上的彩色圖像投射到白色表面的方式。

帕克提到，所有的光學媒介都是發光、透明或呈半透明。至於折射光的子類別，以透鏡為例，可根據透鏡是凸面或凹面而任意彎曲光束。因此，他深入探討眼睛的生理機能，包括眼睛對明暗突然改變的敏感性，這對年輕讀者而言很實用，說不定美國海軍未來會要求他們改善戰爭時期的視力模糊症狀。

該書的最後幾個部分是關於電磁電報（附上實用的摩斯電碼表，阿爾瓦的姓氏為• — •• •• ••• • • — •）和天文學，提醒了他如果想觀察日全食，持續時間不要超過三分鐘。

二百個瓶子

在精通帕克敘述的部分或所有科學知識之前，十一歲的阿爾瓦就成了蔬果商——當時較通俗的用詞是「菜販子」。一八五七年夏季，山姆有經濟方面的困難，只好盡量種植和銷售房屋周圍的果園與田地供應的農產品。幸虧格拉希厄特堡擁有肥沃的土壤，收成相當充足。

阿爾瓦憑著決心開始執行，

山姆・愛迪生在格拉希厄特堡耕地，日期不詳。

他耕地並種植八英畝的甜玉米、蘿蔔、洋蔥、防風草及甜菜根。「我很看好自己的菜園，也付出不少努力。我爸爸有馬車配老馬，我們可以用來運送蔬菜到一點五英里以外的鎮上，然後挨家挨戶賣出去。」他說。當季末期，果園裡的梨子和蘋果成熟時，阿爾瓦的收入增加了。他明智地將錢交給母親。他也適時學會將無花果裝進底部堅固的箱子，可見得在實際運送中，水果比其他東西還要多。

在接下來的兩個夏季，他持續從事蔬果販售，有一段時間經營得不錯，能夠給南希六百美元。不管他留多少零用錢給自己，都會記得投資家中地窖的化學實驗室。

阿爾瓦之所以要裝配設施，可能是因為帕克堅持認為化學不屬於自然哲學，而自然哲學是對物質世界本身的研究。除了物理學，化學這門科學以創造力探究並改變元素的自然排列，因此能產生我們期望的特定條件。換句話說，化學是一種積極而非被動思維的應用，顯得更人性化，也具有挑戰性。從一開始，他就很喜歡化學，也很享受遠離塵囂、解決機器問題、私下混合粉末等時刻。他曾經說過，他不明白自己為何沒有成為分析化學家，而是把注意力集中在電力，畢竟他當初對電學沒什麼興趣。

他在青少年時期，實驗室的主要特點是有一排二百個瓶子，每個瓶子都貼著「有毒」標籤，刻意卻有效地讓其他人不敢觸碰那些瓶子。有時，在朋友約瑟．克蘭西（Joseph Clancy）的協助下，他能調製出許多易揮發的化合物，但南希擔心這些化合物會爆炸。他沒有炸開地窖的窗戶，卻摧毀了市中心的舊電報局一角，過程中燒傷了幾個男孩。

一八五八年期間，阿爾瓦將夠長的火爐管線繫上舊罐子、釘子、鋅、絕緣銅線圈、革若夫電池以及裝彈簧的黃銅鍵，使實驗室能夠與一點五英里外的克蘭西家進行摩斯電碼通訊。隨著青春期來臨（「媽，我的體重是八十磅，跟一堆小麥差不多重。」他說），這是他最後一次盡情地沉溺於愛好，然後有兩次令他深思的經歷使他轉變成心智成熟的男人。一次是回到休倫港市中心的聯合學校，大概只就讀了十一週。這代表他變得比以前更不適合待在教室裡。另一次是不為人知的創傷，無論是醫療、意外或其他病理因素，他再也聽不見周遭的聲音。沒有任何官方記錄指明確切原因。他長大後，能夠毫不避諱地談到耳聾時，從來沒有說出令人信服的解釋。他二十九歲時，偶然坦白地寫道：「我從十二歲開始，就再也沒有聽過鳥兒歌唱了。」這句話流露的辛酸，成了世人能了解此事的唯一線索。

假設日期準確的話，早在噴著煙、發出轟鳴聲的火車頭以及叮噹作響的車子，打破格拉希厄特堡的和諧自然聲的幾個月前，阿爾瓦的聽力已喪失了四分之三。無論如何，一八五九年深秋，他說服南希允許他搭乘大幹線鐵路的火車時，已經不是稚氣未脫的孩子了。火車冒著蒸汽，將引領他沿著鐵路，迎向未來的歲月。

後記

一九三一

七十二年後，在愛迪生彌留之際，有人建議胡佛總統在他下葬的那天晚上，將美國的全部電力系統關掉一分鐘。但胡佛認為這樣做會使國家停滯不前，也可能害無數人喪命。他也不贊成另一個想法：下令在那一刻關閉所有的公共照明設施。這並非匪夷所思的事，畢竟美國已回不去像愛迪生在一八四七年出生時籠罩的黑暗之中，即使是短短六十秒也一樣。

總統在十月二十日的聲明中強調：「國家的生活和健全仰賴電流，這本身就是愛迪生先生的才華例證。」不過，總統承認眾人希望對這位老人表達個人的敬意，將他視為人類的恩人，於是總統呼籲所有人和組織在東部時區的隔天晚上十點整熄燈一分鐘，而這一天恰好是愛迪生在一八七九年成功點亮第一盞燈的週年紀念日。

黃昏時分，他被安葬在紐澤西州蒙克萊（Montclair）的羅斯代爾公墓（Rosedale Cemetery）。他的棺材放進墳墓時，太陽已落到了老鷹岩後方。在河流對岸的曼哈頓，四十二街和四十三街之間的百老匯街上開始聚集一大群人。九點五十八分，哥倫比亞廣播公司、國家廣播公司的電台廣播網提前播出胡佛的呼籲內容，而有些電台播放海頓（Haydn）的《創世紀》詞句：「黑暗籠罩著深海。」在俄亥俄州米蘭的整點時刻，鎮上的大鐘敲響了。隨著鐘聲繼續每隔六秒響一次，愛迪生的出生地變得一片漆黑。白宮的所有燈都熄滅了，包括環繞行政公園的大球燈，而國家首都和郊區的大面積地區也紛紛效仿。在紐約港，自由女神像手中的火炬也不亮了。同時，不夜街（Great White Way）[1]的廣告牌和遮篷黯淡了下來，人群也突然變得安靜，此時的寂靜已向北延伸到五十州，比黑暗更令人印象深刻，有些小型商店依然亮著，整個劇院區都沒有任何車行駛。

在佛羅里達州宜博市（Ybor City）的美國退伍軍人協會競技場上，拳擊賽進行到一半時，鑼聲響起，拳擊手脫下手套，而觀眾站在黑暗中。在賓州雷丁（Reading）的電影院裡，有聲電影戛然而止，畫面也從螢幕上淡出，最後在黑壓壓的一片只剩下出口的微弱紅光。在該州的另一端，富蘭克林的小城市嘗試全面停電，卻礙於秋日的月光。芝加哥的摩天大樓失去光彩，某些位於高處的燈塔熄滅，對航空運輸造成暫時性的威脅。在國內較封閉的地區，農場和村莊就像晶體溶解於墨水般，消失得無影無蹤。太平洋煤氣電力公司（Pacific Gas & Electric Company）弄熄了加州北部的所有燈光。奇怪的寂靜氛圍籠罩著西海岸的都市地區。街道暗下來時，行人停下了腳步。男人摘下帽子，而女人低下頭來。

愛迪生的死留下了有影響力的傳奇故事，迅速發展成重要的神話。二十五年來，許多吹捧他的傳記和電影將他神化，讓他的妻子和孩子既感到滿足，卻又感到困惑，他們都無法擺脫愛迪生延伸的影子，各自努力適應壓抑的失意感，成效不盡相同。

一九三五年，米娜再婚，嫁給了愛德華．埃弗里特．休斯（Edward Everett Hughes）。這位富有的老商人在一九四〇年去世前，勸服了米娜享受雞尾酒（此舉在肖托夸鎮不受歡迎）和世界旅遊帶來的樂趣。米娜沿用了他的姓氏，但在恢復守寡後，不久就捨棄此姓氏。在她人生中的最後七年，依次住在格蘭蒙特和塞米諾爾小屋，又成了威風十足的愛迪生夫人。

一九三五年，湯姆的妻子有外遇，而他孤獨地在麻州的旅館房間死去，據說是死於心臟衰竭。威廉保持著強勁的生命力，申請了五項無線電設備和訊號系統的專利，兩年後在德拉瓦州的威明頓市辭世。瑪麗恩沒有再婚，她住在康乃狄克州的諾沃克（Norwalk）哀悼湯姆，餘生以歌劇撫慰自己的心靈，直到一九六五年與世長辭。查爾斯經營著規模龐大卻逐漸衰退的湯瑪斯愛迪生有限公司，直到一九五七年被麥格羅電氣公司（McGraw Electric Company）吞併。依外在的成功條件來看，查爾斯是愛迪生最有成就的兒子，他在一九三七年受到富蘭克林．羅斯福任命為海軍助理部長，並在一九四〇年辭職前晉升為部長，後來競選紐澤西州的州長職位。他只當了一屆州長，便回到商界，然後在富裕的晚年成了愛發脾氣的迫害者。除了瑪德琳，他跟其他兄弟姐妹一樣沒有孩子，並於一九六九年辭世。十年後，瑪德琳也駕鶴西歸，在此之前與約翰．斯洛恩生下四個兒子。西奧多是這個大家庭中最後離世的人；他是個做事相當有原則的知識分子、自然環境保護主義者，老年時也極力反對越戰。他在一九九二年去世後，愛迪生的名字只在斯洛恩家族的子孫間流傳。老山姆精力充沛的血統，並沒有在父子相傳中保留下來。

這位瀕臨死亡的發明家昏迷時所帶來最大的謎團是，守在床邊的人無法確定在他一動也不動、白髮蒼蒼的頭骨內，可能做著哪些真實或想像的夢。最重要的是，他完全聾了，這使得他最後僅存的意識顯得更加隱秘。然而，如果愛迪生在一九三一年十月的聽覺記憶，能夠回溯到他十二歲時的神秘內耳疾病，那麼在大幹線鐵路的火車引人注目地到來之前，誰知道他又聽到了什麼樣的悅耳聲音，使格拉希厄特堡成為充滿自然聲音的安詳之處呢？遊行場上的號角聲；在此之前的春天，雲雀、畫眉、鶺鴒的合唱環繞著樹林裡的房子；在此之前，休倫港的七座鋸木廠嗡嗡作響；在此之前，聖克萊爾河的原木發出嘎吱聲和砰然聲；在此之前，母親呼喚「阿爾瓦」的聲音，要他去上課；先前，學校的鐘聲、教堂的鐘聲響起，還有他在米蘭記住幾首船塢工人的歌曲（後來列入他的第一張唱片）！再推回更早的時間，甚至是在潛意識中回溯，外界的聲音穿透了他人生最初九個月的一片漆黑。

1 百老匯劇院區一帶的別名，入夜後燈火輝煌。

謝辭

在我研究和撰寫這本傳記的過程中，最感激的人就是愛迪生國家歷史公園的檔案保管長李奧納多．德格拉夫（Leonard DeGraaf）。我也很感謝在羅格斯大學（Rutgers University）負責愛迪生專案的《論文》編輯保羅．伊斯雷爾（Paul Israel）、資深編輯湯瑪斯．傑佛瑞（Thomas E. Jeffrey）。除了他們提供一般性的幫助，德格拉夫先生、傑佛瑞先生也對我的手稿進行全面的學術審查，而我的妻子及同為傳記作家的西爾維亞．朱克斯．莫瑞斯（Sylvia Jukes Morris）也幫我審稿。《論文》專案的副主編路易斯．卡爾拉（Louis Carlat）、佛羅里達州麥爾茲堡的愛迪生與福特冬季莊園（Edison-Ford Winter Estates）的實驗室顧問卡爾．霍納（Carl M. Horner）博士、密西根州諾斯維爾（Northville）的凱倫．查普爾（Karen Chapel）博士都仔細檢查了文本有關科學、技術及醫療的部分。我也有幸參考大衛．愛迪生．斯洛恩（David Edison Sloane）博士收藏的愛迪生家族文件。我非常感謝這些大方又有耐心的人，也很感激以前聯繫過的編輯和現在合作的編輯——羅伯特．盧米斯（Robert Loomis）和安迪．沃德（Andy Ward）。我也很謝謝以下列出的好心人：

米歇爾．阿爾比恩（Michele Albion）、瑪麗．阿拉納（Marie Arana）、大衛．鮑爾（David Ball）、皮爾森．鮑爾（Pierson Ball）、康斯坦丁．巴蒂金（Konstantin Batygin）、安東尼．博蒙特（Antony

Beaumont）、帕梅拉・布倫費爾特（Pamela A. Brunfelt）、山姆・布萊拉夫斯基（Sam Brylawski）、凱倫・恰波（Karen Chapel）、內德・康斯托克（Ned Comstock）、邁克・科斯登（Mike Cosden）、李・克雷格（Lee A. Craig）、安東尼・戴維茨（Anthony Davidowitz）、茱蒂・戴維茨（Judy Davidowitz）、查爾斯・德凡蒂（Charles DeFanti）、迪諾・埃弗里特（Dino Everett）、馬克・格魯瑟（Marc Greuther）、湯姆・格里菲斯（Tom Griffith）、喬治・赫里克（George Herrick）、克里斯・杭特（Chris Hunter）、多迪・卡贊健（Dodie Kazanjian）、喬珍・恩森・肯特（Georgianne Ensign Kent）、金妮・基蘭德（Ginny Kilander）、克利福德・勞伯（Clifford Laube）、大衛・萊維斯克（David Levesque）、理查德・林賽（Richard Lindsey）、查爾斯・麥克弗森（Charles Macpherson）、史蒂芬・摩根（Stephen Morgan）、約翰・諾沃格羅德（John Novogrod）、哈里・彭寧頓（Harry Pennington）、凱特・阿摩・李德（Kate Armour Reed）、亞歷山德拉・裡默（Alexandra Rimer）、唐娜・佩雷特・羅森（Donna Perrett Rosen）、班傑明・羅森（Benjamin M. Rosen）、大衛・蘇伯特（David Seubert）、沃爾特・蘇斯基（Walter Suskie）、雷切爾・魏森伯格（Rachel Weissenberger）、喬治・威爾曼（George Willeman）、小海倫・威廉斯（Hiram P. Williams Jr.）以及路易斯・沃爾夫（Lois Wolf）。

最後，我想謝謝史考特・摩爾斯（Scott Moyers）。當初是他建議我寫湯瑪斯・阿爾瓦・愛迪生的傳記。

——艾德蒙・摩里斯

參考書目

關於愛迪生的研究，已發表的主要資料來源是羅格斯大學持續進行的《愛迪生專利文件》。目前只有兩本不可或缺的傳記，分別在二十世紀初期和末期出版：法蘭克・戴爾與馬丁的《愛迪生的人生與發明》（一九一〇年）、保羅・伊斯雷爾的《愛迪生的發明人生》（*Edison: A Life of Invention*）（一九九八年）。儘管前者的筆調恭敬，但也充滿事實並囊括愛迪生的許多口述回憶。後者偏向學術、客觀、密集的技術與商業細節，受益於作者長期擔任愛迪生文件的編輯。這兩冊書都沒有在愛迪生最後幾十年的生活方面多加著墨。

資料庫

CHC：《查爾斯・胡梅爾收藏品》（*Charles Hummel Collection*），韋恩，紐澤西州

COL：哥倫比亞大學口述歷史研究中心（Columbia Center for Oral History），湯瑪斯・愛迪生專案，哥倫比亞大學，紐約州

DSP：《大衛・斯洛恩論文》（*David E. E. Sloane Papers*），哈姆登（Hamden），康乃狄克州（私人收藏）

EFW：愛迪生與福特冬季莊園，麥爾茲堡，佛羅里達州

FSP：《法蘭克・史伯格論文》（*Frank J. Sprague Papers*），紐約公共圖書館，紐約州

HFM：亨利福特博物館，迪爾伯恩，密西根州

JDP：《約瑟夫斯・丹尼爾斯論文》（*Josephus Daniels Papers*），威爾遜圖書館（Wilson Library），北卡羅來納大學教堂山分校（The University of North Carolina at Chapel Hill），北卡羅萊納州

PTAE：《愛迪生論文》（網路版提供有關愛迪生的一百四十多筆公共與私人收藏的數位資料）

TENHP：愛迪生國家歷史公園，紐澤西州

註釋

在紐澤西州西奧蘭治鎮的愛迪生國家歷史公園，關於愛迪生文件的主要檔案大約有五百萬頁。雖然有許多收藏內容未經學者研究，羅格斯大學的《愛迪生論文》專案仍然在進行編輯和出版與愛迪生及其工作密切相關的紀錄。這些紀錄多半保存在愛迪生國家歷史公園，但論文專案也包括來自其他不同收藏處的文件。無論重要資料來自何種資料來源，皆以三種相關但相異的形式發表：精選與註釋文件的多卷書籍版本；網路上提供內容更豐富的數位版本；研究型圖書館有龐大的微縮膠片版本。我當初寫這部傳記時，原本計畫的十五冊已出版了八冊，涵蓋了一八四七年至一八八七年，大概是愛迪生八十三年壽命的一半（第九冊《利益衝突：一八八八年一月至一八八九年十二月》〔*Competing Interests: January 1888–December 1889*〕預計在二〇二〇年出版）。數位版將愛迪生國家歷史公園的文件內容擴展到一八九八年。微縮膠片版在架構方面很相似，擴展到一九一九年，但擴展的部分沒有數位化。一九二〇年至一九三一年的部分尚未入選。

因此，這部傳記的大部分內容是根據保存於愛迪生國家歷史公園的原稿進行研究。但在美國，其他愛迪生典藏數位版的附加掃描內容（不受時間限制）幾乎占盡了優勢。

從上述的複雜情況可以看得出，直接引用《愛迪生論文》的特定版本，或該專案包含的外部知識庫，會使引用這件事變得非常複雜。有鑑於此，附註中的參考資料與《愛迪生論文》網路版（縮寫為PTAE）索引有關，網址是http://edison.rutgers.edu/。此索引相當繁雜，但一旦上手後，學者就能精準地找到需要的文件，通常是可下載的影像格式。

一般引用《愛迪生論文》網路版做為取得《愛迪生論文》資料的例外就是，圖書版本能提供其他來源缺乏的學術社論評註。在這種情況下，引用則以《論文》表示，並附上卷號和頁碼。

縮寫「TENHP」指的是西奧蘭治鎮的資料庫原稿。其他資料來源的縮寫列在〈參考書目〉。主要典藏的愛迪生文件暫時不對外開放，直到二〇二五年才開放。作者很感謝愛迪生的曾孫大衛・愛德華・愛迪生・斯洛恩（David Edward Edison Sloane）博士讓他參考這些文件，並允許他發表某些引文。至於愛迪生寫給妻子米娜的情書，儘管在收藏方面不太重要，卻具有重要的歷史意義。多年來，紐澤西州紐瓦克市的查爾斯・愛迪生基金（Charles Edison Fund）的董事會保留了這些情書，未做解釋。

在註釋中，「TE」指湯瑪斯・愛迪生，而「MME」指米娜・米勒・愛迪生。其他家庭成員則保留全名。

亞當斯密 16

愛迪生傳

Edison

作者　艾德蒙．摩里斯（Edmund Morris）
譯者　辛亞蓓

堡壘文化有限公司
總編輯　簡欣彥　　行銷企劃　許凱棣、曾羽彤
副總編輯　簡伯儒　　封面設計　萬勝安
責任編輯　簡伯儒　　內頁構成　李秀菊

讀書共和國出版集團
社長　郭重興
發行人兼出版總監　曾大福
業務平臺總經理　李雪麗
業務平臺副總經理　李復民
實體通路組　林詩富、陳志峰、郭文弘、吳眉珊
網路暨海外通路組　張鑫峰、林裴瑤、王文賓、范光杰
特販通路組　陳綺瑩、郭文龍
電子商務組　黃詩芸、李冠穎、林雅卿、高崇哲、沈宗俊
閱讀社群組　黃志堅、羅文浩、盧煒婷
版權部　黃知涵
印務部　江域平、黃禮賢、林文義、李孟儒

出版　堡壘文化有限公司
發行　遠足文化事業股份有限公司
地址　231新北市新店區民權路108-2號9樓
電話　02-22181417　傳真　02-22188057
Email　service@bookrep.com.tw
郵撥帳號　19504465 遠足文化事業股份有限公司
客服專線　0800-221-029
網址　http://www.bookrep.com.tw
法律顧問　華洋法律事務所　蘇文生律師
印製　韋懋實業有限公司
初版1刷　2022年6月
定價　新臺幣800元
ISBN　978-626-7092-38-5　eISBN（Pdf）9786267092446　eISBN（Epub）9786267092453

Ptoto credit : Courtesy of National Park Service, Thomas Edison National Historical Park

國家圖書館出版品預行編目（CIP）資料

愛迪生傳／艾德蒙．摩里斯（Edmund Morris）著；辛亞蓓譯. -- 初版. --
新北市：遠足文化事業股份有限公司堡壘文化, 2022.06
　面；　公分. --（亞當斯密；16）
譯自：Edison
ISBN 978-626-7092-38-5（平裝）